Hans Maier (Hrsg.)
Totalitarismus und Politische Religionen
Band III

Politik- und Kommunikationswissenschaftliche Veröffentlichungen der Görres-Gesellschaft

Herausgegeben von
Hans Maier, Heinrich Oberreuter, Otto B. Roegele und Manfred Spieker

In Verbindung mit Gottfried Arnold (Düsseldorf),
Louis Bosshart (Freiburg/Schweiz),
Günther Gillessen (Freiburg i. Br.),
Helmut Herles (Bonn),
Rupert Hofmann (Regensburg) und Wolfgang Mantl (Graz)

Band 21

Hans Maier (Hrsg.)

Totalitarismus und Politische Religionen

Konzepte des Diktaturvergleichs

Band III: Deutungsgeschichte und Theorie

In Zusammenarbeit mit
Katrin Mey, Michael Schäfer, Hans Otto Seitschek

und mit Beiträgen von
Hella Mandt, Juan J. Linz, Karl-Josef Schipperges

2003

Ferdinand Schöningh
Paderborn · München · Wien · Zürich

Redaktion: Angelika Mooser-Sainer, Michael Schäfer, Johannes Seidel

Bibliografische Information Der Deutschen Bibliothek

Die Deutsche Bibliothek verzeichnet diese Publikation in der Deutschen Nationalbibliografie; detaillierte bibliografische Daten sind im Internet über http://dnb.ddb.de abrufbar.

Einbandgestaltung: INNOVA GmbH, D-33178 Borchen

Gedruckt auf umweltfreundlichem, chlorfrei gebleichtem und alterungsbeständigem Papier ♾ ISO 9706

(Verlag Ferdinand Schöningh GmbH, Jühenplatz 1, D-33098 Paderborn)

Internet: www.schoeningh.de

Printed in Germany
Herstellung: Ferdinand Schöningh, Paderborn
ISBN 3-506-76829-8

Vorwort

Dieser Band fasst Forschungen zum Thema „Totalitarismus und Politische Religionen“ zusammen, die in den Jahren 1992-2002 in Zusammenarbeit von Philosophen, Historikern und Sozialwissenschaftlern am Institut für Philosophie der Universität München unternommen wurden. Sie wurden begleitet und gefördert von Prof. Dr. Dr. h.c. mult. Paul Mikat (Düsseldorf), Prof. Dr. Philippe Burrin (Genf), Prof. Dr. Dr. h.c. mult. Juan Linz (Yale) und Korrespondenten in mehreren Ländern – erwähnt sei u.a. der Kreis um die im Jahr 2000 neugegründete Zeitschrift „Totalitarian Movements and Political Religions“ (Ilford, Essex). Finanziell unterstützt wurde das Projekt von der Volkswagen-Stiftung und von der Alfried Krupp von Bohlen und Halbach-Stiftung. Die Görres-Gesellschaft nahm die Publikationen in ihre Veröffentlichungen auf. Die Druckvorlagen wurden von Herrn Dr. Michael Schäfer und Herrn Johannes Seidel erstellt; Projekt- und Tagungsvorbereitungen, Korrespondenz und Rechnungswesen lagen in den bewährten Händen von Frau Angelika Mooser-Sainer. Ihnen allen sowie dem Verlag Ferdinand Schöningh sei für viel Geduld, Eifer und Improvisationstalent in kritischen Situationen herzlich gedankt.

Während die bisher erschienenen Bände I (1994) und II (1996) erste Ergebnisse festhalten, wird in diesem abschließenden Band III (2003) eine Gesamtbilanz versucht. Daher nähert sich die Darstellung streckenweise dem Charakter eines Handbuchs an. Das entspricht dem Fortgang der Forschung, in der zunehmend die Frage nach dem Gemeinsamen der modernen Despotien in den Vordergrund tritt. Nach dem Untergang des italienischen Faschismus (1943-45), des deutschen Nationalsozialismus (1945) und des sowjetischen Kommunismus (1989-91) wird ein vergleichender Blick auf drei Vergangenheiten möglich. Ein weites Feld von Gesamtdeutungen eröffnet sich. Diesem Umstand sucht der vorliegende Band gerecht zu werden.

München, im Januar 2003 *Hans Maier*

Inhaltsverzeichnis

A. Einführung: Zur Deutung totalitärer Herrschaft 1919-1989

Hans Maier

Von Anfang an hat der Auftritt der totalitären Regime im 20. Jahrhundert bei den Zeitgenossen eine breite Spur von Interpretationen und Deutungen hinterlassen. Das beginnt mit der Wahrnehmung von Kommunismus, Faschismus, Nationalsozialismus in Berichten von Reisenden, Journalisten, Schriftstellern, Politikern nach 1917, 1922 und 1933; es setzt sich fort in den Bemühungen um angemessene Bezeichnungen für die neuen Phänomene; es mündet schließlich in größere Deutungsmuster ein, von denen die Konzepte des Totalitarismus und der Politischen Religionen am bekanntesten geworden sind.[1]

Übereinstimmung bezüglich dieser Deutungsmuster gibt es in der Forschung bisher nicht. Vieles ist nach wie vor umstritten, der Diskussionsprozess ist noch im Gang.[2] Doch tragen Untersuchungen zu den Gewaltregimen des 20. Jahrhunderts heute deutlich andere Züge als in ihren Anfängen. So ist das faschistische Italien inzwischen wohl definitiv aus dem Blick der Totalitarismusforschung gerückt; diese konzentriert sich heute immer mehr – ja fast ausschließlich – auf die Sowjetunion und auf das nationalsozialistische Deutschland. Bezüglich Deutschland und

---

1 Eine Bilanz der internationalen Totalitarismusforschung gibt Eckhard Jesse (Hg.): Totalitarismus im 20. Jahrhundert, Bonn 1996; vgl. auch Detlev Schmittchen-Ackermann, Diktaturen im Vergleich, Darmstadt 2002. Über die Forschungen zum Thema Politische Religionen informiert die von Michael Burleigh und Robert Mallett herausgegebene Zeitschrift Totalitarian Movements and Political Religions (Ilford, Essex, 2000 ff.).

2 Insofern hängt auch der begrüßenswerte nach 1989/90 verkündete „antitotalitäre Konsens", was seine theoretischen Grundlagen angeht, noch immer in der Luft.

Russland haben die Forschungen zum Holocaust und zum GULAG den Blick auf das Phänomen der Massenvernichtung gelenkt – auf Vorgänge also, die nicht zufällig die extreme Spitze totalitärer Politik bilden (und die aus pragmatischen Ereignisabläufen kaum zureichend erklärt werden können!). Und wiederum hat die Suche nach den Motiven der Holocaust- und GULAG-Verbrechen die Frage nach den ideologischen Antrieben, den geschichtsphilosophischen Rechtfertigungen, den pseudoreligiösen Legitimationen und Absolutionen für die Täter neubelebt. Kurzum: nach einer Zeit intensiver (und verdienstvoller!) Fakten-Rekonstruktion – bei sichtbarer Zurückhaltung gegenüber Gesamtdeutungen – regt sich heute wieder ein deutliches Interesse an einer zusammenhängenden Sicht der Dinge. Man will *begreifen*, was man längst weiß – und was doch ohne interpretierende Hilfe unverständlich, ja unglaubhaft zu bleiben droht. Das gibt den alten Deutungsmustern neue Chancen: nicht zufällig ist nach 1989/90 mit der Totalitarismustheorie auch die Figur der Politischen Religionen in die Arena der Deutungen zurückgekehrt.

Die folgenden Erwägungen zur Deutungsgeschichte der totalitären Regime knüpfen an die Arbeit dreier internationaler Symposien zu diesem Thema in den Jahren 1994, 1996 und 1999 an.[3] Im Mittelpunkt stehen drei Fragen: Was war das Neue, das Beobachtern in den Anfängen an Kommunismus, Faschismus, Nationalsozialismus auffiel (I)? Wie entwickelten sich die entsprechenden Perzeptionen und Terminologien (II)? Welchen Ertrag hatten insbesondere die Konzepte des Totalitarismus und der Politischen Religionen (III)?

I. Kommunismus, Faschismus, Nationalsozialismus: das Neue

Kommunismus und Faschismus waren Kinder des Krieges. Sie entfalteten sich in einer von Krieg, Bürgerkrieg, Kleinkrieg, paramilitärischen Aktionen beherrschten politischen Szene. Der Zusammenhang ist am greifbarsten im russischen Kommunismus, der ohne den militärischen Zusammenbruch im Westen, den Friedensschluss, den Aufbau einer „Roten Armee", den siegreich bestandenen Bürgerkrieg kaum denkbar wäre.[4] Aber auch Mussolinis Machtergreifung, als „Marsch auf Rom" bewusst ins Militärische stilisiert, vollzog sich in einer bürgerkriegsähnlich aufgeladenen Atmosphäre[5], und auch dem wenig später auftretenden Hitler feh-

[3] Sie fanden statt in München, Tutzing und Genf und sind dokumentiert in: Hans Maier (Hg.): Totalitarismus und Politische Religionen I, Paderborn 1996; ders. und Michael Schäfer (Hg.): Totalitarismus und Politische Religionen II, Paderborn 1997; ders. (Hg.): Wege in die Gewalt. Die modernen politischen Religionen, Frankfurt 2000, ²2002.

len die „Squadri" nicht, die „Braunen Bataillone", die auf Straßen und Plätzen ihre terroristischen Energien entfalten.[6]

Die entfesselte Gewalt des Weltkriegs[7] gewinnt in den modernen Despotien eine bleibende finstere Nachhaltigkeit. Diese wirken oft wie Demonstrationen einer ständig sich ausweitenden „Totalen Mobilmachung".[8] Das Militärische dringt in die zivilen Strukturen ein und formt sie um: auch im Inneren des Staates herrscht jetzt militärisches Freund-Feind-Denken, wird jeder Konflikt bis zum existenziellen Entweder-Oder getrieben, steht die Macht nicht mehr auf dem Grund der Gesetze, sondern auf der Spitze der Bajonette. Und da alles Kriegerische einen Einschlag des Aleatorischen hat, kommt in die Politik ein Element des Würfelspiels: man kann mit einem Coup alles verlieren und alles gewinnen; man kann ins Nichts fallen oder emporgetragen werden zu Macht und Größe. Die Vergrößerung, Intensivierung, Dynamisierung der politischen Macht hebt die modernen Despotien ebenso vom gewaltenteilenden Rechtsstaat des 19. Jahrhunderts ab, wie sich der uniformierte Diktator und sein militärisches Gefolge vom zivilen Staatsmann der Demokratie und seinem Civil Service unterscheidet. Das kriegerische Alles oder Nichts macht die Politik aus einem Ort der Beratung, Abwägung und Entscheidung zu einem Kampfplatz, in dem es um Sieg und Niederlage geht. Im Extremfall gibt es am Ende nur Lebende oder Tote.

Die Exaltation der Politik, ihre Erhöhung über die Normalität wird deutlich in den Äußerungen der Zeitgenossen. Einem Nikolaj Nikolaje-

---

4 Zum Bürgerkrieg und den Anfängen der Roten Armee vgl. Peter Scheibert, Lenin an der Macht. Das russische Volk in der Revolution 1918-1922, Weinheim 1984, 54-69; Richard Pipes, Die Russische Revolution, Bd. 3, Berlin 1993, 19-232, und Manfred Hildermeier, Geschichte der Sowjetunion 1917-1991, München 1998, 105-156.

5 Ein anschauliches Gesamtbild entwirft Renzo De Felice in seiner Mussolinibiographie; einschlägig ist der 1966 in Turin erschienene 1. Band von Il fascista: La conquista del potere 1921-1925.

6 Welche Rolle Uniformen, Fahnen, Standarten, Orden, Medaillen und Abzeichen in der Entfaltung der NS-Bewegung spielten, macht der vom Münchner Stadtmuseum herausgegebene Band München – „Hauptstadt der Bewegung", München 1993, an einer Fülle von Bildzeugnissen deutlich – ein Beispiel für viele andere. Die Uniformen von Partei, SA, SS, Jugendorganisationen usw. dürften bei vielen Zeitgenossen nicht nur den Unterschied zwischen regulären Ordnungskräften und Parteimilizen verwischt haben; sie bereiteten symbolisch-bildlich zugleich die „Machtergreifung" vor, da politische Macht für nicht wenige Menschen mit militärischer Macht identisch war.

7 Robert Wohl, The Generation of 1914, Harvard 1979; Martin van Creveld, Technology and War, New York 1989 (dort weitere Literatur).

8 Literarisch verbindet sich dieser Begriff heute vor allem mit Ernst Jüngers Essay von 1930: Die totale Mobilmachung, in ders., Sämtliche Werke Bd. 7 (Zweite Abt. Essays I), Stuttgart 1980, 119-142. Man darf jedoch die lange Vorgeschichte nicht vergessen, die von Clausewitz' „absolutem Krieg" bis zu den Kriegstheorien Erich Ludendorffs im Schatten des Weltkriegs reicht.

witsch Suchanow erscheint der Petersburger Sowjet „wie jener römische Senat, den die alten Karthager einst für eine Götterrunde gehalten haben. Mit einer solchen Masse [...] konnte es einen tatsächlich verlocken, den Versuch zu unternehmen, das alte Europa mit dem Licht der sozialistischen Revolution zu erleuchten." [9] Fedor Stepun, obwohl er das „Wahnsinnsähnliche" der russischen Zustände wie kaum ein anderer reflektiert, nennt doch die Oktoberrevolution „ein äußerst bedeutendes russisches Thema". Er erwägt, dass „für Russland irgendeine ganz ureigene Stunde zu schlagen beginnt, dass es vielleicht in den Sinn seines Wahnsinns tritt"[10]. Der populäre Dichter Demjan Bednij sieht den Sowjetmenschen wie einen leviathanischen Riesen, zusammengesetzt aus vielen Einzelnen, in den Straßen der Großstadt sich aufrecken:

> Millionenfüßig: ein Leib. Das Pflaster kracht.
> Millionenmaßen: ein Herz, ein Wille, ein Tritt!
> Gleichschritt, Gleichschritt!
> Sie marschieren an. Sie marschieren an.
> Marschmarsch ...[11]

Kein Wunder, dass man die Bolschewisten außerhalb der russischen Grenzen, vor allem in Deutschland, überwiegend als asketische Revolutionssoldaten, dostojewskische Helden, „Neuwegweiser", „Allmenschheitsreformer" sah. Von einem Besuch bei Walter Rathenau berichtet Harry Graf Kessler im Februar 1919 in seinem Tagebuch: „Zum Bolschewismus ließ er starke Hinneigung durchblicken. Es sei ein großartiges System, dem wahrscheinlich die Zukunft gehören werde. In 100 Jahren werde die Welt bolschewistisch sein. Der gegenwärtige Bolschewismus gleiche einem wunderbaren Theaterstück [...] Des Nachts sei er Bolschewist; aber am Tage, wenn er unsere Arbeiter und Beamten sehe, sei er es nicht oder noch nicht (er wiederholte mehrmals das ‚noch nicht')".[12] Ähnliche Äußerungen finden sich bei Thomas und Heinrich Mann, bei Käthe Kollwitz und Alfred Kerr – nicht zu reden von den ausgesprochenen „fellow travellers" wie Herbert G. Wells, George Bernard Shaw, Lion Feuchtwanger, André Gide und anderen, deren langer Prozessionszug sich schon 1920, mitten im Bürgerkrieg, nach Moskau in Bewegung setzt.[13]

Das Echo auf Mussolinis „Marsch auf Rom", auf Hitlers „Machtergreifung" ist nüchterner. Die messianischen Untertöne (die in Italien und in Deutschland durchaus vorhanden sind!) fehlen bei den ausländischen Be-

---

[9] Nikolaj Nikolajewitsch Suchanow, 1917. Tagebuch der Russischen Revolution, ausgewählt, übertragen und hrsg. von Nikolaus Ehlert, München 1967, 666.

[10] Fedor Stepun, Das bolschewistische Russland. Gedanken und Bilder, in: Hochland 21 (1924), 243-252; 522-538 (das Zitat 247).

[11] Zit. bei René Fülöp-Miller, Geist und Gesicht des Bolschewismus, Zürich 1926, 6 f. (Übersetzung: Johannes R. Becher).

[12] Harry Graf Kessler, Tagebücher 1918-1937, hrsg. von Wolfgang Pfeifer-Belli, Frankfurt 1982, 132 f. Den Hinweis auf diese Stelle verdanke ich Hella Mandt.

trachtern weithin. Immerhin: die Züge der „Mobilmachung", der marschierenden und paradierenden, aus ihren administrativen und parlamentarischen Gehegen ausgebrochenen Gewalt werden deutlich wahrgenommen. Vor allem angelsächsische Betrachter registrieren den Auftritt dieser nackten, nicht mehr rechts- und parteistaatlich domestizierten Macht, der man nicht ausweichen kann, da sie allgegenwärtig ist und alles mit Bildern, Symbolen, Transparenten, Reden und Marschmusik überflutet. Harold Nicolson trug am 6. Januar 1932 in Rom in sein Tagebuch ein: „Verbringe den Tag größtenteils mit der Lektüre faschistischer Flugschriften. Sie haben jedenfalls das ganze Land in eine Armee verwandelt. Von der Wiege bis zum Grabe wird man in die faschistische Form gepresst, dem kann niemand entrinnen. Auf dem Papier wirkt das alles sehr tüchtig und eindrucksvoll. Ich frage mich aber, wie das Leben des Einzelnen aussieht; das werde ich nicht sagen können, ehe ich nicht einige Zeit in Italien gelebt habe. Es handelt sich jedenfalls insoweit um ein sozialistisches Experiment, als es die Individualität zerstört. Es zerstört auch die Freiheit. Schreibt dir einer erst mal vor, wie du denken sollst, so schreibt er dir auch gleich vor, wie du dich verhalten sollst. Ich gebe zu, daß man mit einem solchen System ein Maß von Energie und Wirksamkeit erlangen kann, wie wir es auf unserer Insel nicht erreichen. Und doch, und doch [...] Das Ganze ist eine auf den Kopf gestellte Pyramide." [14]

Das zweite Zeugnis stammt aus William L. Shirers „Nightmare Years 1930-1940" und beschreibt den Nürnberger Reichsparteitag vom September 1934: „50 000 junge Männer in dunkelgrünen Uniformen - die vordersten Reihen mit nacktem Oberkörper - standen mit blitzenden Spaten, in denen sich die Morgensonne spiegelte, vor ihrem Führer auf der Zeppelinwiese stramm und lauschten, wie er ihren Dienst am Vaterland pries. Als sie dann in vollkommenem Stechschritt, wie ihn die alten preußischen Feldwebel vermutlich auch nicht besser gekannt hatten, den Vormarsch begannen, tobte die riesige Menge vor Begeisterung. Auf mich wirkte der Stechschritt lächerlich, den Zuschauern aber schien er so gut zu gefallen, daß sie spontan aufsprangen und Beifallsrufe von sich gaben. Im Vorbeimarschieren huldigten die jungen Männer ihrem Führer in einem gewaltig hallenden Sprechchor, den ein weithin donnerndes ‚Heil Hitler' beschloss. Ich erfuhr bald, dass Hitler neben dem Arbeitsdienst eine noch umfassendere Jugendorganisation aufbaute, die Hitlerjugend, in der die Kinder vom siebten Lebensjahr an auf den Führer eingeschworen werden sollten." [15]

---

13 Ein Florilegium von Urteilen über die Sowjetunion bei Gerd Koenen, Die großen Gesänge, Frankfurt 1987, 26 ff. Sie stellen der westlichen Intelligenz der zwanziger und dreißiger Jahre kein rühmliches Zeugnis aus. Immerhin hat sich André Gide später zu einer kritischeren Haltung durchgerungen (Retour de l'U.R.S.S. 1936, Retouches à mon Retour de l'U.R.S.S. 1937).

14 Harold Nicolson, Tagebücher und Briefe 1930-1941, Frankfurt 1969, 101.

15 William L. Shirer, Das Jahrzehnt des Unheils (Neuausgabe), München 1989, 75.

Der Anspruch der neuen Bewegungen zielt auf Gestaltung des ganzen menschlichen Lebens. Das wirkt sich aus im Verhalten jedes Einzelnen. Nicht dass solche Reaktionen neu wären: „Ordinärer Gehorsam gegen irgendwie zur Macht Gekommene findet sich bald", sagt Jacob Burckhardt.[16] Hier aber ist der Gehorsam nicht nur aus Gewohnheit oder aus Ruhebedürfnis geboren, auch nicht allein aus Furcht: wer mitmarschiert, hat das befreiende Gefühl, im Einklang mit der Zeit zu stehen und einen geschichtlichen Auftrag zu vollziehen. So kommt es zu einer Mobilisierung der Massen als Antwort auf die fordernde Präsenz der Führung: der Wille der politischen Gewalt überträgt sich auf die vielen; diese marschieren „mit der neuen Zeit".[17]

II. Stufen des Verstehens

Wirkt das politische Personal in den von der Revolution ergriffenen Ländern zunächst wie ein Trupp verlorener Krieger, tragen viele Aktionen den Charakter improvisierter Kriegs- und Notstandshandlungen, die sich statt gegen äußere Feinde jetzt nach innen kehren, so erweisen sich die neuen Regime sowohl in Russland wie in Italien wie in Deutschland gleichwohl als unerwartet dauerhaft. Man muss sie also *benennen* – und der Kampf um die angemessenen Kennzeichnungen begleitet die Geschichte des russischen Kommunismus, des italienischen Faschismus und des deutschen Nationalsozialismus von ihren Anfängen an.

Die Konzeptualisierung der Bolschewiki-Herrschaft in Russland löst zunächst einen Streit unter den europäischen Sozialisten aus. Der auf Marx und Engels zurückgehende[18], von Lenin wiederaufgenommene[19] Begriff der „Diktatur des Proletariats" teilt sie in zwei Lager. Schon 1918 zieht Karl Kautsky gegen Lenins Diktatur zu Feld[20], die er 1920 – von Marx und Engels auf das Zarenreich gemünzte Epitheta verwendend – als

---

16 Jacob Burckhardt, Weltgeschichtliche Betrachtungen (Krönerausgabe), Stuttgart 1969, 234.

17 Konformitätsbereitschaft, Lust am Dabeisein, Angst, sich zu isolieren, gehen hier eine schwer auflösbare Symbiose ein. Für die Sowjetunion sei summarisch auf die Zeugnisse von Alexander Solschenizyn, Andrei Sacharow und Efim Etkind hingewiesen. Erhellend für Nazi-Deutschland: Theodor Haecker, Tag- und Nachtbücher 1939-1945, hrsg. von Hinrich Siefken, Innsbruck 1989, und Wanda von Baeyer-Katte, Das Zerstörende in der Politik. Eine Psychologie der politischen Grundeinstellung, Heidelberg 1958.

18 MEW Bd. 28 (1963), 508; MEW Bd. 22 (1963), 199; hierzu Ernst Nolte, Diktatur, in: Otto Brunner, Werner Conze, Reinhart Koselleck (Hg.): Geschichtliche Grundbegriffe, Bd. 1, Stuttgart 1972, 900-924 (916-919).

19 Wladimir Iljitsch Lenin, Staat und Revolution (1917).

20 Karl Kautsky, Terrorismus und Kommunismus (1919), wiederabgedruckt in: H. Kremendahl/Th. Meyer (Hg.): Sozialismus und Staat, Bd. 1, Kronberg 1974.

„asiatisch" bzw. „tatarisch" charakterisiert.[21] Die Kritik an einer sozialistischen Diktatur findet ein breites Echo bei den europäischen Revisionisten und demokratischen Sozialisten. Auf der Konferenz der Zweiten Internationale in Bern Anfang Februar 1919 setzt sie sich jedoch trotz der Unterstützung durch die deutschen, skandinavischen und belgischen Sozialdemokraten gegen die Mehrheit der französischen, österreichischen und niederländischen Delegierten nicht durch.[22] In der folgenden Zeit bildet die unterschiedliche Wahrnehmung und Bewertung der Diktatur - der Begriff wird von Lenin im Sinn gänzlicher Freiheit von gesetzlichen Bindungen verstanden![23] - eine deutliche Trennungslinie zwischen Kommunisten und demokratischen Sozialisten. Nicht zufällig wird die Auseinandersetzung mit den Diktatur-Elementen des Kommunismus von den dreißiger bis zu den achtziger Jahren des 20. Jahrhunderts zu einem Leitthema für alle, die sich vom Kommunismus abwenden - von Ignazio Silone[24] bis zu Margarete Buber-Neumann, Ernst Fischer, Alfred Kantorowicz, Arthur Koestler, Gustav Regler, Manès Sperber und vielen anderen.[25]

Der italienische Faschismus wirft weltgeschichtlich kürzere Schatten als der russische Kommunismus - aber auch er ist von Anfang an von einem Geflecht des Pro und Contra, des Streits um die richtige Namengebung und Einordnung umgeben. Fascismo ist, wie bekannt, eine historische Anspielung auf die Fasces (Rutenbündel), das Amtssymbol der Magistrate in der römischen Republik. Fasci, Bünde, gibt es in Italien schon im späten 19. Jahrhundert - Zusammenschlüsse unterschiedlicher Art, die von den christlichen „Fasci democratici cristiani" im Anschluss an die Enzyklika „Rerum novarum" Leos XIII. 1891[26] bis zu den sozialrevolutionären „Fasci dei lavoratori" derselben Zeit in Sizilien[27] reichen. Der Name lag also

---

21 Kautsky (wie Anm. 20) entscheidet sich für „tatarisch", „denn Asien hat seinen Konfuzius und einen Buddha geboren" (232).

22 Hierzu Hella Mandt, Das klassische Verständnis: Tyrannis und Despotie, in diesem Band 29-106, die darauf verweist, dass die Machtübernahme der Bolschewiki zu dieser Zeit noch nicht als eine Revolution neuen Typs und als säkulare Zäsur wahrgenommen wurde. Das kommt darin zum Ausdruck, „dass man weiterhin die alten negativen Verfassungsbegriffe verwendete. Bei führenden Vertretern des französischen Sozialismus kommt hinzu, dass sie in der Entwicklung in Russland eine Entsprechung zur Geschichte der Französischen Revolution von 1789 sahen, zu der 1793 als eine Episode gehörte, die mehrheitlich nicht als ein politisches Trauma nachwirkte" (A.a.O. 74).

23 Lenin, Staat und Revolution (wie Anm. 19), 424; siehe ders., Die proletarische Revolution und der Renegat Kautsky (1918); dort die Bestimmung der Diktatur des Proletariats als einer „sich unmittelbar auf Gewalt stützende(n) Macht, die an keinerlei Gesetze gebunden ist" (Neudruck Moskau 1940, 115).

24 Ignazio Silone, Die Schule der Diktatoren, Zürich 1938.

25 Die erste zusammenfassende Darstellung bei Michael Rohrwasser, Der Stalinismus und die Renegaten. Die Literatur der Exkommunisten, Stuttgart 1991.

26 Hans Maier, Revolution und Kirche, Freiburg ^{5}1988, 46, Anm. 62.

schon bereit, und Mussolini hielt sich in gewohnten Bahnen, als er 1915, bei der Agitation für den Kriegseintritt Italiens, die „Fasci d'azione revoluzionaria" gründete. Altrömisches schwingt in dieser Benennung mit – und mit dem gleichen Recht, mit dem Karl Marx von der Französischen Revolution sagte, sie sei im römischen Kostüm auf die Bühne der Geschichte getreten[28], konnte man das auch vom italienischen Faschismus sagen. Dieser hat, im Unterschied zum Bolschewismus, deutliche historische Bezugspunkte, er zielt eher auf eine revolutionäre Erneuerung des Staates nach antikem Muster als auf eine vorbildlose „neue Zeit", einen nie dagewesenen „neuen Menschen". Darin liegt ein Moment der Begrenzung: die Liktorenbündel sind ein *staatliches* Symbol – wie denn ein Rest von Staatlichkeit die Eigenart des italienischen Faschismus gegenüber seinem radikaleren Bruder, dem Nationalsozialismus, ausmacht. Respektiert und toleriert doch Mussolinis faschistische Bewegung – nimmt man die Schlussphase der „Repubblica Sociale Italiana" (1943-1945) aus – zwei Jahrzehnte lang ein staatliches Gehäuse samt der Monarchie und ihren Institutionen, mit einer eingeschränkten, aber doch fühlbaren gesellschaftlichen Autonomie für Kirche, Wirtschaft, Kultur und mit offenen Bündnisangeboten an die alten Eliten.

Paradoxerweise entzündet sich jedoch gerade am italienischen Beispiel die internationale Diskussion über die schrankenlose politische Gewalt, den nicht mehr dem Gesetz unterworfenen Staat. In den zwanziger Jahren kennzeichnen italienische Regimegegner den Faschismus als „sistema totalitario" und als „Totalitarismo". Damit ist ein Begriff geboren, der internationale Verbreitung findet und bald auch auf den Kommunismus – und später auf den Nationalsozialismus – angewendet wird.[29] Später kommen religiöse Deutungen hinzu. Sie münden in den späten dreißiger Jahren in die Begriffe der Politischen oder Säkularen Religionen ein – auch dies Sprechweisen, die sich international verbreiten[30]. Das heißt: Gegenüber den Selbstbezeichnungen der neuen revolutionären Regime – Kommunismus, Faschismus, Nationalsozialismus – erstarkt jetzt die kritische Fremdwahrnehmung von außen. Die neuen Wortbildungen machen Gemeinsamkeiten sichtbar, reihen die individuellen Erscheinungen verschiedener Länder zu „Typen" und „Mustern". Die Phänomene und ihre Deutung werden Gegenstand einer internationalen philosophisch-politischen Dis-

---

27 Rudolf Lill, Geschichte Italiens in der Neuzeit, Darmstadt ³1986, 301, Anm. 1.

28 Zit. bei Hannah Arendt, Über die Revolution, München 1963, 62.

29 Hans Maier, „Totalitarismus" und „politische Religionen", in: VfZ 3/1995, 387-405.

30 Erich (später Eric) Voegelin, Die politischen Religionen, Wien 1938, Stockholm/Berlin ²1939; neu hrsg. von Peter J. Opitz, München 1993; Raymond Aron, L'ère des Tyrannies d'Elie Halévy, in: Revue de Métaphysique et de Morale, Mai 1939.

kussion. Sie verlassen den Bereich der politischen Landeskunde, des Russischen, Italienischen, Deutschen. Ihre säkulare Dimension wird sichtbar.

Es ist bezeichnend, dass es selbst einer so stürmischen und gewalttätigen Bewegung wie dem Nationalsozialismus nicht mehr gelingt, ihre eigene Selbstbezeichnung („Nationalsozialismus“) international verbindlich durchzusetzen. Der deutsche Nationalsozialismus wird zunächst in aller Welt als eine Fortsetzung des italienischen Faschismus wahrgenommen – die Braunhemden sind für viele nichts anderes als eine Variante der Schwarzhemden. Das Attribut „faschistisch“ wird dem Nationalsozialismus ganz selbstverständlich angeheftet. Dabei spielen verschiedene Dinge zusammen: die gering entwickelte Intellektualität der Nationalsozialisten, die es mit dem Formulierungs-Ehrgeiz Mussolinis und seiner „Dottrina del fascismo“ [31] nie auch nur von fern aufnehmen konnte; die ausgeprägte Sprachallergie der Kommunisten gegenüber einem als Konkurrenz auftretenden Sozialismus [32] – endlich die schon erwähnte Ausbildung und Verfestigung eines internationalen Theorierahmens, der die Wahrnehmung der Einzelphänomene relativierte und dem Gemeinsam-Allgemeinen vor dem Individuell-Besonderen den Vorzug gab.

Faschismus und Nationalsozialismus hatten gewiss viele Gemeinsamkeiten. Sie unterschieden sich aber auch in nicht wenigen Punkten. So fehlte der Antisemitismus bis 1938 im politischen Haushalt der italienischen Faschisten fast völlig. Auch das Staatsverständnis war verschieden. In Italien hatte der nationalsozialistische Grundsatz „Die Partei befiehlt dem Staat“ nie absolute Geltung – kein Wunder bei einem Regime, das die Brücken zur Vergangenheit nicht abgebrochen hatte. Umgekehrt ließ sich der Nationalsozialismus nie auf die Linie eines „totalen Staates“ zurücknehmen – was selbst ein Carl Schmitt erfahren musste: im Zweifel gab gegenüber Staat und Recht stets „die Bewegung“ den Ausschlag. Die Unterschiede reichen bis in die Symbolik und Emblematik hinein: erhebliche Differenzen liegen zwischen den braunen Erdfarben der NS-Bewegung und dem stilisierten „staatlichen“ Schwarz der Faschisten, zwischen den germanisch im Wind vorausflatternden Fahnen und den starren faschistischen Standarten, zwischen dem Amtssymbol des Liktorenbündels und dem Heilszeichen der Swastika[33]. Das Pathos des „faschistischen Schwurs“, die Beschwörung des „Dritten Rom“ und einer Africa Orientale Italiana mag im nachhinein übersteigert und oft lächerlich erscheinen – gegenüber der Blut-und-Boden-Mystik und dem stummen und dump-

---

31 1932 (zusammen mit Giovanni Gentile).

32 Dass der Nationalsozialismus auch ein Sozialismus war, blieb für die Linke aller Richtungen immer eine Herausforderung – so unbestreitbar die tatsächlichen Befunde waren. Die verhüllende (und verharmlosende!) Rede vom „deutschen Faschismus“ bot hier eine willkommene sprachliche Ablenkung.

33 Siehe dazu meine Ausführungen in: Peter Blickle u.a. (Hg.): Macht und Ohnmacht der Bilder, München 2002, 485-507.

fen Fanatismus von SA und SS trägt es mit seinem Einschlag des Theatralischen und Rhetorischen zweifellos einen anderen, kaum vergleichbaren Charakter.

Im übrigen darf man nicht vergessen, dass neben den Neologismen Totalitarismus und Politische Religionen auch das klassische politische Vokabular bei der Wahrnehmung der neuen Regime noch immer eine maßgebliche Rolle spielt.[34] Mit der Lehre von den guten und schlechten Regierungsformen und den ausgearbeiteten Analysen von Tyrannis und Despotie reichen die aristotelischen Termini[35] tief in die Neuzeit, ja noch bis ins 20. Jahrhundert hinein. Trotz der Marginalisierung im Zug des vordringenden staatsrechtlichen Positivismus und Relativismus (besonders in Kontinentaleuropa)[36] sind sie in den ersten Reaktionen auf die sich etablierenden kommunistischen, faschistischen und nationalsozialistischen Regime durchaus gegenwärtig und erlauben eine vorläufige Verständigung. So kennzeichnet Eduard Bernstein 1918 die frisch etablierte Sowjetrepublik kurzerhand als „Tyrannei"[37], ein Urteil, dem sich u.a. Bertrand Russell anschließt.[38] Elie Halévy spricht 1936 von einer europäischen „Ère des tyrannies"; sein thesenartiger Essay veranlasst Raymond Aron drei Jahre später, seinerseits über „die Entstehung der russischen, italienischen bzw. deutschen Tyranneien" zu reflektieren – mit der folgenreichen Formulierung, die Epoche der modernen Tyranneien (Aron verwendet auch den Begriff „totalitäre Regime") sei zugleich eine Epoche „politischer Religionen".[39]

Es kann also keine Rede davon sein, Tyrannis und Despotie seien im Europa des 20. Jahrhunderts nur noch antiquarische Begriffe gewesen. Vor allem in Großbritannien und den USA ist die Resistenz des klassischen Vokabulars beeindruckend stark. Gelehrte wie Leo Strauss und Eric Voegelin haben die Existenz dieser klaren und keineswegs wertfreien Terminologie immer als sichernden Rückhalt im Kampf gegen die verführerische Kraft des modernen Historismus und Relativismus empfinden[40].

---

[34] Einzelnachweise bei Hella Mandt, Das klassische Verständnis (wie Anm. 22), 56 ff.

[35] Aristoteles, Politik I-III; hierzu Hellmut Flashar, Aristoteles, in: Überweg: Antike 3, Basel 1983, 175-457 (bes. 242-252, 336-358).

[36] Hella Mandt, Tyrannislehre und Widerstandsrecht, Darmstadt 1974, dieselbe, Das klassische Verständnis (wie Anm. 22), 36 ff., 42 ff.

[37] Eduard Bernstein, Betrachtung über das Wesen der Sowjetrepublik, 19.9.1918; zit. bei Mandt, Das klassische Verständnis (wie Anm. 22), 74.

[38] Mandt, Das klassische Verständnis (wie Anm. 22), 78 ff.

[39] Siehe Anm. 30. Zu Aron vgl. David Bosshart, Politische Intellektualität und totalitäre Erfahrung, Hauptströmungen der französischen Totalitarismuskritik, Berlin 1992, 103 ff., 117 ff.

[40] Vgl. Eric Voegelin, Die deutsche Universität und die Ordnung der deutschen Gesellschaft, in: Die deutsche Universität im Dritten Reich. Eine Vortragsreihe der Universität München, München 1966, 241-282.

Umgekehrt waren selbst Kritiker der klassischen Tradition und des Naturrechts wie Hans Kelsen in den USA genötigt, ihre rechtsphilosophischen Zweifel moderater zu formulieren oder ganz zu verschweigen. So konnte Leo Strauss an Kelsen die unschuldig klingende Frage richten, warum dieser denn in der englischen Übersetzung seiner „Allgemeinen Staatslehre" die Sätze weggelassen habe, in denen er behauptete, selbst in der Despotie bestehe eine Rechtsordnung, und in denen er den Kritikern dieser Meinung „naturrechtliche Naivität oder Überhebung" vorwarf.[41] Natürlich kannte Strauss die Antwort: im anglo-amerikanischen Kontext kann man eben „nicht so leicht über ‚naturrechtliche Naivität oder Übertreibung' sprechen und schreiben wie im deutschen Sprachraum".[42]

Man vereinfacht die Dinge kaum, wenn man bezüglich der Benennung totalitärer Regime seit 1919 drei geographische Zonen unterscheidet: den angelsächsischen Raum, in dem das klassische Vokabular am stärksten präsent war (und später auch systematisch erneuert wurde);[43] Italien und Deutschland, wo es am meisten marginalisiert erscheint (dort wird an seiner Stelle seit den zwanziger Jahren der Diktaturbegriff reaktiviert!).[44] Im übrigen Europa breiteten sich nach 1923 und nach 1938 die neuen Begriffsbildungen des Totalitarismus und der Politischen Religionen aus. Dabei kommt osteuropäischen Vermittlern wie Waldemar Gurian (und später Zbigniew K. Brzezinski) ein entscheidender Einfluss zu. In den dreißiger und vierziger Jahren erobert dann die Totalitarismusthese auch den angelsächsischen Raum.[45] Sie herrscht dort jedoch nie konkurrenzlos. Selbst ein so wichtiger Vertreter des Totalitarismuskonzepts wie George Orwell, dessen Aufmerksamkeit vor allem den Vorgängen in Deutschland und Russland gilt („Deutsche Nazis und russische Kommunisten" ist seine Standardformel für das totalitäre Personal!), gebraucht das Adjektiv „totalitär" synonym mit „tyrannisch" und „despotisch".[46]

III. Modelle der Interpretation

1. Fragt man nach dem Ertrag von nun bald 80 Jahren Totalitarismusdiskussion und -forschung[47], so fällt vor allem die Fülle empirischer Beobachtungen und Untersuchungen ins Auge, die das „Zeitalter der Gewalt"

41 Leo Strauss, Naturrecht und Geschichte, Stuttgart 1956, Einleitung (Anm. 2).

42 Mandt, Das klassische Verständnis (wie Anm. 22), 63, Anm. 115.

43 Man denke nur an Leo Strauss' On Tyranny (1948), dt. unter dem Titel Über Tyrannis, Neuwied/Berlin 1963, oder an die selbstverständliche Art, in der britische Historiker (z. B. Alan Bullock) bis heute die Begriffe Tyrann und Tyrannis gebrauchen.

44 Maier (wie Anm. 29), 389 f.

45 Maier, 395 f.

46 Mandt, Das klassische Verständnis (wie Anm. 22), 106.

den späteren Betrachtern zur Erinnerung und Warnung hinterlassen hat. Entgegen dem Anschein einer pauschalen und deduktiven Vorgehensweise hat die Totalitarismusforschung eine kaum übersehbare Zahl analytischer Einzelstudien zur Politik hervorgebracht - in engem Zusammenwirken historischer, philosophischer, politischer und juristischer Disziplinen. In ihnen kommt ein Grundthema des 20. Jahrhunderts zur Sprache, das auch für künftige Generationen wichtig bleibt: die Entgrenzung der politischen Gewalt, ihre Loslösung von rechtlichen und sittlichen Normen, ihre Perversion zur tyrannischen „reinen Macht".

Das beginnt - wie Amendolas frühe Gegenüberstellung des sistema maggioritario, minoritario und totalitario zeigt[48] - bereits mit der Abkehr vom Mehrheitsprinzip, vom parlamentarischen System und von den Regularien des Rechtsstaats.[49] Es setzt sich fort mit der Konzentration auf einen „Führer", der alle Macht an sich reißt und Zug um Zug zum Alleinherrscher wird - unter Aufhebung gewaltenteilender und pluralistischer Schranken und unter Vernichtung sämtlicher Gegner.[50] Es folgt die Monopolisierung der Macht mit Hilfe einer einzig zugelassenen Massenpartei, einer terroristischen Geheimpolizei, einer Propaganda, die Gedanken, Meinungen, Nachrichten, Forschung und Künste lenkt und reguliert. Schließlich sichert der Terror - als „reguläre Willkür" massiv oder dosiert eingesetzt - das Funktionieren der auf Reflexe von Befehl und Gehorsam reduzierten Gesellschaft. Ihren Gipfel erreicht die Auflösung rechtlich geordneter Herrschaft mit dem Zerbrechen des für alle geltenden Gesetzes: Wenn Menschen von vornherein außerhalb der Rechtsgemeinschaft gestellt werden (wegen ihrer Zugehörigkeit zu einer Rasse oder Klasse), wenn sie nicht mehr belangt werden für das, was sie tun, sondern für das, was sie sind, dann ist der Punkt erreicht, von dem es keine Rückkehr zu geordneten Verhältnissen mehr gibt. Mit Recht hat man daher in der Figur

---

[47] Vgl. die Beiträge von Karl Dietrich Bracher, Klaus Hildebrand, Ian Kershaw und anderen in: Eckhard Jesse (Hg.): Totalitarismus (wie Anm. 1).

[48] Giovanni Amendola am 12. Mai 1923 in der Zeitschrift Il Mondo; dazu Manfred Funke, Braune und rote Diktaturen - Zwei Seiten einer Medaille? In: Jesse (wie Anm. 1), 152-159; Jens Petersen, Die Entstehung des Totalitarismusbegriffs in Italien, ebda. 95-117.

[49] Hierher gehört die Literatur, welche die „Auflösung" bestehender Rechts- und Verfassungssysteme thematisiert - als Anfang kann man Karl Dietrich Brachers klassisches Werk Die Auflösung der Weimarer Republik (Villingen 1955 u.ö.) betrachten, als einen Endpunkt Daniel Suters eindringliche Studie Rechtsauflösung durch Angst und Schrecken. Zur Dynamik des Terrors im totalitären System, Berlin 1983.

[50] Dieser Führer taucht sowohl im sowjetischen wie im faschistischen wie im nationalsozialistischen System auf, mit allen Begleiterscheinungen des Personenkults, der Freistellung von Kritik, der Vergöttlichung zu Lebzeiten. Für ihn ist der klassische Titel des Tyrannen durchaus angemessen - welcher andere könnte ihn besser charakterisieren?

des „objektiven Feindes“ ein Kriterium totalitärer Herrschaft schlechthin gesehen.[51]

Die Totalitarismusforschung erzählt so auf neue Weise die alte Geschichte vom „Abgleiten“ (parekbasis) politischer Ordnungsformen in ihr Gegenteil, vom Umschlag einer guten in eine schlechte Regierungsform. Sie erweist dabei den klassischen Denkmustern eine ungewollte Reverenz. Wie im antiken Stadtstaat scheint auch im 20. Jahrhundert das Gefährliche in den Anfängen zu liegen. Die ersten Schritte vom Weg geschehen halb unbewusst und werden kaum bemerkt. Das Abgleiten vollzieht sich unter aufmunternden Zurufen der Mehrheit. In allgemeiner Euphorie nimmt der Anfang der „frischfröhlichen Tyrannis“ seinen Lauf. Was dann folgt, ist fast zwangsläufig – die Verfestigungen des schlimmen Zustands sind kaum mehr rückgängig zu machen.

Es wäre ein Irrtum zu glauben, die politische Gewalt träte in totalitären Systemen nur mit Drohung und Terror auf den Plan, sie wäre einzig etwas, was Furcht und Zittern verbreitete und zu blindem Gehorsam zwänge. Die totalitäre Gewalt und ihr Machtzentrum, die Partei, lebt nicht nur aus der Kraft zur faktischen Durchsetzung ihrer Ziele, aus dem Faustrecht des Stärkeren – sie lebt ebenso sehr, wenn nicht noch mehr, aus ihrem Anspruch, das Richtige, das Wahre zu wissen. Die Partei ist eingeweiht in die Zwecke der Geschichte; sie weiß, wohin die Entwicklung führen wird; wer sich ihr anschließt, ist bei den Siegern; die anderen sind zum Untergang verurteilt, sie landen auf dem bekannten „Müllhaufen der Geschichte“. „Die Partei, die Partei hat immer recht“.[52] Es ist diese Ausrüstung mit einer untrüglichen – oder doch untrüglich scheinenden – Ideologie, welche den totalitären Bewegungen ihre Durchschlagskraft verleiht. Nicht nur Hände und Füße werden gefangengenommen, sondern auch das Denken. Partei und Ideologie stützen sich gegenseitig: aus der Einsicht in das (scheinbar) Notwendige erwächst die intellektuelle Sicherheit, die revolutionäre Leidenschaft, die Bereitschaft, alles, und sei es auch das Schreck-

---

51 So vor allem, nach dem Vorgang Hannah Arendts, Daniel Suter (wie Anm. 49), 91-98. Konsequenterweise führt diese Denkweise nicht nur zur Zerstörung der gemeinsamen Staatsbürgernatur – sie löscht auch das Subjekt aus. Der „objektive Feind“ ist nicht mehr ein Schuldiger, sondern ein Schädling – er darf in Säuberungs- und Vernichtungsaktionen wie ein Insekt „beseitigt“ werden. „Das Dekret ‚Über den roten Terror‘ vom 5. September (sc. 1918) kündigte dem Klassenfeind und allen weißgardistischen Umtrieben gnadenlose Vergeltung an. Fortan interessierte nicht mehr der Einzelfall, der politische Mord wurde pauschaliert. Alles spricht dafür, dass die Wirklichkeit der berüchtigten Formulierung des hohen Tschekisten M.Ja. Lacis an Brutalität nicht nachstand: seine Organisation führe ‚keinen Krieg gegen Individuen‘, sie lösche die ‚Bourgeoisie‘ als Klasse aus“ (Hildermeier [wie Anm. 4], 150 f.). Eine ähnliche Denkweise spricht aus Heinrich Himmlers berüchtigter Posener Rede vom 4. Oktober 1943 (Der Prozess gegen die Hauptkriegsverbrecher vor dem Internationalen Militärgerichtshof, Nürnberg 1948, Bd. XXIX, 1919 PS, 145).

52 Aus einem späteren Marschlied der FDJ in der DDR.

lichste, im Dienst der „neuen Zeit" zu tun. Eine kohärente Welterklärung, ausgestattet mit dem Schein der Wissenschaftlichkeit, gibt den totalitären Bewegungen ihr erschreckend gutes Gewissen.

Die Entfesselung der Gewalt in den modernen Totalitarismen ist ein erschreckendes Schauspiel. Vieles sprengt fast die Grenzen menschlicher Vorstellungskraft. Ergänzt man die Ergebnisse der Täter-Forschung durch die Zeugnisse der Opfer,[53] so hat man ein Pandämonium des Schreckens vor sich – hier das Maschinenbuch des Terrors, dort der Schrei der gequälten und zerstörten Menschlichkeit. Die Realität übertrifft nicht nur das, was von den Schrecknissen antiker Tyrannis überliefert ist – sie geht auch über die schwarzen Utopien der modernen Literatur, von Kafkas „Strafkolonie" (1919) bis zu den Romanen von Huxley und Orwell, noch hinaus.

Dennoch: erschreckender als die totale Entfesselung der Gewalt ist ihre ebenso totale Rechtfertigung durch entlastende Philosophien und Ideologien. Hier berühren wir ein weiteres Specificum totalitärer Herrschaft im 20. Jahrhundert. Es ist in der Geschichte ohne vergleichbares Gegenstück. Albert Camus hat die Differenz in „L'homme révolté" scharf charakterisiert: Angesichts der Verbrechen vergangener Tyranneien konnte „das Gewissen fest und das Urteil klar sein". Im Zeitalter des vollkommenen Verbrechens dagegen hat sich die libido dominandi „ein unwiderlegbares Alibi, die Philosophie nämlich", verschafft. Sie könne zu allem dienen, meint Camus, sogar dazu, die Mörder in Richter zu verwandeln.[54]

Die rechtfertigenden Ideologien, welche die Entgrenzung der politischen Gewalt begleiten, nähren sich aus Potentialen und Ressourcen, die seit dem 19. Jahrhundert bereitliegen, ja zum Teil noch älter sind. François Furet[55], Hermann Lübbe[56] und Daniel Suter[57] haben auf die Verbindung von Reinigung und Terror, revolutionärer „Unbestechlichkeit" und Gewaltentfesselung schon in der Französischen Revolution hingewiesen. Marie-Joseph Le Guillou hat am Modell des „französischen, deutschen und russischen Zyklus" Ähnlichkeiten in der Vorgeschichte der modernen, die totalitäre Gewalt fundierenden Ideologien und Organisationen herausgearbeitet.[58] Als periodisch wiederkehrende Phänomene treten auf: 1. die Loslösung des Denkens einer neuen „Intelligentsia" von der kon-

---

53 Summarisch sei an Autoren wie Jean Améry, Viktor Frankl, Primo Levi, Jorge Semprun und Tzvetan Todorov erinnert.

54 Albert Camus, Der Mensch in der Revolte, Reinbek 1977, 1 f.

55 François Furet, Le passé d'une illusion, Paris 1995.

56 Hermann Lübbe, Totalitäre Rechtgläubigkeit. Das Heil und der Terror, in: Hermann Lübbe (Hg.): Heilserwartung und Terror. Politische Religionen des 20. Jahrhunderts, Düsseldorf 1995, 15-34.

57 Daniel Suter (wie Anm. 49).

58 Marie-Joseph Le Guillou, Le mystère du Père. Foi des apôtres – Gnoses actuelles, Paris 1973; dt. unter dem Titel: Das Mysterium des Vaters, Einsiedeln 1974, 161 ff.

trollierten Welt der Schulen, Universitäten, Akademien, 2. das Hervortreten einer Schicht von Aktivisten, welche die Umwandlung der Gesellschaft mit Hilfe einer spezifischen Welt- und Geschichtserklärung in Angriff nimmt, 3. die Entstehung militanter, nicht an pluralistischer Konkurrenz, sondern an Alleinherrschaft orientierter Parteien, die zugleich als Hüter einer reinen Lehre auftreten, endlich 4. der Gebrauch der Sprache nicht zum Zwecke der Kommunikation, sondern der Herrschaft, was zu Verflachung und Formelhaftigkeit, Wirklichkeitsverlust und wahnhaften Vorstellungen führen muss.[59]

Aus diesem bunten und wirren Ideologiegeflecht lösen sich zwei Stränge heraus, die im 20. Jahrhundert eine besondere Virulenz entfalten: jene Ideologien, deren Zentralbegriffe „Klasse“ und „Rasse“ heißen. Mag man der ersten noch die Verbindung mit einem philosophischen Lehrgebäude und eine gewisse dogmatologische Geschlossenheit zugutehalten, so kann sich das nationalistische und rassistische Denken nur pseudowissenschaftlich, aus einem sehr schlichten Naturalismus, einem vergröberten Sozialdarwinismus, rechtfertigen. Das hindert seine Wirkung in Krisenzeiten nicht: was ihm an lehrsatzmäßigen Glaubens-Elementen abgeht, das kompensiert es durch eine diffuse, aber starke emotionale Gläubigkeit.

2. Die Formeln totalitär und Totalitarismus kennzeichnen präzise die Entgrenzung der politischen Gewalt im 20. Jahrhundert. Nach wie vor erscheinen sie mir unentbehrlich, wenn es darum geht, die Emanzipation moderner Gewaltregime vom rechtsstaatlichen Gesetz zu analysieren – jene Selbstvergrößerung, anarchische Freisetzung und Totalisierung des Politischen zwischen 1917 und 1989, die in einem so schneidenden Gegensatz steht zu den Bemühungen um rechtsstaatliche und demokratische Machtkontrolle in der Zeit davor und danach. Aber genügt die sorgfältige Bestimmung totalitärer Merkmale und Attribute schon, um das historisch Neue zu bezeichnen?[60] Führt nicht schon der Begriff der Ideologie über die Grenzen einer phänomenologischen Betrachtung weit hinaus? Was veranlasst totalitäre Systeme von sich aus, nicht nur schrankenlose Handlungsfreiheit für sich zu beanspruchen, sondern zugleich die Logik der eigenen Rechtfertigung bis ins Absurde zu treiben?[61]

Dass in den modernen Totalitarismen religionsähnliche Energien verborgen seien, dass sich manche ihrer Züge nur so erklären ließen, ist nicht erst seit den „Klassikern“ Eric Voegelin und Raymond Aron[62] immer wie-

---

59 Le Guillou weist diese Züge schon am Jakobinerjargon (162), vor allem aber am Leninismus und am Nationalsozialismus nach. „Die Sprache hört [...] auf, über die Wirklichkeit zu informieren, um im Gegenteil ein zwingendes Netz über sie zu breiten“ (173). Eine Skizze des ‚deutschen Zyklus‘ gibt Hugo Steger in: Helmut Kreutzer u.a. (Hg.): Verfolgung und Widerstand. Acta Ising, München 1988, 81 ff.

60 Diese Frage muß man schon an Friedrich/Brzezinskis klassisches Werk: Totalitarian Dictatorship and Autocracy, Cambridge 1956, stellen – bei allen unbezweifelbaren Verdiensten, die es hat.

der behauptet worden. Im Rückblick fällt auf, wie sehr schon die Russische Revolution von zeitgenössischen Betrachtern als ein apokalyptisches Ereignis gesehen wurde.[63] Aber auch die italienischen Faschisten beeilten sich, mit dem „Marsch auf Rom" eine gänzlich neue Zeit beginnen zu lassen, wie es schon die französischen Revolutionäre 1792 getan hatten.[64] Und beim millenarischen „Dritten Reich" wetteiferten Anhänger und Gegner miteinander um religiöse Deutungen: auf der einen Seite „Heil statt Halleluja", nazistisch umgedeutete Liturgien und der Versuch, die christlichen Feste in ein nationalsozialistisches „Feierjahr" umzuwandeln[65] – auf der anderen Seite die Entlarvung des Dritten Reiches als „Reich der niederen Dämonen" und der Nazis als „Wiedertäufer".[66]

Der Weltkrieg hatte die liberale Kultur Europas in den Abgrund gerissen. Im Chaos von Krieg und Nachkriegszeit wurden viele Menschen anfällig für neue Heilslehren. Der Frühling der Heilbringer war ein gesamteuropäisches Phänomen – nach 1918 und erst recht nach 1933. Mit seinem dreisten und barschen Auftreten stand Hitler in diesen Jahren keineswegs allein. Diktatoren herrschten in großen Teilen des Kontinents, vor allem im Süden und Osten. Dass sich Hitler dauerhaft an die Spitze dieser Bewegung setzen konnte, verdankte er seinen medialen Fähigkeiten und seinem beschwörenden Erlösergestus. Hitler war eine Membran des Zeitgeists. Vor einem großen Publikum konnte der sonst wenig auffällige Mann mit dem „teigigen Gesicht" und den „braunen Knopfaugen" sich plötzlich in eine „abwechselnd flehentlich bittende, schwermütige oder rasende Kraft verwandeln, die auf eine Zuhörerschaft losgelassen wurde, die am Ende nicht mehr wusste, ob sie die treibende Kraft war oder gegen ihren Willen getrieben wurde."[67]

---

61 Weder Lenin und Stalin noch Mussolini und Hitler haben sich einfach durch den Erfolg gerechtfertigt gesehen. Sie haben erhebliche Mühe auf Selbstrechtfertigungen mit Hilfe weltanschaulicher Systeme gelegt, was umso erstaunlicher ist, als niemand sie zur Rechtfertigung zwingen konnte.

62 Siehe Anm. 30.

63 Die Literatur ist Legion und reicht von philosophischen und theologischen Werken (Berdjaev, Florenskij, Merežkovskij, Stepun) bis zu weitverbreiteten Alltagsschilderungen (Alja Rachmanowa). Noch Alexander Solschenizyns riesiges Epos über die Oktoberrevolution ist aus solcher Perspektive erzählt!

64 Hans Maier, Die christliche Zeitrechnung, Freiburg [5]2000, 55.

65 Werner Freitag (Hg.): Das Dritte Reich im Fest. Führermythos, Feierlaune und Verweigerung in Westfalen 1933-1945, Bielefeld 1997; Wolfgang Kratzer, Feiern und Feste der Nationalsozialisten. Aneignung und Umgestaltung christlicher Kalender, Riten und Symbole. Diss.phil. München 1998; Horst Möller/Volker Dahm/Hartmut Mehringer (Hg.): Die tödliche Utopie. Bilder, Texte, Dokumente, Daten zum Dritten Reich, München [4]2002.

66 Friedrich P. Reck-Malleczewen, Bockelson. Geschichte eines Massenwahns, Berlin 1937 (Stuttgart [3]1968). Der Verfasser bezahlte dieses Buch im Dritten Reich mit seinem Leben!

In jüngster Zeit hat Michael Burleigh - auf Konrad Heiden und Eric Voegelin zurückgreifend - den Nationalsozialismus als „großes Versprechen", als verheißungsvollen Zukunftsappell, als Heraufkunft einer „neuen Zeit" und eines „neuen Menschen" dargestellt.[68] Dabei fällt auch Licht auf die so beschämend rasche Preisgabe des Rechtsstaats 1933/34. Burleighs These: nur ein Volk, das Politik als Glaubenssache missversteht und sich einem „charismatischen Führer" in die Arme wirft, kann - „der Not gehorchend" - seine Freiheiten preisgeben und endlich im Taumel des Erfolgs den Unterschied von Gut und Böse aus den Augen verlieren. Dabei bewertet Burleigh auch die in ihrer Wirkung oft unterschätzte „Weltanschauung" des Nationalsozialismus neu. „Es war eine Remystifizierung der Naturwissenschaft und der Natur selbst, mit der Konsequenz, dass Klarheit mit Unergründlichkeit vereinbar wurde, Religion mit Naturwissenschaft, pubertäre Morbidität mit Vitalismus [...]" So kam es, „dass der Rückgriff auf die Sprache der Parasitologie ihre eigene kompromisslose Logik und Radikalität entfaltete und diejenigen in ihrem Hygieneeifer bestärkte, die es in diesen ‚eisernen Zeiten' auf sich nahmen, den ‚eisernen Besen' in die Hand zu nehmen und mit ihm die Welt von infektiösen rassischen Fehlentwicklungen zu befreien. Das war Politik als biologische Sendung gedeutet, aber in religiöse Formen gegossen."[69]

Tatsächlich gerät der Historiker, der sich mit den modernen Totalitarismen befasst, auf Schritt und Tritt an religiöse Phänomene. Ob es sich nun um Feste und Feiern handelt, um den überall gegenwärtigen Personenkult (und Totenkult!), um die Mystik des „Großen Plans", um religionsähnliche Zeichen, Symbole, Embleme[70], aber auch um den Alltag, der mit forderndem Anspruch - in Abhebung von christlichen Traditionen - neugestaltet wird:[71] überall streben die totalitären Regime einer fast antiken Nähe des Kultischen und des Politischen zu, überall sind sie bestrebt, die im Christentum wurzelnden Dualismen von Individuum und Öffentlichkeit, Gesellschaft und Staat rückgängig zu machen. Aber sie verarbeiten auch christliche Elemente, zum Teil in usurpatorischem Zugriff[72]: so kehrt mit dem Kommunismus ein religiöser Wahrheitsanspruch in die Po-

---

67 Michael Burleigh, Die Zeit des Nationalsozialismus. Eine Gesamtdarstellung, Frankfurt 2000, 106 f.

68 Wie Anm. 67.

69 Burleigh, 28 f.

70 Hierzu Hans Maier (wie Anm. 33).

71 In der Sowjetunion vor allem durch die Abschaffung des Samstags und Sonntags und die Einführung einer gleitenden Fünftage-Woche - was de facto auf eine erhebliche Ausdehnung der Arbeitszeit auf Kosten der Freizeit hinauslief.

72 Le Guillou (wie Anm. 58) formuliert pointiert: „Was nachgeahmt wird, ist oft die Sünde des Christentums [...]. Was die ideologische Macht als erstes nachahmt, ist genau das, was sie dem Christentum getan zu haben vorwirft, und was nicht zu tun dieses erst legitimiert: das Verbrennen der Häretiker und der Hexen, die Überwachung der Gewissen" (A.a.O. 180 f.).

litik zurück[73]; und es entfaltet sich eine Glaubensgeschichte mit sakrosankten Texten, berufenen Auslegern, strafbewehrter Sorge um die Reinheit des Glaubens. Ketzer, Dissidenten, Apostaten, Renegaten[74] werden verfolgt und notfalls vernichtet. Katechetisches Durchbuchstabieren eines Glaubens – Buchreligionen eigentümlich – finden wir in den diffuseren Weltanschauungen des Faschismus und des Nationalsozialismus nur in Ansätzen; dafür waltet dort eine umso intensivere emotionale Gläubigkeit. Dementsprechend differenzieren sich auch die weltanschaulichen Rechtfertigungssysteme: auf der einen Seite steht die Präsenz des Marxismus-Leninismus als einer umfassenden quasi-philosophischen Geschichts- und Welterklärungslehre; auf der anderen Seite der teils antike, teils durch Nietzsche und Sorel vermittelte Schicksalsglaube Mussolinis – und endlich der aus Naturgesetzlichkeit und christlichem Sich-erwählt-Fühlen seltsam gemischte Begriff der „Vorsehung" bei Hitler.[75]

Gegen die Verwendung religiöser Kategorien zur Deutung totalitärer Systeme werden meist zwei Einwände vorgebracht. Einmal: Lenin, Stalin, Mussolini, Hitler seien alles andere als religiöse Menschen (oder gar Religionsgründer!) gewesen, im Gegenteil, sie hätten – mit Ausnahme Mussolinis – die Kirchen verfolgt. Und zweitens: ein so ehrwürdiger Begriff wie Religion eigne sich kaum als Deutungskategorie für den Bereich der Totalitarismen. Zumindest gerate er, so verwendet, in einen Bereich der Zweideutigkeiten. Wenn gar die Rechtfertigungssysteme totalitärer Regime in die Nähe von „Religionen" gerückt würden, müsse heillose Verwirrung entstehen. Wo sei dann am Ende noch ein Unterschied zwischen Religion und Verbrechen?

Es ist richtig, dass Lenin, Mussolini und Hitler keine Religionsstifter waren. Ihr Verhältnis zur Religion war auf unterschiedliche Weise fremd, feindlich oder kühl. Lenin hielt jede religiöse Idee, „jede Idee von einem Gott" für eine „unsagbare Abscheulichkeit" (Brief an Maxim Gorki vom 14.9.1913). Mussolini blieb zeitlebens, was die Religion anging, ein Pragmatiker und Ordnungspositivist; er sah die Kirche als eine Organisation,

---

[73] Man denke an das oft zitierte Wort Lenins, der Kommunismus sei stark, weil er wahr sei, und an „Die Wahrheit" als häufigen Namen kommunistischer Presseorgane (Prawda, Rude Pravo usw.).

[74] Rohrwasser (wie Anm. 25) stellt auf 31 Seiten (26-57) ein „Wörterbuch der Verdammungen" zusammen, das die Übernahme von Begriffen der Kirchengeschichte (Renegaten, Konvertiten, Ketzer usw.) im Kommunismus eindrucksvoll belegt. Nicht weniger als die kommunistischen Akteure gebrauchen übrigens später auch die vom Kommunismus „Bekehrten" diese religiösen Begriffe: „Die kommunistische Bewegung wird in den Renegatentexten weniger als politische denn als Glaubensbewegung gewichtet. Kritisiert wird die Entwicklung einer dogmatischen Kirche, die den Glauben verrät. Damit werden Vergleiche wie die der ‚Säuberungen' mit der Inquisition und Verurteilungen wie die des Hitler-Stalin-Paktes als ‚Sündenfall' oder des Stalinismus als ‚Erbsünde' sinnfällig" (56 f.).

[75] Jüngste Darstellung der Religiosität Hitlers bei Michael Rissmann, Hitlers Gott, Zürich/München 2001.

eine öffentliche Macht – aber keineswegs als eine Institution des Glaubens und der Gläubigen. Mit Hitler dürfte es ähnlich stehen. Respekt vor der Institution Kirche, ihrem organisatorischen Zusammenhalt, ihrer pädagogischen Formkraft, ihrer „Macht über die Seelen" verbindet sich bei ihm mit der scharfen Ablehnung der „Pfaffen" und mit einem Geschichtsbild, das in jüdisch-christlichen Traditionen geradezu einen Sprengsatz sieht – das Christentum als Ferment der Auflösung, als Vorstufe des Bolschewismus![76] Für den religionsstiftenden Eifer eines Rosenberg, für den Ritualismus eines Himmler, für alle diejenigen in der Partei, die die nationalsozialistische Weltanschauung religiös-kultisch ausformen wollten, hatte er nur Hohn und Spott übrig.

Das hindert nicht festzustellen, dass es unter den Anhängern Lenins, Mussolinis, Hitlers ohne Zweifel religiös bewegte Menschen von echter subjektiver Gläubigkeit gab, sei es, dass sie in diesen Diktatoren religiöse Figuren sahen, zu denen man aufschaute, die man verehrte, sogar anbetete – es gibt viele Zeugnisse dafür –, sei es, dass die Lehren, die von den neuen Machtzentren, den Parteien und Bewegungen ausgingen, nun ihrerseits als religiöse Botschaften interpretiert wurden. Kein Zweifel, viele der Aktivisten, der Helfer und Mitläufer totalitärer Parteien verstanden ihren Dienst nicht als Anti-Religion, sondern durchaus als Religion. Sie fühlten sich als Täuflinge einer neuen Kirche, als Adepten einer neuen Rechtgläubigkeit. Daraus erklärt sich ihr Eifer, ihre Dienstwilligkeit, ihre Leidenschaft, die über politische Erwägungen und Rationalitäten weit hinausging. Ohne diesen religiösen oder jedenfalls religionsähnlichen Eifer ist vieles nicht zu erklären, was der Geschichte der modernen Despotien ihr Gepräge gibt: Die hohe Loyalität und Gehorsamsbereitschaft vieler, die nicht allein aus Terror und Angst erklärt werden kann, die Unempfindlichkeit gegenüber Kritik und Zweifeln, das Gefühl, eine Mission zu erfüllen, die Gefolgschaftstreue und Leidensbereitschaft.[77]

Ernster ist der zweite Einwand zu nehmen. Natürlich widerstrebt es uns, die verhängnisvolle Entschlossenheit der Täter, ihre Unempfindlichkeit gegenüber humanitären Regungen, ihr düster-entschiedenes „Es muss sein!" mit „Religion" in Verbindung zu bringen. Eher meinen wir mit Popper den Schlüssel des totalitären Fanatismus in einem säkularen „Glauben an die Geschichte" gefunden zu haben – oder mit Le Guillou in einem szientifischen Allmachtswahn, der die Wirklichkeit dem Wunsch gefügig machen will. Bestenfalls sei für solche Tendenzen, so lautet eine weitverbreitete Meinung, der Ausdruck „Religionsersatz" (oder „Ersatzreligion") am Platz. Tatsächlich hatten zeitgenössische Betrachter diese

---

76 Klarste Darstellung dieser Zusammenhänge bei Ernst Nolte, Der Faschismus in seiner Epoche, München 1963, 398-409.

77 Vgl. jetzt: Wolfgang Dierker, Himmlers Glaubenskrieger. Der Sicherheitsdienst des SS und seine Religionspolitik 1933-1941, Paderborn 2001.

Kennzeichnungen schon früh auf Kommunismus und Nationalsozialismus angewandt.[78]

Aber was ist es denn, das hier „ersetzt" wird? Schon die Religionsphänomenologie der Jahrhundertwende hatte im Gesicht des Religiösen die archaischen Züge neuentdeckt, die in einer Betrachtung der Religion „innerhalb der Grenzen der bloßen Vernunft" nicht gesehen oder ausgeblendet werden: Schrecken und Heil, unbedingte Hingabe und unbeirrbare Gefolgschaft, das Tremendum et fascinosum der Religion, ihr Credo quia absurdum, ihr sacrificium intellectus. Wenn Eric Voegelin Rasse und Klasse als innerweltlichen Höchstwert (Realissimum) politischer Religionen bezeichnet[79], wenn Hannah Arendt in den Mittelpunkt ihrer Analysen des Totalitarismus das „eiserne Band des Terrors" stellt,[80] so machen sie sich – ebenso wie Romano Guardini in seinem „Heilbringer" – diesen auf seine alten Dimensionen erweiterten Religionsbegriff zunutze. Sie beschreiben die modernen Totalitarismen als freiwillig-unfreiwillige Wiedergänger archaischer Religiosität.

Religion ist nichts Harmloses. Sie hat gewinnende und schreckliche Züge, anziehende und abstoßende Seiten.[81] Das dürfte dem teilnehmenden Beobachter nicht erst seit dem 11. September 2001 deutlich sein. Für die zeitgeschichtliche Analyse kommt es m.E. darauf an, keinen dieser Züge außer Acht zu lassen und das Instrumentarium religionshistorischer und -psychologischer Methoden in seiner ganzen Breite zu nutzen. Sonst verstellt man sich leicht Zugänge zu dem „ins Entsetzliche verstiegenen" Bewusstsein der Täter[82] und zur absurden Logik ihrer Rechtfertigungen – zu jener „Maskerade des Bösen", von der Dietrich Bonhoeffer gesagt hat, sie habe unsere „ethischen Begriffe durcheinander gewirbelt"[83]. Auch die Begriffe von Recht, Politik und – nota bene – Religion![84]

---

78 Am frühesten Franz Werfel in mehreren Reden Anfang der dreißiger Jahre, wiederabgedruckt in: Zwischen oben und unten, Stockholm 1946, 19-148.

79 Eric Voegelin, Die politischen Religionen (wie Anm. 30).

80 Hannah Arendt, Elemente und Ursprünge totaler Herrschaft, Frankfurt ^{2}1962.

81 Bernhard Welte, Vom Wesen und Unwesen der Religion, Frankfurt 1952. Zur Begriffsgeschichte: Ernst Feil, Religio, Bd. I, Göttingen 1986, Bd. II 1997, Bd. III 2001.

82 Dolf Sternberger, Drei Wurzeln der Politik (= Schriften II, 1,2), Frankfurt 1978, 438: „Wir müssen, beim Versuch, diese Phänomene zu erkennen, auch die Anstrengung nicht scheuen, in die Kammern solchen ins Entsetzliche verstiegenen Bewusstseins einzudringen" (gemeint ist Himmlers Posener Rede)

83 Dietrich Bonhoeffer, Widerstand und Ergebung (Neuausgabe München 1970), 12.

84 Dass die totalitären Regime den christlichen Kirchen feindlich gesinnt waren, ist kein durchschlagendes Argument gegen ihre Bezeichnung als (politische) Religionen. Ganze Welten liegen zwischen der „kirchenförmigen Religion" des Christentums, der sowohl der Kommunismus wie der Nationalsozialismus – jeder auf seine Art – den Kampf ansagten, und jener politischen oder säkularen Religion, die sich in den „heiligen Büchern" des Kommunismus, im Schicksalsglauben Mussolinis und in Hitlers „Vorsehung" manifestiert.

B. Das klassische Verständnis: Tyrannis und Despotie

Hella Mandt

Ungeachtet der Vielfalt kultureller Überlieferungen in Europa erlaubte das klassische Vokabular eine erste sprachliche Verständigung über die neuen Formen illegitimer Herrschaft im 20. Jahrhundert. Mehr noch: es hat gegenüber den modernen Gewaltregimen eine mobilisierende Kraft entfaltet, die zumindest potentiell eine Distanzierung und Immunisierung ermöglichte. Dabei sind freilich die modernen Brechungen der antiken Begriffe ebenso zu beachten wie ihre unterschiedliche Präsenz und Geltung in einzelnen europäischen Ländern. Herrschte vor allem in Großbritannien und der angelsächsischen Welt eine relativ dichte Kontinuität klassischer und moderner Begriffsbildung, so war der Kontinent geteilt: Elemente der Tradition und Tendenzen des Abbaus und der Einebnung des überlieferten Vokabulars hielten sich die Waage.

I. Elemente der Tradition

1. Die aristotelische Tyrannislehre

Im Rahmen der Lehre von den Verfassungen und vom Verfassungswandel, der ein Verständnis von Verfassung als der die Einheit von Sitte und Recht umfassenden Lebensweise (bios) der Bürger (bzw. der Gesamtzustand der Bürger[gemein]schaft) zugrundeliegt, wird Tyrannis bei den Griechen als eine nicht-legitime Grundform öffentlicher Herrschaft bestimmt. „Despotische Herrschaft“ ist dagegen zunächst ein Gegenstand der Haushaltungskunde (oikonomia). Nur vereinzelt begegnet daher das Substantiv Despotie (despoteia).[1] Mit Ausnahme der „orientalischen Despotie" bezeichnet der Begriff keine Staatsform, sondern eine private, auf den vorpolitischen Lebensbereich „Haus" bezogene Herrschaftsweise. Despoteia steht mithin im Gegensatz zu politeia, dem Gattungsbegriff für alle Formen öffentlicher Herrschaft. „Herrschaft über Sklaven" (despotike arche) ist die Gegenkonzeption zu „Herrschaft über Freie" (politike arche).[2] In der aristotelischen „Politik" ist diese Kontrastierung zweier Herrschaftsweisen der Verfassungstypologie systematisch vorangestellt.[3]

Einer Übertragung der vorpolitischen despoteia auf den Bereich öffentlicher Herrschaft wird in der Verfassungslehre eine kategorische Absage erteilt. Diese Übertragung wird ein entscheidendes Kriterium der Abgrenzung zwischen legitimen und illegitimen Formen von Herrschaft in der Polis. Das Königtum (basileia) wird im gleichen Maße zur Tyrannis, die Aristokratie zur Oligarchie und die Politie zur Demokratie, als der/die Regierende(n) ihren Willen über die Gesetze stellen und zu ihrem eigenen Vorteil entsprechend häuslicher despoteia des Herrn über seine Sklaven herrschen.

Legitimität kann despotische Regierungsweise auf nicht-häuslicher Ebene allenfalls bei unfreien Völkern (Barbaren) zukommen, denen im Gegensatz zu den Hellenen das Freiheits- und Gleichheitsbewußtsein fehlt. „Sie (die Königtümer mancher barbarischen Völker) haben nämlich eine Gewalt, die sich der Tyrannenherrschaft annähert, beruhen indessen zugleich auf Gesetz und Erbfolge. Denn da die Barbaren sklavischeren Charakters sind als die Griechen und die Asiaten eher als die Europäer, so ertragen sie eine despotische Herrschaft, ohne sich aufzulehnen."[4]

Ohne auf eine Einzelherrschaft beschränkt zu sein, ist die im Rahmen des „Hauses" von Natur aus legitime despotische Herrschaftsform in der Lehre von den Verfassungen und vom Verfassungswandel ein gemeinsames Kennzeichen aller Verfallsformen öffentlicher Herrschaft.[5] In der

---

1 Vgl. Aristoteles, Politik 1253b18; 1255b16; 1278b19,32,37; 1325a28; dazu H. Flashar (Hg.), Ältere Akademie - Aristoteles - Peripatos (= Grundriß der Geschichte der Philosophie, begr. v. F. Ueberweg, NA, Bd. 3), Basel/Stuttgart 1983, S. 175-457, bes. 248 ff., 336 ff.

2 Ebd. 1255b16-23.

3 Je nach rechtlichem Status und Art der Tätigkeit unterscheidet Aristoteles drei Arten von Beziehungen zwischen Hausherrn und Mitgliedern des Hauses: 1. die des Ehemannes zu seiner Frau (gamiké); 2. des Vaters zu seinen Kindern (patriké); 3. des Herrn zu seinen Sklaven (despotiké). Pol. 1253b4-11; 1259a37-39. Letztere ist auf die Besorgung von Notwendigkeiten (anankeia) des täglichen Bedarfs und die Sicherung des „bloßen Lebens" (zen) beschränkt. 1252b29 f. Auch innerhalb des Hauses ist die despotische Herrschaftsweise „von Natur aus" und insoweit legitim lediglich gegenüber Sklaven, nicht dagegen im Hinblick auf Frauen und Kinder. (1259b1).

4 Politik 1285a18-23; vgl. ebd. 1279a21. In früher Zeit haben Aristoteles zufolge auch Griechen ein despotisches Regime akzeptiert; dieses jedoch lediglich in Form der zeitlich befristeten Herrschaft. Die Hervorhebung der Vorzeitigkeit ist dabei ausschlaggebend, vgl. ebd. 1295a11-14; 1285a30-b4.

schlechtesten Verfassungsform, der Tyrannis[6], regiert der Tyrann nicht mit, sondern gegen die bestehenden bzw. ohne Gesetze und gegen bzw. ohne die Zustimmung der Bürger: „Tyrannis muß also eine solche Monarchie sein, die ohne Verantwortlichkeit (anypeutynos) über alle Ebenbürtigen und Besseren regiert, zu ihrem eigenen Nutzen und nicht zum Nutzen der Regierten. Darum ist sie unfreiwillig (akousios), denn kein Freigeborener wird freiwillig eine solche Herrschaft akzeptieren."[7] Weil die tyrannischer Herrschaft Unterworfenen ihre Eigenschaft als Bürger verlieren, werden sie terminologisch konsequent entweder als „einheimische" oder als „beherrschte" bezeichnet.[8] Wird Tyrannis von der Ebene der Zielsetzung und vom Modus der Herrschaftsausübung her charakterisiert, so ist die dritte grundlegende Dimension des von Aristoteles normierten Tyrannisbegriffes diejenige der Beschaffenheit der Beziehungen der Bürger untereinander als Bürger und zugleich in ihrer Eigenschaft als Menschen: die Unmöglichkeit in Freundschaft und Vertrauen zusammen zu leben und deren planvoller Zerstörung ausgesetzt zu sein.[9] Mit der Verhinderung von Freundschaft und Vertrauen erfolgt nicht allein eine politische Deprivation. Vielmehr geht tyrannische Herrschaft darüber weit hinaus und wirkt hinein in den vorpolitischen Bereich zwischenmenschlicher Beziehungen: durch Verbot von „festlichen Zusammenkünften aller Art" (Syssitien, Hetairien u.a.m.); durch Herstellung größtmöglicher Öffentlichkeit und Kontrolle der Aktivitäten und der Gedanken der Beherrschten; durch Verbot von Erziehung, Verhinderung von Muße und permanente Heranziehung zu Prachtbauten wie bei der Führung von Kriegen. Auf diese Weise werden Menschen einander fremd und entscheidender Dimensionen nicht allein bürgerlichen Lebens, sondern des Menschseins (philia, homonoia, pistis) beraubt. Insoweit die ältere und jüngere griechische Tyrannis Praktiken kultureller und psychischer Deprivation nicht kannte, kann deren Thematisierung durch Aristoteles als der Versuch verstanden werden, mit Blick auf die Konstitutionsbedingungen „guten Lebens" die mit Freiheitsberaubung und der Übertragung despotischer Herrschaftspraktiken in den öffentlichen Raum unter Umständen einhergehenden Folgen der Tyrannis für die Lebensweise der Beherrschten zu ermessen. Wo in die Theorie unrechtmäßiger Herrschaft philosophische Erwägungen über das „gute Leben" nicht einbezogen werden, können naturgemäß kulturelle und psychische Verkümmerung als mögliche Folgen konsequent tyrannischer Herrschaft nicht in den Blick kommen.[10]

---

5 Ebd. 1292a.
6 1289a39 ff.
7 1295a19-23.
8 1313b6 und 1313b12.
9 Eth. Nik. 1161a10.30-32.

Tyrannis in den hier beschriebenen Dimensionen gilt Aristoteles als der Inbegriff des Verfalls öffentlicher Herrschaft. Extreme Oligarchie und Demokratie im Sinne uneingeschränkter Mehrheitsherrschaft werden als „nur mehrteilige Tyrannenherrschaft" eingestuft.[11] In beiden wird Herrschaft nicht zum Nutzen aller Bürger, sondern jeweils im Interesse einer ‚Klasse' ausgeübt - in der Oligarchie zum Vorteil einer Minderheit von Reichen, in der Demokratie zum Nutzen der zumeist in der Mehrheit befindlichen Armen. Für den Fall, dass Reichtum auf der einen, Armut auf der anderen Seite ins Extrem getrieben sind, ist absehbar, dass „ein Staat von Herren (despotes) und Knechten (doulos), aber nicht von Freien entsteht: die einen beneiden und die andern verachten, und beides widerstrebt im höchsten Maße der Freundschaft und politischen Gemeinschaft."[12] Die beschriebene soziale Konstellation ist der sicherste Nährboden für die Entstehung der reinen Tyrannis. Denn mit dem Grad des Ansteigens von Reichtum einerseits, Armut andererseits und dem Wachsen der Spannung zwischen beiden ‚Klassen' wächst zugleich die Gefahr, dass ein Einzelner die Situation für sich ausnutzt und eine Tyrannis errichtet, indem er seine Herrschaft auf eine der beiden zur Macht drängenden Klassen stützt.[13]

Eine besondere Akzentuierung erfährt die Gleichartigkeit von reiner Tyrannis und uneingeschränkter Demokratie: Wo der Wille des Herrschers, sei es eines einzelnen oder des Volkes als Gesamtheit („Die Menge ist ja Herr, nicht als jeder Einzelne, sondern als Gesamtheit.")[14], die einzige zu allgemein verbindlichen Entscheidungen befugte Instanz ist, dort ist verantwortliche Herrschaft nicht mehr möglich. Denn diese wird in Ämtern ausgeübt, in denen Kompetenzen und Verantwortlichkeit festgelegt sind. Unter der Herrschaft des Volkswillens oder des Willens eines Monarchen „lösen sich alle Ämter auf"[15] und mit ihnen die Verfassung. Aus diesem Grunde spricht Aristoteles davon, dass man Tyrannis und uneingeschränkte Demokratie nicht eigentlich als Verfassungen bezeichnen könne.[16]

Aber die Gleichartigkeit von Tyrannis und reiner Demokratie reicht über die Tatsache der Erosion politischer Verantwortlichkeit durch die Auflösung der Ämterordnung der Verfassung weit hinaus: die vermeintliche Herrschaft des Volkes ist in Wirklichkeit die Herrschaft eines Einzelnen, des Volksführers oder „Demagogen" über das Volk. Während näm-

---

[10] A. Kamp, Die aristotelische Theorie der Tyrannis, Philos. Jb.92 (1985), S. 21 ff. (S. 26).

[11] 312b34 ff.

[12] 1295b21 ff.

[13] 1318b18; 1308b21; 1305a15.

[14] 1292a13.

[15] 1292a30.

[16] 1292a31.

lich das Volk meint, Herr über alles zu sein, ist der Demagoge Herr über die Meinung des Volkes, der auf vernünftiger Beratung beruhende Konsens von ihm verkehrt in die durch den „Appell an das Volk" provozierte Akklamation: „Denn so werden sie (die Demagogen) selbst groß, wenn das Volk Herr über alles ist und sie über die Meinung des Volkes; denn das Volk gehorcht ihnen."[17] „[...] so entspricht denn diese Demokratie unter den Alleinherrschaften der Tyrannis. Der Charakter ist auch derselbe, beide herrschen despotisch über das Bessere und der Volksführer und der Schmeichler entsprechen einander genau. Und diese beiden haben je die größte Macht, die Schmeichler bei den Tyrannen und die Volksführer bei einem solchen Volke."[18]

Der detaillierten, um Erfassung der Vielschichtigkeit tyrannischer Herrschaft, ihrer Entstehung, Erscheinungsformen und praktischen Implikationen bemühte Diagnose steht keine gleichermaßen auf Einzelheiten eingehende Therapie der Tyrannis gegenüber. Dennoch berechtigt nichts zu der Annahme, Aristoteles habe diesem Teil seiner Tyrannislehre weniger Bedeutung beigemessen als dem vorangegangenen oder durch seine Zurückhaltung an dieser Stelle Skepsis gegenüber der Berechtigung sowie den Möglichkeiten und Erfolgschancen von Versuchen zur Beseitigung der Tyrannis zum Ausdruck bringen wollen. Er selbst berichtet in der „Politik" durchaus zustimmend von der in den griechischen Stadtstaaten geübten Praxis, einem Tyrannenmörder hohe Ehre zuteil werden zu lassen.[19] Im „Staat der Athener" bezeichnet Aristoteles das ältere (vorpeisistradische) athenische Gesetz gegen die Tyrannis als milde: denjenigen, der nach der Tyrannis strebte oder einen anderen darin unterstützte, bestrafte es mit dem Entzug der aktiven und passiven Bürgerrechte. Dies im Gegensatz zu dem nach der Vertreibung der Peisistratiden in Kraft getretenen Gesetz, das für den gleichen Tatbestand die Tötung vorsieht.[20] Vielmehr wird man annehmen müssen, dass die Umstände, unter denen Aristoteles lehrte und schrieb: seine Stellung als Fremder und makedonischer Untertan in Athen, die ihm von seiten der Anhänger des Demosthenes den Verdacht eintrug, das Haupt eines „makedonischen Spionagebureaus" zu sein, ihm weitgehende Zurückhaltung in dieser Frage auferlegte.[21]

So mag er sich deshalb darauf beschränkt haben, seine Therapie in einen Bericht darüber zu kleiden, was gewöhnlich die Tyrannis zerstört und was sie gewöhnlich erhält. Die Tyrannis geht – abgesehen von Einwirkungen fremder Staaten – „durch sich selbst" zugrunde, wenn diejenige Gruppe der Bürger, auf die sie sich stützt, unter sich uneins wird[22] oder durch Anschläge der Bürger gegen das Leben des Herrschers bzw. gegen seine Herrschaft, sei es „wegen Beleidigungen, aus Angst, und aus Verach-

17 1292a25.

18 1292a18-22.

19 1267a13-16.

tung“[23] sei es aus Ehrgeiz[24], um des zu erwartenden Ruhmes willen.[25] Die Tatsache, dass Aristoteles den „Ehrgeiz“ an letzter Stelle der Motive für den Tyrannenmord bzw. den Umsturz der Tyrannei nennt; dass er hervorhebt, nur wenige handelten aus diesem Grunde; nicht zuletzt, dass er in diesem Zusammenhang Platons Freund und Schüler Dion als Vorbild erwähnt, der 357 v. Chr. Syrakus von einer fünfzig Jahre währenden Tyrannenherrschaft befreit hatte – zusammengenommen erlaubt all dies die Vermutung, dass Aristoteles Ehrgeiz für das ehrenvollste der erwähnten Motive für die Beseitigung der Tyrannen hielt: „Wer aber aus Ehrgeiz einen Anschlag unternimmt, hat andere Gründe als die bisher genannten [...] aus solchen Gründen tun es die anderen, diese aber greifen die Alleinherrscher an, wie wenn dies eine der sonstigen hervorragenden Taten wäre, durch die man berühmt und unter den Menschen angesehen wird; sie wollen nicht die Alleinherrschaft gewinnen, sondern den Ruhm. Freilich sind es nur sehr wenige, die aus diesem Grund handeln. [...] Sie müssen sich den Entschluss des Dion zum Vorbild nehmen, der mit ganz wenigen gegen Dionysios zog und sagte, wie immer die Sache fortginge, ihm genü-

---

[20] Staat der Athener, 16. – Vgl. H. Friedel, Der Tyrannenmord in Gesetzgebung und Volksmeinung der Griechen. Würzburger Studien zur Altertumswissenschaft. H. 11. Stuttgart 1937, S. 20 ff, 39 ff. Dort auch S. 41 f der Text des jüngeren Gesetzes gegen die Tyrannis, auf das Aristoteles im „Staat der Athener“, 22, hinweist: „Stürzt einer die Demokratie in Athen oder bekleidet ein Amt, während die Demokratie gestürzt ist, so soll er ein Feind der Athener sein und straflos getötet werden und sein Vermögen soll dem Staat verfallen sein und der zehnte Teil der Göttin. Wer aber den getötet, der solches verübt hat, und wer dazu mit Rat geholfen, soll schuldlos und rein sein. Es sollen aber alle Athener unter gleichzeitiger Verrichtung der gesetzesmäßigen Opfer nach Phylen und Demen schwören den zu töten, der solches verübt hat. Die Eidformel aber soll folgende sein:
Den Tod will ich durch Wort und Tat und Stimmstein und mit eigener Hand, wenn ich dazu in der Lage bin, dem bereiten, der die Demokratie in Athen stürzt und dem, der ferner noch ein Amt bekleidet, während die Demokratie gestürzt ist, und dem, der sich zum Tyrannen aufschwingt oder dem Tyrannen zur Macht mitverhilft. Und wenn ein anderer die Tötung ausführt, werde ich ihn Göttern und Dämonen gegenüber für gerechtfertigt halten als einen, der den Staatsfeind der Athener getötet hat und die ganze Habe des Getöteten will ich verkaufen und die Hälfte des Erlöses dem, der ihn getötet hat, auszahlen und ihm nichts vorenthalten. So aber einer bei der Tötung eines der Genannten oder bei einem Angriff auf ihn selbst den Tod findet, so will ich es ihm und seinen Kindern lohnen wie dem Harmodios und Aristogeiton und ihren Nachkommen“.
Der gleiche Text auch in F. Bauer (Hg.): Widerstand gegen die Staatsgewalt. Dokumente der Jahrtausende. Frankfurt/M. 1965, S. 26 f. – Über Aristoteles' Verhältnis zum Tyrannenmord vgl. die Bemerkungen von H.-G. Schmidt-Lilienberg, Die Lehre vom Tyrannenmord. Ein Kapitel aus der Rechtsphilosophie. ND der Ausgabe Tübingen 1901, Aalen 1964, S. 11 ff. Zu Aristoteles' Verhältnis zum Widerstandsrecht vgl. J.A. Stüttler, Das Widerstandsrecht und seine Rechtfertigungsversuche im Altertum und im frühen Christentum. In: ARSP 51 (1965), S. 495-538. Auch in: A. Kaufmann, L.E. Backmann (Hg.): Widerstandsrecht. Wege der Forschung, Bd. CLXXIII, Darmstadt 1972.

ge es, so weit zu gelangen, so daß es, wenn er auch beim ersten kleinen Schritt ins Land sterben sollte, für ihn ein schöner Tod sein würde."[26]

Der Schilderung der Motive, die in der Regel zum Umsturz der Tyrannis führen, schließt sich die Beschreibung der Mittel an, durch die tyrannische Herrschaft gewöhnlich erhalten wird. Aristoteles stellt sie in ihrem äußersten Gegensatz einander gegenüber: einerseits die Erhaltung der Tyrannis durch die Ausschöpfung aller Möglichkeiten, andererseits durch die Wandlung der Tyrannis zum Königtum.

Die Schilderung der ersten Möglichkeit fügt den in der Diagnose festgestellten Grundmerkmalen der Tyrannis einen Katalog einschlägiger tyrannischer Herrschaftstechniken hinzu, die insgesamt auf die Zerstörung persönlicher, bürgerlicher und politischer Freiheit der Bürger zielen. Diese Schilderung tyrannischer Politik hat in der Tradition westlichen politischen Denkens Berühmtheit erlangt.[27] Den Theoretikern und Praktikern europäischer und amerikanischer Revolutionen war sie wohlvertraut. Sie haben sich ihrer bedient als eines Arsenals der Argumente zum Beweis der Gerechtigkeit der Sache, für die sie kämpften. „Das ist die Art, nach der die meisten Tyrannen ihre Herrschaft verwalten: [...] die Überragenden beseitigen, die Stolzen wegschaffen und keine Syssitien gestatten, keine Klubs und keinerlei Erziehung und nichts dergleichen, sondern alles verbieten, woraus Stolz und gegenseitiges Vertrauen entstehen könnte, ebenso auch keine Muße und feierlichen Zusammenkünfte gestatten, sondern alles tun, damit die Bürger einander gegenseitig so fremd als möglich bleiben (denn wenn man sich kennt, gewinnt man leichter Vertrauen zueinander). Außerdem sollen die ansässigen Bürger immer kontrollierbar sein, sich stets außer dem Hause aufhalten, denn so können sie am wenigsten heimlich etwas unternehmen und werden sich an demütige Gesinnung gewöhnen, da sie immer in Knechtschaft gehalten werden. So bemüht sich der Tyrann, stets zu wissen, was die Untertanen sagen oder tun; er unterhält Beobachter, denn dann reden die Menschen weniger offen, da sie die-

---

21 Dieser Ansicht W. Jaeger, Aristoteles. Grundlegung einer Geschichte seiner Entwicklung. Berlin 1923,.S. 335; auch U.v. Wilamowitz-Moellendorf: Aristoteles und Athen. Berlin 1893, S. 339 und S. 351. Vgl. die Bemerkung von L. Strauss in „Persecution and the Art of Writing". Glencoe/Ill. 1952, S. 33.

22 Politik 1312b10 f.

23 1311a6 f.

24 1312a24.

25 Ehrgeiz in diesem Zusammenhang positiv, nicht pejorativ gemeint, ebenso wie Ruhm.

26 1312a24-40.

27 Vgl.O.Jászi/J.D. Lewis, Against the Tyrant. The Tradition and Theory of Tyrannicide. Glencoe, Ill. 1957, S. 6; 22 und 260, Anm. 22. – Noch A. Schäffle, Bau und Leben des socialen Körpers, 2 Bd.: Specielle Soziologie, Tübingen 1896, beruft sich auf die „prachtvolle Charakteristik des Aristoteles gegen (sic!) die Tyrannis", die „in einer unübertrefflichen Weise [...] die Grundzüge der Politik, durch welche Tyrannis allein sich erhalten könne", schildert.

se Horcher fürchten, und wenn sie offen reden, wird es leichter bekannt. Außerdem wird der Tyrann die Menschen gegeneinander aufhetzen, Freunde untereinander und das Volk gegen die Angesehenen und Reichen untereinander. Er wird auch die Untertanen arm machen, um seine eigene Wachmannschaft besolden zu können, und damit sie dauernd ihrem Lebensunterhalt nachgehen müssen und keine Zeit zu Konspirationen haben. Ein Beispiel dafür sind die ägyptischen Pyramiden, der Bau des Olympions durch die Peisistratiden, denn all dies verfolgt dasselbe Ziel, Beschäftigung und Verarmung der Untertanen. Der Tyrann ist auch kriegerisch, damit die Leute dauernd beschäftigt sind und dauernd auf einen Anführer angewiesen. Das Königtum wird durch die Freunde erhalten, die Tyrannis dagegen durch das Mißtrauen gegenüber den Freunden. Solche Dinge also gehören zur Tyrannis und erhalten sie, und es fehlt dabei keine Schlechtigkeit. Man kann sie in drei Gruppen zusammenfassen. Alle Maßnahmen der Tyrannen kann man von einem davon ableiten: dass sie einander mißtrauen, dass sie machtlos seien und dass sie unterwürfig seien.[28]

2. Der Tyrannisbegriff im europäischen Sprachgebrauch

Der Tyrannisbegriff in seiner aristotelischen Definition wie die für ihn konstitutive Differenzierung zwischen politischer und despotischer Herrschaft beherrschte den gemeineuropäischen Sprachgebrauch bis in das 19. Jahrhundert hinein. Allerdings war er schon im vorrevolutionären Europa Umdeutungen, Tabuierungen und Negationen ausgesetzt. Denn der verbindlichen Festlegung durch eine „klassische" Theorie sind angesichts der Streitbefangenheit negativer Verfassungsbegriffe in Epochen politischen Wandels ebenso Grenzen gesetzt wie der Durchsetzung einzelner Umdeutungen oder Tabuierungen.

In der Krise der Republik Florenz hält Machiavelli an der tradierten Verfassungstypologie ebenso fest wie an der Lehre vom Kreislauf der Verfassungen. Tyrannei bleibt Inbegriff unrechtmäßiger Herrschaft, das Gegenteil von politischer oder ziviler Lebensweise („vivere politico", „vivere civile").[29]

Sie zeichnet sich aus durch Herrschaft von dem Gemeinwohl dienlichen Gesetzen, unterstützt von guten Gewohnheiten und Sitten, vor allem aber auch durch institutionelle Vorkehrungen, die – „Deichen und Dämmen" gleichend – geeignet sind, Parteikämpfe und geschichtlichen Wandel in politisch produktive Bahnen zu lenken.[30] Machiavelli wendet sich zugleich

---

28 1313a40-1313b32; 1314a13; 1314a2.

29 Vgl. W. Kersting, N. Machiavelli, München 1988, S. 125 ff. – I. Berlin, die Originalität Machiavellis. In: Wider das Geläufige. Aufsätze zur Ideengeschichte. 1. A. Frankfurt am Main 1988, S. 93-157.

von der tradierten Verfassungstypologie ab, indem er neben die Tyrannei einen weiteren Gegensatz zum Vorbild des „vivere politico" stellt: den „principe nuovo". Seine Aufgabe: die Überwindung einer Krise, zu der Konfliktparteien aus eigener Kraft nicht fähig sind, und die Wiederherstellung einer verfassungsmäßigen (republikanischen) Ordnung. Zu diesem Zweck ist es dem neuen Fürsten - weder legitimer republikanischer Herrscher noch Tyrann, sondern ein tertium - erlaubt, „zu außerordentlichen Mitteln (zu) greifen, das heißt zu Gewalt und zu den Waffen" (Discorsi I,18). Ihren Gebrauch entschuldigt allein der Erfolg der Gründung oder Wiederherstellung einer Republik, wobei der „prudente ordinatore d'una repubblica" einer Ökonomie der Grausamkeit folgen soll. „Gut kann man grausame Mittel nur nennen - wenn es überhaupt erlaubt ist, etwas Schlechtes gut zu heißen - , wenn man sie auf einmal anwendet, [...] dann aber nicht damit fortfährt. [...] Schlecht angewendet sind grausame Mittel, die, mögen sie anfangs auch gering an Zahl sein, mit der Zeit eher zunehmen als aufhören."[31] Als politisch produktiv wird sich die Herrschaft des principe nuovo (zu dessen Charakterisierung er nirgends den Ausdruck „politico" oder „civile" verwendet) allein dann erweisen, wenn er „so klug und charaktervoll (ist), dass er die unumschränkte Macht, die er an sich gerissen hat, nicht auf einen anderen vererbt. Da die Menschen mehr zum Bösen als zum Guten neigen, könnte sein Nachfolger die Macht, die dieser zum Guten gebraucht, zu ehrgeizigen Zwecken mißbrauchen."[32] Nach überwundener Krise und erfolgter Wiederherstellung republikanischer Ordnung muß der „principe nuovo" das Gemeinwesen den Bürgern zurückgeben und die Macht klug auf die gesellschaftlichen Kräfte verteilen.

Machiavelli relativiert also die der Tradition entstammende kompromißlose Entgegensetzung von Königtum und Tyrannei, die ein Tertium ausschließt. Diese Relativierung ist jedoch nicht zu verwechseln mit einer Aufhebung der Entgegensetzung und einem völligen Bruch[33] mit der Tradition.

Mit der Etablierung des aus den religiösen Bürgerkriegen auf dem europäischen Kontinent hervorgegangenen souveränen Staates wurde der Tyrannisbegriff weithin auf seinen ethisch-politischen Gehalt reduziert. Die Grunderfahrung des konfessionellen Bürgerkrieges - die drohende Nähe

---

30 Principe, XXV.

31 Principe VIII.

32 Discorsi I.

33 Das Programm des extrakonstitutionellen „principe nuovo" ist gleich weit entfernt von einem utopischen wie fatalistischem Ausstieg aus der Geschichte: im Gegensatz zu der Aufgabe des ebenfalls extrakonstitutionellen législateur in der totalitären Utopie Rousseaus geht es nicht darum, die Natur des Menschen durch ihre „Denaturierung" zu überwinden. und die „société civile" in eine gegensatz- und herrschaftsfreie „association" zu transformieren. Das Ziel des „principe nuovo" ist ein politisches: es gilt, der menschlichen Natur Republikfähigkeit abzutrotzen.

der Anarchie – führte zu einer Revision und partiellen Entpolitisierung von „Tyrannis". Der Usurpator, mochte er auch wie ein Tyrann regieren, ließ die Tyrannis als eine akzeptable Alternative zum bellum omnium contra omnes erscheinen: „La tyrannie d'un prince est pernicieuse, de plusieurs encore pire [...] Toutefois elle n'est point encore si mauvaise que d'Anarchie, où il n'y a forme de République, n'y personne qui commande, ou qui obeisse".[34] „Et ne faut pas appeler tirannie les meurtres, banissements, saisies, & autres executions, ou exploits d'armes qui se font au changement des Republiques ou retablissement d'icelles: Car il ne se fit jamais & ne peut se faire autrement quand le changement est violent, comme on a veu au triumuirat, & souuent aux elections de plusieurs Empereurs [...] car il estoit necessaire d'auoir vn tel medecin à une Republique vlceree de tant de seditions & rebellions, & enuers vn peuple effrené & debordé en toute licence".[35] Die Herausforderung der Epoche veranlaßt auch Bodin bei Aufrechterhaltung der traditionellen Entgegensetzung von König und Tyrann, zu einer Relativierung durch die Aufspaltung in Etat und Gouvernement, in Staatsform und Regierungsform und durch die Konzeption der Fürstensouveränität als maiestas summa in cives ac subditos legibusque soluta potestas. Indem Bodin den als Juge souverain (IV,7) über die streitenden Parteien gestellten Monarchen vom Konsens der Bürger und der Bindung an Herkommen und gesetztes Recht dispensiert, ihn allein auf das ius divinum et naturale verpflichtet, verlegt er den Unterschied – was den Modus der Herrschaftsausübung betrifft – ausschließlich in den Bereich des Moralischen: „or la plus noble difference du Roy & du Tyran est, que le Roy se conforme aux loix de nature: & le tyran les foule aux pieds: l'vn entretient la pieté, la iustice, & le foy: l'autre n'a ny Dieu, ny foy, ni loi: l'vn fait tout ce qu'il pense seruir au bien public, & tuition des subiects: l'autre ne fait rien que pour son profit particulier, vengeance, ou plaisir".[36]

Die Ausbildung der Herrschersouveränität, die den mittelalterlichen Dualismus von „Land" und „Herrschaft" auf dem westeuropäischen Kontinent überwand zugunsten eines mit dem Monopol der Rechtssetzungsgewalt und der Machtausübung ausgestatteten Souveräns auf der einen, des aller politischen Befugnisse beraubten Untertanenverbandes auf der anderen Seite, hatte mithin zur Folge, dass der Tyrannis-Begriff seines (verfassungs)politischen Gehalts entkleidet wurde, so nachdrücklich man auch, insbesondere in Deutschland, in der Folgezeit zunächst an seiner moralischen Substanz festhält.

Wie läßt sich unter diesen Umständen politische gegenüber despotischer Regierungsweise abgrenzen? Entspricht nicht Bodins Monarchie legibus et consensu populi soluta derjenigen Regierungsform, die man seit Aristo-

---

[34] J. Bodin, Six Livres de la République. Paris 1583. VI,4. Vgl. Preface s.p.

[35] Ebd., II, 4.

[36] Ebd. IV,7; II,4.

teles als despotisch qualifiziert hatte und die als sklavisch und barbarisch galt? Liegt nicht in der Konsequenz der Souveränitätstheorie die Einebnung des Unterschiedes zwischen despotischer und politischer Herrschaft und insofern eine unausgesprochene Aufwertung despotischen Regierens? War nicht in Zukunft, wie Voltaire später formulierte, die trennende Linie zwischen „le pouvoir monarchique et le despotisme [...] si fine que bien des yeux ne l'appercevront pas?"[37]

Bodin kann die unerwünschte Identifizierung dadurch vermeiden, dass er - obwohl in den „Six Livres de la Republique" der Sache nach die ältere Lehre vom principatus despoticus aufgreifend - das Adjektiv despotique vermeidet und der „Monarchie Royale ou legitime" und der „Monarchie Tyrannique" die „Monarchie Seigneuriale" gegenüberstellt. Auf diese Weise rettet er die souveräne „Monarchie Royale" vor dem Verdacht, despotisch und nicht-freiheitlich zu sein.

Der Vermeidung des Adjektivs „despotique" zugunsten von „seigneuriale" liegt eine politische Aufwertung despotischer Regierungsweise zugrunde: die „Monarchie Seigneuriale", bald absolute Monarchie genannt, ist nichts Widernatürliches mehr - „aucunement contre la loy de nature". Zugleich ist sie befreit vom Odium des Sklavischen oder Barbarischen: sie ist die ursprüngliche Regierungsform aller Völker, nicht allein der „Barbaren", sondern auch der Griechen „qui escriuent à tout propos que les Grecs, estoyent libres, & les Barbares esclaues". (II,2.S. 273) Alle Staaten (Republiques) beruhen in ihrem Ursprung auf Gewaltsamkeit und Unterdrückung, „se trouuent pleins d'esclaues". Die Staaten des Westens sind hiervon nicht ausgenommen: „Demosthene, Aristote & Ciceron se sont mespris, suyuans l'erreur d'Herodote, qui dit que les premiers Rois ont esté choisis pour leur iustice & vertu, au temps qu'ils ont figure heroique... La raison & la lumiere naturelle nous conduit à cela de croire que la force & violence a donnè source & origine aux Republiques".[38]

Die Entpolitisierung der tradierten Tyrannislehre setzte sich in Deutschland nicht ohne Widerstand durch. Seinen prägnantesten Ausdruck fand er in der gegen Bodins Souveränitätslehre gerichteten Politica von Johannes Althusius. Vom Boden des alten Rechts gesehen gilt ihm Bodins absolute Monarchie noch als Tyrannei: „Absoluta potestate uti, est tyrannis. Tyrannis est [...] quando summus magistratus absolutâ potestate seu plenitudo potestatis, in administratione sua utitur, & repagula atque vincula, quibus humana societas est obserrata, revellit & perfringit.[39]

---

37 Vgl. R. Dérathé, Les philosophes et le despotisme. In: Utopie et Institutions au XVIIIe Siècle. Le Pragmatisme des Lumières. Congrès et Colloques IV. Paris, La Haye 1963, S. 61.

38 I,6.S. 69. Vgl. II,2.S. 273: „Quant à la Monarchie Seigneuriale, II est besoin de la traiter la premiere, comme celle qui a esté la premiere entre les hommes. Car ceux les abusent, lesquels, suivant l'opinion d'Aristote, pensent que les premiers Monarques aux temps heroïques fussent élus des peuples."

Der vom Boden der alten ständischen Verfassungsstruktur her formulierte Protest blieb ohne andauernden Widerhall auf europäischer Ebene. Die politische Vernunft schien eher in der Lösung Bodins als in derjenigen von Althusius und seiner Anhänger zu wohnen. In den Wirren des englischen Bürgerkrieges ging Thomas Hobbes über Bodins Relativierung der Entgegensetzung von König und Tyrann und seine Aufwertung despotischer Herrschaft weit hinaus: der „Entpolitisierung" der Tyrannislehre ließ er die „Entmoralisierung", d.h. die gänzliche Aufhebung der Unterscheidung von König und Tyrann folgen. Sie entstand auch nicht allein aus der Not der Zeit. Vielmehr ging sie auch aus dem Versuch hervor, die Politik als exakte Wissenschaft zu begründen.

Aus der Perspektive von Hobbes' neuer politischer Wissenschaft ist „Tyrann" nurmehr eine Bezeichnung für einen mißliebigen Herrscher. Die Tyrannophobie der griechischen und römischen Klassiker des politischen Denkens reduziert sich auf „fear of being strongly governed".

Die Aufhebung der Unterscheidung von Königtum und Tyrannis ist begleitet von einer Einebnung der Entgegensetzung von politischer und despotischer Herrschaft. Im Unterschied zur Aristoteles-Tradition wird sie weder auf einen geographischen Raum (Orient) noch auf den Modus der Herrschaftsausübung bezogen. Sie wird allein aufrechterhalten, um unterschiedliche Entstehungsgründe von Staaten zu bezeichnen: „political commonwealth or commonwealth by institution und commonwealth by acquisition, [...] where the sovereign power is acquired by force [...] which some writers call despotical, from despotes which signifieth a lord, or master; and is the dominium of the master over his servant". Im ersten Fall unterwerfen sich die Beherrschten einem Souverän aus Furcht voreinander; im letzteren unterwerfen sie sich einem Eroberer, den sie fürchten.[40]

Eine negative Akzentuierung von ‚Despotie' entfällt: sie wird ausdrücklich aufgewertet und als ‚natürlich' (naturale) bezeichnet.[41] Da nicht länger die Ermöglichung guten Lebens, sondern des Überlebens Ziel von Herrschaft ist, kann ein Tyrann diese Aufgabe ebenso erfolgreich übernehmen wie irgendein anderer Herrscher.

In England ist diese Neubewertung von Tyrannei und Despotie allerdings ohne Resonanz geblieben. Das politische Denken blieb hier vielmehr nach dem Scheitern absolutistischer Bestrebungen in der Glorious Revolution grundsätzlich dem klassischen Vokabular verpflichtet. Der englische Sprachgebrauch hat daher – wie auch der nordamerikanische – dauerhafter als der kontinentale sowohl am tradierten Tyrannisbegriff wie

39 J. Althusius, Politica methodice digesta atque exemplis sacris et profanis illustrata. Faksimiledruck der 3. A. Herborn 1614. Aalen 1961. Cap. 18,69.

40 Th. Hobbes, Leviathan: or, the Matter, Form, and Power of a Commonwealth, Ecclesiastical and Civil 4 (1651), EW vol. 3 (1839; ND 1962), 2,19 (S. 171); 2,29 (S. 316); 2,17 (S. 159); 2,20 (S. 185; 188 f.).

41 Ders., De cive 5,12 (1642/46), Opera, t.2 (1839; ND 1962), S. 216.

zugleich an der überlieferten Einschätzung despotischer Herrschaft festgehalten. Eine Positivierung von Despotie im Sinne der für das kontinentale Denken geläufigen Vorstellung eines aufgeklärten oder wohlwollenden Despotismus ist nach 1688 bis zu Carlyles Heldenverehrung um die Mitte des 19. Jahrhunderts nicht erfolgt. Die absolute Monarchie erschien in England der Tyrannis stets näherstehend als der Monarchie. Locke sah den Unterschied zwischen König und Tyrann darin, „that one makes the laws the bounds of his power and the good of the public the end of his government; the other makes all give way to his own will and appetite". ‚Law' bedeutet in diesem Zusammenhang vor allem „the forms and the rules of the government; the form of government agreed on"; die „powers", die Amtsgewalt, die dem König im Rahmen der Verfassungsordnung zustehen: wer sie überschreitet, verletzt den „trust", die Treuhandschaft, die Amtsgewalt und politische Herrschaft bedeuten. Tyrann wird der Fürst, „(who) acts contrary to, or beyond than trust".[42] Gegen einen König oder eine Regierung, die die Verfassungsordnung bzw. den trust verletzt, besteht nicht allein das von Locke klar befürwortete Widerstandsrecht, sondern auch eine Verpflichtung, den Dingen nicht ihren Lauf zu lassen. Eine einmal eingetretene politische Entwicklung könnte sich als schwer umkehrbar erweisen: „if a long train of abuses, prevarications and artifices, all tending in the same way, make the design visible to the people, and they cannot but feel what they lie under, and see wither they are going, it is not to be wondered that they should then rouse themselves, and endeavour to put the rule into such hands which may secure to them the ends for which government was first erected, and without which, they are much worse than the state of Nature or pure anarchy; the inconveniences being all as great and as near, but the remedy farther off and more difficult".[43] Das Recht ist nicht erst dort gegeben, wo das Innere der Moralität (I. Kant) und der Glaube des einzelnen in Gefahr sind, unterdrückt zu werden, sondern schon dort, wo die äußere Ordnung der civil society, die verbrieften Rechte der Bürger und das politische Verantwortungsgefüge der Institutionen bedroht sind. Darüber hinaus ist auch zeitlich gesehen für Locke die Befugnis zum Widerstand nicht erst dann aktuell, wenn ein tyrannisches Regime bereits etabliert ist, sondern bereits dann, wenn der Versuch, ein solches zu errichten, klar erkennbar wird. Mit Nachdruck hebt Locke hervor, das Widerstandsrecht sei „not only a right to get out of (tyranny), but to prevent it". Ein Volk könne nicht erst zusehen, wie die Legislative durch Unterdrückung oder politische „Kunstgriffe" (oppression and artifice) aus dem politischen Leben ausgeschaltet werde und erst nachher auf Gegenmaßnahmen sinnen. Wollte jemand ein solches Vorgehen empfehlen, so bedeute dies nichts anderes als „to bid them

---

42 Second Treatise on Government, Ch.XVIII; XVII; XIX.
43 Ibid.

first be slaves, and then to take care of their liberty, and when their chains are on, tell them they may act like free men".[44]

Die entschiedene Absage an eine absolute Monarchie ist in England keine Frage des politischen Weltbilds. David Hume nennt 1742 in seinen Political Essays den monarchischen Absolutismus den schnellsten Tod der britischen Verfassung: „If any single person acquire power enough to take our constitution to pieces and put it up a new, he is really an absolute monarch [...] Absolute monarchy, therefore, is the easiest death, the true *Euthanasia* of the British constitution".[45] Burke beruft sich ausdrücklich auf „die Alten", wenn er in seinen Reflections on the Revolution in France (1790) die absolute Monarchie ebensowenig zu den rechtmäßigen Verfassungen rechnet wie die absolute Demokratie: „Not being unread in the authors (i.e. the ancients) [...] I cannot but help concurring with their opinion, that an absolute democracy, no more than absolute monarchy, is to be reckoned among the legitimate forms of government. They think it rather the corruption and degeneracy, than the sound constitution of a republic".[46]

Zu Beginn der zweiten Hälfte des 19. Jahrhunderts bekräftigt J.St. Mill den Konsens in der Einschätzung der absoluten Monarchie und eines „good despotism": „a radical and most pernicious misconception of what good government is; a good despotism is an altogether false ideal, which practically (except as a means to some temporary purpose) becomes the most senseless and dangerous of chimeras. Evil for evil, a good despotism, in a country at all advanced in civilisation, is more noxious than a bad one; for it is far more relaxing and enervating to the thoughts, feelings, and energies of the people. The despotism of Augustus prepared the Romans for Tiberius".[47] Die Kategorie des Despotismus bleibt deutlich gebunden an die Zielsetzung legitimer politischer Herrschaft in der aristotelischen Tradition: „bringing into sufficient exercise the individual faculties, moral, intellectual, and active, of the people." Von einer Ausdünnung des klassischen Vokabulars kann im englischsprachigen Raum so wenig die Rede sein wie von seiner Historisierung oder Marginalisierung.

3. Wandlungen des Despotismusbegriffs

Ein einschneidender Wandel ist in Frankreich und in Deutschland zu verzeichnen. Zwar wird Despotismus durch Montesquieu insbesondere in Frankreich zum ausschlaggebenden Kampfbegriff der politischen Oppo-

---

[44] XIX. - Vgl. O. Jászi, J.D. Lewis, Against the Tyrant. The Tradition and Theory of Tyrannicide. Glencoe, Ill. 1957, S. 103.

[45] D. Hume's Political Essays. (Ed. Ch.W. Hendel). New York 1953. („Whether the British Government inclines more to absolute monarchy or to a republic"), S. 76.

[46] Reflections, Ed. Everyman's Library. London 1960, S. 121.

[47] Considerations on Representative Government (1861). London 1960, S. 202 f.

sition gegen die absolute Monarchie. Zugleich nimmt jedoch - gegen Montesquieu und den europäischen Liberalismus - Rousseau durch die Proklamation der Souveränität der volonté générale dem klassischen Vokabular den Charakter negativer Verfassungsbegriffe. Gleichzeitig legitimiert er im Namen der volonté générale vor der Revolution eine neue Art der Herrschaft von Menschen über Menschen, die während der Revolution als despotisme de la liberté auf den Begriff gebracht wird. Dieser Positivierung von Despotismus geht die Aufwertung despotischer Herrschaft im despotisme légal der Physiokraten vorauf. Im ersten Jahrzehnt des neuen Jahrhunderts folgt Hegels Aufwertung der „Tyrannei" als Herausforderung an die „Katheder-Statistiker".

Im Werk Montesquieus wird Despotismus zum neuen Inbegriff illegitimer Herrschaft: „un crime contre le genre humain".[48] Er knüpft in entscheidenden Punkten an Aristoteles' Auffassung von despotischer als einem unüberbrückbaren Gegensatz zu politischer Herrschaft an. Despotische Herrschaft ist nicht die Verfallsform einer einzigen, sondern aller rechtmäßigen, gemäßigten Staatsformen, wenn man von der allgemeinen Einteilung nach der Zahl der Herrscher in Monarchie, Aristokratie und Demokratie ausgeht: „La monarchie dégénère ordinairement dans le despotisme d'un seul; l'aristocratie, dans le despotisme de plusieurs; la démocratie dans le despotisme du Peuple". Charakteristisch für Despotismus ist das Fehlen von pouvoirs intermédiaires und einer séparation des pouvoirs in Gesetzgebung, vollziehende Gewalt und Rechtsprechung. Furcht vor unberechenbaren Willkürakten der Machthaber beherrscht daher das tägliche Leben der Bürger, deren Freiheit ständig bedroht ist, unabhängig davon, ob es sich um den Despotismus eines einzelnen oder einer Vielzahl von Herrschenden handelt: „Comme les démocraties se perdent lorsque le peuple dépouille le sénat, les magistrats et les juges de leur fonction, les monarchies se corrompent lorsqu'on ôte peu à peu les prérogatives des corps où privilèges des villes. Dans le premier cas, on va au despotisme de tous; dans l'autre, au despotisme d'un seul".[49]

---

[48] Diese Formulierung findet sich nicht im Text, sondern im Register des „Esprit des Lois" als erste Eintragung zum Stichwort „Europe": „Se gouverne par les moeurs; d'où il suit que c'est un crime contre le genre humain d' y vouloir introduire le despotisme". S. 1647. - Montesquieu geht nicht davon aus, dass Europa das geographische Zentrum der Freiheit und allein Asien Hort des Despotismus ist. Die Entgegensetzung von „la liberté de l'Europe" und „la servitude de l'Asie" diente unter den Bedingungen der Zensur als Kontrastmittel, um politische Pathologien Europas präzise zu diagnostizieren. Vgl. H. Mandt, „Die Freiheit Europas und die Knechtschaft Asiens" - Europabewußtsein und Kritik des Eurozentrismus im politischen Denken Montesquieus. In: P.-L. Weinacht (Hg.): Montesquieu - 250 Jahre „Geist der Gesetze". Beiträge aus Politischer Wissenschaft, Jurisprudenz und Romanistik. Baden-Baden 1999, S. 99-107.

[49] Ch.de Montesquieu: De l'esprit des lois 3.10; 2,1 (1748), Œuvres compl., t.2 (1951; 1976) VIII,6.

Nachdrücklich unterstreicht Montesquieu, dass seine Unterscheidung von legitimen und illegitimen politischen Ordnungen nicht bestimmt sei „par des choses d'accident, comme les vertus ou les vices du prince", sondern „par la forme de la constitution, la distribution des trois pouvoirs".[50] Despotismus ist mithin sensu strictu ein Verfassungsbegriff. Ausschlaggebende Zieldimension von Despotismus als einem neuen Inbegriff illegitimer Herrschaft ist politische Freiheit durch Mäßigung der Macht. Wenngleich im Widerspruch zur Aristoteles-Tradition Herrschertugenden als „choses d'accident" vernachlässigt werden, wird eine Verpflichtung des modernen Handelsstaates, die Lage der Armen zu erleichtern, aus dessen Funktionsweise begründet: „Les richesses d'un État supposent beaucoup d'industrie. Il n'est pas possible que dans un si grand nombre de branches de commerce, il n'y en ait toujours quelqu'une qui souffre, et dont par conséquent les ouvriers ne soient dans une nécessité momentanée. C'est pour lors que l'État a besoin d'apporter un prompt secours, soit pour empêcher le peuple de souffrir, soit pour éviter qu'il ne se révolte".[51]

Die Proklamation der Souveränität der volonté générale durch Rousseau nimmt in seinem politischen Denken Verfassungsfragen ihre Relevanz. Nurmehr Formen der Regierung sind von Bedeutung. Allerdings: von nachgeordneter Bedeutung; denn eine Regierung ist agent, ministre des Souveräns: „Ce n'est absolument qu'une commission, un emploi, dans lequel, simples officiers du souverain, ils exercent en son nom le pouvoir dont il les a faits dépositaires, et qu'il peut limiter, modifier et reprendre quand il lui plaît". (CS 3,1). Die Anzahl ihrer Mitglieder muß umgekehrt proportional zur Bevölkerungsgröße sein, um Effizienz in der Durchführung der souveränen Willens zu verbürgen. Darüberhinaus gilt: „il n'y a pas une constitution de gouvernement unique et absolue, mais qu'il peut y avoir autant de gouvernements différents en nature que d'etats différents en grandeur". (CS, 3,1)[52] Negative Verfassungsbegriffe sind Rousseaus politischem Denken fremd. Weder „Tyrannis" in der Aristoteles-Überlieferung noch „Despotie" im Sinne Montesquieus sind Schlüsselkategorien in seinem Werk. Sie erscheinen vor allem als historische Reminiszenzen: „Dans le sens vulgaire un Tyran est un Roi qui gouverne avec violence et sans égard à la justice et aux lois. Dans le sens précis un Tyran est un particulier qui s'arroge l'autorité royale sans y avoir droit [...] Pour donner différens noms à differentes choses, j'appelle Tyran l'usurpateur de l'autorité royale, et Despote l'usurpateur du pouvoir Souverain. Le

---

[50] XI,9.

[51] XXIX.

[52] J.-J. Rousseau, Du contrat social (1762). Vgl. ebd., 9,1. „Quand donc on demande absolument quel est le meilleur gouvernement, on fait une question insoluble comme indeterminéé; ou, si l'on veut, elle a autant des bonnes solutions qu'il y a de combinaisons possibles dans les positions absolues et relatives des peuples." Dazu: B. de Jouvenel, Rousseau's Theory of the Forms of Government. In: M. Cranston, R.S. Peters (ed.), Hobbes and Rousseau. New York 1972, S. 485-497.

Tyran est celui qui s'ingère contre les lois à gouverner selon les lois; le Despote est celui qui se met au-dessus des lois mêmes. Ainsi le Tyran peut n'être pas Despote, mais le Despote est toujours Tyran".[53] In der Befugnis der Gesamtheit, widerstrebende Einzelne zur Unterordnung unter die volonté générale zu zwingen (CS,1,7), liegt die Rechtfertigung für eine andere, qualitativ neue Form öffentlicher Herrschaft, die erst im Verlauf der Revolution auf den Begriff „despotisme de la liberté" gebracht wird.

Dem geht die Aufwertung despotischer Herrschaft im despotisme légal der Physiokraten vorauf. Gegen eine mit absoluter Machtfülle ausgestattete Regierung als die „Seele" des Staates bestehen keine grundsätzlichen Einwände. Sofern im Unterschied zum alten „despotisme arbitraire" ein neuer, reformorientierter „despotisme légal" der vernünftigen und in ihrer Vernünftigkeit zugleich als evident unterstellten Weltordnung zum Durchbruch verhilft, hat der neue Despotismus die Vermutung politischer Legitimität auf seiner Seite. „Dans le despotisme légal l'évidence [...] commande avant que le Souverain ordonne".[54] Von dieser Positivierung des Despotiebegriffs distanziert sich Turgot, der die Vorstellung eines despotisme légal die partie honteuse des Physiokratismus nennt. Er schreibt sie einem „tic sur l'autorité tutélaire" zu, der die ökonomischen Lehren der „MM les Economistes" entehre und ihre Verbreitung vor allem in England behindern werde.[55]

Der Aufwertung von ‚Despotismus' im physiokratischen Denken fehlt jede anti-monarchische Tendenz. In einem anderen Fall von Positivierung ist sie hingegen ausschlaggebend. Mitglieder des revolutionären „Comité du salut public", insbesondere Robespierre, sprechen der Monarchie jegliche Legitimität ab; Monarchie und Tyrannei werden ineins gesetzt. „Tyrannei" ist innenpolitischer Feindbegriff gegenüber der offensiv und in apologetischer Absicht aufgewerteten, ursprünglich herrschaftskritischen Kategorie „Despotismus": „domptez par la terreur les ennemis de la liberté; et vous avez raison, comme fondateurs de la République. Le gouvernement de la révolution est le despotisme de la liberté contre la tyrannie".[56]

---

53 Im „Discours sur l'origine et les fondemens de l'inégalité parmi les hommes" (1754) erscheint Despotie als „dernier terme de l'inégalité". ebd., S. 191. Vgl. CS,2,11, Anm.: Voulez-vous donc donner à l'État de la consistance? [...] ne souffrez ni des gens opulens ni des gueux. Ces deux états, naturellement inséparables, sont également funeste au bien commun; de l'un sortent les fauteurs de la tirannie et de l'autre les tirans; c'est toujours entre eux que se fait le trafic de la liberté publique; l'un l'achette et l'autre la vend".

54 P.F. Le Mercier de la Rivière, L'ordre naturel et essentiel des sociétes politiques (1767), éd. E. Depitre. Paris 1910. S. 138 ff; 140 f.

55 Zitiert nach G.J. Cavanaugh, Turgot: The Rejection of Enlightened Despotism. In: French Historical Studies, Bd. 6, 1969, S. 31-58; hier: S. 43.

56 M. Robespierre, Rede v. 5.2.1794, Oeuvres, éd. M. Bouloiseau et A. Soboul, t.10, Paris 1967, S. 357. Vgl. J.-P. Marat, Rede v. 6.4.1793: „le despotisme de la liberté", in: Histoire de la Revolution Française, éd. P.J.B. Buchez et P. Ch. Roux, t.25, Paris 1836, S. 300.

In Deutschland fehlt es an Entsprechungen zu dieser positiven Neubewertung nicht. Friedrich Schlegel befürwortet eine transitorische Diktatur als zeitlich befristete Übergangsherrschaft zur Abkürzung der Entwicklung vom alten Despotismus zur neuen republikanischen Ordnung. Die Berufung auf die „alte Geschichte" in diesem Zusammenhang verwischt allerdings die spezifische Differenz zu den klassischen Vorbildern temporärer Legitimierung uneingeschränkter Herrschaft.[57] Auch Fichtes Plädoyer für einen Zwingherrn zur Deutschheit nach dem Zusammenbruch Preußens will als eine der Zukunft zugewandte Form der Übergangsherrschaft verstanden werden. Durch Zielsetzung, zeitliche Befristung und Rechenschaftspflicht wird sie von politischen Unrechtsregimen der Vergangenheit, gegen ‚Tyrannei' abgehoben. Diese Abgrenzung bleibt jedoch mehr von theoretischer, als von praktisch-politischer Bedeutung, denn die Rechenschaftspflicht wird ebenso wie die zeitliche Befristung in eine ungewisse Zukunft verlegt. Noch am Anfang des 22. Jahrhunderts sei die zwangsweise Ausbildung der Menschheit in der Nation nicht abgeschlossen.[58]

Eine radikalere Konsequenz aus der Erfahrung, „daß Deutschland [...] kein Staat mehr (ist)", zieht der junge Hegel. Unter Verweis auf Machiavelli rechtfertigt er Tyrannei als notwendig und gerecht: „So sind alle Staaten gestiftet worden, durch die erhabne Gewalt großer Menschen [...] Diese Gewalt ist nicht Despotismus, sondern Tyrannei, reine entsetzliche Herrschaft, aber sie ist notwendig und gerecht, insofern sie den Staat als dieses wirkliche Individuum konstituiert und erhält".[59] dass „Tyrannei" in der öffentlichen Meinung der Zeit, abweichend von Hegels eigenem Urteil, eine moralisch-politisch negativ besetzte Kategorie ist, wird von ihm selbst in den „Vorlesungen über die Philosophie der Geschichte" klar zum Ausdruck gebracht, ohne dass dem Sprachgebrauch Beachtung zuteil wird: „Die Tyrannei gilt als etwas, das nicht in Ordnung ist und das an der Religion, an dem moralischen Bewußtsein der Individuen seine Mißbilli-

---

[57] Fr. Schlegel, Versuch über den Begriff des Republikanismus (1796), SW Bd. 7 (1966), S. 14.

[58] J.G. Fichte, Aus dem Entwurfe zu einer politischen Schrift im Frühling 1813. SW Bd. 7 (1846, ND 1965), S. 565. - Ders., Die Republik der Deutschen, zu Anfang des zwei und zwanzigsten Jahrhunderts, unter ihrem fünften Reichsvogte (1807/13), ebd., S. 532.

[59] G.W.F. Hegel, Kritik der Verfassung Deutschlands. In: Schriften zur Politik und Rechtsphilosophie. Hg. Von G. Lasson, 2. A. Leipzig 1923, S. 3. - Ders., Jenaer Systementwürfe III. Vorlesungsmanuskript zur Realphilosophie (1805/06), GW Bd. 8 (1976), S. 258. Hier ist zu berücksichtigen, dass Hegel schon in der zu Lebzeiten nicht publizierten Schrift über die Reichsverfassung, die er 1798/99 in Frankfurt begonnen und erst später in Jena abgeschlossen hat, die Frage der Verfassungsform in klarer Distanzierung von der Tradition „in den Bereich des Zufälligen" gerückt hatte. Vgl. H. Maier, Hegels Schrift über die Reichsverfassung. In: Politische Wissenschaft in Deutschland. Aufsätze zur Lehrtradition und Bildungspraxis. München 1969, S. 52-69; hier: S. 63.

gung findet; die Tyrannei empört die Individuen, sie verabscheuen und empfinden sie als Druck: sie ist darum zufällig und außer der Ordnung: sie soll nicht sein."[60] Parallel zur Aufwertung von „Tyrannei" projiziert Hegel Grundelemente der älteren und der neuzeitlichen Verfassungstypologie auf ein Verlaufsschema der Weltgeschichte: „Die Weltgeschichte ist die Zucht von der Unbändigkeit des natürlichen Willens zum Allgemeinen und zur subjektiven Freiheit. Der Orient wußte und weiß nur, dass *einer* frei ist, die griechische und römische Welt, daß *einige* frei seien, die germanische Welt weiß, daß *alle* frei sind. Die erste Form, die wir daher in der Weltgeschichte sehen, ist der Despotismus, die zweite ist die Demokratie und Aristokratie, die dritte ist die Monarchie."[61]

Die Einbindung von Despotismus in ein Verlaufsschema der Weltgeschichte und seine Inanspruchnahme für außereuropäische Regionen neutralisieren Despotismus als einen negativen Verfassungsbegriff i.S. Montesquieus und Kants. Ein Recht auf Widerstand wird - in Hegels „Ästhetik" - zwar thematisiert, jedoch als politisch kontraproduktiv/inopportun bewertet. Zwar erkennt Hegel „eine absolute Berechtigung" an, gegen eine zum „festen Unrecht" gewordene Gültigkeit von allein im Faktum der Geburt begründeten sozialen und politischen Privilegien zu kämpfen. Obwohl berechtigt, könne die Inanspruchnahme eines Widerstandsrechts jedoch „nur eine Situation des Unglücks und des in sich selber Falschen" herbeiführen, wenn sich „durch die Macht der bestehendenen Zustände" Unrecht zu einer unbesiegbaren Notwendigkeit verfestigt habe. Hegels Rat geht dahin, „das Unvermeidliche ruhig über sich ergehen zu lassen: Denn dem Notwendigen muß sich der vernünftige Mensch [...] unterwerfen, das heißt er muß nicht dagegen reagieren [...] er muß das Interesse und Bedürfnis, welches (an solchem Unrecht) zugrunde geht, aufgeben und so das Unüberwindliche mit dem stillen Mut der Passivität und Duldung tragen. Wo ein Kampf nichts hilft, besteht das Vernünftige darin, dem Kampfe aus dem Wege zu gehen, um sich wenigstens in die *formelle* Selbständigkeit der subjektiven Freiheit zurückzuziehen. Dann hat die Macht des Unrechts keine Macht mehr über ihn, während er sogleich seine ganze Abhängigkeit erfährt, wenn er sich ihr entgegenstellt."[62]

In der ersten Hälfte des 19. Jahrhunderts bleibt in Frankreich und in Deutschland im wissenschaftlichen wie im allgemeinen Sprachgebrauch der Despotismus-Begriff eindeutig negativ besetzt. Das ist vor allem dem Einfluß von Montesquieu, B. Constant und Tocqueville und von Kant zuzuschreiben. Kant wendet sich gegen die im lutherischen Protestantismus geläufige Deutung des politischen Herrschers als (Landes)Vater: „Eine Regierung, die auf dem Prinzip des Wohlwollens gegen das Volk als eines

---

60 Ders., Vorlesungen über die Philosophie der Geschichte, SW Bd. 11, S. 219.

61 Ebd., S. 150.

62 G.W.F. Hegel, Ästhetik. Berlin 1955, S. 230. - Vgl. H. Mandt, Tyrannislehre und Widerstandsrecht, Darmstadt 1974, S. 175 ff.

Vaters gegen seine Kinder errichtet wäre, [...] ist der größte denkbare Despotismus (Verfassung, die alle Freiheit der Untertanen, die alsdann gar keine Rechte haben, aufhebt). Nicht eine väterliche, sondern eine vaterländische Regierung (imperium non paternale, sed patrioticum) ist diejenige, welche allein für Menschen, die der Rechte fähig sind, zugleich in Beziehung auf das Wohlwollen des Beherrschers gedacht werden kann."

Durch die Entgegensetzung von despotischer und republikanischer Regierungsweise als forma regiminis, die er mit unterschiedlichen Herrschaftsformen (forma imperii) in Verbindung bringt (analog zu Aristoteles' Zuordnung despotischer Regierungsweise zu den Verfallsformen legitimer Herrschaft), wahrt Kant die Kontinuität mit der Tradition. Zugleich wird sie auf doppelte Weise durchbrochen: zum einen durch die Absage an die Kategorie der Glückseligkeit als Staatszweck, zum anderen durch die Einordnung von „Despotismus" und seines Gegenbegriffs „Republikanismus" unter „Fortschritt". Kant setzt die Vervollkommnungsfähigkeit menschlicher Lebensverhältnisse als ein hypothetisches Prinzip der ganzen Geschichte voraus. „Despotismus" wird damit zu einem Vergangenheitsbegriff, der auf den „Republikanismus" als Zukunftsbegriff verweist.[63] Wenngleich der Republikanismus „die einzige dem Recht der Menschen vollkommen angemessene Verfassung" und ihre Verwirklichung Ziel der Weltgeschichte ist, so wird der Weg politischer Veränderung durch aktiven Widerstand des Volkes, wie ihn westliche Länder wie „die Schweiz, die Vereinigten Niederlande [...] Großbritannien" gegangen sind, von Kant jedoch ausgeschlossen. Das Gebot „Gehorchet der Obrigkeit, die Gewalt über euch hat", ist ihm ein kategorischer Imperativ, d.h. eine praktische Regel, die unbedingt gilt, also ohne Rücksicht darauf, ob die Obrigkeit rechtmäßig oder despotisch regiert. Wie die lutherische Staatslehre des 17. und 18. Jahrhunderts schränkt Kant die Geltung dieses Imperativs lediglich auf die Bedingung ein, daß die Gebote der Regierung „nicht dem inneren Moralischen widerstreite(n)". Wo der Staat etwa Glaubensfreiheit und die Freiheit der Wissenschaft antasten oder aufheben, einen „Zwang zu unnatürlichen Sünden, (zum Beispiel zum) Meuchelmord" ausüben wollte, sei es erlaubt, „seinen Gehorsam zu verweigern und alles über sich ergehen zu lassen."[64]

Unterschiedliche Gründe sind für Kants Ablehnung eines Widerstandsrechts ausschlaggebend. Darunter ist von besonderem Gewicht die Absicht, durch das „Experiment der reinen Vernunft" eine Antwort zu geben auf eine Frage, „welche viele für schwer zu beantworten halten". Widerstand ist nicht zulässig, „weil dieser einer Maxime gemäß geschehen wür-

---

63 Über den Gemeinspruch: Das mag in der Theorie richtig sein, taugt aber nicht für die Praxis II,1 (1793), AA Bd. 8 (1912); ND 1968, S. 290 f; 302. - Zum ewigen Frieden (1795), AA Bd.8, S. 350 ff.

64 Kl. Schriften, S. 99 - Streit der Fakultäten, S. 159 A. - Rechtslehre, S. 142; 206. - Reflexionen Nr. 8051; 7975.

de, die, allgemein gemacht, alle bürgerliche Verfassung zernichten und den Zustand, worin allein Menschen im Besitz der Rechte überhaupt sein können, vertilgen würde." [65]

In der ersten Hälfte des 19. Jahrhunderts ist es auf dem europäischen Kontinent vor allem Tocqueville, der nicht mit dem absehbaren Ende, sondern mit der Wiederkehr von politischer Tyrannei und Despotismus rechnet. Mehr noch gilt seine Sorge den Anzeichen neuartiger, historisch unvergleichlicher Gefährdungen des demokratischen Verfassungsstaates.

Ein „matérialisme honnête" wie ein „esprit particulier de l'armée" begünstigen jeweils auf ihre eigene Weise oder in Verbindung miteinander die Entstehung von Tyrannei und Despotismus im Rahmen demokratischer Verfassungsstaaten: sei es, dass eine Nation durch die Vernachlässigung von Bürgerpflichten und die Entstehung einer ausgeprägten Vorliebe für Ruhe und Ordnung den Weg bereits innerlich frei gemacht hat für diejenigen, die bereit sind, „un passage très périlleux dans la vie des peuples democratiques" [66] für sich auszunutzen, sei es, dass eine „tyrannie militaire" entsteht, gefördert durch Gewöhnung an eine - zunächst kriegsbedingte - Zentralisierung umfassender Lenkungsbefugnisse über Menschen und Dinge in Händen der zivilen Regierung wie durch „l'amour excessif de tous les citoyens pour la tranquillité." [67]

Die Wiederkehr von politischer Tyrannei oder Despotismus erachtet Tocqueville in den Vereinigten Staaten für wenig wahrscheinlich. Der hier hoch entwickelte „esprit d'association" verbürgt die Gründung und Erhaltung politischer Vereinigungen, die als „grandes écoles gratuites" der Wahrnehmung politischer Pflichten und der Ausbildung politischer Befähigungen wirken. Zugleich weckt die Religion in den USA den Sinn für jouissances immatérielles und le perfectionnement de l'âme.[68] Der „esprit général de la nation" vermag dann mit der „Allmacht der öffentlichen Meinung" den Sondergeist des Heeres zu mäßigen.[69]

Anders gewichtet Tocqueville Anzeichen neuartiger, historisch unvergleichlicher Gefährdungen, denen er demokratisch regierte Völker ausge-

---

65 Kl. Schriften, S. 164; 97.

66 A. de Tocqueville, De la démocratie en Amérique, éd. F. Furet. Paris 1981, Bd. 2, Kap. XI; XIV. „... c'est à travers le bon ordre que tous les peuples sont arrivés à la tyrannie... Une nation qui ne demande à son gouvernement que le maintien de l'ordre est déjà esclave au fond du cœur; elle est esclave de son bien-être, et l'homme qui doit l'enchaîner peut paraître".

67 A.a.O. XXII „La guerre ne livre pas toujours les peuples démocratiques au gouvernement militaire; mais elle ne peut manquer d'accroître immensément... les attributions du gouvernement civil; elle centralise presque forcément dans les mains de celui-ci la direction de tous les hommes et l'usage de toutes les choses. Si elle ne conduit pas tout à coup au despotisme par la violence, elle y amène doucement par les habitudes".

68 A.a.O., VII; XV, XVI.

69 A.a.O. XII.

setzt sieht. Ohne für seine Vorstellungen (idées) sogleich die passenden Worte zu finden, bedient er sich der tradierten negativen Verfassungsbegriffe in dem Bewußtsein ihrer Unzulänglichkeit: „Je cherche en vain moi-même une expression qui reproduise exactement l'idée que je m'en forme et la renferme; les anciens mots de despotisme et de tyrannie ne conviennent point. La chose est nouvelle, il faut donc tâcher de la définir, puisque je ne peux la nommer."[70] Die Bestimmung neuer Arten der Unterdrükkung im demokratischen Verfassungsrahmen erfolgt gleichwohl mit Hilfe der alten Worte, die synonym verwendet und nicht gegeneinander abgegrenzt werden. In der Absicht, die als unaufhaltsam angesehene Durchsetzung der Demokratie in freiheitliche Bahnen zu lenken und so die „grande révolution démocratique"[71] politisch fruchtbar zu machen, zeigt Tocqueville drei verschiedene Entwicklungsmöglichkeiten: 1. die Möglichkeit eines durch ersatzlose Auflösung korporativer Bindungen und unabhängiger Lokalgewalten allmächtigen administrativen Zentralismus; 2. den sozialen Konformitätsdruck der Mehrheit über Minderheiten und 3. die Möglichkeit der Verbindung von Verwaltungsdespotie und Volkssouveränität zu einem Vormundschaftssystem, das zugunsten der égalité des conditions über umfassende Lenkungsbefugnisse verfügt.

Bundesstaatliche Ordnung und kommunale Selbstverwaltungsrechte sind Gegengewichte, die in den USA den despotisme administratif erfolgreich in Schranken halten können. Die soziale „Tyrannei der Mehrheit" dagegen sei unerträglicher, als die politische Despotie eines einzelnen in Europa es je war: „Les princes avaient pour ainsi dire matérialisé la violence: les républiques démocratiques de nos jours l'ont rendue tout aussi intellectuelle que la volonté humaine qu'elle veut contraindre. Sous le gouvernement absolu d'un seul, le despotisme, pour arriver à l'âme, frappait grossièrement le corps; et l'âme, échappant à ses coups, s'élevait glorieuse, au-dessus de lui; mais dans les républiques démocratiques, ce n'est point ainsi que procède la tyrannie; elle laisse le corps et va droit à l'âme. Le maître n'y dit plus: Vous penserez comme moi, ou vous mourrez; il dit: Vous êtes libres de ne point penser ainsi que moi: votre vie, vos biens, tout vous reste; mais de ce jour vous êtes un étranger parmi nous. Vous garderez vos privilèges à la cité, mais ils vous deviendront inutiles: car si vous briguez le choix de vos concitoyens, ils ne vous l'accorderont point, et si vous ne demandez que leur estime, ils feindront encore de vous la refuser".

Tocqueville charakterisiert ein der „égalité des conditions" dienendes Vormundschaftssystem im Rahmen der demokratischen Verfassungsordnung im Sinne einer *negativen Utopie* als neuen Despotismus. „Je veux imaginer sous quels traits nouveaux le despotisme pourrait se produire dans le monde: je vois une foule innombrable d'hommes semblables et égaux... Au-dessus de ceux-la s'élève un pouvoir immense et tutélaire, qui

---

70 A.a.O., Bd. 2, T.4, Kap. VI.

71 A.a.O., Bd. 1, Einleitung.

se charge seul d'assurer leur jouissance et de veiller sur leur sort. Il est absolu, détaillé, régulier, prévoyant et doux. Il ressemblerait à la puissance paternelle si, comme elle, il avait pour objet de préparer les hommes à l'âge viril; mais il ne cherche, au contraire, qu'à les fixer irrévocablement dans l'enfance".[72]

4. Umwertung und Bedeutungsverlust der Tyrannis- und Despotielehren

In der zweiten Jahrhunderthälfte büßen Tyrannei und Despotismus in Westeuropa weitgehend ihren Charakter als negative Verfassungsbegriffe ein. Ein Teil des Begriffsgehaltes wird durch andere Termini wie „Absolutismus", „Bonapartismus" und „Cäsarismus" sowie „Diktatur" besetzt.[73] Ein aktueller Bezug als Bezeichnung einer Übergangsherrschaft zur schnellen und effizienten Lösung der nationalen oder der sozialen Frage bleibt jedoch erhalten. Nach der Reichsgründung in Deutschland sanktioniert der sich durchsetzende rechts- und sozialwissenschaftliche Positivismus den Bedeutungsverlust von Tyrannei und Despotismus. Tyrannis wird zumeist nicht mehr aktualisiert, sondern findet überwiegend Verwendung als deskriptive Kategorie, beschränkt auf die griechisch-römische Epoche.

An dem wachsenden Bedeutungsverschleiß hat auch die Verwendung als Schlagworte durch Marx und Engels teil. Als Synonym mit „Monarchie" verwendet der junge Marx „Despotismus" und „Tyrannei". „Der einzige Gedanke des Despotismus ist die Menschenverachtung, der entmenschte Mensch [...] Der Despot sieht die Menschen immer entwürdigt. Sie ersaufen vor seinen Augen und für ihn im Schlamm des gemeinen Lebens, aus dem sie auch, gleich den Fröschen, immer wieder hervorgehen [...] Das Prinzip der Monarchie überhaupt ist der verachtete, der verächtliche, der entmenschte Mensch; und Montesquieu hat sehr unrecht, die Ehre dafür auszugeben. Er hilft sich mit der Unterscheidung von Monarchie, Despotie und Tyrannei. Aber das sind nur Namen eines Begriffs, höchstens eine Sittenverschiedenheit bei demselben Prinzip. Wo das monarchische Prinzip in der Majorität ist, da sind die Menschen in der Minorität, wo es nicht bezweifelt wird, da gibt es keine Menschen." [74]

Unter systematischen und wirkungsgeschichtlichen Gesichtspunkten ist entscheidend, dass von den Prämissen der Marx'schen Geschichtsauffassung her politischer Despotismus eine Frage von Vergangenheit und Gegenwart, nicht jedoch der absehbaren Zukunft ist. Ist „die Geschichte aller bisherigen Gesellschaft [...] die Geschichte von Klassenkämpfen"[75], so

---

72 A.a.O., Bd. 2, T.4, Kap. VI.

73 Vgl. die Artikel „Cäsarismus" (Dieter Groh) und „Diktatur" (Ernst Nolte), in: O. Brunner/W. Conze/R. Koselleck, Geschichtliche Grundbegriffe, Bd. 1, Stuttgart 1972, S. 726-771; 900-924.

74 K. Marx an A. Ruge, Mai 1843. MEW Bd. 1 (1956) S. 340.

muss ein definitiver Anfang ebenso wie ein definitives Ende des politischen Despotismus gegeben sein. Diese Sicht beschränkt sich bei Marx nicht allein auf die europäische Politik. Insofern er nämlich Europa als geographisches Zentrum des Menschenheitsfortschritts begreift, räumt er - wie andere Publizisten der zweiten Jahrhunderthälfte - dem „europäischen Despotismus" gegenüber dem stagnierenden „orientalischen Despotismus" der „barbarischen Nationen" ein Herrschaftsrecht ein. Dies mit dem Ziel der Modernisierung der Produktionsweise und der im Orient überwiegenden „passiven Art zu leben", um so „die Menschheit ihrer Bestimmung näherzubringen."[76] Die mit dem europäischen ‚esprit de conquête' verbundene Gefahr, vor der Benjamin Constant gewarnt hatte, einem „être abstrait les êtres réels" zu opfern, übersah Marx nicht. Das übergeordnete Ziel des Menschheitsfortschritts erfordere jedoch Opfer dieser Art.[77]

Nach dem Ende des politischen Despotismus und nach der Modernisierung der Produktionsweise bleibt allerdings in Europa wie in Asien Despotismus im ökonomischen Bereich erhalten. Sein Ende erwarten Marx und Engels auf absehbare Zeit nicht. Im „Kommunistischen Manifest" erfährt „Despotismus" zuerst eine auch in späteren Schriften aufrecht erhaltene Re-Ökonomisierung: „Die moderne Industrie hat die kleine Werkstube des patriarchalischen Meisters in die große Fabrik des industriellen Kapitalisten verwandelt. Arbeitermassen [...] werden soldatisch organisiert [...] Sie sind nicht nur Knechte der Bourgeoisklasse, des Bourgeoisstaates, sie sind täglich und stündlich geknechtet von der Maschine, von dem Aufseher, und vor allem von dem einzelnen fabrizierenden Bourgeois selbst. Diese Despotie ist um so kleinlicher, gehässiger, erbitternder, je offener sie den Erwerb als ihren letzten Zweck proklamiert."[78] Im „Kapital" wird 1867 die „unbedingte Autorität des Kapitalisten über Menschen, die bloße Glieder eines ihm gehörigen Gesamtmechanismus bilden", als der „Form nach despotisch" beschrieben.[79] Die spezifische normative Dimension von „Despotismus" als negativem Verfassungsbegriff tritt hier gänzlich zurück zugunsten der Hervorhebung funktionslogischer Imperative jeglicher Art arbeitsteiliger Produktion: „Mit der Entwicklung der Kooperation auf größrem Maßstab entwickelt dieser Despotismus seine eigentümlichen Formen [...] Wie eine Armee militärischer, bedarf eine unter dem Kommando desselben Kapitals zusammenwirkende Arbeiter-

75 K. Marx/F. Engels, Manifest der Kommunistischen Partei (1848), MEW Bd. 4 (1959), S. 462.

76 K. Marx, Die britische Herrschaft in Indien (1853), MEW Bd. 9 (1960), S. 128. 132 f; vgl. Die künftigen Ergebnisse der britischen Herrschaft in Indien (1853), ebd. S. 220 ff.

77 B. Constant, De l'esprit de conquête et de l'usurpation dans leurs rapports avec la civilisation européenne. (1814), Œuvres, éd. A. Roulin. Paris 1957, 1,13, S. 1019.

78 A.a.O., S. 469.

79 Das Kapital, Bd. 1, MEW Bd. 23 (1962), S. 377; S. 351.

masse industrieller Oberoffiziere [...] und Unteroffiziere."[80] Wenige Jahre später paraphrasiert Engels diese Argumentation und spitzt sie zur These industriegesellschaftlicher Sachzwänge zu, die unabhängig von der rechtlichen Ausgestaltung des Eigentums an den Produktionsmitteln zu Despotismus führen: „Der mechanische Automat einer großen Fabrik ist um vieles tyrannischer, als es jemals die kleinen Kapitalisten gewesen sind, die Arbeiter beschäftigen [...] Wenn der Mensch mit Hilfe der Wissenschaft und des Erfindergenies sich die Naturkräfte unterworfen hat, so rächen diese sich an ihm, indem sie ihn, in dem Maße, wie er sie in seinen Dienst stellt, einem wahren Despotismus unterwerfen, der von aller sozialen Organisation unabhängig ist."[81]

Knüpfen Marx und Engels hier an den alten „häuslichen" (ökonomischen) Begriff von Despotie an, so greift Marx mit der Formel „Diktatur des Proletariats" auf einen altrömischen politischen Begriff[82] zurück, der nach 1848 neue Bedeutung gewinnt. Das Wort „Diktatur" war schon von Rousseau neuerlich in die staatsrechtliche Debatte eingeführt worden;[83] in der französischen Revolution war u.a. von Marat eine „plebiszitäre Diktatur" gefordert worden[84] (Robespierre und später Napoleon I. vermieden den Begriff, da er leicht mit Tyrannis assoziiert wurde!). In einem Brief vom 5. März 1852 an Joseph Weydemeyer, den Herausgeber der New Yorker Monatsschrift „Die Revolution", spricht Marx zum ersten Mal von der „Diktatur des Proletariats", zu welcher der Klassenkampf notwendig führen müsse; er sei nichts anderes als der Übergang zur Aufhebung aller Klassen und zu einer klassenlosen Gesellschaft[85]. Bei Marx verliert der Begriff „Diktatur" nicht nur seine altrömischen rechtlichen Begrenzungen, er ist auch nicht mehr auf einen Einzelnen bezogen, sondern auf ein Kollektiv – eine erhebliche Ausweitung und Entgrenzung des Begriffs. Sie ist praktisch um so problematischer, als ihr eine niemals widerrufene Ablehnung der Menschenrechtserklärungen der amerikanischen und der französischen Revolution wie zugleich des Gewaltenteilungsprinzips als seine bürgerliche Ideologie voraufgehen.[86]

Die Marginalisierung von Despotie und Tyrannei als negative Verfassungsbegriffe im Marx'schen Denken wird im deutschen Nationalliberalismus verstärkt. Die Frage der nationalen Einigung erhält den Vorrang vor allen anderen innenpolitischen Problemen. Charakteristisch für diese Position ist eine Äußerung von David Friedrich Strauss; er schreibt 1852: „Neben dieser Einheitsfrage betrachte ich das Mehr oder weniger von

---

80 Ebd., S. 351.

81 F.Engels, Von der Autorität (1872/73), MEW Bd. 18 (1962), S. 306.

82 Er war zugleich ein Rechtsbegriff: Diktatur war im römischen Staatsrecht zeitlich begrenzt und rechtlich limitiert – ein Regiment für Notstandsfälle.

83 J.-J. Rousseau, Du contrat social (1762), 1.IV, ch. 6.

84 E. Nolte (Anm. 73), S. 908.

85 MEW Bd. 28 (1963), S. 508.

Despotismus und Constitutionalismus, Junker- oder Demokratentum in einzelnen deutschen Ländern als sehr gleichgültig."[87] Die hier erkennbare Resignation in der Verfassungsfrage spiegelt sich in dem weitgehenden Verzicht auf „Despotismus" und „Tyrannei" in der innenpolitischen Auseinandersetzung. Sie werden nurmehr als deskriptive Kategorien für vergangene oder für außereuropäische politische Systeme verwendet. Auf der Lexikon-Ebene tritt eine Tendenz zur Ablösung des Terminus „Despotismus" durch den Begriff „Absolutismus" hervor, die eine politische Aufwertung der uneingeschränkten Monarchie impliziert, auf jeden Fall aber dem „monarchischen Prinzip" im Unterschied zum Despotismus-Begriff der westlichen Tradition entgegenkommt.[88]

Den im deutschen Vormärz noch im Sinne des westlichen Liberalismus als konstitutiv verstandenen Zusammenhang von nationalem Einheitsgedanken und liberal-demokratischen Freiheitsideen löst Heinrich von Treitschke auf. Er erhebt den nationalen Machtstaat selbst in den Rang einer sittlichen Idee, zu deren Verwirklichung er jedes Mittel als rechtmäßig erachtet, sofern es geeignet erscheint, beschleunigt dieses Ziel zu erreichen: „Der Weg, der am raschesten zu dieser nationalen Einigung führt, ist mir der liebste, und sollte es der Despotismus sein.[89] Wenig später bekräftigt er sein Plädoyer und gibt zugleich seiner Bewunderung für den praktischen Staatsmann Machiavelli Ausdruck: „Er opfert Recht und Tugend einer großen Idee, der Macht und Einheit seines Volkes [...] dieser

86 „Keines der sogenannten Menschenrechte geht [...] über den egoistischen Menschen hinaus". Zur Judenfrage (1843), Frühschrifte, hrsgg. von S. Landshut, Stuttgart 1953, S. 194. – Deutsche Ideologie (1845/46, Frühschriften a.a.O., S. 374: „Zu einer Zeit und in einem Lande, wo königliche Macht, Aristokratie und Bourgeoisie sich um die Herrschaft streiten, wo also die Herrrschaft geteilt ist, zeigt sich als herrschen der Gedanke die Doktrin von der Teilung der Gewalten, die nun als ein ‚ewiges' Gesetz ausgesprochen wird", und zwar durch „die aktiven konzeptiven Ideologen" der herrschenden Klasse". – M.A. Bakunin, den anfänglich eine enge Freundschaft mit Marx verbunden hatte, ehe sie in der Dritten Internationale zu unversönlichen Gegnern wurden, kritisierte Marx' Vorstelung von der „Diktatur des Proletariates" in einer 1870 in Genf erschienenen Streitschrift „La Science et la tâche révolutionaire urgente" als „eine solche Ketzerei gegen den Gemeinsinn und die geschichtliche Erfahrung, dass man sich mit Erstaunen fragt, wie ein so intelligenter Mensch wie Herr Marx das hat denken können." Die „doktrinären" Sozialisten sah Bakunin auf bestem Wege, „das Volk an eine neue Kandare zu nehmen"; sie „geben vor, daß allein die Diktatur – selbstverständlich die ihre – die Freiheit des Volkes herbeiführen könne; darauf antworten wir, daß keine Diktatur ein anderes Ziel haben kann als so lange wie möglich zu dauern." Zitiert nach D. Guérin, Anarchismus. Begriff und Praxis. Frankfurt am Main 1967, S. 24 f.

87 D.F. Strauss an F. Th. Vischer, 1.8.1852, Ausg. Briefe, hrsgg. Von E. Zeller, Bonn 1895, S. 307.

88 Ebd., S. 351.

89 H. von Treitschke an H. Bachmann, 19.11.1854, Briefe hg. v. M. Cornicelius, 2.A., Bd. 1, Leipzig 1914, S. 260.

Grundgedanke, [...], daß selbst der drückendste Despotismus willkommen sein muß, wenn er die Macht und die Einheit des Vaterlandes gewährleistet [...], ist es auch, der mich mit den vielen verwerflichen und entsetzlichen Meinungen des großen Florentiners versöhnt hat."[90] Wenige Jahre später bekennt sich Treitschke zu den Opfern, die die politische Einheit Deutschlands erfordern könnte: „ein paarmal hunderttausend Leben" wiege sie auf; sein eigenes Leben erachtet er ihr gegenüber „keinen Schilling Werth".[91] Nach 1871, in seinen Berliner Vorlesungen über „Politik", steigerte Treitschke seine Befürwortung von Despotismus und Tyrannei zu einem amoralischen Machtästhetizismus. Er ließ ihn im Tyrannen, insbesondere im „demokratischen Tyrannen" nach dem Vorbild Napoleons I. und III., die „souveräne Persönlichkeit, ein Kraftgefühl, welches allein sich seine Grenze setzt", bewundern. „Weil die Macht der Persönlichkeit hier entscheidend hervortritt, ist die Betrachtung dieser Staatsform (i.e. Tyrannis) so lehrreich. Ein solcher Herrscher, der nur durch sein Genie und durch sein gutes Schwert, durch Glück und Geld emporgekommen ist, steht ganz auf sich selbst allein. In ihm zeigt sich eine Wahlverwandtschaft mit dem großen Künstler, der ebenfalls ein souveränes Ich ist [...]"[92] Tyrannenherrschaft stelle einen „Übergang, ein notwendiges Stadium der geschichtlichen Entwicklung dar."[93] Zwar hatte Treitschke – gegen Hegel – geltend gemacht, dass sich manches schwere Unrecht nicht mit einer postulierten Vernunft der Weltgeschichte in Einklang bringen und in dialektischer Betrachtungsweise zu einer historischen Notwendigkeit verklären lasse.[94] Gleichwohl vermochte er sich nicht dem Einfluß der die politische Ethik bzw. das klassische und moderne Naturrecht in den Kategorien der Notwendigkeit, der Entwicklung und des dialektischen Prozesses absorbierenden Begriffs- und Gedankenwelt Hegels zu entziehen.[95]

Seine Vorlesungen über „Politik" wollte Treitschke, wie er bei Beginn mit Nachdruck hervorhob, im Zusammenhang der alteuropäischen aristotelischen Schultradition der politischen Wissenschaft verstanden wissen.[96] Dieser Zusammenhang besteht nurmehr bekenntnisweise. Die „Politik"-Vorlesung demonstriert dies deutlich. Im Tyrannis-Kapitel heißt es, der Tyrannen-Begriff habe erst zur Zeit Machiavellis anläßlich der bürgerkriegsähnlichen Zustände in den italienischen Stadtstaaten des 15. Jahrhunderts „allmählich seinen heutigen (negativen) Sinn bekommen". Was

90 Ders., an seinen Vater, 4.3.1856, ebd., S. 352.

91 Briefe, Bd. 2, S. 75 (Brief vom 3.2.1860 an W. Nokk).

92 Politik, Bd. 2, S. 190; 193 (Kapitel „Über Tyrannis und Cäsarismus").

93 Ebd., S. 189;192;199;210.

94 Ebd., S. 21. – Vgl. auch: Aufsätze, Bd. 4, S. 790.

95 Vgl. H. Mandt, Tyrannislehre, S. 215 ff.

96 Politik, Bd. 1, Einl., S. 2: „Wer wahrhaft politischen Sinn erwerben will, der soll sich stählen in dem Stahlbad des klassischen Altertums, das das größte theoretisch-politische Meisterwerk hervorgebracht hat, die Politik des Aristoteles, vor der wir alle noch als Stümper stehen." Vgl. Briefe, Bd. III, S. 39 f.

könnte die weit vorangeschrittene Marginalisierung des klassischen Vokabulars jedenfalls im deutschen politischen Denken der zweiten Hälfte des 19. Jahrhunderts klarer belegen? Zwar fehlte es nicht an Widerspruch gegen diese Marginalisierung, insbesondere auch nicht gegen die realpolitische Aufwertung: „Sie (die Despotie) kann notwendig und nützlich sein, aber nur unter der Voraussetzung eines tiefstehenden, passiven und unfreien Volks. Sie kann aber auch die bloße Entartung der Monarchie in Willkürherrschaft sein. Die asiatischen und afrikanischen Despotien sind oft Verfassungen der ersten Art, die europäischen immer der letztern [...] Den zivilisierten Völkern ist sie daher mit Recht verhaßt [...] Sie wäre erträglicher, wenn sie die Aussicht zeigte, daß sie nur zur Erziehung der Völker diene und auf eine höhere Stufe der Entwicklung hinleite. Diese Hoffnung ist aber im Widerspruch mit dem Grundcharakter der Despotie, und sie kann sich auch nicht an die historischen Erfahrungen anlehnen."[97]

Der Widerspruch gegen die realpolitische Positivierung von Despotie und Tyrannei blieb erfolglos. Er beschränkte sich zudem ausdrücklich auf die europäischen Völker. Deren Angehörigen wird das Recht auf „ein gewisses Maß von Despotie" gegen „Völker niedrig stehender Rasse" eingeräumt.[98]

Die Marginalisierung des klassischen Vokabulars war – jedenfalls im deutschen Sprachraum – am Ende des 19. Jahrhunderts weit vorangeschritten, so heterogen deren Ursachen waren. Die wertrelativistische Staatslehre und Sozialwissenschaft des neuen 20. Jahrhunderts hat sie nicht eingeleitet, sondern theoretisch sanktioniert.

II. Konstanz und Marginalisierung des klassischen Vokabulars

1. Die Staatslehre zu Beginn des 20. Jahrhunderts

In England gehörte Albert Venn Dicey (1835-1922) mit seiner Abhandlung „Law of the Constitution" und seinem „Report on Indian and Constitutional Reforms" zum Kanon für Politische Philosophie im Rahmen des Studiengangs „Philosophy, Politics, Economics" in Oxford.[99] Seine zuerst 1885 erschienene „Introduction to the Study of the Law of the Constitution" (8. A. 1913; repr. 1926; zuletzt 1996) hat zahlreiche Auflagen erreicht. Der vorherrschende negative Verfassungsbegriff ist Despotie, gekennzeichnet durch „absence of arbitrary power on part of the

---

97 J.C. Bluntschli, Artikel „Despotie", Bluntschli/Brater, Bd. 2 (1857), S. 718; 720.

98 Ders., Lehre vom modernen Staat. Tl.3: Politik als Wissenschaft. Stuttgart 1876, ND Aalen 1965, S. 415.

Crown, of the executive, and of every other authority in England." „Rule of law" im Verfassungsrahmen einer repräsentativen Demokratie, „which appears to be an essential characteristic of a civilised and progressive state" ist der politische Gegensatz zu „despotism."[100] Freiheit im Sinne von „negativer" und „positiver" Freiheit ist die ausschlaggebende Zieldimension (right to personal freedom; right to freedom of discussion and right to public meeting). In struktureller Hinsicht wird Parlamentssouveränität in Verbindung mit Ministerverantwortlichkeit hervorgehoben.

Bezogen auf das Europa des 20. Jahrhunderts konstatiert Dicey: „in the most European countries the rule of law is now nearly as well established as in England." Verglichen mit dem 18. Jahrhundert bedeutet dies einen Fortschritt in der europäischen Verfassungsentwicklung. In der Vergangenheit waren nicht alle „civilised societies" auch mit „rule of law" identisch, wie in England gerne angenommen werde. Das französische Ancien régime gilt allgemein als the typical „representative of despotism", obwohl in Spanien, den italienischen Kleinstaaten wie den deutschen Fürstentümern „all the evils of despotism" in viel stärkerem Maße existierten, ohne die Aufmerksamkeit einer europäischen Öffentlichkeit wachzurufen. Sie überging die „lawlessness of petty tyrants". Bezugnahmen auf Klassiker des politischen Denkens sind ebenso zahlreich (Hume, Adam Smith, Burke, Bentham, Voltaire, De Lolme, Tocqueville, J.St. Mill, Bagehot, Gneist), wie auf Vertreter der zeitgenössischen Staatslehre (darunter J. Bryce, L. Duguit und M. Hauriou). Diceys Erwägungen über rule of law und despotism blenden allerdings Entwicklungen im politischen Denken des 19. Jahrhunderts aus, die antiliberale und totalitäre Implikationen aufweisen.

Auch im Werk des einflußreichen und international anerkannten französischen Staatsrechtslehrers León Duguit (1859-1929) ist das klassische

---

99 Vgl. St. Collini, Public Intellectuals. Political Thought and Intellectual Life in Britain 1850-1930. Oxford 1991, S. 287-301; R.A. Cosgrove, Albert Venn Dicey: Victorian Jurist. London 1981 - Zum Kanon gehörte Dicey nicht allein wegen seiner Einführung in das Verfassungsrecht, sondern auch in seiner Eigenschaft als „one of the greatest Liberal theorists" in der Tradition von J.St. Mill und A. de Tocqueville; vgl. hierzu: M. Qvortrup, A.V.Dicey: The Referendum as the People's Veto. In: History of Political Thought. Vol XX. Nr. 3. Autumn 1999, S. 531-546; hier: S. 531; 537 ff.

100 Vgl. A.V. Dicey, Introduction on the Study of the Law of the Constitution. (1. A. 1885), hier: 8. A. 1913. Part II, The rule of law, Ch. 4.: The rule of law - its nature and general applications. S. 185. „Civilised and progressive state" in: A.V. Dicey, Will the Form of Parliamentary Democracy be Permanent? In: Harvard Law Review, XIII (1899/1900), S. 71; zitiert nach M. Qvortrup, a.a.O. S. 533. Innerhalb der repräsentativen Demokratie fürchtete Dicey die Entstehung einer *party tyranny*, sofern es um Änderungen von Verfassungsrang durch eine demokratisch gewählte Parlamentsmehrheit ging: „(they) ought not to be made by a body of men who do not clearly represent the final will of the nation." Das Referendum sollte in diesem Fall als „the people's veto" fungieren.

Vokabular dominierend. Dies gilt für sein erstes Werk „L'État, le droit objectif et la loi positive" (1900) wie für den mehrfach aufgelegten und neu bearbeiteten bzw. ergänzten „Traité de Droit Constitutionnel".[101]

„L'État est le produit historique d'une différentiation sociale entre les forts et les faibles dans une société donné." Sein Zweck ist die Durchsetzung des Rechts, nicht – wie behauptet werde – der volonté générale, deren unpersönliche, leidenschaftslose Organe die Regierenden sein sollen. Dies sei eine wirksame fiction, um zu erreichen, dass „der in Wahrheit von Individuen mit politischer Macht" herrührende Wille als „Macht oder Tyrannei ertragen wird."[102]

Im Traité beruft sich Duguit auf Aristoteles, um illegitime von legitimer Herrschaft zu unterscheiden: „Il suffit de citer la Politique d'Aristote [...] que les écrivains modernes n'ont pas dépassés. C'est la mission de l'art politique [...] d'adapter les formes et les procédés du gouvernement aux croyances réligieuses et morales, aux besoins économiques du pays et de faire en sorte que les sujets soient profrondément convaincus que les gouvernants gouvernent dans l'intérêt de tous et non pas dans leur intérêt personnel." Tyrann sei derjenige Herrscher, der in seinem eigenen Interesse regiere: „La définition est toujours vraie."[103]

Ausführlich setzt sich Duguit mit dem Widerstandsrecht auseinander. Bezugnehmend auf Thomas von Aquin, Johannes von Salisbury, Gerson, die spanischen Naturrechtler, J. Locke, B. Constant wirft er die Frage auf: „Comment la question se pose-t-elle aujourdhui?" Den Tyrannenmord lehnt er ab. Gleichwohl ist Widerstand legitim: „la résistance passive, la résistance défensive et la résistance aggressive."[104] Die Kategorie der Despotie fehlt bei Duguit nicht. Sie wird in § 47 im Zusammenhang einer Erörterung monarchischer Regierungen zum Thema. Hier ist Montesquieu der maßgebliche Klassiker, den Duguit anführt, um Gemeinsamkeiten und Unterschiede zwischen monarchie despotique, absolue ou limitée zu bezeichnen. „Dans la despotie, le chef commande sans être lié par aucune règle générale." Auch hier wird unterstrichen, dass jede Regierung despotisch sein könne – „un gouvernement républicain comme un gouvernement monarchique". An dieser Stelle ist in der dritten Auflage eine Ergän-

---

101 L'État...Paris 1900; Traité...1. A. 1911; 2. A. 1921; 3. A. 1927.

102 L. Duguit, L'État, le droit objectif et la loi positive. Bd. I, Paris 1900, S. 320. Zitiert nach B.de Jouvenel, Über die Staatsgewalt. Die Naturgeschichte ihres Wachstums. Freiburg 1972, S. 22 f.

103 Traité, II, Ch.1 – Les Eléments de l'État, § 6 La force matérielle des gouvernants. S. 48. Ergänzend fügt Duguit hinzu: „Qu'on n'oublie pas que la tyrannie n'est pas incompatible avec la démocratie, que les élus du peuple sont aussi des tyrans s'ils gouvernent dans leur intérêt et dans celui de leurs électeurs, non dans l'intérêt de tous. Qu' on n'oublie pas que le gouvernement tyrannique, quelle que soit sa forme, ne possède point la force morale sans laquelle la force matérielle ne peut être que précaire." a.a.O., S. 48.

104 Hervorhebungen im Original. Traité..., III, ch VI, § 101, S. 801.

zung und Aktualisierung vorgenommen worden: „Le gouvernement soviétique nous offre un exemple parfait de république despotique."

Hier ist es nicht das klassische Vokabular, das von den ihm innewohnenden Grenzen her zu einer Unterschätzung des Sowjetsystems führt. Vielmehr ist dem Verfasser – Doyen de la Faculté de Droit de L'Université de Bordeaux – die Vielschichtigkeit des Despotismus-Konzepts bei Montesquieu nicht (mehr) geläufig. Er verkürzt es auf gesetz- und regellose Herrschaft, gemäß eigenem Willen und Launen (caprices). Von crainte als dem principe des Despotismus ist nicht die Rede; auch der europäischen Traditionen widerstreitende Charakter despotischer Regime, die eher in asiatischen Großreichen ihren geographischen Ort haben, bleibt unerwähnt.[105]

Duguits persönlicher Freund und wissenschaftlicher Gegner[106] Maurice Hauriou untersucht in Principes de droit publique (1910) systematisch „la pathologie de l'État" mit der Begründung, dass es unrealistisch sei, ihn „uniquement dans son état de santé et dans son développement normal" zu analysieren. Ein „régime constitutionnel" hat das Ziel, bürgerliche Freiheit durch politische Freiheit zu verwirklichen: „Son idéal propre est la liberté". Pathologische Entwicklungen werden teils durch einen „esprit révolutionnaire" hervorgerufen, teils durch dessen Gegenteil, einen „esprit réactionnaire". Im ersten Fall ist Leidenschaft zur Gleichheit die Ursache: „(elle) prend pour objectif principal les réformes égalitaires continuelles"; dagegen treibe der „esprit réactionnaire [...] à droite et prend pour objectif principal l'autorité, la puissance organisatrice, la stabilité.[107] Heilmittel (remède profond) ist Erziehung zur Freiheit: „Il faut systematiquement enseigner la liberté... Ce remède est, d'ailleurs, souverainement efficace." Diese Therapie wirke freilich nur bei ersten Anzeichen pathologischer Entwicklungen. Sie versage naturgemäß im Falle des Ausbruchs von Revolutionen und Staatsstreichen wie in bürgerkriegsgleichen Situationen. Zu ihrer Beendigung ist eine Diktatur erforderlich. Sei es im römischen Sinne der „dictature limitée prévue d'avance par la constitution" oder eine „dictature de fait, sous la pression de la nécessité... qui n'était point prévue par la constitution et qui n'est point non plus autorisée, sur le moment même, par l'ensemble des pouvoirs constitués." Als geschichtliche Beispiele

---

105 Traité, III, ch. III: Les organes de l'état, § 47 Les gouvernements monarchiques, a.a.O., S. 772 f. Duguit verweist zur weiteren Information auf drei Publikationen: „La délegation des députés communistes anglais en Russie. Revue politique et parlementaire, 10 juillet 1926, S. 31. Douillet, Moscou sans voiles. 1928, et surtout Mirkine-Guetzevitch, La théorie générale de l'État soviétique, avec préface de Jéze. 1928". Diesen Angaben folgen drei weitere zum Charakter der Erbmonarchie in Frankreich und den Grundgesetzen des Königreichs.

106 Vgl. R. Schnur, Einleitung zu M. Hauriou, Die Theorie der Institution und zwei andere Aufsätze. Schriften zur Rechtstheorie, H. 5, Berlin 1965, S. 11.

107 Vgl. M. Hauriou, Principes de Droit Public à l'usage des étudiants en licence (3e Année) et en Doctorat es Sciences Politiques. Paris, 2. A., 1916, S. 773; 775.

führt Hauriou das Long Parliament in England an; für Frankreich die Konventsherrschaft, die mit Hilfe des Terrors regierte. Auf die Selbstlegitimation der Mitglieder des Konvents als „despotisme de la liberté contre les tyrans" nimmt Hauriou nicht Bezug. Er kritisiert die „dictature de fait" als „inconstitutionelle".

Anders als L. Duguit verzichtet Hauriou auf das klassische Vokabular. „Tyrannie" ist historisiert und wird nur zweimal mit Blick auf die griechischen Stadtstaaten verwendet.[108]

Während das klassische Vokabular in der englischen und französischen Staatslehre von ihren angesehensten Vertretern tradiert wird, wenn auch nicht mehr in seinem ursprünglichen Umfang, stellt man in der deutschen Staatslehre seine Aktualität und wissenschaftliche Relevanz grundsätzlich in Frage. In Georg Jellineks repräsentativer „Allgemeinen Staatslehre" (1900) sind Tyrannis und Despotie Kategorien von marginaler Bedeutung. Despotie findet nur beiläufig Erwähnung als eine „Unterart der Monarchie, die entweder eine Mißbilligung der Herrschaft durch die Untertanen (Tyrannis) oder, wo sie der Volksüberzeugung als normale Regierungsform entspricht, eine Beurteilung an dem Maßstabe andersgearteter Herrschaftsübung bedeutet." Wissenschaftlich gesehen sei Despotie ein reiner Schultypus, dem kein realer Staat auf die Dauer völlig entspricht.[109]

Dem „Unpolitiker Jellinek"[110] vergleichbar, setzt sich der spätere Mitbegründer der „Zeitschrift für Politik", Richard Schmidt, in seiner Allgemeinen Staatslehre (1901) mit Typologien der Verfassungsformen in einem Kapitel auseinander, das mit „Die sogenannten Staatsformen" überschrieben ist. Die Überschrift läßt die Auffassung des Autors klar erkennen, dass er die auf Aristoteles zurückgehenden Typologisierungsversuche für verfehlt hält: „das Weitertreiben der Distinktion(en) (erübrigt sich) mit der Erkenntnis, daß es *Normalformen* der Regierungsformen, an denen die Ausartungen der letzteren gemessen werden können, nicht gibt."[111] Dieser Behauptung liegt ein Verzicht auf die Frage nach Zweck(en) oder Sinn des Staates zugrunde. Danach dürfe die Staatslehre ebensowenig fragen „wie die Naturwissenschaft nach einem Zweck der Gebirge, Meere, Pflanzen und Tiere." Der Staat sei „eine mit natürlicher Notwendigkeit zusammen-

---

[108] M. Hauriou, a.a.O., S. 76 f. Ob dieser Befund auch auf spätere Publikationen nach der Machtergreifung Lenins und der politischen Konsolidierung des Faschismus in Italien zutrifft, bedarf der Überprüfung.

[109] G. Jellinek, Allgemeine Staatslehre (1900), 3. A., hg v. W. Jellinek, Berlin 1914, S. 666 f.

[110] H. Heller, Staatslehre. (1934), 3. unv. A., Leiden 1963, S. 27.

[111] R. Schmidt, Allgemeine Staatslehre, Leipzig 1901 (ND Aalen 1969). Bd. 1, Erster Teil. Die gemeinsamen Grundlagen des politischen Lebens. S. 268. „Demnach erscheint es verfehlt, von den drei Hauptformen der Regierungslehre noch ebensoviel *Nebenformen* abzusondern, – z.B. der Monarchie die Tyrannis oder Despotie, der Aristokratie die Oligarchie, der Demokratie die Ochlokratie oder Pöbelherrschaft als ‚Ausschreitung' gegenüber zu stellen." (Hervorhebungen im Original).

wachsende Lebensgemeinschaft über den Einzelnen." Die geschichtliche Entwicklung von Staaten könne im Rahmen einer durchaus wissenschaftsfähigen Verfassungsgeschichte geschrieben werden. Dagegen ist, wie sich aus dem zuvor Gesagten ergebe, „die Frage, welches die in einem Staat bestehende Staatsform, wer der – sei es einfache, sei es zusammengesetzte – Träger der obersten Gewalt sei, unrichtig gestellt. Die prinzipale Frage des Problems der Staatsform sei eine andere: nämlich ob eine absolute oder eine verfassungsmäßig beschränkte Regierung besteht." Demgegenüber sei die Frage nach der Regierungsform sekundär und zugleich „doch für den gesamten Entwicklungsgang des Staatslebens weit weniger eingreifend gewesen", als der zwischen absolutem und Verfassungsstaat.

Noch vor der Jahrhundertwende erfuhr die aristotelische Verfassungstypologie, ungeachtet ihrer universellen Akezptanz – „oggi ancora universalmente accettata" – auch in Italien eine Absage. Gaetano Mosca, der seit 1902 Verfassungsrecht und politische Ideengeschichte an der Bocconi Universität in Mailand lehrte, hatte schon in „Teorica dei governi e governo parlamentare" (1884) im ersten Hauptteil Aristoteles' „classificazione dei governi" mit dem Argument kritisiert, dass sie zur Beschreibung politischer Systeme untauglich sei: „ispirata assolutamente a criteri superficiali". Entscheidend sei, dass alle Staatsformen auf der Herrschaft einer politischen Klasse beruhen.[112] Betrachte man die antiken Stadtstaaten, so könne man, Aristoteles folgend, diese als eine gemischte Verfassung bezeichnen: „Questa forma di governo, seguendo la classificazione aristotelica potrebbe passare per una forma mista di monarchia, aristocrazia e democrazia [...] Eppure, studiando un po' da vicino la città antica, si vedrà come questa apparenza sia quasi del tutto falsa." Hier wie in anderen älteren (oder modernen) Staaten zeige sich bei realistischer Analyse, die sich normativer Wertungen enthält, dass „l'organizzazione politica dello Stato antico aveva per carattere principalissimo, e quasi esclusivo, la padronanza assoluta della classe politica sulle altre classe sociali, e la più perfetta, netta ed assoluta, che difficilmente si riscontra l'uguale presso altri popoli di diversa civiltà."[113]

Der negative Verfassungsbegriff der Tyrannei ist Mosca jedoch keineswegs völlig fremd (geworden). Ungeachtet seiner frühen Kritik an Aristoteles fragt er zwanzig Jahre vor Lenins Machtergreifung – „(if) with the realization of the communist [...] system, justice, truth, love and reciprocal toleration among men, will hold a larger place in the world than they now occupy; whether the strong, who will be always at the top, will be less overbearing; whether the weak, who will always be at the bottom, will be less overborne. That question we now answer decidedly with the word ‚no'." Ohne den Versuch zu machen, die moralischen Vorzüge des Kapitalismus gegenüber dem von Marx prognostizierten eines Staatssozialis-

---

[112] Teorica dei governi e governo parlamentare. In: Scritti politici di Gaetano Mosca. A cura di Giorgio Sola. Vol.I (2. Ausg. 1924) Torino 1982, S. 187-538, S. 202 f.

mus zu verteidigen, erwartet Mosca von dessen Realisierung „(o)ne single crushing, all-embracing tyranny, (which) will weigh upon all.“[114]

2. *Entwicklungen nach 1917*

Die politische Entwicklung in Rußland und Italien war für zahlreiche Vertreter der Staatslehre, die dem Rechtspositivismus nahestanden, kein Anlaß, die zu anderer Zeit erfolgten methodischen Festlegungen einer Überprüfung zu unterziehen. Hans Kelsen, Haupt der Wiener Schule, hatte sich 1911 in „Hauptprobleme der Staatsrechtslehre“ bereits auf die systematische Trennung von Tatsachen und Werten, Sein und Sollen, den Verzicht auf Einbeziehung naturrechtlicher Argumente und Postulate als conditio sine qua non einer wissenschaftlichen Staatslehre festgelegt. In seiner „Allgemeinen Staatslehre“ (1925) hielt er konsequent an der einmal eingenommenen Position fest. Dies führte unmittelbar zur Kritik an der Kategorie der Despotie. Kelsen bestreitet jegliche Differenz zwischen „absoluter und unbeschränkter Monarchie“ und „Despotie“ in ihrer Eigenschaft als „Rechtsstaat: Vollends sinnlos ist die Behauptung, daß in der Despotie keine Rechtsordnung bestehe, sondern Willkür des Despoten herrsche [...] stellt doch auch der despotisch regierte Staat irgendeine Ordnung menschlichen Verhaltens dar [...] Diese Ordnung ist eben die Rechtsordnung. Ihr den Charakter des Rechts abzusprechen, ist nur eine naturrechtliche Naivität oder Überhebung [...] Was als Willkür gedeutet

---

113 Teorica, a.a.O., S. 249;250; dass nicht „kruder Empirizismus“ Moscas Plädoyer für eine „herrschende Klasse“ im Sinne einer „Meritokratie“ bestimmte, hebt R.Bellamy hervor: „the original impetus behind the entire project“ war die friedliche Lösung der sozialen Frage in Italien. Die unausgesprochene präskriptive Prämisse seiner Konzeption der herrschenden Klasse als „rule by a disinterested educated elite, serving the common good“, war Mißtrauen gegenüber einer Herrschaft von Besitzeliten, „(who) to better the condition of the poor will never damage their own interests.“Bellamy, G. Mosca. In: Ders., (ed.), Modern Italian Social Theory - Ideology and Politics from Pareto to the Present. Cambridge, Mass. 1987, S. 37; S. 42 f. Dieser ursprüngliche Impetus bleibt unberücksichtigt bei N. Bobbio, Saggi sulla Scienza Politica in Italia. Laterza 1969; dass Bobbio kein Freund von Moscas Politik war, betont J. Femia, Mosca revisited. In: European Journal of Political Research 23/1993, S. 145-161; hier: S. 147; 145: „...social critics could learn much from Mosca, in spite of his conservative leanings.“

114 Zitiert nach J. Femia, a.a.O., S. 157: „Under collectivism, everyone will have to Kowtow to the men of government. They alone can dispense favour, bread, the joy or sorrow of life.“ Keine Rede mehr von „i cosidetti tiranni“ der griechischen Städte. Vgl. Teorica, a.a.O., S. 254. Dort wird die Jakobinerherrschaft als „sanguinaria tirannide“ charakterisiert; S. 346. *Despotismus* im Rahmen repräsentativer Demokratien: Elementi, I, S. 689-91, zitiert nach Bellamy, a.a.O., S. 47. *Diktatur* wird - unter Berufung auf Guicciardini - als „Krankheit“ abgelehnt; politische Freiheit (ebenfalls unter Berufung auf Guicciardini) bestimmt als „Überlegenheit der Gesetze und Verordnunen über alle privaten Begierden“.

wird, ist nur die rechtliche Möglichkeit des Autokraten, jede Entscheidung an sich zu ziehen, die Tätigkeit der untergeordneten Organe bedingungslos zu bestimmen und einmal gesetzte Normen jederzeit [...] aufzuheben oder abzuändern [...] Ein solcher Zustand ist ein Rechtszustand, auch wenn er als nachteilig empfunden wird".[115]

Damit ist nicht generell, wohl aber in entscheidender Hinsicht ein Legitimitätsattest ausgestellt, quasi für Praktiken moderner Gewaltregime, das Opposition oder Widerstand als ungerechtfertigt qualifiziert. Niemals ist es in den Verfassungsdebatten der Vergangenheit darum gegangen, irgendeine Ordnung menschlichen Verhaltens gutzuheißen. Dies hat der Sozialdemokrat Kelsen denn auch keineswegs getan. Noch vor Erscheinen seiner „Allgemeinen Staatslehre" hat er 1923 unter Berufung auf Karl Kautsky die Entstehung einer diktatorische(n) Willkürherrschaft in Sowjetrußland kritisiert. Dem objektiven Urteil Kautskys, „nicht eines Gegners des Sozialismus, sondern eines seiner größten Führer [...] beigepflichtet werden."[116]

In der Tradition des sozialdemokratischen Antibolschewismus Kautskys wie unter dem Eindruck der von rechts sich mehrenden Rufe nach einer Diktatur, plädierte Kelsen entschieden für die Demokratie und ihre Verteidigung; allerdings ohne auf den eindringlichen Appell von Kautsky

---

115 H. Kelsen, Allgemeine Staatslehre. (1925), 2. A. Bad Homburg, Berlin, Zürich 1966, S. 335 f. In der 1949 in Cambridge, Mass. (Harvard UP) erschienenen englischen Ausgabe ist diese Passage weggelassen. Gewiß nicht ohne Zustimmung des Autors; jedoch auch *ohne* Begründung. Vgl. General Theory of Law and State, S. 300. In der 1966 erschienenen zweiten deutschen Auflage ist der Wortlaut der 1. A., nur geringfügig modifiziert, beibehalten worden: „Vollends sinnlos ist die Behauptung, daß in der Despotie keine Rechtsordnung bestehe, sondern Willkür des Despoten herrsche. Ganz abgesehen davon, daß die historischen Tatsachen das Gegenteil beweisen, daß alle uns bekannten, speziell auch die altorientalischen Despotien eine sehr differenzierte Rechtsordnung aufweisen, [...] stellt doch auch der despotisch regierte Staat irgendeine Ordnung menschlichen Verhaltens dar, weil ja ohne eine solche Ordnung überhaupt kein Staat, ja, überhaupt keine Gemeinschaft möglich [...] wäre. Diese Ordnung ist eben die Rechtsordnung. Ihr den Charakter des Rechts absprechen, ist nur eine naturrechtliche Naivität oder Überhebung. Sonderlich wenn dies mit der Begründung geschieht, daß die Untertanen der Despotie rechtlos [...] und alle Sklaven seien [...] die Despotie (muß) als Rechtsordnung gelten. Die Identifikation einer bestimmten Technik des Rechtes mit dem Rechte schlechthin ist eine ganz und gar unpositivistische Denkweise." § 46, Die Monarchie, a.a.O., S. 335. – Ob Kelsen das 1953 erschienene Buch von Leo Strauss, Natural Right and History. Chicago (dt. Ausgabe Stuttgart) 1956 mit einem Vorwort von G. Leibholz unter dem Titel „Naturrecht und Geschichte". bekannt war, konnte bisher nicht festgestellt werden. Strauss macht in der Einleitung (Anm. 2) darauf aufmerksam, dass in der englischen Übersetzung der o.a. Passus weggelassen wurde: „Da Kelsen seine Einstellung gegenüber dem Naturrecht nicht geändert hat, kann ich mir nicht vorstellen, warum er diese instruktive Stelle [...] weggelassen hat". Vermutlich konnte Strauss sich den Grund sehr wohl vorstellen. Im anglo-amerikanischen Kontext ließ sich nicht so leicht über „naturrechtliche Naivität oder Überhebung" sprechen und schreiben wie im deutschen Sprachraum!

zurückzukommen, die „Demokratie mit Nägeln und Zähnen" zu verteidigen: „Das Ideal der Demokratie verblaßt, und an dem dunklen Horizont unserer Zeit steigt ein neues Gestirn auf, dem sich die Hoffnung der Massen umso gläubiger zuwendet, je blutiger sein Glanz über ihr leuchtet: die Diktatur [...] In den Kreisen der Staatsrechtslehrer und Soziologen versteht es sich heute beinahe von selbst, von Demokratie nur mit verächtlichen Worten zu sprechen, gilt es als modern, die Diktatur – direkt oder indirekt – als das Morgenrot einer neuen Zeit zu begrüßen." Im Gegensatz zu Kautskys Entschlossenheit, die Demokratie aktiv zu verteidigen, erwies sich Kelsen als unzulänglicher (auch letztlich unpolitischer) Gegenspieler der Diktaturen, die er seit langem ablehnte. Die Demokratie sei „diejenige Staatsform, die sich am wenigsten gegen ihre Gegner wehrt [...] Bleibt sie sich selbst treu, muß sie auch eine auf Vernichtung der Demokratie gerichtete Bewegung dulden. Ob eine Demokratie sich selbst verteidigen soll, auch gegen das Volk, das sie nicht mehr will [...] diese Frage stellen, heißt schon, sie verneinen."

Was bleibt, ist politischer Attentismus; der Appell, nicht wankend zu werden in der Treue zur Demokratie: „es gibt auch eine Treue zur Idee, die unabhängig ist von der Chance, diese Idee zu realisieren. Man muß [...] (ihr) treu bleiben, auch wenn das Schiff sinkt; und kann in die Tiefe nur die Hoffnung mitnehmen, daß das Ideal der Freiheit unzerstörbar ist und daß es, je tiefer es gesunken, um so leidenschaftlicher wieder aufleben wird."[117]

Gegen den Unpolitiker Kelsen[118] wandte sich Rudolf Smend in seiner Hauptschrift Verfassung und Verfassungsrecht (1928). Das von Kelsen verfochtene methodische Gebot, Politik, Ethik und Geschichte in der Staatslehre nicht zu berücksichtigen, führe diese in eine „Sackgasse ohne Zweck und Ziel". Schon 1923 hatte Smend gefordert, dass die Staatslehre die „wesentlichen Erscheinungsformen modernen politischen Lebens zum Gegenstande" haben müsse. „Eine vergleichende Staatsformenlehre" für die Gegenwart zu entwickeln, erachtete er als conditio sine qua non eines Auswegs aus der rechtspositivistischen „Sackgasse: Das Problem der

---

[116] Vgl. H. Kelsen, Sozialismus und Staat. 1. A. 1920. 2.A. Leipzig 1923, S. 111

[117] H. Kelsen, Verteidigung der Demokratie. In: Blätter der Staatspartei 2 (1932), S. 90-98. Wiederabgedruckt in: H. Kelsen, Demokratie und Sozialismus. Ausgewählte Aufsätze, hrsg. und eingeleitet von Norbert Leser, Wien 1967, S. 60; 62; 68. – M. Stolleis, Geschichte des öffentlichen Rechts in Deutschland, 3. Bd., Staats- und Verwaltungsrechtswissenschaft in Republik und Diktatur, 1924-1945. München 1999, hebt Kelsens „überaus klare Worte von 1932" hervor, die er ausführlich zitiert. Ihr spezifisches Gewicht und die ihnen innewohnende Problematik bleiben jedoch unberücksichtigt. So wird Kelsen zwar als Diktatur-Kritiker gewürdigt, ohne dass die praktisch-politischen Aporien der wertrelativistischen Staatsrechtslehre in der Weimarer Republik prägnant bezeichnet werden.

[118] H. Heller, Staatslehre, a.a.O., S. 26.

Staatsform ist die schwierigste und zugleich die krönende und abschließende Frage der Staats- und insbesondere der Verfassungstheorie."[119]

„Die herkömmliche und insbesondere die antike und an die Antike anschließende Klassifikation der Staatsformen" ist in „der heutigen Welt" unanwendbar. Smend begründet dies mit dem statischen Charakter des „Wertgehalt(s) des sich als ungeschichtlich empfindenden antiken Staats", dessen Form „daher nicht die durch diesen Gehalt verbundene Gemeinschaft immer von neuem zu integrieren, sondern nur diesen Gehalt zu repräsentieren" habe. Eine der heutigen Welt gerecht werdende „Einreihung (eines Staates) in die Verfassungstypen" hänge von der Eigenart der Integrationsfaktoren ab. Sie „liefern die wahre Grundlage für die Klassifikation der Staatsformen".[120]

Smend unterschied Integration durch Persönlichkeit (z.B. durch einen legitimen Monarchen oder durch einen charismatischen „Führer") sowie durch Funktion (Verfahren oder Wahlen) und durch Staatssymbolik resp. Gründungsmythen.

Die generelle Historisierung des klassischen Vokabulars wird von Smend nicht ersetzt durch eine neue Typologie, die durch präzise Konzeptualisierung moderner Gewaltregime gekennzeichnet ist. Letztere finden keine Erwähnung. So läßt Smend die Frage gänzlich offen, ob und was sich in der heutigen Welt ereignet hat und zur Konsequenz der Marginalisierung des klassischen Vokabulars zwingt. Die Antithese „statisch und dynamisch-dialektisch" läßt eine begründete Unterscheidung negativer und positiver Verfassungsbegriffe von sich aus nicht zu. So lange jedenfalls nicht, als dynamisch-dialektisch jenen „(Integrations)Vorgang der Auseinandersetzung von Gegensätzen" bezeichnet, in dem die „Tatresultante der allgemeinen staatlichen Richtung und Wesensart immer neu gewonnen (wird) durch Kämpfe der öffentlichen Meinung und Wahlen, durch parlamentarische Erörterung und Abstimmung."

Dieser Vorgang mache die Eigenart und „den entschiedenen Gegensatz" parlamentarischer Regierungsweise „zu allen anderen Staatsformen aus: insofern ist der Parlamentarismus eine Staatsform für sich. Vom Parlamentarismus unterscheiden sich alle übrigen Staatsformen dadurch, daß der maßgebende Integrationsfaktor in ihnen wesentlich statischer Art ist."

Was 1923 noch als Staatsform gewertet wurde, ist 1928 politisch abgeschrieben: „liberale Staatstheorie ist keine Staatstheorie, weil sie sich auf ethisierenden, technisierenden und anderen Abwegen bewegt – liberale Staatsform, d.h. Parlamentarismus ist keine Staatsform, weil auf funktionelle Integration allein kein Staat gegründet werden kann."[121] Eine den

---

[119] R. Smend, Verfassung und Verfassungsrecht (1928), in: Staatsrechtliche Abhandlungen, 2.A. Berlin 1968, S. 124. – Ders., Die politische Gewalt im Verfassungsstaat und das Problem der Staatsform (1923), in: Staatsrechtliche Abhandlungen, a.a.O., S. 88. – Verfassung, a.a.O., S. 218.

[120] Die politische Gewalt... a.a.O., S. 83.

drängenden politischen Problemen der Zeit angemessene Alternative zur Position des „Unpolitikers Kelsen" ist Smend zweifellos nicht gelungen. Die Tatsache, dass er es als erforderlich ansah, in seinem Artikel „Integration" klarzustellen, dass seine Staatslehre Ausdruck „streng demokratischen Denkens" gewesen sei, macht deutlich, dass er sich von Zeitgenossen wie z.B. Gustav Radbruch politisch mißverstanden fühlte.[122]

Eine Anknüpfung an die Verfassungstypologie von Aristoteles oder Montesquieu, ganz zu schweigen von ihrer Tradierung, konnte von der 1928 erschienenen Verfassungslehre Carl Schmitts von vornherein nicht erwartet werden. Schon 1921 hatte Schmitt in einer Studie über „Die Diktatur" neben dem römischen Verständnis dieser Kategorie einen konträren Typus der Diktatur theoretisch zu rechtfertigen versucht, der Lenins Theorie und Praxis am ehesten entsprach: „die souveräne Diktatur". Sie galt nicht der Erhaltung der Republik, sondern der Schaffung einer neuen politischen Ordnung. Schmitt versteht sie als ein Analogon zur „kommissarischen Diktatur": „Der kommissarische Diktator ist der unbedingte Aktionskommissar eines pouvoir constitué, die souveräne Diktatur die unbedingte Aktionskommission eines pouvoir constituant."[123]

Schmitts Versuch, die souveräne Diktatur als eine *analoge* Einrichtung zur Diktatur im römischen Sinne zu behandeln, ist fragwürdig. Die Rechtfertigung der souveränen Diktatur beruht auf der Prämisse, dass alles Recht eine Emanation des Volkswillens oder desjenigen der Nation sei: „Das Volk, die Nation, die Urkraft alles staatlichen Wesens, konstituiert immer neue Organe. Aus dem unendlichen, unfaßbaren Abgrund ihrer Macht entstehen immer wieder neue Formen, die sie jederzeit durchbrechen kann und in denen sich ihre Macht niemals definitiv abgrenzt. Sie

---

121 R. Smend, Die politische Gewalt, a.a.O., S. 86; der Verfassung...a.a.O., S. 219.

122 R. Smend, Artikel „Integration", in: Evangelisches Staatslexikon. 3., neu bearbeitete A. in zwei Bänden. Stuttgart 1987, Bd. I, Sp. 1354-1358; hier: 1358. - Vgl. zu Smend M. Stolleis, Geschichte...a.a.O., S. 174 f in Verbindung mit der Kritik Hermann Hellers, Staatslehre, a.a.O., S. 49. Vgl. G. Radbruch, Rechtsphilosophie. 3. A. 1932: „Die politische Funktion der Integrationslehre [...] besteht aber darin, auch nichtdemokratische Verfassungsformen auf den Volkswillen, zwar nicht den Willen der Volksmehrheit, aber den integrierenden Willen der Volkheit, einer zahlenmäßig nicht bestimmbaren und kontrollierbaren und deshalb weitgehend nach Belieben konstruierbaren Volksgemeinschaft gründen zu können." S. 165, Anm. 1 (§ 8 Rechtsphilosophische Parteienlehre).

123 Vgl. E. Nolte, Artikel „Diktatur", in: Geschichtliche Grundbegriffe, Bd. 1, a.a.O. „Man wird kaum fehlgehen, wenn man den politischen Kern des Buches in der Beziehung auf die an hervorgehobener Stelle mehr angerührte als interpretierte ‚Diktatur des Proletariats' erblickt und sein unausgesprochenes Resultat folgendermaßen formuliert: der durch das Aufkommen einer grundsätzlich staatsfeindlichen [...] Partei aufs äußerste gefährdete liberale Staat kann sich nicht mehr mit der in Artikel 48 der Weimarer Reichsverfassung vorgesehenen kommissarischen Diktatur begnügen, sondern muß zur souveränen Diktatur übergehen, die imstande ist, die Herausforderung von der Wurzel zu beseitigen." S. 921.

kann beliebig wollen, der Inhalt ihres Wollens hat immer denselben rechtlichen Wert wie der Inhalt einer Verfassungsbestimmung. Sie kann daher beliebig eingreifen mit Gesetzgebung, Rechtspflege oder bloß tatsächlichen Akten."

Die Berechtigung und Rechtfertigungsfähigkeit einer Diktatur im römischen Sinne in einer nationalen Krise ist auch den standhaftesten Verfechtern des Rechtsstaatsideals stets plausibel gewesen. Die vermeintlich analoge Einrichtung der souveränen Diktatur subsumiert hingegen unter die Kategorie des Rechts etwas, das seiner Natur nach außerhalb und jenseits von ihr liegt. Ganz offenkundig ist die Argumentation nicht frei von einer (intendierten?) Unklarheit hinsichtlich des Rechtsbegriffes, der sowohl Recht wie Gesetz bedeuten kann.[124]

Schmitts Konzeption der souveränen Diktatur suspendiert indirekt die negativen Verfassungsbegriffe. Dies zunächst ohne klar erkennbare politische Optionen, jedoch auf der Grundlage dezidierter Aversionen, zunächst gegenüber dem Liberalismus, jedoch auch gegenüber dessen jüngeren „Bruder", den Schmitt im Bolschewismus erkennen zu können glaubte: beide Verkörperungen des modernen Rationalismus und Materialismus.[125]

So wenig Diktatur im politischen Denken Carl Schmitts ein *negativer* Verfassungsbegriff ist, so wenig ist Diktatur der entscheidende Gegensatz zu Demokratie und umgekehrt. Unter der Voraussetzung der Identität und Maßgeblichkeit des Volkswillens hebe eine souveräne „Diktatur die Suspendierung der Demokratie „im Namen der wahren, erst noch zu schaffenden Demokratie [...] die Demokratie theoretisch nicht auf."[126]

Hier werden – ohne der Entwicklung in Italien und der Sowjetunion, vor allem aber auch derjenigen in anderen westlichen Demokratien – Rechnung zu tragen und ohne eine klare, in die absehbare Zukunft gerichtete Zielperspektive die Weichen zugunsten der Diktatur insoweit gestellt, als damit eine politische Option eröffnet wird, die gegebenenfalls „im Namen der wahren [...] Demokratie" in Anspruch genommen werden kann.

---

124 C. Schmitt, Diktatur, S. 142. – Vgl. Alfred Cobban, Dictatorship. Its History and Theory. New York 1939. II. Appendix: The Theory of Dictatorship of Carl Schmitt. S. 335-344. Hier: S. 340/1. „Behind these arguments, we must insist, is the fundamental presupposition that all political right is an emanation from the will of the people, or the nation, against which no rival authority can stand. Now this principle while generally accepted by German thinkers, runs counter to the secular trend of Western thought." S. 341.

125 „Der große Unternehmer hat kein anderes Ideal als Lenin, nämlich eine ‚Elektrifizierte Erde'. Amerikanische Finanzleute und russische Bolschewisten finden sich zusammen im Kampf für das ökonomische Denken [...] ; die Sachlichkeit ökonomisch denkender Kapitalisten (ist hier) der Gesinnung eines radikalen Kommunismus sehr nahe." C. Schmitt, Römischer Katholizismus und politische Form. (1923) 2. A. München 1925, S. 19;49.

126 Carl Schmitt, Die geistesgeschichtliche Lage des heutigen Parlamentarismus (1. A. Berlin 1923) 5. A. Berlin 1979, S. 37.

In der Verfassungslehre wird konsequent die Lehre von den Staatsformen [...] auf das [...] Unumgängliche beschränkt: Demokratie, Monarchie und aristokratische Elemente in modernen bürgerlich-rechtsstaatlichen Verfassungen werden im III. Abschnitt behandelt. Eine Erörterung illegitimer Herrschaft und ihrer Erscheinungsformen unterbleibt. Dies ist insoweit konsequent, als Schmitt zu dieser Zeit ausdrücklich erklärt, dass es keinen Unterschied gebe zwischen der „Regierung eines geordneten Gemeinwesens" und der „Macht eines Seeräubers; mit Vorstellungen von Gerechtigkeit, sozialer Nützlichkeit und anderen Normativitäten (sind sie) nicht zu fassen, denn allen diesen Normativitäten kann auch der Seeräuber entsprechen." Die nicht bestreitbare Verschiedenheit liege darin, dass „jede echte Regierung die politische Einheit eines Volkes - nicht das Volk in seinem natürlichen Vorhandensein repräsentiert."[127]

In der im Juli 1932 abgeschlossenen Abhandlung über Legalität und Legitimität wird dann klar gesagt, was lange feststand: „die überlieferte Dreiteilung von Monarchie, Aristokratie und Demokratie mit ihren Modifikationen soll hier nicht zur Verwendung kommen. Nicht als wäre die aristotelische Lehre unmodern und überwunden. Entsprechendes gelte für andere, in vergangenen Situationen entstandene Unterscheidungen, zum Beispiel [...] Rechtsstaat und Diktatur usw. Sie sind wenig fruchtbar für die Erkenntnis der staatlichen Gegenwart", im Gegenteil eher geeignet, diese zu verdunkeln und zu verwirren. Die Gegenwart könne besser mit dem Begriffspaar Legitimität/Legalität erfaßt werden. Schmitt rückt die Legitimität einer durch Homogenität geprägten Ordnung plebiszitär-demokratischer Art in einen schroffen Gegensatz zu der von ihm dem Parlament zugeordneten Legalität in der Absicht, die überlieferten Leitbegriffe politischer Rechtmäßigkeit und Unrechtmäßigkeit auf diese Weise zu ersetzen.

Diese Hierarchierung des „Begriffs-Gegensatz-Paar(s)" war bestens geeignet, „Späteren zum Sturmbock gegen die westliche Demokratie im allgemeinen und das Weimarer System im besonderen so nützliche Dienste zu leisten".[128] Dies zugleich deshalb, weil Schmitts Legitimitätsvorstellung inhaltsleer und formal ist, Ausdruck eines deutschen Nihilismus und einer vermeintlich gegen „Wert und Wahrheit" indifferenten bloß formalen Legalität. Den Gegensatz von Rechtsstaat und Diktatur wie anderer „in vergangenen Situationen entstandenen Unterscheidungen" kann entgegen Schmitts Behauptung das Begriffspaar Legitimität und Legalität jedoch nicht ersetzen.[129]

Der Abkehr Carl Schmitts von dem in der westlichen politischen Kultur begründeten „Komplex normativer Anforderungen an eine legitime politische Ordnung", welcher als „kritische(r) Bezug anzuerkennen"[130] ist,

---

[127] C. Schmitt. Verfassungslehre (1928), 3. unv. A., Berlin 1957, S. XII; 212.

[128] Vgl. K. Löwenstein, Max Weber als „Ahnherr" des plebiszitären Führerstaats. In: KZfSS 13(1961), S. 281.

war vor Alfred Cobban in Deutschland Hermann Heller entgegengetreten. Ungeachtet seiner Kritik des Naturrechtsdenkens, bleibt dieser normative Bezugsrahmen für ihn verbindlich. Heller paraphrasiert in seiner posthum erschienenen Staatslehre Augustinus: „ohne Feststellung einer Sinnfunktion der spezifisch staatlichen Macht ist diese weder von einer Räuberbande noch von einem Kohlen-Kartell oder einem Kegelklub zu unterscheiden." Als politische Systembegriffe sind Rechtsstaat und als sein Gegensatz Diktatur grundsätzlich aktuell. In ein für Teil III „Wesen und Aufbau des Staates" vorgesehenes Kapitel „Die Staatsformen" konnte Heller seine in anderen Schriften veröffentlichten Überlegungen zu dieser Thematik in systematischer Weise nicht mehr einarbeiten. Es ist jedoch davon auszugehen, dass die aristotelische Verfassungstypologie Berücksichtigung gefunden hätte. Dies läßt sich aus dem Rekurs auf Werk und Methode von Aristoteles als Begründer einer „Politikologie" erweisen.[131]

Heller hat als erster zwischen totalitärer und autoritärer Diktatur unterschieden: eine Differenzierung, die der Verfassungswandel in Rußland und Italien verlangte. Im einen Fall handelt es sich um einen „jede Lebensregung umfassenden Staat", im anderen um den politische und rechtliche Grenzen seiner Aktivität anerkennenden Staat, für den die Maxime: „nichts außerhalb des Staates, nichts gegen den Staat, alles für den Staat" nicht gilt. Obwohl ‚totalitär' noch als eine faschistische Selbstbezeichnung ansehend, weitet Heller schon 1929 totalitäre Diktatur indirekt zu einem neuen Epochenbegriff aus, wenn er argumentiert, „daß abgesehen von

---

129 Vgl. O. Kirchheimer, Bemerkungen zu Carl Schmitts ‚Legalität und Legitimität' (zuerst 1932), in: ders., Von der Weimarer Republik zum Faschismus. Die Auflösung der demokratischen Rechtsordnung. Frankfurt/M. 1976, S. 113-151; hier: S. 150. Zu Schmitts Abkehr vom Legitimitätsparadigma der westlichen Überlieferung mit der Folge einer „Ramboisierung der Politik" (*F. Cardini*) H. Mandt, Artikel „Legitimität". In: D. Nohlen (Hg.): Lexikon der Politik. Bd. 1: Politische Theorien. München 1995, S. 284-298; hier: S. 292 f. – Zum deutschen Nihilismus vgl.: Leo Strauss, German Nihilism (zuerst 1941) In: Interpretation, Spring 1999, Vol. 26, No. 3, S. 353-375.

130 F. Scharpf, Demokratietheorie zwischen Utopie und Anpassung. Konstanz 1970, S. 19.

131 H. Heller, Staatslehre (1934), hg. von G. Niemeyer, Gesammelte Schriften, hsgg. von M. Drath, O. Stammer u.a. Bd.3, Leiden 1971, S. 310; Ders., Rechtsstaat oder Diktatur? (1929), Ges. Schriften, Bd. 2, 1971; ders., Staatslehre, a.a.O., 315; 360 f. Die Gliederung des III. Teils der Staatslehre ist als Anhang zur Staatslehre abgedruckt. Zur Bezugnahme auf Aristoteles vgl. ebda. Teil I,2: Entwicklung und Gegenstand der politischen Wissenschaften, S. 13: „Den der heutigen Wissenschaft verwandtesten Typus einer Politikologie hat in Griechenland Aristoteles geschaffen, indem er den grundsätzlichen Schritt von der Spekulation zur Empirie tat. Nicht als ob er als letztes Ziel der Wissenschaft die Erkenntnis des besten Staates aufgegeben hätte. Dieses letzte Ziel will er aber so erreichen, dass er [...] zunächst ein umfassendes Tatsachenmaterial zum Zwecke der empirischen Wirklichkeitserkenntnis sammelt und das letzte Sollensziel mit Rücksicht auf dieses Sein aufstellt."

manchen nationalen und sozialen Unterschieden Fascismus und Bolschewismus Zwillingsbrüder des gleichen politischen Geistes sind."[132]

Wenn Heller 1931 „aus sozialistischen, wie aus nationalpolitischen Gründen" einen „autoritären Staat" bejaht, so darf dies nicht mit einem Nekrolog auf den Parlamentarismus verwechselt oder als eine antiparlamentarische Option mißdeutet werden. Heller pflegte seine Worte gründlich bedacht zu wählen.[133] Ihm ging es um eine Stärkung der Regierungsgewalt im Rahmen des parlamentarischen Regierungssystems – so wie Friedrich Meinecke, der sich im gleichen Jahr für eine „Vertrauensdiktatur" aussprach. In beiden Fällen war das Plädoyer für eine starke demokratische Regierung verbunden mit der unzweideutigen Ablehnung von solchen „Trugbildern" der Diktatur, „denen der feste Rechtsboden und die feste Rechtsschranke" fehle.

In England hat es eine vergleichbare Staatsformdebatte aus einleuchtenden Gründen nicht gegeben. James Bryce, „almost a household name" im englischen Sprachraum, konstatierte 1921, die „alte Frage nach der besten Staatsform sei fast außer Übung gekommen", die Demokratie gelte als „die einzig rechtmäßige Art der Regierung".[134] So findet man selten ausführlichere Erörterungen zu „Forms of the State", nicht zuletzt auch deshalb, weil Diceys Introduction to the Study of the Law of the Constitution für nahezu ein Jahrhundert kanonische Geltung besaß.[135]

Wo sich – wie bei R.M. MacIver – vor 1933/39 in The Modern State (1926) separate Abschnitte zur Staatsformfrage finden, wird auf eine komplexe Typologie verzichtet: „Our object in this chapter is to classify and to characterize the various forms of state. We can [...] distinguish two main types of state as follows: (a) dynastic states, i.e. states, in which there is no general will co-extensive with the community embraced within the state, or in which the general will is merely acquiescent or subservient; (b) democratic states, in which the general will is inclusive of the community as

---

[132] H. Heller, Europa und der Fascismus (1929), Ges. Schriften, Bd. 2, S. 515; Ders., Was bringt uns eine Diktatur? (1929), Ges. Schriften, Bd. 2, S. 437.

[133] Dies betont G. Niemeyer in seiner Einleitung zu der von ihm edierten Staatslehre ausdrücklich: „[...] oft (war) der Gegenstand eines ganzen Tages konzentrierte Arbeit an der Formulierung eines einzigen Satzes. Das Verantwortungsbewußtsein Hermann Hellers für seine Äußerungen vor Lesern wie Hörern kannte keine Grenzen der Selbstkritik noch der Arbeitsmühe [...] weder durch Originalitätssucht, noch durch Ressentiment, noch durch Systemästhetik" sei seine intellektuelle Redlichkeit zu bestechen gewesen. a.a.O., S. VIII.

[134] J. Bryce, Modern Democracies. 2 vols. London/New York 1921. Deutsche Ausgabe übersetzt von Karl Löwenstein und Albrecht Mendelssohn Bartholdy. München, 3 Bände 1923-1925, Bd. I, S. 2 f. Im anglo-amerikanischen Bereich, v.a. in den USA, Kanada und Australien haben „die Worte ‚Demokratie' und ‚demokratisch' [...] assoziativ einen sozialen und tatsächlich fast ethischen Charakter angenommen." a.a.O., S. 23.

[135] Vgl. D.C.M. Yardley, Introduction to the British Constitution. 6th ed. London 1984, S. 70.

a whole or of at least the greater portion of the community, and is the conscious, direct, and active support of the form of government."

Dynastische Staaten sind in dieser Zweiertypologie der negative Pol. Griechische „commonwealths" werden ebenso darunter subsumiert wie solche Demokratien, in denen eine privilegierte Klasse (ruling caste) über die Gesamtheit herrscht: „It is founded on force and its policies are inevitably exploitive." Aus dem klassischenVokabular werden Oligarchie und oligarchisch, jedoch keine andere Kategorie verwendet. „All dynasties are oligarchies". Europäische Staaten der jüngsten Vergangenheit – das deutsche Kaiserreich, Österreich – werden ebenso als Fallbeispiele für dynastische Staaten angeführt wie ägyptische und chinesische Dynastien (Ts'in, Han, Ming, Manchu). Oligarchien können die Form der Diktatur annehmen. Und hier wird der aktuelle Bezug hergestellt: „We should characterize the soviet government of Russia as of the last-mentioned type. Nominally it is a ‚dictatorship of the proletariat', which means in effect the dictatorship of a small group based on proletarian support. It is a unique form, being a class-limited oligarchy which... limits citizenship not from above, in the socio-economic sense, but from below."[136]

3. Reaktionen auf Bolschewismus und Faschismus

Kaum ein Ereignis hat im 20. Jahrhundert eine so nachhaltige Herausforderung für intellektuelle, politische und ökonomische Eliten bedeutet wie die Machtergreifung der Bolschewiki im Oktober 1917. Dass sie zunächst eine die europäische Linke polarisierende Herausforderung war, ist nicht überraschend. Allen voran gilt dies für die deutschen Sozialdemokraten, damals gespalten in MSPD und USPD. Die politisch stärkste sozialistische Partei in Europa hatte die russische RPDA seit ihren Anfängen auf vielfältige Weise unterstützt. Allerdings nicht kritiklos und blindlings, sondern seit der von Lenin erzwungenen Spaltung in Bolschewiki und Menschewiki 1903 mit Vorbehalten und entsprechenden Bemühungen, die Spaltung rückgängig zu machen.

Mit Blick auf die künftige innenpolitische Entwicklung Deutschlands reagierte Karl Kautsky in mehreren Streitschriften seit 1918 gegen Lenins Diktatur. Auf der Grundlage einer „nahezu naturrechtlichen Einstellung zur Demokratie" und zu allgemeinen Wahlen (P. Lösche), deren Entstehung dem Oktoberaufstand um nicht weniger als ein Vierteljahrhundert

---

136 R.M. MacIver, The Modern State. Oxford 1926, Ch.XI, The Forms of the State. S. 338; hier: S. 342, 345, 348. An anderer Stelle wird neben Sowjetrußland „the fascist government of Italy" den aus dem Krieg hervorgegangenen Diktaturen zugerechnet. Vgl. Ch. III, Authority and Revolution. S. 215. – Die MacIvers Argumentation zugrundeliegende Prämisse lautet: „das Studium des historischen Prozesses" bestätige, „that, in spite of reversions, the main trend of the state, *after it has finally emerged as a state*, is toward democracy." a.a.O., S. 340 (Hervorhebung im Original).

voraufgeht (K. Kautsky, Parlamentarismus und Demokratie, 1893), ist Diktatur eindeutig negativ besetzt. „Die Lenin-Diktatur führt nur zu jener Art Sozialismus, die man den asiatischen genannt hat. Mit Unrecht, denn Asien hat seinen Konfuzius und einen Buddha geboren. Eher könnte man ihn den tatarischen Sozialismus nennen.“ [137]

Mit dem Adjektiv „tatarisch“ soll der spezifische *modus operandi* bezeichnet werden, die vollkomme(totale) Unterwerfung und regellose Gewaltsamkeit, der über vor- bzw. nicht-tatarische Formen der Diktatur als „eine Regierungsform [...] gleichbedeutend mit Entrechtung der Opposition“ qualitativ hinausgeht. Der Vergleich mit dem „Jesuitenstaat von Paraguay“ dient zur Verdeutlichung: „Die Jesuiten als überlegene Klasse organisierten dort mit diktatorischer Gewalt die Arbeit der indianischen Urbevölkerung in einer tatsächlich bewunderungswürdigen Weise, ohne Anwendung von (physischer) Gewalt, ja unter Gewinnung der Anhänglichkeit ihrer Untertanen.“

Ergänzend verweist Kautsky auf das „Messiasbewußtsein“ Lenins, das mit dem Anspruch auf Irrtumslosigkeit des eigenen Willens identisch sei. Unter der Voraussetzung völliger Entrechtung der Opposition fördere dies die „diktatorischen Gewohnheiten“. Für das Zarenreich verwendet Kautsky den Traditionsbegriff des Despotismus. Von der Diktatur als einer vorübergehenden Notstandsmaßregel unterscheidet er sich grundsätzlich durch seinen Charakter als ständige Staatseinrichtung.[138] Lenin weist diese Unterscheidung als „offensichtlich falsch“ ab, ohne sich auf eine Begründung einzulassen. Ihr weicht er mit der Bemerkung aus, dass Kautskys Behauptung „mit der uns hier interessierenden Frage gar nichts zu tun (hat).“ [139]

---

[137] K. Kautsky, Terrorismus und Kommunismus (1920). In: H. Kremendahl/Th. Meyer (Hg.): Sozialismus und Staat. Bd. 1, Kronberg/Ts. 1974, S. 232. Die wiederkehrenden Charakterisierungen der Sowjetdiktatur als „asiatisch“ oder „tatarisch“ geprägt, gehen auf Marx' und Engels' „antirussischen Komplex“ (D. Geyer) zurück. Für sie war allein das Zarenreich als reaktionäre Vormacht Europas ausschlaggebend. Vgl. hierzu J. Zarusky, Die deutschen Sozialdemokraten und das sowjetische Modell. Ideologische Auseinandersetzung und außenpolitische Konzeptionen 1917-1933. München 1992, S. 19 f; 50 ff.

[138] K. Kautsky, Die Diktatur des Proletariats (1918). In: H. Kremendahl/Th. Meyer, a.a.O., S. 195; 205.

[139] Die Frage, um die es im Kontext geht, betrifft den Gegensatz von Demokratie und Diktatur. Sein Ausweichen vor einer Begründung verbindet Lenin mit der Bemerkung: „Kautskys Neigung, sich vom 20. Jahrhundert dem 18. Jahrhundert und vom 18. Jahrhundert der Antike zuzuwenden, ist bekannt, und wir hoffen, daß das deutsche Proletariat nach Erringung der Diktatur dieser Neigung Kautskys Rechnung tragen wird und ihn [...] als Gymnasialprofessor für Geschichte des Altertums anstellen wird.“ Damit nicht genug: Lenin hält Kautsky entgegen, „durch Philosophieren über den Despotismus“ „sich von einer Definition der Diktatur des Proletariats“ drücken zu wollen, „(das) ist entweder eine kapitale Dummheit oder eine recht ungeschickte Gaunerei.“ a.a.O., S. 213/4.

Inbegriff legitimer politischer Herrschaft ist für Kautsky eine Demokratie des Grundrechtsschutzes und des Parteienwettbewerbs. Sie gelte es, „mit Nägeln und Zähnen" auf äußerste zu verteidigen. [140]

Mit seiner Kritik an Lenin fand Kautsky breite Unterstützung, nicht allein in den Reihen der europäischen Sozialdemokraten, sondern darüber hinausgehend in einer breiteren Öffentlichkeit. Zu Kautskys Lesern gehörte Ernst Bloch. Im Frühjahr Mitarbeiter eines Berner Emigrationsblattes (Die Freie Zeitung) geworden, hatte er begonnen, sich für Rußland zu interessieren. Er zeigte sich als Sozialist entsetzt über die totale „bolschewistische Sozialdiktatur" und den „neue(n) Dschingis-Khan mit den Gebärden des Völkerbefreiers". Schon vier Jahre später hatten sich Blochs Erwartungen verändert. Die „leeren westlichen Menschen" sollten mit Hilfe des im „Geist der Utopie" begründeten Gewaltrechts des Guten zu Tieferem erlöst werden. Damit war zwar noch kein Bekenntnis zum Bolschewismus, jedoch eine wesentliche Voraussetzung dafür gegeben. Mit dem Sieg des Nationalsozialismus erfolgte dieses Bekenntnis. Dem politischen „Trugschluß" (B. Russell), dass man wählen müsse zwischen Kommunismus und Faschismus, diesem „bösartigen Sophisma" (F. Turati) lieferte Bloch sich so bereitwillig aus wie dies schon vor ihm sein Freund Georg Lukács getan hatte.[141]

Insbesondere nach der Auflösung der Konstituante am 19. Januar 1918, Anfang Februar 1919 wurde auf der zum ersten Mal nach dem Krieg in Bern zusammentretenden Konferenz der Zweiten Internationale die Verabschiedung einer von den deutschen, skandinavischen und belgischen Sozialdemokraten, der Labour Party und den russischen Exilsozialisten unterstützten Resolution, die Methoden der Bolschewiki zu verurteilen, verhindert durch eine Mehrheit der französischen Delegierten im Bunde mit den österreichischen und niederländischen Sozialisten. Das hing auch damit zusammen, dass die Machtübernahme der Bolschewiki zu dieser Zeit noch nicht als eine Revolution neuen Typus und zunächst auch nicht

---

140 Die Diktatur des Proletariats, a.a.O., S. 213.

141 Vgl. K. Sauerland, Von Dostojewski zu Lenin. Georg Lukács' und Ernst Blochs frühe Auseinandersetzungen mit dem revolutionären Rußland. In: G. Koenen/L. Kopelew (Hg.), West-östliche Spiegelungen. Deutschland und die russische Revolution. München 1998, S. 482-502; hier 496 ff; Eva Karádi, Ernst Bloch und Georg Lukács im Max Weber-Kreis. In: W. Mommsen/Schwentker (Hg.), Max Weber und seine Zeitgenossen, Göttingen 1988, S. 682-702; F. Turati, Faschismus, Sozialismus und Demokratie (1928). In: E. Nolte (Hg.), Theorien über den Faschismus, Köln, Berlin 1967, S. 143-155, hier: S. 153. Turati, der Gründer der PSI, verwendet *Despotismus*, *despotisch*, *diktatorisch* synonym, bezogen auf den Bolschewismus und Faschismus; *totalitär* mit Blick auf den italienischen Faschismus: S. 146 ff und S. 150. In Blochs 1938 in den USA begonnenen Hauptwerk „Das Prinzip Hoffnung" dominiert das klassische Vokabular (Tyrannei: S. 577, 615 f; 673, 722, 1136, 1152 und 1315. *Despotie*: 1146, 1403, 1423, 1438, 1525 sowie *Despotismus*: 450, 628, 688, 1136, 1405 in Verbindung mit *despotisch* (7 x) im Vergleich zu *tyrannisch* (1 x); *totalitäre Regime*.

als eine säkulare Zäsur wahrgenommen wurde, als die sie ein Jahrzehnt später erschien. Auf der Ebene der Konzeptualisierung der Gewaltherrschaft Lenins kommt das darin zum Ausdruck, dass man weiterhin die alten negativen Verfassungsbegriffe verwendete.[142]

Bei führenden Vertretern.des französischen Sozialismus kommt hinzu, dass sie in der Entwicklung in Rußland eine Entsprechung zur Geschichte der Französischen Revolution von 1789 sahen, zu der 1793 als eine Episode gehörte, die mehrheitlich nicht als ein politisches Trauma nachwirkte.[143]

Die Kronstädter Matrosen, einmal Lenins treue Gefolgsleute, warfen ihm 1921 eine dreijährige „Tyrannei und Unterdrückung" vor, „die den dreihundertjährigen Despotismus des Zarentums in den Schatten gestellt hat."[144]

Darüber hinaus ist für die relative Konstanz des klassischen Vokabulars zu berücksichtigen, dass nach der Machtergreifung Lenins die traditionelle Tyrannophobie (Th. Hobbes) partiell außer Kraft gesetzt wurde, ohne bereits in Tyrannophilie (D. Pikes) umzuschlagen. Das partielle Zurücktreten der Tyrannophobie hatte seine Wurzeln in der Überzeugung, der Marx'sche Humanismus werde von einem „guten Lenin" (H. Carrère d'Encausse) verwirklicht. Spätere Perversionen schrieb man Stalin zu. Der Mitbegründer der KPF, Boris Souvarine, ein Protégé Lenins in jungen Jahren, hat ebenso gedacht wie z.B. Ignazio Silone, der wie A. Gramsci zu den Mitbegründern des PCI gehörte.

Für Gramsci, zunächst seit 1913 Mitglied des PSI, ist der Ausbruch der Russischen Revolution im Februar 1917 ein Ereignis, das seinem politischen Denken entscheidende Impulse verlieh wie andererseits Lenins Machtergreifung außerordentliche Erwartungen in ihm weckte.

Seine Auseinandersetzung mit dem Faschismus ist zunächst bestimmt durch die Kategorie der Tyrannei. Dabei wird im Einklang mit der marxistisch-leninistischen Faschismus-Theorie argumentiert, dass dem „fascismo mussoliniano" eine Phase der „tirannia – non meno liberticida – di un fascismo di stato" voraufgehe, später entfällt die Unterscheidung zwischen „progressiven" und „objektiv regressiven" Phasen totalitärer Politik: „Le dittature contemporanee aboliscono legalmente anche queste nuove forme di autonomia si sforzano di incorporale nell'atività statale: l'accentramento legale di tutta la viia nazionale nelle mani del grupo dominante diventa ‚totalitario'."[145]

---

[142] Z.B. E. Bernstein „Tyrannei", in: Betrachtung über das Wesen der Sowjetrepublik. 19.9.1918. Zitiert nach U. Schöler, ‚Despotischer Sozialismus' oder ‚Staatssklaverei'. Bd. I, S. 316 mit vielen weiteren Nachweisen.

[143] F. Furet, Das Ende der Illusion. Der Kommunismus im 20. Jahrhundert. München 1995, S. 87 ff.

[144] Zitiert nach Chr. Türcke, Wie der Imperialismus verschwand. Über W.I. Lenin und seine Kapitalismuskritik. In: U. Greiner (Hg.): Revision. Denker des 20. Jahrhunderts auf dem Prüfstand. Hildesheim 1993, S. 137.

Gramsci, der an der Bolschewisierung des PCI maßgeblich beteiligt war[146], hat seinem innerparteilichen Engagement frühere Ideale geopfert. Das erklärt, weshalb in seinen „Gefängnisheften" das Ziel der Arbeiterdemokratie durch das Konzept einer monolithischen Einparteienherrschaft ersetzt wird und weshalb die Leitidee ‚proletarischer Aufklärung' zur Vorbereitung einer demokratischen Revolution von unten dem Entwurf einer „explizit" ‚totalitären'Kultur, organisiert von oben" (Th.R.Bates) weichen mußte.[147]

Bleibt für Gramsci immerhin unbestreitbar, dass die Sowjetunion ein totalitäres System ist[148], so sieht dies bei den ursprünglich dezidiert antimarxistischen englischen fabischen Sozialisten, Anhängern der „industriellen Demokratie" und der „inevitability of gradualness", Sidney und Beatrice Webb, ganz anders aus. Die Entstehung faschistischer Bewegungen in Italien und Deutschland weckten in der Erzreformistin Beatrice Webb Zweifel am Gradualismus. Das russische Experiment hatte sie zunächst als Ausgeburt der Anarchie verdammt. Sie öffnete sich ihm jedoch im Maße des Umsichgreifens der Weltwirtschaftskrise. Eine Reise in die Sowjetunion 1932 führte zur Bekehrung der Webbs. In Kenntnis von Säuberungen und Verfolgung erklärte sie diese zu den Geburtswehen einer „Neuen Zivilisation" und bestritt, dass das Sowjetsystem eine Diktatur sei.

Im Falle von Beatrice Webb kann politischer Opportunismus ausgeschlossen werden. Was ihre „freiwillige Blindheit" ausmachte, war eine von ihr selbst betonte Suche nach einem Religionsersatz und neuen säkularen Gewißheiten. Was der von den Webbs 1920 publizierten Constitution for a Socialist Commonwealth ihrer eigenen Auffassung zufolge fehlte, glaubten sie in der sowjetischen Verfassung zu finden: „a soul which our paperconstitution lacked [...] It is the invention of the religious order, as a

---

145 A. Gramsci, Quaderni del carcere. Edizione critica dell'Istituto Gramsci. Bd. 1, 4. Turin 1975, S. 2287. Es handelt sich um eine von Gramsci selbst nach seiner Entlassung aus dem Gefängnis überarbeitete Fassung. Sie ist nicht lediglich eine stilistische Überarbeitung, sondern eine inhaltliche Veränderung, in zweierlei Hinsicht: statt von „classe dominante" ist jetzt von „grupo dominante" die Rede; darüber hinaus wird abweichend von der ursprünglichen Fassung der Legalitätsaspekt hervorgehoben. Die Erstfassung lautet: „La dittatura moderna abolisce anche queste forme di autonomia di classe e si sforza di incorporale nell'attività statale: cioé l'accentramento di tutta la vita nelle mani della classe dominante diventa frenettico e assorbente." a.a.O. S. 303.

146 Th.R. Bates, A. Gramsci and the Bolshevization of the PCI. In: Journal of Contemporary History, 11 (1976), 115-31.

147 Bates hält einen Parteiausschluss aufgrund von Gramscis Vorbehalten gegenüber der taktischen Linie des 6. Weltkongresses (der eine erneute Kriegserklärung an die sozialdemokratischen Parteien Europas galt) für möglich, wäre er nicht zuvor verhaftet worden. a.a.O. S. 131.

148 In seinen „Note sul Machiavelli" verwendet er erstmals den Ausdruck „totalitario" (Note sul Machiavelli sulla politica e sullo Stato moderno. In: Opere di Antonio Gramsci, Bd. 5, Turin 1949).

determining factor of a great nation, that is the magnet which attracts me to Russia."[149] Auch Harold Laski - Mitglied des „Executive Committee of the Labour Party" und deren graue Eminenz, zugleich seit 1920 Professor für Politische Wissenschaft an der London School of Economics - war fasziniert von dem sowjetischen Experiment: „das größte Ereignis in der Geschichte seit der Reformation." Er leugnete nicht, dass die Methoden der Revolutionäre „tyrannisch" waren und dass in Moskau eine „Diktatur" herrschte: „No doubt its government was, in a rigorous sense, a dictatorship [...] No doubt again, its subjects paid a heavy price for the ultimate achievement to which they looked forward". Gleichwohl wiederholte er bis in seine Spätschriften, dass „man unrecht (tut),... Aufrichtigkeit oder Idealismus (der Revolutionäre) in Frage zu stellen." Der Kommunismus sei nicht weniger als eine neue Religion. Die Bolschewiki verglich er mit den Jesuiten wie den frühen Christen. Hielten sich Faszination und Skepsis über mehrere Jahre noch die Waage, so übernahm er nach Kriegsende die Einschätzung der Webbs: „Die Sowjetunion ist der Pionier einer neuen Zivilisation."[150]

Max Weber war das klassische Vokabular im Sinne eines Bildungswissens vertraut; er bezog es ausschließlich auf die „antiken und mittelalterlichen Städte" (hier „wesentlich [...] auf Italien beschränkt").[151] In seiner Abhandlung über „Die drei reinen Typen legitimer Herrschaft" (1920) findet ‚Despotie' nurmehr in Anführungszeichen Verwendung. Damit ist

---

149 B. Webb, My Apprenticeship. Jan. 1932, London 1926, S. 332-33; zitiert nach: G. Himmelfarb, The Intellectual in Politics: The case of the Webbs. In: Journal of Contemporary History, No. 3/1971, S. 3-11; hier S. 10/11. Vgl. auch F. Weckerlein, Die Webbs. Intellektuelle zwischen Westminster und Rotem Platz. Einleitung zu: B. Webb, Pilgerfahrt nach Moskau. Passau 1998, S. 11-42.

150 H. Laski, Communism. London (1927), 7. A. 1968, S. 45; Diktatur: Foreign Affairs, Oktober 1932. Zitiert nach: D. O'Sullivan, Furcht und Faszination. Deutsche und britische Rußlandbilder 1921-1933. Bonn 1996, S. 208/9; Religion: Communism, S. 52;51;53. Neue Zivilisation: Liberty in the Modern State (1. A. 1948), 3. A. London 1949; Zitiert nach M. Henningsen, H.J. Laski und G. Orwell. In: M. Weber (Hg.): Der gebändigte Kapitalismus - Sozialisten und Konservative im Wohlfahrtsstaat. Englisches politisches Denken im 20. Jahrhundert. München 1974, S. 122. Angeregt durch Sidney und Beatrice Webb, mit denen Laski eine langjährige Bekanntschaft verband, publizierte er 1944 „Faith, Reason and Civilization, London. (Dt. Ausgabe Berlin 1949: Religion - Vernunft und neuer Glaube.) Darin gibt Laski im 8. Kapitel „Die sowjetische Idee und ihre Zukunft" seiner Überzeugung Ausdruck, dass von „allen, die noch zu lernen fähig sind, [...] tatsächlich zugegeben (wird), dass die westeuropäische und amerikanische Zivilisation irgendwie die Grundlehren von Lenins Untersuchungen unserer Zeit in ihren Plan einzupassen haben. Sie mögen es nun ärgerlich oder widerstrebend zugeben, wichtig ist die Tatsache, daß sie in ähnlicher Weise dazu getrieben werden, es zuzugeben, wie der römische Bürger aus dem Zeitalter Konstantins die Grundlagen des Christentums in seine Gedankenwelt aufnehmen mußte." S. 72

151 M. Weber, Wirtschaft und Gesellschaft, Sudienausgabe, Tübingen 1972,Bd. 2, S. 784 f.

die konsequente Historisierung des klassischen Vokabulars unterstrichen, das von ihren Prämissen her seiner eigenen Typologie nicht integrierbar ist. Nicht allein Webers „radikaler Wertagnostizismus“[152] ist es, der in dieser Typologie für Verfassungsbegriffe keinen Raum läßt: es ist auch Webers „Befehlsmodell von Herrschaft“ (N. Luhmann), das die Spezifizität politischer Herrschaft nicht erfaßt.

Der Religionssoziologe Weber kam dem Novum näher als die Vertreter der zeitgenössischen Staatslehre, wenn er in den Bolschewiki eine in Rußland „bodenständige Sekte“ sieht, deren Mitglieder über starke Energien des Glaubens und der Tat verfügen. Die nicht ersatzreligiös inspirierten Berufspolitiker leiden demgegenüber an Willensschwäche, die sich in einer konstanten Bevorzugung der Gegenwart vor der Zukunft zeigt. „Sektenmitglieder“ hingegen, die die Zukunft im Blick haben, sind zu allem entschlossen - um jeden Preis.

Webers Faszination durch die Sektenmitglieder geht der Machtergreifung durch Lenin voraus[153]. Ihr abruptes Erlöschen 1917 macht deutlich, dass diese Faszination im Kern nicht mehr war als die Kehrseite der Verachtung führender Politiker deutscher Parteien, insbesondere der Sozialdemokratie, denen Weber fehlenden Machtwillen bescheinigt hatte.

Insgesamt gesehen, wird man kaum sagen können, Weber habe weiter gesehen als andere Zeitgenossen. Dies wird besonders deutlich in dem Vergleich zwischen Bolschewiki und der parte Guelfa im 13. Jahrhundert: bedenke man „die Konfiskation der Güter der Nobili [...] ihren Ausschluß von Ämtern und Stimmrecht, die interlokalen Parteiausschüsse und die streng militärischen Organisationen und ihre Denunziantenprämien, so fühlt man sich an den Bolschewismus mit seinen Sowjets, seinen streng gesiebten Militär- und - in Rußland v.a. - Spitzelorganisationen mit der Entwaffnung und politischen Entrechtung der Bürger, d.h. der Unternehmer, Händler, Rentner, Geistlichen, Abkömmlinge der Dynastie, Polizeiagenten, und mit seinen Konfiskationen erinnert.“[154]

Der Vergleich verharmlost den spezifisch bolschewistischen i.U. zum zaristischen Terror. Von einer „frappierenden Analogie“, wie Weber behauptet, kann mithin kaum die Rede sein.

Wenngleich der „glückliche Ausdruck“ (K. Stählin) von einer „Militärdiktatur der Korporale“ die Realität des Sowjetregimes nicht zu erfassen vermag, so bleibt zu unterstreichen, dass Max Weber in seiner Einschätzung insoweit unbeirrbar und den Traditionen des politischen Liberalismus verbunden bleibt, als er die ursprüngliche Faszination durch russische Revolutionäre nicht auf den Bolschewismus übertragen, sondern un-

---

152 W. Mommsen, Max Weber und die deutsche Politik 1890-1920, Tübingen 1959, S. 69-76.

153 M. Weber, Politik als Beruf (1919) = [Gesamtausgabe Bd. 17 (1992), S. 113-252].

154 Ebd., S. 197 f.

ter Verwendung eines eindeutig negativen, wenngleich nicht näher definierten, Verfassungsbegriffes der Kritik unterzogen hat.

Das ist zu dieser Zeit in Deutschland und in anderen westeuropäischen Ländern keineswegs selbstverständlich. Nicht lediglich ambivalente Haltungen, sondern deutliche Faszination durch den Bolschewismus unter Vermeidung eines Verfassungsbegriffes sind häufig. Dies nicht allein bei politischen Schriftstellern wie Thomas Mann, sondern bei Vertretern der wirtschaftlichen Elite wie z.B. Walter Rathenau. Nach einem Besuch im Palais Rathenau in Berlin notiert Harry Graf Kessler in seinem Tagebuch im Februar 1919: „Zum Bolschewismus ließ er starke Hinneigung durchblicken. Es sei ein großartiges System, dem wahrscheinlich die Zukunft gehören werde. In 100 Jahren werde die Welt bolschewistisch sein. Der gegenwärtige Bolschewismus gleiche einem wunderbaren Theaterstück [...] Uns fehlten Männer für ein so überaus kompliziertes System [...] Des Nachts sei er Bolschewist; aber am Tage, wenn er unsere Arbeiter und Beamten sehe, sei er es nicht oder noch nicht (er wiederholte mehrmals das ‚noch nicht')".[155]

Zu den Kritikern der ersten Stunde gehörte der englische Mathematiker und Philosoph Bertrand Russell. Dazu war er auf mehrfache Weise gut vorbereitet: durch seine Herkunft aus einer der großen Whig-Familien Englands (sie hatte zweimal den Premier- und zweimal den Außenminister gestellt); durch seinen Paten J.St. Mill; durch seine persönliche Kenntnis des bolschewistischen Rußland. Vom 11.5. bis zum 6. Juni 1920 nahm er als Mitglied einer Parlamentarier-Gruppe der Labour-Partei (die er wählte, ohne ihr anzugehören) an einer Reise dorthin teil. Fest entschlossen, sich ein selbständiges Urteil zu bilden, entfernte er sich von der Gruppe und den ihr zugewiesenen offiziellen Begleitern.

Zur Charakterisierung des bolschewistischen Regimes verwendet Russell (sparsam) das klassische Vokabular, namentlich Despotismus, Tyrannei und (in negativer Akzentuierung) Diktatur. Ein ausdrücklicher Bezug zu Klassikern des politischen Denkens wird nicht herausgestellt. In Verbindung mit einer „dichten Beschreibung" (C. Geertz) jenseits von positiver oder negativer Mystifikation erweisen sich die tradierten negativen Verfassungsbegriffe nicht als Fessel zur Wahrnehmung „Sowjetrußland(s) ohne Camouflage".[156]

Der Bolschewismus hat zu einer Zeit, als „in ganz Europa eine Stimmung der Mutlosigkeit" herrschte, „die nach einer neuen Religion verlangt(e) als der einzig möglichen Kraft, die dem Menschen seine Vitalität zurückgeben könnte", eine „neue Religion geliefert," die „glorreiche Dinge" verheißt. Insoweit könne er „nicht als eine gewöhnliche politische Be-

---

155 H. Graf Kessler, Tagebücher 1918-1937. Hg. v. W. Pfeifer-Belli. Frankfurt/M. 1982, S. 132/3. Vgl. auch D. O'Sullivan, Furcht und Faszination. Deutsche und britische Rußlandbilder 1921-1923. Köln, Weimar, Berlin 1996, S. 233.

156 B. Russell, Politische Schriften I, hrgg v. A.v. Borries, München 1972, S. 22.

wegung verstanden werden."[157] Entgegen dem in westlichen Ländern verbreiteten Brauch, „die Härte" mit den unmittelbaren Kriegsfolgen, dem „Kampf gegen die Entente und deren Landsknechte(n)" zu entschuldigen, sei der „Despotismus, der die Bolschewisten kennzeichnet, [...] ein fester Bestandteil ihrer Sozialphilosophie, er würde sich wiederholen müssen, wenn auch in gemäßigter Form, wo immer diese Philosophie an Einfluß gewinnt."[158] „Allgemeine Feindseligkeit" sei mit der Klassenkampfdoktrin gesetzt. Die erbitterte Opposition der Entente ist nicht allein realpolitisch zu verstehen, da sie als „Möglichkeit" immer Teil der „bolschewistischen Theorie" war.

Im Gegensatz zu Weber prognostiziert Russell eine Konsolidierung des bolschewistischen Regimes, das „die Krise, durch die es erzeugt wurde, überleben" werde: bedingt durch „Auswüchse des Despotismus". Sie ergeben sich aus der Tatsache, dass man in der „libido habendi" das Hauptziel menschlichen Handelns sehe, dagegen den Machthunger, „ein ebenso starkes Motiv und eine ebenso große Quelle für Ungerechtigkeit [...] wie Geldgier" Marx folgend, vernachlässigt habe. Die „Auswüchse des Despotismus" folgen aus der Konzentration politischer und ökonomischer Macht in der Hand einer Oligarchie. „ [...] wenn ich eines als das größte politische Übel wählen müßte, so würde ich mich für die ungleiche Verteilung von Macht entscheiden. Und ich würde bestreiten, daß der Klassenkampf und die Diktatur der Kommunistischen Partei geeignete Mittel sind, dieses Übel abzuschaffen." (148)

Russell hat nicht alles zur Sprache gebracht, was seinen Aufenthalt zu einem „ständig wachsenden Albtraum" werden ließ: „ [...] Ich habe nicht dem Gefühl äußersten Entsetzens Ausdruck gegeben, das mich überwältigte, als ich dort war. Grausamkeit, Armut, Verdächtigung, Verfolgung bildeten die Luft, die wir atmeten. Unsere Gespräche wurden ständig überwacht. Mitten in der Nacht vernahm man Schüsse und wußte, daß im Gefängnis Idealisten getötet wurden."[159]

Russell veröffentlichte seinen Essay erst nach einigem Zögern. Er war sich darüber im Klaren, dass er auf Beifall und Zustimmung nicht würde rechnen können. Dabei fürchtete er den Beifall „von der falschen Seite" weniger als die Kritik der englischen Linken. Deren „Verschwörung des Schweigens" zu durchbrechen, war sein erklärtes Ziel. Man erweise der Sache des Sozialismus einen schlechten Dienst, wenn man nicht offen die Verhältnisse in der Sowjetunion und die grundsätzliche Problematik des bolschewistischen Experiments zur Sprache bringe.

Russell ließ sich in dieser Hinsicht auch dann nicht beirren, als der italienische Faschismus und der Nationalsozialismus als weitere Gewaltre-

---

[157] B. Russel, Theorie und Praxis des Bolschewismus (1920), in: Ders, Politische Schriften I, a.a.O., S. 139.

[158] Ebd., S. 121.

[159] B. Russel, Autobiographie, II, Frankfurt/M. 1970, S. 137.

gime dieses Jahrhunderts sich etabliert hatten. Nahezu ein halbes Jahrzehnt später konnte er sich umso glaubwürdiger gegen die sich verstärkende Auffassung als einen Trugschluss verwahren: dass man wählen müsse zwischen Kommunismus und Faschismus, weil sie praktisch die einzigen Alternativen seien. Russell verwies auf die USA, England und Frankreich – wobei Schweden, die Schweiz und die Türkei ebenso wie Neuseeland und Australien unerwähnt blieben.

Im Vergleich zu seinem hochangesehenen Landsmann James Bryce, der den kommunistischen Staat als Paternalismus charakterisierte, blieb Russell im Recht.

In Benedetto Croces umfangreichem Ouevre ist das klassische Vokabular dagegen nicht (mehr) präsent. Dies gilt sowohl für die von ihm 1925 verfaßte „Antwort auf das ‚Manifest der faschistischen Intellektuellen'"[160] wie für seine „Geschichte Europas im 19. Jahrhundert." Sie erschien zum ersten Mal in Italien 1932 als ein „Warnruf vor der heraufziehenden Barbarei. Das stalinistische Rußland erhält darin das Prädikat Autokratismus, der dem russischen Volke auch noch jenen Hauch von Geist und Freiheit geraubt hat, den es unter dem vorhergehenden zaristischen Autokratismus noch besessen hat." (S. 318)[161]

Durch das weit verbreitete Staatslexikon der Görres-Gesellschaft ist im deutschen Katholizismus das klassische Vokabular durch einen von G. von Hertling, den Begründer der Görres-Gesellschaft, selbst verfaßten Artikel Despotie[162] wohl vertraut.

Der Zentrumspolitiker und Philosoph hebt in seinem Artikel auf die verschiedenen Dimensionen dieses negativen Verfassungsbegriffs ab, den er in einen ideengeschichtlichen Kontext von Aristoteles über Machiavelli und Montesquieu stellt: Willkürherrschaft, die auf „Sitte und Herkommen" keine Rücksicht nimmt; „von einem Zweck des Staates als der Ordnung menschlichen Gemeinlebens ist nicht die Rede." Das Eigeninteresse des Staatsoberhaupts dominiert; die Untertanen haben den Status „einer recht- und willenlose(n) Herde, lediglich dazu da, für den Despoten die Unterlage seiner Größe und die Mittel seiner Genüsse zu liefern." Furcht ist das Prinzip dieser Herrschaft.

Im Hinblick auf die später einsetzende „Asymmetrie der Nachsicht" (F. Mount) gegenüber verschiedenen Formen illegitimer Herrschaft, ist festzuhalten, dass der Verfasser nachdrücklich hervorhebt: „Daß die Despotie in diesem Sinn keine von der Theorie zu rechtfertigende Staatsform

---

160 B. Croce, Antwort auf das „Manifest der faschistischen Intellektuellen", in: E. Nolte (Hg.), Theorien über den Faschismus, Köln, Berlin 1967 (^{5}1979). S. 138-140. In Noltes Band findet sich auch G. Gentiles „Manifest der faschistischen Intellektuellen an die Intellektuellen aller Nationen, 21 April 1925" (S. 112-117).

161 Ders., Geschichte Europas im 19. Jahrhundert, Frankfurt/M. 1968, S. 138.

162 G. v. Hertling, Art. Despotie, in: Staatslexikon, hg. im Auftrag der Görres-Gesellschaft zur Pflege der Wissenschaft im katholischen Deutschland, 2. Bd., Freiburg 1892, Sp. 128-131.

(ist)." Ihre Erörterung gehörte nur insofern in die Staatslehre, als sie „die furchtbarste Entartung des staatlichen Lebens darstellt." Montesquieu wird ein Mangel an „Festigkeit des sittlichen Maßstabs attestiert, da er die Despotie nicht, wie Aristoteles, als die schlechteste von allen (Staatsformen, die) [...] keinem Volk und keinem Land natürlich und angemessen ist, politisch verurteilt."

Dem entspricht die Absage an die Rechtfertigung und Praxis von „aufgeklärte(m) Despotismus". Aufklärung bedeute „selbstverständlich sofort eine Überwindung der Despotie." Ohne auf den Anspruch westeuropäischer Staaten einzugehen, „aufgeklärte Despotien" zu sein, verweist der Verfasser auf Peter den Großen von Rußland. An anderer Stelle wird auf die Schreckensherrschaft in Frankreich verwiesen, die „das Wort von Montesquieu" bekräftigt habe, wonach die Furcht das Prinzip der Despotie sei.[163]

Übrigens findet sich auch in Hertlings Abhandlung „Naturrecht und Socialpolitik" im Rahmen einer Auseinandersetzung mit dem „socialistischen Zukunftsstaat" die Prognose, dass dessen praktische Durchsetzung nichts anderes bedeuten werde, als daß „der Jahrtausende alte Kampf der Menschheit gegen den Despotismus [...] dann umsonst gekämpft sein (wird)."[164]

III. Neue Begriffsbildungen: Totalitarismus, politische Religionen

Die Machtübernahme Adolf Hitlers in Deutschland 1933 löste eine Intensivierung der Debatte über die Spezifizität der neuen Gewaltregime aus. Wesentliche Impulse erhielt sie zugleich durch desillusionierte Ex-Kommunisten, die aus eigener Kenntnis und Zusammenarbeit mit Lenin in Moskau (B. Souvarine) oder Tätigkeit für die Komintern (Fr. Borkenau) über unvergleichlich gute Voraussetzungen verfügten, um Diagnosen und Prognosen auf vergleichender Basis zu erarbeiten. Dies gilt teilweise auch für Ex-Faschisten (H. Rauschning). Damit waren wichtige Voraussetzungen für die Entstehung einer spezifischen Totalitarismus-Theorie gegeben. Allerdings führt dies nicht zum Verzicht auf das klassische Vokabular, auf das in Verbindung mit einem präzisierenden Adjektiv häufig rekurriert wird.

---

163 A.a.O., S. 129 f.

164 G. v. Hertling, Naturrecht und Socialpolitik, Köln 1893, S. 25 f.

1. *Souvarine*

Boris Souvarine, „le premier désenchanté", charakterisiert das Sowjetregime als eine „diktatorische Macht ohnegleichen auf der Welt und in der Geschichte beispiellos." Lenin ist sein „tatsächlicher Schöpfer", wie er „wahr(er) Initiator des Bolschewismus, [...] echte(r) Gründer der Kommunistischen Partei (und) [...] wahrhafter Sieger bei der Oktoberrevolution" war.[165] Das klassische Vokabular dient überwiegend der Beschreibung des russischen Ancien régime: „Despotismus des Zaren";[166] „Gewalt der Tyrannei".[167] Im Gegensatz zu anderen Exkommunisten setzt Souvarine den Anfang des sowjetischen Totalitarismus mit Lenin an, deutet ihn nicht als eine stalinistische Deformation.[168]

Der Mitbegründer des PCF war mit Lenins Schriften wie mit seiner Person bestens vertraut. Wenngleich überzeugter Marxist, hatte er 23-jährig 1916 den im Schweizer Exil lebenden Lenin wissen lassen, was viele damals meinten: eine sozialistische Revolution in Rußland sei gefährlich und utopisch. Dennoch begrüßt er sie 1917, allerdings nicht uneingeschränkt. Im Frühjahr 1921 besucht Souvarine das Land, in dem er 1897 als Sohn eines kleinen Goldschmieds jüdischer Abkunft geboren worden war. In Moskau wird er zum politischen Schützling Lenins, der ihn nominiert für das Sekretariat der Exekutive der Dritten Internationale. Souvarine nutzt Zeit und Gelegenheit, sich vom neuen Rußland ein Bild zu machen. Seine Sprachkenntnisse wie seine Position öffneten ihm viele Türen; nicht ausgenommen diejenigen von Moskauer Gefängnissen, die mit Anarchisten, Menschewiken und Zaristen gefüllt sind. „Er spricht mit Arbeitern über ihre Situation. Er unternimmt Reisen in die Region von Kiew, wo seine Familie ihre Wurzeln hat und muß feststellen, wie reserviert die Leute sind, weil er im offiziellen Wagen anreist. Vieles beunruhigt ihn; aber er bleibt loyal." [169] Er ahnte, dass schwerwiegende,unumkehrbare Fehlentwicklungen sich ereigneten. Allmählich, noch vor Lenins Tod 1924, gewinnt er aus der Summe der Unterdrückung bürgerlicher Freiheiten, der Ausschaltung der Arbeiterräte, des Terrors, der mit ihm einhergehenden

---

[165] B. Souvarine, Staline. Apercu historique du bolchévisme, Paris 1935, S. 25.

[166] Ebd., S. 37.

[167] Ebd., S. 48.

[168] H. Arendt, die Souvarines Buch gründlich studiert hatte, folgte ihm in seiner Einschätzung Lenins nicht. Vgl. dazu Tony Judt, At home in This Century. In: NYRB, 6.4.1995, S. 9, Sp. 3: „Her debt to Boris Souvarine(s) [...] brilliant and prescient study of Stalin is [...] openly and generally recognized, though her enduring nostalgia for a certain lost innocence of the left prevented her from endorsing Souvarine's root – and branch inclusion of Lenin in his condemnation of the Soviet enterprise."

[169] D. Bosshart, Politische Intellektualität und totalitäre Erfahrung. Hauptströmungen der französischen Totalitarismuskritik, Berlin 1992, S. 83-103 (auch zum folgenden); das Zitat S. 87.

Vernichtung individueller und moralischer Werte den Eindruck, ein in der Geschichte beispielloses und unvergleichliches Regime etabliere sich.

Durch eine Denunziation drohte Souvarine Deportation; 1925 kehrt er nach Frankreich zurück. Er verschrieb sich der Aufgabe, die Entwicklungen in der Sowjetunion zusammen mit dem Faschismus und Nationalsozialismus akribisch zu analysieren und zu vergleichen, vor allem vor den totalitären Regimen zu warnen. Er hebt die „identité frappante de méthodes entre le fascisme et bolchévisme“ hervor. Dabei spricht er dem italienischen Faschismus jegliche Originalität ab („une doctrine que son unique théoricien n'a pas fini d'élaborer ou plutôt de composer de pièces et de morceaux disparates emprunté à des idéologies incompatibles“)[170]

Terror und Wertnihilismus charakterisieren die neuen Gewaltregime. Ideologien komme hingegen eine rein instrumentelle Funktion zu. Dies gelte insbesondere für Stalin. Auch Hitler wird nicht als Verfechter einer kohärenten politischen Ideologie beschrieben. Im Unterschied zu Stalin sei er allerdings erfüllt von einem „romantisme pathologique, des préjugés historico-missionaires, des griseries vertigineuses“.

2. Tillich

Vor dem von vielerlei Schwierigkeiten begleiteten Erscheinen von Souvarines Studie über Stalin hatte im zweiten Jahr seines New Yorker Exils der international hochangesehene protestantische Theologe und Religionsphilosoph Paul Tillich eine Abhandlung über den totalitären Staat veröffentlicht. [171] Wie vor ihm Hermann Heller (für kurze Zeit an der Universität Frankfurt Professor), der nach einem Italienaufenthalt den Ausdruck „totalitäre Diktatur“ zu einem neuen Epochenbegriff ausgeweitet hatte, erörtert Tillich das Sowjetregime wie den Nationalsozialismus unter Verzicht auf das klassische Vokabular als in ihren Herrschaftsstrukturen, ihrem modus operandi ebenso vergleichbare Systeme wie bei ihren – inhaltlich zwar divergierenden – Zielsetzungen, die in ihrem religiösen Charakter konvergieren. Diese Zielsetzungen bzw. Weltanschauungen, die totalitäre Staaten fundieren, finden ihren Ausdruck in Mythen (Nati-

---

170 Zit. bei Bosshart, S. 97.

171 In dieser 1932 in Potsdam gedruckten (1933 verbotenen und in Frankfurt öffentlich verbrannten) programmatischen Schrift „Die sozialistische Entscheidung“ hatte Tillich Boschewismus und Nationalsozialismus noch mit Hilfe der Kategorie der *Diktatur* bzw. des Schlagwortes *Barbarei* kritisiert. Über Souvarine hinausgehend und Borkenau vorwegnehmend, bezog er darin in die Genealogie des Sowjetregimes als religiöser Sozialist auch Karl Marx und seine „Utopie“ der klassenlosen Gesellschaft ein. Diese Utopie verkenne, dass in der Sphäre des Menschlichen Sinnerfüllung des Menschlichen nicht möglich sei. Aus der Perspektive eines religiösen Sozialismus ist auf der Zielebene die Marxsche Vision vom *Reich der Freiheit* und der klassenlosen Gesellschaft „falsch“.

on/Volkstum; Rasse; Reich der Freiheit, Klasse). Sie sind die conditional forces, die einen unconditional surrender gegenüber charismatischen Führern bewirken (430), deren alle Lebensbereiche sich unterordnende Herrschaft ebenso institutionslos (non-institutional) wie zugleich politisch unverantwortlich (responsible to no one) ist und über den Gesetzen steht, dabei Verfassungskorrektive zurückweisend.

Die totalitären Staaten sind nicht das Ergebnis historischer Notwendigkeit oder einer Eigenlogik des Spätkapitalismus. („In every historical event there are structural forces [...] [but it] also involves accidents, natural occurences, the activities of particular individuals and the influence of external historical happenings.")[172]

Allerdings gehört die wirtschaftliche Entwicklung in denjenigen Ländern, die in dem Ersten Weltkrieg involviert waren, mit ihren Folgen zu den auslösenden Faktoren der Entstehung totalitärer Staaten. Die allgemeine Unsicherheit der proletarischen Existenz wurde verschärft durch lange Perioden der Arbeitslosigkeit: „And a new group emerges, in which the negative effects of the proletarian fate become multiplied. The exclusion from employment removes the last vestige of the meaning which work, even in the service of profit, can give." Von größerer Gefahr sei die Proletarisierung und der Ansehensverlust der kommerziellen Mittelklasse, der kleinen Beamten, Angestellten und Bauern. Selbst die herrschende Gruppe (ruling group) ist von Unsicherheitsempfindungen nicht ausgenommen. In dieser Lage entsteht eine spirituelle und psychische Desintegration der Massen, wie sie in der Geschichte nur selten zu beobachten sei (such as may only be rarely be observed in history). Das mache Reintegration zur Hauptaufgabe der Epoche.

Die totalitären Regime haben darauf unterschiedlich reagiert. In Deutschland allein gibt es sowohl eine Theorie wie eine Praxis des totalitären Staates.[173] Dagegen habe es weder in Österreich noch in Italien jemals einen Anspruch auf einen totalitären Staat gegeben. Diese falsche Behauptung Italien betreffend läßt sich allenfalls aus der häufig beschriebenen Isolation Tillichs von der Tagespolitik erklären, der sich vermutlich auch seine feste Überzeugung verdankt, nicht einmal in Deutschland hätten „solche Ideen und solche Leute" wie Hitler eine Chance. In Rußland sei der totalitäre Staat - obwohl ohne Theorie - ungleich effizienter realisiert worden als in Deutschland. Dies verdanke sich der besonderen Situation in Rußland: „the motivating force is not the state but the individual [...] Russia has set for herself the task of assimilating the rational technological culture of the past centuries of European civilisation [...] without accepting Western capitalism." Von einem Mythos als der conditio sine

[172] The Totalitarian State and the Claims of the Church. In: Paul Tillich, Main Works, Vol. 3. Writings in social philosophy and ethics, Berlin u.a. 1998, S. 423-442, hier S. 423.

[173] A.a.O., S. 427.

qua non des unconditional surrender in einem totalitären Staat ist hier so wenig die Rede wie von charismatischen Führern, die bedingungslose Unterwerfung verlangen und gewaltsam erzwingen.

Wie die langwährende Fehleinschätzung des Nationalsozialismus,[174] so wird auch die Sowjetunion zum Gegenstand einer krassen Fehlperzeption: „The totalitarian character of the Soviet state [...] is to be understood on the one hand as a bulwark against the penetration of bourgeois-capitalist elements and, on the other hand, as the education of an entire continent in communistic enlightenment. Every step forward in this educational process means essentially a strengthening of the critical, anti-authoritarian and anti-totalitarian forces among the people. Thus the more succesful it is in the realization of its goal the closer does the totalitarian state come to digging its own grave. This corresponds precisely to the theories of Marx and Lenin on the state."[175]

Tillichs Abhandlung ist in der Geschichte der Totalitarismustheorien bisher kaum gewürdigt worden. Dennoch verdient sie aus verschiedenen Gründen Erwähnung: 1. bezeugt der Text das Fehlen einer wissenschaftlich fundierten Theorie totalitärer Herrschaft zu dieser Zeit; 2. ist er geeignet zu verdeutlichen, dass die bloße Verwendung der Wortverbindung „totalitärer Staat" bei Vermeidung des klassischen Vokabulars ein vertieftes Verständnis der neuen Regime, treffsichere Prognosen wie adäquate praktische Handlungsanweisungen nicht verbürgt. Daraus läßt sich 3. die Hypothese ableiten, dass Tillichs enge und freundschaftliche Bindung an die Gründungsväter der „Frankfurter Schule" auf der Grundlage dieser Abhandlung nicht zu einer produktiven Herausforderung werden konnte, wie dies im Hinblick auf die westliche Linke fur Souvarine und auch Franz Borkenau gesagt werden kann.

3. Horkheimer/Marcuse

Max Horkheimer hatte sich in jungen Jahren zusammen mit seinem Freund Friedrich Pollock schriftlich auf „die Schaffung der Solidarität aller Menschen" verpflichtet. Weit entfernt von der Auffassung seines Freundes Tillich, das Ziel der klassenlosen Gesellschaft sei falsch; ebenso weit entfernt von dem Pessimismus Pollocks, der während eines Moskauaufenthaltes 1929 entstanden war, ließ sich Max Horkheimer in seinem Optimismus gegenüber der Sowjetunion nicht beirren, dass sich ein „humanistischer Sozialismus"[176] doch noch durchsetzen könne.[177] Wenn Horkheimer mit Blick auf die Sowjetunion 1934 von der Möglichkeit und

---

174 Tillich nannte das Hitler-Regime später Tyrannei: „Als wir emigierten, erschütterte uns nicht so sehr seine Tyrannei und Brutalität als vielmehr die unvorstellbar niedrige Stufe seiner geistigen Kultur." Zitiert nach W. und M. Pauck, P. Tillich, , Bd. I, Stuttgart, Frankfurt/M. 1978, S. 135.

175 A.a.O., S. 428.

Wüschbarkeit einer „aufgeklärter, ja revolutionären Despotie" spricht, so entspringt die Wahl dieses klassischen Verfassungsbegriffs bei einem Kenner Kants zu dieser Zeit nicht mehr der sprachlichen Verlegenheit der frühen zwanziger Jahre. Vielmehr ist sie als ein Versuch zu charakterisieren, Kontinuität zu suggerieren und der Frage nach dem novum und proprium der Gewaltregime des 20. Jahrhunderts auszuweichen: im Interesse der eigenen politischen Hoffnung.[178] Diese die Sowjetdiktatur betreffende Kontinuitätsbehauptung ist zwar ebenso falsch wie die andere vom Faschismus als zwangsläufiger Folge des Kapitalismus.[179] Gleichwohl wurden beide Thesen prägend für die nicht parteigebundene marxistische Linke in Europa.[180] Sie wird von anderen Institutsmitgliedern geteilt: „Die Wendung des liberalistischen zum total-autoritären Staate vollzieht sich auf dem Boden derselben Gesellschaftsordnung. Im Hinblick auf diese Einheit der ökonomischen Basis läßt sich sagen: es ist der Liberalismus selbst, der den total-autoritären Staat aus sich erzeugt: als seine eigene Vollendung auf einer fortgeschrittenen Stufe der Entwicklung."[181] 1939 nimmt Horkheimer das Adjektiv totalitär auf, allerdings ohne zeitgenössische Konzeptualisierungsversuche zu berücksichtigen. Zudem bleibt „totalitäre Ordnung" beschränkt auf den Faschismus als „die Wahrheit der modernen Gesellschaft". Von ihr wird behauptet, dass sie „nichts anderes

---

[176] Schriftliche Vereinbarung zwischen Horkheimer und Pollock zitiert nach H. Gumnior und R. Ringguth. Max Horkheimer in Selbstzeugnissen und Bilddokumenten. Reinbek b. Hamburg (1. A. 1973) 1983, S. 16. Die Verfasser sprechen von Horkheimers lebenslanger „Sehnsucht nach einer heilen Welt". Horkheimer selbst notierte am 9. Juli 1915 in seinem Tagebuch: „Ich kann meine Sehnsucht nicht meistern, und ich will mich von ihr führen lassen mein Leben lang, wohin die tolle Fahrt auch gehe." Gumnior, Ringguth, a.a.O. S. 17.

[177] F. Pollock, Die planwirtschaftlichen Versuche in der Sowjetunion. In: Archiv für die Geschichte des Sozialismus und der Arbeiterbewegung. Bd. 2, Leipzig 1929.1930 notiert Horkheimer: „Wer von den Gebildeten vom Hauch der Anstrengung dort (in Rußland) nichts verspürt und sich leichtsinnig überhebt, ist ein armseliger Kamerad, dessen Gesellschaft keinen Gewinn bringt. Wer Augen für die sinnlose [...] Ungerechtigkeit der imperialistischen Welt besitzt, [...] wird wenigstens klopfenden Herzens fragen, ob dieser Versuch (ihrer Überwindung) noch andauere." In: Dämmerung. Zürich 1934, S. 152. Zitiert nach Gumnior, Ringguth, a.a.O., S. 33.

[178] M. Horkheimer, Zum Realismusstreit in der gegenwärtigen Philosophie. In: Gesammelte Schriften. 19 Bde. hrsgg. v. Alfred Schmidt u.a., Frankfurt am Main, 1985-1996, Bd. III, S. 203. Anzumerken bleibt, dass Horkheimer Kants kategorische Ablehnung der Wiederholung einer Schreckensherrschaft „des hohen Preises wegen" nicht erwähnt.

[179] Vgl. M. Horkheimer, Die Juden und Europa. In: Wirtschaft, Recht und Staat im Nationalsozialismus. Analysen des Instituts für Sozialforschung 1939-1942. Hrsgg. von H. Dubiel und A. Söllner. Frankfurt/M. 1984, S. 33: „daß die Emigranten der Welt, die den Faschismus aus sich erzeugt, gerade dort den Spiegel vorhalten, wo sie ihnen noch Asyl gewährt, kann niemand verlangen. Wer aber vom Kapitalismus nicht reden will, solle auch vom Faschismus schweigen."

(ist) als ihre Vorgängerin, die ihre Hemmungen verloren hat. Wie alte Leute zuweilen so böse werden, wie sie im Grunde immer waren, nimmt die Klassenherrschaft am Ende der Epoche die Form der Volksgemeinschaft an."[182]

Der inhaltlich unbestimmten und für den Faschismus reservierten Wortverbindung „totalitäre Ordnung" wird nur drei Jahre später wieder zugunsten der Kategorie des „autoritären Staates" der Abschied erteilt. Diese wiederum wird verallgemeinernd auf „Reformismus, Bolschewismus oder Faschismus" bezogen. Unter den möglichen Formen des autoritären Staates ist die „konsequenteste Art der integrale Etatismus oder Staatssozialismus, weil er aus jeder Abhängigkeit vom privaten Kapital sich befreit hat [...] Die faschistischen Länder bilden eine Mischform." Schließlich wird „vorfaschistischen Staatsmännern" bescheinigt, dass sie im Gegensatz insbesondere zum Bolschewismus resp. integralem Etatismus „von der Utopie einer humanitären Version des autoritären Staates nicht lassen können." Die Führer der konsequentesten Art des autoritären Staates streben dagegen nach ihrer Art der Volksgemeinschaft.[183] Die Sehnsucht nach einem „klassenlosen Zustand" weicht auch hier nicht einem „gläubigen Realismus", wie ihn Paul Tillich und zu dieser Zeit auch Ernst Fraenkel vertrat. So wird erneut der Hoffnung auf eine „klassenlose Demokratie" Ausdruck gegeben. Und „Hoffnung bietet (den Massen) gerade noch der integrale Etatismus, weil er an der Grenze des Besseren

---

180 Vgl. F. Furet, Das Ende einer Illusion. Der Kommunismus im 20. Jahrhundert. München 1996, S. 466. – Gumnior Ringguth, a.a.O., S. 31 f.

181 Vgl. H. Marcuse, Der Kampf gegen den Liberalismus in der totalitären Staatsauffassung (1934). In: Kultur und Gesellschaft, Bd. I, Frankfurt/M. 8. A., 1968, S. 32.

182 Horkheimer, Die Juden und Europa. a.a.O., S. 34. Der Text kommt mit wenigen Fußnoten aus: von insgesamt zwölf Anmerkungen gelten acht Mandeville, De Sade, de Bonald, Kant, Hobbes und Adam Smith. Die verbleibenden vier geben Verweise auf die Tagespresse, insbesondere die Frankfurter Zeitung (2.2.und 9.3.1939; 21.7.1936 und 26.2.1937) sowie Whaley-Eaton Foreign Service, Letter 1046, May 2, 1939 und Revue d'Économie politique, Sept./Okt. 1933. Die einzige Monographie, die Erwähnung findet, stammt aus dem Jahre 1912 (D. Mornet, Les origines intellectuelles de la Révolution Française). Sie wird herangezogen, um den Nachweis zu führen, dass es Ähnlichkeiten zwischen der Diktatur Robespierres und Saint Justs und dem Faschismus des 20. Jahrhunderts gibt. „Die Ordnung, die 1789 als fortschrittliche ihren Weg antrat, trug von Beginn an die Tendenz zum Nationalsozialismus in sich. Trotz aller grundlegenden Verschiedenheit zwischen dem Wohlfahrtsausschuß und den Führern des Dritten Reichs, denen erstaunliche Parallelen entgegenzuhalten sind, entspringt ihre Praxis derselben politischen Notwendigkeit." a.a.O., S. 47.

183 M. Horkheimer, Der autoritäre Staat. In: Gesellschaft im Übergang. Aufsätze, Reden und Vorträge 1942-1970. Hrsgg. v. W. Brede, Frankfurt/M. 1972, S. 19; 16. „In allen seinen Varianten ist der autoritäre Staat repressiv." Gleichwohl gilt: „Für die Individuen ist es entscheidend, welche Gestalt er schließlich annimmt. Arbeitslose, Rentner, Geschäftsleute, Intellektuelle erwarten Leben oder Tod, je nachdem ob Reformismus, Bolschewismus oder Faschismus siegt." (S. 20;19).

steht." Verfassungen, ehedem ein Instrument der Herrschaft, werden – wie Horkheimer in Fortschreibung der linken Abwertung politischer Institutionen ausdrücklich betont – „in der neuen Gesellschaft [...] nicht mehr Gewicht beanspruchen als Fahrpläne und Verkehrsregeln in der bestehenden."[184] Nach Kriegsende und nach Gründung der Bundesrepublik lautet der Befund: „Das Schema der Mehrheit der Diktaturen ist bereits in der zweiten Hälfte des vierten vorchristlichen Jahrhunderts umrissen worden", wörtlich wird aus dem Tyranniskapitel der „Politik" von Aristoteles gleich eine dreiviertel Seite zitiert und kommentierend lediglich hinzugefügt, dass es möglich sei, „totalitäre politische Maßnahmen der verschiedenen politischen Schattierungen auf dieselbe Formel zu bringen."[185]

4. Borkenau

Die auf politischem Wunschdenken, „bewußt genährten Illusionen"[186], ja, einem sacrificium intellectus beruhende neo-marxistische Kontinuitätsbehauptung negiert eine einschneidende Zäsur in geschichtlicher Entwicklung und politischem Denken Europas. Ihr wurde innerhalb der westlichen Linken selbst durch Franz Borkenau, einen früheren Stipendiaten des Instituts für Sozialforschung,[187] entschieden widersprochen. In den modernen Gewaltregimen, deren Expansionsdrang er hervorhob, jedoch als subsidiär (jedenfalls im Hinblick auf Nazi-Deutschland) ansah, erblick-

---

184 A.a.O., S. 21;22 – Auch dieser Essay zeigt: „Die kritische Theorie ist von anderem Schlag. Sie kehrt sich gegen das Wissen, auf das man pochen kann [die traditionelle Theorie]. Sie konfrontiert Geschichte mit der Möglichkeit, die stets konkret in ihr sichtbar wird". a.a.O., S. 29. Auch dieser Essay kommt mit wenigen Anmerkungen aus: von insgesamt zehn Fußnoten gelten drei Fr. Engels, zwei August Bebel, eine Dantes Göttlicher Komödie, eine andere schließlich A. Comte. Weitere gelten Buchez et Roux, Histoire Parlementaire de la Révolution Française, Bd. 10, 1834; zwei Arbeiten von A. Mathiez (La Réaction Thermidorienne, Paris 1929 und den Contributions à l'Histoire Réligieuse de la Révolution Française von 1907) sowie einer einzigen aktuellen Monographie: Gaétan Pieou, Neo-Liberalism, Neo-Corporatism, Neo-Socialism, Paris 1939.

185 M. Horkheimer, Lehren aus dem Faschismus (1950). Gesellschaft im Übergang, a.a.O., S. 47.

186 Vgl. Gumnior, Ringguth, a.a.O., S. 71. Neuerdings auch F. Pellicani, Modernity and Totalitarianism. In: Telos, Jg 1988, S. 3-22, hier S. 5 ff.

187 Vgl. zur Person R. Löwenthal, Einführung des Herausgebers. In: Fr. Borkenau, Ende und Anfang. Stuttgart 1984, S. 13 ff; W. Jones, The Path from Weimar Communism to the Cold War. Franz Borkenau and the „Totalitarian Enemy". In: A. Söllner, R. Walkenhaus, K. Wieland (Hg.): Totalitarismus. Eine Ideengeschichte des 20. Jahrhunderts. Berlin 1997, S. 35-52; J.P. Arnason, Totalitarismus und Moderne. Franz Borkenaus Totalitarismustheorie als Ausgangspunkt für soziologische Analysen. In: A. Siegel (Hg.): Totalitarismustheorien nach dem Ende des Kommunismus. Köln, Weimar 1998 (Schriften des Hannah-Arendt-Instituts für Totalitarismusforschung, Bd. 7), S. 169-200.

te er vor allem einen Zivilisationsbruch: „It is in the first place not as a conquering empire, but as a force of world revolution, that Nazism and Communist Russia confront Western civilisation. This world revolution threatens all the values which have been handed down from Athens and Jerusalem, through the Rome of the Emperors and the Rome of the Popes, to the Reformation, the age of entlightenment, and the present age." [188]

Diese Revolutionen haben ihre Wurzeln und „a measure of justification" in den Übeln derjenigen Gesellschaften, gegen die sie sich richten.

Borkenau gehört zu den wenigen Analytikern moderner Gewaltregime, die sich bemühen und aufgrund ihrer Ausbildung auch die persönlichen Voraussetzungen und die lebensgeschichtlich bedingte Motivation dafür mitbringen, die Affinitäten wie die spezifischen Differenzen von Gewaltregimen alten und neuen Typs prägnant zu bezeichnen

Mit den Tyranneien früherer Jahrhunderte und ihrer politiktheoretischen Reflexion verbinden die neuen Tyranneien die Unterstützung durch soziale Unterschichten: „The Nazi régime is undoubtedly a tyrannical autocracy. But at the same time it is undoubtedly mob rule." So unglaublich dies vor wenigen Jahren noch erschienen sei, so wenig Neues liege darin: „It was in fact well kown to both ancient Greeks and Romans that democracy, when driven to an extreme, was apt to degenerate into mob rule; and they knew very well that there was only one end to mob rule: a tyrannical autocracy." Die aristotelische Theorie der Tyrannei sei insoweit unverändert aktuell; sie bedürfe in dieser Hinsicht nur einer geringfügigen Modifikation, before being applied to our modern world.[189]

Gleichwohl gebe es gravierende Unterschiede. Während die alten paternalistischen Autokratien versuchten, eine Einmischung in die Politik durch die Herrschaftsunterworfenen auszuschließen, verdanken moderne totalitäre Diktaturen, namentlich die nationalsozialistische und die kommunistische, ihre Existenz einer revolutionären Massenbewegung, die ihnen zur Macht verhalf und auf deren Unterstützung sie angewiesen bleiben.[190]

Auf der Zielebene sind messianische Ansprüche ein novum und proprium der totalitären Regime, wie andererseits ihr spezifisches Mittel Terror (Blutsäuberungen) ist. Die massenhafte Resonanz auf messianische Verheißungen führt Borkenau, der sich im Vorwort auf H. Rauschnings „Revolution des Nihilismus" beruft, auf den spirituellen Kollaps zurück, den insbesondere Deutschland während und nach dem I. Weltkrieg erlebt ha-

---

[188] Franz Borkenau, The totalitarian enemy. 1. A., London 1940. Reprint 1982, S. 17.

[189] Fr. Borkenau, a.a.O., Ch. VI: The new Tyranny, S. 151 f.

[190] Der gänzliche Ausschluss (complete exclusion) konnte nur erreicht werden auf der Grundlage fehlender Massenkommunikationsmittel, handele es sich um print- oder elektronische Medien, die im 20. Jahrhundert zur Massenmobilisierung genutzt werden. ibid., S. 157.

be. Italien wird in dieser Hinsicht zur Ausnahme erklärt. Anders als Deutschland habe es einen vergleichbaren Kollaps nicht erlebt. In Verbindung mit einer anderen Sozialstruktur, ist der Bedarf nach einem Messias geringer.[191] Rußland hingegen wird mit Deutschland gleichermaßen als eine „wholesale, wicked, sadistic, horrible tyranny" identifiziert. [192] Der stalinistische Terror gegen die politischen Verbündeten der Kommunisten im spanischen Bürgerkrieg hinter der republikanischen Front hat Borkenau wie so viele andere, die Zeugen der Übertragung heimischer Blutsäuberungen nach Spanien geworden waren, zu dieser Identifizierung veranlaßt. Das Schicksal europäischer Freiwilliger im spanischen Bürgerkrieg vertiefte seinen Bruch mit dem marxistischen Sozialismus und veranlaßte ihn zu einer „grundsätzlichen Kritik des utopischen Elements im Marxismus". [193] Borkenau formulierte seine Kritik zuerst in einem Essay über den Mythos der Pariser Kommune, [194] in zeitlicher Nähe sowohl zu Paul Tillich wie zu Ignazio Silone, dem Mitbegründer der italienischen KP, der ebenfalls Karl Marx in die Entstehungsgeschichte totalitärer Regime einbezog.[195]

---

[191] „Italian Fascism has not nor ever had, to deal with a big urban proletariat in giant factories, nor with a middle class completely ruined through inflation. Nor had Italy ever lived through a spiritual collapse of the type that Germany had experienced during and after the Great war. Italy was much less in need of a Messiah [...]" Borkenau, a.a.O., S. 41.

[192] a.a.O., S. 105.

[193] Vgl. hierzu R. Löwenthal, der Borkenau seit der Studienzeit kannte, als dieser Reichsleiter der kommunistischen Studenten Deutschlands war, einer Gruppierung, der auch Löwenthal angehörte. Einführung des Herausgebers (vgl.Anm. 96), S. 16 f

[194] Fr. Borkenau, State and Revolution in the Paris Commune, the Russian Revolution and the Spanish Civil War. In Sociological Review 29, No. 41 (1937), S. 41-75. Zu Borkenaus Kritik von Marx' „totaler und totalitärer Utopie", mit der dann Lenin bitteren Ernst machte, vgl. auch Borkenaus Einleitung zu der von ihm herausgegebenen „Auswahl" Marxscher Schriften. Frankfurt/M. 1956, S. 28 ff; 37.

[195] Z.B. in: Prospettiva attuale de Socialismo Europeo. In: „Avanti", 29. und 31.10. und 5.11.1944. Wiederabgedruckt in: I. Silone, Scritti politici e morali. Romanzi e Saggi. Mailand 1998, Introduzione B. Falcetto, S. 1333. Ein halbes Jahrzehnt zuvor hatte Silone in „La scuola dei dittatori" (1939) Marx noch zu den Mitbegründern der politischen Wissenschaft gezählt: zusammen mit Machiavelli, Bodin, Montesquieu, Mazzini, Masaryk und Lenin sowohl wie Trotzki. „ [...] malgradi i suoi indegni epigoni, Marx ha, nella nostra epoca, con altri mezzi e altre intenzioni, adempiuto alla stessa funzione di Machavelli nel 1500, in quanto ha cercato di mettere in chiaro il funzionamento reale della società capitalistica della sua epoca, liberandolo dai veli della filosofia idealista tedesca e dell'umanitarismo francese. Per cui, non a troto, egli è stato definito il Machiavelli de proletariato." a.a.O., S. 1029.

5. *Silone*

Silones Werk, erst seit 1998 in einer kritischen Edition der Forschung zugänglich, belegt die hier vertretene These von der relativen Konstanz des klassischen Vokabulars bei gleichzeitiger Durchsetzung des Neologismus (in adjektivischer Form) totalitär. Auch bei Silone bleibt es in Verbindung mit Diktatur, Regime (sofern es um negative Verfassungsbegriffe geht), ohne dass es zur Ismus-Bildung kommt, die anzeigt, dass ein Leitwort resp. eine Leitkonzeption politischer Kritik zu einem cri de guerre in einer sich verschärfenden epochalen Auseinandersetzung wird.[196]

Von der Einzigartigkeit moderner Gewaltregime spricht Silone in ähnlichen Worten wie Souvarine, auf den er in der „Scuola dei dittatori" ebenso verweist wie in „Uscita di sicurezza". Deren prima causa sieht Silone in der modernen Massenzivilisation (l'odierna civiltà di massa), die des ducismo und der Integration durch Ideologien (pantautologia) bedürfen: sei es im Falle des roten Faschismus oder seiner braunen Entsprechung im millenio totalitario. Zugleich ist charakteristisch, dass bei (noch) nicht erfolgter Ismus-Bildung das ältere Vokabular deskriptives und kritisches Potential behält.

6. *Cobban*

Aufschlussreich für die letzten Monate vor Kriegsausbruch ist die von einem englischen Politikwissenschaftler, Alfred Cobban, gegebene Erklärung für die Wahl der Kategorie Diktatur in seiner im Januar 1939 abgeschlossenen Untersuchung „Dictatorship. Its History and Theory": „for practical reasons I have preferred the term dictatorship, which is now generally used, rather than the strictly more correct tyranny." Als Ausgangspunkt für seine einleitenden Überlegungen wählt er die Aristotelische Verfassungstypologie, die er dafür kritisiert, „that Aristotle is taking us into the realm of moral philosophy." Ziel des Politikwissenschaftlers sollte es sein, „to keep clear of morals as long as possible." Es gehe darum, die deskriptive Kapazität zu optimieren. Dann erst werde es möglich sein, „to produce a classification of governments based on objective and not on ethical tests."[197]

Zur Beschreibung der neuen Gewaltregime werden im Text überwiegend die Wortverbindungen von „totalitär" mit Diktatur, seltener mit Staat genutzt.[198] Der Index gibt ein klares Bild: 35 Zeilen werden in der

---

[196] Vgl. zur begriffsgeschichtlichen (Be)Deutung von „Ismus"-Bildungen allgemein R. Koselleck, Einleitung. In: O. Brunner, W. Conze, R. Koselleck (Hg.): Geschichtliche Grundbegriffe, Bd. 1, Stuttgart 1972, speziell: Teil 2, Begriffsgeschichtlicher Überblick dieser Studie (am Beispiel von despotisch, Despotie und Despotismus.) sowie von der Verf. den Artikel „Tyrannis, Despotie". In: Geschichtliche Grundbegriffe, Bd. 6, Stuttgart 1990, S. 651-706.

knapp 350 Seiten umfassenden Untersuchung für Verweise auf Diktatur benötigt; 2 Zeilen für Despotismus; 7 Zeilen für Tyrannei. Ebenfalls 7 Zeilen geben Textpassagen an, in denen der Neologismus Totalitarismus verwendet wird. Die Wahl dieser Neubildung wird indessen mit keinem Wort begründet. Daher wohnt der Wahl dieses Terminus auch keine inhaltliche Zuspitzung inne, die eine systematische begriffsgeschichtliche Interpretation verlangt.

7. Halévy

Im November 1936 legte der französische Historiker Elie Halévy der Société Française de Philosophie Thesen vor zur Diskussion in dieser Gesellschaft. Dem Text gab Halévy die Überschrift L'ère des tyrannies. Die Wahl des Titels wie des zur Charakterisierung einer Epoche gewählten Leitbegriffes waren wohl bedacht. Von einer Ära sprach Halévy, der „wie jeder große französische Liberale, (sich) die Tugend des aktiven Pessimismus erworben hatte",[199] im Rückblick auf den I. Weltkrieg, den er als Zerstörung der liberalen Zivilisation Europas durch ihre eigenen Kinder begriff.[200] Die kriegführenden Nationen seien durch Zentralisierung aller Entscheidungsbefugnisse an einen *étatisme*[201] herangeführt worden, der

---

197 London 1. A. 1939; 2. A. 1943. Der „ethische Test" liegt nicht im Gemeinwohl, sondern wird dem neuzeitlichen Interessenparadigma folgend, mit „interests of the community as a whole" wiedergegeben. Vorwort, S. 9; Chapter I, S. 23 ff. In Abgrenzung vom römischen Begriff der Diktatur einerseits wie demjenigen von Carl Schmitt andererseits, definiert Cobban Diktatur als „the government of one man, who has not primarily obtained his position by inheritence, but by either force or consent and normaly a combination of both [...] all political power must ultimately emanate from his will, and it must be unlimited in scope. It must be exercised [...] in an arbitrary manner, by decree rather than by law. And, finally, it must not be limited in duration to any given term of office; nor must the dictator be responsible to any other authority [...]", a.a.O., S. 26.

198 Die Besonderheit moderner totalitärer Diktaturen sieht Cobban darin, dass sie auf einer besonderen geistigen Rechtfertigung beruhe: „Where as dictatorship in the past has been a practical expedient, lacking any attempt at theoretical justification, behind the machinery of party bureaucracy and secret police, political armies and terrorism, there is a real spiritual principle in modern dictatorship, which makes it something more than a mere technique of government. The new totalitarian dictatorship is powerful not because it rules men's bodies, but because it controls their minds. Its essential aim is, in fact, [...] the identification of Church and State." a.a.O., S. 283/4.

199 Vgl. F. Furet, Das Ende einer Illusion, a.a.O., S. 72.

200 „Ich komme immer wieder auf meine These zurück. Am Tag als Jaurès ermordet wurde und in Europa der Feuersturm ausbrach, begann eine neue Ära der Weltgeschichte. Es ist zu dumm zu behaupten, der Brand könne in sechs Monaten ausgelöscht sein." Brief an Xavier Léon, 24.3.1916. Unveröffentlicht; zitiert nach Furet, a.a.O., S. 631, Anm. 22.

Kontrolle des Denkens in negativer (Zensur) und positiver Form einschloß: „organization of enthusiasm". Daran konnte in Rußland eine Gruppe bewaffneter Männer anknüpfen, die – durch einen gemeinsamen Glauben vorangetrieben – sich zum Staat erklärten. In Europa entstanden aus unmittelbarer Nachahmung russischer Methoden der Machtergreifung Faschismus und Nationalsozialismus.

Mit Verweis auf das römische Verständnis von Diktatur begründet Halévy seinen Verzicht darauf, von einer „Ära der Diktaturen" zu sprechen. Marcel Mauss unterstützte nachdrücklich Halévys Argumentation: „I am in entire agreement with you on every point of your communications [...] Your deduction of the two Italian and German tyrannies from Bolshevism is quite correct [...] Fundamental to the deduction of all this is the idea of 'active minorities' [...] These events seem to me to be very like events that often took place in Greece, which Aristotle can still be cited on the way in which tyranny is linked to war and to democracy itself [...] So things begin all over again, and the course of events is the same."[202]

8. Aron

Raymond Aron folgt in einem im Mai 1939 veröffentlichten Besprechungsaufsatz Halévys Wahl des Tyrannei-Begriffs, ohne sich die von Halévy angeführten Gründe für die Entstehung der „russischen, italienischen bzw. deutschen Tyranneien" (wie Mauss) zu eigen machen. Nicht der Krieg habe ihre Entstehung verursacht, sondern dessen Folgen: „die Niederlage Rußlands und im Falle Deutschlands und Italiens die psychologischen und materiellen Nachwirkungen haben die „reaktionären Tyranneien" in ihrer Genese begünstigt. „Mit anderen Worten, die Tyranneien gehen nur insoweit aus dem Krieg hervor, wie dieser der Ursprung der sozialen und ökonomischen Krisen ist." Andererseits bleibe zu fragen, ob „die geistige Tyrannei der Einheitsdoktrin und der Einheitspartei" als historischer Zufall von kurzer Dauer sei oder „aber eine zwangsläufige Erscheinung der neuen Zeit?" Die Epoche der Tyranneien sei – so Aron über Halévy hinausgehend – eine „Epoche der politischen Religionen". Nicht zufällig verwendet Aron, abweichend von der bisher durchgängigen Verwendung von Tyrannei die Neubildung „totalitäre Regime".[203] An dieser Formulierung hält er in den folgenden Jahren fest. Bleibt die Neubildung auch vorherrschend, so ist festzuhalten, dass Aron zu keiner Zeit „ein besonders enthusiastischer Befürworter des Ausdrucks ‚totalitär' als

---

201 Hervorhebung im Original.

202 E. Halévy, The Era of Tyrannies. Erstdruck in dem Bulletin de la Société Française de Philosophie, 1936, pp. 183-253. Engl. Übersetzung in: Economica, o.s., VIII, S. 77-93 (February 1941). Französische Ausgabe: L'ère des Tyrannies. Études sur le socialisme et la guerre. Paris 1938; 1990. S. 266 f; M. Mauss, Appendix II, S. 291 f.

einer allgemeinen Kategorie war, die die verschiedenen modernen Bedrohungen der offenen Gesellschaft" zu erfassen geeignet war. [204]

9. England

Gegen Ende der dreißiger Jahre fand Totalitarismus Eingang in das englische konservative Denken. In einem Essay T.S. Eliots „The Idea of a Christian Society", der in kurzer Zeit hohe Auflagen erzielte,[205] tritt er in Konkurrenz v.a. zu Tyrannei, ohne den tradierten Begriff zu ersetzen. Die Ursprünge des Totalitarismus liegen in erfolgreicher industrieller Revolution, die – je weiter sie vorangeschritten ist – eine materialistische Philosophie freisetzt und begünstigt, die tödlich sein wird.: „[...] the tendency of unlimited industrialism is to create bodies of men and women – of all classes – detached from tradition, alienated from religion, and susceptible to mass suggestion: in other words a mob. And a mob will be no less a mob because it is well fed, well clothed, well housed, and well disciplined."

Eliot unterstreicht, dass sein Essay nicht als ein „anti-Fascist or anti-Communist manifesto" zu verstehen sei. Denn der Erfolg totalitärer Staaten ist einem Versagen christlicher Gesellschaften und der Kirchen zuzuschreiben. „To speak of ourselves as a christian society, in contrast to that of Germany and Russia, is an abuse of terms." Eine der Ursachen der Ent-

---

[203] R. Aron, Das Zeitalter der Tyranneien. In: Ders., Über Deutschland und den Nationalsozialismus. Frühe politische Schriften 1930-1939. Hg. J. Stark, Opladen 1993, S. 186-208; hier: 190; 195; 197; 206 f; *totalitäre Länder*, S. 200. – Zum Verständnis von Arons Besprechungsaufsatz sei hinzugefügt, dass er nach Halévys Tod erschienen ist. Daraus ergibt sich möglicherweise sowohl die Länge der Besprechung der „Skizze" Halévys wie die ausdrücklich erklärte Absicht, „auf den folgenden Seiten (diese Thesen) weniger (zu widerlegen), als (zu analysieren) [...], sie sollen bestätigt und durch die Untersuchung der Tatsachen berichtigt, es sollen die gesicherten Resultate sowie die zweifelhaften Ergebnisse hervorgehoben werden." a.a.O., S. 187.

[204] Vgl. T. Judt, The Peripheral Insider. Raymond Aron and the wages of Reason. In: T. Judt, The Burden of Responsibility. Blum, Camus, Aron and the French twentieth century. Chicago und London 1998, S. 152 unter Verweis auf Arons Essay „Opium für Intellektuelle oder Die Sucht nach Weltanschauung". Köln/Berlin 1957. Dort heißt es: „For those who wish to ‚save the concepts', there remains a difference between a philosophy whose logic is monstruous, and one that lends itself to a monstruous interpretation." (S. 55); vgl. auch Clausewitz, Bd. 2, 218. T. Judt hebt in diesem Zusammenhang Arons Abscheu vor „Großtheorien" hervor: „His distaste for grand theory extended to anti-Communist rhetoric as well, and his thoughts on totalitarianism derived in the first instance from his concern for its opposite – the partial, always imperfect reality of liberty, constrained and threatened by necessity and history." (a.a.O., S. 152). Der Verf. hätte ergänzend darauf verweisen können, dass Aron noch 1945 einen Sammelband mit dem Titel „L'homme contre les tyrans", Paris 1945, herausgebracht hat, sowie auf den posthum erschienenen Sammelband „Machiavel et les tyrannies modernes". Paris (Editions de Fallois) 1993.

stehung totalitärer Staaten liegt in dem Versuch, eine Funktion wahrzunehmen, die Kirchen in nicht-totalitären Staaten vernachlässigt haben: dem nationalen Dasein ein moralisches Fundament zu geben.[206] Im Sommer 1933 hatte in Oxford Eliot gemahnt: Der Katholik sollte hohe Ideale haben - oder besser sollte ich sagen absolute Ideale - und mäßige Erwartungen: Der Häretiker, ob er sich nun Faschist oder Kommunist oder Demokrat oder Rationalist nennt, hat immer niedere Ideale und große Erwartungen.[207]

1943 obsiegt im englischen Sprachraum Totalitarismus, wenngleich Tyrannei und Despotismus erhalten bleiben und teils synonym mit der Neubildung verwendet werden.[208] Unter Bezugnahme auf Franz Borkenaus „Totalitarian enemy“ wird bei Christopher Dawson die „neue Tyrannei“ von den „Tyrannen der Vergangenheit“ unterschieden. Das Spezifikum der „despotischen Massenordnung der totalitären Staaten“ liegt in ihrem Anspruch, den Geist wie den Körper des Menschen zu beherrschen. Zu diesem Zweck dienen moderne Mittel der „Massensuggestion“ und der „Propaganda“. Massenterror, Geheimpolizei und Einparteienherrschaft kommen hinzu. Wenn die „neue Richtung der totalitären Parteidiktaturen als eine modernisierte Form alten überlieferten, absoluten Herrschertums“ charakterisiert wird, so heißt das, eine Kontinuität zu unterstellen, die der Wahrnehmung Borkenaus widerspricht, der einen Zivilisationsbruch für die Einzigartigkeit und Unvergleichlichkeit totalitärer Regime hervorhebt.[209] Zwar unterstreicht Dawson die Bedeutung der Auflösung des Christentums als Entstehungsvoraussetzung der neuen Gewaltregime. „Europa (ist) wesentlich eine Gesellschaft christlicher Völker und Nationen [...], die ihre Einheit nicht aus der Rasse oder dem wirtschaftlichen Interesse, sondern aus der geistigen Gemeinschaft herleitet.“ Der Kampf gegen den rechten wie den linken Totalitarismus kann daher nur durch die „Erneuerung dieses geistigen Untergrundes“ erfolgreich geführt werden.[210] Der Typus des westlichen Verfassungsstaates oder die pluralisti-

---

205 1. A. London 1938; 2. November 1939; 3. December 1939; 4. Februar 1942; insgesamt 10 Auflagen innerhalb von 10 Jahren.

206 a.a.O., S. 44; 48; 50f; 66; 71; 78. „totalitarian worldliness” (S. 52), eine materialistische Diesseitsorientierung hat zur Folge gehabt, dass „a good deal of attention of totalitarian states has been devoted, with a steadiness of purpose not always found in democracies, to providing their national life with a foundation of morality - the wrong kind perhaps, but a good deal more of it. It is not enthusianism, but dogma, that differentiates a Christian from a pagan society.” (S. 79)

207 T.S. Eliot, Katholizismus und die Ordnung unter den Völkern. Ansprache bei der Anglo-Catholic Summer School of Sociology in Oxford. 1933; Erstdruck: Catholicism and International Order 1936, in: Ders., Essays Ancient and Modern, London (Faber and Faber) 1936. Dt. Ausgabe in: T.S. Eliot, Essays 1, Frankfurt/M. 1988, S. 156; 162 f.

208 Chr. Dawson, Judgement on the Nations. London 1943 (dt. Gericht über die Völker. Zürich-Einsiedeln 1945).

209 a.a.O., S. 33; 134; 160; 22; 66.

sche Demokratie sind dagegen – wenn sie auch nicht wie bei Eliot den Häresien zugerechnet werden – für Dawson keine „feste(n) Orientierungspunkte".[211] Gleichwohl ist Demokratie ein positiver Verfassungsbegriff und ein politischer Gegensatz zu Totalitarismus und neuen Tyranneien. Allerdings ist sie Gefährdungen ausgesetzt, die Tocqueville bereits im 19. Jahrhundert vorausgesehen habe: leicht kann sie als „Werkzeug des Massendespotismus dienen", ja, „der neuen, [...] politische(n) Form des totalitären Staates [...] den Weg (in vieler Hinsicht bereiten)."[212]

10. Frankreich

Kein grundsätzlich anderes Bild ergibt ein Blick auf Frankreich. Auch hier bleibt das klassische Vokabular neben den Wortverbindungen totalitäres System, Regime, Staat sowie Totalitarismus erhalten. Auch hier werden Traditionsbegriffe und Neubildungen häufig synonym verwendet, ohne dass eine systematische Reflexion über die Angemessenheit oder die Grenzen der jeweils verwandten Begriffe stattfindet.

In seiner 1943 im Schweizer Exil verfassten Abhandlung „Du pouvoir, Histoire naturelle de sa croissance"[213] gibt Bertrand de Jouvenel dem vierzehnten Kapitel die Überschrift „Totalitäre Demokratie".[214] Darin erklärt er im ersten Absatz sogleich, was seine Absicht sei: „die Ära der Tyrannis wollen wir nun genauer betrachten; die Ursache für den modernen Despotismus analysieren." Er wird als logische Folge der Parteienherrschaft charakterisiert, wo diese nicht, wie dies in England der Fall sei, auf einen „retardierenden Widerstand", bedingt durch lange Gewöhnung an eine Demokratie des Parteienwettbewerbs, stoße. „Wenn eine der Parteien

---

[210] a.a.O., S. 122.

[211] Vgl. E. Nolte, Geschichtsdenken im 20. Jahrhundert. Von M. Weber zu H. Jonas. Frankfurt/M. 1991, S. 457; „So steht Dawson zwar der Totalitarismustheorie nahe, aber der ‚westliche Verfassungsstaat' oder die pluralistische Demokratie sind für ihn nicht gleichermaßen feste Orientierungspunkte, denn eine irreligiöse Kultur ist für ihn ebenfalls eine Erscheinungsform des Unheils." S. 457.

[212] a.a.O., S. 59; 159. Dawson liest ersichtlich in Tocqueville Prognosen etwas hinein, was für den Verfasser der „Demokratie in Amerika" schlechthin unvorstellbar sein musste. Die „Art von Despotismus, die demokratische Nationen zu fürchten haben", die „Tyrannei der Mehrheit", ist weder eine politische Form sensu strictu noch ist sie totalitär. Vgl. oben, Abschnitt 2, S. 50 sowie A. de Tocqueville, Über die Demokratie in Amerika. München 1976, Zweiter Teil, IV, Kap. 6.

[213] Deutsche Ausgabe: Über die Staatsgewalt. Die Naturgeschichte ihres Wachstums. Freiburg/Br. Übersetzt und mit einem Nachwort versehen von H.R. Ganslandt. (Reihe: Sozialwissenschaft in Theorie und Praxis. Hrsgg. v. W. Besson und G.-K. Kaltenbrunner, Bd. 16). Der Einschätzung des Übersetzers zufolge hat diese Abhandlung de Jouvenel international bekannt gemacht. S. 452.

[214] Auch die erst 1945 in Paris erschienene französische Ausgabe ist überschrieben: „La Démocratie totalitaire" (Chap. XIX, S. 379-418).

mehr System in in ihre Organisation, mehr Technik in ihre Propaganda bringt, ihre Doktrin auf noch einfachere Begriffe reduziert, wenn sie ihre Gegner an Propaganda, an Verhetzung und an Brutalität übertrifft, wenn sie nach der begehrten Beute greift, um sie nicht wieder loszulassen, dann haben wir den Totalitarismus." [215]

Topoi konservativer Liberalismus- und Demokratiekritik werden unter Vernachlässigung realgeschichtlicher Entwicklungen in einzelnen Ländern zur Erklärung der Entstehung „unheilvoller Tyrannei", die „(d)ie Bürger akzeptieren und (erst) hassen, wenn es zu spät ist." „Regellosigkeit egoistischer Interessen rufen soziale Inkohärenz" hervor, die nurmehr durch staatliche Repression hergestellt werden kann, da eine „spontane Konformität" durch „innere Regler, die Gewohnheiten und die Sitten" nicht mehr entsteht. An ihre Stelle treten, äußeren Zwang ergänzend, die „groben Methoden der Kollektivsuggestion und der Propaganda". Diese „totalitäre Lösung (ist) ein durch das individualistische Übel hervorgerufenes Übel."[216] De Jouvenel unterstellt eine der Moderne innewohnende Entwicklungslogik, die insoweit unumkehrbar ist, als man nicht den individualistischen Rationalismus als die prima causa moderner Gewaltregime kritisiert: „Was man auch immer von den individualistischen Ideen halten mag, eines steht fest, man kann die totalitären Regime nicht verurteilen, ohne mit ihnen auch die destruktive Metaphysik zu verurteilen, die ihr unausweichliches Erscheinen möglich gemacht hat."[217] Das ist ein Rückfall hinter das in den Analysen moderner Gewaltregime bereits erreichte wissenschaftliche Niveau in der Durchleuchtung des komplexen Verursachungszusammenhangs. Eine geistesgeschichtliche Deduktion, gespeist von einer „considerable nostalgia for pre-democratic societies."[218]

Zugleich wird deutlich, dass die Wahl der Begriffe, insbesondere wenn ihre inhaltlichen Dimensionen unberücksichtigt bleiben, für die angemessene Erfassung moderner Gewaltregime von sich aus keine Grenzen setzt; andererseits der neue negative Verfassungsbegriff nicht weiterführt, wenn die Perspektive a priori festgelegt ist: sei sie geistesgeschichtlich oder ökonomiehistorisch.

11. Deutschland

Wer in Deutschland der „faschistischen Lockung" widersteht und für eine „antifaschistische Entscheidung" wirbt, wie dies Walter Dirks in einem Vortrag vor Studenten und katholischen Jugendverbänden im Vorfeld der

---

215 a.a.O., S. 308; 309; 332.
216 a.a.O., S. 446 f; 319; 333.
217 a.a.O., S. 446 f.
218 Vgl. C. Slevin, Social Change and Human Values: A Study of the Political Thought of B. de Jouvenel. In: Political Studies, Vol. XIX, März 1971, S. 49-62; hier S. 52, Anm. 1.

letzten Reichstagswahlen 1933 getan hat, für den ist zu dieser Zeit der Weg in die innere Emigration und eine Tätigkeit fern von der Politik eine Option, die – anders als im Widerstand oder im Exil – die Nutzung negativer Verfassungsbegriffe nicht mehr zulässt.[219] Dieser „Lockung“ vermochte Arnold Gehlen, seit 1933 Lehrstuhlvertreter des entlassenen und ins Exil gedrängten religiösen Sozialisten Paul Tillich in Frankfurt, danach Assistent Hans Freyers am Leipziger Institut für Politische Wissenschaft, nicht zu widerstehen. In der atomisierten Industriegesellschaft gebe es keine Gemeinsamkeit vitaler Wertungen. Gegen Marxismus, Pazifismus und Liberalismus gewandt, die das deutsche Volk verdorben haben sollen, leitet Gehlen aus Fichtes „Zwingherrn“[220] die Notwendigkeit einer Diktatur ab. Das NS-Regime bedeutete für Gehlen 1940 und 1941 ein „zeitgerechtes Institutionengefüge“.[221] Zwar war die Grundlage für die Unterstützung dieser Diktatur 1945 entfallen. Dies hinderte ihn indessen nicht daran, mit Blick auf Erosionstendenzen in den Volksdemokratien das Sowjetsystem als die letzte Ordnungsmacht zu empfehlen.[222] Gehlen blieb unter den europäischen Intellektuellen des 20. Jahrhunderts der einzige, der (wenn auch zu verschiedenen Zeiten) beide Gewaltherrschaften bejahte.

---

219 W. Dirks, Faschistische Lockung und antifaschistische Entscheidung. In: Ders.: Gegen die faschistische Koalition. Politische Publizistik 1930-1933. Gesammelte Schriften, Bd. 2, hrsgg. von F. Boll, U. Bröckling u. K. Prümm. Zürich 1990, LS. 356-386. Vgl. H.-O. Kleinmann, W. Dirks (1901-1991), in: J. Aretz/R. Morsey (Hg.): Zeitgeschichte in Lebensbildern, Bd. 8, Mainz 1997, S. 265-281; hier: S. 274/5: „In seinen Feuilletonarbeiten dieser Jahre finden sich nur wenige Passagen, die als verschlüsselte Botschaften oder Camouflage-Widersetzlichkeit gegen das Regime gelesen werden können. Mit der getarnten Widerstandspolitik eines Rudolf Pechel [...] lassen sie sich nicht vergleichen. Die existenzielle Form des Dirksschen Protestes war vielmehr die private Sozialisation.“ 1934/5 baute er ein Haus, in das auch seine Mutter einzog. Nach Kriegsausbruch 1939 kaufte er sich ein Clavicord: „fast ein symbolischer Akt [...], mit dem nützlichen Nebengewinn ‚daß man von der Tyrannei des universellen modernen Klaviers loskommt‘.“ 1941 heiratete Dirks: „Es gäbe mich nicht, wenn uns nicht diese Ehe geschenkt und gelungen wäre.“ a.a.O., S. 279.

220 A. Gehlen, Deutschtum und Christentum bei Fichte. Leipzig 1935, zitiert nach W. Rügemer, Vom bürgerlichen Krisenbewusstsein zur nationalsozialistischen Arbeiterpartei. Die politische Entwicklung A. Gehlens. In: Merkur, H. 1/1995, S. 83

221 Vgl. E. Nolte, Geschichtsdenken, a.a.O., S. 467.

222 A. Gehlen, Moral und Hypermoral. Eine pluralistische Ethik. Frankfurt-Bonn, S. 139.

IV. Entwicklungen nach 1945

1. Politische Theorie

Das Ende des NS-Regimes und des italienischen Faschismus wäre der geeignete Zeitpunkt gewesen, die „Asymmetrie der Nachsicht" (F. Mount) gegenüber den totalitären Gewaltherrschaften des 20. Jahrhunderts zu beenden und ohne falsche Rücksichtnahmen sich den Legitimationsproblemen der Sowjetdiktatur zuzuwenden. Dies erwies sich angesichts der Stärke kommunistischer Parteien und Gewerkschaften in einzelnen Ländern Westeuropas, insbesondere in Frankreich und in Italien, als schwierig. In Frankreich erklärte Sartre den Marxismus zum „unüberschreitbaren Horizont" politischen Denkens.

Maurice Merleau-Ponty, der eine Zeitlang mit Sartre zusammenarbeitete, setzte die „Asymmetrie der Nachsicht" kurze Zeit nach Kriegsende fort in einem Essay über „Humanismus und Terror". Ohne eine Apologie des Stalinismus zu intendieren, machte er die Rechtfertigungsfähigkeit des kommunistischen Terrors zu seinem Thema. Gewalt sei die allen Regimen gemeinsame Ausgangsposition; der Kommunismus erfindet sie nicht, vielmehr finde er sie vor. Sei es im „Despotismus, wo die absolute Subjektivität eines Einzelnen alle Anderen zu Objekten macht"; sei es im „liberalen Staat: in Form von Kolonisation, Arbeitslosigkeit und Lohnarbeit". Die entscheidende Frage ist mithin nicht, *dass* Gewalt ausgeübt werde, sondern mit welchen Zielen. „Die humanistischen Absichten des Kommunismus", die nicht „bestritten werden können," insofern sie auf eine Zukunft zielen, wo der „Mensch das höchste Wesen für den Menschen" ist: sie allein rechtfertigen Gewalt, zumal diese Gewalt darauf ziele, sich selbst zu überwinden. „Die marxistische Politik ist ihrer Form nach diktatorisch und totalitär. Doch diese Diktatur ist die Diktatur der Menschen, die am reinsten Mensch sind." [223] Wenngleich Merleau-Ponty den Humanismus mit dem einfachen Verweis auf das metapolitische (Heils)Versprechen von Marx aus der „Kritik der Hegelschen Rechtsphilosophie" als gegeben voraussetzt, ohne die Kritik der Menschenrechte in der Schrift „Zur Judenfrage" zu berücksichtigen, so fragt er: „Ist der Kommunismus seinen humanistischen Absichten gewachsen?" Zweifel sind angebracht und werden klar ausgesprochen. Die Weichen in Richtung auf die später folgende Kritik an Sartres „Ultrabolschewismus" sind hier bereits gestellt. Schon 1950 heißt es: „Ce que nous disons, c'est qu'il n'y a pas de socialisme quand un citoyen sur vingt est au camp." [224]

---

[223] M. Merleau-Ponty, Humanismus und Terror. (1.Aufl. Paris 1947) 2 Bde., Frankfurt/M. 1966, Bd. 2, S. 8 f, Nd. 1, S. 12.

Von einem anderen intellektuellen Ethos ist die Wahrnehmung moderner Gewaltregime durch Albert Camus bestimmt, seit er 1946 für die Zeitung „Combat", deren Chefredakteur er war, einen erstmals 1984 in deutscher Sprache publizierten Essay *Ni Victimes Ni Bourreaux* schrieb. Camus hat dieses Ethos selbst in vier Pflichten für Intellektuelle zusammengefasst: „1. Reconnaître le totalitarisme et le dénoncer. 2. Ne pas mentir et savoir avouer ce qu'on ignore. 3. Refuser de dominer. 4. Refuser en toutes occasions et quel soit le prétexte toute despotisme même provisoire."[225]

Camus hat sich wie H. Arendt darum bemüht, die Spezifizität moderner Formen der Gewaltherrschaft zu erfassen. Im gleichen Jahr erschienen wie H. Arendts Studie *Origins of Totalitarianism*, schreibt Camus in „L'homme révolté", Tyrannei gehöre einer vergangenen Epoche an, „da der an den Wagen des Siegers gekettete Sklave durch feiernde Städte zur Schmach defilierte, da der Feind vor versammeltem Volk den Raubtieren vorgeworfen wurde." Angesichts solcher Verbrechen konnte „das Gewissen fest und das Urteil klar sein." Im „Zeitalter des vollkommenen Verbrechens" hat sich die „libido dominandi" ein unwiderlegbares Alibi, die Philosophie nämlich verschafft. Sie könne zu allem dienen, sogar dazu, die Mörder in Richter zu verwandeln.[226]

Zu einer Marginalisierung des klassischen Vokabulars kommt es in Frankreich nach 1945 nicht. Die seinerzeit viel beachtete, zuerst in französischer Sprache 1949 erschienene Studie von Jules Monnerot „Soziologie des Kommunismus"[227] ist hierfür ein wichtiges Zeugnis. Im dritten Teil seines Buches – „Die säkulären Religionen und das Imperium Mundi" – verwendet der Autor, wie schon die Kapitelüberschriften erkennbar

---

224 Ebd., Bd. 1, S. 12 mit dem Zusatz: „Das ist die wirkliche Frage." Rückblickend betrachtet, hat H. Arendt in ihrer Einschätzung Merleau-Pontys nicht unrecht, wenn sie ihm 1954 einen „übergestülpten Marxismus" bescheinigt. In: „Concern with Politics in Recent European Thought". Unveröff. Manuskript. Arendt Papers. Library of Congress, Washington, D.C. zitiert nach E. Young-Bruehl. H. Arendt. Leben und Werk. Frankfurt/M. 1986, S. 391.

225 „Ni Victimes Ni Bourreaux", in: A. Camus, Actuelles Chroniques 1944-48. Paris 1950 (2. A. 1977) Deutsche Übersetzung „Weder Opfer noch Henker". Zuerst in „Tintenfaß", Nr. 11, Zürich 1984; gekürzte Ausgabe mit Beiträgen von H.R. Schlette, A. Camus' Hoffnung und H. Mayer, Imaginäres Gespräch zwischen A. Camus und H. Hesse. Zürich 1996. – „Vier Pflichten für Intellektuelle" zitiert nach J. Daniel, Le Nouvel Observateur. 27.11.1978, S. 86.

226 A. Camus, Der Mensch in der Revolte. Essays. Reinbek b. Hamburg 1977, S. 1 f. – T. Judt, The Reluctant Moralist. „Albert Camus and the Discomforts of Ambivalence". In: The Burden of Responsibility. Blum, Camus, Aron and the French Twentieth Century. Chicago und London 1998, S. 87-136.

227 J. Monnerot, Sociologie du communisme. Echec d'une tentative religeuse au XXe siècle, Paris 1949. Eine deutsche Fassung erschien 1952 in Köln. Eine englische Ausgabe folgte 1953 in London. Zu Monnerot, der aus der Schule von Marcel Mauss hervorgegangen ist, vgl. R. Desjardins, The Soviet Union through French Eyes, 1945-85. New York 1988, S. 67 f sowie D. Bosshart, a.a.O., S. 137, 141, 143 und S. 246-248.

machen,[228] unter Hervorhebung der differentia specifica das klassische Vokabular synonym mit Despotismus, Absolutismus und Totalitarismus. Der Autor begründet sein Festhalten am Begriff der Tyrannei ausdrücklich unter Verweis auf „die humanistische Tradition".

Ganz anders verläuft die Entwicklung in Westdeutschland. Franz Neumann, der 1942 eine Studie über die Struktur und die Praxis des Nationalsozialismus vorgelegt hatte,[229] bekräftigte die Marginalisierung: Die Begriffe Tyrannei und Despotismus hätten keinen präzisen Sinn. Beide Worte seien emotional besetzt und drückten mehr oder minder heftige Ablehnung, mehr oder minder starke Ressentiments gegen diese Systeme aus.

Zugleich beklagt Neumann das Fehlen einer systematischen Theorie der Diktatur. Bemerkenswert ist – auch wenn man berücksichtigt, dass Neumann selbst seinen Text, bedingt durch seinen überraschenden Unfalltod 1956, nicht mehr für den Druck überarbeiten konnte –, dass die bis dahin erschienenen neueren Arbeiten weder im Anmerkungsteil angeführt, noch im Text selbst berücksichtigt werden. Als „bedeutendste Ausnahme" wird allein Carl Schmitts Abhandlung „Die Diktatur" erwähnt und als „indiskutabel" bewertet.[230] Weder die von Maurice Duverger als „Hauptwerke" zu einer allgemeinen Theorie der Diktatur eingestuften Arbeiten von A. Cobban, Dictatorship: its History and Theory noch G.W.F. Hallgarten: Why dictators? The causes and forms of tyrannical rule from 600 b.C. werden beachtet noch die einschlägigen Studien von Hannah Arendt und C.J. Friedrich.[231] Die Verwerfung des klassischen Vokabulars wie die Nicht-Berücksichtigung einschlägiger Literatur haben ihren Grund darin, dass sich Neumann ohne Begründung von der Prämisse leiten lässt, moralische Urteile über politische Systeme erschwerten das Verständnis ihrer Funktionen.

Was wir verstehen, wenn wir nicht nach Zielen, Strukturen, Vorgehens- und wertfreien Integrationsweisen sowie Motiven herrschender Eliten

---

228 III: Das Phänomen der Tyrannei, S. 289 ff; IV: Der Absolutismus des 20. Jahrhunderts, S. 301 ff; VI: Der totalitäre Dynamismus, S. 380 ff.

229 Fr. Neumann, Behemoth. The Structure and Practice of York, London 1944. Deutsche Ausgabe, Frankfurt/M. 1963. Vgl. dazu zuletzt J.P. Arnason, Totalitarismus und Moderne. Franz Borkenaus Totalitarismustheorie als Ausgangspunkt für soziologische Analysen. In: A. Siegel (Hg.): Totalitarismustheorien nach dem Ende des Kommunismus. Schriften des Hannah-Arendt-Instituts für Totalitarismusforschung. Hrsgg. von K.-D. Henke und C. Vollnhals, Bd. 7, Köln/Weimar 1998, S. 172, Anm. 4. Neumanns Analyse folgte dem Forschungsansatz der Frankfurter Schule, „die Dynamik (totalitärer Herrschaft) auf die Logik der kapitalistischen Entwicklung [...] zu reduzieren." So schon R. Wiggershaus mit Blick auf Neumanns Dissertation „The Governance of the Rule of Law" aus dem Jahre 1936. In: Die Frankfurter Schule. Geschichte, Theoretische Entwicklung. Politische Bedeutung. München, 2. A. 1987, S. 253 f.

230 F. Neumann, Notizen zur Theorie der Diktatur. In: Ders., Demokratischer und autoritärer Staat. Beiträge zur Soziologie der Poilitik. Frankfurt/M. 1967, S. 147-170; hier: S. 149; S. 147; S. 167.

fragen, bleibt offen. In seiner anethischen Betrachtung und Typologisierung von Diktaturen unterscheidet Neumann 1. Diktaturen als Mittel zur Erhaltung der Demokratie; 2. Erziehungsdiktaturen, die auf Demokratie vorbereiten *können*; 3. Diktaturen als völlige Negation der Demokratie und damit als total repressive Systeme.[232]

Die marxistisch-leninistische Konzeption einer Diktatur des Proletariats wird als eine „Vorbereitungsdiktatur" charakterisiert. Neumann übergeht hier stillschweigend die Aporien von Marx' Diktatur-Vorstellung wie deren tiefgreifende Modifikation durch Lenin, die die sozialdemokratische und liberale Kritik an der bolschewistischen Machtergreifung seit Kautsky und Max Weber im Hinblick auf ihre politischen Implikationen nachdrücklich zur Sprache gebracht hatte. Hier wird die von Souvarine, Aron u.a. widerlegte Legende vom „guten Lenin" wiederholt. Neumann unterscheidet zwischen der „nationalsozialistisch-faschistischen (als einer totalitären Bewegung) und Lenins Partei vor 1917." Er hält die bolschewistische Partei dieser Zeit nicht für eine totalitäre Bewegung und Lenin (anders als Stalin nach 1928) nicht für einen totalitären Führer.

Neumanns Verwerfung des klassischen Vokabulars als unpräzise, „emotional besetzt" und ressentimentgeladen, weist in Verbindung mit dem nicht begründeten Verzicht auf „moralische Urteile über politische Systeme" eine deutlich erkennbare Funktion auf: wie im Falle Hannah Arendts, die die totalitäre Diktatur in der Sowjetunion mit Stalin beginnen und enden läßt, soll die anhaltende Sehnsucht nach einer anfänglichen Unschuld der Linken nicht preisgegeben werden.

Seit die Gründer der Kritischen Theorie darauf verzichteten, moderne Gewaltregime aus der Eigenlogik des Kapitalismus zu erklären, setzten sie auf die Eigenlogik der Aufklärung. Das hatte zur Folge, dass der Begriff des Totalitarismus seinen Charakter als politischer Verfassungsbegriff einbüßte und zu einem diffus negativ aufgeladenen Begriff linker Kulturkritik wurde.[233] Theodor W. Adorno zog später eine andere, radikalere Konse-

[231] M. Duverger, Über die Diktatur. Wien 1961, S. 157. – A. Cobban, Dictatorship. 1. A. New York 1939; 2. A. London 1943. – G.W.F. Hallgarten, Why dictators? New York 1954 (dt. Ausgabe unter dem Titel: „Dämonen oder Retter? Eine kurze Geschichte der Diktatur seit 600 v. Chr., München 1966). Unberücksichtigt bleibt schließlich der von Guy Stanton 1935 edierte Sammelband „Dictatorship in the Modern World". Minneapolis. Mit Beiträgen von M. Lerner, The Pattern of Dictatorship, a.a.O., S. 3-25 sowie H. Kohn, Communist and Fascist Dictatorship. a.a.O., S. 141-160. Beide Aufsätze sind aufgenommen worden in den von B. Seidel und S. Jenkner herausgegebenen Sammelband „Wege der Totalitarismus-Forschung". Darmstadt 1968). – H. Arendt, The Origins of Totalitarianism. New York 1951. – C.J. Friedrich (ed.), Totalitarianism. Proceedings of a Conference held at the American Academy of Arts and Science, March 1953. Cambridge/Mass. 1954. Ob Neumann noch Kenntnis nehmen konnte von C.J. Friedrich/Z. Brzezinski, Totalitarian Dictatorship and Autocracy. Cambridge/Mass. 1956 bedarf genauerer Prüfung.

[232] Neumann, a.a.O., S. 161 f; *können* meine Hervorhebung.

quenz. Auf dem Frankfurter Soziologentag 1968 schlug er vor, „mit dem Begriff der Herrschaft nicht so zimperlich um(zu)gehen. Herrschaft hatte schon immer das Moment des Furchtbaren in sich [...] Herrschaft in sich selbst (brütet) heute, um sich als Herrschaft zu erhalten, die Tendenz zur Totalität aus [...] Und was totalitäre Herrschaft bedeutet, das wissen wir. Das ist der Grund, warum wir mit dem Begriff der Herrschaft nicht so zimperlich umgehen, nicht auch an ihre guten Seiten denken sollten, die sie sicherlich zuzeiten gehabt hat. Gegenüber dem Potential des absoluten Grauens können sie ernsthaft nicht ins Gewicht fallen."[234]

Adornos Empfehlung blieb ebenso eine Episode wie Neumanns Absage an die alten Begriffe. Im westlichen Europa der Nachkriegszeit blieb das klassische Vokabular über die Grenzen demokratischer Parteien hinweg erhalten; vielleicht auch begünstigt durch die Menschenrechtserklärung der Generalversammlung der Vereinten Nationen vom 10. Dezember 1948. In der Präambel heißt es: „it is essential, if man is not to be compelled to have recourse, as a last resort against tyranny and oppression, that human rights should be protected by the rule of law."[235] Die Debatte über das geschichtlich Beispiellose moderner Gewaltregime wurde nach Erscheinen von Hannah Arendts Studie über Origins of Totalitarianism und der Frühjahrstagung 1953 der American Academy of Arts and Sciences[236] weitergeführt, ohne dass die Erörterung über die Spezifizität totaler Herrschaft eine Ausgliederung von Tyrannis und Despotismus aus dem politischen Begriffshaushalt zur Folge hatte. Richard Löwenthal etwa betonte die Grenzen des Tyrannen-Begriffs, ohne auf ihn zu verzichten: „nur in dem [...] begrenzten Sinn wie die altgriechischen Tyrannen und die Usurpatoren der Renaissance – dass sie nämlich durch Umsturz des vorhergehenden Regimes zur Macht kommen, und dass sie anfänglich eine

---

233 M. Horkheimer und Th. W. Adorno, Dialektik der Aufklärung (Amsterdam, 1947). Gegen die These vom intrinsisch totalitären Charakter der Moderne, die im Anschluss an Horkheimer/Adorno u.a. Z. Baumann (In: Modernity and the Holocaust. Cambridge, 1989) aufgenommen hat, argumentiert L. Pellicani zu Recht: „modernity has been and continues to be the *only* civilisation based on rights and freedoms. This is the source of misunderstanding the historical-cultural significance of the National-Socialist revolution, which was fundamentally a revolt against modernity as a culture of rights and freedoms." Die These von Horkheimer und Adorno, Aufklärung sei potenziell totalitär, ist für den Kritiker Anlaß, die „Dialektik der Aufklärung" als „soziologischen Pseudo-Klassiker" zu klassifizieren. Vgl. L. Pellicani, Modernity and Totalitarianism. In: Telos, 1998, S. 3-22; hier S. 5 f.

234 Th. W. Adorno, Diskussionsbeitrag. Verhandlungen des 16. Deutschen Soziologentages. Spätkapitalismus oder Industriegesellschaft? Hrsgg. von Th. W. Adorno. Stuttgart 1969, S. 105.

235 Universal Declaration of Human Rights. Adopted and proclaimed by General Assembly resolution 217 A (III) of 10 December 1948.

236 Totalitarianism. Proceedings of a conference held at the American Academy of Arts and Sciences, March 1953. Ed. by Carl J. Friedrich. Cambridge, Mass. 1954.

Reihe von Maßnahmen gesellschaftlicher Umschichtung vornehmen müssen, um ihre Anhänger auf Kosten ihrer Gegner zu belohnen", sind moderne Diktaturen „Varianten eines altbekannten Typs" illegitimer Herrschaft. Insoweit haben sie „Vorläufer unter den Tyrannen der altgriechischen Städte, den italienischen Renaissanceherrschern. Demagogische Tyranneien vergangener Zeiten" haben typischerweise nach der Phase der Machtergreifung und der Durchführung ihres anfänglichen „Sofortprogramms" ihre Macht zu konsolidieren versucht; sie wurden „konservativ [...], sei es nach innen oder nach außen."

Darüberhinaus sei mit Hilfe älterer Begriffe „der spezifische und einzigartige Charakter des modernen Totalitarismus (nur) zu verwischen."[237] Dies ist grundsätzlich zutreffend. Dessen ungeachtet bleibt festzuhalten, dass scharfsinnige Analytiker moderner Gewaltregime, darunter George Orwell, „the supreme describer of totalitarianism in general,"[238] das alte Vokabular in Verbindung mit dem neuen verwendeten und durch diese Verbindung keineswegs die Unterschiede verwischen wollten. Orwell bekannte von sich, er sei von „absolutem Entsetzen vor einer Diktatur von Theoretikern wie in Rußland und Deutschland erfüllt", weil die „moderne Intelligenzija" unfähig sei zu sehen, dass – „was immer die politischen und ökonomischen Formen sein mögen" – die menschliche Gesellschaft auf „common decency" gegründet sein müsse. Sie fehle vollkommen in den totalitären Regimen. Sie fehle jedoch nicht in Europa generell. Orwells besondere Hoffnung galt England, in dem „the common people" sich niemals von seinem Moralkodex (moral code) gelöst habe: mit der Folge, dass es nicht einfach sei, sich vorzustellen wie eine despotisches Regime aussieht. [...] Sie können den Totalitarismus schlucken, *weil* sie keine Erfahrung haben mit etwas anderem als Liberalismus. Mit all seinen Ungerechtigkeiten ist England noch immer das Land des *habeas corpus,* und die überwältigende Mehrheit des englischen Volkes hat keine Erfahrung der Gewalt oder der Gesetzlosigkeit.[239]

---

[237] R. Löwenthal, Totalitäre und demokratische Revolution. In: Der Monat 13, 100/61, H. 146, S. 29-40. Wiederabgedruckt in: B. Seidel und S. Jenkner (Hg.): Wege der Totaliltarismusforschung, a.a.O., S. 359-S. 381; hier: S. 362/3.

[238] Vgl. T. Garton Ash, Orwell in 1998. New York Review of Books, 22. October 1998, S. 11. Garton Ash, selbst ein „passionate Orwellian" (a.a.O., S. 10), sieht in Orwell „the most influential political Writer of the twentieth century". Zwischen 1945 und 1990 sei es Orwell gewesen, der im Westen als „supreme describer of totalitarianism in general, and Soviet totalitarianism in particular" gelesen worden sei. Jenseits des Eisernen Vorhangs gehörten „Animal Farm" und „1984" zur begehrten samizdat Literatur.

[239] G. Orwell, Collected Essays, New York 1968, Vol. I, S. 531 f; ebda., S. 515 f. Als „äußerst originelle Qualität" der Engländer schätzte Orwell ihre „Gewohnheit, sich nicht gegenseitig umzubringen [...] Die Engländer sind wahrscheinlich fähiger als andere Völker, revolutionäre Änderungen ohne Blutvergießen zu erreichen". Essays, Vol. IV, S. 372 ff.

2. *Zur Bilanz*

Die negativen Verfassungsbegriffe Tyrannis und Despotie sind zur Zeit des „Begriffskrieges" (J. Kocka) um den Geltungsanspruch des Konzepts ‚totalitärer Herrschaft' in den 60er und 70er Jahren in Deutschland und Italien als antiquarisch eingestuft worden[240]: für die absehbare Zukunft abgelöst durch die Kategorie der Diktatur. Diese Einschätzung ist seinerzeit eher als evident unterstellt, jedoch nicht unter Auswertung einschlägiger Quellen im Detail untermauert worden. Weder wurde eine „Gegenprobe" gemacht (und die Frage möglicher Sonderentwicklungen aufgeworfen) noch in einem Ländervergleich (in Stichproben) überprüft, ob und inwieweit Historisierung resp. Marginalisierung generell zu verzeichnen ist.

Eine vergleichende Analyse für den Zeitraum von 1900 bis in die Gegenwart ergibt, dass die These von der Antiquiertheit des klassischen Vokabulars nicht aufrechtzuerhalten ist. Zwar trifft zu, dass – bereits im 19. Jahrhundert – Historisierungen, Relativierungen, Umdeutungen und Aufwertungen in einzelnen Ländern Europas als Folge der Streitbefangenheit negativer Verfassungsbegriffe in Zeiten politischen Wandels zu verzeichnen sind. Gleichwohl ist ein beachtliches Maß an (relativer) Konstanz und Vitalität des klassischen Vokabulars als Bestandteil einer gemeinsamen politisch-moralischen Sprache der European family of nations[241] festzustellen.

Wenn auch mit dem klassischen Vokabular (bei allmählicher Einbuße seiner ursprünglichen inhaltlichen Bestimmtheit und Komplexität) die schreckliche Originalität totalitärer Herrschaft[242] nicht angemessen verstanden werden kann, so ist mit seiner Hilfe gleichwohl ein Vorverständnis (durch „tacit knowledge"/„implizites Wissen", K. Polanyi) möglich, „als wie rudimentär [...] es sich letztlich auch erweisen mag. Sein Vorhan-

---

240 Ernst Nolte, Artikel „Diktatur". In: O. Brunner/W. Conze/R. Koselleck (Hg.): Geschichtliche Grundbegriffe, Bd.1, Stuttgart 1972, S. 900-924, hier: S. 900. Vgl. Giovanni Sartori, Appunti per una teoria generale della dittatura. In: K. von Beyme (ed.), Theorie und Politik. Festschrift zum 70. Geburtstag für C.J. Friedrich. Haag 1971, S. 456-485. Wiederabgedruckt in: G. Sartori, Elementi di teoria politica. Bologna (1. A. 1987) 3. Ausg. 1995, 3. Dittatura, S. 57-93; hier: S. 66: „[...] tirannide ha un sapore antiquato, laddove dittatura è il termine moderno; [...]". Die Empfehlung erfolgt in Unkenntnis des ursprünglichen Begriffsgehalts von Tyrannis und Despotie. Bei R. Aron wird die *vermutete* Unzulänglichkeit des klassischen Vokabulars zum äußeren Anlaß ihrer Zurückweisung, die ihren tieferliegenden Grund in einer unterschiedlichen Beurteilung von Hitler-Regime und Sowjetsystem hat.

241 John St. Mill, Utilitarianism, Liberty, Representative Government. Introduction by A.D. Lindsay, London/New York 1960, S. 129.

242 Hannah Arendt, Verstehen und Politik (1953). In: Dies., Zwischen Vergangenheit und Zukunft. Übungen im politischen Denken I. Hg. U. Ludz, München 1994, S. 112.

densein erscheint allemal besser als das Fehlen eines solchen Vorverständnisses: Es stimmt. Wer immer auf dieser Grundlage nicht zum Kampf gegen die modernen Gewaltregime zu mobilisieren ist, der wird wahrscheinlich überhaupt nicht mobilisiert werden [...] (sie) wird die Menschen sicherlich wirkungsvoller daran hindern, sich einer totalitären Bewegung anzuschließen."[243]

In Geschichtsschreibung und wissenschaftlicher Publizistik hat das klassische Vokabular seine Gültigkeit gegenüber „Diktatur" durchaus zu bewahren vermocht. Nicht allein rückblickend auf das 20. Jahrhundert wird es genutzt.[244] Auch in der Analyse und Kritik zeitgenössischer Regime und dem Versuch, ihr Entwicklungspotential einzuschätzen, findet es Verwendung.[245]

Eine bemerkenswerte Ausnahme bleibt bisher der Versuch, mögliche Fehlentwicklungen moderner Gesellschaften mit Hilfe der Kategorie der Tyrannei theoretisch vorwegzunehmen, wie dies Michael Walzer in seiner 1983 zuerst erschienen Abhandlung „Spheres of Justice" versucht.[246] Mit dem klassischen Vokabular bleiben der Wissenschaft und dem common sense zentrale Kategorien politischer Analyse und Kritik erhalten, auf die in absehbarer Zukunft nicht verzichtet werden kann.

---

243 ebda., S. 113.

244 Vgl. R. Dahrendorf, Bilanz und Hoffnung. Ein Zeitalter geht zu Ende. Was bleibt? SPIEGEL-Serie: Das 20. Jahrhundert. Nr. 45/2.11.98, S. 76; 78 („Stalins und Maos mörderische Tyranneien"); Ian Buruma, Divine Killer. Rezension von Ph. Short, Mao: A Life....J. Spence, Mao Zedong. The New York Review of Books. 20. Februar 2000, S. 20-25; hier: S. 25, Sp. 1 und 3. – „Qu'elle complicités avec quelles tyrannies?" Mit Beiträgen von G. Gorodetsky; J. Goytisolo; E.M. Bokolo; F.-M. Verschave; T.D. Allman; N. Chomsky. In: Le Monde diplomatique. Bimestriel Juilliet-Août 1998, „Les combats de l'histoire", S. 40-56.

245 T. Garton Ash, Beauty and the Beast in Burma. The New York Review of Books, Vol. XLVII, No. 9, May 25, 2000, S. 21-25, hier: S. 21, Sp. 4. – Gerd Behrens, Südafrika: Tyrannei der Mehrheit? In: Blätter für deutsche und internationale Politik. Juli 1999, S. 791-794; hier: S. 791 („Nach 342 Jahren weißer Vorherrschaft und 46 Jahren Apartheid fand in Südafrika die Tyrannei der Minderheit ein Ende, als [...] 1994 die ersten freien Wahlen abgehalten wurden. Droht jetzt, nach den zweiten freien Wahlen im Juni, die Tyrannei der Mehrheit?").

246 M. Walzer, Spheres of Justice. New York 1983. Dt. Ausgabe Frankfurt/M. 1992. Ungekürzte Taschenbuchausgabe, Frankfurt/M. 1998, Kap. 13: „Tyranneien und gerechte Gesellschaften".

C. Die neuen Zugänge

I. Frühe Verwendungen des Begriffs „Politische Religion“: Campanella, Clasen, Wieland

Hans Otto Seitschek

1. Tommaso Campanella

Giovanni Domenico, später Tommaso, Campanella (1568-1639) trat 1583 dem Dominikanerorden bei und widmete sich theologischen Studien. Er wurde 1591 wegen Ketzerei verhaftet und geriet seitdem immer wieder in Gefangenschaft. Die letzten Jahre seines Lebens verbrachte er in Paris, im Kloster Saint-Jacques unter dem Schutze von Kardinal Richelieu. Trotz der Verfolgungen, denen sich Campanella ausgesetzt sah, fand er immer wieder Gelegenheit, seine Gedanken niederzuschreiben. Eine nicht ganz unbedeutende Rolle misst Campanella – wie vor ihm schon George Thomson[1] im Jahre 1606 – dem Verhältnis von Politik und Religion bei. Beide, Thomson noch vor Campanella, sprechen von *religio politica* und stehen damit am Beginn der Begriffsbildung „politischer Religion“. John M. Headley[2] stellt in seiner Studie fest, dass Campanella zu der Ansicht gelangt, dass Religion für politische Zwecke ausgenutzt wird:

---

1 G. Thomson, Vindex veritatis adversus Iustum Lipsium libri duo. Prior insanam eius religionem politicam, fatuam nefariamque de Fato, sceleratissimam de fraude doctrinam refellit, London 1606. Thomson tadelt in seinem Werk u. a. die häufigen Konversionen des Lipsius (nach M. Mulsow, Moderne aus dem Untergrund, Hamburg 2002, S. 163).

2 J. M. Headley, Tommaso Campanella and the Transformation of the World, Princeton 1997, bes. S. 180-196; siehe dazu auch G. Bock, Thomas Campanella. Politisches Interesse und philosophische Spekulation, Tübingen 1974, bes. S. 182 f.

> „Indem er sich näher dem politischen Geschehen seiner Zeit zuwendet, stellt Campanella fest, dass die Religion, die eigentlich den Menschen auf Gott ausrichten soll, zu Zwecken der Herrschaft missbraucht wird, und dass Monarchen ihr religiöses Bekenntnis in Anlehnung an den höheren politischen Nutzen ändern, [...]"[3]

Ferner ist Campanella, so Headley, der Ansicht, dass eine Gemeinschaft unter keinen Umständen ohne Religion auskomme: Religion eint als Kern des Politischen die Menschen einer Gemeinschaft.[4]

In seiner umfassenden, in drei Teile gegliederten „Metaphysik" behandelt Campanella zu Beginn des sechzehnten Buches die Religion. In Hinblick auf ihr Verhältnis zur Politik beschreibt er insbesondere öffentliche Zeremonien, zum Beispiel Waschungen:

> „Außer eines Opfers bedarf die politische Religion auch einer wohlklingenden, noch viel mehr aber einer den Geist ansprechenden Rede: Da das Volk ja mit körperlichen [fleischlichen] Dingen beschäftigt ist und weder weiß, wie man angemessen über Gott philosophiert, noch wie man Dank fordert oder Dank sagt, so wie sie [die politische Religion] es lehrt, muss es Priester verkündigen und beten hören und von ihnen beten lernen: Dies nützt auch den Priestern dabei, sowohl den Geist von anderen als auch ihren eigenen anzuregen: Denn sonst ist eine wohlklingende Rede nichts wert, wenn sie nicht auch den Geist anspricht."[5]

> „Denn auch das erste Mysterium, das allen Nationen gemeinsam ist, wie der heilige Thomas [von Aquin] feststellt, besteht im Glauben und in der Frage, weshalb jeder, der an Gott glaubt, aus diesem Grunde sich, seine Söhne und sein Eigentum Gott anvertraut: Infolge dessen wurde in der Politik ein öffentliches Darstellen der Religion in Form verschiedener Zeremonien, Waschungen, der Beschneidung und so weiter, deutlich, und so werden sie [bzw. wird man] von der ursprünglichen und aktuellen Sünde gereinigt."[6]

Campanella weist auf die Notwendigkeit der öffentlichen Belehrung des Volkes in religiösen Dingen durch einen Priester hin. Die Bürger müssen also „offiziell" in religiöses Denken und Reden eingeführt werden. Dabei

---

3 „Drawing closer to the political events of his own day, Campanella observes that religion, which should direct men to God, is abused for purposes of ruling and that princes change religion in accordance with the greater political utility, [...]" (J. M. Headley, Tommaso Campanella and the Transformation of the World, Princeton 1997, S. 184; eigene Übersetzung des Zitats).

4 Nach ebd., S. 187.

5 „Praeter sacrificium indiget religio politica, etiam oratione vocali, nedum mentali: quoniam Populus corporeis occupatus nesciens Philosophari ritè de Deo, neque petere gratias, neque agere, ut docet, indiget audire sacerdotes praedicantes & orantes, & ab eis discere orare: & hoc etiam prodest sacerdotibus ad excitandam aliorum & propriam mentem: alioquin oratio vocalis valet nihil, nisi adsit & mentalis." (T. Campanella, Universalis Philosophiae seu Metaphysicarum Rerum, iuxta Propria Dogmata, Paris 1638, pars III, lib. XVI, cap. V, art. I, S. 207; eigene Übersetzung des Zitats).

kommt nicht unkritisch der mitunter propagandistische Charakter öffentlicher religiöser Rede zum Ausdruck, da Campanella von einer „Anregung des Geistes" spricht. Darüber hinaus werden öffentliche religiöse Zeremonien, insbesondere der Buße und Sühne, vielleicht auch der Initiation, dargestellt, aber auch das persönliche Bekenntnis verdeutlicht.

Nennt Campanella in seiner „Metaphysik" von 1638 den Begriff „politische Religion" wörtlich, so beschreibt Campanella bereits 1623 in seiner utopischen Schrift über den „Sonnenstaat"[7], die nicht nur aufgrund der Dialogform an Platons großen staatsphilosophischen Dialog *Politeia* erinnert, ein Staatssystem, das sich auf der Basis einer politischen Religion gründet. Dennoch verwendet Campanella den Begriff „politische Religion" hier nicht wörtlich. Der oberste Herrscher dieses utopischen Staates ist folglich ein Priester: Er ist ein „Metaphysikus" und wird von den Sonnenstaatlern „HOH"[8] genannt. Er ist ferner „das Oberhaupt aller in weltlichen und geistlichen Dingen, und alle Geschäfte und Streitigkeiten werden letztlich durch sein Urteil entschieden."[9] Ihm stehen drei Würdenträger, die „Macht, Weisheit und Liebe"[10] heißen und ebenfalls Priester sind, zur Seite. Zu ihnen kommt noch ein vierter oberster Beamter hinzu, der „Sol": Er ist eine Art „oberster Lehrer" über Sitten, Gebräuche und Handwerk und zugleich oberster Priester. Campanella unterscheidet letztlich nicht zwischen „HOH" und dem „Sol", beide werden als höchste Würdenträger des Sonnenstaates beschrieben und sind wohl identisch. Zu der Würde des „Sol" gelangt nur der, der in allen Religionen, Sitten, Gebräuchen und Handwerken aller Völker kundig ist, also ein wahrer „Alleswisser" und „Alleskönner" ist.[11] Die Beamten aller weiteren Behörden werden maßgeblich durch die obersten Beamten gewählt. Sie regeln und beeinflussen alle Bereiche des täglichen Lebens: So die Ausbildung, Arbeitsverteilung, Mahlzeiten, Fortpflanzung, Kindererziehung und das Kriegswesen, um nur die wichtigsten Bereiche aufzuzählen. Gerade der Bereich der „Religion der Sonnenstaatler"[12] ist bei Campanella genau be-

---

6 „Nam & primum mysterium omnibus nationib. commune, ut notat S. Thom. est fidei quo quisquis credit in Deum, & per hoc comendat se & filios & sua Deo: ex quo eluxit in Politica Religionis protestatio sub diversis ceremoniis, lavacris, circumcisione, & c. & sic ab originali, & actuali culpa mundantur." (ebd. cap. VII, art. III, S. 214; eigene Übersetzung des Zitats) Ein weiterer Hinweis auf religiöse Zeremonien im politischen Bereich findet sich ebd., cap. VII, art. IV, S. 215: „ceremonialia politicè".

7 T. Campanella, Sonnenstaat, in: K. J. Heinisch [Hg.], Der utopische Staat, Reinbek b. Hamburg 1987, S. 111-169; Originaltext: T. Campanella, Civitas solis, in: Realis Philosophiae epilogisticae partes IV, Frankfurt 1623. (Zitate aus Campanellas „Sonnenstaat" in diesem Beitrag nach Heinisch.)

8 T. Campanella, Sonnenstaat, in: K. J. Heinisch [Hg.], Der utopische Staat, Reinbek b. Hamburg 1987, S. 119.

9 Ebd., S. 119 f.

10 Ebd., S. 120.

schrieben. Der „Sol" ist als oberster Priester für den Staatskult verantwortlich:

> „Dann aber opfert er [der Sol] Gott und betet; vorher jedoch beichtet er Gott noch die Sünden des ganzen Volkes öffentlich am Altare des Tempels, [...], ohne jedoch irgendeinen Sünder namentlich zu nennen. Darauf spricht er das Volk los, [...]" [13]

Schon diese Darstellung des öffentlichen Kultes, inhaltlich eng mit der vorhin zitierten Stelle aus der „Metaphysik" verwandt, zeigt den kollektivistischen Charakter dieser Religion, die aufgrund der Identität der höchsten Beamten mit den höchsten Priestern von ihrer Konzeption durchaus als politische Religion, ähnlich der Staatsreligion des antiken Ägyptens, bezeichnet werden darf. In diesem Staatskult sind sogar, wenn auch freiwillige, Menschenopfer[14] vorgesehen. Auch dies weist auf einen zwanghaften, fast totalitär anmutenden, Charakter von Campanellas utopischem Staatskonzept hin. Die Priester sind, ähnlich wie in den politischen Religionen der Antike, einziges mittelndes „Band zwischen Gott und den Menschen" [15]. Allein von ihnen hängt das menschliche Schicksal der Bürger des „Sonnenstaats" ab. Dabei erheben die Priester unter der Anleitung des „Sol" auch den Anspruch, über Dinge zu beraten, „die sie neuerlich zum Wohle des Staates und [darüber hinaus] aller Völker der Welt entdeckt haben."[16] Es steckt also, wenn auch nur *in nuce*, zusätzlich ein imperialistischer Anspruch im Selbstverständnis der Priesterschaft der politischen Religion des „Sonnenstaats", der durchaus einen kühnen Bogen zum Imperialismus des 19. und frühen 20. Jahrhunderts zuließe, der in historischem Zusammenhang mit dem Totalitarismus des 20. Jahrhunderts steht. Auch die Inszenierung der Religion der Sonnenstaatler erin-

---

11 Nach ebd., S. 126. Der Name „Sol" weist meines Erachtens auf zwei Dinge hin: Zunächst ist er der einzige, lateinisch *solus*, der über einen solchen Wissensschatz verfügt, dass er der Position des „Sol" gerecht wird, ferner strahlt er mit seinem Wissen erhaben über alle wie die Sonne, lateinisch *sol*. Auch die Bezeichnung „Sonnenstaat" weist auf die Bedeutung des „Sol" hin. Auf die Sonnenmetaphorik im Bereich der staatlichen Macht geht auch Eric Voegelin ein: E. Voegelin, Die politischen Religionen, München ²1996, S. 29 f.

12 T. Campanella, Sonnenstaat, in: K. J. Heinisch [Hg.], Der utopische Staat, Reinbek b. Hamburg 1987, S. 153-162. Eine ähnliche Konzeption der Religion beschreibt Thomas Morus in seiner *Utopia:* Th. Morus, Utopia, in: K. J. Heinisch [Hg.], Der utopische Staat, Reinbek b. Hamburg 1987, S. 96-106. Francis Bacon dagegen sieht als Religion in seinem utopischen Neu-Atlantis das Christentum vor: F. Bacon, Neu-Atlantis, in: K. J. Heinisch [Hg.], Der utopische Staat, Reinbek b. Hamburg 1987, S. 184-186.

13 T. Campanella, Sonnenstaat, in: K. J. Heinisch [Hg.], Der utopische Staat, Reinbek b. Hamburg 1987, S. 153.

14 Siehe ebd.

15 Ebd., S. 154.

16 Ebd.

nert an pompöse Aufmärsche, wie sie in totalitären Systemen üblich waren. Ebenso die Anlässe, Feiertage mit nicht genuin religiösem Hintergrund, sowie Fest- und Gedenktage des Staates, erinnern an Feiern in totalitären Systemen. Man ist beinahe versucht, faschistische oder nationalsozialistische Aufmärsche und Feste vor Augen zu haben[17]:

> „Auch Neumond und Vollmond sind jeweils Festtage, ebenso, wie der Gründungstag der Stadt, bestimmte Siegesgedenktage usw. Dann ertönt Musik und Gesang von Frauen, dann hört man Pauken, Trompeten und Böller. Die Dichter singen das Lob der großen Feldherren und ihrer Siege.“[18]

Einen eigenen Platz kommt, wie könnte es bei der Religion des „Sonnenstaates“ anders sein, der Sonnenverehrung zu. Anders als in antiken Sonnenkulten, beispielsweise dem ägyptischen Sonnenkult, wird die Sonne aber nicht als Gott angebetet, sondern nur verehrt.[19] Einzig ein transzendenter Gott wird angebetet. Die Kosmologie der Sonnenstaatler geht von der Sonne als dem „Vater“ und der Erde als der „Mutter“ aus, die weiteren Elemente, Feuer, Wasser und Luft, stammen von beiden ab. Ihr metaphysisches System lässt das physikalische Geschehen zwischen dem Sein, das Gott selbst ist, und dem Nichts, dem Fehlen des Seins ablaufen.[20] Die Religion der Sonnenstaatler, die keine Offenbarung kennt, folgt in ihrer Grundeinstellung dem Naturrecht. Trotz dieses Anknüpfungspunktes an die christliche Religion mutet es seltsam an, dass Campanella einen der beiden Dialogpartner folgendes über die Religion der Sonnenstaatler, die eher Züge einer politischen Religion trägt, aussagen lässt:

> „Wahrhaftig! da sie, die nur das Naturgesetz kennen, dem Christentum, das die Naturgesetze lediglich durch die Sakramente erweitert, die bei der Beobachtung jener Hilfe leisten, so nahekommen, entnehme ich diesem Umstand einen starken Beweisgrund, daß die christliche Religion die wahrste von allen ist, und die Gewißheit, daß sie, frei von allen Mißbräuchen, die Herrin des ganzen Erdkreises sein wird, wie die großen Theologen lehren und hoffen.“[21]

Klingt hier, wie für utopische Schriften bekannt, eine in geschickte Worte verpackte, tiefgründige Kritik Campanellas am Christentum an, oder ist dies nur ein eingefügter Lobpreis des Theologen Campanella für seine eigenes Bekenntnis? Angesichts der Biografie Campanellas könnte man fast

---

17 Zum Thema „Feste und Feiern im Nationalsozialismus“ siehe W. Kratzer, Feiern und Feste der Nationalsozialisten. Aneignung und Umgestaltung christlicher Kalender, Riten und Symbole, Diss., München 1998 und Y. Karow, Deutsches Opfer. Kultische Selbsauslöschung auf den Reichsparteitagen der NSDAP, Berlin 1997.

18 T. Campanella, Sonnenstaat, in: K. J. Heinisch [Hg.], Der utopische Staat, Reinbek b. Hamburg 1987, S. 155.

19 Nach ebd., S. 157.

20 Nach ebd., S. 158 f.

21 Ebd., S. 162.

zur Annahme geneigt sein, der Dominikaner übe hier Kritik an der christlichen Religion. Diese Frage muss offen bleiben, aber es ist dennoch festzustellen, dass Campanellas Darstellung der Religion der Sonnenstaatler, egal, welche Absicht sie verfolgt, mit am Beginn der Konzeptionsgeschichte politischer Religionen in der Neuzeit steht.

Eine abschließende gleichermaßen apokalyptische wie hellsichtige Zukunftsdeutung in Campanellas Dialog aus dem frühen 17. Jahrhundert könnte ein weiterer Hinweis auf seine Zeit- und Religionskritik sein:

> „[Es] wird eine Reformation und Erneuerung der Gesetze, der Künste und der Wissenschaften erfolgen. Und sie [die Sonnenstaatler] sagen, dass von da an dem Christentum eine große Umwälzung bevorstehe; zuerst aber wird vernichtet und vertilgt, dann aber aufgebaut und gepflanzt werden usw."[22]

Campanellas Dialog „Sonnenstaat" weist auch in dieser Zukunftsbeschreibung weit voraus: Die Beschreibung des Fortschritts, aber auch der gewaltsamen Umwälzungen, trifft sowohl die historische Realität der gewaltsamen Revolutionen des 18. und 19. Jahrhunderts, als auch die Realität der Zeit des Imperialismus, die in die Epoche totalitärer Gewalt im 20. Jahrhundert mündet.

Campanellas Ansichten stellen also einen wichtigen Schritt in der Begriffs- und Konzeptionsgeschichte der politischen Religionen dar: Nennt er in seiner „Metaphysik" den Begriff „politische Religion" wörtlich, so beschreibt er in seinem „Sonnenstaat" eine Religion, die klare Züge der politischen Religionen des 20. Jahrhunderts aufweist, beispielsweise in ihrem alles vereinnahmenden und kontrollierenden Charakter.

2. Daniel Clasen

Einige Zeit nach Campanella setzte sich Daniel Clasen (1622-1678) in Helmstedt kritisch mit dem Thema Politik und Religion in Deutschland auseinander.[23] Auch Dietrich Reinkingk, der in seiner „Biblischen Policey" 1653 zu dem Schluss kommt, „dass der weltlichen Obrigkeit Recht und Befugnis in Religionssachen zukomme"[24] und Veit Ludwig von Seckendorff, der in „Teutscher Fürsten-Stat" 1656 dafür eintritt, dass „der Landesfürst Gesetze und Ordnungen in Religionssachen gibt"[25], geben ein Beispiel für die Ausdehnung staatlicher Gewalt in den Bereich der Religion im 17. Jahrhundert. Generell lässt sich zu dieser Zeit auch „eine ,Po-

---

22 Ebd.

23 Zu „Politik" und „Religion" in Deutschland im 17. Jahrhundert siehe auch das Kapitel über den „Polizeibegriff in den älteren Regimentstraktaten und in der christlichen Staatslehre des 17. Jahrhunderts" in H. Maier, Die ältere deutsche Staats- und Verwaltungslehre, München 1986, S. 105-150.

24 Ebd., S. 137, nach D. Reinkingk, Biblische Policey, Frankfurt am Main [5]1701, Erstes Buch, Axioma VI.

litisierung' philologischer, religionswissenschaftlicher und historischer Forschung"[26] in Deutschland feststellen. Insbesondere Clasens politikwissenschaftlicher Lehrer Hermann Conring prägte dessen Verständnis von Politik. Clasen, der auch Rechtswissenschaftler und Philologe war, wurde in seinem Denken allerdings auch von seinem philologischen Lehrer Christoph Schrader, der aus seiner Studienzeit in Holland einen liberalen Geist nach Helmstedt mitbrachte, beeinflusst. Aus seinem philologisch und staatswissenschaftlich geprägten Umfeld gingen Clasens politische Fragestellungen hervor, insbesondere auch die Frage nach der politischen Religion. So veröffentlichte Clasen 1655 seine erste größere Schrift: *De religione politica*[27]. Sie machte ihn bekannt und brachte ihm 1661 eine Professorenstelle in Helmstedt ein. In dieser Schrift „Über die politische Religion" stellt Clasen „die politische Dimension und Funktion von Religion" [28] dar. Clasen orientiert sich dabei weniger an der theoretischen Sicht eines idealtypischen Verhältnisses von Politik und Religion, sondern an der Herrschaftspraxis der politisch führenden Schicht seiner Zeit. Galt es doch stets zu klären, welchen Herrschaftsanspruch der Staat über Religion und Kirche hat, wobei es, gerade in Deutschland, im Verhältnis Christentum und Staatsraison immer ein ausgewogenes Urteil zu fällen galt. Dabei geht Clasen, ähnlich wie vor ihm Campanella, besonders auf den Missbrauch der Religion als ein die Herrschaft legitimierendes Instrument ein. Anders als Campanella systematisierte er jedoch erstmals die verschiedenen politisch-religiösen Themenkreise und Quellen seiner Zeit in seinem Werk.[29] Dabei wurde Clasen als Verkünder der politischen Religion, die in Theologenkreisen damaliger Zeit unter dem starken Verdacht des Atheismus stand, gesehen, da er die Thesen der politischen Religion als Kapitelüberschriften wählte und sie erst in der Diskussion kritisierte.

Gleich zu Beginn stellen diese Thesen die Religion als „Menschenwerk" hin, das die Bürger „in Schach hält"[30] und das gänzlich zum persönlichen Vorteil des Herrschenden und des politisch Opportunen auszunutzen ist, wobei von Tradition und Bekenntnistreue, genauso wie von Aufrichtigkeit und Standhaftigkeit abzusehen ist. Die Religion muss sich eben in die Staatsraison einfügen und ihr nutzen. Wenn sie diese Vorgaben nicht er-

---

25 H. Maier, Die ältere deutsche Staats- und Verwaltungslehre, München 1986, S. 141, nach V. L. v. Seckendorff, Teutscher Fürsten-Stat, hg. v. A. Simson v. Biechling, Frankfurt a. M. 1737, II. Teil, Cap. I, §§ 7/8, S. 38 ff.

26 M. Mulsow, Moderne aus dem Untergrund, Hamburg 2002, S. 223.

27 D. Clasen, De religione politica, Magdeburg 1655 (Neuauflage: Zerbst 1681), nach M. Mulsow, Moderne aus dem Untergrund, Hamburg 2002, S. 215.

28 M. Mulsow, Moderne aus dem Untergrund, Hamburg 2002, S. 216.

29 Nach ebd., S. 216 u. 221 f.

30 „Religio est hominum opus, quo subditi in officio contineri possunt." (D. Clasen, De religione politica, Magdeburg 1655, Kap. V, S. 65) Die vollständigen Kapitelüberschriften von Clasens Werk finden sich mit Übersetzung in M. Mulsow, Moderne aus dem Untergrund, Hamburg 2002, S. 218 f.

füllt, muss sie verboten werden, oder es muss vom obersten Herrscher eine neue, passendere Religion gefunden werden, die für alle Untertanen zwingend verbindlich ist. Dabei kommt es weniger auf das Bekenntnis denn auf die Praktikabilität der Religion in Hinblick auf die politische Situation an:

> „Der oberste Herrscher soll die Religion hochhalten, die die Staatsraison stützt, und er soll seine Untertanen gewaltsam zu ihr bewegen, wenn er es auf sanfterem Wege nicht vermag.“[31]

> „Der oberste Herrscher kann sogar, wenn er auf diese Weise seinem Staate helfen kann, die islamische, jüdische oder auch heidnische Religion genehmigen.“[32]

Die Religions- und Glaubensfreiheit ist ein damals noch weitgehend unbekanntes Recht des Menschen. Andererseits haben auch die Religionen und ihre Gemeinschaften keinerlei Rechte, sie sind vollständig dem Staat untergeordnet. Die Instrumentalisierung der Religion ist unübersehbar, es ist von „in Gebrauch stehender Religion“[33] die Rede.

Dennoch wäre es, so Mulsow, „sicherlich verfehlt, in Clasen einen Radikalen zu vermuten.“[34] Er ist ein liberaler Geist, der sich provokativ aber auch kritisch mit einem aktuellen Thema seiner Zeit beschäftigt. Clasens Ziel ist es, dass umgekehrt auch die Leser ein kritisches Urteil fällen[35], deshalb enthält er sich, gerade bei seinen späteren provokanten Schriften[36], oft einer dezidierten Kritik der dargestellten Position. Auch Clasen steht mit seiner Darstellung der politischen Religion in der Begriffs- und Konzeptionsgeschichte politischer Religionen des 20. Jahrhunderts. Dabei stellen jedoch, anders als noch zu Campanellas Zeit im 17. Jahrhundert, nicht traditionelle Religionen, sondern die eigene Ideologie den Inhalt der politischen Religion dar.

3. Christoph Martin Wieland

Christoph Martin Wieland (1733-1813), dem eine große Bedeutung als Schriftsteller und Aufklärer zukommt, war auch ein scharfsinniger Beob-

---

[31] „Princeps eam Religionem amplectatur, quae faciat ad Status Rationem, et ad eam subditos commoveat vi, si leniore via non possit.“ (D. Clasen, De religione politica, Magdeburg 1655, Kap. X, S. 222).

[32] „Potest etiam Princeps, si hac ratione suo statui consulere possit, religionem Turcicam, judaicam, vel paganam quoque probare.“ (ebd., Kap. XII, S. 283).

[33] „Princeps nihil gratius facere potest populo, quam si religionem usitatam, modo etiam statui faveat, strenue defendat [...]“ (ebd., Kap. XV, S. 389).

[34] M. Mulsow, Moderne aus dem Untergrund, Hamburg 2002, S. 220.

[35] Nach ebd., S. 222.

[36] D. Clasen, De oraculis gentilium [...], Helmstedt 1673 und ders., Theologia gentilis, Leipzig 1684.

achter des politischen Geschehens seiner Zeit. Der aus einer oberschwäbischen Patrizierfamilie stammende Wieland genoss eine fundierte schulische und universitäre Ausbildung, unter anderem in Magdeburg und Erfurt, dann als Student der Rechtswissenschaften in Tübingen.[37] In den Jahren zwischen 1760 und 1769 hielt sich Wieland als Stadtschreiber und juristischer Beamter in der Reichsstadt Biberach auf. Dort hatte er bereits seine Kindheit und Jugend verbracht. In diese Zeit fiel auch die erste Blüte seines literarischen Schaffens, aus der beispielsweise der Entwicklungsroman „Musarion oder die Philosophie der Grazien“ von 1764 stammt.[38] 1769 wurde Wieland als Professor für Philosophie nach Erfurt berufen. In der Biberacher Zeit hatte sich Wieland schon einen Namen als liberaler und aufgeklärter Denker gemacht. Gerade eine Persönlichkeit wie Wieland wurde in Erfurt geschätzt, wollte man doch ein Gegengewicht zur streng konservativen Universität Mainz sein, die von Jesuiten geleitet wurde. Jedoch knüpfte Wieland schon bald Beziehungen ins nahegelegene Weimar, wo er sich mit Größen der klassischen deutschen Literatur austauschen konnte. So nahm Wieland 1772 eine Berufung als Prinzenerzieher durch die Herzogin Anna Amalia in Weimar an, eine angestrebte Professorenstelle in Wien konnte er nicht besetzen. Schon vor dem geplanten Ende seiner Tätigkeit als Prinzenerzieher wurde Wieland 1775, im Jahr der Ankunft Johann Wolfgang von Goethes in Weimar, von der Herzogin seines Amtes enthoben und zum Staatspensionär gemacht. Von 1773 bis 1810 gab Wieland die Kulturzeitschrift „Der Teutsche Merkur“ heraus, die französischen und englischen Vorbildern folgte. Gerade die Französische Revolution war ein wichtiges Thema, das in dieser Zeitschrift in zahlreichen Artikeln behandelt wurde.[39] Zu Goethe und anderen Geistesgrößen, die sich zu dieser Zeit in Weimar aufhielten, hatte Wieland ein gutes, weitgehend von gegenseitigem Respekt gekennzeichnetes Verhältnis. In den Jahren 1797 bis 1803 zog sich Wieland auf ein Rittergut nach Oßmannstedt zurück. Noch vorher schrieb er 1781 eines seiner Hauptwerke, den Prosaroman „Die Abderiten“. Aber auch als Übersetzer klassischer Texte, am einflussreichsten ist seine Übertragung des Werkes von Lukian ins Deutsche[40], und als Altertumswissenschaftler wurde Wieland in dieser Zeit bekannt. Die beginnende Klassik kam seinem Stil eher entgegen als der ausgehende Sturm und Drang, in dem Wieland angesichts der frühen Schaffenskraft eines Goethe eine Krise seiner literarischen Tätigkeit erlebte. Goethe selbst würdigte Wieland bei dessen Tode 1813 aufgrund des hervorragenden literarischen Stils.

---

37 Zu Wielands Tübinger Jahren siehe u. a.: F. Sengle, Wieland, Stuttgart 1949, S. 30-46.

38 Ebenfalls bei Friedrich Sengle findet sich eine Betrachtung von Wielands „Graziendichtung“: ebd., S. 203-209.

39 Siehe dazu ebd., S. 407-422, bes. S. 410-412.

40 Siehe dazu ebd., S. 397-399.

Trotz seiner Wirkung als Poet und Literat war Wieland insbesondere auch ein politischer Schriftsteller, der seine Zeit kritisch analysierte. Er erlebt Deutschland als eine in viele Einheiten gegliedertes, disparates Gebilde, dem zwar die Reichsverfassung Freiheit garantieren konnte, das aber durch nichts geeint war. Einzig ein Gefühl, der gleichen Nation, nicht nur der gleichen Kultur, anzugehören, war für Wieland ein gemeinschaftsbildendes Element.

Ein Ereignis, das für Wieland einen besonders prägenden Charakter hatte, war die Französische Revolution. Er beobachtete die Ereignisse in Frankreich von 1789 bis 1794 sehr genau und berichtete im „Teutschen Merkur" darüber. Begrüßte Wieland, wie viele seiner Zeitgenossen, die Revolution des französischen Bürgertums zunächst als Umsetzung der Prämissen der Aufklärung, die dem selbständigen Gebrauch der Vernunft unumschränkten Vorrang einräumten, so schlug seine Euphorie bald ins Gegenteil um.[41] Nicht Terror, sondern ernst gemeinte Freiheit, ist die Grundlage einer stabilen Gesellschaft und eines freien Staates. In der Revolution sieht Wieland nur den Kreislauf der Verfassungen bestätigt: Aus der unumschränkten Volkssouveränität entsteht letztlich eine Tyrannei. Aus diesem Grunde lehnt Wieland die Delegation der höchsten Gewalt in die Hände des Volkes ab:

> „Ich verstehe unter der Freyheit, an welche alle Menschen einen gerechten Anspruch zu machen haben, nicht eine Verfassung, die dem Volke die höchste Gewalt im Staate giebt [...], sondern ich verstehe darunter Befreyung von willkürlicher Gewalt und Unterdrückung, gleiche Verbindlichkeit aller Glieder des Staates den Gesetzen der Vernunft und Gerechtigkeit zu gehorchen; [...] Freyheit des Gewissens in allem, was den Glauben an das höchste Wesen und die Verehrung desselben betrifft; – kurz, eine Freyheit, ohne die der Mensch, als ein vernünftiges Wesen, den Zweck seines Daseyns nicht erfüllen kann;"[42]

Wieland stellt sich damit gegen die traditionelle Gewohnheit, einem Souverän seine ganzen persönlichen Rechte zu übertragen. Er setzt auf die Freiheit eines aufgeklärten Individuums in einem aufgeklärten System. Dieses System soll keine Demokratie sein, da sie zu vielschichtig ist. Das Volk ist für Wieland das „Millionenköpfige Thier"[43], das bald nach der einen, bald nach der anderen Seite tendiert und nicht vernünftig handelt. Wieland denkt wohl eher in Richtung einer aufgeklärten Aristokratie oder Monarchie, die von einem umsichtigen, eben aufgeklärten, Souverän zum Besten gelenkt wird:

---

41 Zu Wielands Einschätzung der Französischen Revolution siehe: ebd., S. 440-453, bes. S. 444-446.

42 Chr. M. Wieland, Sendschreiben des Herausgebers des T[eutschen] M[erkurs] an Herrn P.xx zu xxx (Januar 1792), in: ders., Meine Antworten. Aufsätze über die Französische Revolution 1789-1793, hg. v. F. Martini, Marbach a. N. 1983, S. 65.

43 Ebd., S. 59.

> „Aber auch der tollköpfigste Despot [...] hat heitere Augenblicke, worin er klar einsieht, daß er, um seiner Allgewalt lange und sicher zu genießen, nach Gesetzen regieren, d. i. seinen Willen der Vernunft unterwerfen müßte.“[44]

In dieser Passage drückt Wieland wohl den Grundsatz einer aufgeklärten Monarchie aus: Regieren unter dem Primat der Vernunft und der Gesetze. Dennoch hegt Wieland in der Tradition des Kreislaufs der Verfassungen gegenüber allen Regierungsformen eine gewisse Skepsis, da sie verfallen und in eine Revolution münden können.

Wieland sieht in seiner Staatstheorie auch Freiheit der Religion vor, er spricht nicht mehr von einer religiösen Legitimation und Fundierung der Staatsverfassung, von einer Verschränkung von Politik und Religion, wie bei Hobbes, oder dem Prinzip einer Zivilreligion, wie bei Rousseau. Löst sich bei ihm die Religion wieder endgültig aus den Fängen der Politik? Oder sind zivilreligiöse Grundsätze auch in Wielands Verfassungstheorie zu finden? Beides ist augenscheinlich der Fall: Durch die aufklärerische Religionskritik bedingt, wird Wieland kaum die religiöse Untermauerung einer Staatsverfassung fordern, die Religion ist eine rein persönliche Angelegenheit, die in der Freiheit des Einzelnen liegt. Dennoch lassen sich zivilreligiöse Grundsätze in Wielands Staatstheorie finden: Allen voran die Freiheit von Unterdrückung und die Gleichberechtigung, erlebte Wieland doch schon in seiner Zeit als Biberacher Justizbeamter die Vorzüge einer religiösen Parität, da dort alle Ämter konfessionell paritätisch besetzt wurden und der Kirchenraum von beiden Konfessionen genutzt wurde. Trotzdem ist Wieland von einer Verbindung von Politik und Religion weit entfernt. Er sieht die im Verlauf der Französischen Revolution aufkeimende Intoleranz, die sich strikt gegen die aufklärerische Tradition wendet und die, wie Wieland 1798 vorwegnahm, zur napoleonischen Gewaltherrschaft in Europa führte[45], in einer politischen Religion begründet. Sie hat, wie Wieland 1793 feststellte, Freiheit und Gleichheit, Grundelemente der Volkssouveränität, als ihre Götter und sie verfolgt jeden, der sie nicht als die einzig wahren Götter anerkennt, denn er ist entweder ein Despot oder ein Knecht[46]:

> „Mir däucht es könne nichts auffallender seyn, als daß es eine Art von neuer politischer Religion ist, was uns von den [französischen Generälen] [...] an der Spitze ihrer Heere gepredigt wird. Die Stifter und Vorfechter dieser neuen Re-

---

44 Ebd.

45 Chr. M. Wieland, Gespräche, unter vier Augen. Zweites Gespräch, über den neufränkischen Staatseid ‚Haß dem Königtum!‘, in: ders., Werke, hg. v. F. Martini u. H. W. Seiffert, Bd. 3, München 1973, S. 768-786, bes. S. 785.

46 Friedrich Sengle bemerkt, dass Wieland „sehr wohl die ‚neue politische Religion‘, die sich hinter“ der Volkssouveränität verbirgt, erkennt. Wielands Kritik richtet sich darauf, dass nicht das Volk, sondern letztlich „nur die Vernunft oder das vernunftgemäße Gesetz“ souverän genannt werden können. (nach F. Sengle, Wieland, Stuttgart 1949, S. 446 f.).

ligion erkennen keine andere Gottheiten als Freyheit und Gleichheit; [...] sie [haben] doch die große Maxime, keinen anderen Glauben neben sich zu dulden, mit Mohamed und den Theodosiern gemein. Wer nicht mit ihnen ist, ist wider sie. Wer ihren Begriff von Freyheit und Gleichheit nicht für den einzigen wahren erkennt, ist ein Feind des menschlichen Geschlechts, oder ein verächtlicher Knecht, der, von den engbrüstigen Vorurtheilen der alten politischen Abgötterey zusammengedrückt, seine Knie vor selbst gemachten Götzen beugt. [...] Diese neuen Republikaner kündigen allen Königen und Fürsten der Erde den Krieg an, indem sie zu gleicher Zeit allen Völkern Friede und Verbrüderung anbieten. [...] Denn ausser der neuen französischen Demokratie giebt es, ihrer Vorstellungsart nach, nichts als Tyrannen und Sklaven."[47]

Dieser Kommentar Wielands trifft genau die Auswirkungen der neu konstruierten Religion der Französischen Revolution, in der durchaus Züge politischer Religionen des 20. Jahrhunderts zu erkennen sind: Sie ist eine Art politischer Religion, die alle zu ihrer Lehre zwingen will, wobei sie jene, die sie nicht als Wahrheit akzeptieren, als Feinde darstellt. Gerade diese Konstruktion des Anderen, des Feindes, der dazu gemacht wird, egal, ob er feindlich gesinnt ist, oder nicht, erinnert stark an die Konzeption der politischen Religionen im 20. Jahrhundert. Wieland bezeichnet die säkulare Religion der Revolution als politische Religion, die, durchaus in der Rousseauschen Tradition, die Grundlagen ihres Staates vergöttlicht. Jedoch ist einzuwenden, dass Rousseaus Denken dadurch stark verzerrt wird, da sich Rousseau eindeutig gegen ideologische Intoleranz wandte.

[47] Chr. M. Wieland, Betrachtungen über die gegenwärtige Lage des Vaterlandes, in: ders., Meine Antworten. Aufsätze über die Französische Revolution 1789-1793, hg. v. F. Martini, Marbach a. N. 1983, S. 113.

II. Die Denker des Totalen: Ernst Jünger – Carl Schmitt – Erich Ludendorff

Michael Schäfer

In den Jahren 1930 bis 1935 wenden drei Autoren in Deutschland den Begriff des ,Totalen' in spezifischer Weise auf das Gebiet des Politischen an: Ernst Jünger spricht von der ,Totalen Mobilmachung', Carl Schmitt vom ,Totalen Staat' und Ernst Ludendorff vom ,Totalen Krieg'. Man kann die Verwendung des Begriffs der Totalität als bloße Durchgangsstation zum Totalitären verstehen, doch würde eine solche Kennzeichnung der historischen und begriffsgeschichtlichen Bedeutung der Autoren und ihrer Schriften wohl kaum gerecht.

Auf je eigene Weise, wenn auch nicht unabhängig voneinander, beschreiben Jünger, Schmitt und Ludendorff Phänomene, Prozesse und Potentiale der politischen Landschaft, die sich seit der Epochenwende von 1914 abzeichnen und nach ihrer gemeinsamen Überzeugung auf eine Umwälzung hindrängen. Die Tatsache, dass jeder dieser Denker[1] das Phänomen der Totalität in Beziehung zur Religion setzt, rechtfertigt in unserem Kontext bereits eine eingehendere Beschäftigung mit ihrem Beitrag zur Begriffsgeschichte des 20. Jahrhunderts. Wichtiger aber: die ,Denker des Totalen' reflektieren unter dieser Kategorie letztlich den epochalen Schnitt von 1914-18/19, das Ende des langen 19. und den Beginn des kurzen 20. Jahrhunderts – und damit eine fundamentale Voraussetzung des Totalitarismus. Die Schwerpunkte sind dabei unterschiedlich: Erich Ludendorff betont den Krieg, Ernst Jünger mit dem Krieg die Ökonomisie-

---

1 Die Anwendung des Begriffs ,Denker' auf Erich Ludendorff mag an dieser Stelle verwundern. Der vorausschauenden Beschreibung der inneren und äußeren Strukturen eines künftigen Krieges kann man einen gewissen Respekt wohl kaum verweigern. Dass sich dieser auf die krausen Konstruktionen seiner eigenen völkischen Weltanschauung nicht erstrecken kann, sollte sich von selbst verstehen.

rung aller Lebensbereiche und Carl Schmitt den Zerfall der politischen Einheit, deren Wiederherstellung und Sicherung den Ausgangs- und Fluchtpunkt seines theoretischen und praktischen Engagements der Jahre 1919-1933 bildet.

1. Ernst Jünger

Auch die ‚Totale Mobilmachung'[2] kreist, wie so viele Schriften Ernst Jüngers, um das einschneidende Erlebnis des Ersten Weltkriegs: „Wir werden uns vielmehr bemühen, einige Daten zu sammeln, die den letzten Krieg, unseren Krieg, das größte und wirksamste Ereignis dieser Zeit, unterscheiden von anderen Kriegen, deren Geschichte uns überliefert ist"[3], heißt es bereits im ersten Abschnitt seiner Studie.

Was aber ist nun die ‚Totale Mobilmachung'? Im Kontext des Krieges ist es die Rekrutierung aller potentiellen Energien eines Volkes für den Krieg: „Um Energien von solchem Ausmaß zu entfalten, genügt es nicht mehr, den Schwertarm zu rüsten – es ist eine Rüstung bis ins innerste Mark, bis in den feinsten Lebensnerv erforderlich. Sie zu verwirklichen, ist die Aufgabe der Totalen Mobilmachung, eines Aktes, durch den das weit verzweigte und vielfach geäderte Stromnetz des modernen Lebens durch einen einzigen Griff am Schaltbrett dem großen Strom der kriegerischen Energie zugeleitet wird"[4]. Das Phänomen der Durchdringung aller Lebensbereiche ist dabei keineswegs auf die Kriegszeit beschränkt. Auch die „Ordnung des friedlichen Zustands" der Nachkriegszeit trägt in einigen Ländern bereits die Signatur dieser Mobilisierung: „Wir begegnen diesem Angriff, dessen Tendenz dahin zielt, dass es nichts geben soll, was nicht als eine Funktion des Staates zu begreifen ist, zunächst in Russland und Italien, dann aber auch bei uns [...]"[5]

Es fällt ins Auge, dass sich bei Jünger keine Anzeichen einer Distanzierung von der hier angesprochenen Entwicklung finden. Dies könnte man als die neutrale Psoition eines analytischen Beobachters deuten, doch spricht manches dafür[6], dass Ernst Nolte im Recht ist, wenn er feststellt, dass Jünger „dasjenige als positiv, unentrinnbar und zukunftsvoll" beschrieb, „was die gleichzeitige liberale Theorie als ‚Totalitarismus' verdammte"[7]. Feszuhalten bleibt, dass Jünger seine Kategorie der ‚Totalen Mobilmachung' durchaus in vergleichender Absicht verwendet: „Insbe-

---

[2] Ernst Jünger, Die Totale Mobilmachung, in: Ders., Sämtliche Werke, Zweite Abteilung Essays, Band 7 Essays I: Betrachtungen zur Zeit, Stuttgart 1980, S. 119-142.

[3] Ebd., S. 121.

[4] Ebd., S. 126.

[5] Ebd., S. 127.

[6] „Wir sind jedoch weit davon entfernt, das Unvermeidliche beklagen zu wollen", ebd., S. 134.

sondere sind Sozialismus und Nationalismus die beiden großen Mühlsteine, zwischen denen der Forschritt die Reste der alten Welt und endlich sich selbst zermalmt [...] Heute enthüllt sich in allen Ländern immer eindeutiger die Tatsache ihrer Identität, und selbst der Traum der Freiheit schwindet wie unter den eisernen Griffen einer Zange dahin"[8].

Der Fortschritt, die schillernde Essenz und das unbarmherzig-faszinierende Movens der ‚Totalen Mobilmachung' ist dabei eine Kraft „von kultischer Art [...] Und wer möchte denn auch bezweifeln, dass der Fortschritt die große Volkskirche des 19. Jahrhunderts ist – die einzige, die sich wirklicher Autorität und kritiklosen Glaubens erfreut?"[9]

2. Carl Schmitt

Im Jahr 1931 führt Carl Schmitt – in bewusstem Anschluss[10] an den Begriff der ‚Totalen Mobilmachung' seines lebenslangen Gesprächspartners[11] Ernst Jünger – den Begriff des ‚Totalen Staates'[12] ein. Seine These, dass sich der liberale, nicht-interventionistische, gegenüber Gesellschaft und Wirtschaft neutrale Staat des 19. Jahrhunderts in einem fundamentalen Wandlungsprozess zum totalen Staat befindet, versteht sich zunächst analytisch, nicht normativ. Freilich beruht diese Analyse auf bestimmten Grundannahmen Schmitts: Der Kritik des Pluralismus, der Unterscheidung von Demokratie und Parlamentarismus[13] und der zumindest ambivalenten Bewertung der politischen Parteien.

Schmitt hat der Beschreibung des totalen Staates zwei Schriften gewidmet. Die 1931 erschienene ‚Wendung zum totalen Staat' analysiert die historische Entwicklung der Staatsgestalten. Diese fasst Schmitt folgendermaßen zusammen: „Die gewaltige Wendung lässt sich als Teil einer dialektischen Entwicklung konstruieren, die in drei Stadien verläuft: vom absoluten Staat des 17. und 18. Jahrhunderts über den neutralen Staat des liberalen 19. Jahrhunderts zum totalen Staat der Identität von Staat und Gesellschaft"[14]. Diese Identität ergibt sich aus dem Verständnis des Staates als der „Selbstorganisation der Gesellschaft"[15] vor allem auf wirt-

---

7 Ernst Nolte, Geschichtsdenken im 20. Jahrhundert, Berlin-Frankfurt/M. ^{2}1992, S. 268.

8 Ernst Jünger, Totale Mobilmachung, S. 141.

9 Ebd., S. 123.

10 Carl Schmitt, Die Wendung zum totalen Staat, ^{3}1994, S. 173.

11 Vgl. hierzu den jüngst von Helmuth Kiesel edierten Briefwechsel.

12 Carl Schmitt, Die Wendung zum totalen Staat. Erstmals erschienen in der europäischen Revue, Dezemberheft 1931. Jetzt in: Carl Schmitt, Positionen und Begriffe im Kampf Weimar – Genf – Versailles 1923-1939, Berlin, ^{3}1994, S. 166-178.

13 Vgl. hierzu: Carl Schmitt, Die geistesgeschichtliche Lage des heutigen Parlamentarismus, Berlin 1923, ^{7}1991.

14 Carl Schmitt, Die Wendung zum totalen Staat, S. 173.

schaftlichem Gebiet: „In jedem modernen Staat bildet das Verhältnis des Staates zur Wirtschaft den eigentlichen Gegenstand der unmittelbar aktuellen innenpolitischen Fragen“[16] und „In der Wendung zum Wirtschaftsstaat liegt die auffälligste Veränderung gegenüber den Staatsvorstellungen des 19. Jahrhunderts“[17].

Der Bedeutungsgewinn der Wirtschaft im staatlichen Leben, bzw. der staatliche Zu- und Durchgriff auf ökonomische Vorgänge[18] ist aber nur ein Element der Schmittschen Analyse. Das zweite und eigentlichere, weil politischere Kriterium des totalen Staates ist die Transformation des Parlaments: „Das Parlament, die gesetzgebende Körperschaft, der Träger und Mittelpunkt des Gesetzgebungsstaates, wurde in dem gleichen Augenblick, in dem sein Sieg vollständig zu sein schien, ein in sich selbst widerspruchsvolles, die eigenen Voraussetzungen und die Voraussetzungen seines Sieges verleugnendes Gebilde“[19]. Grund dieser Korruption des Parlaments ist der Wegfall seines natürlichen Antipoden, des monarchischen Militär- und Beamtenstaates: „Als dieser entfiel, brach das Parlament sozusagen in sich auseinander“[20]. Im Übergang vom parlamentarischen Parteienstaat mit freien, nicht festorganisierten Parteien zum pluralistischen Parteienstaat mit festorganisierten Parteien verliert das Parlament seine aus Schmitts Sicht staatstragende Funktion: die Einheit des Volkes zu repräsentieren: „Die festen sozialen Verbindungen, die heute Träger des pluralistischen Staates sind, machen aus dem Parlament, wo ihre Exponenten in Gestalt von Fraktionen erscheinen, ein bloßes Abbild der pluralistischen Aufteilung des Staates selbst. [...] So wird das Parlament aus dem Schauplatz einer einheitsbildenden, freien Verhandlung freier Volksvertreter, aus dem Transformator parteiischer Interessen in einen überparteilichen Willen, zu einem Schauplatz pluralistischer Aufteilung der organisierten gesellschaftlichen Mächte“[21].

Als Schmitt das Thema des totalen Staates 1933 erneut aufnimmt[22], profiliert er seinen Terminus, der mittlerweile Allgemeingut geworden ist, durch die Unterscheidung zwischen dem totalen Staat aus Stärke, resp. Schwäche. Ausgangspunkt der ins Auge springenden Totalität des Staates ist der Zuwachs an Machmitteln, die ihm durch die technische Entwicklung zugewachsen ist. Eignet sich der Staat diese Mittel kompromisslos an,

---

15 Ebd., S. 172.
16 Ebd.
17 Ebd., S. 173.
18 Nach Schmitt erkennbar an der stetig steigenden Staatsquote, vgl. ebd., S. 173f.
19 Ebd., S. 176.
20 Ebd.
21 Ebd., S. 177.
22 C. Schmitt, Weiterentwicklung des totalen Staats in Deutschland, erstmals erschienen im Februarheft 1933 der Europäischen Revue, jetzt in: C. Schmitt, Positionen und Begriffe im Kampf Weimar - Genf – Versailles 1923-1939, Berlin, ^{3}1994, S. 211-216.

so ist er – im Sinne des sich selbst als ‚stato totalitario' bezeichnenden italienischen Faschismus – total aus Stärke: „Ein solcher Staat lässt in seinem Innern keinerlei staatsfeindliche, staatshemmende oder staatszerspaltende Kräfte aufkommen. Er denkt nicht daran, die neuen Machtmittel seinen eigenen Feinden und Zerstörern zu überliefern und seine Macht unter irgendwelchen Stichworten, Liberalismus, Rechtsstaat, oder wie man sie nennen will, untergraben zu lassen. Ein solcher Staat kann Freund und Feind unterscheiden. In diesem Sinne ist, wie gesagt, jeder echte Staat ein totaler Staat; er ist es, als eine societas perfecta der diesseitigen Welt, zu allen Zeiten gewesen"[23].

Es fällt schwer in der Gegenüberstellung des totalen Staates aus Schwäche, exemplifiziert am italienischen Faschismus, und dem totalen Staat aus Schwäche, repräsentiert durch die politische Situation in Deutschland, kein pro-totalitäres Votum zu sehen. Dennoch begibt man sich mit einer solchen Interpretation in Gefahr, den Schmittschen Intentionen nicht gerecht zu werden. Seine Kritik richtet sich nicht grundsätzlich gegen das Institut der parlamentarischen Demokratie, sondern gegen die mangelnde Integrationskraft, die vom Weimarer Reichstag und den übrigen politischen Institutionen ausgeht. Ihre Ursache ist die Übertragung des Freund-Feind-Schemas auf das Parlament, d.h. das Nebeneinander durch weltanschauliche Abgründe getrennter Parteien, die jede in sich total ist.

Eine solche, ‚wohlwollende' Interpretation der Schrift von 1933 findet ihre Stütze in deren Schlussabsatz: „Auf dem demokratischen System der Weimarer Verfassung lastet ein solches Parlament mit seiner gleichzeitig machtunfähigen und machtzerstörenden Negativität wie ein körperlich und geistig kranker Monarch auf den Einrichtungen und dem Bestand einer Monarchie [...] Alle diese Verfassungseinrichtungen sind hinfällig geworden und gänzlich denaturiert, alle legalen Befugnisse, selbst alle Auslegungsmöglichkeiten und Argumente sind instrumentalisiert und werden taktische Mittel des Kampfes jeder Partei gegen jede andere und aller Parteien gegen Staat und Regierung"[24].

Auf der Grundlage einer solchen Exegese kann Schmitts Terminus vom ‚totalen Staat' interpretiert werden als Zustandsbeschreibung der politischen Landschaft im prä-nazistischen Deutschland. Der kommende totalitäre NS-Staat wird so als quasi-logische Weiterentwicklung und ‚Vollendung' des in die Krise geratenen Weimarer Parlamentarismus gedeutet. Er ist das Ergebnis zweier Faktoren: des Zuwachses an staatlichem ‚Totalitäts-Potentials' durch die technische Entwicklung auf der einen und der weltanschaulichen Radikalisierung der politischen Parteien auf der anderen Seite.

Carl Schmitt ist zu sehr Katholik, um seinen ‚totalen Staat' direkt mit religiöser Aufladung zu versehen. Ex negativo liesse sich dieser Zusammen-

---

[23] Ebd., S. 213.
[24] Ebd., S. 216.

hang – dessen Erkenntnis durch die schwankende Haltung des Autors erschwert wird – dem Schmittschen Werk dennoch entnehmen.

3. Erich Ludendorff

In Analogie zu Jünger und Schmitt konstatiert Erich Ludendorff in seinem ‚Totalen Krieg'[25] von 1935 zunächst das Neue, das mit dem Ersten Weltkrieg in die Kriegsführung Einzug gehalten hat, die Einbeziehung des ganzen Volkes: „Die Welt sah den Volkskrieg im buchstäblichsten Sinne des Wortes"[26]. In dieser Transformation der Kriegsführung sieht Ludendorff das Wesen des ‚totalen Krieges'. Der Krieg der Gegenwart und erst recht der Krieg der Zukunft[27] ist ein Krieg, der alle Kräfte des Volkes er- und einfordert. Absolute Voraussetzung für den totalen Krieg ist die „seelische Geschlossenheit des Volkes", ein Terminus, der sich wie ein roter Faden durch die gesamte Abhandlung zieht[28].

Ludendorffs Ausführungen sind in gewissem Sinne ein Anti-Clausewitz, und manches deutet daraufhin, dass der General sie auch so verstanden wissen will. Zwar nimmt er zunächst recht ausführlich Bezug auf seinen schon klassischen Vorgänger, doch überwiegt hierbei sehr schnell die Einschränkung[29]. Letztlich bleibt nur die vollständige Ablehnung des Clausewitzschen Vorrangs der Politik: „Das Wesen des Krieges hat sich geändert, das Wesen der Politik hat sich geändert, so muß sich aus das Verhältnis der Politik zur Kriegsführung ändern. Alle Theorien von Clausewitz sind über den Haufen zu werfen. Krieg und Politik dienen der Lebenerhaltung des Volkes, der Krieg aber ist die höchste Äußerung völkischen Lebenswillens. Darum hat die Politik der Kriegsführung zu dienen"[30]. Hier verdeutlicht sich die Verabschiedung des neuzeitlichen Politikverständnisses, wie es für die totalitären Regimes charakteristisch ist. Was bleibt, ist die „totale Politik" – nichts anderes, als die Unterordnung der Politik unter die Ideologie. Noch einmal in den Worten des Feldmarschalls: „Da der Krieg die höchste Anspannung eines Volkes für seine Lebenserhaltung ist, muß sich eben die totale Politik auch schon im Frieden auf die Vorbereitung dieses Lebenskampfes eines Volkes im Kriege

---

25 Erich Ludendorff, Der totale Krieg, München 1935.

26 Ebd., S. 5.

27 Für Ludendorff ist er offensichtlich ein zu erwartendes, ja geradezu notwendiges Ereignis – hierin schätzt er die politische Lage und das innere Entwicklungsgesetz NS-Deutschlands richtig ein.

28 Das zentrale Kapitel des Buches trägt den Titel: ‚Seelische Geschlossenheit des Volkes, die Grundlage des totalen Krieges'.

29 Ebd., S. 3: „Im übrigen gehört das Werk einer vergangenen weltgeschichtlichen Entwicklung an und ist heute weitgehend überholt, ja, sein Studium kann sogar verwirrend wirken".

30 Ebd., S. 10.

einstellen"[31]. Der Krieg ist nicht mehr die Fortsetzung der Politik mit anderen Mitteln, sondern die Politik ist das Mittel zur Vorbereitung des Krieges.

Unter einem weiteren Gesichtspunkt ist Ludendorffs Schrift aufschlussreich. Wir hatten oben gesehen, dass er die „seelische Geschlossenheit des Volkes" als Grundlage des totalen Krieges ansieht. Es ist nun durchaus interessant, dass er sich diese ‚seelische Geschlossenheit' nur vorstellen kann auf der Grundlage gemeinsamer, volksgemäßer Religion: „Die seelische Geschlossenheit eines Volkes [...] ist nur zu erreichen auf dem Wege der Einheit von Rasseerbgut und Glaube [...] Nur wenn dabei dem Drange des Rasseerbgutes, sein Gottahnen zum Gotterkennen zu führen, entsprochen ist, kann die unantastbare Geschlossenheit bisher christlicher nordischer Völker erreicht werden"[32]. Man kann und sollte an dieser Stelle die konfusen und verquasten Gedankengänge des Ehepaares Ludendorff über die gegen das germanische Deutschland gerichtete Verschwörung aus römischer Kirche, Weltjudentum und Freimaurerei getrost beiseite lassen. Festzuhalten ist jedoch die Verbindung von totaler Inanspruchnahme des Volkes für ideologische Zwecke auf der einen und die Notwendigkeit einer religiösen Fundierung dieses totalitären Wunschbildes auf der anderen Seite.

Ludendorffs Entwurf einer vom ‚totalen Krieg' her und auf ihn hin organisierten Gesellschaft steht in eigentümlicher Weise auf der Schwelle von der Militärdiktatur zum totalitären Führerstaat. Das abschließende Kapitel mit dem Titel ‚Der Feldherr' zeichnet eine Führergestalt[33], die unumschränkt über alle Lebensbereiche herrscht[34]. Dies schließt die Wirtschaft explizit mit ein[35]. Dennoch bleiben der Staat und die Gesellschaft, über die der Führer-Feldherr gebietet auffallend eindimensional. In der Engführung des totalen Staates auf die Gestalt des totalen Feldherrn, d.h. im völligen Desinteresse am genuin Politischen, zeigt sich somit die Grenze seiner Analyse-Fähigkeit: Ludendorff kann den totalen Führer im totalen Krieg denken – der notwendige Bewegungscharakter totalitärer Herrschaft bleibt ihm verschlossen, obwohl er bereits unter einer solchen lebt und schreibt.

31 Ebd.

32 Ebd., S. 20 f.

33 „Der Mann, der Feldherr ist, hat an erster Stelle zu stehen [...] Nur von erster Stelle aus kann er allein die Einheitlichkeit und den Nachdruck seinem Wirken verleihen, das bestimmt ist, den Feind niederzuringen und das Volk zu erhalten", S. 107.

34 Ebd.: „Dieses Wirken ist allumfassend, wie der totale Krieg lebensumfassend ist. Auf allen Gebieten des Lebens muss der Feldherr der Entscheidende und sein Wille maßgebend sein".

35 Ebd., S. 115.

III. Die Deutung des Totalitarismus als Religion

Hans Otto Seitschek

1. Eric Voegelin

Grundlegende Gedanken zu Konzept und Begriff politischer Religionen bringt der Politikwissenschaftler und Philosoph Eric[1] Voegelin (1901-1985) in seiner 1938 in Wien verfassten Schrift „Die politischen Religionen"[2] zum Ausdruck. Voegelin schrieb diese essayistische Studie in einer spannungsreichen Lebenssituation, da er kurze Zeit später angesichts des nationalsozialistischen Terrorregimes gezwungen war, in die USA zu emigrieren. Obwohl Voegelin selbst seinen Text „Die politischen Religionen" später als nicht zentral in seinem Werk ansah[3], bietet gerade dieser Text einen ersten, unmittelbaren Einblick in Voegelins Sichtweise der totalitären Gewaltregime des 20. Jahrhunderts.

Die Themen in Voegelins Studie überschneiden sich: Es geht nicht nur um eine historische und religiöse Deutung der Entwicklung der totalitären Regime, sondern auch um eine philosophische Einschätzung des Verhältnisses von Religion zu Politik und Staat. Dabei spielen auch psychologische Einschätzungen der Entwicklung der Massenregime eine Rolle. Voegelin entwirft in bisweilen groben Zügen eine universalgeschichtliche Deutung der politischen Religionen, ausgehend von der ägyptischen Antike über viele Epochen und Denker der westlich europäischen Geistesge-

---

1 Voegelins Vornamen lauten Erich Hermann Wilhelm. Die anglisierte Form seines ersten Vornamens verwendet Voegelin seit seiner amerikanischen Emigration.

2 E. Voegelin, Die politischen Religionen, Wien 1938, Stockholm/Berlin ²1939; Neuausgabe von P. J. Opitz, München 1993, ²1996. Zur Neuausgabe von Opitz siehe die ausführliche Rezension Ernst Noltes „Von Echnaton zu Hitler" (Süddeutsche Zeitung, 7.12.1993).

3 Siehe E. Voegelin, Autobiographische Reflexionen, München 1994, S. 69 f.

schichte bis hin zu der Zeit, die Voegelin 1938 gerade selbst erlebt, die Zeit der totalitären Gewaltregime, besonders des Nationalsozialismus. Zwei Jahre zuvor setzte sich Voegelin in „Der autoritäre Staat", ausgehend vom „österreichische[n] Staatsproblem", bereits mit den Begriffen „total" und „autoritär" auseinander.[4]

Schon im „Vorwort" zu „Die politischen Religionen", das Voegelin Weihnachten 1938 bereits in den USA in Cambridge/Massachusetts geschrieben hat, wird seine Absicht deutlich: Der „radikale" Kampf gegen den Nationalsozialismus. „Radikal" meint Voegelin hier sehr wörtlich:

> „Ich will also nicht sagen, daß der Kampf gegen den Nationalsozialismus nicht auch als ethischer geführt werden soll; er wird nur – nach meiner Ansicht – nicht radikal geführt, weil die radix, die Wurzel in der Religiosität fehlt."[5]

Wichtig ist Voegelin in diesem Zusammenhang die Tatsache der fortschreitenden Säkularisierung: „die Säkularisierung des Lebens, welche die Humanitätsidee mit sich führte, [ist] eben der Boden [...], auf dem antichristliche religiöse Bewegungen wie der Nationalsozialismus erst aufwachsen konnten."[6] Für Voegelin ist also, wie auch sein späteres Werk zeigt, die Säkularisierung ein weitaus wichtigerer Faktor als der oft beklagte „Rückfall in die Barbarei", von dem im Zusammenhang mit den totalitären Regimen häufig die Rede ist. In der Darstellung des „Problems" trifft Voegelin gleich mit dem ersten Satz ins Zentrum seiner grundlegenden Deutung der politischen Bewegungen seiner Zeit:

> „Von politischen Religionen zu sprechen und die Bewegungen unserer Zeit nicht nur als politische, sondern auch, und vor allem, als religiöse zu deuten, versteht sich heute noch nicht von selbst, obwohl die Tatbestände den aufmerksamen Beobachter zu dieser Rede zwingen."[7]

Dabei hebt Voegelin hervor, dass vor allem die gedankliche und theoretische Trennung zwischen der Sphäre der Politik und der der Religion der Grund dafür ist, dass ihre gemeinsame Wurzel im Wesen des Menschen, in seiner Kreatürlichkeit, nicht erkannt wird. Wer von Religion spricht, denkt intuitiv zuerst an Kirche, wer von Politik spricht, assoziiert zunächst den Staat und seine Institutionen. Um diese getrennten Sphären näher aufeinander zu beziehen, will Voegelin den Begriff der Religion weiten, so dass alle religiösen Erscheinungen, nicht nur Erlösungsreligionen, darunter fallen, wohingegen der Staatsbegriff über den rein weltlichen Bereich

---

4 E. Voegelin, Der autoritäre Staat. Ein Versuch über das österreichische Staatsproblem (= Forschungen aus Staat und Recht, 119), Wien u. New York 1997 (Erstausgabe: Wien 1936), bes. der Erste Teil (Die Symbole „total" und „autoritär"), S. 9-55.

5 E. Voegelin, Die politischen Religionen, München [2]1996, S. 6.

6 Ebd., S. 7.

7 Ebd., S. 11.

der Organisation eines Gemeinwesens hinaus zum Bereich des Religiösen hin geöffnet werden soll.[8] So wird die politische Sphäre mit Blick auf die Antike „resakralisiert".[9]

Voegelin definiert „Staat" zuerst, „schulmäßig", als „Menschen im Verband, seßhaft, auf einem Gebiet."[10] Problematisch ist für Voegelin dann allerdings der Begriff der „Macht": Eine wahre Macht steht über allen Dingen, ist eine Macht der Mächte, die über sich keine Macht mehr hat „und unter sich nur Mächte von ihren Gnaden" [11]. Das versteht Voegelin unter „ursprünglicher Macht"[12], und es ist nicht zu übersehen, dass auf dem Weg über den Begriff der „Macht" der Bereich des Religiösen den Eingang in die Staatsdefinition findet: Indem man die von vornherein vorhandene Macht dekapitiert und ihr gewissermaßen einen säkularen Kopf aufsetzt, wird die Macht weltlich, staatlich, das eigentlich Transzendente wird weltlich. So findet der Staat seine Fundierung in sich selbst. Eine natürliche Hierarchie der Mächte, die sich aus der ursprünglichen göttlichen Macht ableitet, geht verloren. Voegelin nennt in diesem Zusammenhang Hegel: Dessen Ansicht ist, so Voegelin, dass im Staat das Volk für sich zum Geist seiner unmittelbaren Wirklichkeit werde und deshalb die absolute Macht auf Erden sei.[13] Voegelin sieht im Hegelschen „Vergeistigen" des Volkes im Staat eine ernste Gefahr: Das Auflösen der irdischen, vom Menschen getragenen, Macht in ein rein Geistiges, das letztlich zu einem Realissimum wird, wie es ursprünglich der welttranszendente Gott ist. Schon dieses Realissimum, der Hegelsche Geist, ist für Voegelin „unmenschlich" [14]. So gerät das Politische, die weltliche Macht, „in das Innerste eines religiösen Erlebnisses", wobei unsere Worte „einen mystischen Prozeß" [15] beschreiben.

Über „Religion" bemerkt Voegelin, dass die Menschen ihre Existenz als kreatürlich und darum als fragwürdig erleben. Voegelin bezieht also die Existenzerfahrungen des Menschen in seine Überlegungen mit ein. Das religiöse Erleben zerrt am Nabel der Seele, am Verknüpfungspunkt zwischen menschlichem Sein und Kosmos. In dieser anthropologischen Bestimmung nimmt Voegelin auf Max Schelers „Die Stellung des Menschen im Kosmos" [16] Bezug. Voegelin erwähnt Scheler in seiner Quellennotitz[17]

---

8 Siehe ebd., S. 15 f. u. 12 f.

9 Siehe dazu u. a. P. Berghoff, Säkularisierung und Resakralisierung politischer Kollektivität, in: M. Hildebrandt, M. Brocker, H. Behr [Hg.], Säkularisierung und Resakralisierung in weltlichen Gesellschaften, Wiesbaden 2001, S. 57-70.

10 E. Voegelin, Die politischen Religionen, München ^{2}1996, S. 12.

11 Ebd.

12 Ebd.

13 Nach ebd., S. 13; siehe dazu G. W. F. Hegel, Grundlinien der Philosophie des Rechts, in: ders., Werke in 20 Bänden, Theorie-Werkausgabe, Bd. 7, hg. v. E. Moldenhauer u. K. M. Michel, Frankfurt a. M. 1970, § 270, S. 415-431.

14 E. Voegelin, Die politischen Religionen, München ^{2}1996, S. 14.

15 Ebd.

neben Erich Przywara SJ,[18] Alois Dempf[19] und anderen. Ferner spricht Voegelin in diesem Zusammenhang von einer „intentio", einer „Rückspannung zu Gott"[20], in der sowohl eine Verortung der eigenen menschlichen Existenz als auch ein Finden der höchsten Existenz, Gott, möglich ist:

> „Wo immer ein Wirkliches im religiösen Erlebnis sich als ein Heiliges zu erkennen gibt, wird es zum Allerwirklichsten, zum Realissimum."[21]

Ein solches Realissimum klang vorher schon im Hegelschen Staatsbegriff als Geist gewordenes Volk an, das in seinem Geistwerden als Staat zu einem Realissimum wird. So trifft Voegelin folgende Unterscheidung zwischen den Religionen: Die „Geistreligionen, die das Realissimum im Weltgrund finden", sollen „überweltliche Religionen heißen". „Alle anderen" Religionen, zu denen eben die politischen Religionen zu zählen sind, da sie „das Göttliche in Teilinhalten der Welt finden, sollen innerweltliche Religionen heißen."[22] Damit zeigt Voegelin das Spannungsfeld zwischen Religion, Politik und Staat, der weltemmanenten und der weltimmanenten Sphären, auf. Eine solche Spannung zwischen Weltimmanenz und Weltemmanenz durchlebt der religiöse Mensch, er erkennt dadurch die Kreatürlichkeit seiner Person.

Nach diesen Begriffsbestimmungen wird die geistesgeschichtliche Entwicklung der politischen Religionen betrachtet: Sie waren zunächst keine säkularen Religionen[23], nahmen aber, kulminierend in den totalitären Bewegungen des 20. Jahrhunderts, nach und nach säkularen Charakter an. Die erste „politische Religion eines Kulturvolks" ist, so Voegelin nach James H. Breasted[24], der „Sonnenglaube der Ägypter"[25]. Auf „Echnaton"

---

[16] M. Scheler, Die Stellung des Menschen im Kosmos, Bonn [14]1998 (Erstausgabe: Darmstadt 1928).

[17] E. Voegelin, Die politischen Religionen, München [2]1996, S. 67.

[18] E. Przywara, Religionsphilosophie katholischer Religion, in: Handbuch d. Philosophie, Abt. II, München u. Berlin 1927.

[19] A. Dempf, Sacrum Imperium. Geschichts- und Staatsphilosophie im Mittelalter und der Renaissance, München u. Berlin 1929.

[20] E. Voegelin, Die politischen Religionen, München [2]1996, S. 16. Die Verwendung des Substantivs „Rückspannung" im Zusammenhang mit „Religion" ist etymologisch problematisch: *Religio* ist eher von *re-legere*, „(etwas) sorgfältig tun", als von *re-ligare*, „(zu-)rückbinden", abgeleitet (siehe dazu E. Feil, Religio, Bd. I, Göttingen 1986, S. 39-49).

[21] E. Voegelin, Die politischen Religionen, München [2]1996, S. 17.

[22] Ebd.

[23] M. Henkel weist in seiner „Einführung" besonders auf den ursprünglich nicht säkularen Charakter der politischen Religionen hin. (siehe M. Henkel, Eric Voegelin, Hamburg, 1998, S. 76)

[24] J. H. Breasted, Geschichte Ägyptens, Stuttgart o. J. (inhaltl. unveränderter Neudruck der ersten dt. Ausg.).

[25] E. Voegelin, Die politischen Religionen, München [2]1996, S. 19.

geht dabei die am höchsten ausgebildete Form des Sonnenkults zurück. Doch bereits die ersten Könige Ägyptens verstanden sich als in der Nachfolge des Sonnengottes Horus stehend, der im mythischen Anfang das Land regierte.[26] Die ägyptischen Könige, die Pharaonen, wurden nach ihrem Tod, ähnlich wie die römischen Caesaren, insbesondere seit der Regierungszeit des Caligula (1. Jh. n. Chr.), als Götter verehrt.

Die ägyptischen Könige waren Mittler zwischen Menschen und Göttern, sie allein hatten das Recht, die Götter zu verehren. Dieses Recht übertrugen sie in Vertretung den Priesterkollegien.[27] Aufgrund verschiedener Lokalgottheiten, wie man sie später in ähnlicher Weise von den griechischen Poleis kennt, gibt es nun Rivalitäten um die Macht- und Wirkungsbereiche der Götter, die die Priesterschaften stellvertretend untereinander ausfochten, um das Ansehen der jeweiligen Region und ihrer Lokalgottheit zu steigern. In diesem Streit stellte sich der Sonnengott von Heliopolis, der Rê, als Sieger heraus. Der Horus von Edfu wurde zurückgedrängt, und die Könige trugen seit dem Ende der fünften Dynastie neben dem Horustitel den Namen „Sohn des Rê" [28]. Der Kult des Rê wurde damit zum Staatskult, der eng der politischen Entwicklung folgte. Auch die Mythologie der Götter sah sich einer Revision ausgesetzt und das Machtzentrum verlagerte sich vom nördlichen Memphis ins südliche Theben. Die thebanische Lokalgottheit, der Amon, wurde in Verbindung mit Rê zum Amon-Rê, der von nun an höchsten Gottheit. Diese Vereinheitlichung der Lokalgottheiten mit dem einen Sonnengott bedeutete einen weiteren Schritt hin auf die monotheistische Mythenbildung.[29] Auch die Priesterkollegien wurden unter ein Oberkollegium gestellt: Die göttlich legitimierte Hierarchisierung[30], das Ausfließen von göttlicher in irdische Herrschaft, ausgehend von der Delegation der Macht Gottes auf den König und vom König auf die Priester, beginnt.[31] Gleichzeitig nimmt auch die Periode der ägyptischen Weltherrschaft ihren Anfang.

In einer weiteren Entwicklung trat Aton, eine alte Bezeichnung für Sonne, an die Stelle der Namen der vereinheitlichten Rê-Gottheiten. Der Pharao Amenothep IV. vollendete diese Entwicklung und machte Aton zur höchsten Gottheit, die aber identisch mit dem Rê war. Aton ist jedoch abstrakter zu fassen als Rê: Er, Aton, ist die Sonnenglut, die lebensspendende Kraft, die hinter der Sonnenscheibe steht. Schließlich wurden alle alten Gottheiten, deren Namen und auch deren Priesterschaft „ausgemerzt"[32].

---

[26] Siehe J. H. Breasted, Geschichte Ägyptens, Stuttgart o. J., S. 43 u. 47-52.

[27] Siehe ebd., S. 53.

[28] E. Voegelin, Die politischen Religionen, München ^{2}1996, S. 20.

[29] Nach ebd., S. 21.

[30] Gr. *he hierarchía (hierè arché)*, „das Amt des Vorigen" bei: Dionysius Areopagita (siehe W. Pape, Griechisch-deutsches Handwörterbuch, Bd. I, A-K, Graz 1954, S. 1240).

[31] Siehe J. H. Breasted, Geschichte Ägyptens, Stuttgart o. J., S. 88-90 u. 119 f.

Vollendet wurde die Neuordnung der Religion und damit der Herrschaft mit der Änderung des Namens des Herrschers von Amenothep IV., der noch an den Namen „Amon" erinnert, in Echnaton, „es ist dem Aton angenehm", und mit der Schaffung von drei neuen Hauptstädten anstelle von Theben: Achet-Aton wurde neue Königsresidenz. Das ägyptische Weltreich erreicht seinen Höhepunkt. Zusammenfassend bemerkt Voegelin:

> „Da der König selbst Gott ist, gehen die göttliche und die menschliche Sphäre ineinander über. Das menschlich eroberte Reich und die göttlich erschaffene Welt, menschliche und göttliche Schöpfung lassen sich nicht genau unterscheiden. Aus diesen vorgebildeten Ansätzen entwickelte Echnaton die Gottesidee, die wir aus seinen Atonhymnen kennen."[33]

Voegelin kritisiert das Vorgehen Echnatons: Er „kassiert"[34], so Voegelin wörtlich, die alten Götter und deren Priesterschaft und setzt an ihre Stelle Aton-Kult und Aton-Priester. Dadurch wird das durch den Polytheismus ausgeglichene gesellschaftliche Leben empfindlich gestört. Die Volksreligion, insbesondere der Osiriskult, wurde zerstört, ohne dass sie Ersatz im Atonkult fand.[35] Die politische Religion wurde nur in den Führungsriegen ausgewechselt, ihre herrschaftslegitimierende Funktion blieb gleich. In dieser politischen Religion manifestierte sich auch eine transzendente Repräsentation der kosmischen Ordnung. Die durch die deskriptive und existentielle Repräsentation historisch existent gewordene Gesellschaft beanspruchte mit ihrer transzendenten Repräsentation die kosmische Wahrheit ihrer Gesellschaft.[36] Die Elemente, die einer persönlichen Entfaltung der Religiosität dienlich und im polytheistischen System noch vorhanden waren, fehlten in dieser staatlichen, rein politischen Religion. Persönliche Elemente gehen auf Kosten von kollektivistischen verloren.

Wie vorhin bereits erwähnt, ist die „Hierarchie" eines der wesentlichsten Elemente oder Symbole, wie es Voegelin nennt, der Verbindung von menschlichem und göttlichem Bereich:

> „Eine Grundform der Legitimierung der Herrschaft von Menschen über Menschen vollzieht sich im Symbol der Ausstrahlung von der göttlichen Spitze über

---

[32] E. Voegelin, Die politischen Religionen, München ^{2}1996, S. 22; dieses Wort, „ausgemerzt", erinnert an die im Naziregime angewandte Diktion. Zur Entstellung der Sprache durch Ideologien siehe auch: J. Pieper, Mißbrauch der Sprache – Mißbrauch der Macht, in: ders., Werke in acht Bänden, Bd. 6: Kulturphilosophische Schriften, Hamburg 1999, S. 132-151 und M.-J. Le Guillou, Das Mysterium des Vaters, Einsiedeln 1974, S. 173.

[33] E. Voegelin, Die politischen Religionen, München ^{2}1996, S. 23.

[34] Ebd., S. 26.

[35] Siehe J. H. Breasted, Geschichte Ägyptens, Stuttgart o. J., S. 213-225.

[36] Siehe auch E. Voegelin, Die Neue Wissenschaft der Politik, München 1959, Kap. I u. II, bes. S. 110 f.

die Hierarchie der Herrscher und Ämter bis hinunter zum letzten gehorchenden Untertan."[37]

Voegelin verweist auf einige Entwicklungspunkte des Symbols der Hierarchie in der Geschichte: Er beginnt, wie eben dargestellt, mit dem Sonnenmythos des Echnaton, durch den die Sonne als das verehrt wird, aus dem alle Existenz ausfließt. Gerade in der neuplatonischen Emanationslehre des aus Ägypten stammenden Plotin, wonach alles aus dem Einen, dem Höchsten, in tiefere Stufen geistiger und physischer Hypostasen ausfließt, spielen Sonnenbilder eine große Rolle. War doch Licht nach antiker Vorstellung ein feinflüssiger Stoff, der in Strahlen aus der *einen* Sonne ausfließt und dadurch Leben ermöglicht. Eine weitere Abstraktion der göttlichen Herrschaft folgt durch Philons Sichtweise der Monarchie, wonach nicht Sonne und Mond Gottheiten sind, sondern der göttliche geistige Logos zur Ausübung eines Amtes legitimiert. Die Symbolik des Ausfließens und des Ausstrahlens des Lichtes der Macht findet sich später bei Maimonides ebenso wie bei Dante, nach dessen Ansicht die Autorität des Einzelnen in der gesamten Autorität ihren Ursprung hat. Ein Abglanz dieser gesamten Autorität ist die Autorität des Kaisers, der sie über sein Reich strahlen lässt. Ein weiteres Beispiel der Sonnenmetaphorik im Bereich der staatlichen Herrschaft ist auch der Titel „Sonnenstaat" für Tommaso Campanellas utopische Staatsschrift aus dem 16. Jahrhundert.[38] Später verweist auch die Bezeichnung „Sonnenkönig" für Ludwig XIV. auf die Symbolkraft des Zeichens der Sonne für höchste Macht.

Eine Rationalisierung der Hierarchie folgte dann bei dem Staatstheoretiker Jean Bodin: Er sieht die Hierarchie nach Art einer Pyramide geordnet, an deren Spitze Gott steht. Jeder tiefer Stehende ist dem höher Stehenden untergeordnet. Gott ist der einzige, dem nach diesem Herrschaftsmuster jeder unterstellt ist. Dabei wird die Macht mit Ausnahme des obersten irdischen Herrschers, der sie direkt von Gott erfährt, über die jeweils höher Stehenden vermittelt. Dies ist eine wesentliche Änderung zur ägyptischen Antike: Zu dieser Zeit war allein der König Mittler zwischen Menschen und Gott. Dagegen sind im Christentum alle Menschen unmittelbar zu Gott. Die Gottesunmittelbarkeit des Einzelnen ist ebenso wie die Unterscheidung von weltlich-politischer und religiöser Sphäre eine der revolutionären Neuerungen des Christentums gegenüber der heidnischen Antike. Die hierarchische Ordnung nach Stufen, Rechtsstufen, hat sich im Grunde bis heute erhalten. Dabei ist eine göttliche wie eine säkulare Herrschaftsstruktur möglich, je nachdem, welche legitimierende Instanz, eine theistische oder atheistische, die Spitze einnimmt.

---

37 E. Voegelin, Die politischen Religionen, München ²1996, S. 29.

38 Siehe T. Campanella, Sonnenstaat, in: K. J. Heinisch [Hg.], Der utopische Staat, Reinbek b. Hamburg 1987, S. 111-169.

Ein eigenes Hierarchieprinzip ist die „Ekklesia“. Der nach den Paulinischen Briefen, insbesondere dem Hebräerbrief[39], geformte Begriff der Ekklesia versteht die Kirche als mystischen Leib Christi: Ihm gehören all die Menschen an, die in der Nachfolge Jesu Christi stehen und ihr Leben nach dem seinen ausrichten.[40] Die Ekklesia bildet eine eigene, göttlich legitimierte Hierarchie, mit eigener Substanz, in der die Gemeinschaftssymbolik eine wesentliche Rolle spielt. Sie steht neben der weltlichen Hierarchie, umschließt aber weltliches und göttliches Reich. „Moderne innerweltliche politische Einheiten,“ zu denen auch die totalitären Massenbewegungen des 19. und 20. Jahrhunderts zählen, sind „durch die Umbildungen der Ekklesia-Substanz bestimmt“[41], so Eric Voegelin.

Die Entwicklung der Ekklesia beginnt damit, dass sie in der frühchristlichen Zeit nach und nach als ein neues gemeinschaftsbildendes und gemeinschaftsbegründendes Symbol an die Stelle der stammesstaatlichen Gemeinschaftssymbolik der Antike tritt. Voegelin nennt hier den Tod des Sokrates als Beispiel der vormalig schicksalhaften Verbindung des Einzelnen mit seiner Polis oder seiner Heimat, die durch das frühe Christentum abgeschwächt wird. Die Glieder der Ekklesia sind aufeinander bezogen wie die Glieder eines Leibes. Christus ist dabei das den Körper durchwaltende Pneuma und auch dessen Haupt.[42] Er wird als zweiter Stammvater der Menschen, als zweiter Adam, gesehen. Zusammen mit der Eucharistie der frühchristlichen Gemeinden, die den Mysterienkulten nahe steht, unterstützen diese Symbole die Aussage vom im Körper der Ekklesia wirkenden Pneuma, das sich in die Glieder der Ekklesia ergießt und stets neu Charismata hervorbringt. Dabei kann die Urgemeinde um die politische, herrscherliche Funktion ergänzt werden und so eine Verbindung zwischen göttlicher Macht und irdischer Herrschaft hergestellt werden, wie in den politischen Religionen der Antike. Die Herrscherfunktion ist dann

---

39 Siehe Hebr. u. a. 5, 5-10; 9, 11-24 u. 10, 1-25.

40 Siehe 1. Kor. 12, 27.

41 E. Voegelin, Die politischen Religionen, München ²1996, S. 32; genauere Betrachtungen zur Entwicklung von innerweltlichen Gemeinschaften und Massenbewegungen finden sich in Voegelins „Das Volk Gottes“: Etwa ab dem Jahr 1300 konnte die christliche Kirche nicht mehr die zur Erhaltung ihrer Autorität wichtige Integration von eschatologischen und gnostischen Splittergruppen leisten. So entwickelte sich eine revolutionäre Bewegung, die über die protestantische Reformation zu weiteren Spaltungen führte. Die Entwicklung offenbarte schließlich ihren „säkularistischen, antchristlichen Charakter“, der in den politischen Massenbewegungen des 20. Jahrhunderts gipfelt. (nach E. Voegelin, Das Volk Gottes, München 1994, S. 25 f.)
Einen ersten, englischen Entwurf von „Das Volk Gottes“ fertigte Voegelin schon um 1940 im Rahmen seiner gewaltigen Studie *History of Political Ideas,* die nur in Teilen veröffentlicht ist, an. (nach ebd., S. 126)

42 Siehe Eph. 4, 15 f.

nicht mehr von der Priester- und Lehrerfunktion geschieden[43], die Grenze zwischen Politischem und Religiösem ebnet sich damit nach und nach ein.

Durch die Füllung christlich legitimierter Gemeinschaften mit naturalem Inhalt, beispielsweise in der Sichtweise des „populus Christianus als Volk unter Völkern“ [44], werden die geistig konstituierten Gemeinschaften zu innerweltlichen Körpern umgebildet und institutionalisiert. Die Entwicklung von rein politischen Gemeinschaften, den Staaten, beginnt. Bis in die heutige Zeit haben sich deshalb Elemente der Ekklesia teils in der christlichen Kirche, teils aber auch im Staat manifestiert – dies auch dann, wenn sich dieser Staat dezidiert gegen die Kirche wendet, aber dennoch Freiheit, Gleichheit und Brüderlichkeit für seine Bürger fordert, wie in der Zeit der Französischen Revolution: Hier wurde der Jakobinismus zu einer Art „Zivilreligion“, die – durch die Rousseausche Tradition beeinflusst – keine christliche Religion, sondern eher eine politische Religion war. Einige Elemente der Rousseauschen Zivilreligion haben sich auch in der staatlichen und sozialen Gemeinschaft der USA durchgesetzt, so sehr, dass ihre einzelnen Glieder durch „likemindedness“, Gleichgesinntheit[45], als miteinander verbunden angesehen werden. Gerade die USA ist ein Beispiel für die Durchsetzung einer Zivilreligion zur Legitimation der herrschenden Ordnung, wie in jüngerer Zeit vor allem Robert N. Bellah zeigt.[46]

Voegelin zeigt nun drastisch, dass im Nationalsozialismus, obwohl er sich gegen die christliche Kirche scharf abgrenzt, in der „spirituellen Konformität“ [47] die Grundform des mystischen Corpus, das durch das Pneuma zur Einheit gebunden ist, analog zur Ekklesia weiter lebt. Genauso verläuft es mit der christlichen Caritas, die in den säkularen Formen der Hilfswerke für die Volksgenossen weiter lebt. Gerade diese Aussage zeigt in gedrängter Form die sicherlich nicht unstrittige Grundthese Voegelins: Eine innerweltliche Gemeinschaft, die sich, obwohl oder gerade weil sie sich von der christlichen Kirche und Religion abwendet – kein totalitäres Regime sah sich als Religion –, lässt durch den Schicksals- und Sendungscharakter ihrer Bewegung das mystische Pneuma der Ekklesia in sich weiterleben. Damit werden auch die vorher durch die Religion besetzten geistigen Räume der Menschen von innerweltlichen Ideologien besetzt,

---

43 Nach E. Voegelin, Die politischen Religionen, München ^{2}1996, S. 33.

44 Ebd., S. 34.

45 Ebd.

46 Nach R. N. Bellah, Civil Religion in America, in: Dædalus 96 (1967), 7 f. Bellah nimmt in seiner Charakterisierung der amerikanischen *civil religion* besonders auf die Antrittsreden verschiedener amerikanischer Präsidenten Bezug: Hier ist oft von „Gott“ die Rede, allerdings ohne auf einzelne Religionen Bezug zu nehmen. Bellah hebt seine spezifisch amerikanische Konzeption der Zivilreligion von der Rousseauschen Konzeption ab. (siehe ebd., S. 5-9)

47 Ebd., S. 35.

die damit die unmenschlichen Forderungen ihres Terrorregimes geradezu zur „heiligen Pflicht" machen.[48]

Ein weiteres Symbol der Unterscheidung des weltlichen und göttlichen Bereichs liegt in der Bezeichnung „spiritual und temporal". Beide Begriffe formen eine geistlich-religiöse und eine von ihr zu unterscheidende, aber nicht zu trennende, zeitlich-weltliche Seite des Daseins. Diese Unterscheidung erinnert an Mircea Eliades[49] Darstellung des Heiligen und des Profanen, das auch in einem säkularen Bedeutungshorizont seine Wirkung behält. Voegelin führt hier Augustinus als Beispiel aus der Geistesgeschichte an, der in *De civitate Dei* eine *civitas Dei* und eine *civitas terrena* unterscheidet, wobei beide *civitates*, Bürgerschaften, schon in der diesseitigen Welt untereinander vermischt unterwegs sind.[50] Die *civitas Dei*, die als Engelsstaat begonnen hat, zielt auf eine eschatologische Vollendung am Ende der Zeiten hin.[51] Dennoch ist eine bloße Gleichsetzung der *civitas Dei* mit der Kirche und der *civitas terrena* mit dem Staat zu kurz gegriffen, obwohl sich bei Augustinus Tendenzen dazu zeigen. Beide *civitates* sind weniger institutionell als vielmehr von der inneren Haltung her zu fassen: Sind die Bürger der *civitas Dei* diejenigen, die Gott gemäß leben, so sind die Bürger der *civitas terrena* diejenigen, die Gott und Christus feindlich gegenüberstehen.[52] Augustinus' Konzept der *civitas Dei* umfasst dabei auch die vorkirchlichen und vorchristlichen Menschen, die*bonae voluntatis* sind. Der historische Hintergrund von Augustinus' Konzeption der beiden *civitates* ist der Einfall der Westgoten in Rom im Jahre 410: Augustinus verteidigte damit das Christentum, das sich als Staatsreligion erst etablieren musste, gegen den Vorwurf, das Unglück der Besatzung nicht verhindert zu haben. Es kommt eben allein auf die standhafte innere Haltung des Christen an, die von der Nachfolge Christi geprägt ist, egal, wie feindlich die Umwelt, in der sich der gläubige Christ aufhält, auch gesinnt sein mag. Die Konzeption der beiden *civitates* ist jedoch nicht ganz eindeutig, fehlt doch auch zur Zeit von Augustinus noch eine klare institutionelle Unterscheidung von Staat und Kirche, da das Christentum im frühen 5. Jahrhundert eben noch auf dem Weg zu einer staatstragenden Religion war.

In der von der scholastischen Methodik geprägten Staatslehre des Thomas von Aquin wird der Anspruch einer klaren Unterscheidung zwischen „temporal und spiritual" deutlich erkennbar: Er verlangt vom Fürsten, seine Herrschaft so fürsorglich im weltlichen Bereich auszuüben, dass sich

[48] Zur Schaffung eines „neuen Menschen" im Totalitarismus siehe auch B. Zehnpfenning, Der neue Mensch, in: M. Hildebrandt, M. Brocker, H. Behr [Hg.], Säkularisierung und Resakralisierung in weltlichen Gesellschaften, Wiesbaden 2001, S. 81-95.

[49] M. Eliade, Das Heilige und das Profane, Frankfurt a. M. 1990.

[50] Siehe A. Augustinus, De Civitate Dei, (Migne Patrologia Latina, Bd. 41), u. a. lib I/præf., Sp. 13 f.

[51] Siehe ebd., lib. XI, XII u. XXII, Sp. 315-376 u. 751-804.

[52] Siehe u.a. ebd., lib. XIV/28, Sp. 436.

die Untertanen um ihr Seelenheil optimal bemühen können, wobei die Kirche die Sorge um das Spirituelle übernehmen muss. „Gemäß dem höheren Rang des spiritualen Zwecks über dem temporalen ist die fürstliche Funktion der kirchlichen im Rang untergeordnet“[53], so Voegelin. Irdische Herrschaft muss sich also der göttlichen Macht beugen und sich in ihrer Herrschaftsausübung am göttlichen Willen orientieren: „Der politisch-temporale Bereich“ wird „durch den spiritualen überhöht“[54]. Dadurch beginnt eine Trennung von spiritualem und temporalem Bereich, die beide in Gegensatz zueinander stellt, da sich in der Folgezeit die Staatsinstitution mehr und mehr aus der Ekklesia herauslöst und die sakralen Gehalte immer stärker an sich zieht. Dadurch entsteht letztlich eine „innerweltliche politische Religion auf dem Boden der christlichen Ekklesia“[55]. So im Falle des Stauferkaisers Friedrich II., der sich als „Messiaskönig“ sah und damit erstmals eine innerweltliche politische Religion innerhalb der Ekklesia schuf.

In der Folge baut sich eine „politisch-religiöse Bildwelt“ auf, die „als Grundgerüst der europäischen Entwicklung bis in die Gegenwart erkennbar bleibt.“[56] Entscheidend ist dabei auch die Symbolik der „Apokalypse“ und der „heiligen Zahlen“, so die Dreizahl der Trinität. Paulus spricht vom christlichen als dem dritten Reich nach den Epochen der *lex naturalis* und der *lex mosaica* des Alten Testaments. Auch der deutsche Symbolismus spricht in der Zeit von Joachim von Floris bis zu Dante vom Anbruch eines „Dritten Reiches“.[57] Joachim von Floris sieht als drittes Reich, nach dem Reich des Alten Testaments und dem Reich Christi, das Reich des Heiligen Geistes anbrechen, dessen volle Verwirklichung aber noch bevorsteht. Jedes der Reiche ist in sich gegliedert und hat seinen Führer: Nach den Vorläufern Zacharias und Johannes im ersten folgte Christus, der einen Neuen Bund schloss, im zweiten Reich. Am Beginn des dritten Reiches steht ein DUX [58], ein Führer, der nicht näher charakterisiert wird. Der Beginn dieses Reiches wird auf das Jahr 1200, beziehungsweise 1260, festgelegt. In der apokalyptischen Offenbarung des Johannes ist von einem *evangelium aeternum*[59] die Rede, für das das Werk des Joachim gehalten wurde: Sein drittes Reich ist keine Institution, die an die Stelle der Kirche treten soll, sondern eine Vergeistigung der Ekklesia. Viele Ordensgründungen, besonders die der Franziskaner, weisen auf diese Entwicklung

---

53 E. Voegelin, Die politischen Religionen, München ^{2}1996, S. 37.

54 Ebd., S. 38.

55 Ebd.

56 Ebd.

57 Zum „Dritten Reich“, insbesondere zu Joachim von Floris, siehe u. a. B. Brentjes, Der Mythos vom Dritten Reich. Drei Jahrtausende Sehnsucht nach der Erlösung, Hannover 1997, bes. S. 27-65.

58 Voegelin erinnert in diesem Zusammenhang an die magische Zahlenfolge 500, 5, 10, lateinisch DVX, bei Dante. (siehe ebd., S. 41)

59 Offb. 14, 6.

hin. Joachim macht, anders als Paulus, keine Angaben über eine Sozialordnung in dieser neuen vergeistigten Ekklesia. Für Voegelin bilden „die christliche Reichsapokalypse und der Symbolismus des Spätmittelalters [...] den geschichtstiefen Untergrund der apokalyptischen Dynamik in den modernen politischen Religionen.“[60] In ihnen wird, wie besonders der Nationalsozialismus zeigt, auch durch Führerfiguren und Führermythen eine Ebene der Vergeistigung geschaffen, die besonders in den Bünden ihrer Bewegung fortlebt. Jedoch hat die Apokalypse in den politischen Religionen auch die Aufgabe der totalen Umwälzung, die die Voraussetzung für eine nachfolgende völlige Neuordnung der Realität ist. In der Moderne ist dann die Bezeichnung „Drittes Reich“ vor allem für Deutschland in der Zeit von 1933 bis 1945 bekannt geworden. Auch Marx und Engels sprechen von einer in „drei Reiche“ gegliederten Geschichtsphilosophie, die sich von der Urgesellschaft über die Klassengesellschaft zur klassenlosen Gesellschaft entwickelt. Die faschistische Bewegung Italiens spricht von einem „faschistischen dritten Rom, nach dem antiken und dem christlichen.“[61]

Bis zur Zeit des Absolutismus zerfällt die *Ekklesia* des christlichen Abendlandes zusehends und spaltet sich mehr und mehr in staatliche Teilgemeinschaften auf. Die Entstehung der souveränen Staaten setzt in unterschiedlichen Entwicklungsstufen ein. Nach und nach tritt an die Stelle der Ekklesia der Staat, wobei in einigen Staaten eine Einheit der politischen und religiösen Institutionen praktiziert wird. Theoretisch durchdacht wird dies bei Hobbes, den Voegelin bezeichnenderweise als „den großen Theologen der partikulären gottesunmittelbaren Ekklesia“[62] – womit der Hobbessche Staat gemeint ist – ansieht. Symbol dieser Einheit von staatlicher und kirchlicher Gewalt ist der *Leviathan*[63], der „sterbliche Gott“[64], wie ihn Hobbes nennt. Er umschließt als vertraglich legitimierter Souverän, als „omnipotenter Staat“[65], göttliche und weltliche Macht. Durch diese Vertraglichkeit wird der Naturzustand des Menschen, der als

---

[60] E. Voegelin, Die politischen Religionen, München ^{2}1996, S. 40; zur „apokalyptischen Dynamik“ des Nationalsozialismus siehe insbesondere: K. Vondung, Die Apokalypse in Deutschland, München 1988, S. 207-225 und ders., Die Apokalypse des Nationalsozialismus, in: M. Ley/J. H. Schoeps [Hg.], Die politische Religion des Nationalsozialismus, Bodenheim b. Mainz 1997, S. 33-52.

[61] E. Voegelin, Die politischen Religionen, München ^{2}1996, S. 41; auch Anton Koch beschäftigt sich 1932 in einem Beitrag zu den „Stimmen der Zeit“ mit diesem „Dritten Rom“: A. Koch, Das Dritte Rom, in: Stimmen der Zeit, 62 (10/1932), S. 233-238.

[62] E. Voegelin, Die politischen Religionen, München ^{2}1996, S. 43.

[63] Nach der alttestamentlichen Beschreibung ist der Leviathan ein großes, schuppiges Ungeheuer, dem auf Erden nichts gleicht. (Hiob 40, 25-32, bes. 26)

[64] Siehe Th. Hobbes, Leviathan, Frankfurt a. M. 1984, Teil II, Kap. 17, S. 134; engl. Orig.: ders., Leviathan, London 1988, part II, chap. XVII, S. 227: „[...] that *Mortall God,* to which wee owe under the *Immortall God,* our peace and defence.”

[65] E. Voegelin, Die politischen Religionen, München ^{2}1996, S. 43.

bellum omnium contra omnes charakterisiert ist, aufgehoben. Die Vielheit der Menschen verbindet sich zur Einheit einer einzigen Person, zum *Leviathan*, dem Staatskörper: Die Gemeinschaft wird Kollektivperson.[66] In dieser Kollektivperson geht auch die Kirche auf. Eine Scheidung zwischen „spiritual und temporal" wird somit überflüssig und von Hobbes aufgehoben, da der Staat als Souverän beide Bereiche umfasst. Die Ekklesia dagegen unterscheidet eine spirituale und eine temporale Seite der Hierarchie: Papst, Kaiser, König, Klerus und Laien. Hobbes kritisiert in diesem Zusammenhang besonders die katholische Kirche, da sie personale Repräsentation, auch Gottesunmittelbarkeit des Einzelnen, beansprucht und nicht im Staatskörper aufgehen kann. So stellt die katholische Kirche die Gegenseite zum *Leviathan* dar und ist nach der Hobbesschen Staatstheorie ein Reich der Finsternis und des Satans.[67] Der Souverän muss die Einheit des Volkskörpers, des Commonwealth, wahren und darf sich dabei auch der Zensur bedienen. Voegelin bemerkt hier zynisch, vielleicht auch mit Blick auf das nationalsozialistische Regime:

> „Die Begründung könnte von einem modernen Propagandaminister geschrieben sein: die Handlungen der Menschen werden durch ihre Meinungen bestimmt, und wer die Meinungen richtig lenkt, der lenkt die Handlungen zu Frieden und Eintracht; zwar müssen die Lehren wahr sein, aber ein Konflikt könne nicht entstehen, denn Lehren, die den Frieden der Gemeinschaft stören, sind nicht wahr."[68]

Einzig dem Souverän, wie immer geartet er sein mag, muss als Untertan gehorcht werden. Über dem Souverän steht jedoch Gott als ursprüngliche Macht. In die Hobbessche Konzeption fließt dabei strukturell das Modell der jüdischen Theokratie ein. Als Beispiel sei Abraham genannt, der als einziger Gott unmittelbar war und der den Willen Gottes für sich und seine Familie interpretierte. So verstanden nähert sich das Konzept des *Leviathans* der politischen Religion der ägyptischen Antike an: Einzig der souveräne Herrscher ist der Mittler zwischen Mensch und Gott. Jesus Christus ist in diesem Zusammenhang ein Erneuerer des Bundes und kein irdischer Herrscher, da seine Herrschaft erst nach der Auferstehung anbricht. Dennoch hat Christus eine ekklesiastische Gewalt, die auf die Apostel und deren Nachfolger in der apostolischen Sukzession überging, bis christliche Herrscher sich direkt Gott unterwarfen und so in sich im über-

---

66 Siehe dazu die bekannte grafische Darstellung des Hobbesschen *Leviathan*, dessen Brustpanzer aus der Vielzahl der Leiber der Untertanen zusammengesetzt ist, und der in der rechten Hand das Schwert als Zeichen staatlicher Gewalt, in der linken den Hirtenstab als Zeichen kirchlicher Gewalt trägt. (siehe u. a. das Titelbild von Th. Hobbes, Leviathan, London (Penguin Classics) 1988)

67 Diese scharfe Kritik Hobbes' hallte in Großbritannien noch lange nach. Erst Kardinal Newman nahm hier Mitte des 19. Jahrhunderts eine vermittelnde Rolle zwischen der anglikanischen und der katholischen Kirche ein.

68 E. Voegelin, Die politischen Religionen, München ²1996, S. 45.

tragenen Sinne die Herrschaft Gottes wiederherstellten. Der *Leviathan* ist nun die neue Ekklesia, die auf der zerstörten alten Ekklesia errichtet wurde. Alles, was ihr entgegensteht, ist das Böse, der Satan. Schließlich bilden sich in Europa in verschiedenartiger Weise „neue Ekklesiae [sic!][69]", die Nationalstaaten. Sie sind dadurch entstanden, dass sich Teile der alten Ekklesia nach und nach aus dem Zusammenhang des universalen Reiches mit dem Gipfelpunkt in Gott lösten und sich immer mehr innerweltlich verschlossen, wobei sie sich mitunter selbst sakrale Quelle wurden. Die Entwicklung zu den politischen Religionen des 20. Jahrhunderts ist damit für Voegelin schon angedeutet, wie seine Einschätzung des Stauferkaisers Friedrich II. zeigt: Die politischen Religionen kommen demnach durch eine Verschmelzung des Spiritualen und Temporalen auf der temporalen Seite von Herrschaft und Macht zustande. Dabei durchlaufen die politischen Religionen eine Entwicklung vom anfänglichen „Reich des Bösen" als Gegensatz zum liberalen Staat bis hin zum totalitären System. Schließlich bilden auch die politischen Religionen auf ihrer Gegenseite neue Gegenreiche, die notwendig der Vernichtung preisgegeben werden müssen, da sonst das Ziel der herrschenden politischen Religionen, die die Welt zum ihrer Ansicht nach Guten führen, nicht erreicht wird. Im Fall des Nationalsozialismus war das Gegenreich das Weltjudentum. Die „politisch-religiöse Symbolik" [70] bleibt bei den politischen Religionen die gleiche wie bei der Ekklesia, aber ihr Inhalt ist in radikaler Weise ein anderer, säkularer, nicht-transzendenter geworden. Die „Religiosität" wird „politisch", der „Auftrag Gottes" wird zum „Auftrag der Geschichte"[71]. Die göttliche Ordnung wird verdrängt, die Schellingsche Grundfrage, warum überhaupt etwas sei, nicht vielmehr nichts, ist, trotz ihrer Wiederaufnahme bei Heidegger, weit ins Vergessen geraten. Die Wissenschaftsgläubigkeit wird immer überlegener, das geltende Weltbild wird gerade im 19. und 20. Jahrhundert immer mehr atheistisch: Man denke an Auguste Comtes[72] Drei-Stadien-Gesetz, das von einem theologisch-fiktiven über ein metaphysisch-abstraktes zu einem wissenschaftlich-positiven Stadium führt, und an die nahezu völlige Entwertung der Religion durch Karl Marx[73] und Sigmund Freud[74]. Die Existenzfrage bleibt als einzige offene Frage bei den Menschen zurück, ansonsten verdeckt der Weltinhalt alles Göttliche. Die

---

69 Kein zulässiger Plural, auch wenn er bei Voegelin so steht. Es müsste entweder gr. „Ekklesiai" oder lat. „Ecclesiae" heißen.

70 E. Voegelin, Die politischen Religionen, München ²1996, S. 49.

71 Ebd.

72 Siehe A. Comte, Rede über den Geist des Positivismus (1844), frz./dt., Hamburg ²1966, S. 4-41.

73 Siehe K. Marx, Zur Kritik der Hegelschen Rechtsphilosophie (1844), in: ders./F. Engels, Werke, Bd. 1, Ost-Berlin 1958, S. 378-391, bes. S. 378.

74 Siehe S. Freud, Die Zukunft einer Illusion (1927), in: ders., Studienausgabe, Bd. IX („Fragen der Gesellschaft, Ursprünge der Religion"), Frankfurt am Main 1974, S. 135-189, bes. S. 164-189.

Absolutsetzung von Teilen des Weltinhalts schränkt überdies den Menschen in seiner Würde als Person ein, da nach Voegelin zum menschlichen Wesen ein Bezug zum Transzendenten gehört, der durch die Verabsolutierung innerweltlicher Bereiche unmöglich gemacht wird.[75] Neue Apokalyptiker treten auf, sie sehen keine *Vergeistigung*, sondern eine *Verwissenschaftlichung* der Welt kommen:

> „Das Endreich ist nicht mehr eine überirdische Gemeinschaft des Geistes, sondern ein irdischer Zustand vollkommener Menschheit. Kants Ideen zu einer Geschichte in weltbürgerlicher Absicht entwerfen ein Geschichtsbild, in dem die menschliche Vernunftperson als innerweltliche zu immer höheren Stufen der Vollendung steigt, um schließlich unter geeigneten geistigen Führern bis zur zwangsfreien weltbürgerlichen Gemeinschaft fortzuschreiten."[76]

Dies zeigt klar, dass Voegelin in den politischen Religionen eine rein auf das Diesseits bezogene weltliche Rationalität erkennt, die in der „Vollendung der Vernunft" ihr Ziel hat und in einem „zwangsfreien Staat", zu dem „geeignete Führer" leiten. Innerweltliche Ziele werden absolut gesetzt, wodurch die Erlösung diesseitig und das ursprünglich transzendente Ziel innerweltlich wird: „eine vollkommene Menschheit" im Diesseits.

Eine wichtige Komponente politischer Religionen bildet die „Rassenlehre". Schon 1933 finden sich in Voegelins „Rasse und Staat"[77] dazu wichtige Vorüberlegungen: Aufgrund der Leiblichkeit des Menschen werden Leibideen entworfen, die auch das Wesen des Staatskörpers ausmachen.[78] Eine dieser Leibideen ist die Rassenidee. Stützen sich nun Rassentheorien auf biologistische Grundlagen, so beruht die Rassenidee auf geistigen, mythischen Konstrukten, die ein *corpus mysticum* konstituieren.[79] Die Ideologie des Nationalsozialismus enthält beide Komponenten, sowohl die mythische als auch die biologistische. In „Die politischen Religionen" zeigt Voegelin dann, dass in der Rassenlehre transzendente Inhalte für weltliche Zwecke ausgenutzt werden: Er nennt Johann Gottlieb Fichte, der eine „Offenbarung" entwirft[80], in der er das Reich Gottes schon im Diesseits verwirklicht sieht. Zum diesseitigen Endreich kann die Menschheit nur das „Urvolk" der Deutschen führen.[81] Gobineau sieht im Kampf der Rassen die nordisch-germanische als überlegen an.[82] Auch jede irdische Gemeinschaft hat, wie vorher die religiös-transzendente, ihre Ge-

---

75 Dies macht auch Michael Henkel deutlich: „für die Person [ist] der Bezug zur Transzendenz konstitutiv." (M. Henkel, Eric Voegelin, Hamburg 1998, S. 85)

76 E. Voegelin, Die politischen Religionen, München ^{2}1996, S. 51.

77 E. Voegelin, Rasse und Staat, Tübingen 1933, siehe auch ders., Die Rassenidee in der Geistesgeschichte von Ray bis Carus, Berlin 1933: Hier finden sich insbesondere konzeptionsgeschichtliche Studien zu Rassenidee und Rassenlehre.

78 Nach E. Voegelin, Rasse und Staat, Tübingen 1933, S. 5.

79 Nach ebd., S. 14.

80 Siehe J. G. Fichte, Versuch einer Kritik aller Offenbarung, in: ders., Ausgewählte Werke in sechs Bänden, 1. Bd., Darmstadt 1962, S. 1-128.

gengemeinschaft: Die positivistische hat die metaphysisch-religiöse als Gegenüber, die überlegene Rasse die unterlegene. Das Konstruieren und Gegenkonstruieren von Reich und Gegenreich wird stets mit einem Anstrich der Wissenschaftlichkeit versehen. Doch wie kann diese „Pseudo-Wissenschaftlichkeit", man denke an die Rassenlehre des Dritten Reichs, bestehen? Dazu wird der Wahrheitsbegriff zum „organischen Wahrheitsbegriff", so bei Alfred Rosenberg[83], umgebildet: Ähnlich wie bei Hobbes, ist das wahr, „was das Dasein der organisch geschlossenen innerweltlichen Volksgemeinschaft fördere."[84] So entstehen auch, um nochmals auf die inhumane Rassenlehre hinzuweisen, neue Mythen[85] einer überlegenen innerweltlichen Gemeinschaft, die dem Charakter nach transzendent sind, nicht aber ihrem Inhalt nach und die ein eigenes *corpus mysticum* aufbauen. In der Verwirklichung der Ziele einer innerweltlichen Gemeinschaft lassen sich die Menschen, die einer solchen Gemeinschaft angehören, selbst als Mittel und Werkzeug zur Verwirklichung dieser Ziele ausnutzen. Sie verlieren so ihre Personalität, die ihre Existenz ausmacht. Voegelin fasst dies wie folgt zusammen: „Wenn an die Stelle Gottes die innerweltliche Kollektivexistenz rückt, wird die Person zum dienenden Glied des sakralen Weltinhalts; sie wird Instrument."[86]

Die an die Ekklesia erinnernde „Symbolik" der innerweltlichen Gemeinschaften ist ähnlich der des Hobbesschen *Leviathan*, nur ist hier Gott als Spitze der Hierarchie weggefallen. Dies führt zur Bildung „radikal innerweltlicher Ekklesiae [sic!]". Die Diktion der beiden „radikal innerweltlichen Ekklesiae [sic!], der faschistisch-italienischen und der nationalsozialistisch-deutschen", die in Folge der Vergöttlichung von Nation und Rasse, den Gemeinschaften gleichen Blutes, im höchsten Maße innerweltlich abgeschlossen sind, speisen sich „aus dem gemeinsamen Wortschatz der deutschen Romantik"[87]. „Der Volksgeist oder der objektive Geist"[88] – ein unübersehbarer Bezug zu Hegel – wird anstelle des transzendenten Gottes ein Realissimum in der Geschichte. Die Verbindung der Volksangehörigen durch diesen Geist ist geradezu eine „religiöse Idee", ihr Re-

---

81 Siehe J. G. Fichte, Reden an die deutsche Nation, in: ders., Ausgewählte Werke in sechs Bänden, 5. Bd., Darmstadt 1962, S. 365-610 (bes. die „Siebente Rede. Noch tiefere Erfassung der Ursprünglichkeit und Deutschheit eines Volkes", S. 470-488).

82 Siehe A. v. Gobineau, Essai sur l'inégalité des races humaines, Paris 1853.

83 Siehe A. Rosenberg, Mythus des 20. Jahrhunderts, München ^{3}1943 (Erstausgabe: München 1930).

84 E. Voegelin, Die politischen Religionen, München ^{2}1996, S. 53.

85 Siehe A. Rosenberg, Mythus des 20. Jahrhunderts, München ^{3}1943 (Erstausgabe: München 1930).

86 E. Voegelin, Die politischen Religionen, München ^{2}1996, S. 54.

87 Ebd., S. 56.

88 Ebd.

gime eine „religiöse Politik". Das Volk wird, fast mystisch, *eins* mit dem Führer[89], es „bekennt" sich zu ihm:

> „Die Erzeugung des Mythus und seine Propaganda durch Zeitung und Rundfunk, die Reden und Gemeinschaftsfeiern, die Versammlungen und das Marschieren, die Planarbeit und das Sterben im Kampf sind die innerweltlichen Formen der unio mystica."[90]

Das Bekenntnis des Einzelnen zum Kollektiv drückt sich, so Voegelin, in einem eigenen „Glauben" aus, der sein Realissimum nicht in Gott hat, wie die überweltliche Religion, sondern in sich selbst, in der schicksalhaften Gemeinschaft des Volkes.[91] „Ekstasen" dieser Art des „Glaubens" „sind nicht geistig, sondern triebhaft, und münden im Blutrausch der Tat."[92] Charakteristisch für diesen säkularen Glauben sind die „Lieder vom Reich" Gerhard Schumanns:

> „Die Millionen beugten sich ihm schweigend.
> Erlöst. Der Himmel flammte morgenbleich.
> Die Sonne wuchs. Und mit ihr wuchs das Reich."[93]

Diese Betrachtungen Voegelins nehmen nur Faschismus und Nationalsozialismus in den Blick. Sie sind für den Kommunismus, den Voegelin allerdings auch zu den politischen Religionen zählt[94], weniger zutreffend, da er sich insbesondere durch eine stark theoretisierte Ideologie als Glaube auszeichnet. Im „Epilog" von „Die politischen Religionen" zieht Voegelin ein Fazit, das sich in vier Punkte gliedern lässt: Erstens hat die politische Gemeinschaft eindeutig religiöse Wurzeln. Somit ist der politische Bereich kein rein profaner Bereich. Zweitens orientiert sich die Ordnung des Rechts und der Macht immer auch an der christlichen Ordnung wie sie in der Ekklesia vorliegt. Drittens hat eine politische Gemeinschaft stets auch eine religiöse Dynamik und eine religiöse Symbolik, selbst wenn dies durch das areligiöse Deuten dieser Symbolik oft verkannt wird. Viertens gehört auch das Religiöse und Geistige zum Wesen des Menschen und muss deshalb in jeder Gemeinschaft von Menschen mitberücksichtigt und geschützt werden, auch und gerade in der politischen.[95] Ferner darf der Mensch, so Voegelin, die transzendente Quelle des Guten nicht in sich su-

---

[89] Siehe dazu: E. Cancik, ‚Wir sind jetzt eins'. Rhetorik und Mystik in einer Rede Hitlers (Nürnberg, 11.9.1936), in: G. Kehrer [Hg.], Zur Religionsgeschichte der Bundesrepublik Deutschland, München 1980, S. 13-48.

[90] E. Voegelin, Die politischen Religionen, München ^{2}1996, S. 55.

[91] Zum Element des Glaubens im Nationalsozialismus siehe: K. Vondung, ‚Gläubigkeit' im Nationalsozialismus, in: H. Maier/M. Schäfer [Hg.], ‚Totalitarismus' und ‚Politische Religionen', Bd. II, Paderborn u. a. 1997, S. 15-28, bes. 16 f.

[92] E. Voegelin, Die politischen Religionen, München ^{2}1996, S. 58.

[93] Ebd., S. 59.

[94] Siehe ebd., S. 41.

chen. Das ist ein Abfall von Gott, da Innerweltliches, der Mensch, das Kollektiv oder der Staat, nie zum Realissimum werden darf, da es das aufgrund seiner Innerweltlichkeit *per se* nicht sein kann. Ein säkular aufklärerischer, moderner Humanismus arbeitet den totalitären Masssenbewegungen eher versteckt in die Hände als wirkungsvoll gegen sie. Hier nähert sich Voegelins Denken an den *Renouveau catholique*, insbesondere an den Neuthomisten Jacques Maritain, an. Er kritisiert ebenfalls den Positivismus im Denken und in der Politik der Moderne und die dadurch bedingte Entfernung vom Christentum und von Gott.[96] Der moderne Verfall der Rationalität zu einem bloßen Szientismus, der zu neuartigen gnostischen Bewegungen führt, wird später zu einem der Hauptthemen in Voegelins Buch „Die Neue Wissenschaft der Politik“[97]. Wie er schon im „Vorwort“ zu „Die politischen Religionen“ deutlich macht, ist der einzige Weg, den politischen Massenbewegungen die Grundlage zu entziehen, eine echte „religiöse Erneuerung“[98] des Menschen.

Kurz zusammengefasst beginnt die Entwicklung der politischen Religionen in der antiken Ungeschiedenheit von Politik und Religion. Einzig der oberste Herrscher ist göttlicher Mittler zwischen Menschen und Gott. In der Ekklesia steht jeder einzelne Christ unmittelbar zu Gott. Die von Gott ausströmende Hierarchie hat eine spirituale und temporale Seite. Im Modell des *Leviathan* ist der Staat selbst Ekklesia. Eine Scheidung zwischen temporal und spiritual ist hier überflüssig. Die Ekklesia löst sich in der Folgezeit, in der Staat und Kirche unterschieden werden, nach und nach aus dem universalen Reich, an dessen Spitze Gott steht, heraus. An die Stelle der Ekklesia treten, in unterschiedlichen Entwicklungsstufen, die Nationalstaaten als innerweltliche Gemeinschaften, die sich zusehends selbst sakrale Quelle werden. Diese Entwicklung führt in einem weiteren, radikaleren Schritt zur Ausformung von politischen Religionen, wie sie in den totalitären Massenbewegungen des 20. Jahrhunderts zum Ausdruck kommen.

Die Deutung der totalitären Regime als politische Religionen ist, so Voegelin, Ausdruck und Hinweis auf eine schwere geistige Krise der europäischen Kultur, gerade nach dem ersten Weltkrieg. In seiner Deutung

---

95 Nach ebd., S. 63; die Verbindung des Politischen zum Religiösen steht auch später im Mittelpunkt von Voegelins politikwissenschaftlichem Ansatz. Siehe u. a.: E. Voegelin, Die Neue Wissenschaft der Politik, München 1959 (Erstausgabe: Chicago 1952).

96 Siehe J. Maritain, Christlicher Humanismus, Heidelberg 1950, u. a. S. 86-91 u. S. 176-180.

97 Siehe E. Voegelin, Die Neue Wissenschaft der Politik, München 1959, Kap. IV-VI, bes. S. 257-259; zur Kritik Voegelins am modernen Humanismus siehe auch: D. Herz, Der Begriff der ‚politischen Religionen‘ im Denken Eric Voegelins, in: H. Maier [Hg.], ‚Totalitarismus‘ und ‚Politische Religionen‘, Bd. I, Paderborn u. a. 1996, S. 196-200.

98 E. Voegelin, Die politischen Religionen, München ^{2}1996, S. 6.

weitet Voegelin den Religionsbegriff über den traditionellen Religionsbegriff, der vor allem die Hochreligionen umfasst und charakterisiert, auf den politischen Bereich aus. Dadurch werden die religiösen Wurzeln der politischen Bewegungen offengelegt: Politik und Religion haben gemeinsame Wurzeln im Menschlichen, in der Tiefe des menschlichen Wesens, seiner Kreatürlichkeit, und in seiner Psyche. Voegelins Studie „Die politischen Religionen" weist in die Richtung einer umfassenden Konzeption von menschlicher und politischer Ordnung, wie er sie später in seinem Hauptwerk *Order and History*[99] dargestellt hat. Wenn man, wie Heinrich Meier[100], die politische Theologie als politische Theorie auffasst, deren höchste Autorität und letzte Grundlage die göttliche Offenbarung ist, ließe sich Voegelins Konzept der politischen Religionen auch als politische Theologie verstehen, wie dies neben anderen Michael Henkel[101] tut. Überdies stellen Michael Henkel und auch Jan Assmann[102] einen deutlichen Bezug der Position Voegelins zu Carl Schmitts[103] politischer Theologie fest, die die Entwicklung der staatstheoretischen Begriffe als Säkularisierung theologischer Begriffe sieht. Auch für Hans-Christof Kraus trägt Voegelins Ansatz den Charakter einer politischen Theologie, die ihr Ziel letztlich nicht erreicht.[104] Wesentliche Gründe hierfür sind, dass Voegelins Ansatz verschiedene Konzepte der Geistesgeschichte in einen neuen, eigenen Zusammenhang bringt, der in einer historisch-kritischen Perspektive problematisch erscheint, und dass sein Ansatz die in einer säkularen Epoche getrennten Bereiche der Theologie und der politischen Philosophie in neuer politikwissenschaftlicher Perspektive zusammenführen will. Ferner wirken Voegelins unmittelbare Bezüge zur Realität in einem gesamthistorischen Kontext problematisch, und schließlich stützt sich Voegelins Ansatz deutlich auf seine eigenen inneren Erfahrungen.[105] Aus diesen Gründen sind Voegelins politisch-theologische Analysen transzendenter Grunderfahrungen zur Erklärung der Realität zu spekulativ, so Kraus, um in einer ernstzunehmenden Theorie der Strukturen der Wirklichkeit Platz zu finden.[106] Dagegen sind seine Untersuchungen über den Zusammenhang von Politik und Religion von größerem Interesse, da sie die Rolle der

---

99 E. Voegelin, Order and History, Bd. I-IV, Baton Rouge 1956-1987.

100 Nach Heinrich Meiers Einführung „Was ist politische Theologie?" zu J. Assmann, Politische Theologie zwischen Ägypten und Israel, München 1992, S. 16 f.

101 Siehe M. Henkel, Eric Voegelin, Hamburg 1998, u. a. S. 91, 127-129 u. 178.

102 Siehe J. Assmann, Politische Theologie zwischen Ägypten und Israel, München 1992, S. 30 und M. Henkel, Eric Voegelin, Hamburg 1998, S. 128.

103 Siehe C. Schmitt, Politische Theologie. Vier Kapitel zur Lehre von der Souveränität, Berlin [6]1993, Kap. III. Politische Theologie, S. 41-55, bes. S. 43.

104 Siehe H.-Ch. Kraus, Eric Voegelin redivivus? Politische Wissenschaft als Politische Theologie, in: M. Ley/J. H. Schoeps [Hg.], Der Nationalsozialismus als politische Religion, Bodenheim b. Mainz 1997, S. 74-88.

105 Nach ebd., S. 74 f.

106 Nach ebd., S. 87.

„politischen Bedeutung von Emotionen religiöser Art“[107] aufzeigen. Voegelins Politik- und Geschichtsphilosophie erweist sich also aufgrund ihres stark theologischen Charakters als problematisch. Ferner folgt sie in ihrer Konzeption stark der klassischen christlichen Philosophie, die sich allzu häufig der „anti-metaphysischen und anti-christlichen Kritik“[108] ausgesetzt sieht. Letztlich ist es für einen Menschen, der keine Transzendenzerlebnisse hat, schwer zu verstehen, was Voegelin mit „transzendent und innerweltlich“, „spiritual und temporal“, und deren In-eins-Setzung in der innerweltlichen politischen Religion meint. Diesen zum Teil berechtigten Einwänden ist gegenüberzustellen, dass sich Voegelin als Empiriker sah, für den das Faktische eine hohe Macht besaß. Dadurch, dass Voegelin menschliche Werthaltungen und die Erfahrungen der Realität, die sie bedingen, in sein Konzept der Wirklichkeit mit einbezog, „betrachtete [er] seine Theorie,“ so Peter J. Opitz, „sogar als realitätsgesättigter.“[109] Weiterhin schwierig in Voegelins Theorie bleibt sein Bezug auf die Existenzialerfahrungen, denn sie sind stets der Interpretation unterworfen: Ihre Richtigkeit und mehr noch ihr Realitäts- und Rationalitätsgehalt, sowie ihre Beziehungen zueinander, sind fast unmöglich auf Korrektheit innerhalb der Theorie zu kontrollieren. Sie bleiben allein nachfühlbar oder nachvollziehbar.[110]

Auch Voegelins Religionsbegriff, den er so ausweitet, dass auch ohne Transzendenzbezug eine Religion noch eine Religion ist, birgt eine Problematik in sich.[111] Obwohl sich die politischen Religionen auf innerweltliche Ziele, wie „vollkommene Menschheit“ oder die eigene Rasse, beziehen, also eine nach innen gewandte Eschatologie zeigen, bleibt für Voegelin der transzendente Charakter dieses Bezuges erhalten, da letztlich auch diese Ziele nur am Ende einer langen, fast unüberschaubaren historischen Entwicklung eintreten. So kann Voegelin die Bezeichnung „politische Religionen“ aufrecht erhalten. In seinem späteren Werk nimmt Voegelin Abstand von Konzept und Begriff der politischen Religion[112], er spricht nunmehr von „Gnosis“, „gnostischen Massenbewegungen“ und sogar von „Religionsersatz“.[113]

---

[107] Ebd., S. 88; siehe dazu auch ebd., S. 78-81.

[108] Nachwort von P. J. Opitz zu: E. Voegelin, Die politischen Religionen, München ²1996, S. 81.

[109] Ebd., S. 79.

[110] Nach ebd., S. 79 f.

[111] Siehe dazu M. Behrens, ‚Politische Religion‘ – eine Religion?, in: H. Maier/M. Schäfer [Hg.], ‚Totalitarismus‘ und ‚Politische Religionen‘, Bd. II, Paderborn u. a. 1997, S. 249-269.

[112] „Die Interpretation ist nicht völlig falsch, aber ich würde den Begriff Religionen nicht länger verwenden, weil er zu unscharf ist und schon im Ansatz das eigentliche Problem der Erfahrungen verzerrt, indem er sie mit dem anderen Problem der Dogmatik und der Doktrin vermengt.“ (E. Voegelin, Autobiographische Reflexionen, München 1994, S. 70)

Eine weitere Kritik, vor allem an der Wirksamkeit von Voegelins Konzept der politischen Religionen, liegt in dessen Methodik begründet: Sie zeigt zwar die Ursprünge vieler totalitärer Erscheinungen auf, kann aber die direkte Entwicklung des Totalitarismus nicht ganz erfassen, so dass durch die politischen Religionen totalitäre Regime nicht vollständig erklärt werden können.[114]

Voegelins Studie über „Die politischen Religionen" ist wichtig, da sie zeigt, dass trotz aller Säkularisierung das Religiöse in den Systemen moderner Staaten, insbesondere der Nationalstaaten, ein wichtiges Element darstellt. Auch die Genese dieses Elements wird in diesem geschichtsphilosophischen Abriss deutlich: Ähnlich wie der Historiker Jacob Talmon[115] sieht Voegelin eine enge politisch-religiöse Verknüpfung als voraufklärerische Wurzel des modernen Totalitarismus an.[116] Schlussendlich ist Voegelins Beitrag zur Überwindung der modernen Sinnkrise, genauso wie die dadurch erfolgte Sensibilisierung auf das ideologiekritische Erkennen und Verstehen von Strukturen totalitärer Regime hervorzuheben. „Die These Voegelins," so Opitz, „daß dem Aufstieg der ideologischen Massenbewegungen sehr wesentlich *religiöse* Bedürfnisse breiter Teile der Bevölkerung zugrunde lagen, die von jenen Ideologien befriedigt wurden, ist gültig".[117]

---

113 Nach M. Henkel, Eric Voegelin, Hamburg 1998, S. 88; zu Voegelins Konzept der „Gnosis" und der „gnostischen Massenbewegungen" siehe: E. Voegelin, Wissenschaft, Politik und Gnosis, in: ders., Der Gottesmord. Zur Genese und Gestalt der modernen politischen Gnosis, hg. v. P. J. Opitz, München 1999, bes. S. 57-63, 83-90, u. 91-93 und E. Voegelin, Religionsersatz. Die gnostischen Massenbewegungen unserer Zeit, in: ders., Der Gottesmord. Zur Genese und Gestalt der modernen politischen Gnosis, hg. v. P. J. Opitz, München 1999, bes. S. 107-110.

114 Nach D. Herz, Der Begriff der ‚politischen Religionen' im Denken Eric Voegelins, in: H. Maier [Hg.] ‚Totalitarismus' und ‚Politische Religionen', Bd. I, Paderborn u. a. 1996, S. 209.

115 Siehe die als Trilogie angelegte „Geschichte der totalitären Demokratie": J. L. Talmon, The Origins of Totalitarian Democracy, London 1952 (dt.: Die Ursprünge der totalitären Demokratie, Köln/Opladen 1961), ders., Political Messianism. The Romantic Phase, London 1960 (dt.: Politischer Messianismus. Die romantische Phase, Köln/Opladen 1963), ders., The Myth of the Nation and the Vision of Revolution, London 1980 (auch: Berkeley/Los Angeles 1980).

116 Siehe dazu den Beitrag von R. Chr. van Ooyen, Totalitarismustheorie gegen Kelsen und Schmitt: Eric Voegelins „politische Religionen" als Kritik an Rechtspositivismus und politischer Theologie, in: ZfP, 49. Jg. (1/2002), S. 56-82, hier S. 58 f.

117 Nachwort von P. J. Opitz zu E. Voegelin, Die politischen Religionen, München [2]1996, S. 71.

2. Raymond Aron

Der französische Philosoph und Soziologe Raymond Aron (1905-1983) geht in seinem Konzept politischer Religionen einen anderen Weg als Eric Voegelin. Er spricht bei der Deutung politischer Massenbewegungen nur anfangs von „politischen Religionen", ansonsten überwiegend von „säkularen Religionen". Dabei geht Aron insbesondere auf die religiöse Charakterisierung von Phänomenen der totalitären Regime seiner Zeit ein, die er in verschiedenen Essays über Deutschland und die Politik im allgemeinen darstellt. Aron, der aus einem jüdisch assimilierten Elternhaus stammt, schöpft in seinen Essays über Deutschland aus den Erfahrungen, die er selbst von 1930 bis 1933 dort machte.

Den Begriff „politische Religionen" verwendet Aron wie gesagt nur selten. Einmal erscheint „politische Religionen" in der 1939 erschienenen Rezension von *L'ère des tyrannies*[118], eines von Elie Halévy, einem französischen Totalitarismustheoretiker, 1938 veröffentlichten Essays. Ein anderes Mal kommt der Begriff 1941 in dem Artikel *Bureaucratie et fanatisme*[119] vor.

In seiner 1939 erschienenen Rezension[120] von *L'ère des tyrannies* prüft Aron die These Halévys, dass Faschismus und Kommunismus einen gemeinsamen Ursprung haben. Dabei meldet Aron berechtigte Zweifel an Halévys Argumenten an, will aber, dass sie „weniger widerlegt, als analysiert werden"[121]. Die folgende Analyse Arons ist von zahlreichen religiösen Charakterisierungen der totalitären Regime gekennzeichnet: So spricht Aron über die „religiöse Inbrunst des Nationalismus"[122] in Deutschland, die dort stärker sei, als in den anderen europäischen Nationen. Dieser kurze Einwurf Arons zeigt schon ein wesentliches Charakteristikum seines Konzepts der politischen Religionen: Es deutet

---

[118] E. Halévy, L'ère des tyrannies, Paris 1990 (Erstausgabe: Paris 1938).

[119] R. Aron, Bureaucratie et fanatisme, in: La France Libre, III, 13 (1941), S. 49-59; später auch in: ders., L'homme contre les tyrans, Paris 1945, S. 51-66.

[120] Arons Rezension von Halévys Studie ist erstmals im Mai 1939 in der *Revue de métaphysique et de morale* erschienen. Eine überarbeitete Version findet sich in: Commentaire 28/29 (1985), S. 328-340. Auch in der Neuauflage von Halévys L'ère des tyrannies, Paris 1990, ist Arons Rezension unter dem Titel *Elie Halévy et L'ère des tyrannies* als Nachwort auf den Seiten 251 bis 270 enthalten. Eine deutsche Übersetzung dieses Essays findet sich unter dem Titel „Das Zeitalter der Tyranneien" in: J. Stark [Hg.], Raymond Aron: Über Deutschland und den Nationalsozialismus, Opladen 1993, S. 186-208.

[121] Ebd., S. 187; Orig.: R. Aron, Elie Halévy et L'ère des tyrannies, in: E. Halévy, L'ère des tyrannies, Paris 1990, S. 253; Aron kommt letztlich zu dem Schluss, dass sich die Faschismen durch die „imperialistische Funktion wesentlich vom Kommunismus" (ebd., S. 204; Orig.: Ebd., S. 268) unterscheiden, obwohl „beide in gleicher Weise eine Antwort auf das Problem des Zerfalls des demokratischen Staates und auf die Erfordernisse eines autoritären Staates mit einer kompetenten Verwaltung" sind. (ebd.; Orig.: Ebd.)

insbesondere einzelne Phänomene der totalitären Gewaltregime als religiös, in diesem Falle die intensive nationale Begeisterung der Deutschen in den dreißiger Jahren. In demselben Zusammenhang spricht Aron davon, dass der Faschismus der Krise des Kapitalismus entgegenwirken kann, ja regelrecht „eine Lösung" für diese Krise anbietet, „weil er Macht repräsentiert und weil er Hoffnung schafft." [123] Auch diese Charakterisierung, gerade der Ausdruck „Hoffnung", mag auf einen religiösen Gedankenhorizont hinweisen.

Die religiöse Darstellung mancher Seiten des Totalitarismus steht bei Aron, wie auch Harald Seubert[124] feststellt, systematisch in der Nähe zu Arons Begriff von Ideologie, die eine Philosophie bedeutet, die den Anspruch erhebt, Politik zu sein[125]. Dazu Aron:

> „Dadurch erfassen wir aber eine der Bedingungen, die bis heute für den Erfolg der Tyranneien nötig waren: die Zerbrechlichkeit der demokratischen Gewalten, die Verführungskraft der nationalistischen Ideologien im Kontrast zum internationalen Humanitarismus der alten linken Lehren [...]."[126]

Gerade eine solche Ideologie, die die „Allmacht" in der Person des Tyrannen konzentriert, „wird als amtliche Wahrheit dogmatisch gelehrt."[127] Obwohl Aron hier nicht von „Religion" oder von „religiös" spricht, ist die Nähe zum Religiösen in der Diktion Arons deutlich erkennbar: Inhalte der Ideologien werden zu „Dogmen", politische Führer werden „allmächtig". Darüber hinaus „vergöttlichen" faschistische Tyranneien innerweltliche Größen, wie „die Nation oder die Rasse" [128], so dass solche innerweltliche Größen an die Stelle der transzendenten Gottesvorstellungen der traditio-

---

[122] Ebd., S. 196; Orig.: Ebd., S. 261; in der deutschen Übersetzung ist hier eine Fußnote angegeben, die auf einen Beitrag von Edmond Vermeil verweist: E. Vermeil, Pourquoi une religion nationale en Allemagne?, in: Revue de métaphysique et de morale, 46/1 (1939). Dieser Verweis fehlt im französischen Original!

[123] R. Aron, Das Zeitalter der Tyranneien, in: J. Stark [Hg.], Raymond Aron: Über Deutschland und den Nationalsozialismus, Opladen 1993, S. 197; Orig.: R. Aron, Elie Halévy et L'ère des tyrannies, in: E. Halévy, L'ère des tyrannies, Paris 1990, S. 262.

[124] Siehe H. Seubert, Erinnerungen an den ‚Engagierten Beobachter' in veränderter Zeit, in: H. Maier/M. Schäfer [Hg.], ‚Totalitarismus' und ‚Politische Religionen', Bd. II, Paderborn u. a. 1997, S. 325.

[125] Nach J. Stark, Das unvollendete Abenteuer, Würzburg 1986, S. 153.

[126] R. Aron, Das Zeitalter der Tyranneien, in: J. Stark [Hg.], Raymond Aron: Über Deutschland und den Nationalsozialismus, Opladen 1993, S. 200; Orig.: R. Aron, Elie Halévy et L'ère des tyrannies, in: E. Halévy, L'ère des tyrannies, Paris 1990, S. 264: „A contrario, nous dégageons une des conditions qui semblent nécessaires au succès des tyrannies: la fragilité des pouvoirs démocratiques, la séduction des idéologies nationalistes par contraste avec l'humanitarisme international des vieilles doctrines de gauche [...]".

[127] Ebd.; Orig.: Ebd.

[128] Ebd., S. 201; Orig.: Ebd., S. 265.

nellen Religionen treten können. Trotz der Nähe des Ideologiebegriffs zum Religiösen trennt Aron begrifflich die Ideologie vom Bereich des Religiösen:

> „Selbst die Einheitsideologie hat nicht dieselbe Bedeutung: der Kommunismus ist die Übertragung, bzw. die Karikatur einer Heilsreligion. Die Faschismen kennen keine Menschheit (Humanité) mehr."[129]

Totalitäre Regime – hier der Faschismus und der Kommunismus – sind also für Aron von religiösem Charakter, da sie die politische Sphäre ins Religiöse steigern. Sie sind Imitate der traditionellen Religion und damit säkulare oder politische Religionen. Insbesondere mit einem Verweis auf Deutschland, aber auch mit einer kritischen Replik auf Frankreich, sieht Aron in den politischen Religionen mehr als bloße Begeisterung, die in organisierte Bahnen gelenkt wird, man denke nur an die nationalsozialistischen Großkundgebungen auf den Nürnberger Parteitagen oder im Berliner Sportpalast. Er sieht in den politischen Religionen eine besondere „Gewalt der Parteikämpfe", die von eigentümlichem Tiefgang sind, der gerade bei der Neuschaffung des einzelnen Menschen und der Gemeinschaft religiöse Dimension annimmt. Politische Religionen übersteigen für Aron die Wirkung bloßer Ideologien: Sie haben eine eigene geistige Sprengkraft, die sich die Dynamik der traditionellen Religionen zu Nutze macht und sogar noch steigert. Letztlich verharren die politischen Religionen aber in der je größeren Unähnlichkeit zur traditionellen Religion, da ihnen deren umfangreicher geistiger Inhalt, man denke hier nur an den Bereich der Künste, abgeht:

> „Erinnern wir uns an die Weimarer Republik während ihrer letzten Jahre (und gewissermaßen an unser eigenes Land heute): betrachten wir die Gewalt der Parteikämpfe. Diese Konflikte unserer Epoche der politischen Religionen haben ihre Ursache nicht nur in Eigennutz und Vorteilsstreben, sie rühren von Bestrebungen her, die in ihrer Tiefenschicht widersprüchlich sind; sie werden von Metaphysiken oder besser von rivalisierenden Dogmen gespeist."

Dennoch:

> „Weder der Marxismus, noch der Rassismus stellen ein Äquivalent für den Katholizismus in der mittelalterlichen Gesellschaft dar: zuviele Individuen und zuviele geistige Reichtümer entgehen ihnen." [130]

Aron zeigt hier zum einen die Tiefendimension der Ideologien auf, die an die Tiefendimension von Religionen heranreicht. Dennoch widersprechen sich letztlich die Tiefendimensionen der Religion und der Ideologie, da sie von einander entgegengesetzten Grundsätzen gespeist werden. Zum anderen offenbart Aron hier auch einen kritischen, fast negativ be-

---

[129] Ebd., S. 205 f.; Orig.: Ebd., S. 269.

setzten Religionsbegriff, wie die Hinweise auf „Eigennutz und Vorteilsstreben" und auf „den Katholizismus in der mittelalterlichen Gesellschaft" in diesem Zusammenhang zeigen. Doch Aron trennt deutlich zwischen politischen Religionen und traditionellen Religionen, in deren Schatten sich blühende Kulturen entwickeln konnten und können, im Gegensatz zu der künstlich erzeugten Kultur der politischen Religionen. In verschiedener Hinsicht hält Aron die Religion aber für eine Art „unverdauten Rest" der Epoche der Aufklärung, der noch einer Aufarbeitung bedarf, da er Unwägbarkeiten und Gefahren in sich birgt.[131] Aron sieht in der politischen Religion eine weitere Verschärfung und Steigerung der Ideologie, die ihr zusätzlich eine Sprengkraft von eigener Dimension verleihen.

Auch in seinem vorhin erwähnten Artikel *Bureaucratie et fanatisme* gebraucht Aron 1941 den Begriff „politische Religionen". Hier spricht Aron von dem Konstrukt eines Feindes, des an sich Bösen, dem ein prophetischer Heilbringer gegenübertritt, auf den die Massen hoffen. „So entsteht eine politische Religion." [132] Das folgert Aron daraus. Darüber hinaus liefert Aron in diesem Artikel eine Charakteristik von „politischen Religionen", die ihre wesentlichsten Eigenschaften treffend darstellt:

> „[...] die politischen Religionen mit ihrem heiligen Buch, mit ihrem Teufel und ihren Heiligen, ihren Geschichtsdeutungen und ihren Prophezeiungen, sind nur dem Anschein nach widersprüchlich: Sie drücken die Auflehnung gegen ein Schicksal aus, das man nicht versteht, sie nehmen verschiedene Arten der Inbrunst ohne Gegenstand in sich auf."[133]

---

130 Ebd., S. 207; Orig.: Ebd., S. 270: „Rappelons-nous la République de Weimar au cours de ses dernières années (et dans une certaine mesure notre pays aujourd'hui): observons la violence des querelles partisanes. Ces divisions, à notre époque des *religions politiques*, ne concernent pas seulement l'opportunité ou l'intérêt, elles découlent de volontés, en leur profondeur, contradictoires, animées par des métaphysiques, ou mieux des dogmes rivaux. [...]
Ni le marxisme, ni le racisme n'offre l'équivalent du catholicisme dans la société médiévale: trop de personnes, trop de richesses spirituelles leur échappent."

131 Zu Arons religionskritischer Sichtweise siehe: H. Maier/M. Schäfer [Hg.], ‚Totalitarismus' und ‚Politische Religionen', Bd. II, Paderborn u. a. 1997, S. 14, 187 u. 324.

132 „Ainsi naît une religion politique." (R. Aron, Bureaucratie et fanatisme, in: L'homme contre les tyrans, Paris 1945, S. 59, nach J. Stark, Das unvollendete Abenteuer, Würzburg 1986, S. 134; eigene Übersetzung des Zitats).

133 „[...] les religions politiques avec leur livre sacré, avec leur diable et leurs saints, leurs interprétations historiques et leurs prophéties, ne sont paradoxales qu'en apparence: elles expriment la révolte contre un destin que l'on ne comprend pas, elles recueillent les ferveurs sans objet." (R. Aron, Bureaucratie et fanatisme, in: ders., L'homme contre les tyrans, Paris 1945, S. 59 f., nach J. Stark, Das unvollendete Abenteuer, Würzburg 1986, S. 134; eigene Übersetzung des Zitats).

Noch vor diesen beiden eben dargestellten Veröffentlichungen deutete Aron bereits 1936 in *La crise sociale et les idéologies nationales*[134] eine religiöse Deutung der totalitären Gewaltregime seiner Zeit an. Er schreibt, dass schon 1932 „die Massen von einem Kollektivglauben religiöser Natur in Aufruhr versetzt“ [135] wurden: Ein „Prophet“, Hitler, kündigte eine „chiliastische“ Zukunft Deutschlands an, die keinen materiellen Reichtum, wohl aber Reinheit, Stärke und Sicherheit bringen wird. Den Weg zu dieser Zukunft weise Hitler selbst. Besonders das Element des „Prophetischen“ taucht 1941 in *Bureaucratie et fanatisme* wieder auf, genauso wie religiöse Deutungsweisen der politischen Massenbewegungen in Arons gesamtem Werk immer wieder aufscheinen. Weitsichtig bemerkt er schon 1936 am Ende seines Beitrags in *La crise sociale et les idéologies nationales*, dass der Nationalsozialismus „eine fast religiöse Feindschaft zwischen den Völkern wieder entfacht“ [136], da sich Deutschland in einer selbst gesetzten mythischen Einzigartigkeit sieht, der die mythische Feindseligkeit der anderen Nationen gegenüber steht. Dies drückt deutlich eine religiöse Deutung des nationalsozialistischen Terrorregimes aus.

Seit seinem 1944 in *La France Libre* erschienenen zweiteiligen Essay *L'avenir des religions séculières*[137] betrachtet Aron insbesondere den Marxismus und den Nationalsozialismus in ihrer religiösen Dimension.[138] In diesem Essay tritt der bei Aron weitaus häufigere Begriff „säkulare Religion“ an die Stelle des Begriffs „politische Religion“. Er setzt aber die durch den Begriff „politische Religion“ eingeschlagene Richtung der Interpretation der totalitären Massenbewegungen fort:

---

[134] E. Halévy, R. Aron, et al., La crise sociale et les idéologies nationales (Inventaires I), Paris 1936; deutsche Übersetzung unter dem Titel „Eine anti-proletarische Revolution. Ideologie und Wirklichkeit des Nationalsozialismus“ in: J. Stark [Hg.], Raymond Aron: Über Deutschland und den Nationalsozialismus, Opladen 1993, S. 167-185.

[135] Ebd., S. 175.

[136] Ebd., S. 185.

[137] R. Aron, L'avenir des religions séculières, in: La France Libre, XIII, 45 (1944), S. 210-217 (Teil 1) und in: La France Libre, XIII, 46 (1944), S. 269-277 (Teil 2); Neuausgabe in: R. Aron, Chroniques de guerre, Paris 1990, S. 925-948; zu Arons Begriff „säkulare Religion“ siehe u. a.: D. Bosshart, Politische Intellektualität und totalitäre Erfahrung, Berlin 1992, S. 118-126; F. Bédarida, Nationalsozialistische Verkündigung und säkulare Religion, in: M. Ley/J. H. Schoeps [Hg.], Der Nationalsozialismus als politische Religion, Bodenheim b. Mainz 1997, S. 153-167, bes. S. 154 f. und B. Gess, Die Totalitarismuskonzeption von Raymond Aron und Hannah Arendt, in: H. Maier [Hg.], ‚Totalitarismus‘ und ‚Politische Religionen‘, Bd. I, Paderborn u. a. 1996, S. 264-274, bes. S. 264-267. Brigitte Gess schlägt im Gegensatz zu Bosshart eine deutliche „Anlehnung [Arons] an die inhaltliche Bestimmung Eric Voegelins“ (ebd., S. 265, Fn. 4) vor.

[138] Eine aktuelle, ausführliche Untersuchung von „Nationalsozialismus und Stalinismus als historische Ausprägungen“ findet sich in: E. Jesse [Hg.], Totalitarismus im 20. Jahrhundert, Bonn 1996, S. 135-222.

> „Ich schlage vor, jene Doktrinen ‚säkulare Religionen' zu nennen, die in den Herzen unserer Zeitgenossen die Stelle des entschwundenen Glaubens einnehmen und die das Heil der Menschheit in Gestalt einer neu zu schaffenden sozialen Ordnung im Diesseits in ferner Zukunft ansetzen."[139]

Als eine der Ursachen für das Auftreten säkularer Religionen sieht Aron den Verfall des traditionellen religiösen Glaubens an. In der Folge dieses Verfalls werden frei gewordene religiöse Potentiale mit weltlichen Inhalten besetzt. Bezüglich des Marxismus stellt Aron fest, dass er sich durch seine stark rationale Orientierung auszeichnet, gewissermaßen eine *fides quaerens intellectum*[140] ist. Er bildet sogar, so Aron wörtlich, eine „sozialistische Eschatologie"[141] aus. Der Nationalsozialismus zeichnet sich dagegen durch seine Irrationalität aus.[142] Beide zeigen in unterschiedlicher Weise eine große Wirkung. Ein Grund für den Erfolg der säkularen Religionen ist nach Aron auch die zersplitterte geistige Einheit Europas in der Folge eines zunehmend schwächeren Christentums. In dieser Desorientierung geben die säkularen Religionen einen Ersatz für die verloren gegangene Gemeinschaft:

> „Nun gibt es aber auch einzelne Menschen unter Millionen, die Gefangene eines eintönigen Berufes sind und in der Menge der Städte verloren sind und die keine andere Beteiligung an einer spirituellen Gemeinschaft haben als die, die ihnen die säkularen Religionen bieten. Die Volksmassen, die den falschen Propheten begeistert zujubeln, verraten die Stärke der Sehnsüchte, die zu einem leeren Himmel emporsteigen."[143]

Gerade die gemeinschaftsbildende Kraft ist ein wichtiges Merkmal der säkularen Religionen. Sie machen sich in dieser Situation auch ein vorherrschendes Unbehagen vor dem wachsenden technischen Fortschritt und der wachsenden gegenseitigen Entfremdung der Menschen untereinander zu Nutze. Darüber hinaus stellen die säkularen Religionen ihrer Gemeinschaft ein Feindbild gegenüber, das als Verkörperung des Bösen alles umschließt, was nicht zur eigenen Gemeinschaft gehört. Aus diesem Grund nennt Aron die säkularen Religionen, insbesondere den Nationalsozialismus, durchaus zu Recht, „manichäisch"[144], da sie einen deutlichen Dualis-

---

139 „Je propose d'appeler ‹religions séculières› les doctrines qui prennent dans les âmes de nos contemporains la place de la foi évanouie et situent ici-bas, dans le lointain de l'avenir, sous la forme d'un ordre social à créer, le salut de l'humanité." (R. Aron, Chroniques de guerre, Paris 1990, S. 926; eigene Übersetzung des Zitats).

140 Siehe ebd., S. 928.

141 „eschatologie socialiste" (ebd., S. 927).

142 Nach ebd., S. 930-935, bes. S. 931-933.

143 „Or, il est des individus, par millions, prisonniers d'un métier monotone, perdus dans la multitude des villes, qui n'ont d'autre participation à une communauté spirituelle que celle que leur offrent les religions séculières. Les foules qui acclament furieusement les faux prophètes trahissent l'intensité des aspirations qui montent vers un ciel vide." (ebd., S. 937; eigene Übersetzung des Zitats).

mus zwischen Prinzipien des Guten und des Bösen postulieren. Dennoch ist nach Aron den säkularen Religionen keine dauerhafte Zukunft beschieden, da sie sich mit einer Erfüllung im Diesseits begnügen, die letztlich immer defizitär bleiben wird.[145] Die Gefahr, die von säkularen Religionen ausgeht, sieht Aron jedoch dadurch nicht gebannt.[146]

In *L'opium des intellectuels* taucht 1955 in Hinblick auf den Marxismus, den Aron in dieser Untersuchung eingehend behandelt, neben „säkulare Religion"[147] auch der Begriff „Religion von Intellektuellen"[148] auf. Der Titel *L'opium des intellectuels* erinnert polemisch an die Marxsche Sichtweise, dass die Religion „*Opium* des Volks"[149] sei. In Hinblick auf die Intellektuellen sieht Aron eine Parallele zur Religion im Marxismus. Bedingt durch die „Philosophie der Immanenz"[150] werden menschliche Dispositionen, die ansonsten ihre Ausprägung im religiösen Bereich gehabt hätten, politischen Zielen unterstellt. Insbesondere diesen Prozess machte sich der Marxismus zu Nutze, um seiner Ideologie besondere Wirkkraft zu geben. Dabei wird eine Epoche des Heils prophezeit, in diesem Fall die klassenlose Gesellschaft, die von einer erwählten Gruppe schon vorab erreicht werden kann. Die Partei spielt dabei die Rolle einer „Kirche": Sie umfasst die Auserwählten und trennt sie von den Nicht-Auserwählten, die zugleich Gegner sind und gewaltsam bekämpft werden müssen. Dabei stellt die Partei als Kirche auch Dogmen und eigene Wahrheiten auf.[151] Der Verlauf der Geschichte und der Geistesgeschichte wird allein auf die eigene Ideologie bezogen interpretiert. Aron fasst diese Entwicklung folgendermaßen zusammen:

> „Das ist eher die Psychologie einer Sekte als die einer Weltkirche. Ihr Anhänger ist überzeugt, zu der kleinen Zahl von Auserwählten zu gehören, auf deren Schultern das Heil aller ruht. Die Gläubigen, die gewohnt sind, dem Zickzack der Linie zu folgen und gelehrig die einander ablösenden und widerspruchsvollen Erklärungen nachzubeten (etwa die für den deutsch-russischen Pakt oder für das Komplott der Mörder in weißen Kitteln), werden gleichsam ‚neue Menschen'."[152]

---

144 „Et, comme toutes les religions séculières, il [le nazisme] est manichéen." (ebd., S. 932).

145 Nach ebd., S. 947.

146 Nach ebd., S. 946.

147 R. Aron, Opium für Intellektuelle, Köln 1957, S. 319; Orig.: ders., L'opium des intellectuels, Paris 1955, S. 274; in der deutschen Übersetzung steht hier „säkularisierte Religion" für „religion séculière".

148 Ebd., S. 334; Orig.: Ebd., S. 287: „Le communisme est la première religion d'intellectuels qui ait réussi."

149 K. Marx, Zur Kritik der Hegelschen Rechtsphilosophie (1844), in: ders./F. Engels, Werke, Bd. 1, Ost-Berlin 1958, S. 378.

150 R. Aron, Opium für Intellektuelle, Köln 1957, S. 330; Orig.: ders., L'opium des intellectuels, Paris 1955, S. 275.

151 Nach ebd., S. 322; Orig.: Ebd., S. 277.

Aron macht deutlich, dass hier eher von einer Sekte als von einer Kirche und höchstens von entfernt kirchenähnlichen Strukturen die Rede sein kann. Der bedingungslose Gehorsam gegenüber einer Lehre, der die Anhänger zu neuen Menschen verwandelt, und der Glaube an die eigene Auserwähltheit sind allerdings zwei Merkmale, die in das Konzept säkularer Religionen gehören. Auch die „Religion der Intellektuellen", der Marxismus, ist also eine säkulare Religion.

In vielen anderen Essays von Aron in der Zeit nach dem Zweiten Weltkrieg finden sich weitere Charakterisierungen von religiösen Zügen totalitärer Regime: 1951 fragt Aron in seinem „Vorwort" zu André Thérives *Essai sur les trahisons*[153], ob „religiöse oder ideologische Bindung der nationalen Bindung übergeordnet ist?"[154] Hier zeigt sich einerseits die Nähe der religiösen zur ideologischen Sphäre, die bei Aron trotz aller Unterscheidung stets durchscheint, andererseits wird durch die Überordnung der religiösen oder ideologischen Bindung über die nationale Bindung letztere gewissermaßen religiös überwölbt. Die eher politische, nationale Ebene wird sozusagen mit einem religiösen Charakter versehen. Die Gewaltregime des 20. Jahrhunderts sind nach Aron nicht in erster Linie modern zu nennen. Ihre Absicht ist eine andere, eher religiös zu nennende, da sie „einen neuen Menschen [...] schaffen" wollen, „der seine Herren anbeten und die Ukase der Staatsmacht als Dogmen ansehen soll."[155] Dieser fast schon prometheisch anmutende Charakter, den die ideologischen Massenbewegungen des 20. Jahrhunderts nach Aron haben, wird noch durch eine in Richtung der Nietzscheanischen Umwertung aller Werte gehende Nuance ergänzt:

> „In einer solchen Welt verkehren sich die Werte in ihr Gegenteil. Der Verrat ist nicht mehr die am gerechtesten verteilte Sache in der Welt. Ganz im Gegenteil, rar und erhaben wird er zur letzten Zuflucht der Freiheit."[156]

Hier scheint ein in ironische Worte gekleideter Aufruf Arons zum Abschütteln des Jochs der totalitären Gewaltregime des 20. Jahrhunderts auf:

---

152 Ebd., S. 324; Orig.: Ebd., S. 278: „Psychologie de secte plutôt que d'Eglise universelle. Le militant est convaincu d'appartenir au petit nombre des élus chargés du salut commun. Les fidèles, accoutumés à suivre les tournants de la ligne, à répéter docilement les interprétations, successives et contradictoires, du pacte germano-soviétique ou du complot des assassins en blouses blanches, deviennent d'une certaine façon, des ‹hommes nouveaux›."

153 A. Thérive, Essai sur les trahisons, Paris 1951; Arons „Vorwort" trägt in der deutschen Übersetzung den Titel „Über den Verrat" und findet sich in: J. Stark [Hg.], Raymond Aron: Über Deutschland und den Nationalsozialismus, Opladen 1993, S. 252-274.

154 Ebd., S. 266.

155 Ebd., S. 274.

156 Ebd.

Durch den Verrat, der in diesen Zeiten immer seltener wird, soll demokratische Freiheit wiedererlangt werden.

In einem weiteren Essay[157] bespricht Aron 1954 verschiedene Ansätze der Totalitarismustheorie. Dabei betrachtet Aron neben anderen Hannah Arendt, Léon Poliakov und Crane Brinton.[158] In Anlehnung an Arendt charakterisiert Aron den Totalitarismus wie folgt: Es lässt sich eine ausufernde Zunahme der Bürokratie, die Kompetenzkonflikte zur Folge hat, feststellen. Darüber hinaus liegt das Machtmonopol bei einer Partei, die stets eine Innendimension für einen kleinen Zirkel an Leuten und eine Außendimension mit starker Massenwirkung für das breite Volk aufweist und deren Macht letztlich auf einen Anführer hin kulminiert. Ferner wird eine Geheimpolizei zur obersten Gewalt im Staate. Dieses Polizeiregime geht eine Verbindung mit einer besessenen ideologischen Massenpropaganda und der Entwicklung einer „esoterischen Lehre" für einen kleinen Kreis von Leuten ein.[159] Dabei geht es nicht nur um die Ausarbeitung einer einfachen Lehre. Es müssen vielmehr „Forderungen nach ideologischer Orthodoxie"[160] durchgesetzt werden, wie sie totalitäre Regime auf den Höhepunkten ihrer revolutionären Phasen fordern. Als Folge entwikkelt sich der Terror der totalitären Regime immer weiter. Gerade diese Darstellung des Totalitarismus zeigt, wie eng bei Aron die Begriffe „Totalitarismus", „Ideologie" und eine meist nicht direkt angesprochene „religiöse Sphäre" miteinander verknüpft sind. Man kann den Eindruck gewinnen, Aron betrachtete das Phänomen der Gewaltregime des 20. Jahrhunderts in der Art eines „hermeneutischen Zirkels" von allen Seiten, um es dann zu charakterisieren, ohne dabei streng systematisch vorzugehen.

Revolutionäre Gesellschaften entwurzeln den Menschen aus seinen gewohnten Bindungen, wie Familie oder Beruf. Das Einzige, was nunmehr zählt, ist der Glaube an die Ziele der Lehre des totalitären Regimes, die am Ende einer historischen Entwicklung das Heil für den Einzelnen und die

---

157 Auszugsweise in: Commentaire 28/29 (1985); eine deutsche Übersetzung dieses Essays findet sich unter dem Titel „Das Wesen des Totalitarismus" in: J. Stark [Hg.], Raymond Aron: Über Deutschland und den Nationalsozialismus, Opladen 1993, S. 275-293.

158 H. Arendt, The Origins of Totalitarianism, New York 1951; dies., Ideologie und Terror, in: K. Piper [Hg.], Offener Horizont. Festschrift für Karl Jaspers, München 1953; L. Poliakov, Bréviaire de la Haine. Le IIIe Reich et les Juifs, Paris 1951 und C. Brinton, The Anatomy of Revolution, New York 1952.

159 Nach R. Aron, Das Wesen des Totalitarismus, in: J. Stark [Hg.], Raymond Aron: Über Deutschland und den Nationalsozialismus, Opladen 1993, S. 284; zu Gemeinsamkeiten und Unterschieden in Raymond Arons und Hannah Arendts Totalitarismustheorien siehe: B. Gess, Die Totalitarismuskonzeption von Raymond Aron und Hannah Arendt, in: H. Maier [Hg.], ‚Totalitarismus' und ‚Politische Religionen', Bd. I, Paderborn u. a. 1996, S. 264-274, bes. S. 271 f.

160 R. Aron, Das Wesen des Totalitarismus, in: J. Stark [Hg.], Raymond Aron: Über Deutschland und den Nationalsozialismus, Opladen 1993, S. 284.

Gemeinschaft, die schicksalhaft zusammengeschlossen ist, bringen. Dieser Prozess, so Aron im Anschluss an Arendt, läuft zwangsläufig nach eigenen Gesetzen ab, ohne aus der Willkür eines einzelnen Menschen zu folgen.[161]

In einem Vergleich der Entwicklung der kommunistischen Herrschaft und des ihr vorausgegangenen Zarismus misst Aron der revolutionären Ideologie als säkularer Religion dieselbe Rolle zu wie der orthodoxen Religion im Zarismus. In dieser historisch nicht ganz unproblematischen Parallelführung von säkularer Religion und orthodoxer Religion zeigt Aron, dass seiner Meinung nach religiöse Lehren politische Strukturen stützen und sie sogar zu ihrer vollen Wirkung bringen können.[162] Aron sieht also eine Sakralisation[163] der Macht zum Zwecke der Etablierung des herrschenden Systems:

> „Die revolutionäre Ideologie – die säkulare Religion – beginnt zugunsten des Generalsekretärs der Partei dieselbe Rolle zu spielen, wie die orthodoxe Religion zugunsten der Zaren. Der Cäsaro-Papismus ersteht neu und der Interpret der Geschichte wird zum Papst-Kaiser."[164]

Die Deutung des Wesens des Totalitarismus bleibt, wie Arons Überlegungen hier zeigen, vielschichtig, genauso wie seine Quellen und Voraussetzungen vielschichtig sind. Deshalb soll keine Deutungsweise des Totalitarismus von vornherein ausgeschlossen werden.

In einem 1979 erschienenen Artikel, der in der deutschen Übersetzung den Titel „Gibt es ein Nazi-Rätsel?"[165] trägt, schreibt Aron, dass Hitler den Glauben hatte, durch die Reinigung der germanischen Rasse ein Imperium der arischen Rasse aufzubauen, das zuerst über Europa und schließlich über die ganze Welt herrschen soll. Jede Kultur, Geschichte und Religion, insbesondere das Christentum, würden dabei verschwinden. Generell sieht Aron einen Kampf zwischen den „säkularen Religionen" des Marxismus und des Nationalsozialismus: Während die erste „überra-

---

161 Nach ebd., S. 290 f.

162 Nach ebd., S. 291.

163 Zur Sakralisierung der Politik siehe: E. Gentile, Il culto del littorio. La sacralizzazione della politica nell'Italia fascista (= Biblioteca Universale Laterza, 406), Roma/Bari ^{6}1998 (^{1}1993). Gentile stellt in seiner Studie die Entwicklung des italienischen Faschismus als politische Religion dar. Der Faschismus ist für Gentile die erste moderne politische Bewegung, die sich als Religion präsentierte. Siehe dazu auch E. Gentile, Die Sakralisierung der Politik, in: H. Maier [Hg.], Wege in die Gewalt. Die modernen politischen Religionen, Frankfurt a. M. 2000, S. 166-182.

164 R. Aron, Das Wesen des Totalitarismus, in: J. Stark [Hg.], Raymond Aron: Über Deutschland und den Nationalsozialismus, Opladen 1993, S. 291.

165 R. Aron, Gibt es ein Nazi-Rätsel?, in: J. Stark [Hg.], Raymond Aron: Über Deutschland und den Nationalsozialismus, Opladen 1993, S. 294-320; frz. Original in: Commentaire 7 (1979).

tionalistisch" ist, ist die zweite „grundsätzlich irrational" und „eine Antwort auf die erste".[166]

Daraufhin stellt Aron unter Rückgriff auf seinen 1944 in *La France Libre* erschienenen zweiteiligen Essay *L'avenir des religions séculières*[167] noch einmal resümierend dar, was für ihn „säkulare Religionen" ausmachen: Sie nehmen zunächst die Stelle des Glaubens im Inneren des einzelnen Menschen ein, dann setzen sie das Heil der Menschheit in dieser Welt am Ende einer fernen Zukunft in Form einer gesellschaftlichen Um- und Neuordnung fest. Ferner setzt die säkulare Religion als Heilsreligion die höchsten Werte fest, die „in einer missionarischen Partei verkörpert" sind. In den Parteien herrscht ein „vorbehaltloser Machiavellismus" vor: Alles ist gut, was den Führern der eigenen Partei nutzt. Säkulare Religionen deuten den gesamten Lauf der Geschichte zu ihren Gunsten und auf sich selbst hingeordnet. Wahrheiten werden verkündet und „durch die Tat" bewiesen. Dabei hat Aron insbesondere den Nationalsozialismus und den Marxismus im Blick.[168]

In einer 1939 in einer Sitzung der *Société française de philosophie* geführten Diskussion, an der neben Raymond Aron auch Jacques Maritain und andere teilgenommen haben, schließt Aron laut Protokoll[169] mit den Worten:

> „Die Krise scheint mir unendlich viel tiefer zu sein; [...] ich wollte zeigen, dass es zu einfach ist, sich gegenüber den totalitären Regime[sic; -n] auf unsterbliche Prinzipien zu berufen. Die Prinzipien gelten nichts, wenn sie nicht durch Leben und den Glauben beseelt werden. Es gilt heute, ihnen das Leben zurückzugeben."[170]

Arons Äußerung könnte darauf hinweisen, dass die totalitären Regime „unsterbliche Prinzipien" in einer lebendigen und glaubwürdigen Weise vorspiegeln, so dass wahre „unsterbliche Prinzipien", wie die des Christentums, erst wieder revitalisiert werden müssen, um gegen den Totalitarismus etwas ausrichten zu können. Dies macht abschließend deutlich, wie stark Aron die religiöse Wirkung der totalitären Regime einschätzt.

Insgesamt kann man die Entwicklungsstufen von Arons Konzept der politischen beziehungsweise säkularen Religionen wie folgt zusammenfas-

---

[166] Nach R. Aron, Gibt es ein Nazi-Rätsel?, in: J. Stark [Hg.], Raymond Aron: Über Deutschland und den Nationalsozialismus, Opladen 1993, S. 300.

[167] Neuauflage in: R. Aron, Chroniques de guerre, Paris 1990, S. 925-948.

[168] Nach R. Aron, Gibt es ein Nazi-Rätsel?, in: J. Stark [Hg.], Raymond Aron: Über Deutschland und den Nationalsozialismus, Opladen 1993, S. 300 f. (wörtl. Zitate ebd., S. 301).

[169] Protokoll der Sitzung vom 17.6.1939, in: Bulletin de la Société française de philosophie, April-Mai 1946; deutsch unter dem Titel „Demokratische Staaten und totalitäre Staaten" in: J. Stark [Hg.], Raymond Aron: Über Deutschland und den Nationalsozialismus, Opladen 1993, S. 209-241.

[170] Ebd., S. 241.

sen: Schon 1936 deutete Aron an, dass er, hier im Falle des deutschen Nationalsozialismus, religiöse Züge an totalitären Regimen erkenne. Drei Jahre später, 1939, spricht er in seiner Rezension von Halévys *L'ère des tyrannies* explizit von „politischen Religionen". 1941 erwähnt er erneut den Begriff „politische Religionen" als Charakterisierung der Erscheinungen totalitärer Massenbewegungen. Später, ab 1944, spricht Aron allerdings von „säkularen Religionen", diesen Begriff behält er bei und greift ihn auch lange nach dem Zweiten Weltkrieg, beispielsweise 1979, in verschiedenen Essays auf.

Folgende Charakteristika machen bei Raymond Aron eine politische beziehungsweise säkulare Religion aus: Zunächst wird die Lehre, der Inhalt des eigenen Systems, der eigenen Ideologie, dogmatisiert und damit in feste Glaubenssätze, die Wahrheit beanspruchen, umformuliert. Politische/säkulare Religionen stellen eine eigene Werteskala auf, die politische Handlungen rechtfertigen will und die oft zur Verabsolutierung innerweltlicher Größen tendiert. Dabei verkörpert und trägt eine Partei, deren Macht in einer „allmächtigen", prophetischen Führerperson kulminiert, diese Werte, die meist alles gutheißen, was der Partei und dem Führer nützt. Das System konstruiert ferner einen Feind, der alles verkörpert, was der eigenen, guten Lehre gegenübersteht. Es muss vernichtet werden, um das von der Partei prophezeite Heil zu erreichen. Politisch/säkulare Religionen äffen die heilsvermittelnde Religion nach und überwölben die politische Sphäre mit religiösem Charakter, indem sie an die Stelle des persönlichen religiösen Glaubens des Einzelnen treten und einen Heilszustand der Menschheit nach einer Apokalypse am Ende der Zeiten prophezeien, die nur durch radikale Neuordnung erreicht werden kann. Diese Neuordnung muss durch striktes Befolgen der Lehren der politischen/säkularen Religion erfolgen, die über ideologische Bindungen weit hinaus gehen: Sie erzeugen eine noch größere Tiefendimension als die Ideologien und stützen das herrschende totalitäre System. Die politischen/säkularen Religionen sprechen auch die Psyche der Menschen an, sie machen sich religiöse Potentiale zu Nutze, die sich nicht mehr in den sich auflösenden Bahnen einer traditionellen Religion bewegen. Ein weiteres Charakteristikum politischer/säkularer Religionen ist das Entwurzeln der Menschen aus gewohnten Gemeinschaften, wie der Familie, und das Zusammenfassen der Menschen zu neuen Gemeinschaften. Dabei machen sich politische/säkulare Religionen eine von ihnen entwickelte Massenpropaganda zu Nutze, der auf der anderen Seite eine Geheimlehre für einen engen Zirkel von Leuten entgegensteht. Diese Lehren halten die Gruppe, der sie jeweils zugedacht sind, mit fast spiritueller Macht zusammen. Schließlich deuten politische/säkulare Religionen den gesamten Lauf der Geschichte, was war, ist und kommen wird, zu ihren eigenen Gunsten. Einzig eine Revitalisierung traditioneller religiöser Werte und Anschauungen kann die Vorläufigkeit der Werte politischer/säkularer Religionen aufdecken.[171]

Eher problematisch an Arons Konzept ist die Tatsache, dass Aron religionshistorisch nicht genau herausarbeitet, dass die politischen/säkularen Religionen typisch für die Länder Europas sind, die einen Bruch der öffentlichen Kultur mit dem Christentum erleben, dass also die politischen Religionen, wie Voegelin zurecht feststellt, ein in Europa entstandenes „Wertvakuum" zu füllen beanspruchen. Auch religionsphilosophisch und letztlich auch religionsphänomenologisch greift Aron zu kurz: Er hat, so Harald Seubert, keinen genauen Begriff von Religion, Glaube oder Kirche, sondern folgt in seiner religiösen Deutung der totalitären Gewaltregime eher einem intuitiven und im Grunde wenig differenzierten Religionsbegriff.[172]

Marie-Joseph Le Guillou stimmt in seiner Analyse der Ideologien Aron zwar insoweit zu, als sie bestimmte Kultformen aufweisen und gerade im Marxismus-Leninismus kirchenähnliche Strukturen festzustellen sind. Jedoch lehnt Le Guillou letztlich den Begriff „säkulare Religion" ab, da die Anhänger einer Ideologie, obwohl sie eine unübersehbare Nähe zur Religion aufweist, diese nicht als Religion ansehen.[173]

Trotz dieser nicht ganz unberechtigten Kritik darf die wichtige deskriptive und analytische Leistung von Arons Konzept der politischen/säkularen Religionen nicht unterschätzt werden. War es doch gerade in der Zeit von 1930 bis 1940 dringend notwendig, die Phänomene und Symptome totalitärer Gewaltherrschaften aufzudecken – eine Aufgabe, die leider in letzter Konsequenz wirkungslos blieb und keiner breiten Bevölkerungsschicht die Augen öffnen konnte.

3. *Lucie Varga*

Die Genese des Begriffs der *politischen Religionen* ist zunächst und vor allem verbunden mit dem Namen Eric Voegelin. Eine Erst-Ausgabe der gleichlautenden Schrift aus dem Jahre 1938 findet sich in der zufällig erhalten gebliebenen Bibliothek[174] einer bis heute weitgehend unbekannten Historikerin aus der Schule Marc Blochs. Lucie Varga konnte sich bei der Lek-

---

171 Zu Arons „säkularen Religionen" siehe auch: D. Bosshart, Politische Intellektualität und totalitäre Erfahrung, Berlin 1992, bes. S. 118-124 u. 126.

172 Zur religionshistorischen, -phänomenologischen und -philosophischen Kritik an Arons Konzept der politischen/säkularen Religionen siehe: H. Seubert, Erinnerungen an den ‚Engagierten Beobachter' in veränderter Zeit, in: H. Maier/M. Schäfer [Hg.], ‚Totalitarismus' und ‚Politische Religionen', Bd. II, Paderborn u. a. 1997, S. 332-334.

173 Siehe M.-J. Le Guillou, Das Mysterium des Vaters, Einsiedeln 1974, S. 178 u. 180 f.

174 Hierzu: P. Schöttler, Das Konzept der Politischen Religionen bei Lucie Varga und Franz Borkenau , in: M. Ley/J.H. Schoeps (Hg.), Der Nationalsozialismus als Politische Religion, Bodenheim 1997, S. 186-205.

türe der Voegelinschen Arbeit bestätigt finden. Hatte Sie doch bereits im Jahre 1937 in Aufsätzen in den von Marc Bloch und Lucien Febvre herausgegebenen *Annales d'histoire économique et sociale* den Nationalsozialismus als eine ebensolche politische Religion charakterisiert[175].

„Ganz in der Nähe ist eine Welt zu Ende gegangen. Eine neue Welt entsteht mit bisher unbekannten Konturen"[176] – so beginnt ihr Beitrag über die Entstehung des Nationalsozialismus, der im Herbst 1937 in den *Annales* erscheint. Sie überprüft darin zunächst die ‚alten' bekannten Interpretamenta und kommt zu dem Schluss, dass sie die Faszinationskraft des Nationalsozialismus letztlich nicht erklären können: „Die alten Schlüssel passen nicht auf die neuen Schlösser"[177]. Auf der Basis einer soziologischen Analyse der Anhängerschaft der Nazis in Deutschland kommt sie zu dem Schluss, dass weder soziales Elend noch ein wie auch immer geartetes Klassenbewusstsein das zentrale Motiv der NS-Anhänger bilden. Dieses sieht sie vielmehr in der Verteidigung und Wiederherstellung der „sozialen Ehre"[178]. Dieser Begriff steht für die Mobilisierungskraft der Hitler-Bewegung, die eben nicht durch ein Programm, ein Bündel von Ideen rekrutiert, sondern eine „Erlebnisgruppe" darstellt – Varga verwendet in ihrem französischen Text explizit diesen deutschen Begriff.

Das gemeinsame Erlebnis[179], das Opfer für die Gruppe, gibt dem Leben der Mitglieder einen neuen Sinn und der Bewegung ihre revolutionäre Dynamik:

> „Revolution, das heißt alles vereinfachen und überall Dualismen durchsetzen: Freund oder Feind, Kampfgenosse oder Kampfgegner [...] Darüber erhebt sich ein blinder, fanatischer Glaube an den Führer und die Lehre, eine totale Aufopferung"[180].

Es ist das Phänomen des Widerstandes gegen den Nationalsozialismus, an dem Varga ihre These erprobt und zuspitzt. An erster Stelle nennt sie dabei die Angehörigen der beiden großen christlichen Konfessionen. Sie analysiert den Gegensatz zwischen Deutschen Christen und Bekennender Kirche, um schließlich festzustellen:

---

175 Die entsprechenden Beiträge der Annales finden sich jetzt in: Lucie Varga, Zeitenwende. Mentalitätshistorische Studien 1934-1939, Übersetzt und herausgegeben von P. Schöttler, Frankfurt/M. 1991.

176 L. Varga, Zeitenwende, S. 115.

177 Ebd.

178 Der Begriff hatte soeben im Kontext des „Parteitages der Ehre" in Nürnberg eine Rolle gespielt. Wenig später erschien aus der Feder Robert Leys ein Buch mit dem Titel „Durchbruch der sozialen Ehre". Vgl. hierzu: P. Schöttler, Konzept, S. 190.

179 Vgl. L. Varga, Zeitenwende, S. 123: „Man opfert sich und weiht sich der neuen Lehre, welche die bereits Eingeweihten in einem Ausmaß überzeugt, das sich nicht allein durch Logik, Symbole, Mythen oder Heilige Bücher erklären läßt."

180 Ebd., S. 121.

> „Sie alle und auch die Mitglieder zahlreicher Sekten in ganz Deutschland stehen vor dem gleichen Problem: der totalitären politischen Religion des Nationalsozialismus eine göttliche totalitäre Religion entgegenzusetzen"[181].

Hier fühlt man sich in frappierender Weise an Voegelins Kontrastierung von *innerweltlicher* und *überweltlicher* Religion erinnert. Doch unterscheidet sich Varga von Voegelin dadurch, dass ihre Begrifflichkeit nicht auf eine universalhistorische Theorie abzielt, sondern bewusst an anthropologische und soziologische Fakten gebunden bleibt[182].

In einer Rezension aus demselben Jahr stellt sie ihre exakte Kenntnis der religionssoziologischen Verhältnisse in NS-Deutschland erneut unter Beweis:

> „Allerdings muß man sehen, daß die Gegner des Katholizismus und Protestantismus im heutigen Deutschland nicht so sehr das ‚Neuheidentum' und der damit verbundene religiöse Dilettantismus sind – ein Phänomen, das außerhalb einiger halbintellektueller Kreise keinerlei Bedeutung hat –, sondern der Nationalsozialismus selbst, also eine politische Religion, die an die Stelle der göttlichen tritt, mit seinem *E vangelium der Gewalt*".

Lucie Vargas Kennzeichnung des Nationalsozialismus als einer politischen Religion kann sich in ihrer Bedeutung – zumal wenn man diese an der Rezeptionsgeschichte misst – nicht mit Voegelins Schrift von 1938 vergleichen. Nichtsdestotrotz kann sie mit einigem Recht für sich in Anspruch nehmen, eine Terminologie in die Diskussion eingeführt zu haben, die sich als wesentliches Element einer umfassenden Interpretation des Phänomens erwiesen hat. Es ist dabei gerade die Stärke ihres Ansatzes, dass er nicht bei der Ideengeschichte ansetzt, sondern großen Wert auf die religionsgeschichtliche, anthropologische und soziale Datenbasis und Methodik legt. In diesem Sinne kann sie auch heute noch als wegweisend gelten.

4. Literarische Deutungen: Franz Werfel und Hermann Broch

Franz Werfel setzt sich in seinem literarischen Werk weitgehend seinem Gefühl folgend mit Religion und Zeitgeist auseinander, wobei er sich letztlich „zwischen allen Stühlen wiederfand"[183] und damit beredtes Zeugnis der geistigen Aporie der dreißiger und vierziger Jahre gab. Er zeigt

[181] Ebd., S. 133.

[182] Zur Methodik von Lucie Varga vgl. P Schöttler, Konzept, S. 192.

[183] Siehe das Kapitel „Werfel und die Religion" im Katalog zur Ausstellung „Franz Werfel zwischen Prag und Wien": Adalbert Stifter Verein [Hg.], Franz Werfel zwischen Prag und Wien, Benediktbeuren 1990 (^{2}1994), S. 59-64 (Zitat S. 59). Siehe auch die Biographien P. St. Jungk, Franz Werfel. Eine Lebensgeschichte, Frankfurt a. M. 1987, L. B. Foltin, Franz Werfel, Stuttgart 1972 und N. Abels, Franz Werfel, Reinbek b. Hamburg 1990.

1944 bereits im Titel eines seiner Bücher, dass es nicht so sehr um eine Entscheidung „zwischen rechts und links, sondern zwischen oben und unten“ [184] geht, das heißt, dass die entscheidende Frage nicht die nach Sozialismus oder Nationalismus ist, sondern die nach Gottglauben oder Nihilismus. Ferner stieß in den dreißiger Jahren auch die Feststellung auf Ablehnung, „daß Sozialismus und Nationalismus politische Ersatzreligionen seien, welche Analyse damals bei weitem noch nicht so abgedroschen war wie heute.“ [185] Doch auch nach 1945 ist bis heute vielen der Gedanke, dass die Triebkräfte der totalitären Regime des 20. Jahrhunderts, Sozialismus und Nationalismus, als „politische Ersatzreligionen“ erschienen, nicht geläufig. Etwa zur gleichen Zeit nennt Werfel den Nationalismus und den Sozialismus auch die „großen modernen Häresien“, die, zusammen mit dem Antisemitismus, „eine Form des Widerstandes gegen Christus“ [186] sind. Ferner sind die „politischen Ideologien“ bei aller feindlicher Unterschiedenheit im „antimetaphysischen Punkt einander“ gleich.[187]

In seiner am 5.3.1932 in Wien gehaltenen Rede „Können wir ohne Gottesglauben leben?“ spricht Werfel, der auf Drängen seiner späteren Frau Alma Mahler-Gropius 1929 aus der jüdischen Gemeinde ausgetreten ist, aber nicht konvertierte, über die schwierige Situation, in der sich die Religion – weniger eine bestimmte Konfession oder die Kirche – in seiner Zeit befindet: „ich [werde] nicht von geformter Religion sprechen [...], nicht von positiven Kirchen und Bekenntnissen, sondern von dem ungefaßten Strom der Metaphysik, der auch heute wie eh und je die menschlichen Seelen durchdringt.“ [188] Werfel entwirft in diesem Vortrag zunächst das Bild eines Durchschnittsmenschen in einer Großstadt, der einen Beruf von mittlerer Bedeutung hat und mittleren Alters ist. Bis auf die Berührung mit der Kirche während seiner Kindheit und Jugend hat er keine besondere Beziehung zur Religion und zum Transzendenten. Seine Suche nach dem Sinn und nach Gott endet schon früh, bedingt durch die kalten und nüchternen Erkenntnisse der fortschreitenden Wissenschaft. Das Einzige was unserem Durchschnittsmenschen neben seinen Sorgen noch

---

184 Vorrede Franz Werfels zu: Fr. Werfel, Zwischen oben und unten, Stockholm 1946, S. 13. „Zwischen oben und unten“ erschien unter „Between Heaven and Earth“ bereits 1944 in den USA.

185 Ebd., auch in seiner Rede „Von der reinsten Glückseligkeit des Menschen“ spricht Werfel von „politischen Ersatzreligionen“ (Fr. Werfel, Von der reinsten Glückseligkeit des Menschen, in: ders., Zwischen oben und unten, Stockholm 1946, S. 163).

186 Fr. Werfel, Theologumena, in: ders., Zwischen oben und unten, Stockholm 1946, S. 285; siehe auch ebd., S. 349 f. u. 369.

187 Fr. Werfel, Von der reinsten Glückseligkeit des Menschen, in: ders., Zwischen oben und unten, Stockholm 1946, S. 182.

188 Fr. Werfel, Können wir ohne Gottesglauben leben? in: ders., Zwischen oben und unten, Stockholm 1946, S. 69 (auch: Fr. Werfel, Können wir ohne Gottesglauben leben?, Berlin u. a. 1932).

bleibt, ist sein Ich. Jedoch wird auch das Ich einer großen Gefahr ausgesetzt: dem Nichts. Diese Gefahr spiegelt sich in den Gedanken des Durchschnittsmenschen wider:

> „Erst war ich Nichts, dann bekam ich ein lustbedürftiges und schmerzempfindliches Etwas, nur damit es mir genommen werde. Und am Ende werde ich nicht nur wieder Nichts, sondern ein verschärftes Nichts, ein Nichts weniger mein Ich."[189]

Geprägt durch das schreckliche Erlebnis des Ersten Weltkrieges ist dieser Mensch von einer tiefen Todesangst, der Angst, vom absoluten Nichts verschlungen zu werden, gepeinigt. So dient Werfel die Darstellung dieses Menschen „als menschgewordenes Symbol für die Darstellung jenes alldurchdringenden modernen Bewußtseinszustandes, den ich [Werfel] *Naturalistischer Nihilismus* nennen will."[190] Der naturalistische Nihilismus, dessen Ursprünge in Geschichte, Wirtschaft und Psychologie Werfel in der Rede „Realismus und Innerlichkeit"[191] bereits 1930 darstellte, ist die Entfremdung des Menschen von seinem Wesen, das im Transzendenten wurzelt.[192] Auch in den „Theologumena" [193] (1942-1944) finden sich vornehmlich im Abschnitt „Eine Engelsbrücke für Agnostiker" Gedanken über den naturalistischen Nihilismus.[194] Aufgrund dieser nihilistischen Entfremdung von Gott besteht für den Menschen keine Möglichkeit mehr, „sich durch Erkenntnis oder Erfühlnis einem höheren Weltsinn anzunähern"[195]. Insbesondere die Entzauberung der Welt durch die Naturwissenschaft hat dazu einen wesentlichen Beitrag geleistet: „Der von Teleskop und Mikroskop geblendete Menschengeist wurde für einige Zeit gottblind, [...]" [196]. Einen kritischen Blick auf den Zeitgeist wirft Werfel

---

[189] Fr. Werfel, Können wir ohne Gottesglauben leben? in: ders., Zwischen oben und unten, Stockholm 1946, S. 79.

[190] Ebd., S. 80.

[191] Fr. Werfel, Realismus und Innerlichkeit, in: ders., Zwischen oben und unten, Stockholm 1946, bes. S. 44-49 (auch: Fr. Werfel, Realismus und Innerlichkeit, Berlin u. a. 1931).

[192] Bezeichnend für den Nihilismus der zwanziger und dreißiger Jahre des 20. Jahrhunderts ist auch der Machtkampf verschiedener Richtungen gottloser Freidenkerbewegungen in Europa und der Welt. Siehe dazu drei Beiträge von Anton Koch in den „Stimmen der Zeit" aus dem Jahre 1932: A. Koch, Bund der kämpfenden Gottlosen, in: Stimmen der Zeit, 62 (4/1932), S. 217-233; ders., Weltkampfbünde gegen Gott und Kirche, in: Stimmen der Zeit, 62 (5/1932), S. 289-295 und ders., Die Gottlosenpropaganda in Deutschland, in: Stimmen der Zeit, 62 (6/1932), S. 378-388.

[193] Fr. Werfel, Theologumena, in: ders., Zwischen oben und unten, Stockholm 1946, S. 200-369.

[194] Ebd., S. 225-228, 330 u. 357 f.

[195] Fr. Werfel, Können wir ohne Gottesglauben leben? in: ders., Zwischen oben und unten, Stockholm 1946, S. 81.

[196] Ebd., S. 83.

1937 in seiner Rede „Von der reinsten Glückseligkeit des Menschen" [197]: „Wenn jemals eine Zeit den Beinamen ‚die prometheische' verdient hat, so ist es die unsere." [198]

Werfels Durchschnittsmensch hat zwei Söhne, die sich mit dem durch Nichts und Leere bedrohten Ich keinesfalls zufriedengeben wollen. Sie streben zum „Anschluß an eine höhere Ordnung, an eine Überordnung, an eine Autorität, der sie sich leidenschaftlich unterwerfen, für die sie gegebenenfalls ihr Leben opfern werden." [199] Mit diesen Ordnungen sind die politischen Massenbewegungen des Nationalsozialismus und des Kommunismus gemeint. Beide sind für Werfel „radikale Glaubensarten", die die Menschen, insbesondere die Jugend, in ihren Bann ziehen. Das leere Ich soll mit diesen neuen „Glaubensarten" gefüllt werden. Es erhält damit einen neuen, wenn auch zweifelhaften, Sinn, für den es sich sogar zu sterben lohnt. „Jeder aber", so Werfel 1944 an anderer Stelle, „bedarf der Rück-Verbindung, der re-ligio zu einem großen Ganzen. Die meisten nehmen die Ersatzreligionen, die ihnen der nihilistische Zeitgeist bietet, ebenso gedankenlos an, wie sie vordem die echte Religion angenommen haben." [200] Werfel nennt die nihilistisch-naturalistischen Glaubensformen bereits 1932 in „Können wir ohne Gottesglauben leben?" „Ersatz-Religion" oder „Religions-Ersatz", da sie an die Stelle der traditionellen Religionen treten:

> „Unsere Zeit bietet den jungen Leuten zwei radikale Glaubensarten an. Sie ahnen, daß der eine Sohn unseres Straßenmannes Kommunist ist und der andere Nationalsozialist. Der naturalistische Nihilismus spaltet sich gleichsam in zwei Äste. Die Jugend tut den Schritt vom hilflosen Ich fort. Kommunismus und Nationalsozialismus sind primitive Stufen der Ich-Überwindung. Sie sind Ersatz-Religionen oder, wenn Sie wollen, Religions-Ersatz." [201]

Werfel sieht den Kommunismus und den Nationalismus, eine der entscheidenden Triebkräfte des Nationalsozialismus, als wichtigste Ersatzreligionen an. Dabei werden Parallelen zum späteren Konzept politischer/säkularer Religion bei Raymond Aron deutlich, beispielsweise in der Feststellung der Dogmatisierung der kommunistischen Lehre oder der quasi-eschatologischen Vorstellung von einer klassenlosen Gesellschaft, zu der die heilbringende Lehre des Kommunismus führen wird.[202] Anders als

---

197 Fr. Werfel, Von der reinsten Glückseligkeit des Menschen, in: ders. Zwischen oben und unten, Stockholm 1946, S. 151-195.

198 Ebd., S. 185.

199 Fr. Werfel, Können wir ohne Gottesglauben leben? in: ders., Zwischen oben und unten, Stockholm 1946, S. 84.

200 Werfels Vorrede zu Fr. Werfel, Zwischen oben und unten, Stockholm 1946, S. 14.

201 Fr. Werfel, Können wir ohne Gottesglauben leben? in: ders., Zwischen oben und unten, Stockholm 1946, S. 85.

202 Nach ebd., S. 85-88; parallel dazu: R. Aron, L'avenir des religions séculières, in: ders., Chroniques de guerre, Paris 1990, S. 927-929.

Aron sieht Werfel den Sozialismus kommunistischer Prägung nicht als eine *fides quearens intellectum* an, sondern als einen Glauben, der von seinen Anhängern das *credo, quia absurdum* fordert und Züge einer Erlösungslehre trägt:

> „So groß auch die Portion des ‚Credo quia absurdum' sein mag, die hier dem Gläubigen zugemutet wird, es läßt sich nicht leugnen, von dieser letzten Lehre geht etwas Wundersames und Bestechendes aus. Uralte Klänge, messianische, apostolische Gewißheit des nahen Gottesreiches tönen aus der Tiefe der Geschichte mit, die Vorstellung vom wiedergewonnenen Paradies, wo Löwe und Lamm friedlich nebeneinander weiden." [203]

Hier fasst Werfel recht deutlich den religiösen Charakter, den für ihn der Kommunismus trägt, zusammen. Gerade die biblisch anmutende Metapher von „Löwe und Lamm" zeigt deutlich den utopisch-messianistischen Charakter der vom Kommunismus gelehrten klassenlosen Gesellschaft. Auch in der Kollektivierung des Eigentums im Kommunismus sieht Werfel eine religiöse Qualität: „Der Kommunismus hat seinen Ursprung nicht nur in dem Neide von Gruppen und Massen, die sich um ihren Lebensanspruch betrogen fühlen, sondern nicht minder in einer religiösen Reaktion dieses schlechten Gewissens, dem Jesus Christus einst die Worte verlieh: ‚Gib all dein Gut den Armen und folge mir nach.'" [204] Ferner: „‚Entäußere dich deines Eigentums, ja deines Ichs.' Das ist die heilig paradoxe Forderung der Religion, die den Menschen aus der Scheinpersönlichkeit der metaphorischen Welt zur echten Wirklichkeit Gottes führen will. Enteigne die Persönlichkeit, ruft der Kommunismus, und führe ihr Kapital einer unpersönlichen Gewalt zu, der Gesellschaft."[205]

Anders verhält es sich beim Nationalsozialismus: Er baut im Wesentlichen nicht auf einer Lehre, die von wissenschaftlichen Grundsätzen gespeist wird, auf, sondern auf dem Nationalismus als treibender Kraft. Das Argumentieren meidet er, wohingegen er seine Botschaften gern in Form eines Orakels wiedergibt.[206] Durch die simplen Affekte, die der Nationalismus anspricht, kann prinzipiell jeder Mensch angezogen werden, je nachdem welcher Nation er angehört. Dabei hat der Nationalismus auch eine stark separierende Kraft, da er jeden ausschließt, der nicht die jeweils eigene Nationalität trägt:

> „Der Nationalismus hat es sehr leicht, als Religionsersatz zu dienen. Er ist ein ziemlich kostenloser Affekt, denn das Verdienst, einer Nation anzugehören,

---

[203] Fr. Werfel, Können wir ohne Gottesglauben leben? in: ders., Zwischen oben und unten, Stockholm 1946, S. 88 f.

[204] Fr. Werfel, Theologumena, in: ders., Zwischen oben und unten, Stockholm 1946, S. 235 f.

[205] Ebd., S. 236.

[206] Nach Fr. Werfel, Können wir ohne Gottesglauben leben? in: ders., Zwischen oben und unten, Stockholm 1946, S. 97.

hängt nur von der Leistung des Geborenwerdens ab. Wenn einer schon gar nichts ist, so ist er zumindest irgendwohin zuständig. Der Nationalismus macht die biologische Zuständigkeit zum moralischen Wert. Er verleiht dem Individuum taxfrei die Tapferkeitsmedaille für alle historischen Siege und Großtaten seines Volkes. Er läßt ferner dem jungen Menschen das ekstatische Erlebnis zuteil werden, sein Ich einem höheren Wesen, einer edleren Überordnung gläubig einzugliedern."[207]

Beiden „religionssurrogierende[n] Glaubensarten"[208], Kommunismus und Nationalsozialismus, ist bei aller Verschiedenheit außer dem Charakter des Glaubens beziehungsweise der Gläubigkeit noch Eines gleich: Ihr gemeinsamer Ursprung aus dem Nihilismus, der das Ich entwertet, indem er es dem Nichts aussetzt, von dem es letztlich verschlungen wird.[209] Eine Thematik, die besonders die existenzialistische Philosophie des 20. Jahrhunderts aufnimmt. Die durch das absolute Nichts entstehende Leere und Abwesenheit von Werten versuchen nun neue Heilslehren zu füllen, eben der Kommunismus und der vom Nationalismus gespeiste Nationalsozialismus. Sie fungieren als Religionsersatz, der die eigentliche Sinngebung durch die traditionellen Religionen, die ebenfalls vom Nihilismus hinweggerafft wurden, ersetzt. Kommunismus und Nationalismus sind also Surrogate der Religion und stellen keine eigentlichen Religionen dar.[210] Angesichts des Nichts, das das Dasein umgibt, können sie von ihren Anhängern eine unbedingte Opferbereitschaft fordern. Damit gehen sie über ihren politischen Charakter hinaus:

> „Wir haben mithin dargetan, daß die beiden größten Bewegungen der Gegenwart, Kommunismus und Nationalismus, antireligiöse, jedoch religionssurrogierende Glaubensarten sind und keineswegs nur politische Ideale. Sie sind echte Kinder der nihilistischen Epoche und deshalb auch nicht weit vom Stamm gefallen. Wie ihr Vater kennen sie keine transzendente Verbundenheit, wie er hängen sie im Leeren. Sie geben sich aber mit dieser Leere nicht mehr zufrieden, sondern veranstalten in ihr Exzesse, um sie zu überwinden."[211]

---

207 Ebd., S. 94 f.

208 Ebd., S. 98.

209 Siehe auch Fr. Werfel, Theologumena, in: ders., Zwischen oben und unten, Stockholm 1946, S. 357 f.: „– Niemand kann leugnen, daß sowohl Faschismus als auch Bolschewismus zwei formverschiedene aber wesensähnliche Konsequenzen des naturalistischen Nihilismus, das heißt des modernen Geistes sind."

210 Zu einer differenzierten Betrachtung von „Ersatzreligion" und „Religionsersatz" siehe u. a.: H. Buchheim, Despotie, Ersatzreligion, Religionsersatz, in: H. Maier [Hg.], ‚Totalitarismus' und ‚Politische Religionen', Bd. I, Paderborn u. a. 1996, S. 262. Buchheim zieht dort den Begriff „Religionsersatz" den Begriffen „Ersatzreligion" und der Voegelinschen „politischen Religion" vor, da der „Religionsersatz" keine Religion, sondern nur ein Surrogat ist, durch das „religiöse Energien für politische Zwecke mobilisiert" werden.
Hermann Lübbe charakterisiert die religiösen Züge des Totalitarismus als „Anti-Religion". (siehe: H. Lübbe, Totalitarismus, Politische Religion, Anti-Religion, in: ders. [Hg.], Heilserwartung und Terror, Düsseldorf 1995, bes. S. 11-13).

Franz Werfel trifft den religiösen Charakter der politischen Massenbewegungen seiner Zeit damit in seinem Kern, der vom Nihilismus geprägt ist. Er bezeichnet die politischen Massenbewegungen unter anderem als „politische Ersatzreligionen“[212], die den Endpunkt eines Rückfalls ins Heidentum darstellen. Steht er hier Voegelins universalhistorischer Deutung des Totalitarismus als politischer Religion (1938) entgegen, die für Voegelin kein Rückfall, sondern eher lineare Entwicklung ist, so ergibt sich eine Übereinstimmung zwischen Werfel und Voegelin in Hinblick auf das Überwinden der Ideologien, das nur in einer Rückbesinnung auf die transzendente Kraft von Religion und Gottesglaube möglich ist. Auch Aron stellt dies 1939 fest.[213] Damit beantwortet Werfel die Ausgangsfrage seines Vortrags, ob wir ohne Gottesglauben leben können, mit einem entschiedenen „Nein“. Doch Werfel versucht nicht, wie auch die „Theologumena“ zeigen, ein systematisches Konzept der religiösen Dimension der totalitären Massenbewegungen zu geben, er will seine Analyse der Realität in die literarische Form der Rede und des Aphorismus kleiden, die Menschen aufrütteln und ihnen drastisch die Symptome einer vom Nihilismus geprägten Zeit aufzeigen, die eine Verbindung zum Transzendenten völlig verloren hat. In den „Theologumena“ spricht Werfel von der „Formel des tödlichen Zirkels: Gottverlust, d.i. Ichverlust, d.i. Eigentumsverlust, d.i. Kapitalismus, d.i. Massenware, d.i. rasche Zerstörbarkeit, d.i. Schund, d.i. versagende Befriedigung der Bedürfnisse, d.i. tragische Unruhe der Menschheitsseele, d.i. das Entweder-Oder zwischen anarchistischer oder totalitärer Lebensform, d.i. ewiger Krieg.“[214]

Auch Hermann Broch reflektiert in seinen politischen Schriften das Verhältnis zwischen Religion und Politik. Er betrachtet dabei in verschiedenen Beiträgen die Zeit vom Ende des Ersten Weltkriegs bis nach dem Zweiten Weltkrieg. Dabei geht er, immer von einer skeptischen Distanz gegenüber der Religion – gerade gegenüber dem Christentum – geprägt, auch auf das Religiöse innerhalb des politischen Bereichs ein.

Eine kritische Parallele zwischen einem politischen Massenerlebnis und dem Christentum zieht Broch bereits 1918 in einem Brief an Franz Blei.

---

211 Fr. Werfel, Können wir ohne Gottesglauben leben? in: ders., Zwischen oben und unten, Stockholm 1946, S. 98.

212 Werfels Vorrede zu Fr. Werfel, Zwischen oben und unten, Stockholm 1946, S. 13.

213 Siehe Fr. Werfel, Können wir ohne Gottesglauben leben? in: ders., Zwischen oben und unten, Stockholm 1946, u. a. S. 117 f., E. Voegelin, Die politischen Religionen, München ²1996, S. 6 und Arons Äußerung zur neuerlichen „Beseelung“ religiöser Glaubensprinzipien im Protokoll der Sitzung der *Société française de philosophie* vom 17.6.1939, in: Bulletin de la Société française de philosophie, April-Mai 1946; deutsch unter dem Titel „Demokratische Staaten und totalitäre Staaten“ in: J. Stark [Hg.], Raymond Aron: Über Deutschland und den Nationalsozialismus, Opladen 1993, S. 241.

214 Fr. Werfel, Theologumena, in: ders., Zwischen oben und unten, Stockholm 1946, S. 248.

In beiden, Politik wie Christentum, gehe es um die „billige Ekstase des gemeinsamen Rhythmus'"[215]. Auf Seiten der politischen Massen wird der gemeinsame Rhythmus durch nationales Liedgut, auf Seiten des Christentums durch gemeinsames Gebet erzeugt. Ferner bezieht sich Broch auf die Unmittelbarkeit, mit der sich eine „reine Politik" an die Massen wendet. Diese Unmittelbarkeit ist noch stärker als in einer „theologischen Politik", einer Engführung von Politik und Kult, wie sie beispielsweise in der Antike vorlag. Die Feststellung einer „Dogmatisierung" der Politik infolge dieser Engführung findet sich später in der Konzeption der politischen/säkularen Religion bei Raymond Aron wieder. Brochs Sichtweise der „reinen Politik" als „reine sittliche Forderung" erinnert an die Hegelsche Deutung des Staates als Geist gewordene Idee des Volks:

> „Reine Politik ist die zum formalen Gebilde gewordene reine sittliche Forderung. Diese Formgebung ist nur in der Welt des Körperlichen möglich und verlangt darum eine Dogmatisierung, und zwar eine direktere und ausschließlichere als die Forderung jeder Zweckpolitik, denn sie wendet sich in ihrem Wesen direkt an den Menschen und mit einer Unmittelbarkeit so wie sie eine frühere teleologische und theologische Politik, die mit vorgebauten Evidenzen zu tun hatte, gar nicht gekannt hat."[216]

Im Hinblick auf die sozialistische Politik schreibt Broch 1940, dass ihre „proletarische Realpolitik" von „Dogmentreue" und „prophetischer Sicherheit" getragen werde.[217] Sowohl die „Dogmatisierung" als auch der prophetische Charakter der Politik sind Elemente, die deutlich die religiöse Interpretation der Politik bei Broch zeigen.

Wieder in Bezug auf die Masse stellt Broch 1939 und 1941 eine „Wiederverheidung" der Menschen fest, die durch eine Rationalitätsverdunklung hervorgerufen wird. Dabei geht es Broch nicht so sehr um die Feststellung einer gesellschaftlichen Ablehnung des Christentums oder eines Rückgriffs auf die germanische Religion, sondern um den Rückbezug „auf die magische Vorsphäre des Menschlichen", die Broch „primitiv", „teuflisch", ja sogar „kannibalisch" nennt.[218] Das metaphorische Auftauchen des „apokalyptischen Wahngeschöpfs, das seit Urbeginn bis heute der dämonische Träger aller Kriegslust, der unheimliche Träger alles Siegesrausches gewesen war und geblieben ist"[219], ist nach Broch Folge der „Wiederverheidung". Die Ansicht, dass im Totalitarismus eine „Wiederverheidung" vorliegt, ist in den dreißiger und vierziger Jahren nicht unum-

---

215 H. Broch, Die Straße, in: ders., Gedanken zur Politik, Frankfurt a. M. 1970, S. 8.

216 Ebd., S. 9.

217 H. Broch, Kapitalismus und Sozialismus, in: ders., Gedanken zur Politik, Frankfurt a. M. 1970, S. 44.

218 H. Broch, Toleranz und Massenwahn, in: ders., Gedanken zur Politik, Frankfurt a. M. 1970, S. 62.

219 Ebd.; zum „apokalyptischen Wahngeschöpf" siehe Offb. 12,18-13,18 („Die beiden Tiere").

stritten: Eric Voegelin sieht beispielsweise in der Entwicklung des Totalitarismus als politische Religion eher die linear fortschreitende Säkularisierung des Geistes als einen „Rückfall in die Barbarei“ [220] als Erklärung an. Doch auch Broch sieht einen weiteren wichtigen Grund des Versagens der Bekämpfung des Massenwahns, die früher als Bekehrung der Heiden eine Aufgabe der Kirche war, in der Verweltlichung des Denkens. War früher die Vernunft „eingedenk ihres göttlichen Ursprungs, dem Glauben untergeordnet“, so ist der Absolutheitsanspruch „aus dem statisch-inhaltlichen Bereich der Religion in den funktional-formalen einer mathematisch gewordenen Wissenschaftlichkeit hinübergewechselt.“ [221] Dieser Wechsel des Absolutheitsanspruchs macht später auch eine der wichtigsten Voraussetzungen der Moderne bei Eric Voegelin aus.[222] Nach Broch steht im Verlauf der Kulturgeschichte eine neuerliche „Entdämonisierung“ in Form einer Bekehrung der Menschen an, die sich durch die „Wiederverheidung“ in ihrer säkularen Rationalität verirrt haben und einem Massenwahn anhängen. Dabei treten einige Schwierigkeiten auf, da diese Bewegung „rein weltlich“ ist. In ihr vermischen sich „frühzeitliche“ Elemente „von tiefster Irrationalität ebenso wie spätzeitliche von höchster Rationalität“ [223], die beide zur Inhumanität führen. Die Entwirrung dieser Elemente ist eine schwierige Aufgabe, die durch die Bekämpfung der Wiederverheidung und damit des Massenwahnes erreicht werden soll. Diese Aufgabe ist für Broch aber eine rein säkulare, die nur durch eine höhere Stufe der Rationalität zu leisten ist. Zur Lösung dieser schwierigen Aufgabe zieht Broch deshalb nicht die Religion heran. Es soll sich dazu vielmehr die Politik, die allein zu schwach ist, mit der Wissenschaft zusammenschließen. Dieser Zusammenschluss kann am besten in der Demokratie geschehen, so Broch.[224] Die Demokratie muss den Massenwahn heilen, dabei ist sie „Politik in Umwandlung; der Heilungswille ist zugleich Wille zur Selbstheilung, ist Wille zur Neugestaltung der demokratischen Überzeugung, von der allein die neue Bekehrung auszugehen vermag.“ [225] Steht Broch mit seiner Idee der „Entdämonisierung“ der kritischen Haltung Eric Voegelins gegenüber der positivistischen Rationalität in der Moderne nahe, so zeigt sein Lösungsvorschlag, der auf einer Rationalität höherer Stufe aufbaut, die auch „Wille zur Selbstheilung“ ist, deutliche Züge der bei Voegelin mächtigsten Geistesströmung der Moderne, der

---

[220] E. Voegelin, Die politischen Religionen, München ^{2}1996, S. 7.

[221] H. Broch, Toleranz und Massenwahn, in: ders., Gedanken zur Politik, Frankfurt a. M. 1970, S. 65.

[222] Siehe insbes. E. Voegelin, Die Neue Wissenschaft der Politik, München 1959, Kap. IV-VI, S. 153-259 (Erstausgabe: Chicago 1952).

[223] H. Broch, Toleranz und Massenwahn, in: ders., Gedanken zur Politik, Frankfurt a. M. 1970, S. 66 f.

[224] Nach ebd.

[225] Ebd., S. 68.

Gnosis. Daneben werden in Brochs Denken deutlich Hegelsche Elemente sichtbar, wie der Gedanke an eine Rationalität höherer Stufe zeigt.

Nach 1941 geht Broch in seinen politischen Schriften nur noch am Rande auf das Thema Religion ein. Am eingehendsten beschäftigt er sich noch in seiner „Theorie der Politik" von 1949 mit dem Religiösen in der Politik. Darin betrachtet er insbesondere das „irdisch Absolute". Broch setzt dabei mit einer anthropologischen Betrachtung an, da die Politik ihren Ausgangspunkt „beim Menschen"[226] hat: Leugnet der Mensch auch die Existenz Gottes, so kann er doch seine Ebenbildlichkeit mit dem höchsten Wesen nicht leugnen, da dem Menschen doch immer wieder bewusst wird, dass etwas Absolutes in ihm wirkt. Das Bewusstsein der Ebenbildlichkeit und die damit verbundene „Pflicht zur Freiheit"[227] überfordern aber den Menschen. Sie führen ihn, so Broch, zur einer prometheischen Vergottung der eigenen Schöpferkraft, die ihn zur Freiheit führen soll: „Denn im Bewußtsein seiner Ebenbildhaftigkeit will der Mensch der irdische Gott sein."[228] Im Schöpfungsakt stecken nach Broch zwei Pole, die „Ebenbildhaftigkeit und die Anarchie"[229]: Führt der „positive Pol" der Ebenbildlichkeit zu einer guten und gerechten Ordnung des Daseins, so führt der „negative Pol" zu einem anarchischen Chaos.[230] Der negative Pol führt zum Bewusstsein, selbst der irdische Gott zu sein, und drängt den Menschen zur Durchsetzung absoluter Freiheit. Dies führt letztlich zur Versklavung des Menschen durch den Menschen mittels der Politik und in einer Steigerung zu einer „Voll-Versklavung", wie sie Broch in den Konzentrationslagern feststellen kann.[231]

Das Absolute, deren Träger letztlich der Mensch selbst ist, so Broch, sucht er im irdischen Bereich, wobei ihm die sich immerfort entwickelnde empirische und exakte Wissenschaft stets neue Erkenntnisse zur Konstruktion des „irdisch Absoluten" liefert. Auch im Bereich des Rechts findet der Mensch das Absolute, und zwar im Logos und dem vormals göttlichen Recht, das über „Naturrecht" in ein säkulares „Vernunftrecht" umgewandelt wird.[232] Doch damit ist die Aufgabe des Menschen noch nicht erfüllt, da er „zur Erde zurückverwiesen, ja mehr noch, [...] auf sich selbst zurückverwiesen worden [ist], vielleicht sogar um die Erde zu retten"[233]. Also muss der Mensch das Naturrecht oder Vernunftrecht in eine irdische Rechtsordnung, nämlich die der Menschenrechte, umsetzen, um

---

226 H. Broch, Eine Theorie der Politik, in: ders., Gedanken zur Politik, Frankfurt a. M. 1970, S. 171.
227 Ebd., S. 173.
228 Ebd., S. 174.
229 Ebd., S. 176.
230 Nach ebd.
231 Nach ebd., S. 180 f.
232 Nach ebd., S. 184.
233 Ebd.

seinem Auftrag als ein Gott ebenbildliches Wesen gerecht zu werden und um die Ebenbildlichkeit graduell zu steigern.

Obwohl Broch das verderbende Chaos der gottlosen Anarchie und die Notwendigkeit der Ableitung des irdischen Rechts von einer transzendenten Rechtsordnung, sei sie göttliches Naturrecht oder bloßes Vernunftrecht, erkennt, überlässt er das Heil doch dem „irdisch Absoluten", das sich in den Ergebnissen der empirischen Wissenschaft und im Menschenrecht manifestiert. Den Schritt zu einer alleinigen Heilszusicherung durch den transzendenten Gott wagt Broch nicht. Hier bleibt er zu sehr einer religionskritischen Rationalität verpflichtet. So nähern sich die Gedanken Brochs zur Gottesebenbildlichkeit des Menschen, obwohl sie Einsicht in Richtung des Transzendenten nehmen, letztlich eher einer Gnosis der Moderne im Sinne Eric Voegelins an.

In seinem Roman „Die Verzauberung"[234], der auch die Titel „Der Bergroman" oder „Versucher" trägt, setzt sich Broch von 1931 bis zu seinem Tod 1951 literarisch mit dem Themenkomplex „Politik und Religion" auseinander. Ein Heilbringer mit Namen Marius Ratti, der messianische wie diktatorische Züge aufweist, kommt in ein Bergdorf und verführt die Bewohner dazu, wieder zu einer vormodernen, archaischen Lebensweise zurückzukehren, die von mythischen Ritualen geprägt ist. Rattis Verführung hat Erfolg, wozu auch die Unsicherheit der Bewohner beiträgt, die ihren Lebenssinn nicht mehr in der traditionellen Religion und der Kirche finden können und deshalb nach neuen Sinnquellen Ausschau halten. Doch die mythische Verzückung findet ein schreckliches Ende, als beim Kirchweihfest eine junge Frau der Mutter Erde geopfert wird. Der Vollstrecker des Opfers, der Dorfmetzger, muss fliehen, während Ratti Gemeinderat wird. Broch schildert in seinem Roman also die Verführung von Menschen durch einen politisch religiösen Führer, einen Hitler und Heilbringer in einer Person. Diese Verführung findet in einem ekstatischen, religiös motivierten Opfermord ihr apokalyptisches Ende. Einzig eine erneuerte Religion, die sich von den verkrusteten Strukturen der schwach gewordenen Tradition löst und ihre Fundierung in einer Hinwendung zur Natur findet, kann eine solche Verführung zukünftig verhindern, so Broch. Auch hier wird Brochs kritische Haltung gegenüber der traditionellen Religion und der Kirche deutlich. Ebenfalls in den dreißiger Jahren beschäftigte sich auch Romano Guardini mit der Gestalt des Heilbringers in der Politik: Der Heilbringer vermittelt das im Mythos, der das Dasein deutet, aufscheinende Heil, das den Menschen Gutes bringt. Guardini be-

---

[234] H. Broch, Der Bergroman. Drei Originalfassungen, Frankfurt a. M. 1969; siehe dazu: H. Kiesel/J. P. Grevel, Die modernen Gewaltregime und die Literatur, in: H. Maier [Hg.], ‚Totalitarismus' und ‚Politische Religionen', Bd. I, Paderborn u. a. 1996, S. 220-222; ebenso H. Kiesel, Politische Religionen in der deutschsprachigen Literatur des 20. Jahrhunderts, in: H. Lübbe [Hg.], Heilserwartung und Terror, Düsseldorf 1995, S. 63-67.

trachtet in diesem Zusammenhang kritisch den „Heilbringer der zwölf Jahre“, Adolf Hitler, den „Meldegänger Gottes“. Dieser muss als Heilbringer, der zeitlich weit nach dem Wirken Jesu Christi auf Erden auftritt, ein Vorentwurf des Antichristen sein, da er das Heil, das in und durch Jesus Christus wirkt, rückgängig macht, um dann als neuer, antichristlicher Heilbringer, das dann nur Unheil, Anti-Heil, sein kann, aufzutreten. Der Gruß „Heil Hitler“ bedeutet in diesem Zusammenhang einerseits, dass man Hitler Heil wünscht, andererseits, dass Hitlers Heil über den komme, der gegrüßt wird.[235] Gerade die mythologische Überhöhung des politischen Heilbringers verbindet die ansonsten stark unterschiedlichen Auseinandersetzungen mit dem Totalitarismus bei Guardini und Broch.

Trotz seiner Feststellungen zum Thema „Politik und Religion“ entwikkelt Broch kein Konzept und keine Theorie zur Deutung der religiösen Sphäre der Politik. Es ist eher von einer literarisch feinfühligen „Bestandsaufnahme“ zu diesem Thema in seinen jeweils aktuellen Zeitumständen zu sprechen.

5. Paul Tillich

Einen eigenen Begriff zur Deutung von säkularen Bewegungen, die meist unbewusst eine religiöse Dimension aufweisen, wie es bei den totalitären Massenbewegungen der Fall ist, führt 1962 der evangelische Theologe Paul Tillich ein: Er spricht von „Quasi-Religionen“[236]. Mit diesem Begriff wird der Bereich der Religion dahingehend erweitert, dass er nun auch säkulare Bewegungen miteinschließt, die nur in einigen Zügen mit eigentlichen Religionen übereinstimmen.[237] Quasi-Religionen erheben säkulare Dinge zu den letzten Anliegen und vergöttern sie. Dazu zählen: „die Nation, die Wissenschaft, eine besondere Form oder ein bestimmtes Stadium der Gesellschaft“[238]. Richtet sich die eigentliche Religion in ihrer Hoffnung auf das Transzendente, so richtet sich die Hoffnung der Quasi-Religion auf Immanentes.[239] Deutlich von Quasi-Religionen zu trennen sind Pseudo-Religionen, so Tillich:

> „Gelegentlich wird das, was ich ‚Quasi-Religion‘ nenne, als ‚Pseudo-Religion‘ bezeichnet. Aber das ist ungenau und unzutreffend. ‚pseudo‘ bezieht sich auf

---

235 R. Guardini, Der Heilbringer, Mainz 1979, bes. S. 60-74. Eine Deutung von Guardinis „Der Heilbringer“ findet sich in: W. Hover, Schrecken und Heil. Aspekte politischer Zeiterfahrung bei Romano Guardini, in: H. Maier [Hg.], ‚Totalitarismus‘ und ‚Politische Religionen‘, Bd. I, Paderborn u. a. 1996, S. 175-179.

236 P. Tillich, Das Christentum und die Begegnung der Weltreligionen, in: Ders., Gesammelte Werke, hg. v. R. Albrecht, Bd. V: Die Frage nach dem Unbedingten, Stuttgart 1964, S. 51-98 (engl. Erstausgabe dieses Beitrags: New York 1962).

237 Nach ebd., S. 52.

238 Ebd., S. 53.

239 Nach ebd., S. 60.

eine beabsichtigte, vorgetäuschte Ähnlichkeit, ‚quasi' dagegen auf eine unbeabsichtigte, tatsächlich vorhandene Ähnlichkeit auf Grund bestimmter gemeinsamer Züge. Eine solche Ähnlichkeit mit der Religion besteht offenbar beim Faschismus und Kommunismus, den extremsten Vertretern der Quasi-Religionen in unserer Zeit."[240]

Der Grund, weshalb der Faschismus, der Kommunismus und auch der Nazismus zu den Quasi-Religionen zählen, liegt darin, dass sie Bewegungen mit potentiell religiösem Charakter, nämlich den Nationalismus und den Sozialismus, radikalisieren und deren Inhalten letztgültiges Anliegen beimessen. Nationalismus und Sozialismus sind an sich keine Quasi-Religionen und haben durchaus positive Elemente, jedoch verwandelt der Faschismus den Nationalismus und der Kommunismus den Sozialismus in einer solchen Weise, dass deren religiöses Potential zur Entfaltung kommt und deren positive Elemente radikalen Charakter annehmen.[241] Dabei setzt die Ideologie des Faschismus das quasi-religiöse Element des Nationalismus, das in der eigenen Gruppe, dem Volk oder der Nation, und deren Selbstbehauptung besteht, in radikaler Weise absolut. Der Kommunismus setzt dagegen das quasi-religiöse Element des Sozialismus, die Neuordnung der Dinge, absolut und radikalisiert es. Diese Absoluta und deren Verwirklichung werden nun durch christliche und säkulare Symbole ausgedrückt. So wird im Kommunismus das Absolutum der Neuordnung der Dinge durch das christliche Symbol vom „Ende der Geschichte" oder im säkular utopischen Symbol der „klassenlosen Gesellschaft" verdeutlicht.[242]

Neben Faschismus, Nazismus und Kommunismus zählt Tillich auch den „liberalen Humanismus" zu den Quasi-Religionen. Der liberale Humanismus stützt sich zwar auch auf die Grundforderungen traditioneller Religionen, wie Freiheit, Gerechtigkeit und wahre Humanität, tritt aber in säkularem Gewand auf. Der liberale Humanismus hat eine quasi-religiöse und eine rein säkulare Seite. Seine quasi-religiöse Seite kommt immer dann in den Vordergrund, wenn der liberale Humanismus durch Einschränkungen und Bedrohungen der menschlichen Freiheit herausgefordert wird, wie dies im Kampf um die Freiheit der Wissenschaft oder um die menschlichen Grundrechte immer wieder geschieht.[243] Durch einen fortschreitenden Einfluss des Säkularismus kann aber auch die liberalhumanistische Quasi-Religion radikalen Charakter annehmen.[244] In diesem Zusammenhang wird deutlich, dass Tillich den Begriff „Quasi-Religion" über den politischen Rahmen hinaus ausdehnt. Schließlich umfassen die „Quasi-Religionen" alle säkularen Bewegungen, die unbewusst religiö-

---

240 Ebd.
241 Nach ebd.
242 Nach ebd., S. 54.
243 Nach ebd., S. 55 f.
244 Nach ebd., S. 57.

se Züge zeigen. Dabei misst Tillich liberal-humanistischen Quasi-Religionen nicht die gleiche Gefährlichkeit bei wie den radikalen Quasi-Religionen. Eine große Gefahr besteht für Tillich jedoch darin, dass Religionen und liberal-humanistische Quasi-Religionen, die beide zunächst nicht radikal sind, in der Abwehr ihrer radikalen Gegner deren Natur adaptieren und damit ideologischen Charakter annehmen. Durch diese Radikalisierung werden vor allem Quasi-Religionen zu einer Gefahr für eigentliche Religionen:

> „Die Gefahr ist nicht, daß die geistige Religion und die humanistische Quasi-Religion von weniger labilen Religionen oder Quasi-Religionen verdrängt werden, sondern daß die Selbstverteidigung sie dazu zwingt, ihr eigenes Wesen zu vergewaltigen und sich der Natur ihrer Angreifer anzugleichen. In dieser Gefahr leben wir heute."[245]

Tillich sieht also eine Gefahr in der radikalen Umwandlung liberaler Quasi-Religionen in quasi-religiöse Ideologien. Dabei stellen vor allem die Quasi-Religion des Säkularismus und die politisch ideologischen Quasi-Religionen, der Faschismus, der Nationalsozialismus und der Kommunismus, eine Gefährdung der eigentlichen Religionen dar.

Ein wichtiger Grund für die Entstehung politischer Quasi-Religionen ist laut Tillich das Eindringen des Nationalismus und des Sozialismus[246] in die religiöse Ordnung, wie vorhin bereits gesehen wurde. Dabei ergab sich im Verlauf der Religionsgeschichte eine Verbindung von säkularen und religiösen Symbolen zu quasi-religiösen Symbolen, die auch in den politischen Massenbewegungen des 20. Jahrhunderts immer wieder auftauchen.

---

245 Ebd., S. 56.

246 Siehe ebd., S. 53 f., S. 58-63.

IV. Eschatologische Deutungen: Vondung, Talmon

Hans Otto Seitschek

1. Apokalypse und Kult (Klaus Vondung)

Bereits Anfang der siebziger Jahre analysierte Klaus Vondung[1] die Feiertypen und quasi-liturgischen Formen des Nationalsozialismus. Sie zeigen deutlich einen apokalyptischen Charakter. Aufgrund des religiösen Charakters dieser Riten ist im Fall des Nationalsozialismus nach Vondung auch von einer politischen Religion zu sprechen. Durch die magische Wirkung der Feiern und Riten soll sowohl eine Ordnung wie eine Manipulation der Menschen erreicht werden.[2] Der politisch religiöse Kult steigt zur „sozialdominanten Figur" auf und erhält „die Möglichkeit [...], Macht auszuüben."[3] Diese Macht dient zur Aufrechterhaltung des bestehenden, herrschenden Systems, in diesem Falle des Nationalsozialismus. Eine ursprüngliche Nähe des nationalsozialistischen Kultes sieht Vondung zu den Riten der Französischen Revolution, die mit dem Jakobinismus eine eigene Form der Religion schufen, die vielleicht schon die politischen Religionen des 20. Jahrhunderts vorweg nahm, um ihre revolutionäre Herr-

---

1 K. Vondung, Magie und Manipulation. Ideologischer Kult und politische Religion des Nationalsozialismus, Göttingen 1971; siehe auch ders., ‚Gläubigkeit' im Nationalsozialismus, in: H. Maier/M. Schäfer [Hg.], ‚Totalitarismus' und ‚politische Religionen', Bd. II, Paderborn u. a. 1997, S. 15-28; zur religiösen Dimension „politischer Rituale" im 20. Jahrhundert bis hin zum „zähen Nachleben der Jugendweihe in der DDR" siehe auch den Zeitungsartikel „Die Ausbeutung des Sakralen" (Frankfurter Allgemeine Zeitung vom 19.7.1999) von Miloš Vec.

2 Nach K. Vondung, Magie und Manipulation. Ideologischer Kult und politische Religion des Nationalsozialismus, Göttingen 1971, S. 7.

3 Ebd.

schaft rechtfertigen zu können. Hier ist eine Verbindungslinie zum politischen Messianismus bei Talmon zu finden, der den heilsversprechenden Charakter politischer Systeme bereits in der Französisichen Revolution und ihrer „Ideologie" sieht. Die Revolutionäre stützen sich auf die Rousseausche Staatstheorie, verkennen jedoch die Gefahr, in die Intoleranz abzugleiten:

> „Robespierre war ein Feind der katholischen Kirche, betrachtete sich jedoch nicht als Atheist. Das Programm seiner ‚bürgerlichen Religion' stammte von Rousseau und Mably und entsprach der Überzeugung, dass das Volk nicht allein aus der Vernunft leben könne, sondern einen Glauben brauche: Religion, die Vernunft und natürlicher Ordnung nicht widerspreche, sei die Grundlage der Moral und garantiere insofern die gerechte und harmonische Ordnung der Gesellschaft. Kein Staat könne bestehen ohne Religion, die sich in äußeren Formen, Institutionen und festen Riten artikulieren müsse. Mit diesem Konzept war die prägnanteste Formulierung einer politischen Religion gegeben."[4]

Ebenfalls eine legitimierende Rolle nimmt der Kult im Nationalsozialismus ein. Die dabei auftretende Nähe zur christlichen Religion ist angesichts der antireligiösen, atheistischen Gesinnung des Nationalsozialismus allerdings verwunderlich. Nach Vondung ist der Grund für diese Nähe wohl, dass der Nationalsozialismus das Christentum verdrängen will und seinen Kult an dessen Stelle rücken will.[5] Der nationalsozialistische Kult wies die verschiedensten Formen auf, die alle Teile der Bevölkerung, insbesondere auch die Jugend[6], umfassten. Eschatologisch-chiliastische Momente sowie messianische Elemente treten hier deutlich zutage. Dabei zeigte sich ein „spezifischer Feierstil" der Nationalsozialisten:

> „Der spezifisch nationalsozialistische Feierstil wurde an anderer Stelle ausgebildet, seine Wurzeln liegen in der Form der Selbstdarstellung, in den politischen Massenversammlungen und Demonstrationen der Partei während der ‚Kampfzeit'."[7]

Gerade die Massenveranstaltungen hatten auf den Einzelnen, der in der Masse aufging, besonders im psychischen Bereich eine starke Wirkung, die eine Kontrolle über das Individuum erlaubte. Die Choreographie der Massenveranstaltungen war dabei genau geregelt. Man kann durchaus gerechtfertigt von einer „liturgischen Form"[8] der Feiern sprechen, die mit „liturgischen Texten"[9] gestaltet wird.

Auch der Mythos spielt in diesem Zusammenhang eine große Rolle. Er erhebt die eigene Rasse, sofern sie „rein" ist, zur höchsten Realität. Ver-

---

4 Ebd., S. 10.
5 Nach ebd., S. 13.
6 Siehe ebd., S. 16-24, bes. S. 16 f.
7 Ebd., S. 33.
8 Siehe ebd., S. 113-121, bes. S. 113-118.
9 Siehe ebd., S. 122-139, bes. S. 133: „Das große Gelöbnis" von Herybert Menzel.

mittelt wird der Mythos durch den Kult. Diese „politische Religion" im Sinne Voegelins tritt „wie eine überweltliche mit dem Anspruch auf, die Realität als Ganzes zu deuten und den Menschen zu erlösen." [10]

In seiner Darstellung der Kultformen des Nationalsozialismus greift Vondung Voegelins Konzeption der politischen Religion wieder auf, die deutlich von der religiös christlichen Symbolik der politischen Religionen spricht. Vondung verbindet dabei insbesondere die psychologischen Komponenten des geschichtsphilosophischen Konzepts Voegelins, wie die durch den Mythos gestützte Erhebung des rassisch reinen Blutes zum neuen Realissimum, mit der Analyse der Kultformen des Nationalsozialismus.

2. Politischer Messianismus (Jacob L. Talmon)

„Messianismus" oder „messianische Bewegungen", die vornehmlich in den abrahamitischen Religionen auftreten, sind generell durch „das Auftreten von Persönlichkeiten" geprägt, „die aufgrund ihres heilsgeschichtlichen Sendungsbewußtseins magnetische Anziehung auf wachsende Anhängerscharen ausübten" [11]. Durch die Erwartung einer apokalyptischen Ankunft eines Messias entstehen Massenbewegungen, die bisweilen von rauschhafter Begeisterung geprägt sind. Oft wird dabei der charismatische Führer der messianischen Bewegung selbst als Messias identifiziert und in einem Personenkult, der Züge einer Apotheose annehmen kann, verehrt. Die Ordnung, die der *religiöse* Messianismus vorgibt, ist eine festgefügte Ordnung, die ihren Bezugspunkt in der messianischen Ankunft Gottes hat. Anders der *politische* Messianismus: „Der Bezugspunkt des modernen Messianismus ist die Vernunft und der Wille des Menschen. Sein Ziel, das Glück auf Erden, ist durch soziale Umformung zu erreichen. Der Bezugspunkt ist weltlich, die Forderungen aber sind absolut." [12] Dabei entwickelt der politische, weltliche Messianismus in nahezu Schopenhauerscher Weise den unumschränkten Willen, die eigene Lehre real ins Werk zu setzen und damit die Welt umzuformen. Bleibt im religiösen Messianismus der Gedanke von einer jenseitigen Vollendung des menschlichen Lebens vorherrschend, so will der „weltliche messianische Monismus" [13] eine Vollendung aller Pläne und Vorhaben bereits im Diesseits. Beide Ar-

---

[10] Nach ebd., S. 183.

[11] P. Beyerhaus, Art. „Messianische Bewegungen" (Absch. 1. u. 2.), in: Lexikon für Theologie und Kirche, hg. v. W. Kasper u. a., Bd. 7, Freiburg u. a. ^{3}1998, Sp. 164-166, 164 (Zitat).

[12] J. L. Talmon, Die Ursprünge der totalitären Demokratie, Köln/Opladen 1961, S. 9, siehe dazu auch ders., Politischer Messianismus, Köln/Opladen 1963, S. 1-17, bes. S. 1-5.

[13] J. L. Talmon, Die Ursprünge der totalitären Demokratie, Köln/Opladen 1961, S. 10.

ten von Messianismus gehen, analog zum religiösen Messianismus, auch von einem wie auch immer gearteten „Führer" aus, der zum Ziel leitet, sei es diesseitig oder jenseitig.

Jacob Leib Talmon (1916-1980), einer der wichtigsten Theoretiker des „politischen Messianismus", weist in diesem Zusammenhang auf den englischen Puritanismus zur Zeit der „Glorious Revolution" hin, der, wenn auch nicht dauerhaft, so doch in Ansätzen, religiöse Eschatologie mit Individualismus und sozialem Radikalismus verband, wodurch es zu einer totalitären Zuspitzung kam. Der Religionsbegriff Talmons ist in Hinblick auf den politischen Messianismus der einer funktionalistischen „Ersatz-Religion", die keinen Verweis auf die Transzendenz erkennen lässt.[14] Wesentlich stärkere Züge einer totalitären Demokratie tauchen zur Zeit der Französischen Revolution auf. Dabei findet eine starke Orientierung an der politischen Gestalt der antiken Polis, die mit der neuzeitlichen Demokratie parallel gesetzt wird, als mythischem „Bild der Freiheit und Tugend" statt.

Schon zu Beginn seines Buches „Die Ursprünge der totalitären Demokratie" - erster Band der Trilogie „Geschichte der totalitären Demokratie"[15] - weist Talmon klar auf die Stoßrichtung seiner ideengeschichtlichen Untersuchungen über den Totalitarismus hin: Er sieht die Wurzeln der politischen Situation zur Mitte des 20. Jahrhunderts in einer einhundertfünzigjährigen Vorgeschichte, in der auf der totalitären Seite der Entwicklung der Demokratie, die strikt von der liberalen Seite zu trennen ist[16], messianische - damit also auch religiöse - Elemente eine zentrale Rolle spielen. Die sich daraus ergebende Situation bezeichnet Talmon als „Weltkrise von heute":

> „Von uns aus gesehen - von einem Beobachtungspunkt in der Mitte dieses zwanzigsten Jahrhunderts - erscheint in der Tat die Geschichte der letzten hundertfünfzig Jahre als die systematische Vorbereitung auf den schroffen Zusammenprall zwischen empirischer und liberaler Demokratie einerseits und totalitärer messianischer Demokratie andererseits - und das ist die Weltkrise von heute."[17]

---

[14] Siehe K. Hornung, Politischer Messianismus: Jacob Talmon und die Genesis der totalitären Diktaturen, in: ZfP, 47. Jg. (2/2000), S. 148.

[15] J. L. Talmon, The Origins of Totalitarian Democracy, London 1952 (dt.: Die Ursprünge der totalitären Demokratie, Köln/Opladen 1961), ders., Political Messianism. The Romantic Phase, London 1960 (dt.: Politischer Messianismus. Die romantische Phase, Köln/Opladen 1963), ders., The Myth of the Nation and the Vision of Revolution, London 1980 (auch: Berkeley/Los Angeles 1980).

[16] Zu dieser Unterscheidung siehe K. Hornung, Politischer Messianismus: Jacob Talmon und die Genesis der totalitären Diktaturen, in: ZfP, 47. Jg. (2/2000), S. 134.

[17] J. L. Talmon, Die Ursprünge der totalitären Demokratie, Köln/Opladen 1961, S. 1.

Die totalitäre Demokratie, der Totalitarismus, geht von einer einzigen politischen Wahrheit aus und einer festen Weltordnung, der die Menschen zwanghaft folgen, damit sie sie auch sicher erreichen. Dies sind laut Talmon zwei wichtige konstitutive Grundvoraussetzungen der totalitären Demokratie. Dadurch wird das ganze menschliche Dasein umfasst, also der psychologische, soziologische und historische Bereich berührt.[18] Die politischen Ideen, das Theoriegerüst der totalitären Demokratie bezeichnet Talmon als „Philosophie". Politisches Handeln besteht in der „Kunst" der Anwendung dieser Philosophie, also in der Praxis – fast im Sinne der Aristotelischen *politikè téchne*.[19]

Ein wichtiger Antrieb dieser Entwicklung war der durch die Säkularisierung bedingte schwindende Einfluss von Religion und Kirche auf Mensch und Gesellschaft mit der beginnenden Neuzeit. Nach und nach rückt der Staat an die Stelle der für die Sittlichkeit ausschlaggebenden Instanz. Die dadurch gewonnene Freiheit wurde von den Bürgern mit Tugend und Vernunft gleichgesetzt, dies kommt auch im Rousseauschen Konzept der Zivilreligion zum Ausdruck.[20] In einem weiteren Schritt tritt neben der ethischen die soziale und wirtschaftliche Ausrichtung der Gesellschaft in den Vordergrund. Die Ausrichtung des politischen Messianismus gewinnt dadurch den Charakter einer „sozialen Erlösung" der gesellschaftlich schwachen oder unterdrückten Gruppen.[21] Talmon unterscheidet bei der Entwicklung sozialer Ideale bis hin zur totalitären Demokratie drei Etappen: „das Postulat des 18. Jahrhunderts – die jakobinische Improvisation – die Kristallisation der Babeuf-Bewegung"[22].

In ähnlichem Stil wie bei Eric Voegelin[23] legt Talmon seine Untersuchungen universalhistorisch an: Er beginnt jedoch nicht in der Antike wie Voegelin, sondern im 18. Jahrhundert mit Morelly und Mably, auch mit Rousseau und anderen Denkern dieser Epoche. Kommen dem linken Totalitarismus noch demokratische Elemente zu, sind im rechten Totalitarismus diktatorische Elemente überwiegend.[24] Wie in der Reihung „Morelly, Mably, Rousseau" zum Ausdruck kommt, sieht Talmon das soziale Element als wichtigen Impulsgeber der „weltlichen Religion der totalitären Demokratie" an.[25] Eine ähnliche Rolle spielen sozialistische Ideen in Paul

---

18 K. Hornung, Politischer Messianismus: Jacob Talmon und die Genesis der totalitären Diktaturen, in: ZfP, 47. Jg. (2/2000), S. 136 f.

19 Siehe J. L. Talmon, Die Ursprünge der totalitären Demokratie, Köln/Opladen 1961, S. 2.

20 J. J. Rousseau, Vom Gesellschaftsvertrag, Stuttgart 1986, Buch IV, Kap. VIII; orig. ders., Du contract social, in: ders., Œvres complètes, ed. par B. Gagnebin et M. Raymond, t. III (Pléiade), Paris 1964, liv. IV, ch. VIII.

21 Siehe J. L. Talmon, Die Ursprünge der totalitären Demokratie, Köln/Opladen 1961, S. 5.

22 Ebd., S. 6.

23 Insbesondere E. Voegelin, Die politischen Religionen, Wien 1938, Stockholm ^{2}1939 (Neuausgabe: München 1993, ^{2}1996) und ders., Order and History, V Bände, Baton Rouge/London 1956-1987.

Tillichs Konzept der „Quasi-Religionen".[26] Gerade die sozialen Impulse unterscheiden den modernen politischen Messianismus von anderen religiös-chiliastischen Bewegungen, die eher den Charakter einer Sekte, denn einer politischen Bewegung haben und ihre Wurzel im Religiösen, nicht im Säkularen finden. Der politische Messianismus geht gewissermaßen „als Postulat dem sozialen und ökonomischen Gedankengebäude"[27] voraus: Er hat führenden, hinüberleitenden Charakter. Der Geisteszustand, der dem menschlichen Empfinden innerhalb des politischen Messianismus entspricht, ist eine Disposition, ein „Komplex von geistigen, emotionellen und Verhaltenselementen, die alle zusammen am besten vergleichbar sind mit einer menschlichen Gesamthaltung, die durch eine Religion ausgelöst wird."[28] Allerdings ist die Religion in diesem Fall eine *säkulare* Religion. Die „eschatologischen Postulate" des politischen Messianismus betreffen den Glauben der Menschen, der sie formt und dem argumentativ schwer beizukommen ist. Die hier beschriebene „weltliche Religion" entstand laut Talmon in der zweiten Hälfte des 18. Jahrhunderts und hatte seit ihrem Aufkommen stets mit der „Antinomie zwischen Freiheit und der Ausschließlichkeit einer messianischen Ordnung"[29] zu kämpfen. Diese Erscheinung der weltlichen Religion möchte Talmon als eine von Menschen geschaffene Erscheinung untersuchen, durch die wiederum zum Teil sehr strikte Rahmenbedingungen für das menschliche Zusammenleben geschaffen werden. Auch die Wechselbeziehungen zwischen der weltlichen Religion und den Menschen, beziehungsweise den Situationen, in denen sie sich befinden, werden dabei in den Blick genommen.

Talmon sieht in der Philosophie des 18. Jahrhunderts, insbesondere der französischen, den Ausgangspunkt für die Entwicklung, deren Auswüch-

---

24 Wolfgang Wippermann kritisiert in seinem Band „Totalitarismustheorien", dass Talmon zuwenig die Quellen des „rechten Totalitarismus" und der Ideologie des Rassismus und Antisemitismus offenlegt: W. Wippermann, Totalitarismustheorien. Die Entwicklungen der Diskussion von den Anfängen bis heute, Darmstadt 1997, S. 25 f. („Die ‚klassischen' Totalitarismustheorien"). Eine gegensätzliche Ansicht vertritt Klaus Hornung: K. Hornung, Politischer Messianismus: Jacob Talmon und die Genesis der totalitären Diktaturen, in: ZfP, 47. Jg. (2/2000), S. 155.

25 J. L. Talmon, Die Ursprünge der totalitären Demokratie, Köln/Opladen 1961, S. 8, siehe auch ders., Politischer Messianismus, Köln/Opladen 1963, S. 21-198 („Sozialistischer Messianismus"), bes. S. 134-152 („Die totalitär-demokratische kommunistische Revolution: französischer Kommunismus vor 1848").

26 P. Tillich, Das Christentum und die Begegnung der Weltreligionen, in: ders., Gesammelte Werke, hrsg. v. R. Albrecht, Bd. V, Die Frage nach dem Unbedingten, Stuttgart 1964, 51-98 (engl. Erstausgabe dieses Beitrags: New York 1962).

27 J. L. Talmon, Die Ursprünge der totalitären Demokratie, Köln/Opladen 1961, S. 11.

28 Ebd.

29 Ebd., S. 12.

se in den totalitären Diktaturen in Russland, Deutschland, aber auch in Italien und Spanien im 20. Jahrhundert zu finden sind.[30]

Er beginnt seine Untersuchungen mit Morelly[31], der in seinem Werk *Code de la Nature* von einer objektiven Ordnung der Dinge ausgeht, die einen sozialen Mechanismus darstellt, durch den die Menschheit zur „Natürlichen Ordnung" (*ordre naturel*), gelangen kann. Hinter der Natürlichen Ordnung verbirgt sich ein deutlich materialistisch-mechanistischer Naturbegriff. Hier kommt, so Talmon, ein „voll ausgeprägter Kommunismus als ein praktisches Programm auf die Tagesordnung", das später für Babeuf unter der Annahme, es sei vom Enzyklopädisten Diderot, wichtige Bedeutung erlangte. Neben dieser sozialistisch-kommunistischen Linie, die sich auch bei Mably findet, gewinnt ebenfalls eine utilitaristische Richtung an Bedeutung, so bei Helvetius in *De L'Esprit*[32], und später auch ein materialistischer Determinismus, wie er in Holbachs *Système de la Nature*[33] zum Ausdruck kommt.

In die Natürliche Ordnung haben theoretisch alle Menschen aufgrund ihres Erkenntnisvermögens Einblick, da sie objektiv ist. Gleichzeitig ist sie notwendig, so dass sich niemand dieser Ordnung widersetzen kann, ohne für sich und die Gesellschaft Schlechtes und Nachteiliges zu verursachen. So widersetzen sich nur Vermessene dieser objektiven Natürlichen Ordnung, die damit für die Gemeinschaft und sich selbst nur Böses wollen und schaffen. Um tiefere Einsicht in diese natürliche Ordnung zu erlangen, wendet die Philosophie des 17. und 18. Jahrhunderts die naturwissenschaftliche Methode auch auf die Bereiche Ethik und Politik an, mit dem Ziel, beinahe naturwissenschaftlich exakte, messbare Ergebnisse in diesen Bereichen zu erhalten. Als Beispiele seien Spinozas „Ethik" (1677) - als Vorläufer aus dem 17. Jahrhundert - und die politisch-philosophischen Arbeiten von Condorcet genannt. Beide gehen in ihrer Theorie *more geometrico* vor. Später führt Talmon aus, dass die paradoxe Stellung der Natürlichen Ordnung zur Freiheit des Menschen der Kernpunkt der Philosophie des 18. Jahrhunderts sei, die stark eklektizistisch geprägt war.[34] Eine vollkommene Einsicht in das Wesen des Menschen würde seine Freiheit gefährden, ihn determinieren. In diesem Zusammenhang wird von einigen Denkern des 18. Jahrhunderts auf die Bildungsfähigkeit des Menschen verwiesen: Eine vollkommene Einsicht in die menschliche Natur wird dadurch erschwert, dass der Mensch als „Entwicklungswesen" einen wichtigen Teil seiner Seele erst im Laufe seines Lebens bildet und ausbildet. Das macht es kompliziert, prinzipielle Feststellungen über das Wesen des

30 Siehe K. Hornung, Politischer Messianismus: Jacob Talmon und die Genesis der totalitären Diktaturen, in: ZfP, 47. Jg. (2/2000), S. 138-142.

31 Talmon zitiert aus Morelly, Code de la Nature, Paris 1910.

32 Talmon geht insbesondere auf C. A. Helvetius, De L'Esprit, Paris 1795 ein.

33 P. H. Holbach, Système de la Nature, Paris 1821.

34 J. L. Talmon, Die Ursprünge der totalitären Demokratie, Köln/Opladen 1961, S. 25-28.

Menschen zu treffen. Er ist letztlich weder gut noch schlecht, tendiert eher zum Guten und ist durch die Gesetze in seinem Tun beeinflussbar: „In einer Gesellschaft, die sich der Kirche entledigt hat und die die soziale Nützlichkeit als einzigen Maßstab kennt, mußte Erziehung, ebenso wie alles andere, zwangsläufig ihren Brennpunkt im Regierungssystem haben. Erziehung ist Sache der Regierung.“ [35] Auch in diesem Gedanken kommt bei Talmon die Nähe der Philosophie des 18. Jahrhunderts zu totalitären Ansätzen im 20. Jahrhundert zum Ausdruck.

Eine besondere Position nimmt in diesem Zusammenhang für Talmon Jean Jacques Rousseau ein. Er untersucht das Wesen der Dinge, den gesellschaftlich-kulturellen Rahmen, der den Menschen nicht zu seinem Vorteil prägt: Vernunft, Gerechtigkeit, Prinzipien der Legalität und der Herrschaft stehen für Rousseau im Mittelpunkt seiner staatstheoretischen Überlegungen im *Contract social* (1762), die im Zusammenhang mit seiner Pädagogik, der Bildung des Individuums in Hinblick auf ein funktionierendes Gemeinwesen, zu sehen ist: *Emile*, ebenfalls 1762. Das universale Prinzip, die *volonté générale*, manifestiert sich in der staatlichen Herrschaft. Auch der Gesetzgeber muss der *volonté générale* folgen, anders als bei Thomas Hobbes im *Leviathan*, 1651. Durch die *volonté générale* bindet sich das Volk gewissermaßen an sich selbst, denn der *volonté générale* ist unbedingt Folge und Gehorsam zu leisten. In diesem Prinzip steckt auch ein totalitäres Potential, das im späteren Verlauf der Französischen Revolution gerade durch das Eingreifen von Robespierre entfesselt wurde. Dies bedeutet für Talmon eine starke ideologisch-totalitäre Verengung aufgrund der Rousseauschen Philosophie. Alfred Cobban[36] und John W. Chapman[37] vertreten hier eine gegensätzliche Interpretation von Rousseaus Philosophie: Sie sehen sie eher in liberaler Tradition stehend. Meines Erachtens eine treffendere Interpretation von Rousseau, der sich 1760 in seiner „Ersten Version des Gesellschaftsvertrages“ gegen politisch-gesellschaftliche Intoleranz wandte:

> „Il faut penser comme moi pour être sauvé. Voila le dogme affreux qui désole la terre.“
> „Man muß so denken, wie ich, um gerettet zu werden: das ist das schreckliche Dogma, das die Erde verwüstet.“ [38]

Dennoch bleibt festzuhalten, dass Rousseaus staatstheoretisches Konzept durch den Universalismus der *volonté générale* und durch die zivilreligiösen bürgerlichen Verpflichtungen totalitäre Zuspitzung erreichen kann. Talmon unterscheidet nach Chapman drei Ebenen, auf denen die

---

35 Ebd., S. 28.

36 A. Cobban, Rousseau and the Modern State, London 1934 (^{2}1964), S. 29-31.

37 J. W. Chapman, Rousseau - Totalitarian or Liberal?, New York 1956 (Reprint 1968), S. 74, S. 78-80.

gedanklichen Grundlinien, die für die Umstände der Französischen Revolution entscheidend waren, betrachtet werden sollen:

> „erstens Kritik des ancien régime, seiner Mißbräuche und Absurditäten; zweitens positive Gedanken über ein rationaleres und freieres System der Verwaltung, wie zum Beispiel Gedanken über die Gewaltenteilung, die Stellung der Rechtsprechung und ein gesundes Besteuerungssystem; und als Letztes unklare messianische Erwartungen, die sich an die Idee der Natürlichen Ordnung knüpften."[39]

Aus der Gewissheit bezüglich der Natürlichen Ordnung ergibt sich sowohl der Ansatz eines wissenschaftlichen Sozialismus als auch einer integralen Revolution. Die im Gegensatz zu Robespierre eher liberal geprägten Girondisten meldeten jedoch schon 1792/93 Bedenken am Prinzip einer geschlossenen Natürlichen Ordnung an, in der der Mensch leben könnte, da ja der Mensch selbst unvollkommen und alles andere als ein „abgeschlossenes System" ist. Sie sehen die Gefahr, dass dem Menschen mit dem Anspruch einer vollkommenen, totalen Ordnung zuviel aufgezwungen wird, so dass ihm seine Menschlichkeit genommen und er damit zur Bestie wird.

Für Talmon ist klar, dass sich die Philosophen des 18. Jahrhunderts sicher waren, eine neue Religion zu verkünden. Diese Religion war eine weltliche, wie ihr die Kirche vorhielt. Durch die neue, „weltliche Religion" (*secular religion*) werden, so die Kirche, die beiden entscheidenden Bedingungen der privaten wie öffentlichen Sittlichkeit untergraben: die Existenz Gottes und die transzendente Sanktion. Dadurch werden die Grundlagen der Ethik und der Gesellschaft angegriffen, da dem tugendhaften Handeln damit jegliche Grundlage entzogen ist.

Die Philosophie des 18. Jahrhunderts wollte dem Menschen eine nichtreligiöse Ethik lehren. Allen voran Holbach setzte dabei auf den Materialismus als Grundprinzip. Soziale Grundstrukturen wurden damit in „revolutionärer" Weise neu definiert, wobei der Kirche Versagen im sozialen

---

38 Nach I. Fetscher, Rousseaus Politische Philosophie, Neuwied a. Rhein u. Berlin 1968, S. 192; orig. J. J. Rousseau, Du Contract social (première version), in: ders., Œvres complètes, ed. par B. Gagnebin et M. Raymond, t. III (Pléiade), Paris 1964, S. 341: „Il faut penser comme moi pour être sauvé. Voila le dogme affreux qui désole la terre. Vous n'autrez jamais rien fait pour la paix publique si vous n'ôtés de la cité ce dogme infernal. Quiconque ne le trouve pas exécrable ne peut être ni chrétien ni citoyen ni homme, c'est un monstre qu'il faut immoler au repos du genre humain.", „Man muß so denken, wie ich, um gerettet zu werden: das ist das schreckliche Dogma, das die Erde verwüstet. Ihr habt nichts für den öffentlichen Frieden geleistet, wenn ihr dieses höllische Dogma nicht aus der Republik verweist. Wer immer es nicht abscheulich findet, kann weder Christ, noch Staatsbürger, noch Mensch sein, er ist ein Ungeheuer, das dem Frieden der Menschheit zum Opfer gebracht werden muß."

39 J. W. Chapman, Rousseau – Totalitarian or Liberal?, New York 1956 (Reprint 1968), S. 17.

Bereich vorgeworfen wurde und die historische Wahrheit der offenbarten Religion angegriffen wurde. Nach Ansicht dieser antiklerikalen und bisweilen atheistischen Philosophie wurde der Dualismus zwischen Kirche und Welt derart groß, dass die Lehre der Religion zu einem Übel wurde. In unterschiedlicher Weise kommt diese Kritik in den Ansichten von Rousseau, Morelly, Helvetius, Holbach, Diderot, Condorcet und Voltaire zum Ausdruck, die in der kritischen Beschäftigung mit der supranaturalistischen kirchlichen Theologie eine neuartige Religion zu schaffen glaubten.[40] Während Voltaire eher den Angriff auf die gesellschaftliche Ordnung durch die religiöse Ethik hervorhebt, geht Rousseau im „Gesellschaftsvertrag" auf das Loyalitätsproblem der Christen, gerade der Katholiken, ein, die sowohl einem weltlichen als auch einem kirchlichen Souverän zu gehorchen haben. Damit kommt Rousseau der antiken Vorstellung einer Einheit von Politik und Religion sehr nahe, gerade, wenn er vom „Vereinigen der beiden Köpfe des Adlers"[41] – des weltlichen und kirchlichen – spricht, die er in der Staatsphilosophie von Thomas Hobbes bereits vorweggenommen sieht, worauf Talmon aber nicht explizit eingeht.

Atheistische Materialisten wie Helvetius und Holbach lehrten eine Übereinstimmung von Religion und Politik, aufgrund gesetzlicher Regelungen und Einschränkungen im Bereich der Religion und Religionsausübung. Obwohl Rousseau und Mably sich von dieser Richtung absetzten, kamen sie in ihren Überlegungen, wie Talmon hervorhebt, „hebräisch-biblischer und klassisch-heidnischer Auffassung näher als christlichen Vorstellungen"[42], da sie ihren Akzent auf die Garantie der sozialen Ethik setzten und weniger an die Existenz eines göttlichen Wesens dachten.[43] Talmon unterschätzt in diesem Zusammenhang wohl ein wenig die Rolle des göttlichen Wesens bei Rousseau, das gewissermaßen die Grundvoraussetzung für eine zivilreligiöse, den Staat und die Gesetze stützende Konzeption ist, da das Gesetz allein nicht ausreicht, um sittliches Handeln zu gewährleisten. Für Rousseau und Mably beruht die Gesellschaftsordnung auf dem Allgemeinwillen als Prinzip, wohingegen Helvetius, Holbach und Morelly die Gesellschaftsordnung eher auf der Basis der Erkenntnis ruhen sehen: Wissen soll in der Folge in Handlung umgesetzt werden.[44] Anders wird bei Mably und vor allem Rousseau die Zivilreligion

---

[40] Siehe K. Hornung, Politischer Messianismus: Jacob Talmon und die Genesis der totalitären Diktaturen, in: ZfP, 47. Jg. (2/2000), S. 146.

[41] J. J. Rousseau, Vom Gesellschaftsvertrag, Stuttgart 1986, Buch IV, Kap. VIII, S. 143; orig. J. J. Rousseau, Du contract social, in: ders., Œvres complètes, ed. par B. Gagnebin et M. Raymond, t. III (Pléiade), Paris 1964, liv. IV, ch. VIII, 463: „... réunir les deux têtes de l'aigle ...".

[42] J. L. Talmon, Die Ursprünge der totalitären Demokratie, Köln/Opladen 1961, S. 20.

[43] Siehe ebd.

[44] Siehe ebd., S. 21.

zu einer gesellschaftlichen Notwendigkeit, da sie ihre Ordnung stützt. Furcht vor Gott und der Zivilreligion soll durch Androhung der Todesstrafe gewährleistet sein. Die Zivilreligion muss sich dabei nicht mit einer persönlichen Beziehung des Einzelnen zu Gott widersprechen, sofern man Staat und Gesellschaft als unter dem Willen Gottes stehend ansieht, wie das Volk Israels im Alten Testament. Talmon kommt sogar zu dem Schluss, dass die Religion in so einem Falle „zu einer Art Robespierrscher Mystik verschmelzen“ würde: „Es gibt [dann] keine anderen Priester als die Magistrate, religiöses und patriotisches Zeremoniell sind ein und dasselbe, und seinem Lande dienen heißt Gott dienen.“[45] Aufgrund dieser Annahme ist für Talmon in der revolutionären Weltanschauung des 18. Jahrhunderts bereits viel vorweggenommen, was im Totalitarismus des 20. Jahrhunderts als Engführung von Politik und Religion auftritt.

Auf der Gegenseite des Prinzips der Natürlichen Ordnung steht insbesondere Montesquieu, der sich vor den oben genannten Denkern mit der praktischen Entfaltung sozialer Strukturen und Funktionen befasste. Weniger die bloße Erkenntnis als vielmehr die Kunst des Handelns stand hier noch im Mittelpunkt gesellschaftlich politischen Denkens. Der Rationalismus lenkt dagegen das Hauptaugenmerk auf das Wesen und die Psyche des Menschen, die sich in ihren Grundelementen gleich verhalten, und deren Erkenntnis einen guten Zugang zur Politik verschafft. Condorcet richtet seinen Blick ebenfalls auf die Unveränderlichkeit des menschlichen Wesens, aus dem sich die Menschenrechte als universales Prinzip ableiten lassen, was Revolutionen oft vernachlässigen:

> „Die Französische Revolution sei im Vergleich zur amerikanischen ein Geschehen auf einer ganz anderen Ebene. Sie sei eine totale Revolution in dem Sinn, daß sie keinen Bereich und keinen Aspekt des menschlichen Daseins unberührt lasse, während die amerikanische Revolution einen rein politischen Wechsel dargestellt habe.“[46]

So trägt für Talmon die Französische Revolution offensichtlich deutlich totalitäre Züge. Eine Position, die Bronislaw Baczko in seinem Beitrag „Hat die Französische Revolution den Totalitarismus hervorgebracht?“

---

45 Ebd., S. 22.
46 Ebd., S. 25.

nicht teilt.[47] Talmon weist ferner auf Joseph de Maistre[48] hin, in dessen Folge ein „theokratischer Absolutismus" propagiert wurde.[49]

Ein weiterer Kernpunkt der Philosophie des 18. Jahrhunderts ist, insbesondere bei Rousseau, die Eigenliebe. Anders als möglicherweise angenommen, verhindert sie die harmonische Gesellschaftsordnung nicht, sondern bildet in ihrem Streben nach Glück und Freude eine Triebkraft der Menschen in ihrem gesellschaftlichen Zusammenleben. Damit soll, wie Talmon deutlich macht, auch die Sittlichkeit in der Gesellschaft gewährleistet werden. Grund dafür ist, dass keiner das eigene Glück finden kann, wenn er das Glück und das Wohlbefinden anderer völlig vernachlässigt. Nur im Kontext der Gesellschaft können Menschen glücklich werden und ihr Wesen entfalten. Dies erinnert an Grundzüge Aristotelischer Politik und Ethik, für die gemeinschaftliches Zusammenleben der menschen als *zôa politiká* und Freundschaft[50] wichtige Grundlagen darstellen. Anders als bei Aristoteles, bei dem die wahre Freundschaft ohne Abhängigkeiten eine zentrale Rolle spielt, ist für die Philosophie des 18. Jahrhunderts die Berechnung wichtig: Ohne Glück des anderen kann auch keine eigene Zufriedenheit gedeihen. Daraus folgt, dass ich auch das Wohlergehen anderer im Blick haben muss, um selbst zufrieden sein zu können.[51] Eigennutz spielt in der Theorie des 18. Jahrhunderts also ebenfalls eine zentrale Rolle. Talmon weist in diesem Zusammenhang darauf hin, dass „Holbach [...] den lasterhaften Menschen einen schlechten Rechner"[52] nennt. Die Seele muss mit sich im Gleichklang stehen und der Mensch in Harmonie mit seiner Umwelt leben, damit er der Natürlichen Ordnung folgen kann. Unglück würde die Widersetzung gegen die Natürliche Ordnung bedeuten. Für Rousseau heißt das, den *amour-propre*, die Selbstsucht, über den *amour de soi*, den Eigennutz, zu stellen. Die Abstimmung zwischen Eigennutz und Nutzen der Gesellschaft ist Aufgabe des Gesetzgebers, der auch „oberster Erzieher" des Volkes ist. Richtige und gute Gesetze sind somit die Voraussetzung dafür, tugendhafte Menschen im Gemeinwesen zu schaffen.[53] Auch die Neugestaltung oder Steuerung des Menschen durch den Staat in Gesetzen und Zensur ist ein Element totalitärer Herrschaft. Die Sittlichkeit wird also im Wesentlichen durch eine

---

[47] B. Baczko, Hat die Französische Revolution den Totalitarismus hervorgebracht?, in: H. Maier [Hg.], Wege in die Gewalt. Die modernen politischen Religionen, Frankfurt a. M. ²2002, S. 11-36.

[48] Siehe J. de Maistre, Abendstunden in St. Petersburg oder Gespräche über das Walten der göttlichen Vorsicht in zeitlichen Dingen, Frankfurt a. M. 1824 oder in ders., Vom Papste, München 1923.

[49] Siehe J.L. Talmon, Die Ursprünge der totalitären Demokratie, Köln/Opladen 1961, S. 25.

[50] Aristoteles, Nikomachische Ethik, 8. Buch, 1155a1-1163b32.

[51] Siehe J. L. Talmon, Die Ursprünge der totalitären Demokratie, Köln/Opladen 1961, S. 29.

[52] Ebd.

[53] Siehe ebd., S. 30 f.

utilitaristische Komponente gesteuert: das Interesse der größeren Zahl, in das sich das Interesse des Einzelnen einfügen muss. Talmon meint dazu:

> „Die totalitären Möglichkeiten dieser Philosophie sind auf den ersten Blick nicht ganz klar. Aber sie sind dennoch gewichtig. Allein der Gedanke eines in sich geschlossenen Systems, aus dem alles Übel und Unglück ausgerottet wurde, ist totalitär. Die Annahme, daß eine solche Ordnung der Dinge möglich und sogar unvermeidlich sei, ist eine Aufforderung an ein herrschendes System zu verkünden, es verkörpere diese Vervollkommnung, um von seinen Bürgern Anerkennung und Unterwerfung zu erzwingen und Opposition als Laster oder Verderbtheit zu brandmarken.
> Die größte Gefahr dieses Systems liegt in der Tatsache, daß es nicht nur dem Menschen seine Freiheit und seine Rechte nicht verweigert und keine Opfer und Unterwerfung von ihm verlangt, sondern ihm feierlich Freiheit und Rechte sowie menschlichen Eigennutz von neuem bekräftigt. Es behauptet, keine anderen Ziele zu haben als deren Verwirklichung. Solch ein System hat alle Aussicht, um so totalitärer zu werden, gerade weil es alles im vorhinein gewährt und alle liberalen Prämissen a priori akzeptiert.“[54]

Den ersten Beweis für ein solches System findet sich nach Talmon im jakobinischen Regime. Zwar sehen Rousseau, Helvetius oder Holbach für die Durchsetzung der Natürlichen Ordnung weder Gewalt noch Zwang vor und sie propagieren weiterhin die Freiheit, aber dennoch führt dieser Weg in den Totalitarismus, gerade durch den messianischen Glauben an eine totale, alles determinierende Ordnung bedingt. So spricht Mercier de la Rivière vom „Despotismus des Beweises“, da in die Natürliche Ordnung eine absolute Einsicht möglich ist.[55] Höhere Einsichtigkeit in das bestehende System sei gleichbedeutend mit höherer individueller Freiheit, so der Fehlschluss derer, die den Einfluss der Natürlichen Ordnung propagieren.[56] Die Menschen dürfen also nicht in ihrer Eigenart nach eigenen Vorstellungen leben, sondern müssen qua Gesetze so umgestaltet werden, dass sie sich in die Natürliche Ordnung der – allein aufgrund der Gesetze – tugendhaften Gesellschaft einfügen.

Diese Form der staatlichen Ordnung ist verschieden von absolutistischem Gottesgnadentum und Tyrannis im klassischen Sinne, da sie eine „Synthese von Volkssouveränität und Ein-Partei-Diktatur“ darstellt und, nach Talmon, eine „Diktatur ist, die auf Ideologie und Massenbegeisterung basiert“[57].

Politischer Messianismus meint die Durchsetzung eines politischen Programms durch das in-Aussicht-Stellen eines utopischen Ziels, das die Verwirklichung eines Heilszustandes bereits im Diesseits beinhaltet. Zu diesem Ziel leitet *eine* Führerperson, die ihre Ideen und Vorstellungen in

---

54 Ebd., S. 32.
55 Nach ebd., S. 33.
56 Siehe ebd.
57 Ebd., S. 6.

einer Partei verwirklicht und die in einem Personenkult bis hin zur Apotheose verehrt wird.

Dieses heilversprechende Ziel erreichen aber nur Auserwählte, die Einsicht in ein Ordnungssystem gewonnen haben, das implizit im Programm der Einheitspartei zum Ausdruck kommt. Die „Anderen", die diese Einsicht nicht gewinnen konnten oder durften, sind als „Feinde", die dem eigenen Volk und der Nation schaden[58], dem Untergang geweiht. Sie stehen der apokalyptischen Entfaltung des heilbringenden Zieles nur im Weg und müssen vernichtet werden, um das angestrebte Ziel ins Werk zu setzen. Die Menschen müssen, wenn nötig, zu ihrem Glück, das die totalitären Regime zu beinhalten glauben, gezwungen werden. Dabei hilft eine anfangs kleine Gruppe von Begeisterten, für die die heilbringende Zielvorstellung so stark ist, dass sie zu ihrer Durchsetzung im wahrsten Sinne des Wortes „über Leichen gehen". So kann durch diese relativ kleine Gruppe eine Massenbewegung ausgelöst werden, die notwendig ist, um die totalitäre Doktrin der Partei, die sämtliche Lebensbereiche *total* umfasst, wirksam werden zu lassen – ähnlich der Konzeption des „totalen Staates" bei Carl Schmitt. So entfesselt sich das Gewaltpotential der Totalitarismen, das sich in Kriegen und Massenvernichtung aufs Unmenschlichste entlädt, die als apokalyptische Ausbrüche in einer Übergangsphase vor dem Heilszustand stehen und ihm den Weg ebnen sollen.

---

58 Siehe dazu J. L. Talmon, Politischer Messianismus, Köln/Opladen 1963, S. 201-260 („Messianischer Nationalismus"), bes. S. 226-247 („Das Volk als Messias (Mazzini, Mickiewicz)").

V. Übergreifende Ansätze: Leo Strauss und Hannah Arendt

Katrin Mey

1. Leo Strauss' Wiederbelebung der klassischen Tyrannislehre

Im Zuge der Interpretation totalitärer Phänomene kamen die klassischen Begriffe Despotie, Diktatur oder Tyrannis kaum mehr zur Anwendung. Vielmehr wurden neue „Theorien" zur Erfassung des Phänomens entwikkelt.[1] Einer, der sich dennoch mit dem klassischen Tyrannisbegriff auseinandersetzt und ihn in mehrfacher Hinsicht für die Erfassung und Interpretation totalitärer Phänomene fruchtbar macht, ist Leo Strauss.[2]

Fruchtbar wird sein Tyrannis-Begriff zum einen für die Diagnose einer tyrannischen Herrschaft, zum anderen für den praktischen und theoretischen Umgang mit ihr, zum wieder anderen für ein vertieftes Verständnis guter politischer Ordnungen. Damit nimmt Leo Strauss nicht nur den klassischen heuristischen Begriff der Tyrannis wieder auf – wie er sich in erster Linie bei Platon, Aristoteles und Xenophon findet, sondern auch

---

1 Den Unterschied in der Haltung des Wissenschaftlers zum Phänomen bei der Entwicklung von Theorien oder Lehren, arbeitet Hella Mandt heraus: Mandt, Hella [Mandt]: Tyrannislehre und Widerstandsrecht. Studien zur deutschen politischen Theorie des 19. Jahrhunderts, Darmstadt/Neuwied 1974. S. 5 f., 8-11.

2 Strauss, Leo [Hieron]: Über Tyrannis. Eine Interpretation von Xenophons „Hieron" mit einem Essay über Tyrannis und Weisheit von Alexandre Kojève, Darmstadt/Neuwied 1963. Strauss, Leo [On Tyranny]: On Tyranny. Including the Strauss-Kojéve-Correspondence, edited by Victor Gourevitch and Michael S. Roth, Chicago/London: The University of Chicago Press ³2000. Zum Verhältnis von Philosophie, Philosoph und Gesellschaft insbesondere auch: Strauss, Leo: Persecution and the Art of Writing, Chicago/London: The University of Chicago Press 1988. S. 22-37.

die Intentionalität dieser klassischen Philosophen,[3] die den Tyrannis-Begriff immer eingebettet in eine Tyrannislehre verwenden. Im Unterschied zu den moderneren Theorien, die streng phänomenorientiert sind, rückt die Tyrannislehre den Menschen als zweiten Brennpunkt der Ellipse wieder in die Betrachtung des Phänomens ein: Die philosophische Intentionalität begründet den Zusammenhang zwischen der Frage nach der Tyrannis und der Frage nach der Wahrheit des Seins, der von der modernen politischen Wissenschaft als werturteilend ausgeblendet wurde.

> „Unsere politische Wissenschaft ist von dem Gedanken geradezu besessen, daß Wissenschaftlichkeit Werturteile ausschließt. Ein Regime jedoch als tyrannisch zu bezeichnen, bedeutet: ein Werturteil fällen. Der politische Wissenschaftler, der sich der Wertfreiheit verschrieben hat, wird von Massenstaat, Diktatur, Totalitarismus, autoritärem Staat und so weiter sprechen. Als Staatsbürger mag er ein tyrannisches Regime von ganzem Herzen ablehnen. Als politischer Wissenschaftler jedoch muß er den Begriff der Tyrannis als „Mythos" abtun." [4]

Mit Strauss' Tyrannis-Begriff erwartet uns mithin kein Merkmalskatalog, der empirisch gewonnen und empirisch wiederum abgearbeitet wird, sondern die Analyse der Grundstruktur eines politischen Prozesses zwischen Denken und Ordnung: der Grundstruktur menschlichen Daseins. Damit generiert nach Strauss die klassische Tyrannislehre nicht nur Verständnis für die Entstehung und das Funktionieren der Tyrannis, sondern sie ist auch eine Prophylaxe gegen diese dem Menschen inadäquate politische Ordnung. Die Frage nach der Tyrannis zu stellen, ist also nicht nur angesichts totalitärer Phänomene sinnvoll, sondern zu jeder Zeit. Sie aufhören zu stellen und sie als überkommene Phänomenbeschreibung abzutun, macht blind für den Anfang einer Tyrannis und damit anfällig für sie.

Diese Blindheit des Tyrannis-Begriffs Ende des 19. Jahrhunderts, Anfang des 20. Jahrhunderts wurde von Hella Mandt aufgezeigt.[5] Leo Strauss machte den Begriff wieder scharfsichtig für die totalitären Regime des 20. Jahrhunderts.[6] Seine Rekonstruktion des Tyrannis-Begriffs erlaubt ihm die klassische politische Philosophie in ein diagnostisches und therapeutisches Verhältnis zum historischen Phänomen des Totalitarismus zu setzen; sie ist nicht die einzige Möglichkeit, dieses Phänomen in eine verstehende Deutung zu überführen, aber es ist eine Möglichkeit, beschreibend konstruktiv über sie hinauszuweisen.[7]

---

[3] Minutiös rekonstruiert bei Meier, Heinrich [Die Denkbewegung bei Leo Strauss]: Die Denkbewegung von Leo Strauss. Die Geschichte der Philosophie und die Intention des Philosophen, Stuttgart/Weimar 1996. s. bes. S. 29-31.

[4] Hieron S. 34.

[5] Mandt S. 301 ff.

[6] Andere Ansicht: Strauss' Klassikerapplikation sei fern von den Desideraten der Gegenwartsanalyse, so bei: Söllner, Alfons [Söllner]: Leo Strauss, in: Politische Philosophie des 20. Jahrhunderts, hg.v. Karl Graf Ballestrem und Henning Ottmann , München 1990, S. 105-121. S. 110.

In einem ersten Schritt skizziert Strauss in seiner Tyrannisschrift, worin sich die klassische Tyrannis und die moderne Tyrannis unterscheiden.

> „Im Gegensatz zur klassischen Tyrannis verfügt die Tyrannis unserer Tage sowohl über die Technik als auch über „Ideologie"". [8]

> „Die Tyrannis des zwanzigsten Jahrhunderts setzt die Existenz der Naturwissenschaften voraus, beziehungsweise die einer besonderen Art der Naturwissenschaft. Umgekehrt hat es die klassische Tyrannis im Gegensatz zur modernen mit einer Naturwissenschaft zu tun, deren Ziele weder tatsächlich noch potentiell in der Beherrschung der Natur oder in der Verbreitung und Popularisierung ihrer Erkenntnisse bestanden." [9]

Der entscheidende Unterschied also zwischen klassischer und moderner Tyrannis ist die Technik.[10] Die Technik bringt der Tyrannis die Möglichkeit „permanent und allumfassend" zu werden.[11]

> „Wir stehen heute einer Tyrannis gegenüber, die auf Grund der „Eroberung der Natur" und insbesondere der menschlichen Natur eine Gefahr mit sich bringt, die in keiner früheren Tyrannis gegeben war, die Gefahr nämlich, permanent und allumfassend zu werden. Die schreckliche Alternative, daß der Mensch oder das menschliche Denken entweder plötzlich und unbarmherzig oder allmählich und mit sanften Mitteln kollektiviert werden, zwingt uns, uns darüber Gedanken zu machen, wie wir diesem Dilemma entrinnen können. Wir wollen daher die elementaren und unauffälligen Bedingungen menschlicher Freiheit noch einmal bedenken."

Denn Hand in Hand mit den technischen Möglichkeiten, die der modernen Tyrannis zur Verfügung stehen, geht ihr Allmachtsanspruch zur Beherrschung der menschlichen Natur, die Wahrnahme all dieser Möglichkeiten: ihre Ideologie.

Das Denken über die Bedingungen der menschlichen Freiheit könnte aber durch den fundamentalen Unterschied von Technik und Ideologie zwischen der antiken und der klassischen Tyrannis vor eine neue Ausgangssituation gestellt worden sein; es könnte sein, daß die klassische Tyrannislehre angesichts der modernen Tyrannis nichts mehr mitzuteilen hat, weil sie sich mit anderen, weniger allumfassenden und permanenten Tyranneien auseinanderzusetzen hatte. Der fundamentale Unterschied zwischen antiker und moderner Tyrannis ist jedoch kein Unterschied im Wesen, sondern nur ein Unterschied im Grad.

---

7 Introduction [On Tyranny]S. xxii.
8 Hieron S. 33.
9 Hieron, S. 33.
10 Introduction [On Tyranny] S. xxi.
11 Hieron S. 39.

Die Frage, wie allumfassend und permanent eine Tyrannis ist, in welchem Grad sich die Tyrannis verwirklicht hat, ist nach Strauss nicht die Grundfrage der klassischen Tyrannislehre. Deren denkerische Ausgangsposition sind die Fragen nach den Bedingungen der menschlichen Freiheit, nach dem Verhältnis von Glückseligkeit und politischer Ordnung, nach dem Verhältnis von philosophischem Denken und politischer Ordnung.[12] Je umfassender und permanenter allerdings sich eine Tyrannis etabliert hat, desto dringlicher stellen sich diese Fragen, desto mehr können die gestellten Fragen beim Bemühen um eine Antwort leisten. Mit anderen Worten: Nie war es dringender und nötiger sich den klassischen Denkbemühungen um die Tyrannis zu unterziehen als angesichts der totalitären Bedrohungen der menschlichen Freiheit im 20. Jahrhundert.

> „Die Tatsache, daß ein fundamentaler Unterschied zwischen der klassischen Tyrannis und der Tyrannis unserer Tage besteht, beziehungsweise, daß die Klassiker sich die gegenwärtige Form der Tyrannis nicht einmal in in ihren kühnsten Träumen vorzustellen vermochten, ist weder ein guter noch ein hinreichender Grund, daß klassische Bezugssystem aufzugeben. Denn diese Tatsache ist völlig mit der Möglichkeit in Einklang zu bringen, daß die Tyrannis unserer Tage in das klassische Bezugssystem sich einfügen läßt, daß sie sogar außerhalb dieses Bezugssystems überhaupt nicht richtig verstanden werden kann." [13]

Für die Klassiker war die eine wichtige Frage der Tyrannislehre die nach der besten politischen Ordnung. Nach Leo Strauss war für diese Denker völlig klar, daß die vollkommene politische Ordnung der Natur des Menschen entsprechen muß, um dessen eigentliches Ziel: Glückseligkeit verwirklichen und bewahren zu können. Nun war es den Klassikern aber ebenso evident, daß dabei mit der vanitas der menschlichen Natur gerechnet werden mußte,[14] daß Glückseligkeit ein in der Verwirklichung zu individualisierender, weil moralischer Begriff ist - mithin, daß die politische Ordnung nur die Bedingungen der Möglichkeit für Glückseligkeit schaffen kann.

Glückseligkeit erschließt sich für die Antike immer als Verbeugung der anderen vor der individuellen Tugend, das heißt, ihrer Realisierung unter den Bedingungen der Möglichkeit von Freiheit. Dies hat zwei Vorausset-

---

12 Zuckert, Catherine H. [Zuckert]: Postmodern Platos. Nietzsche, Heidegger, Gadamer, Strauss, Derrida, Chicago/London: The University of Chicago Press 1996. S. 132.

13 Hieron S. 198.

14 Ein neuer Umgang mit der Kontingenz der menschlichen Natur führte zu einem Funktionswandel der politischen Philosophie in der Moderne: War sie vorher auf die Vergangenheit gerichtet, richtete sie sich nun auf die Zukunft und deren Gestaltung; s.Söllner S. 111. s. Strauss, Leo: Hobbes' politische Wissenschaft, Neuwied/Berlin 1965. S. 16 ff., 106-108.

zungen: ich muß tugendhaft sein, um anerkannt zu werden; es muß andere tugendhafte Subjekte geben, die mir die Anerkennung geben können, die ich um der Glückseligkeit willen brauche. Mit der Vernichtung dieser anderen tugendhaften Subjekte vernichte ich zugleich den Maßstab und die Möglichkeit meiner eigenen Glückseligkeit - die Möglichkeit zur Tugend ist die Bedingung der Möglichkeit für Anerkennung.

Nichts anderes weist Simonides dem Hieron nach, wenn er dessen Bemühungen um Liebe und Anerkennung als Tyrann in einer Tyrannis als Widerspruch in sich selbst entlarvt - mit seinem Anspruch auf absolute Macht über alle seine Untertanen, auf die Herrschaft über sie wie über Sachen vernichtet er Freiheit als Bedingung der Möglichkeit für Anerkennung und Liebe der anderen, er vernichtet die Möglichkeit der Tugend, damit die Möglichkeit der Realisierung seines Anspruchs. Der Tyrann verhält sich wie jemand, der ein Kompliment oder ein Geschenk fordert; er beschreitet einen Weg, der ihn auf jeden Fall nicht zu seinem Ziel führen kann. An diesem Punkt angekommen, generiert Simonides bei Hieron die Einsicht, daß es sich unter diesen Umständen für einen Tyrannen gar nicht lohne zu leben, mithin der Tyrann eigentlich Selbstmord verüben müßte.

Die Pointe des xenophontischen Dialogs zeichnet Leo Strauss nach: Die Lösung für den Tyrann besteht darin, sich eben nicht wie ein Tyrann zu verhalten, sondern sich durch Freundschaften, Verzicht auf Willkür und Selbstbindung (Gesetze), Freigebigkeit und Gewährung von Freiheit den Weg zur Glückseligkeit, zur moralischen, individuellen Anerkennung durch die anderen wieder freizumachen. Das Tyrannische einer Tyrannis rückt in dieser Form der Tyrannis freilich von der Realisierung in die Potenz, die bloße Möglichkeit zur Macht, die sich nie realisiert. Diese gute Tyrannis ist damit strukturiert wie jede andere gute Ordnung, nämlich zweipolig: Macht respektive Wahrheit und Gesetz. Die Frage nach der Wahrheit, das Verhältnis von Philosophie und Gesetz in der Gesellschaft, ist mithin die zweite wichtige Frage der klassischen Tyrannislehre.

Das Gesetz ist die Vermittlungsinstanz zwischen dem Streben nach Wahrheit, dem stetigen Fragen, dem Ausschreiten der menschlichen Kontingenz durch die Philosophen und der Notwendigkeit, das Miteinander auch der Nichtphilosophen zu organisieren. Gesetze sind kodifizierte Einsichten, die, weil sie menschlich sind, sich immer wieder der Falsifikation anheimstellen müssen.[15] Um Geltung haben zu können, kann Fallibilität aber nicht auf ihren Fahnen stehen; ihr durch fragendes Suchen gerecht zu werden, ist mithin nicht das Unterfangen der Gesetze, sondern

15 Pangle, Thomas L. : On the Epistolary Dialogue Between Leo Strauss und Eric Voegelin, in: Leo Strauss. Political Philosopher and Jewish Thinker, edited by Kenneth L. Deutsch and Walter Nicgorski,London/Lanham Maryland: Rowman&Littlefield Publishers 1994. S. 231-256. S. 248.

der Philosophen. Leo Strauss charakterisiert das Verhältnis von Politik, die Gesetze erläßt, und dem Philosophen wie folgt:

> „Da der Philosoph ein Mensch ist, dessen ganzes Leben dem Suchen nach Weisheit gewidmet ist, bleibt ihm keine Zeit für irgendwelche politische Betätigung. Niemals kann der Philosoph zu herrschen begehren. Die einzige Forderung, die er an die Politiker stellt, ist: ihn in Frieden zu lassen. Er rechtfertigt seine Forderung, indem er ehrlich versichert, daß seine Unternehmen rein theoretischer Natur sind und auf gar keinen Fall die Kreise des Politikers stören können [...]. Der Philosoph kann nicht in völliger Einsamkeit leben, denn legitime „subjektive Gewißheit" und die „subjektive Gewißheit" des Verrückten sind schwer zu unterscheiden. Echte Gewißheit ist „intersubjektiv" [...]. Der Philosoph muß den geschlossenen und verzauberten Kreis der „Eingeweihten" verlassen, will er Philosoph bleiben. Er muß sich auf den Marktplatz begeben. Es kann also der Konflikt mit den Politikern nicht ausbleiben. Und dieser Konflikt selbst - von seinen Ursachen und Wirkungen ganz zu schweigen - ist schon politische Aktion."[16]

Der Philosoph ist also gerade nicht unpolitisch, aber ebenso wie in einer guten politischen Ordnung der Politiker dem Philosophen die Möglichkeit zu denken nicht beschränkt, nimmt der sokratische Philosoph seine Aufgabe sozial verantwortet wahr:

> „Sokratische Rhetorik ist als unentbehrliches Instrument der Philosophie gemeint. Ihr Ziel ist es, potentielle Philosophen zur Philosophie zu führen, und zwar einmal durch Übung und zum anderen durch Befreiung von jenen Zaubereien, die dem philosophischen Bemühen im Wege stehen. Die sokratische Rhetorik soll aber auch jenen den Weg zur Philosophie verstellen, die zum Philosophieren sich nicht eignen. Sokratische Rhetorik ist unbedingt gerecht. Ihr Motiv ist soziale Verantwortung. Sie gründet in der Annahme, daß ein Mißverhältnis besteht zwischen dem kompromißlosen Suchen nach Wahrheit und den Erfordernissen der Gesellschaft; oder anders ausgedrückt: nicht jede Wahrheit ist zu jeder Zeit ungefährlich."[17]

Um diese optimale „Konfliktsituation" aufrechterhalten zu können, bedarf es der Herrschaft der „gentleman", der noblen Männer: sie verzichten auf den politisch tyrannischen Herrschaftsanspruch, der in der Wahrheit enthalten ist, weil sie in der Lage sind, einzusehen, daß sie der Wahrheit als Politiker nicht teilhaftig werden können: das Geschäft der Suche nach Weisheit überlassen sie den Philosophen und stellen die Nichtweisen unter das Gesetz:

> „Fest steht allerdings, daß die absolute Herrschaft derer, die nicht weise sind, weniger wünschenswert ist als ihre begrenzte Herrschaft: die Nicht-Weisen sollten unter dem Gesetz stehen." [18]

---

[16] Hieron S. 216.
[17] Hieron S. 38.
[18] Hieron S. 215.

Diese Edlen sind auch in der Lage in einer Tyrannis glücklich zu leben, denn das Ausblenden des absoluten Anspruchs gelingt ihnen auch dort – jedenfalls wenn die Tyrannis der idealen Tyrannis des Simonides entspricht.[19]

Nur aber in einer Ordnung, die diese beiden Pole festhält: Wahrheit und Gesetz, kann sich der „gentleman" glücklich nennen: in einem diese Pole abschaffenden System kann es Tugend nicht mehr geben. Philosophie im klassischen Sinne erhebt gerade nicht den Anspruch zu herrschen, sie lehnt die Herrscherkrone ausdrücklich ab. Denn:

> „Philosophie an sich ist nichts anderes als echte Erkenntnis der grundlegenden Probleme in ihrer Gesamtheit. Es ist nicht möglich, über diese Probleme nachzudenken, ohne sich einer der wenigen denkbaren Lösungen zu nähern. Solange es jedoch Weisheit nicht gibt, sondern nur die Suche nach Weisheit, ist – unvermeidlich – die Überzeugungskraft aller denkbaren Lösungen geringer als die Evidenz der Probleme. Daher hört der Philosoph in dem Augenblick auf, Philosoph zu sein, in dem die „subjektive Gewißheit" einer Lösung seine Erkenntnis des problematischen Charakters dieser Lösung verdrängt. In diesem Augenblick wird ein Sektierer geboren."[20]

> „Denn die Massenpartei ist nichts anderes als eine Sekte mit ungewöhnlich großem Anhang."[21]

Nur wenn Philosophie nicht herrscht, sondern Bestandteil einer stabilen, guten, ihre Tätigkeit gewährleistenden Ordnung ist, ist sie sie selbst. Gegen Vereinnahmungen für die politische Aktivität im Sinne des Herrschens muß sie sich ausdrücklich verwahren – dies ist ihre politische Aktion: sich selbst als Maßstab suchende für eine politische Ordnung zu bewahren. Und daher wendet Strauss gegen Kojève, mit dem er sich intensiv über Tyrannis auseinandersetzte und welcher den Mißerfolg der bisherigen Philosophie meinte zu erkennen, ein:

> „Entgegen Kojèves Annahme war die politische Aktion der Philosophie für die Philosophie von vollem Erfolg gekrönt."[22]

Für Kojève besteht die politische Aktion der Philosophie in dem Anstreben der politischen Herrschaft seitens der Philosophen als den Fachkundigsten in Fragen der besten politischen Ordnung. An diesem Punkt setzt Strauss' Kritik an dem Linkshegelianer Kojève an:

> „Hegels Lehre ist weit anspruchsvoller als die von Hobbes, aber sie ist genau wie diese eine Konstruktion. Beide Lehren konstruieren die menschliche Ge-

[19] Hieron S. 98.
[20] Hieron S. 219.
[21] Hieron S. 218.
[22] Hieron S. 230.

sellschaft, indem sie von der falschen Voraussetzung ausgehen, daß man sich den Menschen an sich als ein Wesen vorstellen kann, dem das Bewußtsein geheiligter Grenzen abgeht, als ein Wesen also, das allein vom Wunsch nach Anerkennung getrieben wird."[23]

„Hegel setzte eine moderne Tradition fort und radikalisierte sie in gewissem Sinne: jene moderne Tradition, die die Leidenschaften und daher den „Wettbewerb" freigab. Diese Tradition begann mit Machiavelli und wurde von Männern wie Hobbes und Adam Smith vervollkommnet. Sie entstand durch einen bewußt vollzogenen Bruch mit den strengen moralischen Forderungen, die sowohl die Bibel als auch die klassische Tradition stellten."[24]

Die Geschichtsphilosophie Kojèves ignoriert das anthropologische Faktum der Kontingenz, indem sie nicht wie die klassische Philosophie die Unmöglichkeit der Realisierung der Glückseligkeit aller Menschen in die Frage der besten politischen Ordnung miteinbezieht, sondern auf die Realisierung geringerer Ziele setzt:

„Daraus folgte, daß man moralische Tugend durch allgemeine Anerkennung ersetzte, beziehungsweise daß man Glückseligkeit durch die Befriedigung ersetzte, die aus allgemeiner Anerkennung herrührt. Die klassische Lösung ist utopisch in dem Sinn, daß ihre Verwirklichung unwahrscheinlich ist. Die moderne Lösung ist utopisch in dem Sinn, daß ihre Verwirklichung unmöglich ist. Die klassische Lösung führt zu einem festen Wertmaßstab, an dem jede tatsächliche Lösung gemessen werden kann. Die moderne Lösung zerstört am Ende selbst die Idee eines Wertmaßstabes, der von den Gegebenheiten unabhängig wäre."[25]

Die Entsprechung dieser Realisierung minimalisierter Glückseligkeit – Befriedigung durch allgemeine Anerkennung – in der politischen Form ist der universale einheitliche Staat, der mithin auch das Ziel des Geschichtsprozesses ist.

„Wenn der universale einheitliche Staat das Ziel der Geschichte ist, dann ist Geschichte absolut ‚tragisch'. Ihre Vollendung wird offenbaren, daß das Problem des Menschen und insbesondere das Problem der Beziehung zwischen Philosophie und Politik unlösbar ist. Jahrhundertelang haben die Menschen unbewußt nichts getan, als sich ihren Weg durch unendliche Mühen, Kämpfe und Leiden zu bahnen, immer wieder auf den universalen und einheitlichen Staat hoffend; doch wenn sie das Ziel ihrer Reise erreicht haben, müssen sie einsehen, daß sie mit ihrer Ankunft am Ziel ihre Menschlichkeit zerstört haben, und so in den Zyklus zu den vormenschlichen Anfängen der Geschichte zurückgekehrt sind."[26]

Im Zusammenfall von Philosophie und Politik wird das Menschliche aufgegeben: Freiheit in Kontingenz. Das Ausschreiten der menschlichen

23 Hieron S. 214.
24 Hieron S. 214.
25 Hieron S. 235.
26 Hieron S. 233.

Grenzen, das deren Anerkennung voraussetzt, wird suspendiert für die Beschränkung auf das Animalische, die Grenzenlosigkeit suggeriert. In so einer Ordnung kann Philosophie sich nur im nietzscheanischen Sinne als Nihilismus rekonstituieren, indem sie sich dieser minimalistischen Scheinlösung verweigert.[27]

Leo Strauss deckt hier die Strukturübereinstimmung zwischen ‚linker' und ‚rechter' Tyrannis auf: in beiden Versuchen, menschliche Kontingenz zu überwinden, wird nur die Menschlichkeit, die menschliche Natur an ihr Ende gebracht, nicht die Kontingenz. Eine Tyrannis, die universal und permanent wird, bedeutet das Ende der Philosophie, weil sie mit dem Anspruch der Philosophie daherkommt, ohne die Bedingung der Möglichkeit für Philosophie zu akzeptieren – die Anerkennung der Geschichtlichkeit des Menschen, die Anerkennung seiner Kontingenz und damit die Freiheit, diese immer wieder versuchend auszuschreiten. Beide treten mit dem Anspruch auf, die Geschichte zu überwinden: Die Linkshegelianer in der Person Kojèves bringen die Geschichte an ihr Ende, indem sie sie ihrer geschichtsphilosophischen Vollendung zuführen.[28] Die ‚Rechten' in Gestalt der Nationalsozialisten machen sich die historistische Position zueigen, indem sie die historische Situation als unvergleichlich absolut setzen und so den Menschen seiner Geschichtlichkeit und damit seiner Gemeinsamkeit mit dem historischen Rest der Menschheit berauben.[29]

In beiden Fällen werden die Möglichkeiten der Technik in den Dienst der Überwindung gerade dieser kontingenten Natur des Menschen gestellt. Das ‚Tragische' liegt darin, daß diese Grenzen nicht wirklich überwunden werden, sondern die Technik nur dazu dient, die grenzenvorführenden Phänomene (andere Klassen, andere Rassen) zu vernichten und damit den Schein der Kontingenzüberwindung herzustellen.

In der Klassischen Philosophie manifestierte sich in der guten politischen Ordnung immer die Möglichkeit der Existenz des Anderen, die Möglichkeit auch zur Korrektur der eigenen Ordnung zum besseren, indem durch die esoterische Lehre der Philosophen Reformen und nicht Revolutionen auf den Weg gebracht werden.[30] Die gewaltsame Revolu-

---

27 Hieron S. 233. „Entpolitisierung" als Tendenz der Moderne, die die Fundamentalität des Politischen leugnet, bietet einen Anknüpfungspunkt zu Hannah Arendts politischer Philosophie. Zu Leo Strauss s. bei: Kaufmann, Clemens [Kaufmann]: Leo Strauss zur Einführung, Hamburg 1997. S. 87-89. s.a. Meier, Heinrich [Meier]: Carl Schmitt, Leo Strauss und „Der Begriff des Politischen". Zu einem Dialog unter Abwesenden, Stuttgart 1998. S. 29 f.

28 Hieron S. 236.

29 S. Strauss, Leo: Naturrecht und Geschichte, Stuttgart 1953. S. 12-15. Seine Auseinandersetzung mit Heidegger nachlesbar bei: Zuckert S. 130-132; Kaufmann S. 64-73.

30 Hieron S. 236.

tion, wie Kojève sie für den universalen und permanenten Philosophenstaat in seinen Anfängen beschreibt, richtet sich so sehr gegen die ursprüngliche politische Ordnung, daß sie diese als Anderes zur neuen politischen Ordnung gänzlich vernichten will.[31]

> „Alles nimmt sich wie die Wiederholung des uralten Dramas aus. Nur ist diesmal die Sache der Philosophie von vornherein verloren. Denn der letzte Tyrann präsentiert sich als Philosoph, als die oberste philosophische Autorität, als der oberste Exeget der einzig wahren Philosophie, als der Vollstrecker und Henker, der seine Vollmacht aus der einzig wahren Philosophie herleitet. So behauptet er, daß er nicht die Philosophie verfolgt, sondern die falsche Philosophie. Diese Erfahrung ist für den Philosophen nicht ganz neu. [...] Und da es keinen universalen Staat gab, konnten die Philosophen in andere Länder entfliehen, wenn das Leben unter dem Tyrannen unerträglich wurde. Vor dem universalen Tyrannen aber gibt es keine Flucht. Dank der Eroberung der Natur und dem vollkommen ungehinderten Ersatz des Gesetzes durch Aberglauben und Terror, stehen dem universalen Tyrannen praktisch unbegrenzte Mittel zur Verfügung, auch die bescheidensten Ansätze unabhängigen Denkens aufzuspüren und zu vernichten. Kojève scheint recht zu haben, wenn auch aus dem falschen Grund: Der Anbruch des universalen und einheitlichen Staates bedeutet das Ende der Philosophie auf Erden..."[32]

Strauss wirft Kojève vor, daß er die Abhängigkeit der Wahrheit von der menschlichen Geschichtlichkeit voraussetzt. Insofern muß sich das Sein, das wahre Sein, immer an der konkreten geschichtlichen Situation des Menschen messen lassen, es geht vollständig in ihr auf.

> „Social change or fate affects being, if it is not identical with Being, and hence affects truth."[33]

Daher muß Kojève sich mit seiner Philosophie, um der Wahrheit auf die Spur zu kommen, am Menschen in seiner konkreten Situation ausrichten: Der Mensch muß ganz auf der Erde zuhause sein.[34]

Die klassischen Philosophen hingegen orientierten sich an einer unabhängigen, ewigen Ordnung, die es in der Geschichte immer wieder zu suchen und in möglichst präzisen Näherungswerten zu etablieren gilt. Geschichtliche Prozesse sind also freie Prozesse auf dem Hintergrund einer notwendigen, ewigen Ordnung.

Ein Sein hingegen, von dem angenommen wird, daß es sich selbst schafft im Verlauf der Geschichte, kennt keine Korrektur an einem ewigen Sein. Eine Tyrannis muß immer ein solches Sein zur fundamentalen, denkerischen Voraussetzung ihrer Existenz machen; mit der klassischen Voraussetzung würde sie sich – weil sie einen Maßstab ihrer selbst etablie-

---

31 Hier erweist sich Strauss als dezidierter Anhänger Kants.

32 Hieron S. 236.

33 On Tyranny S. 212.

34 On Tyranny S. 212.

ren und anerkennen müßte - in Widerspruch zu sich selbst begeben: eine Tyrannis, die sich einem Maßstab aussetzt, hat gerade keine Herrschaft über diesen Maßstab, und nur so kann sie eine gute Tyrannis sein. Der Erweis des xenophontischen Dialogs zwischen Simonides und Hieron, daß die gute Tyrannis eine Utopie ist, thematisiert anläßlich der Frage der Tyrannis zugleich die Frage des Seins, der menschlichen Natur und der guten politischen Ordnung - und indem er das tut, wird klar, daß diese drei Komponenten nicht identisch sein können.[35]

Mit der klassischen Tyrannislehre und ihren hier explizierten Voraussetzungen hält man diese drei Komponenten wie drei Bälle in der Luft und zwar in der Luft zwischen Philosophen und politischer Ordnung bzw. Gesellschaft. Wird diese Dialektik zwischen Philosoph und Gesellschaft zugunsten eines dialektischen Geschichtsprozesses (oder einer Abschaffung der Geschichtlichkeit überhaupt) beseitigt, fällt die Menschlichkeit zusammen mit der Wahrheit und der guten politischen Ordnung in den Sumpf eines alles vernichtenden Geschichtsverlaufs.[36]

Insofern erhellt Strauss mit seiner präzisen Rekapitulation der klassischen Tyrannislehre die Möglichkeit, auch die modernen Tyranneien in ihrer Absage an die Menschlichkeit begrifflich zu erfassen. Mit den in der klassischen Tyrannislehre virulenten Fragen nach der menschlichen Natur, dem wahren Sein und der guten politischen Ordnung ist zugleich eine heuristische Struktur vorgegeben, die es ermöglicht, jedwede Form moderner Tyranneien oder totalitärer Phänomene unabhängig von ihrer konkreten kontingenten historischen Erscheinung, unabhängig von einem abschließenden oder offenen Merkmalskatalog, zu identifizieren und gleichzeitig begründet zu verurteilen.

2. Die Natur des Menschen und der Totalitarismus - Hannah Arendt

Vor Hannah Arendts Bewertung und Beurteilung des Phänomens des Totalitarismus, die in eine allgemeine Theorie des Politischen einmünden und einige Affinitäten zu dem Konzept von Leo Strauss haben, stehen ihre historisch-funktionale Beschreibung und begriffliche Analyse des Phänomens, die sie in *Elemente und Ursprünge totaler Herrschaft* vornimmt. Der Titel zeigt bereits an, daß sie keine umfassende Theorie des Phänomens zu leisten beansprucht, sondern sich auf die ihr wichtigen, wesentlichen Facetten des Phänomens beschränken und so dem Wesensverständnis erschließen will. Besonders interessiert uns dabei ihre Verortung des Menschen im Politischen und sein Schicksal innerhalb eines totalitären Systems.[37]

---

35 Meier S. 95 f.
36 On Tyranny S. 212.

Ihre in drei Teile gegliederte Schrift zeigt in den ersten zwei Teilen historisch-chronologisch und mit dem Anspruch, eine Tendenz zu beschreiben, Phänomene auf, die den Elementen im Totalitarismus wesensverwandt sind, in ihnen münden und strukturell dort ihre Realisierung finden. Arendt beschreibt geistige Strukturen, verweist auf historische Analogien – freilich ohne strenge historische Kausalität zwischen den Ursprüngen und den Elementen im Phänomen zu behaupten.[38] Vielmehr geht sie zu einer begrifflichen Analyse über und konstruiert den Zusammenhang als „Kristallisation".[39] Ihre Vorgehensweise liegt damit als Mittleres zwischen der Philosophie und der historischen und politischen Wissenschaft – was die kontroverse Rezeption ihres Werkes erklärt.

Ihre Auffassung von „urteilendem Verstehen"[40] ist ihre erkenntnistheoretische Voraussetzung für den Entwurf ihrer politischen Philosophie, die ihrerseits zugleich politisch ist – wechselseitig hat sie bereits die Erfahrung des Phänomens des Totalitarismus zur Voraussetzung.[41] Diese dialektische Spannung einer ihren Anspruch bereits in dessen eigener Begründung und Formulierung vollziehenden Theorie[42] muß eine Zusammenfassung von Arendts Totalitarismustheorie kurz aufbrechen, um sie dem Verständnis zu erschließen.

Zunächst ist also eine Beschreibung der Totalitarismus-Theorie, wie sie in *Elemente und Ursprünge* entworfen ist, zu leisten. Anschließend ist sie in den Kontext des Arendtschen Ansatzes politischer Wissenschaft und po-

---

37 In diesem ganz allgemeinen Sinne ist hier Anthropologie verstanden als jede Rede vom Menschen, wenn später von anthropologischen Begriffen Hannah Arendts die Rede ist. Daß Hannah Arendt keine Theorie über eine unwandelbare Natur des Menschen haben kann, ergibt sich aus ihrer Auseinandersetzung mit Eric Voegelin. vgl. FN 39 u. FN 97.

38 Zum Scheitern der klassischen Begriffe Tyrannis, Diktatur, Despotie bei der Erfassung des neuen Phänomens s. Arendt, Hannah [EU]: Elemente und Ursprünge totaler Herrschaft, München [7]2000. S. 944-979.

39 Die Konstruktion der Zusammenhänge als „Kristallisationspunkt" zeigt zugleich die Unterschiedenheit wie die Verbindung der Elemente und Ursprünge zum Phänomen des Totalitarismus, weist aber eine fatale Kausalität ab. Vgl. Arendt, in: Eine Antwort, in: Arendt, Hannah [Über Totalitarismus [1998]]: Über den Totalitarismus. Texte Hannah Arendts aus den Jahren 1951 und 1953, aus dem Englischen übertragen von Ursula Ludz, Dresden 1998. (darin die Kontroverse mit Eric Voegelin über die Veränderbarkeit der menschlichen Natur]. S. 43/44; herausgearbeitet bei Nordmann, Ingeborg [Nordmann [1998]]: How to write about totalitarianism? Kommentar, in: Hannah Arendt: Über den Totalitarismus. Texte Hannah Arendts aus den Jahren 1951 und 1953, aus dem Englischen übertragen von Ursula Ludz, Dresden 1998. S. 53-68, S. 59; Nordmann, Ingeborg [Nordmann [1994]]: Hannah Arendt, Frankfurt am Main/New York 1994. S. 52.

40 Arendt, Hannah: Das Urteilen. Texte zu Kants politischer Philosophie, München 1985.

41 Nordmann [1994] S. 59/60; Beiner, Ronald [Beiner [1982]]: Hannah Arendt über das Urteilen, in: Hannah Arendt: Das Urteilen. Texte zu Kants Politischer Philosophie, München 1985. S. 115-198, S. 125.

litischer Erkenntnis überhaupt zu stellen. Das macht sie vergleichbar mit der Konzeption von Leo Strauss und läßt den strukturellen Anknüpfungspunkt beider Konzepte für eine integrative Totalitarismustheorie, die die Politischen Religionen berücksichtigt, skizzieren.

In ihrer Schrift *Elemente und Ursprünge totaler Herrschaft* untersucht Hannah Arendt die Bewegung vom Nationalstaat über den imperialen Statt zum totalen Staat als eine Desintegrationsbewegung heterogener Gesellschaften.[43]

Bereits im Nationalstaat wird unter dem Banner der „Nation", der Sprache, Volksgruppenzugehörigkeit, Kultur im weitesten Sinne, versucht eine Homogenität in die einen territorialen Herrschaftsbereich bevölkernden heterogenen Gruppen zu bringen und diese zu zentralisieren. Minderheiten sind nicht mehr Strukturphänomen eines Volkes, sondern geraten zunehmend unter Assimilationsdruck. Der Nationalismus degeneriert damit zu dem Versuch, die Menschen eines Volkes zu homogenisieren.[44]

Historisch später - Arendt ordnet ihn in die zweite Hälfte des 19. Jahrhunderts - tritt der ebenfalls den Blick auf den Menschen verändernde Imperialismus auf. Die Bedürfnisse der Wirtschaft diktieren der Politik die Expansion und die Gewinnung neuer Kolonien. Im Bereich der Kolonien gibt es gar keine Homogenitätsbestrebungen mehr im Politischen, sondern die Einwohner sind von vorneherein nur Verwaltungsmasse und nicht Regierungssubjekte.[45] Die Trennung von Territorium, Volk und Staat, deren Einheit und Homogenität noch das erklärte Ziel des Nationalismus war, führt zu der Überlegung, wie die Herrschaft eines Volkes über das andere legitimiert werden kann: über die Definition des Volkes als Rasse werden die Grundlagen für einen politischen Rassismus gelegt.[46]

So ändert sich durch Nationalismus und Imperialismus die Perspektive auf die menschliche Natur - aus dem Blick gerät die kontingente, sich in der steten Konfrontation mit dem Anderen befindende, erlösungsbedürftige Natur des Menschen, im Vordergrund steht der Versuch, den Menschen seiner Grenzen und Abgrenzungen zu entkleiden, um ihn in eine homogene Masse mit seinen Mitmenschen zu überführen.[47] Gelungen ist

---

42 Vgl. Vollrath, Ernst [Vollrath [1990]]: Hannah Arendt, in: Karl Graf Ballestrem und Henning Ottmann (Hg.): Politische Philosophie des 20. Jahrhunderts, München/Wien 1990. S. 21 ff.

43 Die einzelnen Stufen in zum Teil verkürzender Kürze s. Wagenknecht, Achim [Wagenknecht [1995]]: Einführung in die politische Philosophie Hannah Arendts, Marburg 1995. S. 15 ff.

44 EU S. 20 ff.; Antisemitismus als Dekadenzphänomen des Nationalstaats beim Übergang zum Imperialismus s. EU S. 43.

45 EU S. 405 ff.; dazu s. a. Wolf, Siegbert [Wolf [1991]]: Hannah Arendt. Einführungen in ihr Werk, Frankfurt am Main 1991. S. 47.

46 EU S. 483; Wolf [1991] S. 47.

47 Zunächst meint dies den Menschen als Verwaltungsmasse; s. EU S. 405; 515.

für Arendt dieser Versuch – zumindest partiell – in den totalitären Regimen:

> „Der totalitäre Versuch globaler Eroberung und totaler Herrschaft ist der zerstörerische Ausweg aus allen Sackgassen. Der Sieg des Totalitarismus wird möglicherweise mit der Vernichtung der Menschheit zusammenfallen; denn wo immer er geherrscht hat, hat er das Wesen des Menschen zu zerstören begonnen."[48]

Der Totalitarismus ist nun das Vorhaben, „das Überflüssigwerden von Menschen herauszuexperimentieren".[49] Hannah Arendt subsumiert unter diesem Vorhaben sowohl den Stalinismus als auch den Nationalsozialismus. Sie unterscheidet dabei zwischen anthropologischen Voraussetzungen und Strukturelementen totaler Herrschaft.

Strukturelemente totaler Herrschaft sind der Führer, die Partei, die Eliten, die Zwiebelstruktur der Organisation, d.h. die Intransparenz und Multiplizität von Institutionen und Instanzen, die jede rechtssichernde Transparenz verhindern und Herrschen, nicht als politisches Regieren, sondern als unpolitische Bewegung.[50] Instrument der Bewegung ist die Propaganda, Wesen ist der Terror.

> „Propaganda ist in der Tat ein unabdingbarer Bestandteil ‚psychologischer Kriegsführung'. Terror aber ist mehr, Terror bleibt grundsätzlich die Herrschaftsform totalitärer Regierungsformen, wenn seine psychologischen Ziele längst erreicht sind, das wirkliche Grauen setzt erst ein, wenn Terror eine vollkommen unterworfene Bevölkerung beherrscht. Wo immer Terror seine Perfektion erreicht hat, wie in den Konzentrationslagern, verschwindet Propaganda völlig; sie war in den Konzentrationslagern sogar ausdrücklich verboten. Propaganda ist mit anderen Worten nur ein Instrument, wenn auch vielleicht das wichtigste, im Verkehr mit der Außenwelt; Terror dagegen ist das wahre Wesen totaler Herrschaft."[51]

Anthropologisch gesehen, ist der Mensch in einer politisch desinteressierten Masse aufgegangen, deren entsprechende Herrschaftsform der Totalitarismus ist: die Masse gibt sich, ohne sich selbst geistig engagieren zu wollen, passiv den Erlösungsversprechen hin, von menschlicher Kontingenz in wahnwitzigen Rassismus- und Expansionsideologien frei zu werden.

---

48 Arendt, Hannah: Die menschliche Natur steht auf dem Spiel, in: Hannah Arendt „Vorwort" und „Abschließende Bemerkung" zur ersten Auflage von *The Origins of Totalitarianism* (1951), in: Über Totalitarismus [1998] S. 13

49 EU S. 699; Arendt: Die menschliche Natur steht auf dem Spiel, in: Über Totalitarismus [1998] S. 17; Nordmann [1994] S. 60.

50 Zur Unterscheidung bei Arendt von Herrschaft und politischem Handeln, s. die Ausführungen von Brunkhorst [1999] S. 107 ff.

51 EU S. 731

„Totalitäre Bewegungen sind Massenbewegungen, und sie sind bis heute die einzige Organisationsform, welche die modernen Massen gefunden haben und die ihnen adäquat erscheint."[52]

In der historischen Herleitung der „modernen Gesellschaft" und dem aus ihr entstehenden Mob angekommen, geht Arendt von der Beschreibung historischer Entwicklungen zur Interpretation der ihnen innewohnenden begrifflichen Spannungen über,[53] die ihr dann als Grundlage ihrer Totalitarismustheorie und zur Konzeption ihres Begriffs des Politischen dient.[54] Standen sich am Anfang der Entwicklung Gesellschaft und Nationalstaat zwar noch gegenüber – und hatte der Nationalstaat in diesem Verhältnis immer noch die Garantenfunktion für die heterogenen, pluralen Möglichkeiten innerhalb der Gesellschaft, die ihm durch seine begrenzende und zugleich stabilisierende Kombination der zwei politischen Prinzipien Volkssouveränität und Menschenrechte möglich war, so hatte die Gesellschaft – nach Arendt – hingegen die Tendenz zur Homogenisierung. Da der Nationalstaat in diesem jakobinischen Sinne aber ein Produkt der modernen, bürgerlichen Gesellschaft war, erlag auch er dieser Tendenz, verschliff das rationale Prinzip der Menschenrechte mit dem voluntaristischen Prinzip der Volkssouveränität, wodurch das „Volk" die Definitionsgröße für die Trägergruppe der Menschenrechte wurde.[55] In den modernen Gesellschaften ist allein durch den Umstand, daß sie sich aus unpolitischem Antrieb politisch selbst gebären, die Entpolitisierung der politischen Sphäre vorgegeben; Hannah Arendt sieht sich daher begrifflich berechtigt, die Gesellschaft in einem zweiten interpretatorischen Schritt durch die Nation zu ersetzen und dem Staat als der politischen Größe gegenüberzustellen.[56] So fuhrt die von der modernen Gesellschaft

---

52 EU S. 663

53 Wie schon angemerkt ermöglicht die Konstruktion als „Kristallisationspunkt" den Übergang zu einer begrifflichen Analyse; s. Arendt in ihrer Antwort an Eric Voegelin, der nicht die Natur des Menschen abgeschafft sieht, sondern die kausale Verknüpfung zwischen Transzendenzverlust und Totalitarismus in seinem Gnosis-Begriff entwickelt; hierzu Auseinandersetzung Arendt/Voegelin über die Natur des Menschen anlässlich Arendts *Elemente und Ursprünge totaler Herrschaft*, in: Über Totalitarismus [1998] S. 33-52.

54 Diese Wende im Vorgehen – Wechsel vom Aufzeigen historischer Indizien zur Analyse und Entwurf politischer Begriffe – läßt sich in Kapitel 9 (EU S. 559 ff.] von *Elemete und Ursprünge* verorten; vgl. Brunkhorst, Hauke: Hannah Arendt, München 1999 [Brunkhorst [1999]] S. 90. Zum Zusammenhang zwischen Neuformulierung/Revision der politischen Kategorien s. auch Vollrath [1990] S. 18; Nordmann [1994] S. 52 f.

55 Arendts ablehnende Haltung gegenüber den Menschenrechten untersucht detailliert Nordmann [1994] S. 63 ff.

56 Diese Unterscheidung von Staat (als politischer Sphäre) und Nation(alität) als gesellschaftlicher Sphäre findet sich auch in einem Brief an Karl Jaspers vom 3.6.1947, Brief 59, in: Arendt, Hannah [Briefwechsel]: Hannah Arendt/Karl Jaspers – Briefwechsel 1926-1969, München 1985. S. 127-128.

konstituierte Dialektik zwischen Rationalität und Voluntarismus[57] in ihrem Scheitern zur gegenseitigen Entgrenzung.[58] Diese selbstzerstörerische Radikalisierungs- und Entgrenzungstendenz[59] wird zum bewegenden Prinzip des Totalitarismus. In der Unterordnung des Rationalitätsprinzips als reiner unpolitischer Herrschaftslogik unter das voluntaristische Prinzip, das keine rationalen Verantwortlichkeiten mehr kennt, verwischen die den Bereich des Politischen konstituierenden Grenzen des Einzelnen als Gegenüber des anderen Einzelnen, des einen Staates gegenüber den anderen Staaten. Diese Grenzen werden durch Homogenisierung sozial integriert; es gibt keine Individuen mehr, die Interessengruppen (Parteien) bilden könnten;[60] es gibt nur noch zwei Möglichkeiten: das und den Anderen in die Masse aufzunehmen oder zu vernichten – wobei es rein willkürliche Festlegungen sind, wer oder was homogenisierbar ist und wer oder was sich der Auflösung in der Masse dauerhaft widersetzt und aufgrund der Homogenisierungslogik dann vernichtet werden muß.[61]

Arendt faßt dieses Phänomen der Grenzvernichtung und Vermassung in der Metapher der Wüste als Sinnbild des Bösen zusammen: Die Brücke des Verzeihens und Versprechens als Konstituanten des Politischen[62] ist zerstört und vernichtet den Menschen in der Wüste des Weltverlusts.[63] Das Böse ist so banal, weil es kein radikaler Antipode des Guten ist, sondern weil es den Unterschied zwischen Gut und Böse, Schuld und Unschuld, Täter und Opfer einfach abschafft.

Arendt hatte sich in der ersten Auflage von *Elemente und Ursprünge* noch hauptsächlich mit dem Phänomen des Nationalsozialismus auseinandergesetzt. Bis zur zweiten Auflage von 1959 hatte sie die Beschäftigung mit dem Stalinismus nachgeholt und eingearbeitet.[64] Während der Nationalsozialismus für sie einen Bruch mit der Rationalitätsgeschichte des Abendlandes bedeutet,[65] läßt für sie der Stalinismus eine „düstere Kontinuität"

---

57 dazu Breier [1992] S. 129.

58 Die Nähe zur Frankfurter Schule und die Vertrautheit mit der „Dialektik der Aufklärung" wurde ausführlich behandelt von: Benhabib, Seyla: Reluctant Modernism of Hannah Arendt, Thousand Oaks 1996.

59 Brunkhorst [1999] S. 56.

60 EU S. 529 ff., 540 ff., 676.

61 Arendt: Die Natur des Menschen steht auf dem Spiel, in: Über Totalitarismus [1998] S. 21-23.

62 Arendt, Hannah: Vita Activa oder Vom tätigen Leben, München ^{2}1981.

63 Arendt, Hannah [EiJ]: Eichmann in Jerusalem. Ein Bericht von der Banalität des Bösen, Hamburg 1964, S. 84; Denktagebuch VIII, Library of Congress Washington – zitiert bei Nordmann [1994] S. 88; vgl. zur vernichtenden Metapher Nordmanns Ausführungen; Nordmann [1994] S. 84. Die Denktagebücher – von U. Ludz und I. Nordmann herausgegeben – erscheinen leider erst im Herbst 2002 und lagen in der gedruckten Form beim Abfassen dieses Artikels noch nicht vor.

64 Brunkhorst [1999] S. 109

65 S. Nordmann [1998] S. 55, die allerdings die Kontinuitätshypothese Arendts bzgl. des Stalinismus meint bei Arendt nicht finden zu können.

erkennen. Es ist die Kontinuität, die bereits in der platonischen Abgewandtheit von der Welt angelegt, sich in christlicher Weltverneinung und dann in der Privatisierung und Atomisierung des modernen, aufgeklärten Menschen fortsetzt. Anthropologisch-philosophisch läßt sich bei der Deutung des Nationalsozialismus wie des Stalinismus bei den gleichen in Arendts Begriffen von Freiheit und Politik angelegten Spannungen ansetzen. In ihrer Wende zu den Begriffen und der Begriffe[66] und ihrer Distanzierung von ihrer historisch-funktionalistischen Deutung der ersten Kapitel wird ihre Theorie auch für den Stalinismus anschlussfähig gemacht. Wie sieht Hannah Arendt also den modernen Menschen?[67]

Sie sieht ihn zwischen den Begriffen der Freiheit und der Politik angesiedelt.[68] Der Freiheitsbegriff, der von ihrer frühen Auseinandersetzung mit Augustinus geprägt und an Augustinus immer wieder neu gewonnen wird, findet seine Fundierung im Faktum der „Natalität". Mit der Geburt eines jeden Menschen findet sich ein neuer Anfang in der Welt;[69] dieser bedeutet zugleich eine Absage an das Bestehende, die Möglichkeit daher zu einem gewissen Weltverlust, aber auch die Möglichkeit der Neukonzeption der Welt in der politischen Dimension durch die Brücken des Verzeihens und Versprechens.[70] Die christliche Möglichkeit, sich von der Welt zurückzuziehen, konstituiert damit die Möglichkeit zur Freiheit des Handelns in der Welt, wie auch die Möglichkeit des totalen Rückzugs ins Private, was für Hannah Arendt gleichbedeutend ist mit Weltverlust.[71]

Das Faktum der „Natalität" ist die Grundlage für das einzige Menschenrecht, das Hannah Arendt gelten lassen will, weil es nicht eine bloße „Abstraktion"[72] und damit ein Medium des Weltverlustes ist: das Recht, Rechte zu haben.[73] Eingewandt, daß dieses Recht materiell noch wesentlich abstrakter ist als alle kodifizierten Gleichheits- und Freiheitsrechte, und bedacht, daß diese materiellen Menschenrechte durchaus den Raum „virtueller" Abstraktheit verlassen haben und mittlerweile weitenteils zu positivem Recht geworden sind, hat Hannah Arendt mit ihrem „Recht auf

---

66 Gesellschaft, Nation, Staat EU S. 559 ff.

67 Arendt, Hannah: Die Krise in der Erziehung, in: Der Monat 11.Jg., Hb. 124 (1958/59) S. 48 ff. Die Maßstäbe zur Bestimmung der Natur des Menschen – Religion und Natur – haben ihre Autorität verloren. EU S. 660.

68 Auch als Zusammenhang zwischen Individuum und Pluralität rekonstruierbar; luzide dazu Nordmann [1998] S. 63.

69 EU S. 979.

70 Sontheimer, Kurt [Sontheimer [1993]]: Vorwort, in: Arendt, Hannah: Was ist Politik? hrsg.v. Ursula Ludz, München 1993. S. III

71 Zur Entdeckung des vergessenen Politischen s. Nordmann [1994] S. 94 ff.; auch Nordmann[1998] S. 56. Die Erfahrungen der klassischen politischen Philosophie wieder ins Gespräch mit den Erfahrungen der Moderne bringen.

72 Hier ist sie sich eins mit Edmund Burke; EU S. 607; s. Brunkhorst [1999] S. 93 ff.

73 Arendt: Die Natur des Menschen steht auf dem Spiel, in: Über Totalitarismus [1998] S. 27, 28.

Rechte" doch die conditio sine qua non des Politischen gelegt.[74] Die Notwendigkeit dieses Rechts und die Wirkungslosigkeit der traditionellen Menschenrechte (beides erweist sie am Beispiel der Staatenlosen und Flüchtlinge im und nach dem Zweiten Weltkrieg[75]) erlaubt ihr den oben erläuterten Freiheitsbegriff in eine unverbrüchliche Beziehung zum Politischen zu setzen.[76] Der Mensch ist demnach nicht nur ein freies Wesen, sondern auch nur in dem Maß Mensch, in dem er mit anderen in Beziehung steht, mit ihnen kommuniziert - Mensch ist nur der politische Mensch. Kommunikation setzt viele - und viele verschiedene, inhomogene - Gesprächsteilnehmer voraus, die sich über die Welt verständigen und damit dem Verlust ihrer Welt und ihrer selbst vorbeugen.[77] Die erstaunlichste Pervertierung des Marxismus liegt für Arendt demnach darin, daß der sozialistische Versuch, die Entfremdung des Menschen von sich selbst und seiner Arbeit zu beheben, in einem völligen Verlust der Welt liegt.[78] Weltverlust bedeutet immer eine Aufhebung der Entfremdung durch die Vernichtung des sich selbst entfremdeten Menschen - es ist das „Überflüssigwerden des Menschen".[79]

Gerade Arendts anspruchsvoller Begriff vom „politischen Wesen" des Menschen, der den Freiheitsbegriff stark zugunsten der politischen Freiheit des Handelns und Kommunizierens wertet, läßt an einigen Stellen den Verdacht aufkommen[80], daß sie zum einen ihren Begriff vom Menschen (und damit die Rechtsfähigkeit) an die Fähigkeit des politischen Handelns und Kommunizierens bindet, und zum anderen, daß ihr Begriff des politischen Handelns in Freiheit durch die völlige Abhebung von der Rationalität und Naturkausalität („Unvorhersehbarkeit des menschlichen Handelns"[81]) politisches Handeln auch indifferent gegenüber der Unterscheidung von Gut und Böse macht, wenn es nicht durch die kommunikative Fähigkeit des Versprechens und Verzeihens gebunden wird.[82]

Die in diesem einseitig aus der Perspektive der Konstituierung des Politischen genommenen Freiheitsbegriff[83] resultierende Tendenz zur totalitären Entgrenzung und zum Weltverlust steht aber immer unter der

---

[74] Breier [1992] S. 109 ff.

[75] EU S. 606

[76] Arendt, Hannah [Arendt: Was ist Politik? [1993]]: Was ist Politik? hrsg.v. Ursula Ludz, München 1993. S. 36.

[77] Dies entwickelt notwendig eine normative Dimension; EU S. 608: Der Mensch *darf* auch nicht aus dem Bereich des Politischen, dem Reich der Kommunikation ausgeschlossen werden.

[78] EU S. 699.

[79] EU S. 612; 809-813; 819; 749 f.

[80] Vita activa, S. 166. Brunkhorst [1999] S. 119.

[81] Arendt, Hannah: Von der Menschlichkeit in finsteren Zeiten. Rede über Lessing, München 1960. S. 74.

[82] Vita activa S. 231, 240; vgl. Breier [1992] S. 102; 134.

[83] Sontheimer [1993] S. II.

anderen geistigen Grenze des Faktums der Natalität des Menschen; diese Natalität als conditio humana ist die Voraussetzung, Träger des „Rechts, Rechte zu haben" zu sein – nicht die ausgrenzende aktuelle Kommunikationsfähigkeit.[84] Mit dem Neuanfang eines jeden Lebens kommen überhaupt auch erst die kommunikativen Brücken ins Politische in die Welt: das Verzeihen als Handeln gegenüber der weltlichen Vergangenheit und das Versprechen als Handeln gegenüber der weltlichen Zukunft. Nur mit diesem Einschnitt des In-die-Welt-Tretens, der zugleich die Lücke zwischen dem Einzelnen und dem Anderen sowie die Brücke und damit den Bereich des Politischen konstituiert, ist Arendts anthropologische Konzeption des Politischen vollständig.[85]

Diese Konzeption reflektiert aber immer noch Arendts Befund bezüglich des modernen Menschen: Die Möglichkeit zum Wegfall der Lücke, die sich in der Metapher der den Menschen vernichtenden „Wüste" ausdrückt, die Möglichkeit des Totalitarismus bleibt eine der strukturellen Möglichkeiten moderner Gesellschaften.[86] Hannah Arendt versucht also gegen die Privatisierungseskalation des Totalitarismus (für den sie die klassischen Begriffe „Tyrannis" und „Despotie" als politische Begriffe ablehnt, die unpassend sind für ein Phänomen der gänzlichen Entpolitisierung[87]) die Tradition der Aufklärung wieder an die Stränge aristotelischer und römischer politischer Philosophie anzubinden. Nur in dieser gegenseitigen Bindung von Freiheit (durch die Natalität) und Freiheit des Politischen liegt die Normativität, die dem so konzipierten Politischen inhärente Begrenzungen setzt.[88]

Ähnlich wie Leo Strauss sieht also auch Arendt in einer Orientierung an der klassischen Philosophie die Möglichkeit, politische Philosophie (Strauss) oder philosophische Politik (Arendt) nach der Katastrophe des Totalitarismus zum einen für das Verständnis des totalitären Phänomens neu zu erschließen und zum anderen für eine Neukonzeption des Politischen heranzuziehen.[89] Beiden ist zueigen, daß die philosophische Erkenntnis des Wesens des totalitären Phänomens zugleich sein aktives Heilmittel bzw. Gegenmittel ist.[90] Beide haben dabei eine sehr elitäre Auffassung[91] von dem Träger und Kommunizierer dieser Erkenntnis; der Un-

---

84 Nordmann [1994] S. 49.

85 Das Politische ist – hier unterscheidet sich Arendt von Aristoteles – nicht im Menschen, sondern zwischen den Menschen angelegt, ist als Zwischen aber *conditio sine qua non* des einzelnen Menschen in der Welt. S. Arendt: Was ist Politik? [1993] S. 11.

86 So auch Sontheimer [1993] S. IV und Brunkhorst [1999] S. 83.

87 Arendt: Was ist Politik? [1993] S. 15; EU 944 ff.

88 S. Arendt: Was ist Politik? [1993] S. 50/51; als inhärente Begrenzung sieht dies auch Nordmann [1998] S. 64.

89 Zu Arendts positiver Anknüpfung an Platon und Aristoteles in den Denktagebüchern s. Nordmann [1994] S. 123. vgl. Denktagebuch DT XVIII 21 zitiert ebd.

90 Arendt: Was ist Politik? [1993] S. 52.

terschied zwischen ihnen besteht darin, daß Arendt nur denjenigen als politisch wirklich mündig konzipiert, der Erkenntnisse politisch aktiv kommuniziert, sich an die Vielen wendet, um mit ihnen das Ringen um die Wahrheit als Voraussetzung für die Konstituierung des Politischen zu vollziehen. Der Philosoph ist bei ihr immer direkter politischer Akteur.[92]

Dem Philosophen bei Leo Strauss kommt zwar auch immer politische Bedeutung zu - diesem aber gerade, weil er in seinem Rückzug ins Denken immer ein Fragezeichen an den sich zum Dogma verhärteten politischen Bereich macht. Bei Leo Strauss ist der Philosoph nie Herrscher oder politischer Akteur, sondern immer nur der eine Punkt in der Spannung zwischen der Notwendigkeit zur Positivierung der Wahrheit und der Notwendigkeit, die Wahrheitsfrage immer wieder neu zu formulieren. Bei Arendt muß der politische Mensch beides können, bei Strauss gibt es Arbeitsteilung.

Gemeinsamer Anknüpfungspunkt wiederum ist ihrer beider Auffassung vom jüdischen Volk als Paradigma des Anderen,[93] dessen Möglichkeit zu existieren, Signum einer gelingenden politischen Ordnung ist[94]- einer Ordnung, die der conditio humana zugleich einer unter gleichen und Fremder unter Fremden zu sein, entspricht. Sowohl Strauss als auch Arendt sehen in einer Vernichtung dieser Möglichkeit die Vernichtung der menschlichen Natur selbst - unterschiedlich und deswegen in ihren Ansätzen unvereinbar ist aber ihre Folgerung für die politische Philosophie: Während Strauss im Anschluss an Platon dem reinen Denken (zumal in düsteren Zeiten) seinen Raum durch die Fähigkeit esoterischen Lehrens zurückerobern will (und damit von seiner Philosophie die Unverständigen von vorneherein ausschließt[95]), fordert Arendt vom denkenden Menschen den politischen Einsatz, das öffentliche, rückhaltlose Kommunizieren der

91 In bezug auf Arendt s. Nordmann [1994] S. 76.

92 Arendt: Was ist Politik? [1993] S. 9. Von den Menschen muß auf den Menschen gekommen werden; so auch in: Das Urteilen [1985] S. 50 ff.

93 Dies ist keineswegs als zionistische Position zu verstehen; sowohl Strauss als auch Arendt standen dem Zionismus (zunehmend) kritisch gegenüber; es geht hier um das Jüdischsein innerhalb eines Staates und dessen Gesellschaft; vgl. dazu Pilling, Iris [Pilling [1996]: Denken und Handeln als Jüdin. Hannah Arendts politische Theorie vor 1950, Frankfurt am Main 1996. S. 53 ff. Auch: Alte Synagoge (Hg.): Hannah Arendt. „Lebensgeschichte einer deutschen Jüdin...“, Essen 1995; darin: Edna Brocke: „Treue als Zeichen der Wahrheit“ - Hannah Arendt Weg als Jüdin gezeichnet nach Selbstzeugnissen, S. 43-66. Arendt, Hannah: Rahel Varnhagen. Lebensgeschichte einer deutschen Jüdin aus der Romantik, München 1975. S. auch Arendts Briefe an Karl Jaspers: Brief 61, vom 4.9.1947 [Briefwechsel] S. 134; Brief 160 vom 6.10.1954, [Briefwechsel] S. 284-285. Strauss, Leo: Why we remain Jews? in: Strauss, Leo: Jewish Philosophie an the Crisis of Modernity, Albany: State University of New York Press 1997. S. 311-358.

94 Nordmann [1994] S. 17.

95 Eine Philosophie für wenige will Arendt gerade nicht, sondern eine für die Vielen; ihre Platonkritik s. Was ist Politik?[1993] S. 53 ff.

Wahrheit als einzige Waffe gegen den Rückzug ins Private, den sie folgerichtig als Demokratiesabotage stigmatisiert.[96]

Politische Religionen spielen weder bei Hannah Arendt und Leo Strauss in ihrer Interpretation totalitärer Phänomene eine Rolle. Zwar gibt Leo Strauss an, daß „Quid sit deus?" immer eine leitende Fragestellung seines Philosophierens war; aber es war gerade das Offenhalten dieser Frage, welches er als die anthropologische Grundbefindlichkeit des Menschen und damit als Grundvoraussetzung eines gelingenden politischen Lebens erkannte. Anschlussfähig werden das Arendtsche Konzept des Politischen und ihre Totalitarismustheorie sowie Leo Strauss' Rekonstruktion des Klassischen Tyrannisbegriffs daher nicht durch eine positive Konzeption einer Heuristik, die die Religion als Strukturmerkmal totalitärer Herrschaft verankert.[97] Wohl aber schaffen sie mit ihrer anthropologisch-philosophischen Analyse und Deutung des totalitären Phänomens, auf die hier deswegen besonderes Gewicht gelegt wurde, eine Möglichkeit, diese Kategorie der Religion in einem geistesgeschichtlichen Befund des Menschen zu verankern.[98] Diese Ansätze erhellen den Ort im Menschen, den Status des Menschen in seiner conditio humana, wo das Element der politischen Religion strukturell angreifen kann.[99]

---

96 Nordmann [1994] S. 49.

97 Siehe auch hier noch einmal die Diskussion Arendts und Voegelins über die menschliche Natur: Während Arendt Voegelin konzediert, daß es die in seinem Gnosis-Begriff zusammengefaßte Entwicklung zum Totalitarismus als Zerstörung der Transzendenz gibt, ist die Natur des Menschen aber erst durch die Verwirklichung seiner Überflüssigmachung, des totalen Weltverlusts zerstört; Voegelin hingegen beharrt auf der Konstanz der menschlichen Natur und sieht den entscheidenden progressiven Faktor in der Zerstörung der Transzendenz. S. Über Totalitarismus [1998] S. 33-52. Nordmann [1994] S. 66/67.

98 Arendt beschreibt es gerade als Gefahr für das Politische, das die Existenz der Menschen gewährleistet, wenn man beim theologisch-philosophischen Konzept des Menschen stehen bleibt. Die Rückkehr vom politischen Menschen zum atomisierten Menschen (von den Menschen zu dem Menschen) ist dann die Voraussetzung für die Abschaffung des Menschen; so wie die theologisch-philosophische Natur des Menschen Voraussetzung des Politischen ist, ist sie zugleich aber immer auch die strukturelle Möglichkeit der Abschaffung des Politischen und damit der Abschaffung des Menschen. S. Arendt: Was ist Politik? [1993] S. 11; Gess, Brigitte [Gess [1996]]: Die Totalitarismuskonzeption von Raymond Aron und Hannah Arendt, in: Hans Maier (Hg.): Totalitarismus und Politische Religionen. Konzepte des Diktaturvergleichs, Paderborn/München/Wien/Zürich 1996. S. 264-274. S. 269.

99 Wenn sie – wie Arendt (Gess [1996] S. 266) – als Versuch integrativer Totalitarismustheorie entworfen wird.

D. Zu Begriff und Theorie der Politischen Religionen

I. Politische Religion - Staatsreligion - Zivilreligion - politische Theologie

Hans Maier

In der heutigen Debatte über Religion und Öffentlichkeit werden die Begriffe politische Religion, Staatsreligion und Zivilreligion oft miteinander vermengt. Sie sind jedoch nach Herkunft und historischem Hintergrund deutlich zu unterscheiden. Eigenheiten und Unterschiede seien im Folgenden kurz skizziert.

a) Als politische Religion bezeichnen wir einen Religionstypus, der in einer politischen Gemeinschaft wurzelt - so sehr, daß er ohne diese politische Fundierung nicht existieren könnte. Das bekannteste Modell ist der Stadt- und Staatskult, wie er sich in der griechischen Polis und im republikanischen und kaiserlichen Rom entwickelt hat. Doch sind alle aus der älteren Welt und aus einfachen Gesellschaften bekannten Elementarformen des religiösen Lebens durch größere oder geringere Nähe zu den politischen Strukturen gekennzeichnet. Religion ist unter solchen Umständen eine Abbreviatur der Gesellschaft - der „konzentrierte Ausdruck des gesamten kollektiven Lebens" (Emile Durkheim).[1]

Im antiken Denken ist der Kult der Götter mit dem Wohl der politischen Gemeinschaft aufs engste verbunden. Staat und Religion leben in einer elementaren Symbiose. Diese naive Einheit von Kult und Politik wird erst problematisch im Licht der philosophischen Frage nach der Religion. Diese nämlich zielt auf das Wesen der Götter, ihre Natur, und begnügt sich nicht mehr mit ihrer schlichten Präsenz im öffentlichen Kult.

---

1 Emile Durkheim, Les formes elementaires de la vie religieuse, Paris 1912; dt. Die elementaren Formen des religiösen Lebens, Frankfurt am Main 1994, S. 561, 594 ff.

Schon die platonische Kritik an den homerischen Götterfabeln nimmt ein Stück „Aufklärung“ vorweg, und vollends in christlichen Zeiten verschärft sich die Spannung: Der weltjenseitige Gott widerstrebt der Integration in den Kult der politischen Gemeinschaft. Die Stadt (der Staat) sind fortan nicht mehr einfach „Kirche ihrer Religion“.[2]

In der Fremdwahrnehmung durch Philosophie und Theologie wird die antike kultisch-kollektive Identität zur „politischen Religion“. Bereits Varro unterscheidet die politische (zivile) von der mythischen und physischen Theologie – sie vermittelt für ihn zwischen der Religion des Volkes und der gereinigten (jedoch in ihrer Wirkung „atheistischen“) Religion der Philosophen.[3] Augustin gibt dem antiken Dilemma eine neue Wendung, indem er sich auf die Seite der physischen (philosophischen) Gotteslehre stellt, diese jedoch mit Elementen des geschichtlichen Offenbarungsglaubens verschmilzt. Sein Argument: Das Christentum kann verbinden, was die Antike nicht zu verbinden vermochte: die Frage nach der „wahren Religion“ und die Gottesverehrung im Rahmen einer Gemeinschaft. Gott ist zwar von weltjenseitiger Majestät – aber sein Sohn ist durch die Inkarnation in die Genossenschaft menschlichen Fleisches gekommen und hat „eine Stadt gegründet“.[4] Freilich übergreift die Gemeinschaft derer, die ihm folgen, die Völker und Nationen – aus der begrenzten Polisreligion wird daher in der Folgezeit der in die ganze Welt ausgreifende Universalismus der „vera religio“.

b) Mit der Privilegierung des Christentums durch Konstantin und Theodosius entsteht der zweite Typus, der hier zu betrachten ist: die Staatsreligion. Sie ist gekennzeichnet durch eine grundsätzliche Eigenständigkeit und Suprematie der Religion gegenüber dem Staat, der jetzt als „advocatus ecclesiae“, „als Anwalt und weltlicher Arm der Kirche“ in eine dienende Rolle rückt. Diese Eigenständigkeit und Suprematie der Kirche entwickelt sich in langen Zeiträumen; historische Stationen sind der Investiturstreit, die zunehmende Bedeutung des Papstamtes, aber auch der Allgemeinen Konzilien für die Christenheit, endlich die Formung der Völker und Staaten durch die verbindende christliche Lehre, ihre Gebote und Rechtsnormen, das von ihr ausgehende Denken und Fühlen. Entscheidend ist die Anerkennung der christlichen Kirche als einer dem Staat (allen Staaten!) ebenbürtig gegenüberstehenden societas perfecta.[5] Grundsätzlich dauert das Zeitalter der christlichen Staatsreligion bis weit in die Neuzeit hinein.

---

[2] „Die antike civitas ist die Kirche ihrer Religion“. Joseph Ratzinger, Volk und Haus Gottes in Augustins Lehre von der Kirche, München 1954, S. 273.

[3] Die varronischen Theologien sind überliefert bei Augustin, De civ. Dei VI, 5-12.

[4] Ratzinger, Volk und Haus Gottes (wie Anm. 2), S. 275 mit Anm. 31.

[5] So Alexander Hollerbach, Staatskirchen und Staatsreligionen, in. Staatslexikon, hrsg. von der Görres-Gesellschaft, 7. Aufl., Bd. 5, Sp. 182~186, der mit Recht Staatsreligion und Staatskirche unterscheidet.

Es gerät jedoch mit der Glaubensspaltung in eine Identitätskrise: Was ist künftig „wahre Religion"? Die Staatsreligion, bis dahin Ausdruck einer die Nationen übergreifenden christianitas, wird in den folgenden Jahrhunderten partikularisiert in nationalen Formen, die Suprematie gegenüber dem Staat wird schwächer - his das System schließlich in die entgegengesetzte Form des Staatskirchentums, der Superiorität des Staates über die Kirche, umschlägt.

c) Das Konzept der Zivilreligion ist eine Frucht der Neuzeit. Der Name weist nicht zufällig auf die Antike zurück - auf die durch die christliche Revolution verlorengegangene Einheit von Religion und Politik. Diese soll erneuert werden durch verbindliche vom Staat vorgeschriebene „minima religiosa" (Eberhard Jüngel), durch ein Glaubensbekenntnis, das von allen Staatsbürgern zu beachten ist. Rousseau, der früheste Theoretiker der Zivilreligion, bezieht sich bei seinem Entwurf auf zwei Zeugen: im religiösen Bereich auf Mohammed und die islamische Tradition, welche die christliche Unterscheidung von Gott und Kaiser (Zinsgroschengleichnis!) nicht kennt; im weltlichen Bereich auf Thomas Hobbes, dem er nachrühmt, er habe als erster christlicher Autor gewagt „die beiden Köpfe des Adlers wieder zu vereinigen", also die antike politische Einheit wiederherzustellen, ohne die nach Ansicht Rousseaus weder Staat noch Regierung gedeihen können.[6]

Rousseaus Konzept ist im 20. Jahrhundert vor allem in den USA erneut diskutiert worden. So hat Robert N. Bellah auf die religiöse Dimension in der amerikanischen politischen Kultur hingewiesen und ihr den Namen „civil religion" beigelegt.[7] In Deutschland sind ähnliche Konzepte von Niklas Luhmann und Hermann Lübbe entwickelt worden.[8]

Auch im Bereich der vom orthodoxen Christentum geprägten Länder gibt es verwandte Ansätze.[9] Im ganzen gehört das Konzept der Zivilreligion in die Geschichte des religiös fundierten Nationalstaats neuzeitlicher Observanz. Es schillert zwischen einer antiken, „politischen Religion" mit kultischen Elementen und allgemeiner Verbindlichkeit (wie sie noch Rousseau als Modell vorschwebte) und der Vorstellung eines symboli-

---

6 Jean-Jacques Rousseau, Du contrat social, Œuvres completes t. 111 (Pleiade), Paris 1964, ch. VIII. S. 460-469 (462 f.).

7 Robert N. Bellah, Civil Religion in America, in. Daedalus 96 (1967), S. 1 ff.; ders., The Broken Covenant. American Civil Religion in Time of Trial, New York 1975; hierzu Wolfhart Pannenberg, Reich Gottes in Amerika, in: Evangelische Kommentare 10 (1977), S. 333 ff.

8 Niklas Luhmann, Grundrechte als Zivilreligion. Zur wissenschaftlichen Karriere eines Themas, in: Archivio di Filosofia (1978), Heft 2/3, S. 51 ff.; Hermann Lübbe, Staat und Zivilreligion. Ein Aspekt politischer Legitimität, in: Archiv für Rechts- und Sozialphilosophie, Beiheft 15 (1981), S. 15 ff.

9 Nicht zu verkennen ist, daß der den östlichen Staaten öfter von westlicher Seite anempfohlene Begriff der „Zivilgesellschaft" zivilreligiöse Implikationen hat.

schen Raumes von „Sinnhorizonten" und „Letztbegründungen", in dem sich das Handeln demokratischer Gesellschaften abspielen soll. Offen bleibt das Verhältnis zum kirchlich verfaßten Christentum: Zivilreligion kann – als Ersatzreligion – an die Stelle christlicher Inhalte treten; sie kann sich aber auch mit Legitimitätsanleihen bei der christlichen Tradition zufriedengeben und ohne Kult und Bekenntnispflicht auskommen. In jedem Fall hat die Kirche als Sachwalterin des Evangeliums gegenüber dem ambivalenten Phänomen der Zivilreligion die Aufgabe kritischer Unterscheidung.[10]

d) Der Begriff politische Theologie (*theologia civilis*) stammt aus der griechisch-römischen Antike.[11] Christlich verstanden, meint er die unerlaubte „Theologisierung" existierender Staats- und Gesellschaftsformen, ihre religiöse Verklärung (oder wie die Väter sagen würden: Vergötzung) im Sinne eines Ineinander von Staatlichem und Göttlichem, Kult und Politik. Solches Ineinander ist dem antiken Menschen ein ganz selbstverständliches Denk- und Empfindungsmuster, lebt er doch in einer Welt, in der Staat und Götter konstitutiv zusammengehören, in der es keinen gottlosen Staat und keine staatlose Gottheit gibt und geben kann. Polis und civitas sind im antiken Verständnis religiöse Begriffe. Beide haben göttliche Qualität. Erst das Christentum durchbricht den Zusammenhang theologisch-politischer Immanenz durch seinen welttranszendenten Gottesbegriff, und dementsprechend kommt es in der christlichen Zeit zu einer Kritik an der politischen Theologie.

Neben die civitas, die selbst die Kirche ihrer Religion ist,[12] tritt jetzt die christliche Gemeinde als Gottesvolk der Erlösten, die dem Kaiser den Götterkult verweigert und dadurch die Krise der antiken „theopolitischen" Religiosität heraufbeschwört. Augustin hat in seiner Civitas Dei den psychologischen Grundvorgang der Immanentisierung (des Göttlichen an Varros theologica civilis erläutert[13] und dabei auf die Unentrinnbarkeit dieser Denkfigur für die antike Religiosität hingewiesen: die Götter sind hier nur vergrößerte Abbilder des Menschen, sie besitzen ein weltimmanentes, kein transzendentes Sein. Gleichzeitig hat Augustin den bleibenden Vorbehalt des Christen gegenüber einer Theologisierung politischer Institutionen, ja gegenüber der Theologisierung der Welt schlechthin formuliert, wenn er seine Leser fragt: „Warum wollen sie (die

---

10 So auch Eberhard Jüngel in einem Vortrag „Untergang oder Renaissance der Religion? Überlegungen zu einer schiefen Alternative" beim Kongress „Was hält die moderne Gesellschaft zusammen?" am 6./7. April 1995 in Karlsruhe.

11 Vgl. K. L. Schmidt, Die Polis in Kirche und Welt (Basel 1939) 98 ff. J. Ratzinger, Volk und Haus Gottes in Augustins Lehre von der Kirche (München 1954) 265 ff; A. Ehrhardt. Politische Metaphysik von Solon bis Augustin, Bd.1 (Tübingen 1959) 55 ff.

12 So Ratzinger a.a.0. S. 273.

13 De civitate Dei, VI, 2-7.

Heiden), daß die Erde eine Göttin sei? Etwa weil sie fruchtbar ist? Warum sind dann aber nicht eher die Menschen Götter, die die Erde durch Anbau noch fruchtbarer machen – freilich indem sie sie pflügen und nicht anbeten?"[14]

Die Geschichte der politischen Theologie im christlichen Zeitalter ist daher zugleich die Geschichte ihrer fortwährenden Destruktion. So scheiterte die Lehre von der göttlichen Monarchie am trinitarischen Dogma. Die Interpretation der Pax Augusta im Sinn eines ewigen Friedens fand ihre Grenze an der christlichen Eschatologie.[15] Der christliche Kaiser des Mittelalters verlor im Investiturstreit seine numinose Qualität. In der Neuzeit wurden nacheinander die monarchische Geschichtstheologie Bossuets und ihrer Gegenstück, die theologische Demokratielehre der Konstitutionalisten in der Französischen Revolution, entzaubert.[16] Darin wird aber deutlich, daß das Politische im christlichen Äon nicht einen beliebigen theologischen Rang hat, daß es nicht ohne weiteres, wie in der Antike, den Daseinssinn des Menschen bestimmen und beherrschen kann, daß es vielmehr in die Verweltlichung der Welt einbezogen ist, daß es als Nicht-Absolutes, als Vor-Letztes für den Christen Dienst- und Instrumentcharakter gewinnt. In diesem Sinn war John Locke, als er gegenüber der überlieferten theokratischen Doktrin das civil government proklamierte[17], ein guter Christ; in diesem Sinn ist eine politische Theologie post Christum natum ein problematisches Unterfangen, weil sie Gefahr läuft, antike Positionen zu repristinieren, die der christliche Glaube aufgelöst oder eingeschmolzen hat. Politische Theologie, beim Wort genommen, würde auf eine Inthronisierung der Politik als der leitenden, sinngebenden Instanz des Menschen hinauslaufen. Der Christ soll aber, nach Augustin, diese Welt, auch die politische, nicht „anbeten", sondern „pflügen", das heißt erkennen und konstruktiv weiterbilden.

---

[14] De civitate Dei, VII, 23.

[15] Hierzu E. Peterson, Theologische Traktate (München 1950) S. 104; vgl. auch Ehrhardt a.a.O. Bd. II (Tübingen 1959) S. 27.

[16] H. Maier, Revolution und Kirche (Freiburg ^{5}1988) S. 84 mit Anm. 16, S. 120 ff.

[17] John Locke, Two Treatises on Government, 1690.

II. Zur Instrumentalisierung der Religion in modernen Herrschaftssystemen

Karl-Josef Schipperges

Die moderne Gesellschaft ist eine säkularisierte Gesellschaft. Es ist eine Gesellschaft, in der das Sakrale immer weniger und das Profane immer mehr die Gesamtatmosphäre prägt. Die von Max Weber diagnostizierte Entzauberung der Welt bestimmt weitgehend die von Aufklärung und Rationalismus beherrschte Gesellschaft. Die Frage nach der technischen Machbarkeit verdrängt die metaphysische Frage nach Ursprung und Sinn. Die Religion gerät dabei unausweichlich in Kollision mit den Erfordernissen und den Ergebnissen der Wissenschaft. Sie gerät an den Rand und verliert ihre kulturelle Plausibilität.[1]

1. Religiöse Legitimation politischer Herrschaft

Seitdem die Souveränität des Herrschers von Gottes Gnaden ersetzt wurde durch die Souveränität des Volkes, ist die Neuzeit in eine Legitimationskrise geraten. Die neue politische Ordnung, die aus der amerikanischen und französischen Revolution entstanden ist, hat die alte, religiös legitimierte Ordnung beseitigt und steht nun vor der Problematik, dass sie selbst keinen absoluten Anspruch auf Herrschaft erheben kann ohne Rückgriff auf religiöse Restbestände. Auch die neue politische Herrschaft muss „religiös sanktioniert"[2] werden. Die Berufung auf den Willen

---

1 Danièle Hervieu-Léger, Croire en modernité: au-delà de la problématique des champs religieux et politiques. In: Patrick Michel (Hg.): Religion et Démocratie. Paris 1997, pp.362-365.

2 Hannah Arendt, Über die Revolution. München, 1963, S. 46.

des Volkes ist keine ausreichende Legitimation. Die Mehrheit sagt nichts aus über die Wahrheit und die Legitimität des Anspruchs.

Damit behält auch in der säkularisierten Welt die Religion eine politische Dimension, wie auch die Politik eine religiöse Dimension besitzt. Religiöse Elemente dienen zur Rechtfertigung und zur Sakralisierung der neuen revolutionären Ordnung. Die Religion wird nicht einfach verdrängt, sondern teilweise ersetzt durch die säkularen Mächte Nation, Staat, Klasse und Rasse.

In den USA wird die nationale Einheit beschworen unter Berufung auf die religiösen Wurzeln des Landes. In dem großen Respekt den man den Gründern der Demokratie zollt, erscheint ein bürgerliches Ritual, das religiöse Züge annimmt. Die Gründerväter erfahren den Kult von Heiligen und Heroen. Sie werden verehrt als Auserwählte, die von Gott aus dem Sklavenhaus Ägypten durch das Rote Meer und die Wüste ins gelobte Land geführt wurden. Die Puritaner, die sich selbst als Pilger bezeichneten, waren davon überzeugt, eine außergewöhnliche Rolle im Plan Gottes zu spielen.

In Frankreich wurde am 14. Juli 1790, dem ersten Jahrestag des Sturms auf die Bastille, das große Föderationsfest der Brüderlichkeit und der Eintracht gefeiert, das alle Züge der „neuen revolutionären Religion“ aufweist. Auf dem Marsfeld wurde der „Altar des Vaterlandes“ aufgestellt, an dem der heilige Eid geleistet wurde. Hier feierte Talleyrand eine „Zeremonie aus Messe und Segen, bei der es Frömmigkeit und Patriotismus miteinander zu verbinden galt“, um „die Gläubigen an die Revolution zu binden“. In Krisenzeiten wurde die notwendige Kontinuität der Revolution und die Treue zum Ideal der laizistischen Republik regelmäßig beschworen. Die Prinzipien von Gleichheit und Brüderlichkeit schufen eine Solidarität, die als säkularisierte christliche Caritas in der neuen, immanenten ecclesia gedeutet wurde. Die 200-Jahrfeier der Revolution wurde 1989 ganz im Stile eines religiösen Rituals begangen.

Hier entsteht eine „bürgerliche Religion“, eine religion civique, die wohl zu unterscheiden ist von der „Zivilreligion“, wie sie etwa von Robert Bellah beschrieben worden ist. Hier geht es weniger darum, religiöse Elemente – etwa auf dem Umweg eines Moralkodex – in das bürgerliche Leben zu integrieren. Vielmehr geht es darum, das politisch-bürgerliche Leben ins Religiöse hinein zu überhöhen und ihm die Würde des Sakralen zu verleihen. Dies zeigt sich bereits in der Wahl des Vokabulars. Der Bürger weiht sein Leben der Nation, er opfert sein Leben auf dem Altar des Vaterlandes. Nach einem großen Sieg wird die Auferstehung und die Wiedergeburt der Nation gefeiert. In den USA – aber auch anderswo – sind die staatlichen Institutionen, zumal die Verfassung, heilig. Dort werden die Artikel der Verfassung verglichen mit den mosaischen Gesetzestafeln.[3]

2. *Die Antimodernität der Ideologien*

Die Ideologien des 20. Jahrhunderts, die mit einer unvergleichlich größeren Selbstgewissheit und mit dem Heilsanspruch angetreten sind, eine neue Ordnung zu schaffen und die Welt neu zu interpretieren, können ebenfalls auf eine quasi-religiöse Legitimation und auf eine Instrumentalisierung der Religion zu politischen Zwecken nicht verzichten. Auch hier taucht - allem atheistischen Anspruch zum Trotz - die Religion in säkularisierter und pervertierter Form wieder auf.

In ihnen gewinnt auch das Irrationale wieder an Bedeutung. Wo eine eindeutige Logik versagt, wird der Fanatismus zu einer möglichen Alternative. Wo in der rationalen Diskussion keine Wahrheit zu ermitteln ist, bieten die Ideologien eine absolute Gewissheit, denn die ideologische Wahrheit kennt keinen Pluralismus. Auf der Suche nach Sicherheit und Schutz stehen Kommunismus und Nationalsozialismus bereit und geben Antwort auf die „Nostalgie nach einer heilen Welt der Ordnung, des Sinnes und der Solidarität".[4] Säkularisierung, Relativismus und Pluralismus sind Erzeugnisse der Moderne. Die Ideologien des 20. Jahrhunderts jedoch sind in ihrem Kern antimodern.

Diese Antimodernität zeigt sich zunächst in der Wiedervereinigung von Religion und Politik. Die Einheit von Religion und Politik, die in der Antike eine Selbstverständlichkeit war, wurde durch das Christentum bereits gelockert, indem die Kirche als societas perfecta sich neben dem Staat als selbständige Institution etablierte. Aber die Unterscheidung von Kirche und Staat war noch keine Trennung von Kirche und Staat und erst recht keine Trennung von Religion und Politik, die erst von Machiavelli vollzogen wurde und seitdem die Geschichte der europäischen Neuzeit geprägt hat. Im 20. Jahrhundert aber erscheint die Religion, die im Zuge der Säkularisierung mehr und mehr an Einfluss verloren hat, wieder als politischer Faktor, in der Theorie etwa in der Gestalt der politischen Theologie bei Carl Schmitt, in der Praxis dann in den Ideologien, für die Eric Voegelin und Raymond Aron schon in den 30er Jahren den Begriff der politischen Religion geprägt haben.[5] Die Religion, einst instrumentum regni, ist wieder zum instrumentum politicum geworden.

Die Antimodernität der modernen Ideologien zeigt sich sodann darin, dass sie Gegner von Aufklärung und Rationalismus sind und eine neue ir-

---

3 Else Marienstras, Nation et religion aux Etats-Unis. In: Michel, a.a.O., pp.280 und 286sq. Simon Schama, Der zaudernde Citoyen. Rückschritt und Fortschritt in der Französischen Revolution. Stuttgart 1989, S. 504, 507 und 511. Eric Voegelin, Die politischen Religionen, München, 2. Aufl. 1996, S. 34.

4 Peter L. Berger, Der Zwang zur Häresie. Religion in der pluralistischen Gesellschaft. Freiburg i. Br. 1992, S. 37.

5 Hans Maier, Politische Religionen. Die totalitären Regime und das Christentum, Freiburg i. Br. 1995, S. 7 und 29 f.

rationale Ordnung schaffen. Sie sind weder an der Realität noch an der Wahrheit oder der Neutralität der Wissenschaft interessiert. Es handelt sich hier um einen Dogmatismus und einen Fundamentalismus, der eine neue Orthodoxie verkündet. Hatte die Aufklärung mit ihrer rationalen Kritik feste Glaubensüberzeugungen erschüttert, so führen die modernen Ideologien „in neue ideologische Abhängigkeiten hinein" und sind damit „Gegenaufklärung"[6], denn Aufklärung bedeutet, durch rationale Diskussion und Argumentation sich der Wahrheit zu nähern und damit unhaltbare über-vollkommene Weltbilder und dogmatische Wahrheiten zu erschüttern.

Die Ideologien des 20. Jahrhunderts sind schließlich auch insofern antimodern, als sie durch ihre Zivilisationskritik Zivilisationsmüdigkeit und Unbehagen an der Moderne erzeugen. Der Unterschied besteht lediglich darin, dass – auf der Suche nach der heilen Welt – der Nationalsozialismus Sinn und Halt in der Vergangenheit findet, während der Kommunismus die heile Welt „in die Zukunft projiziert".[7]

Der Nationalsozialismus bekämpft Liberalismus, Sozialismus, Demokratie und die Französische Revolution und lehnt damit die Entwicklung der gesamten Neuzeit ab. Sein Nationalismus führt zurück in die Zeit vor der Aufklärung, in eine Zeit „patriarchisch-autoritärer" Gesellschaft. Im Rückgriff auf die Vergangenheit eines goldenen Zeitalters werden alte germanische Sagen und Mythen wiederbelebt.[8]

Während der Nationalsozialismus in die Vergangenheit zurückgreift, um die schlechte Gegenwart zu überwinden, sucht der Kommunismus das Heil in der Zukunft, wo das irdische Paradies entsteht, in dem der neue homo sovjeticus leben wird. Dies ist – mit Raymond Aron – „Opium für Intellektuelle", eine „Chimäre" und eine „romantische Illusion"[9]. Hier wird die Realität vom Imaginären beherrscht. Politik ist nicht mehr die Kunst des Möglichen, sondern der „Griff nach dem Unmöglichen".[10]

Eric Voegelin hat darauf aufmerksam gemacht, dass die modernen Ideologien „in ihrer Struktur der Gnosis des Altertums verwandt" sind. Das von ihnen prognostizierte irdische Paradies erscheint als „Immanentisierung des christlichen Eschaton". „Im Gnostizismus ist die Nichtanerkennung der Realität eine Sache des Prinzips." Die wirkliche Welt wird durch eine „verklärte Traumwelt" ersetzt.[11]

---

[6] Hermann Lübbe, Religion nach der Aufklärung, Graz, Köln, Wien 1989, S. 62 und 65.

[7] Berger, Häresie, a.a.O., S. 38.

[8] Friedrich Heer, Der Glaube des Adolf Hitler. Anatomie einer politischen Religiosität. München, 2. Aufl. 1998, S. 260 und 263.

[9] Raymond Aron, L'opium des intellectuels. Paris 1955. Michel Winock, Le siècle des intellectuels. Paris 1997, p.489

[10] Eugen Biser, Der Mensch – das uneingelöste Versprechen. Düsseldorf 1995, S. 86

Wenn die modernen Ideologien im Kampf gegen Aufklärung und Rationalismus so erfolgreich waren, so beweist dies, dass der Modernismus und seine Fortschritte inzwischen erschöpft sind.[12] Gegen Säkularismus und Entzauberung entsteht seit der Romantik eine „Wiederverzauberung der Welt", der auch die modernen Ideologien erliegen. Gegen den „Bazillus des Relativismus" versuchen sie, sich vor dem Zweifel modernen Unglaubens zu immunisieren" und „die neuen Glaubensgewissheiten ... auch wissenschaftlich zu legitimieren".[13]

3. Der neue Dogmatismus

Damit geraten die Ideologien in die Nähe des Sakralen und nehmen pseudo-religiöse Merkmale an. Nation, Rasse und Klasse werden in den Rang von „mittleren Transzendenzen" [14] erhoben. Nationalsozialismus und Kommunismus nehmen „religiöse Gefühle, Denkmuster und Organisationsformen in sich auf" und übernehmen damit auch „ die Aufgabe der Letztbegründung".[15] Daher wird auch mit Recht von einer „dogmatischen Ideologie" und von einer „Zeit der ideologischen Dogmatomachie" [16] gesprochen. Das von ihnen präsentierte Weltbild ist das allein gültige. Sie bieten ein festes Wissen an, das über alle Zweifel erhaben ist. Sie besitzen die Wahrheit und den Weg, der in die Wahrheit führt. Freiheit und Diskussion oder gar Hypothesen, die zu anderen Erkenntnissen führen, sind selbstverständlich unzulässig.

Diese dogmatische Gewissheit bezieht sich auch auf den Verlauf der Geschichte, deren Gesetzmäßigkeit unter dem Einfluss Hegels behauptet und wissenschaftlich zu beweisen versucht wird. Dabei ist die Idee des Klassenkampfes „schwerlich bestreitbar", wenn auch betont werden muss, dass sie nicht ausschließlich den Gang der Geschichte bestimmt hat. Die Idee der Rasse dagegen bleibt „ohne Erklärungswert"[17] und kann sich auf keine historische Erfahrung stützen. Für beide Ideologien aber

---

11 Eric Voegelin, Die neue Wissenschaft der Politik. München ^{2}1965, S. 14 f., 225 und 232 f.

12 Karl Dietrich Bracher, Zeit der Ideologien. Eine Geschichte politischen Denkens im 20. Jahrhundert. Stuttgart 1982, S. 315.

13 Justus H. Ulbricht, „Veni creator spiritus" Oder: „Wann kehrt Baldur heim?" deutsche Wiedergeburt als politisch-religiöses Projekt. In. Richard Faber (Hg.): Politische Religion – religiöse Politik. Würzburg 1997, S. 167 und 169 f.

14 Thomas Luckmann, Religion – Gesellschaft – Transzendenz. In: Hans-Joachim Höhn (Hg.): Krise der Immanenz. Religion an den Grenzen der Moderne. Frankfurt/M. 1996, S. 126.

15 Justus Stagl, Kulturelle Bindungskräfte der Religionen. In: Jahres- und Tagungsbericht der Görres-Gesellschaft. Köln 1998, S. 129.

16 Eric Voegelin, Anamnesis. Zur Theorie der Geschichte und Politik. München 1966, S. 327 f. und 354.

17 Lübbe, a.a.O., S. 68.

bleibt der dogmatische Anspruch, den Gang der Geschichte und den Weg in die Zukunft zu kennen.

Dogmatische Gewissheit und feste Orientierung verschaffen den Ideologien auch das Recht, den ganzen Menschen für ihre Ziele und Zwecke in Anspruch zu nehmen. Das bedeutet dann aber auch, dass der Unterschied von privat und öffentlich aufgehoben wird. Der ganze Mensch mit seinem gesamten Denken und Tun wird in den Dienst der Ideologie genommen und kontrolliert. Wo „ewige Wahrheiten" verkündet werden, kann es weder Diskussion noch Kompromiss geben, besteht das Recht, „jede andere Meinung zu unterdrücken".[18]

Das Ergebnis ist eine dogmatisch gesicherte Einheitskultur. Individualismus und Pluralismus, Relativismus und Rationalismus führen in die zerklüftete Welt der sozialen Kälte und des Zweifels. Mit ihrer dogmatisch sicheren Ordnung und mit ihrer festen Orientierung aber bieten die Ideologien den Menschen des 20. Jahrhunderts das, was ihnen am Ende der Aufklärung und des Fortschrittglaubens so sehr fehlt. Die neuen Orthodoxien bieten Schutz und Sicherheit, sie beanspruchen, das zu leisten, „was früher die Religion leistete". Sie vermögen „Sinn zu stiften und dadurch Gruppen und Individuen in ihrem Dasein zu stabilisieren".[19] Indem sie die Nation, die Rasse und die Klasse in den Rang des Sakralen erheben, schaffen sie eine „innerweltliche Religiosität"[20], wenn die Idee des tausendjährigen Reiches und des Paradieses auf Erden auch eine „pervertierte Form des biblischen Motivs" darstellt und en „diabolischen Versuch", den Reich-Gottes-Gedanken in die Politik zu übertragen".[21]

4. Rassenlehre und Antisemitismus

Die Rassenlehre des Nationalsozialismus nimmt eindeutig pseudo-religiöse Elemente in sich auf mit ihrer „Vergöttlichung der Herrenrasse" und mit dem Anspruch, „an Stelle Israels das wahre Gottesvolk der Geschichte zu sein"[22] Der Arier ist das wahre Volk Gottes, und, da zwei auserwählte Völker nicht nebeneinander bestehen können, muss das Judentum vernichtet werden. Der Jude ist ein Wesen, das der natürlichen Ordnung fremd ist. Der Arier ist vom Juden so weit entfernt wie der Mensch vom Tier. Die germanische Rasse ist dazu auserwählt, die deutsche Erde zu reinigen, so wie einst Israel das Land Kanaan in Besitz genommen hat, um es von fremden Göttern zu befreien.[23]

---

18 Franz Furger, Politik oder Moral. Grundlagen einer Ethik der Politik. Solothurn und Düsseldorf 1994, S. 272.

19 Lübbe a.a.O., S. 56 und 59.

20 Maier a.a.O., S. 30.

21 Biser, a.a.O., S. 236 f.

22 Dietrich Braun, „Gott mit uns". Zur Frage der Nation als Thema gegenwärtiger theologischer Ethik. In: Faber, a.a.O., S. 261.

Damit wird die Heilsgeschichte neu geschrieben. Der jüdische Messianismus wird nun „unmittelbar von einem anderen Volk übernommen und gegen die Juden gewendet“. Das ist „nationalsozialistisch verkehrter Messianismus“. Wie der biblische Messianismus die königliche Gestalt erwartet, die in einem neuen Bund den endgültigen Frieden bringt, so sieht sich auch Hitler „als Werkzeug der Vorsehung Gottes“ [24], der die endgültige Erlösung bringt, indem er mit Gewalt das Reich Gottes auf die Erde holt. Der „Führer“ ist der neue „messianische Kaiser“, der „Augustus redivivus“ [25], dem quasi-göttliche Ehren zuteil werden.

5. Die germanische Rasse

Diese Vorstellungen sind entgebettet und werden untermauert durch die neue heidnisch-nationale Religion, die skandinavische Traditionen aufgreift, deren Wurzeln in der Romantik liegen.

In den Jahren vor und nach 1900 werden altgermanische Mythen und Heldensagen wieder entdeckt. Die Edda wird als „Religionsbuch der Deutschen“, als eine „grundlegende heilige Schrift“ hochstilisiert. In dieselbe Richtung weist der konservativ-revolutionäre Paul de Lagarde mit seinen „Deutschen Schriften“ 1878/81. Er fordert eine neue germanisch geprägte Nationalreligion, aus der am Ende des Jahrhunderts „ein brisantes Konglomerat aus Nationalismus, völkischer Ideologie, Rassismus, Antisemitismus, Christentumsfeindlichkeit und Zivilisationskritik“ entsteht. Bei Wagner wird Siegfried zum „Erlöser“ und zur „Lichtgestalt“, die von den Göttern abstammt. Er weist damit schon hin auf den „deutschen“ oder „arischen“ Christus, der das „völkisch-religiose Denken“ bestimmt. Houston Stewart Chamberlain mit seinen „Grundlagen des 19. Jahrhunderts“ von 1899, wo „Germanomanie und Rassenideologie“ verknüpft werden, ist davon nachhaltig beeinflusst.[26]

Aus der altgermanischen Tradition wird somit eine neue heidnisch-nationale Religion konstruiert. Mit der Idee der „Wiedergeburt“ verknüpft sich die Hoffnung auf die Gründung eines auserwählten Volkes. Sozialdarwinisten verbinden damit die Hoffnung auf die „Regeneration des in der Moderne geschwächten Volkskörpers“. „Für die Bürger des kommenden ‚neuen‘ oder gar ‚dritten‘ Reiches sollte nur eine Konfession gelten, die des eigenen ‚Artbekenntnisses‘ oder gar Rassenglaubens.“ Joachim

---

23 Alain Besançon, Le malheur du siècle. Sur le communisme, le nazisme et l'unité de la Shoah. Paris 1998, pp.107 sq.

24 Manfred Voigts, Jüdischer und universalistischer Messianismus. In: Faber, a.a.O., S. 89.

25 Richard Faber, Politische Theologie oder: Was heißt Theokratie? In: Faber, a.a.O., S. 28.

26 Julia Zernack, Germanische Restauration u. Edda-Fömmigkeit. In: Faber, a.a.O., S. 154, 144. 149.

von Fiore sprach von einem dritten Reich des heiligen Geistes. Was hier aber angestrebt wird, ist ein Akt der „Selbsterlösung". Christus ist nun nicht mehr der Sohn Gottes, sondern wird zur „arischen Lichtgestalt", „austauschbar mit Baldur oder Sigfrid, Arminius oder Wittekind". Das Ergebnis ist dann eine Religion der „Selbstvergottung durch Selbsterlösung". Der Lichtbringer und Erlöser des deutschen Volkes heißt am Ende nicht mehr Baldur oder Siegfried, sondern Hitler.[27] Der Führer ist nicht nur Repräsentant des Volkes, er ist Inkarnation des Volksgeistes. Führer und Volk sind „gemeinsam verbunden in der sakralen Substanz" der Volksgemeinschaft, der neuen ecclesia, dem „corpus mysticum". Das Aufgehen des Einzelnen in der Gemeinschaft wird zu einem „religiösen Erlebnis".[28] Bei der SS, dem „Ahnenerbe" und im „Amt Rosenberg" leben diese Vorstellungen weiter.

6. Der neue Festkalender

Rosenberg war es auch, der die „Etablierung eines antikirchlichen Feier- und Festkalenders"[29] anstrebte und damit ausdrücklich religiöse Elemente ins Spiel brachte. Ansätze dazu waren von Anfang an vorhanden. Der 9. November 1923 wurde für die Nationalsozialisten zum „Karfreitag der Bewegung", der aber bereits „überleuchtet" war vom „Osterlicht der nahen Auferstehung". Dieser 9. November wurde Jahr für Jahr gefeiert als „Allerheiligen- und Allerseelentag". – Neben dem 9. November wurde sodann der 1. Mai zum „nationalsozialistischen Osterfest", das erinnern sollte an die „Auferstehung des deutschen Volkes aus seiner Zerrissenheit und Zersplitterung".

Zentraler Ort religionsähnlicher Feier war vor allem der Reichsparteitag in Nürnberg, der zu einer „liturgischen Feier" mit eindeutig religiösem Ritual wurde. Hier versammelte sich ein „gläubiges Volk" zu einem „Gottesdienst im Dom der deutschen Landschaft". Hier sprach Hitler zu seiner Partei, wie ein Priester zu seiner Mutter, der Kirche spricht. Hans Frank hat diesen Tag „seinen [d.h. Hitlers] Hochzeitstag mit dem deutschen Volk" genannt. An diesem Tag weihte Hitler die neuen Fahnen der SA und der SS durch Berührung mit der „Blutfahne", die mit dem Blut der „Märtyrer" vom 9. November 1923 getränkt war.[30]

Der Reichsparteitag in Nürnberg wurde Jahr für Jahr zur „Pilgerfahrt der Nation" hochstilisiert. Entsprechend wurde das Gelände zum „Wallfahrtsort und [zur] Tempelstadt der Bewegung", zur „Weihestätte der Na-

---

27 Ulbricht, a.a.O., S. 163 f., 166 f. und 171.

28 Voegelin, Religionen, a.a.O., S. 57, 45 und 14.

29 Ulbricht, a.a.O., S. 172. Vgl. Lübbe a.a.O., S. 238.

30 Heer, a.a.O., S. 219, 317 und 246 f. Ernst Nolte, Der Faschismus in seiner Epoche. München 1963, S. 465 und 467.

tion". Dementsprechend erhielt auch die Architektur einen religionsähnlichen Charakter. Die Anlage im Luitpoldhain ist eine Arena, deren „halbrunde Ausbuchtung des Kopfbaus ... an eine Apsis" erinnert, an den Chorraum einer christlichen Kirche. Die spätere Anlage auf dem Zeppelinfeld rückt dann aber deutlich ab von christlichen Vorbildern und orientiert sich an antiker Tempelarchitektur. „Der Mittelbau der Tribüne lehnt sich an die Konzeption des griechischen Tempels im kleinasiatischen Didyma an". Die Tür in der Mitte des Tempels ist die „Erscheinungstür", der „Ort der Epiphanie des Gottes bzw. der Orakelverkündigung durch den Priester/Propheten". Die „Rednerkanzel" Hitlers liegt „genau in der Achse" der „Erscheinungstür". Hier spricht Hitler als Priester des Gottes, der das Orakel deutet und die Wahrheit verkündet.[31]

Nicht zuletzt darf daran erinnert werden, dass es noch viele andere sakrale Akte gegeben hat, die das Regime aus dem Alltagsleben herauslösten, um ihm Würde und Glanz zu verleihen. Bekanntlich hat Himmler seine SS nach dem Vorbild des Jesuitenordens organisiert. Das politische Engagement nahm die religiösen Formen von Zucht, Gehorsam, Hingabe und Askese an. Das Winterhilfswerk wurde als eine neue Caritas begriffen. Verleihung von Orden und Ehrenzeichen, feierliche Fahnenhissung und Fahnenweihe und ähnliche Rituale vollzogen sich in den Formen eines liturgischen Aktes.[32]

Man ist heute natürlich versucht, diese pseudo-religiösen Rituale aus der Distanz heraus als maßlose Übertreibung und als unerträgliche Blasphemie beiseite zu schieben. Es bleibt aber die Frage, warum die Machthaber damals einen so großen Wert auf diese Symbole und Handlungen gelegt haben. Offenbar ist die Sakralität auch in der säkularisierten Welt von der Herrschaft nicht zu trennen. Auch ein antichristliches politisches System kann ohne pseudo-religiöse Stütze und Bindung nicht existieren.

7. Der neue Messias und die neue Ecclesia

Im Gegensatz zum Nationalsozialismus, für den die deutsche Nation das auserwählte Volk ist, ist im Kommunismus das internationale Proletariat das neue Israel, die messianische Klasse, der Mittler und Erlöser der Menschheit. Das Proletariat steht außerhalb der Gesellschaft und bringt gerade darum die Voraussetzung mit für die Schaffung einer klassenlosen Gesellschaft. Der Ausgebeutete und der Habenichts ist von der Erbsünde der Ausbeutung frei und kann daher die Menschheit erlösen. Das Proletariat wird ein neues Reich und eine messianische Zeit des Friedens und der

---

31 Yasmin Doosry, Die sakrale Dimension des Reichsparteitagsgeländes in Nürnberg. In: Faber a.a. O., S. 206, 209, und 212 f.

32 Heer, a.a.O., S. 500, 265 und 423.

Gerechtigkeit herbeiführen, wo der Wolf neben dem Schaf weidet. Es ist der Leidensknecht des Isaias, der Heiland der Welt, der gekreuzigt werden muss, um die Welt zu erlösen.[33]

Das ist Pelagianismus und Gnosis zugleich. Der Mensch genügt sich selbst und kann sich selbst erlösen. Der christliche Glaube, dass am Ende der Zeiten Christus wiederkommt, um einen neuen Himmel und eine neue Erde zu schaffen, wird in der Aufklärung bereits in eine säkulare Endzeit umgewandelt. An die Stelle einer transzendenten Heilserwartung tritt die immanente Gewissheit von der Vollendung der Weltgeschichte. Der moderne Fortschrittsglaube ist ein säkularisierter christlicher Glaube, er „ist seinem Ursprung nach christlich, und seiner Tendenz nach antichristlich".[34] Das Heil kommt nicht von oben in einer fernen Zukunft, sondern wird hier und jetzt vom Menschen geschaffen. Rationalismus und Aufklärung, Wissenschaft und Technik schaffen ein neues Selbstbewusstsein und machen den Menschen zum Demiurgen, der die Welt nach seinem Willen neu gestalten kann. Der Kommunismus wird schließlich den neuen Menschen – den homo sovjeticus – schaffen, der die biblische Prophetie verwirklichen wird. Er bringt die frohe Botschaft den Armen. Es ist – wie im Christentum – eine universale Botschaft, die sich an Juden und Griechen, an Freie und Sklaven wendet. Nationale Schranken fallen. Das neue messianische Reich zerstört den Egoismus und bringt Frieden und Gerechtigkeit für alle. Im irdischen Paradies wird das Gebot der Nächstenliebe endgültig verwirklicht, weil alle gleich sind und es weder Neid noch Herrschsucht geben wird. – Das ist eine große Verführung, auch für Christen, die sich von den kommunistischen Ideen angezogen fühlten, weil sie hier eine innere Verwandtschaft spürten.[35]

Der eigentliche Erlöser aber ist nicht das Proletariat, sondern die Partei, die Avantgarde des Proletariats, die wahre ecclesia und Gemeinschaft der Gläubigen. Sie gibt endgültige Antworten und bietet ihren Anhängern eine geistige Orientierung. Die offizielle Parteimeinung ist die Wahrheit selbst. Ein Abfall von der Gemeinschaft der Gläubigen und damit von der Wahrheit bedeutet Verrat.[36]

Diese Selbstgewissheit ist tief verankert in der revolutionären Tradition Russlands. Bereits 1871 veröffentlichte Netchajen seinen „Katechismus eines Revolutionärs", in dem vom Revolutionär eine totale Neuorientierung, eine „Metanoia" gefordert wird. Wie der christliche Ordensmann muss er Vater und Mutter verlassen, radikal mit der Welt brechen, weil sie von Grund schlecht ist. Die revolutionären Führer besitzen die absolute

---

[33] Besançon, Malheur, a.a.O., pp. 102 und 109. Jean-Yves Calvez, La pensée de Karl Marx. Paris, 6. Aufl. 1956, pp. 585-595.

[34] Karl Löwith, Weltgeschichte und Heilgeschehen. Die theologischen Voraussetzungen der Geschichtsphilosophie. Stuttgart, 2. Aufl. 1953, S. 63.

[35] Besançon, Malheur, a.a.O., pp. 109-111.

[36] Iwan Kologriwof, Die Metaphysik des Bolschewismus. Salzburg 1934, S. 68.

Wahrheit, die ihnen von der wissenschaftlichen Forschung garantiert wird. Wer diese Wahrheit nicht anerkennt, ist entweder dumm oder böse, in jedem Falle aber schädlich und muss daher beseitigt werden.[37] Im Besitz der absoluten Wahrheit wird die Partei zu einer „metaphysischen Größe" Sie ist „Trägerin des Charismas".[38]

Der Führer der Partei aber, allen voran Stalin, ist die Verkörperung dieses Charismas. Er besitzt eine „übernatürliche Kraft", denn er ist ein „übernatürliches Wesen", „zur Erfüllung einer besonderen geschichtlichen Mission auserwählt". Dieser „Auserwählte" ist die „Quelle von zugleich Wahrheit und Recht". Seiner Autorität wird „Liebe und Verehrung" zuteil. Aber er verlangt auch Unterwerfung und „Selbstaufgabe". Ihm zu widersprechen, bedeutet Frevel.[39]

Die Gemeinschaft der Gläubigen kennt auch eine apostolische Sukzession in den charismatischen Führern Marx - Lenin - Stalin. Und sie kennt heilige Texte, die diese erleuchteten Propheten hinterlassen haben. Der Wissenschaftler, der diese Texte studiert, ist nicht ein neutraler Forscher, der sie kritisch und vorurteilslos liest und nach der Wahrheit fragt, der er sich unterwirft. Er ist vielmehr der Kommentator eines unbestreitbar wahren Textes und verhält sich den Schriften des Marxismus gegenüber wie der christliche Theologe gegenüber der Bibel. Der Text enthält - wie das Wort Gottes in der Bibel - eine unumstößliche Wahrheit, die es zu erklären gilt. Kritik bedeutet, die Treue oder Untreue eines Schriftstellers gegenüber den marxistischen Klassikern nachzuweisen. Ein Leninzitat aber hat „die Funktion einer religiösen Offenbarung". Seine Schriften erfahren eine „Kanonisierung" und seine Person eine „Sakralisierung"[40] Die Fähigkeit, die Welt mit marxistischen Augen zu sehen, bedeutet, im Besitz der Gnade zu sein.

Wenn es heilige Texte gibt, die die reine Lehre verkünden, dann gibt es natürlich auch Häresien (Tito), Ketzer (Trotzki), Inquisition, Renegaten, Apostaten und Dissidenten, selbstverständlich auch Apostel, Kirchenväter und Proselyten.[41]

Die logische Folge dieses Denkens ist die Einbalsamierung Lenins und der damit verbundene Reliquienkult. Man verehrte ihn als „Heiligen, Apostel und Propheten des Weltkommunismus", auch „Parallelen mit Christus" tauchen auf. Er war der „unsterbliche Führer" und die „Inkarnation der Revolution".[42]

---

[37] Alain Besançon, Les origines intellectuelles du léninisme. Paris 1977, pp. 131-140.

[38] Erhard Stölting, Charismatische Aspekte des politischen Führerkults. Das Beispiel Stalin. In: Faber, a.a.O., S. 56. vgl. auch S. 47 und 49.

[39] Ebd., S. 46 f.

[40] Ebd., S. 54.

[41] Maier, a.a.O., S. 34.

[42] Stölting, a.a.O., S. 52 f.

Die eindeutige Verwendung des religiösen Vokabulars ist natürlich kein Zufall. Der Marxismus setzt jedem der grundlegenden Elemente des kirchlichen Lebens ähnliche Elemente der kommunistischen Gesellschaft entgegen. Alle wesentlichen Dogmen werden aus der Transzendenz in die Immanenz des atheistischen Humanismus übertragen. Hier handelt es sich um christliche Wahrheiten, die toll geworden sind, um „vérités chrétiennes devenues folles“[43]

8. Politische Religion

Für beide Ideologien ist charakteristisch die Glaubenshaltung des Manichäismus. Der Kampf des Kommunismus gegen den Kapitalismus ist ein radikaler unversöhnlicher Kampf zwischen Gut und Böse, zwischen Licht und Finsternis. Jeder Kompromiss, jede Vermischung ist von Übel. Hier kämpft eine „rechtgläubige Welt“ gegen die „unsaubere Macht“ des Eigentums, das Prinzip des Bösen. Der kalte Krieg schafft eine „scharfe Trennung der guten und bösen Welt“.[44] Daraus ergibt sich ein eindeutiger Wahrheitsanspruch, der nicht zur Diskussion steht.

Ein manichäisches Denkschema beherrscht auch den Nationalsozialismus. Hitler besitzt eine „Vorliebe für Schwarz-Weiß-Figuren, für Kämpfe zwischen lichten Helden und dunklen Teufeln“. Die Geschichte wird für ihn zur Heilsgeschichte, zum „Kampf des Glaubens gegen den Unglauben“. „Vernichtung“ und „Ausrottung“ des Nichtariers ist ein Glaubensakt, zu dem sich der Arier verpflichtet weiß. Rassenschande ist die „Erbsünde der Menschheit“. Gegen „den bösen Feind der Menschheit“, gegen das Judentum alle Kräfte zu sammeln, ist „heilige Pflicht“. „Deutsche Außenpolitik treiben heißt, Mitkämpfer gegen den Teufel, den Juden und gegen die Sünde der Blutschande zu gewinnen.“[45]

Gemeinsam ist beiden Ideologien sodann auch ihre philanthropische Absicht. Beide wollen die Menschheit erziehen und einen neuen Menschen schaffen. Beide erstreben einen radikalen innerweltlichen Wandel. Ihr Messianismus verspricht - wie der biblische - einen neuen Bund des Friedens und die endgültige Erlösung der Menschheit. Das Reich Gottes wird jedoch - im Unterschied zum biblischen Messianismus - mit Gewalt auf die Erde geholt. Hier und jetzt muss das regnum hominis errichtet werden.[46] Für die kommunistische Ideologie ist es das irdische Paradies, für die andere Form das tausendjährige, das „Dritte Reich“ in der säkularisierten Form des Joachim von Fiore.

---

[43] Calvez, a.a.O., S. 594.
[44] Stölting, a.a.O., S. 67 und 72.
[45] Heer, a.a.O., S. 26, 28, 33, 237 und 236.
[46] Besançon, Malheur, a.a.O., S. 100, 116 und 155 sq.

Daher hat man mit Recht die modernen Ideologien politische Religionen genannt. Nicht zu übersehen sind politische Rituale und Symbole nach dem Vorbild der Religion. Das politische Engagement nimmt religiöse Formen an. Dies zeigt sich in den verschiedenen Arten der Hingabe, der Askese und der Aufopferung der fanatischen Anhänger, die bereit sind, für ihre Überzeugung in den Tod zu gehen. Die Ideologien mit ihrem totalitären Anspruch erfüllen damit im Kern eine „Kompensierungsfunktion für den Sinnverlust" in der modernen Gesellschaft, die unfähig ist, die „Profanität der Welt für längere Zeit auszuhalten". Sie haben Erfolg, weil sie ein „Integrationsbedürfnis" befriedigen. Durch sie wird die Welt „in den Rang des Absoluten" erhoben, um sie zu „resakralisieren".[47] Die Jahrhunderte der Säkularisierung haben die politische Dimension der Religion nicht auszulöschen vermocht. Sie lebt weiter, auch in der perversen Verzerrung der modernen Ideologien, die sich der in der säkularisierten Gesellschaft weiterlebenden religiösen Relikte - bewusst oder unbewusst - bedienen zur Stabilisierung ihrer Herrschaftsansprüche. Das bedeutet dann auch, dass sie eine radikal atheistische Gesellschaft nicht zu realisieren vermögen.

Moderne Ideologien sind säkularisierte Formen von Religion. Sie sind „Ersatzreligionen", oder vielmehr „Religionsersatz"[48], die Halt und Orientierung versprechen. Freilich vermögen sie nur scheinbar in die Nähe von Religion zu geraten. Sie können zwar mit ihren Ritualen und Symbolen eine religionsähnliche Faszination erzeugen, die hinweist auf das Fascinosum und das Numinosum, die freilich ganz in den Bereich der Religion gehören und von den Ideologien nur ansatzweise in Anspruch genommen werden können. Das Numinosum, das hinter der sichtbaren Welt liegende und ihren Grund bildende Sein, gehört wesentlich in die Welt der Religion und kann von keiner politischen Ideologie in Anspruch genommen werden. Politische Ideologien sind daher nicht nur Religionsersatz oder Pseudoreligion, sondern im strengen Sinne „Anti- Religionen".[49]

Daher schließen Ideologie und Religion sich nicht nur gegenseitig aus, der Glaube ist sogar ausgesprochen „resistent" [50] gegen die Ideologien, die ja gerade den schwachen und orientierungslosen Menschen der modernen Massengesellschaft schnelle, einfache und endgültige Antworten bieten. Religion dagegen hilft, die Realität besser zu begreifen, sie bietet Halt in schwierigen Situationen. Der religiös gebundene Mensch ist insofern realistisch, als er die Wirklichkeit besser sieht und sich nicht täuschen lässt von fertigen Weltanschauungen. Wenn Ideologie Anti-Aufklärung ist,

---

47 Giacomo Marramao, Die Säkularisierung der westlichen Welt. Frankfurt/M. 1996, S. 116 f.
48 Lübbe, a.a.O., S. 57.
49 Ebd., S. 56 und 239.
50 Ebd., S. 63.

weil sie das kritische Hinterfragen ablehnt und weder Hypothesen noch Diskussionen zulässt, dann ist Religion eine Hilfe für jede wahre Aufklärung, da sie der konkreten wissenschaftlichen Wahrheitssuche nicht im Wege steht.

III. Exkurs: Eric Voegelins Konzept der „Gnosis"

Hans Otto Seitschek

Nach 1939 ging Eric Voegelin mit einem neuen Konzept zur Deutung der Moderne über den Bereich der politischen Religionen hinaus: Es handelt sich um das Konzept der „Gnosis".[1] Hier setzt Voegelin den in „Die politischen Religionen" gefassten Gedanken, dass sich der Geist in der Neuzeit von seinen religiösen Wurzeln gelöst hat, zwar weiter fort, erstellt aber ein anderes konzeptionelles Gerüst. Die geistesgeschichtlichen Grundlagen dazu legt er in seiner Studie „Das Volk Gottes" vor, die er bald nach seiner Emigration in die USA 1938 entwarf. So kann man von einem Dreischritt in Voegelins Ansatz der Gnosis in der Moderne sprechen, der von „Die politischen Religionen" über „Das Volk Gottes" zu „Die Neue Politische Wissenschaft" führt.

Doch vorab zur ursprünglichen Bedeutung von Gnosis: Zunächst verstand man unter Gnosis „Erkenntnis", eine bloße Übersetzung des griechischen *gnôsis*. In der Spätantike gewann diese Erkenntnis aber als Arkanwissen eine erlösende Funktion. Die Gnosis wurde damit zu einer religiösen Bewegung:

> „Unter Gnosis im engeren Sinn oder *Gnostizismus* versteht man eine besonders im östlichen Mittelmeerraum (Asien) verbreitet synkretistische Religionsbewe-

---

[1] Zu Voegelins Konzept der Gnosis der Moderne siehe insbesondere: E. Voegelin, Die Neue Wissenschaft der Politik, München 1959, Kap. IV-VI, S. 153-259 (Erstausgabe: Chicago 1952), ferner ders., Der Gottesmord. Zur Genese und Gestalt der modernen politischen Gnosis, hg. v. P. J. Opitz, München 1999, darin vor allem: Wissenschaft, Politik und Gnosis, S. 57-90, Der Gottesmord, S. 91-104 (Erstausgabe (beide): München 1959) und Religionsersatz. Die gnostischen Massenbewegungen unserer Zeit, S. 105-128 (zuerst in: Wort und Wahrheit. Monatsschrift für Religion und Kultur, 15. Jg. (1/1960), S. 5-18, später auch in: Vorträge und Aufsätze, Heft 3, Tutzing 1985).

> gung der Spätantike (Blütezeit: 2.-3. Jh. n. Chr.), die ein elitäres ,Wissen um göttliche Geheimnisse' zum Mittelpunkt ihrer Lehre machte und den geistigen Kern des Menschen (pneûma) als einen Teil göttlicher Substanz begriff, welcher einer schicksalhaften Verstrickung in die Materie zum Opfer fiel und allein durch die Erkenntnis seiner wahren transmundanen Natur Erlösung finden kann."[2]

Die Gnosis lehrt ferner einen strengen Dualismus zwischen der diesseitigen, bösen Welt der Finsternis und einer jenseitigen, guten Welt des Lichts. Die erlösende Erkenntnis hat als *salvator salvandus* (zu erlösender Erlöser) eine eigene Dynamik, denn in ihr sucht das jenseitige Selbst sich auch selbst zu erlösen, dadurch, dass es seinen diesseitigen Teil zu Erkenntnis und Erlösung führt, wodurch es zum *salvator salvatus* (erlöster Erlöser) wird. Die erlösende Erkenntnis hat also eine befreiende, heilbringende Wirkung.[3] Der Gnostizismus stellte eine ernste Konkurrenz für das frühe Christentum dar, das sich erst durch die Festlegung seiner Glaubenssätze auf den frühchristlichen Konzilien, besonders auf den Konzilien in Nicaea im Jahre 325 und in Konstantinopel 381, konsolidierte. Die Geschichtsauffassung der Gnosis ist linear. Damit hat die Geschichte aus gnostischer Sicht einen bestimmten Anfangs- und Endpunkt. Das Ende ist ein festgelegtes Ziel, das nach einem bestimmten Prozess verwirklicht wird. Die Lehre der Gnosis hat also eschatologischen Charakter.

Auch verschiedene Sektenbewegungen des frühen Mittelalters trugen gnostische Züge, wie deren strenger Dualismus zwischen einem Reich des Guten und einem Reich des Bösen zeigt. Hier ist vor allem der Manichäismus zu nennen. Interessant ist in diesem Zusammenhang, dass Raymond Aron in seiner Darstellung der politischen/säkularen Religionen besonders auf deren manichäischen, streng dualistischen Charakter hinweist[4], da sie das Gute in der eigenen Lehre und das Böse in allem, was nicht dieser Lehre entspricht, verkörpert sehen. Auch Harald Strohm weist in seiner Darstellung des Nationalsozialismus als Gnosis auf dessen manichäische Züge hin.[5] Strohm geht ferner auf die „gnostische Mythologie" des Nationalsozialismus[6] ein und analysiert Hitlers Psyche[7], die laut Strohm der eines gnostischen Sektenführers, wie der des Mani, entsprach.

Voegelin verwendet den Begriff „Gnosis" nicht in seiner klassischen Bedeutung, sondern nutzt ihn zu einer kritischen Interpretation der Moder-

---

[2] M. S. Torini, Art. Gnosis, Gnostizismus, in: LThK, hg. v. W. Kasper et al., Bd. 4, Freiburg u. a. 1995, Sp. 802.

[3] Nach ebd., Sp. 802 f.

[4] Siehe R. Aron, L'avenir des religions séculières, in: ders., Chroniques de guerre, Paris 1990, S. 932.

[5] Siehe H. Strohm, Die Gnosis und der Nationalsozialismus, Frankfurt a. M. 1997, S. 30, S. 87-113.

[6] Siehe ebd., S. 35-77.

[7] Siehe ebd., S. 114-254, bes. S. 114-116.

ne: Sie ist für Voegelin eine gnostische Bewegung.[8] Ähnlich wie im spätantiken Gnostizismus sucht die Moderne durch Erkenntnis eines entsakralisierten, säkularen Geistes eine diesseitige Erlösung zu erreichen. Dabei wird auf die erlösende Kraft der Religionen wie des Christentums verzichtet. In der Folge nehmen moderne Wissenschaften und nichtreligiöse Lehren, besonders im politischen Bereich, aufgrund der Erkenntnis, die sie vermitteln, erlösenden und damit gnostischen Charakter an. Es entsteht eine „Gläubigkeit“ an die moderne Wissenschaft und an innerweltliche Lehren, die in ihrer mythischen Ideologie das Heil auf Erden, meist nach einer apokalyptischen Wende, versprechen.

Auf den gnostischen Charakter der Naturwissenschaften wies 1932 bereits Franz Werfel hin, als er feststellte, dass sich der unmathematische Geist angesichts der naturwissenschaftlichen Erkenntnis „in Jahrhunderte der Gnostik zurückversetzt“[9] glaube. Gut vierzig Jahre später stellte Marie-Joseph Le Guillou fest, dass der „Glaube“ des Gnostikers „formell eine menschliche Überzeugung“ ist, wie „ein Werturteil, eine ästhetische, philosophische, ethische oder politische Entscheidung, [oder] die Wahl einer Ideologie“ [10]. Diese neue, gnostische „Gläubigkeit“ entspringt aber nicht wie der religiöse Glaube aus der Entdeckung der göttlichen Offenbarung im Hören auf das Wort Gottes.

Eric Voegelin zählt zu den modernen Gnostizismen „Bewegungen von der Art des Progressivismus, des Positivismus, des Marxismus, der Psychoanalyse, des Kommunismus, des Faschismus und des Nationalsozialismus“ [11]. Er zählt also sowohl Bewegungen von Intellektuellen als auch Massenbewegungen zur Gnosis der Moderne. Der Comtesche Positivismus, der die ganze Welt umspannen sollte, war, so Voegelin, beides: Er war sowohl eine Intellektuellen- als auch eine Massenbewegung. Einer der letzten Reste des positivistischen Konzepts findet sich im Wappen der Republik Brasilien, das noch immer das Motto der Bewegung, „Ordnung und Fortschritt“, enthält.[12]

---

8 Siehe P. J. Opitz, Die Gnosis-These – Anmerkungen zu Eric Voegelins Interpretation der westlichen Moderne, in: E. Voegelin, Der Gottesmord. Zur Genese und Gestalt der modernen politischen Gnosis, München 1999, S. 7-35.

9 F. Werfel, Können wir ohne Gottesglauben leben?, in: ders., Zwischen oben und unten, Stockholm 1946, S. 110.

10 M.-J. Le Guillou, Das Mysterium des Vaters, Einsiedeln 1974, S. 19; Le Guillous Charakterisierung der Ideologie weist deutlich auf deren gnostischen Charakter hin (siehe ebd., S. 174 f.).

11 E. Voegelin, Religionsersatz. Die gnostischen Massenbewegungen unserer Zeit, in: ders., Der Gottesmord. Zur Genese und Gestalt der modernen politischen Gnosis, München 1999, S. 105; Eric Voegelin spricht zwar im Titel seines Beitrags von Religionsersatz, kommt aber im Folgenden nicht mehr darauf zurück, da für ihn das maßgebliche Konzept zur Deutung der Moderne die Gnosis ist.

12 Nach E. Voegelin, Religionsersatz. Die gnostischen Massenbewegungen unserer Zeit, in: ders., Der Gottesmord. Zur Genese und Gestalt der modernen politischen Gnosis, München 1999, S. 106.

Die Gnostizismen der Moderne weisen folgende charakteristische Züge auf: Ihr Beginn ist eine grundlegende Unzufriedenheit mit der aktuellen Situation. Die Ursache für diese Unzufriedenheit ist der schlechte Zustand der Welt und ihrer Ordnung, nicht die eigene Unzulänglichkeit des Menschen. Eine Erlösung von diesem Zustand ist nach Ansicht der modernen Gnostiker möglich. Sie ist als Umwandlung der Seinsordnung im Verlauf der Geschichte im Diesseits herbeizuführen. Die Erlösung steht nicht, wie in der christlichen Tradition, am Ende der Zeiten jenseits des Irdischen. Die radikale Umwandlung der Seinsordnung ist durch eigenes Handeln des Menschen möglich, wie die moderne Gnosis lehrt. So gilt es für den Gnostiker der Moderne, die Möglichkeiten für eine Änderung der Seinsordnung zu untersuchen, eine Methode auszuarbeiten, die dies verwirklicht, und das Ergebnis prophetisch-wissenschaftlich der Menschheit zu verkünden.[13]

Der Weg und sein Ziel der Vollendung des Daseins sind also immanentisiert, sind innerweltlich und vom Menschen machbar.[14] Dies ist die deutlichste Abtrennung der gnostischen Bewegungen der Moderne vom Christentum. Je nachdem, ob der Weg, der zum Ziel führt, das Ziel selbst oder beides gleichwertig im Mittelpunkt der Lehre stehen, lassen sich verschiedene teleologische oder axiologische Richtungen der modernen Gnosis unterscheiden.[15]

Der Ursprung dieser Entwicklung liegt für Voegelin in den gnostischen Bewegungen des Mittelalters, die infolge ihrer Ablehnung durch die Kirche revolutionäre Qualität erreichten.[16] Ein Grund für das Aufkommen gnostischer Gruppierungen ist die Parousieverzögerung in der Spätantike: Das Frühchristentum rechnete mit einer baldigen Wiederkunft Christi in der Geschichte, die jedoch ausblieb. Die Lehre und der Glaube der Kirche veränderte sich – auch durch Augustinus' Werk *De civitate Dei* beeinflusst – dahingehend, dass der Geist Christi in der Kirche fortlebe und er erst am Ende der Zeiten wiederkomme.[17] Dazu entgegengesetzt ist nach Voegelin die Offenbarung des Johannes positioniert, die das Reich Christi durch eine Apokalypse in der Geschichte anbrechen sieht. Daraus folgte später eine institutionelle Trennung von Kirche und weltlichem Reich, aber auch die Entstehung von Sekten, die sich gegen die Institutionalisie-

---

13 Nach ebd., S. 107-109.

14 Siehe u. a. E. Voegelin, Wissenschaft, Politik und Gnosis, in: ders., Der Gottesmord. Zur Genese und Gestalt der modernen politischen Gnosis, München 1999, S. 62 f.

15 Nach E. Voegelin, Religionsersatz. Die gnostischen Massenbewegungen unserer Zeit, in: ders., Der Gottesmord. Zur Genese und Gestalt der modernen politischen Gnosis, München 1999, S. 109-111.

16 E. Voegelin, Das Volk Gottes, München 1994, S. 53-77.

17 Im Hebräerbrief wird der christliche Glaube als „eine feste Zuversicht auf das, was man hofft, und ein Nichtzweifeln an dem, was man nicht sieht" (Hebr. 11, 1) charakterisiert.

rung der Heilslehre Christi wandten und den Anbruch des Reiches Christi nach einer Apokalypse im Diesseits erreichen wollten.[18] „Den Unsicherheitsfaktor zu letzter Klarheit“ bringen zu wollen, „scheint jedoch ein generell menschliches Problem zu sein.“ [19] Aus diesem Grund sieht Voegelin Parallelen zu gnostischen Sekten des Mittelalters in modernen politischen Bewegungen, die wie mittelalterliche Sekten von Menschen getragen wurden, deren Wesen die Geschichte hindurch ja gleich blieb.[20] So können aufgrund ähnlicher menschlicher Grunderfahrungen in der Organisation von Gemeinschaften stets gleiche Symboliken auftreten.[21] Wie in „Die politischen Religionen“ ist auch in „Die Neue Politische Wissenschaft“ als Beispiel für eine solche Parallele die Interpretation der Geschichte als Gliederung in drei Reiche genannt, die bei Joachim von Floris auftritt. Sie sah im Jahr 1260 den Anbruch des Dritten Reiches vor, das die Vollendung des Seins als Vergeistigung der Menschheit und als Transformation der Schöpfung unter der Führung eines nicht näher bestimmten *dux e Babylone* bedeutet.[22] Die joachitische Symbolik prägt bis zum heutigen Tag die Symbolik der politischen Gemeinschaften: die Lehre von den drei Reichen, der Führer, der Prophet und die Bruderschaft autonomer Individuen.[23] Diese Symbolik kennzeichnet in einer jeweiligen Differenzierung auch die Gnosis der Moderne, insbesondere im Hinblick auf totalitäre Massenbewegungen, wie Nationalsozialismus und Kommunismus. Schließlich kehrt in mittelalterlichen gnostischen Sekten, wie in modernen politischen Bewegungen, auch der Dualismus wieder, der schon die antike Gnosis kennzeichnete: Die aktuelle Seinsordnung ist als böse abzulehnen, und eine neue gute Ordnung, eine „neue Welt“, muss geschaffen werden: „Es geht um die Vernichtung der alten und den Übergang in die neue Welt.“[24] Damit wird die Eschatologie, die im Christentum auf das Transzendente gerichtet ist, nach innen, in die Welt gewandt. Ferner wird der

---

18 Nach E. Voegelin, Die Neue Wissenschaft der Politik, München 1959, S. 155 f. und ders., Das Volk Gottes, München 1994, S. 30-34.

19 E. Voegelin, Religionsersatz. Die gnostischen Massenbewegungen unserer Zeit, in: ders., Der Gottesmord. Zur Genese und Gestalt der modernen politischen Gnosis, München 1999, S. 128.

20 Nach M. Henkel, Eric Voegelin, Hamburg 1998, S. 99.

21 Nach E. Voegelin, Die Neue Wissenschaft der Politik, München 1959, S. 17.

22 Siehe E. Voegelin, Die politischen Religionen, München ²1996, S. 39-41, ders., Die Neue Wissenschaft der Politik, München 1959, S. 158-160 und ders., Religionsersatz. Die gnostischen Massenbewegungen unserer Zeit, in: ders., Der Gottesmord. Zur Genese und Gestalt der modernen politischen Gnosis, München 1999, S. 112-116.

23 Siehe E. Voegelin, Die Neue Wissenschaft der Politik, München 1959, S. 159 f. und ders., Religionsersatz. Die gnostischen Massenbewegungen unserer Zeit, in: ders., Der Gottesmord. Zur Genese und Gestalt der modernen politischen Gnosis, München 1999, S. 113-116.

24 E. Voegelin, Wissenschaft, Politik und Gnosis, in: ders., Der Gottesmord. Zur Genese und Gestalt der modernen politischen Gnosis, München 1999, S. 62.

Anbruch der neuen Welt durch eine alle Ordnungen umwendende Apokalypse bedingt.[25]

Den gnostischen Charakter der Moderne findet Voegelin in der gesamten neuzeitlichen Geistesgeschichte wieder, paradigmatisch bei Thomas More, Thomas Hobbes, Georg Wilhelm Friedrich Hegel, Auguste Comte, Karl Marx, Friedrich Nietzsche und Martin Heidegger.[26] So sieht Voegelin nicht nur ein „gnostisches Denken *in der* Moderne", sondern einen „gnostischen Charakter *der* Moderne."[27] Eine Schlüsselposition kommt für Voegelin in diesem Zusammenhang Max Weber zu: Er steht zwischen dem Ende der positivistischen Phase und dem Anfang der neuen politischen Wissenschaft als einer Ordnungswissenschaft, wie sie Voegelin sieht. Ausgehend von einer nicht-transzendenten Deutung des Wesens des Menschen und der Wirklichkeit, gelangt Weber an einen Punkt der positivistischen Gesellschafts- und Geschichtswissenschaft, an dem der historische Wissensschatz so groß ist, dass eine Systematik nötig wird, die die Fülle an Details sinnvoll ordnet. Diese Systematik liefert die politische Philosophie, die *epistéme politiké* im Sinne von Platon und Aristoteles, die gewissermaßen an die Stelle des Positivismus tritt. Jedoch führt Weber den Schritt zur politischen Philosophie platonisch aristotelischen Charakters nicht durch.[28] Voegelin stellt über Weber fest: „Er wußte, wonach es ihn verlangte, aber er konnte nicht dahin gelangen; er sah das gelobte Land, aber er durfte es nicht betreten."[29] Webers Denken nimmt nach

---

25 Zur Bedeutung der Apokalypse, gerade in politischen Massenbewegungen, siehe: K. Vondung, Die Apokalypse in Deutschland, München 1988, bes. S. 207-225 und ders., Die Apokalypse des Nationalsozialismus, in: M. Ley/J. H. Schoeps [Hg.], Die politische Religion des Nationalsozialismus, Bodenheim b. Mainz 1997, S. 33-52.

26 Zu Hobbes, Hegel, Comte und Marx siehe E. Voegelin, Die politischen Religionen, München ^{2}1996, S. 43-46, 13, 55, 51, 52; zu allen genannten Denkern, bis auf Heidegger, siehe ders., Die Neue Wissenschaft der Politik, München 1959, u. a. S. 171, 211-224, 175, 24-26, 46 f., 182-185; insbesondere zu Heidegger siehe ders., Wissenschaft, Politik und Gnosis, in: ders., Der Gottesmord. Zur Genese und Gestalt der modernen politischen Gnosis, München 1999, S. 62 f., 87-90; nochmals zu More, Hobbes, Hegel und Comte siehe ders., Religionsersatz. Die gnostischen Massenbewegungen unserer Zeit, in: ders., Der Gottesmord. Zur Genese und Gestalt der modernen politischen Gnosis, München 1999, S. 106 f., 118-123. Siehe ferner: E. Voegelin, Nietzsche and Pascal, in: E. Behler u. a. [Hg.], Nietzsche-Studien, Bd. 25, Berlin/New York 1996, S. 128-171 und die folgenden Beiträge von P. J. Opitz, Eric Voegelins Nietzsche – Eine Forschungsnotitz, in: ebd., S. 170-190 und H. Ottmann, Das Spiel der Masken. Nietzsche im Werk Eric Voegelins, in: ebd., S. 191-199. Zu Voegelins Hegelinterpretation siehe auch E. Voegelin, Hegel – Eine Studie über Zauberei (= Occasional Papers, IX), München 1999.

27 M. Henkel, Eric Voegelin, Hamburg 1998, S. 115; siehe dazu insbesondere: E. Voegelin, Die Neue Wissenschaft der Politik, München 1959, S. 176-180.

28 Nach ebd., S. 33-44; siehe dazu M. Henkel, Eric Voegelin, Hamburg 1998, S. 129-134.

29 E. Voegelin, Die Neue Wissenschaft der Politik, München 1959, S. 44.

Voegelin also eine Sonderstellung ein[30], jedoch überwiegt in der Moderne nach wie vor der Gnostizismus.

Zwei Punkte machen die Gnosis der Moderne entscheidend aus: Erstens die Selbsterlösung des Menschen und zweitens die Redivinisation der Gesellschaft. Mit der Selbsterlösung will der Mensch die Ungewissheiten, die die Erlösungsreligionen auf dem Weg zum Heil gesetzt haben, durch neue Mythen überwinden:

> „Die gnostische Spekulation überwand die Ungewißheit des Glaubens dadurch, daß sie sich von der Transzendenz abwandte und den Menschen in seinem innerweltlichen Handlungsbereich mit dem Sinn einer eschatologischen Erfüllung ausstattete. In demselben Ausmaß, in dem diese Immanentisierung erlebnismäßig voranschritt, wurde die zivilisatorische Betätigung zu einem mystischen Werk der Selbsterlösung."[31]

Die Redivinisation der Gesellschaft, das zweite wesentliche Charakteristikum der modernen Gnosis, nimmt ihren Ausgangspunkt von einer Immanentisierung des Sinnes der Existenz, wodurch eine Selbstvergottung des Menschen stattfindet. Die Göttlichkeit wird in der modernen Gnosis in die Natur des Menschen hineingezogen, ähnlich der Anthropologie der antiken Gnosis, die ein Teil des Göttlichen, das *pneûma*, im Menschen vorfand. Der Prozess der Dedivinisation, die in der jüdisch-christlichen Tradition Gott als den transzendenten Gott erfahren ließ, wird also durch die Redivinisation des Menschen und damit der Gesellschaft rückgängig gemacht.[32] Folge ist eine Uminterpretation der Aufspaltung der Welt in eine spirituale und temporale Seite. Diese Uminterpretation macht den Glauben als Erkenntnis des spiritualen Teils der Welt gewiss und stellt den Menschen selbst als „erlösenden Gott" hin, da er diese Erkenntnis ermöglicht. Mit dieser prometheischen Selbstvergottung des Menschen wird „wesensnotwendig" der Mord am transzendenten Gott vollzogen.[33] Hier kommt der deutlich nihilistische Zug der gnostischen Bewegungen der Moderne zum Ausdruck, der nach Voegelin auf der anderen Seite auch einen deutlichen Bezug zur existenzialistischen Philosophie des 20. Jahrhunderts zeigt. So wird die Erlösung des Wesens des Menschen und der Welt schließlich immer dem Menschen selbst überlassen, obwohl er dieser Aufgabe letztlich nicht gerecht werden kann.

---

[30] Zu Voegelins Interpretation von Max Webers Denken siehe insbesondere: E. Voegelin, Die Größe Max Webers, München 1995, S. 9-28, 29-47; siehe dazu u. a.: P. J. Opitz, Max Weber und Eric Voegelin, in: Politisches Denken, Jahrbuch 1992, hg. v. V. Gerhardt u. a., Stuttgart u. Weimar 1993, S. 29-52.

[31] E. Voegelin, Die Neue Wissenschaft der Politik, München 1959, S. 181 f.

[32] Nach ebd., S. 153 f.

[33] E. Voegelin, Wissenschaft Politik und Gnosis, in: ders., Der Gottesmord. Zur Genese und Gestalt der modernen politischen Gnosis, München 1999, S. 92 f.; zum „Gottesmord" siehe ebd., S. 91-104.

Ihre beiden Ziele wird die Gnostik der Moderne nach Voegelin nie erreichen, da das Wesen des Menschen und die Seinsordnung unveränderlich bleiben. Sie sind von Gott gesetzt und können vom Menschen, auch nach der Redivinisation, nicht verändert werden. Das Wesen des Menschen ist zum Transzendenten hin geöffnet. Das bewusste Verkennen und Negieren des transzendenten Charakters des Wesens des Menschen ist einer der Hauptvorwürfe Voegelins gegen die moderne Gnosis und ihre positivistische Anthropologie. Die Erkenntnisse der klassischen Philosophie, insbesondere der Philosophie der griechischen Antike, und die christliche Offenbarung sind für Voegelin unhintergehbare Einsichten in das Wesen des Menschen, auch wenn der moderne Positivismus und Szientismus dies negieren. Das Streben der modernen Gnosis führt also aufgrund ihrer anthropologischen Defizite letztlich zu keinem Ergebnis, sondern allein zur Verwirrung der Ordnungen der Realität:

> „Der Tod des Geistes ist der Preis des Fortschritts. Nietzsche offenbarte dieses Mysterium der westlichen Apokalypse, als er verkündete, daß Gott tot und daß er ermordet worden sei. Dieser gnostische Mord wird ständig von den Menschen begangen, die Gott der Zivilisation zum Opfer bringen. Je intensiver alle menschlichen Energien in das große Unternehmen der Erlösung durch weltimmanentes Handeln geworfen werden, desto mehr entfernen sich diejenigen, die an diesem Unternehmen mitwirken, vom Leben des Geistes. Und da das Leben des Geistes die Quelle der Ordnung im Menschen und in der Gesellschaft ist, liegt gerade im Erfolg einer gnostischen Zivilisation die Ursache ihres Verfalls."[34]

Voegelin geht es in seiner Kritik an der Gnosis der Moderne nicht um eine Restituierung der kirchlichen Hegemonie über den Bereich der staatlichen Regierung – nach wie vor sind Staat und Kirche, Politik und Religion, zu unterscheiden. Gerade um diese Unterscheidung geht es Voegelin: Der Staat soll nicht zu einer das Heil verkündenden Institution werden, denn so zieht die politische Sphäre die religiöse an sich, um sie letztlich zu verschlingen, wodurch es zu einer gefährlichen Einheit des Politischen und des Religiösen kommt, wie die Entwicklung der politischen Religionen des 20. Jahrhunderts zeigt.

Im Konzept der Gnosis nimmt Voegelin die Grundidee des Ansatzes von „Die politischen Religionen", den er später nur als „Verlegenheitslösung"[35] bezeichnete, wieder auf: Der Geist hat seinen Ursprung in der Religion. Ein säkularisierter Geist, der das Religiöse in sich zwar umformen, aber niemals ablegen kann, verfremdet durch diese Umformung das Wesen des Menschen und führt in letzter Konsequenz zu einer totalitären Ideologie und zur Zerstörung der Humanität, wie die politischen Massenbewegungen des 20. Jahrhunderts gezeigt haben. Mit dem Konzept der

---

[34] E. Voegelin, Die Neue Wissenschaft der Politik, München 1959, S. 184 f.

[35] E. Voegelin, Wissenschaft Politik und Gnosis, in: ders., Der Gottesmord. Zur Genese und Gestalt der modernen politischen Gnosis, München 1999, S. 58 f.

Gnosis nimmt Voegelin zwar die Stoßrichtung des Konzepts der politischen Religionen wieder auf, entwirft dazu aber, wie gesehen, eine anderes Grundkonzept, das viele Aspekte der allgemeinen Kritik am Geist der Moderne in sich aufnimmt und nicht nur auf den Bereich des Politischen beschränkt bleibt.

E. Faschismus und nicht-demokratische Regime

Juan J. Linz

I. Einführung

Ich sollte mit dem Paradox beginnen, dass ich – obwohl ich viel über nicht-demokratische Regime, Faschismus und den Zusammenbruch von Demokratien geschrieben habe – diese Forschungs- und Interessenbereiche nie systematisch miteinander verbunden habe.[1] Dafür gibt es zahlreiche Gründe. Manche verdanken sich dem Zufall, dass die Schriften in einem Arbeitskontext entstanden sind, der sich nur auf jedes einzelne dieser Problemfelder konzentrierte. Es gibt aber auch einen sachlichen Grund, den ich hier zu entwickeln versuche: Die drei Themen sind in vielen Fällen unzweifelhaft miteinander verwoben, aber in vielen anderen Fällen liegen sie ziemlich weit auseinander. Es hat totalitäre und autoritäre Regime gegeben und es wird sie geben, in deren Entwicklung Faschismus keine Rolle gespielt hat, wenn wir nicht den Begriff des Faschismus bis zur Unkenntlichkeit und Untauglichkeit dehnen wollen.

Es hat Zusammenbrüche politischer Demokratien gegeben und es wird sie geben, ohne dass sie von faschistischen Bewegungen begleitet worden wären oder zu Regimen geführt hätten, die man als faschistisch charakterisieren könnte. Dies sind die wichtigsten Gründe, warum ich die drei gro-

---

1 Dieser Aufsatz sollte in Verbindung mit meinen früheren Schriften gelesen werden, in denen ich in aller Ausführlichkeit meinen Gebrauch von Begriffen wie „autoritäres Regime", „Totalitarismus" und „Faschismus" definiert, erörtert und dokumentiert habe. Ich sollte mich mit Rücksicht auf die Länge dieses Aufsatzes hier nicht wiederholen, obwohl es vielleicht dem Leser hilfreich wäre. Eine entsprechende Auswahl meiner Schriften findet sich am Ende dieses Beitrages.

ßen Probleme der Politik des 20. Jahrhunderts behandelt habe, ohne sie systematisch zu verbinden. Jedenfalls gibt es aber genügend Fälle zwischen den zwei Weltkriegen, in denen diese drei Probleme in der einen oder anderen Weise miteinander verwoben sind, um den Versuch zu unternehmen, eine systematischere Analyse der Beziehungen zueinander vorzulegen.

Lassen Sie mich dazu ein paar kurze Bemerkungen machen. Nach dem Ersten Weltkrieg gab es in Europa und andernorts Krisen und Scheitern demokratischer Regime, bei denen faschistische Bewegungen keine oder eine untergeordnete Rolle gespielt haben; es gab Krisen, die zu nicht-demokratischen Regierungen geführt haben, an welchen die Faschisten keinen Anteil stellten und die sogar in einigen Fällen die faschistischen Bewegungen unterdrückten. In der Folge der Opposition gegen den Krieg nach der Zimmerwalder Konferenz und als Ergebnis der Oktoberrevolution aus einer Abspaltung der sozialistischen Bewegung entstanden, bedrohten die kommunistischen Parteien die Demokratien und trugen zur Krise der Demokratie in den zwanziger und dreißiger Jahren bei. Die Kommunisten kamen nur zeitweise in Ungarn (von Oktober 1918 bis August 1919) und auf Dauer in Russland an die Macht. Und sogar dort begrenzten die Unabhängigkeit und der Widerstand Finnlands, Polens und der Baltischen Republiken den Erfolg der Bolschewiken und der Roten Armee.

Gegen die Vorstellung eines Europa, das - verschlungen vom Faschismus - Demokratien von antidemokratischen Kräften überwältigt findet, müssen wir die große Anzahl an Demokratien betonen, die überlebten (bis zur deutschen Besetzung).[2] Diese Liste enthält Großbritannien, Frankreich (trotz ernstlicher Bedrohungen), die Schweiz, Belgien, die Niederlande, Irland, Dänemark, Schweden, Norwegen und Finnland (trotz einer gefährlichen Krise). Eine Bilanz von zehn Ländern. Die Anzahl der Demokratien, die in reinen liberalen Verfassungsstaaten bestanden oder die sich langsam entwickelten und dann zusammenbrachen, ist viel kleiner: Italien, Deutschland, Österreich und Spanien im Jahre 1936. Das sind vier Länder. Die anderen Fälle des Zusammenbruchs - Russland, Türkei, Polen, Ungarn, Spanien 1923, Portugal 1917 und 1925, Rumänien, Bulgarien und Griechenland - sollten vielleicht besser als Zusammenbruch von Ländern, die sich im Demokratisierungsprozess befanden, oder als abgebrochene Prozesse der Demokratisierung definiert werden denn als wirklich demokratische Regime. Das sind neun Länder; wenn man sie zu den ersten vier und den drei Baltischen Republiken addiert, ergibt sich eine Bilanz von sechzehn Ländern. Albanien zählen wir nicht, da es eine vormoderne Gesellschaft und einen erst im Werden begriffenen Staat darstellte. Von all den Staaten, die vor dem Ersten Weltkrieg existierten, waren in

---

[2] Linz, Juan J.: La Crisis de las democracias, in: Cabrera, Mercedes u.a. (Hg.): Europa en crisis 1919-1939, Madrid Pablo Iglesias 1991. S. 231-280.

den Zwischenkriegsjahren neun stabile Demokratien; in sechs Fällen scheiterte der Demokratisierungsprozess oder die Demokratie brach zusammen. Die Folgestaaten des russischen Reichs, des osmanischen Reichs, Österreich-Ungarns und des Deutschen Reichs brachen alle zusammen. In den Nachwirkungen des Krieges wurden acht neue Staaten geboren, und nur in dreien – in Finnland, in der Tschechoslowakei (bis zu ihrer Zerschlagung unter deutschem Druck) und in Irland – überlebte die Demokratie, während fünf andere – Polen, Jugoslawien, Litauen, Lettland und Estland – die Erfahrung des Zusammenbruchs unter autoritären Regimen machten. Etablierte Staatlichkeit und der Status der Neutralität oder des Siegers waren günstig für die Demokratie. Zudem scheinen konstitutionelle Monarchien demokratische Stabilität befördert zu haben. Die faschistischen Bewegungen waren bei der Zerstörung der europäischen Demokratien im allgemeinen nicht erfolgreich, aber sie trugen zu ihrer Krise bei, und einige Bewegungen kamen an die Macht oder hatten an der Macht Anteil. Die Existenz des italienischen faschistischen Regimes und nach 1933 des nationalsozialistischen Systems übte Einfluss auf die Form aus, die autoritäre Regime in dieser Periode annahmen; gleichwohl ist fraglich, ob dies ausreicht, um diese Regime als faschistische einzuordnen. Jedenfalls macht dies die Unterscheidung zwischen faschistischen, semi-faschistischen und nicht-faschistischen autoritären Regimen schwer, zumal kein Konsens darüber besteht, was das italienische faschistische Regime auszeichnete. Es ist leichter, autoritäre Regime vom nationalsozialistischen Totalitarismus nach der Machtkonsolidierung zu unterscheiden. Der Erfolg und die Anziehungskraft faschistischer Bewegungen beeinflussten andere antidemokratische Parteien und Bewegungen und machen klare Unterscheidungen schwierig.

Es ist falsch, die Zeit nach 1918 für eine des „Bürgerkrieges" zwischen Faschismus und Kommunismus zu halten – wie dies Nolte tut. Es war ein Kampf zwischen diesen beiden großen antidemokratischen Bewegungen und ein Kampf beider gegen liberale oder sozial-demokratisch-liberale Demokratien. Unglücklicherweise meinten einige Demokraten in einigen Ländern – meistens nicht in ihrem eigenen –, dass, wenn sie sich der Linken zuneigten, die Kommunisten die geringere Gefahr wären, während viele Konservative (nicht immer wirklich glücklich mit der Demokratie) meinten, Faschismus sei der beste Schutz gegen die kommunistische Gefahr. Wie Furet gezeigt hat, war eine der Tragödien der Geschichte, dass Anti-Kommunismus mit Faschismus und Anti-Faschismus mit Sympathie für die Sowjetunion gleichgesetzt wurde.

Eine Minderheit linker Faschisten fühlte sogar eine Affinität zur Sowjetischen Revolution – als Alternative einer nationalen Revolution – und hob die gemeinsame Feindschaft gegen die „plutokratischen" siegreichen Demokratien des Westens hervor.[3] Für kurze Perioden führte dies zu einer Kooperation der faschistischen Regime mit den Sowjets, die im Hitler-Stalin-Pakt gipfelte. Der Finnische Winter war ein seltsamer Moment, da westliche Demokraten gegen die Sowjetunion und Hitler gleichzeitig kämpfen konnten.

Die Putschversuche der Kommunisten trugen zur Destabilisierung der Demokratien in Deutschland und Estland bei. Andernorts förderten die Kommunisten die Zersplitterung der Arbeiterbewegung - so zum Teil in Italien bzw. in Deutschland durch die Entzweiung in SPD und USPD. In wieder anderen Ländern wie Spanien hatte der Kommunismus teil an der Radikalisierung, „Bolschewisierung", der sozialistischen Partei im Jahre 1934 und besonders im Jahr 1936, so wie zuvor der Wettbewerb mit den Faschisten bei der konservativen, christlichen Partei, der CEDA, zu einer „Faschistisierung" führte. Es ist absurd, über das Ende der Weimarer Republik und über die Unfähigkeit des Reichstages, demokratische Regierungen zu unterstützen, zu schreiben, ohne die ablehnende Mehrheit zu erwähnen, die von den Mandaten der NSDAP und der KPD gebildet wurde, oder die Konfrontation der demokratischen Regierung in Preußen mit kommunistischer Gewalt zu übergehen.

Faschismus besiegte den Kommunismus nicht, aber in einigen Fällen wurden die Demokratien durch die Feindseligkeit zwischen ihnen und den Kommunisten geschwächt. Die zwei antidemokratischen Bewegungen, die sich in den Strassen bekämpften und eine gemeinsame Feindschaft gegen die „bourgeoise" Demokratie zelebrierten (die die Sozialde-

---

[3] Das Bild der vom Weltkommunismus unterschiedenen Sowjetunion und Stalins bei faschistischen Führern und Intellektuellen verdiente eine Untersuchung und würde die „Affinität" zu letzterem und die Ablehnung der ersteren ans Licht bringen. Es ist interessant, dass Ramiro Ledesma Ramos in: Fascismo en España?, Esplugues de Llobregat: Ariel 1968. S. 59, schreibt, dass die „Einheitsschule nur in einem totalitären Staat, sei er faschistisch oder bolschewistisch, möglich wäre". Man bemerke den Gebrauch des Begriffs „totalitärer Staat", der im Jahre 1935 von einem Faschisten auf beides angewandt wird. An anderem Ort (S. 62) schreibt er: „In unserer Epoche, in unseren Tagen entwickeln sich die Revolutionen mit unglaublichem Erfolg. Betrachte die Namen, die sie repräsentieren: Mussolini, Kemal, Hitler und - warum nicht? - Stalin." 1941 formulierte Léon Degrelle gegenüber seinen Zuhörern im von Deutschen besetzten Paris: „Es ist nicht, um den Kapitalismus zu retten, dass wir Russland bekämpfen. ... Es ist wegen unserer eigenen Revolution... Wenn Europa noch einmal ein Europa der Bankiers, der fetten korrupten, schlaffen, schalen und angepassten Bourgeoisie werden würde, sollten wir dem Kommunismus wünschen, dass er gewinnt und alles zerstört. Wir würden lieber dies alles in die Luft sprengen als diese Verwesung wieder aufglänzen zu sehen." Zitiert nach: Weber, Eugene: Varieties of Fascism, Princeton: D. van Nostrand 1964. S. 47. Robert Bardèche, der französische Faschist, drückte es positiver aus, als er 1937 schrieb: „Faschismus, so denken wir seit langer Zeit, ist Dichtung, die Dichtung an sich des 20. Jahrhunderts (zweifellos zusammen mit dem Kommunismus). Kleine Kinder werden mit Erstaunen die Existenz des jubelnden Triumphes von Millionen Menschen kennen lernen, die Jugendlager, die Pracht der Vergangenheit, die Paraden, die Lichtdome...Und ich weiß gut, dass der Kommunismus ebenfalls seine Größe hat, ähnlich triumphierend." Zitiert nach: Plumyène, J./Lasierra, R.: Les Fascismes Français 1923-1963, Paris: Edition du Seuil 1963. S. 103.

mokraten umfasste, die von den Kommunisten als „Sozialfaschisten" bezeichnet wurden), empfahlen sich wechselseitig als Alternative in der Krise der Demokratie.

Bei der Zwischenkriegskrise sind die internationalen Beziehungen zwischen Parteien und Ländern ein Faktor, der nicht übersehen werden darf. Im Fall der kommunistischen Bewegung versetzten die Direktiven aus Moskau und die Interventionen der Komintern-Führung die Kommunisten in die missliche Lage, auf die nationalen politischen Kontexte weniger reagieren zu müssen, und trugen Anteil an deren selbstmörderischer Politik als Antwort auf die faschistische Gefahr – insbesondere in Deutschland. Im Falle schwächerer faschistischer Parteien förderte die Existenz zweier Pole ideologischer und sozialer Anziehung, der italienischen PNF und der deutschen NSDAP, indirekt die Lagerbildung innerhalb der Bewegung. Sogar wenn einigen Parteien Subventionen und andere Formen der Unterstützung zuteil wurden, hatte dies keinen Einfluss auf den Erfolg oder das Scheitern der Bewegung, obwohl es gelegentlich auch dazu beitrug, ihnen die Legitimation zu nehmen. Wichtiger waren die Anziehungskraft des Erfolgs des Mussolini-Regimes – beispielsweise bei der Konversion Mosleys zu einem faschistischen Führer – und die deutsche „nationale Wiedergeburt". Das Gefühl nationaler Einheit und die vom Regime gesteuerte Massenunterstützung und Masseneuphorie beeindruckten die ausländischen Besucher – und nicht nur faschistische, sondern auch konservative Führer. Das Bild Italiens und später das Bild Deutschlands in der Öffentlichkeit machten den Faschismus attraktiv. Ein weiterer Faktor war das Verlangen nach Frieden, welches die nationalen Entscheidungsträger veranlasste, Beschwichtigung und einen Ausgleich mit Deutschland zu suchen und mit Parteien, die eine härtere Linie und Wiederaufrüstung forderten, zu brechen.

Offensichtlich können wir nicht übersehen, wie die Interessen der größeren Mächte – unter ihnen das faschistische Italien und später das nationalsozialistische Deutschland – im Kontext der Politik nach Versailles dazu beitrugen, die autoritären Tendenzen und autoritäre Regime zu unterstützen (und nicht notwendigerweise die faschistischen Parteien). Zum Beispiel war Dollfuss' Politik vor seiner Ermordung beeinflusst von Mussolinis und des Kanzlers Interesse, der nationalsozialistischen Gefahr und dem Anschluss zu begegnen. Das komplexe Zusammenspiel aus Außenpolitik, Bündnissen, ideologischen und kulturell-religiösen Affinitäten und sogar persönlichen Zuneigungen zwischen den Herrschern war wichtig für die Schaffung, die Stabilität und die Innenpolitik autoritärer Herrschaft. Solche Prozesse waren bis zum Krieg im allgemeinen nicht das Ergebnis direkter Interventionen, sondern das Ergebnis der „Herrschaft antizipierenden" Reaktionen.

Wenn wir uns auf die eine grundlegende Charakterisierung des Faschismus als einer politischen Bewegung einigen könnten, die es im Europa der Zwischenkriegsjahre gab und die nach dem Zweiten Weltkrieg nicht mehr gefunden werden kann[4], könnten eine Anzahl von Fragen dazu gestellt werden, welchen Unterschied die Gegenwart faschistischer Bewegungen und erfolgreicher faschistischer Regime für die autoritären Regime vor 1945 und danach macht. Dies sind schwierige Fragen, weil sowohl die Faschisten als auch die Anti-Faschisten ein Interesse hatten, die Unterscheidung zu verwischen, die wir zu treffen versucht haben. Die Faschisten taten dies in der Absicht, ihren Anspruch zu legitimieren, den Weg der Zukunft zu repräsentieren, Ausdruck der Bedürfnisse zu sein, die es in den höchst unterschiedlichen Gesellschaften gab, und eine Allianz der höchst unterschiedlichen Regime gegen die westlichen Demokratien und die Sowjetunion zu befördern. Jedoch waren sich faschistische Führer und Intellektuelle immer peinlich genau der Unterschiede zwischen ihrer Bewegung und ihrem Regime und anderen Bewegungen und Regimen bewusst – diejenigen eingeschlossen, die sie nachahmten. Demokraten, Sozialisten, Kommunisten, alles Opfer antidemokratischer und autoritärer Bewegungen und Regime, waren daran interessiert, diese zuerst mit dem faschistischen Italien und besonders später mit Nazi-Deutschland zu identifizieren, weil diese Regime insbesondere nach dem Zweiten Weltkrieg breite Ablehnung mobilisieren konnten.

Die Vorherrschaft der Achsenmächte in Europa oder Teilen Europas bewegte die antidemokratischen Bewegungen und autoritären Regime dazu, ihre Unterschiede zum Faschismus solange nicht zu betonen, bis die Aussicht auf einen Sieg dieser Mächte dünn wurde.

Ein Weg, den Problembereich, den wir diskutieren, zu visualisieren, wäre die Anordnung verschiedener Länder und Regime – zu verschiedenen Zeiten – in Kreisen, die demokratische, autoritäre und totalitäre wie faschistische Regime repräsentieren (s. Abb. I). Wir könnten unser Bild komplizieren, indem wir einen Kreis für den ganzen Komplex des Korporatismus zeigten. Dieser Kreis könnte sowohl den Kreis autoritärer wie

---

[4] Payne, Stanley G.: A History of Fascism 1914-1945, Madison: University of Wisconsin Press 1995. Ders.: Geschichte des Faschismus. Aufstieg und Fall einer europäischen Bewegung, aus dem Amerikanischen von Ewald Gramlich, München/Berlin 2001. Dies ist ein monumentales Werk mit vielen Einsichten und erschöpfenden bibliographischen Hinweisen. Laqueur, Walter (Hg.): Fascism. A Reader's Guide, Berkeley: University of California Press 1978. Griffin, Roger: The Nature of Fascism, New York: Routledge 1991. Larsen, Ugelvik/Hagtvet, Bernt/Myklebust, Jan Peter (Hg.): Who were the Fascists. Social Roots of European Fascism, Bergen: Universetetsforlaget 1980. Larsen, Ugelvik unter Mitarbeit von Hagvet, Bernt (Hg.): Modern Europe After Fascism, Boulder, CO: Social Science Monographs 1998, 2 Vol. Mit seinen 63 Kapiteln deckt es eine große Anzahl von Ländern und Themen ab; es konzentriert sich auf das Vermächtnis des Faschismus und anderer Regime, Diskontinuitäten und Kontinuitäten, und darauf, wie sie mit der Vergangenheit umgegangen sind.
Die Kapitel in jedem dieser Werke, die sich mit dem Faschismus und der radikalen Rechten befassen, befreien mich von der Verpflichtung zu einer detaillierten Analyse und bibliographischen Hinweisen.

den demokratischer Regime überlappen als auch teilweise den des Faschismus, so wie das auch Kreise für andere antidemokratische „Ideenkreise“ tun könnten.

II. Der Zusammenbruch der Demokratie und des Faschismus

Obwohl Faschismus eine bedeutende Rolle in der Krise der demokratischen Regime gespielt hat, kann das Scheitern der Konsolidierung der Demokratie in einer Anzahl von Ländern nicht in einen zwingenden Zusammenhang gebracht werden zu der Gegenwart dieser Kräfte oder dieser Bestrebungen. Eine Anzahl von Demokratien, die sich vor oder unmittelbar nach dem Ersten Weltkrieg etabliert hatten, durchliefen ernste Krisen in ihrem Konsolidierungsprozess, bevor der Faschismus für bedeutende Teile der Bevölkerung sowie für die Eliten zu einer attraktiven Alternative wurde. Sogar nachdem der Faschismus in Italien an die Macht gekommen war, tauchten keine faschistischen Bewegungen in jenen Ländern auf, in denen die demokratischen Regime zusammengebrochen waren. Die Eliten, welche autoritäre Regime etabliert hatten, waren sich der Option des Faschismus durchaus bewusst, und in einigen Fällen erforschten sie die Möglichkeit, Elemente des Faschismus in ihre eigenen Regime zu integrieren. Auf jeden Fall aber war ihr Verständnis von dem, worum es dem Faschismus geht, begrenzt, und ihre Regime spiegelten diesen Mangel an Verständnis und die unabhängige Entwicklung eigener Formen autoritärer Herrschaft wider.[5] Die Tatsache, dass einige dieser Regime, besonders das ungarische, an semi- oder pseudo-demokratischen Institutionen festhielt und die liberalen Überlieferungen nicht rundheraus zurückwies, unterstreicht den nicht-faschistischen Charakter dieser autoritären Herrschaft.[6] Ein anderes Anzeichen dafür ist, dass in einer Reihe von Fällen die aufkommenden faschistischen Bewegungen als Opposition zu diesen autoritären Regimen erschienen (besonders in Rumänien, Ungarn und Litauen) und manchmal Diskriminierungen oder sogar Verfolgung erlitten (man denke an den Mord an Codreanu durch die Diktatur von König Karol 1938).[7]

Diejenigen, die die autoritären Regime in einer marxistischen, insbesondere vulgärmarxistischen Interpretation mit dem Faschismus als einem

[5] Coverdale, John F.: Italian Intervention in the Spanish Civil War, Princeton: Princeton University Press 1975. S. 35-37; über die Wahrnehmung der Primo de Rivera-Diktatur durch die italienischen Faschisten, über das Fehlen eines „Mythos“, über die *Unión Patriotica*, die als „völlig frei von Seele und Vitalität“ angesehen wird und über „die ‚condottiere‘, die wenig mehr waren als intelligente und energische Gentlemen.“

Instrument zur Unterdrückung der aufstrebenden Arbeiterklasse und zur Verteidigung des Kapitalismus gleichsetzen, neigen dazu zu vergessen, dass die autoritären Lösungen entstanden als Antwort auf andere soziale und politische Probleme, wie den Aufbau eines Staates im Falle der Türkei, die erbitterten Nationalitätenkonflikte in einigen osteuropäischen Ländern, den Land/Stadt-Konflikt in Bulgarien und paradoxerweise in Estland und Litauen[8] in den dreißiger Jahren als Antwort auf eine vorhergesehene faschistische Bedrohung. Das Scheitern der Demokratiekonsolidierung in den Jahren nach 1918 kann nicht immer der Gegenwart von faschistischen oder faschistoiden Bewegungen zugeschrieben werden, noch – wenn wir uns der marxistischen Interpretation anschließen würden – der Lösung dieser Art von Problemen, auf welche angeblich der Faschismus die Antwort sein sollte.

In Spanien (1923), Portugal, Polen und den Baltischen Republiken, war die Krise des Parlamentarismus wahrscheinlich bedeutender als die sozialen Konflikte oder sogar die Wirtschaftskrise nach 1929. Antiparlamentarismus, Parteien- und Politikerfeindlichkeit, die Bewertung der Gesellschaft – der Berufstätigen, der Arbeiter, der Unternehmer, der Jugend als neuer Elite gegenüber den Politikern – waren in den ersten Jahrzehnten des Jahrhunderts weitverbreitete Stimmungen, die von den Intellektuellen und weiten Teilen vieler Gesellschaften geteilt wurden. Sie wurden von denen artikuliert, die autoritäre Lösungen bevorzugten, und von niemandem besser als vom faschistischen Italien. Autoritäre nicht-faschistische Lösungen und der Faschismus wurden im gleichen Stimmungsklima geboren, aber Faschismus war das bei weitem komplexere Phänomen. Der

---

6 Janos, Andrew C.: The Politics of Backwardness in Hungary 1825-1945, Princeton: Princeton University Press 1982; Kapitel V und VI, S. 201-312. S. 229: dort eine Aufstellung der parlamentarischen Parteien und Fraktionen 1939-1944 und des „politischen Pluralismus“ des Regimes; bezüglich des sozialen Hintergrunds der Eliten der Regierung und des Parlaments in der liberal-konservativen Phase (1921-1932), der nationalradikalen Periode (1932-1944) und der nationalsozialistischen Führung s. S. 278-285. Janos, Andrew C.: The One-Party-State and Social Mobilization: Eastern Europe Between the Wars, in: Huntington, S.P./Moore, C.H. (Hg.): Authoritarian Politics in Modern Society, op.cit. S. 204-236. Deák, István: Hungary, in: Rogger, Hans/Weber, Eugene (Hg.): The European Right, Berkeley: University of California Press 1966. S. 364-407. Kochanowski, Jerry: Horthy und Pilsudski -V ergleich der autoritären Regime in Ungarn und Polen, in: Oberländer, op.cit. S. 19-94. Rothschild, Joseph: Pilsudski's Coup d'Etat, New York: Columbia University Press 1966. Andreski, S.: Poland, in: Wolf, S.J. (Hg.): European Fascism, New York: Random House Vintage Books 1969. S. 167-183, insbesondere zu den Regierungsparteien, zunächst der Nicht-Parteien-Block der Kollaboration mit der Regierung und dann das Lager der Nationalen Einheit und „das Ringen um die Macht zwischen der pseudo-faschistischen militaristischen Verwaltung und der semi-faschistischen Partei der antisemitischen und ultramontanen Chauvinisten.“ Wyot, Edward D. Jr.: Polis Politics in Transition: The Camp of National Unity and the Struggle for Power 1935-1939, Athen: University of Georgia Press 1974.

Korporatismus war ebenso wie diffuser Populismus eine weithin wahrgenommene Möglichkeit. Beides findet sich in vielen autoritären Antworten während der Krisen der zwanziger und dreißiger Jahre. Parteienzersplitterung als Ergebnis des reinen Verhältniswahlrechts, die Gegenwart vielfältiger ethnischer Parteien (in Litauen und Estland) und die Repräsentation von Interessengruppen führten zu hoher Regierungsinstabilität und der Forderung nach einer stärkeren Exekutive und einem Präsidialsystem.

Es ist deshalb erforderlich, die Frage nach der Konsolidierung und der Krise demokratischer Regime getrennt von der Frage zu beantworten, warum es Faschismus gab und warum der Faschismus im Untergang der demokratischen Regime Erfolg hatte.

Wir können im Europa der Zwischenkriegsjahre mindestens fünf verschiedenartige Situationen unterscheiden:

1. Autoritäre Regime, die in Abwesenheit faschistischer Bewegungen entstanden und gar nicht oder begrenzt von faschistischen Regimen in ihrer Politik und insbesondere ihrer Institutionalisierung beeinflusst wurden (die Türkei wäre dafür ein gutes Beispiel).

2. Autoritäre Regime, die in Gesellschaften auftauchten, in denen auch faschistische Bewegungen vorhanden waren und in denen die Faschisten den Prozess der Zerstörung der Demokratie unterstützten und in eine Koalition gegen die Demokratie eintraten, die das autoritäre Regime an die Macht brachte. Die Ausgestaltung dieser Beteiligung variiert von den

---

7 Roberts, Henry L.: Rumania. Political Problems of an Agrarian State, New Haven: Yale University Press 1951. Der fundamentale Unterschied in der Weltsicht der königlichen Front der Nationalen Wiedergeburt und der Legion des Erzengels ist gut eingefangen worden von: Janos, Andres C.: Modernisation and Decay in Historical Perspective. The Case of Rumania, in: Jowitt, Kenneth (Hg.): Social Change in Rumania 1860-1940: A Debate on Development in a European Nation, Berkeley: Institute of International Studies, University of California 1978, S. 72-116, s. auch S. 109-112. Weber, Eugene: Romania, in: Rogger, H./Weber, E. (Hg.): The European Right, op.cit. S. 501-574. Ein anregender Exkurs zum Politik- und Gesellschaftsvergleich zwischen Rumänien und Portugal findet sich bei: Schmitter, Philippe C.: Manoilescu and Delayed Dependent Development, in: Jowitt, K. (Hg.): Social Change in Romania 1860-1940, op.cit. S. 117-139; s. S. 134-139. Maier, Hans-Christian: Voraussetzungen der Autoritären Monarchie in Rumänien, in: Oberländer, Erwin, op.cit. 2001. S. 431-470, und Müller, Florian: Autoritäre Regime in Rumänien 1938-1944, ebd. S. 471-499. Dogan, Mattei: Romania, 1919-1938, in: Weiner, Myron/Ozbudun, Ergun (Hg.): Competitive Elections and Development Studies, Duke: Duke University Press 1987. S. 369-389.

8 Über Estland s. Kasekampf, Andres: The Radical Right in Interwar Estonia, New York: St. Martin's Press 2000. Es enthält einen Vergleich mit den anderen Baltischen Republiken, einen Vergleich zwischen dem estnischen Zusammenbruch und dem autoritären Regime sowie der Wiederbelebung der Demokratie in Finnland. S. auch Pajür, Ago: Die Legitimierung der Diktatur des Präsidenten Päts und die öffentliche Meinung in Estland, in: Oberländer, op.cit. S. 163-214. Lieven, Anatol: The Baltic Revolution. Estonia, Latvia, Lithuania and the Path to Independence, New Haven: Yale University Press 1994. Kapitel 3.

Fällen, in denen die Faschisten einen bedeutenden Anteil an der Macht erhielten, bis zu den Fällen, in denen die Faschisten verdrängt oder sogar als politisch bedeutsamer Faktor völlig ausgeschaltet wurden. Obwohl nicht in der Lage, eine Vorrangstellung oder auch nur eine bedeutende Stellung einzunehmen, sind diese autoritären Regime, die in der Gegenwart faschistischer Bewegungen und mit ihrer Beteiligung etabliert wurden, in gewisser Weise anders. Sie zeigen zwar eine Reihe von Erscheinungen, die es erlauben würden, einige vage als faschistisch zu bezeichnen. Nichtsdestoweniger bleiben genügend Unterschiede zu faschistischen Regimen wie dem italienischen, die eine solche Einordnung in Frage stellen.

3. Nur in Italien und Deutschland spielten die faschistischen Parteien die entscheidende Rolle bei der endgültigen Zerstörung der Demokratie. Hier übernahmen sie die Macht, indem ihre Führer Regierungschefs wurden, und etablierten Regime, in denen der faschistischen Bewegung spätestens nach der Konsolidierung des Regimes eine übergeordnete Rolle zukam. Im Prozess der Machtübernahme gingen die Parteien Allianzen ein, die im Falle Italiens auf Dauer hätten angelegt sein können und die Vorrangstellung der Partei begrenzt hätten, die aber im Falle Deutschlands bald einer mehr oder minder ausgeprägten überlegenen Stellung der Nationalsozialisten das Feld räumten. Nur in Rumänien finden wir einen anderen Fall der Regierungskontrolle durch die Faschisten in einer Dyarchie mit General Antonescu vom 15. September 1940 bis zum 23. Januar 1941; allerdings war diese von kurzer Dauer und wurde von einem autoritären Militärregime gestürzt.

4. Die deutsch-italienische Herrschaft über Europa brachte nicht in allen Ländern, die sie kontrollierte, die faschistischen Bewegungen an die Macht; sie spielten eine bedeutende Rolle als Kollaborateure, kamen aber nur in Norwegen mit Quisling an die Macht und in Kroatien, wenn wir die Ustascha als eine faschistische Partei ansehen. Wir könnten auch noch den zweifelhaften Fall der slowakischen faschistisierten nationalen Bewegung hinzufügen. Nicht zu vergessen ist, dass den ungarischen Faschisten nur für eine sehr kurze Zeit Macht von den Nationalsozialisten eingeräumt wurde, dass die französischen Faschisten mit dem État Français von Pétain um die Macht streiten mussten, dass andere Länder wie Belgien und die Niederlande, unter der deutschen Militärbesatzung blieben und dass Dänemark sogar eine Demokratie blieb mit freien Wahlen, die 1943 unter der Besatzung stattfanden (dabei erreichte die DNSA 2, 15% der Stimmen). Auch Finnland, de facto sogar ein Verbündeter im Krieg gegen die UdSSR, war eine Demokratie.[9]

---

9 Alapuro, Risto/Allardt, Erik: The Lapua Movement: The Threat of Rightist Takeover in Finland, 1930-32, in: Linz, J.J./Stepan, Alfred, op.cit. Poulsen, Henning/Djursaa, Malene: Social Basis for Nazism in Denmark: The DNSAP, in: Larsen et.alt., op.cit. 1980. S. 702-714.

5. Stabile Demokratien wie Finnland, Belgien und Frankreich vor dem Zweiten Weltkrieg, in denen faschistische Bewegungen oder Parteien eine mehr oder weniger ernsthafte Gefahr darstellten, und Demokratien wie Großbritannien, Irland, Dänemark, Schweden und die Schweiz, in denen die faschistischen Bewegungen und Parteien keine Gefahr für die Stabilität wurden. Die Tschechoslowakei war ein besonderer Fall, weil die Bedrohung nicht von einheimischen Faschisten, sondern von der durch die Nationalsozialisten beeinflussten sudetendeutschen Minderheit und der faschistisierten Katholischen Slowakischen Nationalistischen Bewegung ausging.

6. Es gibt nur ein Land, in dem die Kommunisten die Hoffnung auf Demokratie beendeten: die UdSSR, mit ihrer Oktoberrevolution und der Auflösung der verfassunggebenden Versammlung.

In diesem Aufsatz konzentriere ich mich auf die Rolle des Faschismus und des radikalen Nationalismus beim Zusammenbruch der Demokratie. Es würde einen weiteren Aufsatz erfordern, die Demokratiefeindlichkeit der kommunistischen sowjetischen Rätebewegung, der syndikalistischen und anarchistischen Arbeiterbewegung, des maximalistischen Sozialismus, teilweise des Austromarxismus darzustellen – alles Ideologien und Bewegungen, die das Zeitalter der Ideologien geformt haben. Sie kamen nicht an die Macht, aber sie verursachten Angst und Hass bei ihren Gegnern und brachten Unruhe in die politische Ordnung, was die demokratischen Regierungen herausforderte und oft ihre Schwäche ans Licht brachte (auch wenn die Regierungen sie besiegten oder kontrollierten).

Unsere Aufzählung sollte klarmachen, dass die faschistischen Bewegungen und die faschistischen Ideen – wie sie beispielhaft in Italien und später in Deutschland vorlagen – keine entscheidende Rolle beim Zusammenbruch vieler Demokratien gespielt haben, und dass der Zusammenbruch demokratischer Regierungen nicht immer zu einer Beteiligung der Faschisten an der Macht führte. Wir sollten auch nicht vergessen, dass eine Anzahl von autoritären Regimen nicht nur nicht die Faschisten hinzubaten, sondern sie von der Macht ausschlossen (wie in Portugal[10]) und in wenigen Fällen sogar verfolgten (wie in Rumänien, Brasilien, Japan, den Baltischen Republiken und eine gewisse Zeit lang in Ungarn). Man könnte einwenden, dass in diesen Fällen die Faschisten zwar als Konkurrenten um die Macht wahrgenommen wurden, dass es aber keineswegs grundlegende Unterschiede oder Konflikte in den Zielen mit ihren erfolgreichen autoritären Gegnern gab. Dem würde ich entgegenhalten, dass es in allen diesen Fällen einen fundamentalen Konflikt zwischen den politischen Zielvorstellungen der Faschisten und denen der autoritären Herrscher gab. Gerade diese Konstellationen ermöglichen es uns, einige der Unterschiede zwischen antidemokratischen autoritären Konzeptionen und den faschistischen Bewegungen besser zu verstehen.

Die Fälle, in denen die Faschisten die Rolle des Partners spielten, manchmal die des Juniorpartners in einer Koalition, die ein autoritäres Regime an die Macht brachte, werfen die interessante Frage auf, warum es ihnen nicht möglich war, eine bedeutendere Rolle zu übernehmen und warum sie in einem von faschistischen Mächten beherrschten Europa darin scheiterten, eine Vorrangstellung einzunehmen. Eine solche Untersuchung würde in einem gewissen Umfang darüber Aufschluss geben, warum von Papens Traum, Hitler für sich anzustellen, scheiterte, während es anderen gelang, die Faschisten für ihre eigenen Ziele einzuspannen bzw. im äußersten Fall die Macht mit ihnen nur zu teilen. Es ist schwierig, im Rahmen dieses Aufsatzes zu sagen, welchen Unterschied es machte, dass die Faschisten keine größere Rolle in diesen autoritären Regimen spielten – insbesondere wenn man die Sozial-, Wirtschafts-, Erziehungs- und Kulturpolitik dieser Regime untersucht sowie ihre weitere Entwicklung. Der Vergleich von Regimen, in denen die Faschisten eine Rolle spielten, mit jenen, in denen ihre Bewegungen und Führer keine Bedeutung hatten, und insbesondere jenen, wo sie von jedweder Beteiligung an der Macht ausgeschlossen waren, könnte uns Aufschluss über den besonderen Beitrag des Faschismus zu den autoritären Regimen geben. Der Vergleich zwischen diesen Regimen, die sich vor dem Aufstieg des Faschismus etablierten und nur oberflächlich und indirekt beeinflusst wurden (wie die Diktatur des Primo de Rivera in Spanien 1923-1930)[11], und jenen, die auf der Höhe des

---

[10] Die portugiesische Republik zeichnete sich durch eine extreme Instabilität aus: 9 Präsidenten, 44 Regierungen, 25 Aufstände, 3 konterrevolutionäre Diktaturen, eine durchschnittliche Regierungsdauer von 117 Tagen in 16 Jahren. Es wäre falsch, diese ganze Instabilität den sozial-ökonomischen Konflikten zuzuschreiben, insbesondere in Anbetracht des niedrigen Industrialisierungsniveaus und der kleinen Zahl der landbesitzenden Bauern nördlich des Tejo. Die Konflikte innerhalb der Elite, die Rolle des Militärs und kleine, aber hochaktive revolutionäre Minderheiten, insbesondere in Lissabon, liefern eine bessere Erklärung als strukturelle Konflikte und sicherlich eine bessere als die kleine faschistische Partei, die, 1933 gegründet, mit dem Zusammenbruch der Demokratie nichts zu tun hatte. Wheeler, Douglas L.: Republican Portugal. A Political History, 1910-1926, Madison: University of Wisconsin Press 1978. Pabon, Jesus: La revolución portuguesa (De Don Carlos a Sidonio Paes), Madrid: Espasa Calpe 1941. Bruneau, Thomas C.: Politics and Nationhood: Post-Revolutionary Portugal, New York: Praeger 1984. Kapitel 1. Graham, Lawrence S./Makler, Harry M. (Hg.): Contemporary Portugal. The Revolution and its Antecedents, Austin: University of Texas 1979. S. die Kapitel von Philippe Schmitter, Manuel de Lucena, Howard J. Wiarda, Harry M. Makler, Joyce F. Riegelhaupt und Douglas L. Wheeler.

S. Payne/Stanley G.: Salazarism: „Fascism" or „Bureaucratic Authoritarianism"? In: Estudos de Historia de Portugal, Vol. II, Secs. XVI-XX, Homenaje a A. H. Oliveira Marques, Lissabon: Estampa 1983. S. 525-531. Payne argumentiert dagegen, ob es sinnvoll sei, das Regime als faschistisch zu bezeichnen. Medina, João: Salazar e los fascistas, Salazarismo e Nacional-Sindicalismo. A historia de un conflicto 1932-1935, Lissabon: Bertrand 1978. Pinto, António Costa: The Salazar „New State" and European Fascism – Problems and Perspectives of Interpretation, New York: Social Science Monographs: Columbia University Press 1995. Pinto, António Costa: The Blue Shirts. Portuguese Fascists and the New State, Boulder, CO: Social Science Monographs 2000.

faschistischen Erfolgs und mit faschistischer Unterstützung und Beteiligung oder unter dem ideologischen Einfluss des Faschismus an die Macht kamen (wie das Franco-Regime), trüge zu unserem besseren Verständnis der Vielfalt nicht-demokratischer politischer Standpunkte und des Phänomens des Faschismus bei.[12]

All diese Fragen rechtfertigen eine getrennte Behandlung der Fragen, warum faschistische Parteien und Bewegungen in einigen Gesellschaften auftauchten und in anderen nicht, warum sie mehr oder weniger erfolgreich Gefolgschaft und die Unterstützung der Massen anzogen, auf der einen Seite und des Problems der Krise der Demokratie und der Etablierung autoritärer Regime auf den anderen Seite.[13] Ich habe mich mit der ersten Frage in einem meiner Aufsätze auseinandergesetzt und mit dem zweiten Problem in einem Buch, welches aber nicht systematisch den Typus des Regimes behandelt, der sich nach dem Zusammenbruch der Demokratie entwickelte, und nicht die Grenzen, innerhalb derer diese Regime als faschistisch angesehen werden können.[14]

Zudem bleibt das Thema der Beziehung zwischen dem mehr oder weniger totalitären Charakter nicht-demokratischer Regime und der Rolle des Faschismus als Bewegung und als Ideologie zu behandeln, d.h. das Auftauchen des Totalitarismus im Unterschied zu anderen nicht-demokratischen Regimen, die ich als autoritäre beschrieben habe.[15] Es stellt sich

---

11 Ben-Ami, Shlomo: Fascism from above. The Dictatorship of Primo de Rivera in Spain, 1923-1930, Oxford: Clarendon Press 1983. Tudell, Javier: Radiografía de un Golpe de Estado, El Ascenso al poder del General Primo de Rivera, Madrid 1987.

12 Payne, Stanley G.: Spains's First Democracy. The Second Republic 1931-1936, Madison: University of Wisconsin Press 1993. Payne, Stanley G.: Fascism in Spain 1923-1977, Madison: University of Wisconsin Press 1999. Ders.: The Franco Regime, 1936-1975, Madison: University of Wisconsin Press 1987. Spanien ist dank der monumentalen Bemühung von Stanley Payne der bestuntersuchte Fall der Krise und des Zusammenbruchs einer Demokratie und einer relativ unbedeutenden faschistischen Bewegung, die in das Franco-Regime eingeht. Nichts kann die Lektüre dieser drei monumentalen Werke ersetzen.
Tusell, Javier J.: Franco en la guerra civil. Una biografía política, Barcelona: Tusquets 1992. Linz, Juan J.: From Falange to Movimiento Organización. The Spanish Single Party and the Franco Regime, 1936-1968, in: Huntington, Samuel P./ Moore, C.H. (Hg.): Authoritarian Politics in Modern Societies. The Dynamics of Established One Party Systems, New York: Basic Books 1970. S. 128-303. Tusell, Javier: La dictadura de Franco, Madrid 1988. Ucelay DaCal, Enric: Problemas en la comparación de las dictaduras española e italiana en los años treinta y cuarenta, in: D'Auric, E./Casassas, F. (Hg.): El Estado Moderno en Italia y España, Barcelona: Universitat de Barcelona, Departament d'Historia Contemporana, Consiglio Nazionale delle Ricerche 1993. S. 155-174. Zum begrenzten Pluralismus der Franco-Elite, s. de Miguel, Amando: Sociología del Franquismo, Analisis ideologico de los ministros del Régimen, Barcelona: Euros 1975. Pi-Sunyer, Viver C.: El personal políticéde Franco (1936-1945), Barcelona: Vicens Vives 1978. Jerez, Miguel: Elites Políticas y centros de extracción social en España 1938-1957, Madrid: Centor de Investigaciones Sociologicas 1982.

die Frage, ob ein nicht-demokratisches Regime, das gleichzeitig kein kommunistisches ist, ein totalitäres Regime im Vollsinne werden kann ohne die Gegenwart einer faschistischen Bewegung. Die Antwort hängt sehr von der Definition des Begriffs Faschismus und des Begriffs Totalitarismus ab; und da diese Konzepte von unterschiedlichen Leuten sehr unterschiedlich verwendet werden, würde die Antwort dementsprechend variieren. Da ich einer strengen Definition sowohl des Begriffs Faschismus als auch des Begriffs Totalitarismus anhänge, möchte ich behaupten, *dass ein nicht-demokratisches Regime nicht im Vollsinne ein totalitäres politisches System werden kann, wenn weder eine faschistische noch eine kommunistische Partei präsent sind.* Andererseits würde ich auch daran festhalten, dass der Sieg einer faschistischen Bewegung genauso wie der Sieg einer kommunistischen Partei nicht immer für eine erfolgreiche Transformation eines Regimes in ein totalitäres politisches System ausreicht.[16] In der Tat sind sich die Gelehrten über den Ort des faschistischen Italiens bei der Unterscheidung von totalitär und autoritär uneinig. Selbst wenn man dieses Problem beiseite lässt, scheint es, als wäre ein antidemokratisches Regime ohne die Gegenwart einer faschistischen Bewegung (oder einer Leninistischen Partei) nicht in der Lage, viele der Wesenseigenschaften zu entwickeln, die wir mit dem Totalitarismus assoziieren. Ich meine aber nicht massive Unterdrückung und Terror; denn diese sind für viele autoritäre Regime charakteristischer als für das faschistische Italien und begründen meiner Ansicht nach eine völlig andere Dimension in der Analyse politischer Systeme.[17]

III. Faschismus, Totalitarismus und Autoritarismus

In einer Reihe von Veröffentlichungen habe ich die Unterscheidung zwischen totalitären Systemen und autoritären Regimen im Rahmen der allgemeinen Kategorie nicht-demokratischer politischer Systeme entwickelt. Sie ist, wie ich betont habe, nicht nur eine Frage des graduell unterschiedlichen Vorliegens bestimmter Faktoren, sondern eine Unterscheidung nach grundlegend alternativen politischen Konzeptionen. Auch wenn die Idealtypen entwickelt sind, liegt in der Realität eine Mischung verschiede-

---

[13] Linz, Juan J.: Some Notes Toward a Comparative Study of Fascism in Sociological Historical Perspective, op.cit. S. 3-121. Linz, J.J.: Political Space and Fascism as Late-Comer, op.cit. S. 153-189. Linz, Juan J.: The Breakdown of Democratic Regimes, op.cit. Linz, Juan J.: From Great Hope to Civil War, op.cit. S. 142-215. Linz, Juan J.: Totalitarian and Authoritarian Regimes, op.cit. S. 175-411.

[14] Linz, Juan J.: The Breakdown of Democratic Regimes. Crisis, Breakdown and Reequilibration, Baltimore: John Hopkins University Press 1978. Linz, Juan J.: From Great Hope to Civil War. The Breakdown of Democracy in Spain, in: Linz, J.J./Stepan, A. (Hg.): The Breakdown of Democratic Regimes in Europe, Baltimore: John Hopkins University Press 1978. S. 142-215.

ner Elemente vor, und es gibt zu viele Zweideutigkeiten (zum Teil aufgrund einer nur unvollkommenen Beschreibung der sozialen und politischen Realität), um einen erfolgreichen Versuch unternehmen zu können, konkrete, politische Systeme zu jeder Zeit und an jedem Ort klassifizieren zu können. Nur das relative Vorherrschen einiger Elemente, die in die Typologie besser als andere passen, erlaubt uns einige Systeme näher an den totalitären oder den autoritären Typus zu rücken.

Wie jeder, der sich mit diesem Thema beschäftigt, feststellen kann, ist der totalitäre Typus die Ausnahme und taucht unter sehr außergewöhnlichen Umständen auf; er ist kein natürliches Ergebnis einer evolutiven Entwicklung.[18] Totalitarismus kann sich vielleicht nicht für jede beliebig lange Zeitspanne halten, weswegen er in post-totalitäre Systeme übergeht, die ihrerseits einige Merkmale autoritärer Systeme aufweisen.[19] Da dem Leben des italienischen Faschismus und des Nationalsozialismus durch die militärische Niederlage ein Ende bereitet wurde, können wir keine mögliche Post-Mussolini- oder Post-Hitler-Entwicklung dieser Regime untersuchen. Auf der anderen Seite entwickelte sich nicht einmal die Annäherung an den Idealtypus des Totalitarismus ohne Hindernisse. Deswegen habe ich den Vorschlag gemacht, diese Situationen, in denen der Idealtypus noch nicht voll entwickelt war, aber der Absicht nach präsent, als proto-totalitär oder als gehemmten Totalitarismus zu beschreiben.[20]

Ich möchte klarstellen: Die Unterscheidung von totalitären und autoritären Regimen beinhaltet keineswegs, dass die letzteren nicht fürchterlich repressiv und verantwortlich für Menschenrechtsverletzungen waren; in

---

15 Linz, Juan J.: An Authoritarian Regime. The Case of Spain, in: Allardt/Littunen (Hg.): Cleavages, Ideologies and Party Systems, Helsinki: Transactions of the Westermarck Society, Vol. X, 1964. S. 291-341. Linz, Juan J.: Totalitarianism and Authoritarianism. My Recollections on the Development of Comparative Politics, in: Söllner, Alfons/Walkenhaus, Ralf/Wieland, Karin (Hg.): Totalitarismus. Eine Ideengeschichte des 20. Jahrhunderts, Berlin: Akademie-Verlag 1997. S. 141-157. Cambó, Francesc: Meditaciones. Dietari (1936-1940), Barcelona: Alpha 1982. Zur Unterscheidung von totalitärem und autoritärem Staat, s. S. 714 f. Ich habe diesen Text zitiert in: Totalitarianism and Authoritarianism, in: Söllner, Alfons, op.cit. S. 148. Der Aufsatz von Enric Ucelay DaCal (s.o.) vergleicht das faschistische Italien mit dem Franco-Spanien und kommt zum gleichen Ergebnis wie Cambó. Zweifellos teilte der Bürgerkrieg die spanische Gesellschaft, schuf eine größere Diskontinuität in der Verwaltung, der Rechtsprechung, dem Offizierskorps und im intellektuellen und kulturellen Leben, brachte mehr Repression und Angst hervor als der italienische Faschismus in seinen frühen Jahren und den „anni del consenso“. Dies sollte jedoch nicht die unterschiedliche Konzeption und Dynamik beider Regime verdunkeln. Hermet, Guy: L'Autoritarisme, in: Grawitz, Madeleine/Leca, Jean (Hg.): Traité de Science Politique, Paris: Presses Universitaires de France, Vol. 2, 1985. S. 269-312. S. auch: Bracher, K.D.: Die Autoritäre Form und die Diktatur: Von der ersten zur zweiten Nach-Kriegszeit, in: op.cit. S. 253-267. Hermet, Guy: Dictature bourgeoise et modernisation conservatrice. Problèmes méthodologiques de l'analyse des situations autoritaires, in: Revue Française de Sciences Politiques, Vol. 1 (1975).

vielen Ländern waren sie verantwortlich für eine antisemitische Politik und für eine spontane Kollaboration beim Genozid der Nationalsozialisten. Wenn wir das italienische faschistische Regime in die Nähe des totalitären Modells rücken, waren einige Regime, die offensichtlich dem autoritären Typus zugehören, sicherlich sehr viel repressiver (so Francos Spanien für viele Jahre).

Die Verhältnis zwischen Faschismus als Bewegung und als Ideologie und dem Totalitarismus ist sowohl theoretisch als noch viel mehr empirisch außerordentlich komplex. Wir werden hier nur einige Fragestellungen nachzeichnen und kurz mögliche Antworten skizzieren, die eine gründliche Diskussion und eine empirische Überprüfung verdienten.

Die Ideologie, der Geisteszustand, der politische Stil, das Menschenbild und die Gesellschaftsauffassung faschistischer Bewegungen implizieren den totalitären Ehrgeiz, im Erfolgsfall ein Regime zu etablieren, das sich dem totalitären Idealtypus annähert.

Das Gegenteil ist aber nicht unbedingt wahr: Das Fehlen einer faschistischen Bewegung bedeutet nicht notwendigerweise, dass ein politisches System und eine Gesellschaft keine Anzeichen von Totalitarismus zeigen. Da das Konzept schon in den dreißiger Jahren insbesondere in den klassischen Arbeiten zum Totalitarismus entwickelt wurde, ist vollkommen klar, dass eine Anzahl politischer Systeme, die nicht faschistisch, sondern kommunistisch – sowjetisch, leninistisch, stalinistisch und maoistisch –

---

[16] Zur Charakterisierung des kommunistischen Polens als ein autoritäres Regime, s.: Rupnik, Jacques: Le Totalitarisme vu de l'Est, in: Hermet, Guy (Hg.): Totalitarismes, Paris: Economica 1984. S. 60-62. Dort erörtert er die Schriften von Jerzy Wiatr sowie Jadwiga Staniszkis: Poland's Self-Limiting Revolution, Princeton: Princeton University Press 1984. S. besonders S. 19-34; 150-188: zur Entstehung des polnischen Regimes zwischen den Polen des Totalitarismus und des Autoritarismus und was sie „lahmen Pluralismus" nennt.

[17] Typen politischer Regime und die Achtung der Menschenrechte: Historische und länderübergreifende Perspektiven, in Jesse, Eckard (Hg.): Totalitarismus im 20. Jahrhundert. Eine Bilanz der internationalen Forschung, Bonn: Bundeszentrale für politische Bildung 1999. S. 519-571.

[18] Walzer, Michael: On Failed Totalitarianism, in: Howe, Irving (Hg.): Totalitarianism in our Century, New York: Harper and Row 1983 (überarbeitete Auflage 1984). S. 103-221. Walzer schreibt: „Aber das Regime hatte ein kurzes Leben, und wir werden es nicht erfolgreich verstehen, wenn wir ihm einen ständigen Platz in der Typologie der Politischen Wissenschaft zuweisen. Das wäre so, als wenn man die Apokalypse in eine normale Chronik hineinschmuggeln würde. Das Ende der Tage ist kein Datum und Totalitarismus ist kein Regime." (S. 119)

[19] Linz, Juan J./Stepan, A.: Problems of Democratic Transition and Consolidation. Southern Europe, South America and Post-Communist Europe, Baltimore: John Hopkins University Press 1996. Thompson, Mark R.: Weder totalitär noch autoritär. Post-Totalitarismus in Osteuropa, in: Siegel, Achim (Hg.): Totalitarismustheorien nach dem Ende des Kommunismus, Köln: Böhlau Verlag 1998. S. 309-339.

[20] Linz, Juan J.: Totalitäre und autoritäre Regime, mit einem neuen Vorwort, hrsg. v. Raimund Krämer; Berlin 2000. S. 222-227.

war, als dem totalitären Ideal folgend und zu der einen oder anderen Zeit totalitäre Strukturen annähernd verwirklichend verstanden wurde und werden kann.[21] Die Frage ist deshalb, ob sich nicht-faschistische und nicht-kommunistische Regime in der Vorstellung ihrer Gründer und insbesondere bei der Realisierung dieser Vorstellungen schon dem Idealtypus eines totalitären Systems annähern. Die Antworten auf diese Frage differieren erheblich und hängen von der Weise ab, wie Wissenschaftler den Begriff „totalitär" verwenden und welche Dimensionen für sie ein totalitäres System ausmachen. Selbst wenn man die Gleichsetzung des Totalitarismus mit weitverbreitetem und irrationalem Terror (die ich nicht für eine Wesenseigenschaft, sehr wohl aber für eine häufige und logische Folge eines totalitären Systems halte) beiseite lässt, können die Antworten sehr unterschiedlich ausfallen. Da ich einer sehr strengen und vergleichsweise engen Definition des Totalitarismus anhänge, die nur in sehr wenigen Fällen realisiert oder annähernd verwirklicht ist, neige ich zu der Auffassung, dass nicht-demokratische Systeme ohne eine übermächtige faschistische oder kommunistische Komponente nur schwer die Merkmale aufweisen, die wir mit Totalitarismus assoziieren, und sich eher dem Modell autoritärer Regime annähern.[22] Dies schließt grundsätzlich nicht aus, dass künftige Regime, die sich auf eine Bewegung, eine Ideologie, ein Menschenbild und eine Gesellschaftsvorstellung stützen, welche sich nicht als faschistisch oder kommunistisch bezeichnen lassen, nicht zu totalitären System führen können. In diesem Sinne gibt uns der Tod der faschistischen Bewegung, der historischen Konstellation von Faktoren, die wir als faschistisch bezeichnen, keineswegs die Sicherheit, dass die totalitäre Versuchung ebenfalls gebannt bleiben wird. Wir wissen zu wenig über die Entwicklung des Iran nach der fundamentalistischen islamischen Revolution, um sagen zu können, ob er sich dem totalitären Modell nähert, obgleich einige behaupten, er täte dies.[23]

Wenn wir uns selbst auf die Ära des Faschismus beschränken, können wir das totalitäre Potential verschiedener antidemokratischer Bewegun-

---

21 Zu den verschiedenen Totalitarismen und den Ähnlichkeiten und Unterschieden zwischen ihnen, s.: Totalitarian and Authoritarian Regimes, op.cit. und die dortigen bibliographischen Hinweise. Hermet, Guy (Hg.): Totalitarismes, Paris: Economica 1984. Fisichella, Domenico: Analisi del totalitarismo, Messina: G. D'Anna 1976. Hermet, Guy: Aux frontières de la démocratie, Paris: Presses Universitaires de France 1983. Zusätzlich zu der reichen Literatur, auf die in diesen Werken verwiesen wird, möchten wir die Aufmerksamkeit lenken auf: Tarchi, Marco: Partito unico e dinamica autoritaria, Napoli: Akropolis 1981.

22 Oberländer, Erwin (Hg.): Autoritäre Regime in Ostmittel- und Südosteuropa, 1919-1944, Paderborn: Schöningh-Verlag 2001. Dieses Werk bietet eine exzellente Sammlung an fachkundigen Aufsätzen über viele Länder und einer Reihe vergleichender Kapitel. Ich danke Professor Hans Maier, der mir dieses Werk zugänglich gemacht hat, während ich diesen Aufsatz beendete. Oberländer, Erwin/Lemberg, H./Sundhausen, H. Unter der Mitarbeit von Balke, D. (Hg.): Autoritäre Regime in Ostmitteleuropa, Mainz: Institut für Osteuropäische Geschichte 1995.

gen, Parteien und Ideologien untersuchen und uns fragen, ob sie sich von denen, die wir als faschistisch bezeichnen, in dieser Hinsicht unterscheiden. Sollten wir mit denen übereinstimmen, die den Nationalsozialismus für etwas anderes halten als den Faschismus? Wir könnten erörtern, ob das nationalsozialistische Regime wegen dieses Unterschieds totalitär war, und auf dieser Grundlage die totalitäre Absicht der faschistischen Bewegungen in Frage stellen, die enger und vielleicht auf die italienische Bewegung und die von ihr beeinflussten Bewegungen begrenzt definiert werden. Zweifellos führte der Nationalsozialismus aus welchen Gründen auch immer zu einem der totalitärsten politischen Systeme. Wir behaupten, dass der Faschismus als eine Bewegung die Grundlage für die Entwicklung eines totalitären Systems darstellt, dass sein Gesellschaftsverständnis, seine Auffassung von dem Verhältnis des Einzelnen zur Nation und zum Staat, und die vollständige Verwirklichung dieser Auffassung auch in anderen Ländern als Deutschland zu einem totalitären Regime geführt hätten.

In der politischen Realität aber hat der Faschismus außerhalb Italiens (hier lassen wir wieder Deutschland und den Nationalsozialismus beiseite) nicht lange genug eine Vormachtstellung erreicht, um sein totalitäres Potential zu entwickeln. Die faschistischen Bewegungen waren nur ein mehr oder weniger bedeutendes Element in den antidemokratischen Koalitionen, deren Führer und Kräfte aber nicht zu den faschistischen Vorstellungen gezählt wurden. So wurden die Faschisten von einer Realisierung ihrer totalitären Absichten abgehalten. Sogar im Falle Italiens gibt es eine offene Debatte über den mehr oder weniger totalitären Charakter des Regimes und über die Zeitabschnitte, in denen es totalitär war. Das Ausmaß, in welcher die Koalition während des Machtergreifungsprozesses Kompromisse schloss, die Unverwüstlichkeit präfaschistischer Strukturen in der italienischen Gesellschaft und andere zu diskutierende Faktoren führten zu dem, was ich gehemmten Totalitarismus genannt habe. Einer Konstellation, die einige Merkmale dieser Regime aufwies, welche dem Idealtypus des autoritären Regimes entsprachen.[24]

---

23 Arjomand, Said A.: The Iranian Revolution in Comparative Perspective, Working Papers: Department of Sociology: State University of New York at Stony Brook 1983. Ajormand erörtert einige Ähnlichkeiten und Unterschiede zwischen der Iranischen Revolution und dem Aufstieg des Faschismus. Leca, Jean: L'hypothese totalitaire dans le Tiers monde; le pays arabislamiques, in: Hermet, Guy (Hg.): Totalitarismes, Paris: Economica 1984. S. 215-237. Chehabi, Houchang E.: Das politische System der Islamischen Republik Iran, in: Schmidt, Renate (Hg.): Naher Osten. Politik und Gesellschaft, Berlin: PTB 3. S. 180-199.

24 Der spanische Faschist Ramiro Ledesma Ramos bezieht sich in: Fascismo en España? Discurso a las juventudes de España, Esplugues de Llobregat: Ariel 1968, häufig auf das Bedürfnis der Faschisten in Italien und in Deutschland nach Allianzen und auf die Kosten dieser Allianzen im Machtergreifungsprozess.

Ich bleibe bei der Einordnung des italienischen Regimes als totalitäres unschlüssig, obwohl ich seinen Charakter in meiner Arbeit als „gehemmten" Totalitarismus bezeichnet habe. Darin stehe ich alles andere als allein, da auch der bedeutende Historiker De Felice im Verlauf seines Lebenswerkes in diesem Punkt immer wieder zögerte und weiterdachte – wie Emilio Gentile mit einschlägigen Zitaten gezeigt hat.[25] Gentile überzeugte mich aber davon, dass Faschismus nicht nur ein totalitäres Potential hatte, sondern sich besonders in den dreißiger Jahren auf ein totalitäres Regime zubewegte. Diese These wird allerdings, wie ich später feststellen werde, angesichts der Ereignisse im Jahre 1943 während des Krieges fraglich. Diese würden mich dazu veranlassen, eher von „gescheitertem" als von „gehemmtem" Totalitarismus zu sprechen und deshalb zu fragen, warum der italienische Totalitarismus scheiterte, während der Nationalsozialismus fast bis zu Hitlers Selbstmord im Bunker erfolgreich war. Lag es daran, dass der italienische Faschismus eine Geisel der Kompromisse war, die er im Prozess der Machtübernahme eingegangen war? Lag es an der latenten Heterogenität der PNF, an der wichtigen Rolle der Eliten und anderer Gruppierungen wie der ANI oder an der Persönlichkeit des Duce? Lag es an der italienischen Gesellschaft und den Italienern, die nicht das „Material" für das Projekt hergaben? Mussolini deutete dies manchmal an.[26] Was gab es in der italienischen Gesellschaft, was die Realisierung einer totalitären Blaupause verhinderte, während Elemente in Deutschland sie ermöglichten? Als Sozialwissenschaftler bin ich noch mehr denn als Historiker ein bisschen unglücklich über den „Eskapismus" der letzten Erklärung; aber wer würde letztendlich der Behauptung widersprechen: Italiener sind keine Deutschen?

Das Fehlen von Staatsterror in großem Umfang im faschistischen Italien bis zur Republik von Salò wirft eine interessante Frage auf. Wenn wir Terror für ein bestimmendes Merkmal des Totalitarismus ansähen, wären wir wie Hannah Arendt gezwungen, das Regime für nicht-totalitär zu halten. Wenn wir auf seinen totalitären Charakter bestehen würden, müssten wir

---

[25] Das Zögern, den italienischen Faschismus als Totalitarismus zu definieren, und die Wandlungen in der Interpretation des Regimes durch den großen Historiker Renzo De Felice ist sorgfältig belegt und analysiert in: Gentile, Emilio: Path to an Interpretation: Renzo de Felice and the Definition of Fascism, in: Italian Quarterly, Summer-Fall 1999, Department of Italian, the State University of New Jersey. Gentile, Emilio: Le Origini dell'ideologia fascista (1918-1925), Bari: Laterza 1975. Gentile, Emilio: The Sacralization of Politics in Fascist Italy, Cambridge, Mass.: Harvard University Press 1996.

[26] S. die interessante Analyse von: Aquarone, Alberto: L'Organizzazione dello stato totalitario, Turin: Einaudi 1965. Kapitel 5: „Stato-totalitario e dittatura personale", wo er Mussolini mit einer Bemerkung über die „Dyarchie" mit dem König, die Beziehungen in der Kirche und sein eigenes Bekenntnis zum Pluralismus, der seine Macht begrenzte, zitiert.(S. 290-311)

schließen, dass Terror eben nicht eins der bestimmenden Merkmale ist (oder dass er später noch gekommen wäre).

Die Uneinigkeit der Wissenschaftler gründet zum Teil in der größeren Betonung entweder der ideologischen Formulierungen und des Monismus, der durch das Rechtssystem geschaffen wurde, oder der tatsächlichen Regierungspraxis und der sozialen Realität im Faschismus. Je mehr Gewicht wir auf das erstere legen, desto eher müssen wir das italienische Regime für ein totalitäres halten. Je mehr Aufmerksamkeit wir dem letzteren schenken, desto eher müssen wir seinen totalitären Charakter in Frage stellen.

Jede Untersuchung über das Scheitern des Faschismus, in anderen Ländern Politik und Gesellschaft in eine totalitäre Richtung umzuwandeln, muss mit unserer früheren Erörterung des begrenzten Erfolges faschistischer Bewegungen verbunden werden, eine Vormachtstellung zu erlangen. Ebenso muss ihre Rolle als Koalitionspartner und untergeordnetes, sogar neutralisiertes oder besiegtes Element in autoritären Regimen berücksichtigt werden. Diese Phänomene allein würden es erschweren, diese Regime als totalitäre wahrzunehmen. Die Vielfalt politischer Akteure, ihre unterschiedlichen Absichten und ihre Übernahme von Teilen der Macht führen zu einer Uneindeutigkeit bezüglich einer monopolistischen Machtergreifung durch die Bewegung und ihre Splittergruppen, die sich dem Nebeneinander von Organisationen, die durch die Bewegung entstanden und inspiriert waren, und anderen ebenso im System einflussreichen, die nicht unter faschistischer Kontrolle waren, verdankt. Dies reichte schon aus, diese Regime eher in die Nähe des Modells des begrenzten Pluralismus (oder des begrenzten Monismus) zu rücken, welches ich zur Charakterisierung autoritärer Systeme verwendet habe.

Die Koexistenz verschiedener politischer Bestrebungen, die nicht innerhalb der faschistischen Bewegung liegen, sondern ihr vorausgehen und ihrer Vormachtstellung entgegen stehen, schafft die Voraussetzungen für verschiedene soziale Gruppen, Institutionen, Interessen und Individuen in der Gesellschaft, sich mit diesen politischen Akteuren zu verbinden und ein autoritäres Regime zu konstituieren. Ein gewisses Maß an sozialem Pluralismus und damit die Möglichkeit einer unabhängigen Entwicklung dieser Kräfte innerhalb des Regimes kann daher angenommen werden. So ist von Anfang an – trotz der anfänglichen totalitären Zielsetzung der faschistischen Bewegung, trotz ihres relativen Erfolgs durch die Aufgabe der Vormachtstellung, trotz der Assimilation totalitärer Sprache, totalitären Stils und totalitärer Ideologie durch andere politische Kräfte – die Entwicklung zu einem autoritären Regime angelegt. So hat sich das Franco-Regime trotz starker totalitärer Tendenzen in manchen seiner frühen Phasen in etwa entwickelt, das ich für die sechziger Jahre als ein autoritäres Regime beschrieben habe. Diese Entwicklung wäre vielleicht im Falle eines Sieges der Achsenmächte in eine andere Richtung verlaufen, aber wahrscheinlich nicht nur mit einer Veränderung in dem Regime, sondern einer Veränderung des Regimes selbst, welche möglicherweise den Ersatz Francos bedeutet hätte.[27]

Um eine Bewegung und eine Führung hervorzubringen, die sich dem Totalitarismus verschrieben hat, bedarf es etwas mehr als des Nationalismus und der Verteidigung des status quo.

Man kann nicht genug betonen, wie die Genese eines Regimes während eines Demokratiezusammenbruchs (oder während eines Demokratisierungsprozesses) seine künftige Entwicklung prägt. Ohne sich den Intentionalisten anzuschließen, die annehmen würden, dass politische Akteure klare und vorgängige Ideen von dem Typus des Regimes haben, das sie gründen werden, ist es doch wahr, dass ihre anfänglichen Ideen die künftige Entwicklung grundlegend prägen. Das gleiche gilt für die Anfangskonstellation politischer Kräfte und Quellen. Als Mussolini 1922 nach Rom reiste, um Premierminister zu werden, hatte er wahrscheinlich nicht das Regime im Kopf, das er später als Duce formen würde. Wenn eine Vielfalt von Umständen (um nur die Nachwirkungen des Mordes an Matteotti zu erwähnen) nicht eingetreten wären, wäre das faschistische Regime – mit seiner totalitären Dimension – vielleicht gar nicht entstanden. Jedenfalls aber hat das ideologische Gepäck von Mussolini und der faschistischen Bewegung in den frühen zwanziger Jahren die späteren Entwicklungen erst möglich, ja sogar wahrscheinlich gemacht. Wenn wir uns den Ideen und Taten Francos während der entscheidenden Jahre des Bürgerkrieges und des Ausbaus und der Konsolidierung seiner Macht zuwenden – wie sie von Javier Tusell beschrieben werden –, scheint die Schaffung eines totalitären Regimes unter seiner Führung unwahrscheinlich, obgleich unter bestimmten Umständen möglich.

Ich würde die Annahme unterstützen, dass es ohne eine faschistische Bewegung, die beachtlichen Erfolg bei der Mobilisierung von Unterstützung vor der Machtübernahme und bei der Übernahme einer Vormachtstellung von Anfang an erzielt, schwierig ist, sich einen Übergang zum Totalitarismus vorzustellen. Abgesehen von der Weimarer Republik in Deutschland und dem früheren Italien Giolittis würde ich im Zwischenkriegseuropa nur in Rumänien eine Möglichkeit für eine solche Entwicklung sehen. Ich habe einmal festgestellt: „Paradoxerweise konnten ursprünglich faschistische Massenbewegungen nur im Kontext liberaler, de-

---

[27] Payne, Stanley G.: Fascism in Spain, op.cit. S. 374. Payne zitiert Hitler in einem Tischgespräch am 7. Juli: „Man muss aufpassen, das Franco-Regime nicht auf die gleiche Ebene wie den Nationalsozialismus oder den Faschismus zu stellen" und er fährt fort, über die spanischen Arbeiter „die sogenannten Roten" zu sprechen und darüber, „diese als Reserve für den Fall eines Ausbruchs eines zweiten Bürgerkrieges" einzuschätzen, „zusammen mit den Überlebenden der alten Falange wären sie eine Kraft zu unserer Verfügung und sehr vertrauenswürdig." Später fuhr er fort: „Die blaue Division könnte zur richtigen Zeit eine entscheidende Rolle spielen, wenn es so weit ist, dieses von den Priestern kontrollierte Regime zu stürzen." (S. 374)

mokratischer Gesellschaften wachsen, die sich dem Recht auf freie Meinungsäußerung verschrieben hatten, im Kontext von Regimen, welche sich bis in die Mitte der dreißiger Jahre schwer taten, die faschistischen Aktivitäten zu unterbinden“ (im Unterschied zu einer Reihe von autoritären Regimen).[28]

Sollten wir die Vorstellung akzeptieren, dass antidemokratische Politik nur auf der Grundlage einer faschistischen Ideologie zum Totalitarismus führen kann (abgesehen vom Kommunismus), müssten wir nach den spezifischen Quellen faschistischer Ideologie und Bewegungen suchen. Da der italienische Faschismus der erste und eine Inspiration für andere Faschismen war, können wir nicht umhin zu fragen: Gab es in Italien einzigartige Faktoren, die für die Geburt des Fascismo verantwortlich waren? Hier ist nicht der Ort, um diese Frage zu beantworten. Aber ich finde in den Arbeiten über das intellektuelle-ideologische Klima und über die Mobilisierung, die das Ergebnis des nationalistischen Interventionismus und des nationalistisches Krieges war, genügend Hinweise, um diese Frage positiv zu bescheiden.[29]

IV. Gab es ein totalitäres Potential in anderen antidemokratischen Ideologien und Parteien?

Unsere These würde den Beweis verlangen, dass andere antidemokratische Ideologien,[30] Parteien, Organisationen und Führer ein totalitäres System nicht als ihr Ziel angesehen haben, und dass der Einfluss des Faschismus auf diese Parteien, Führer etc. nicht ausreichte, um ein totalitäres System zu schaffen. Dies wiederum würde eine Einzelfallstudie er-

---

[28] Linz, Juan J.: Some Notes Toward a Comparative Study of Fascism in Sociological Historical Perspective, in: Laqueur, W. (Hg.): Fascism. A Reader's Guide, Berkeley: University of California Press 1976. S. 3-121.

[29] Griffin, Roger: Italian Fascism, in: Ders.: The Nature of Fascism, London: Routledge 1993. S. 56-84. Gentile, Emilio: Le Origini dell'Ideologia in Fascismo (1918-1925), Roma-Bari: Laterza 1975. Ders.: Il Mito dello Stato Nuovo dell'Antigiolittismo al Fascismo, Roma-Bari: Laterza 1982. Gregor, James: The Young Mussolini and the Intellectual Origins of Fascism, Berkeley: University of California Press 1979. Mosse, George L.: Gabriele D'Annunzio. The Poet and Exercise of Political Power, in: Mosse, George L. (Hg.): Masses and Man, New York: Howard Fertig 1980. Ders.: The Political Culture in Italian Futurism: A General Perspective, in: Journal of Contemporary History, Vol. 25, No. 2-3 (1990). Farneti, Paolo: Social Conflict, Parliamentary Fragmentation, Institutional Shift, and the Rise of Fascism: Italy, in: Linz, J.J./Stepan, A. (Hg.): The Breakdown of Democracies, op.cit. S. 3-33. Lytelton, Adrian: The Seizure of Power: Fascism in Italy, 1919-1929, Princeton: Princeton University Press 1987.

fordern; ich möchte jedoch kurz auf die wichtigsten antidemokratischen Konkurrenten des Faschismus eingehen.

Der politische Katholizismus nahm seit seiner Entstehung im 19. Jahrhundert eine ambivalente Haltung gegenüber der Demokratie, besonders gegenüber dem Liberalismus, ein, auch wenn er in einer Reihe als christliche Demokratien bekannter Länder bereit war, eine konstruktive Rolle in demokratischen, pluralistischen Systemen zu spielen (wir müssen nur an Belgien, Holland, Luxemburg und die Weimarer Republik denken). Es gab jedoch auch christliche Parteien, welche ihr Hauptaugenmerk auf bestimmte weltanschauliche Traditionen, hauptsächlich auf die Idee des korporativen Staates, der organischen vs. der anorganischen Demokratie, richteten und deren Feindschaft zum Liberalismus und zum Sozialismus, insbesondere dem Marxismus, tief und unvereinbar mit einer Viel-Parteien-Demokratie war, in der diese Kräfte regieren könnten oder eine stabile Regierung die Koalition mit einer klerikalen Partei erforderlich machen würde. Eine Reihe komplexer Umstände stärkte die anti-liberalen, anti-sozialistischen und folglich antidemokratischen Elemente in diesen Parteien, und die Vorstellung von einer autoritären Antwort auf die Krise der zwanziger und dreißiger Jahre wurde zu einer realen Möglichkeit, die von einigen der Parteiführer vertreten wurde.

In der Auseinandersetzung mit einer tiefen ökonomischen und sozialen Krise, einer ideologischen sozialistischen Partei, die eine den traditionellen Katholizismus bekämpfende Subkultur ins Leben rief, einer aufsteigenden nationalsozialistischen Bewegung und mit vielen Anhängern, die eine vom italienischen Faschismus beeinflusste konservative, paramilitärische Organisation unterstützen, sah sich die österreichische Christlich-Soziale Partei in den dreißiger Jahren genötigt, einen autoritären Körperschaftsstaat zu etablieren, der die austro-faschistische, aber anti-nationalsozialistische Heimwehr eingliederte.[31] Das Dollfuss-Schuschnigg-Regime wurde für die spanische klerikale Partei, die CEDA, deren Jugendorganisation JAP sich klar für ein Regime wie das österreichische aussprach, zu einem Al-

---

[30] Eine Auflistung der Parteien und Bewegungen in verschiedenen Ländern, die die „drei Gesichter des autoritären Nationalismus" wiedergeben: das faschistische, das radikal rechte und das konservative rechte, findet sich in: Payne, Stanley G.: Fascism, Comparison and Definition, Madison: University of Wisconsin Press 1980. S. 14-21. Eine zeitgenössische nationalsozialistische Aufzählung für verwandte Bewegungen findet sich in: Haar, Werner: Europa will Leben. Die nationalen Erneuerungsbewegungen in Wort und Bild, Berlin: Batschari 1936.

Die Gründe für die Annahme oder Nachahmung des Faschismus in den Zwischenkriegsjahren liegen in vielerlei Hinsicht ähnlich wie die für die Selbstbezeichnung einer Reihe von Afrikanischen Regimen als „wissenschaftlicher Sozialismus" oder „marxistisch-leninistisch", wie sie untersucht wurden von: Jowitt, Kenneth: Scientific Socialist Regimes in Africa. Political Differentiation, Avoidance and Unawareness, in: Rosberg, Carl G./Callaghy, Thomas M. (Hg.): Socialism in Sub-Saharan Africa, Berkely: Institut of International Studies 1979. S. 133-173; 391-396.

ternativmodell zur anti-klerikalen Republik.[32] In Spanien empfanden die Gegner des Klerikalismus und speziell die Sozialisten diese Entwicklung als die eigentliche Gefahr für sie und die Demokratie – die noch bedrohlicher als die Falange, eine kleine faschistische Partei, war – und identifizierten die CEDA schnell als den spanischen Faschismus. Ähnliche Entwicklungen gab es auch im politischen Katholizismus anderer Länder, aber nur in Portugal, Litauen und später, als sie unabhängig wurde, der Slowakei etablierte sich ein katholisch inspirierter Autoritarismus.

Die Auseinandersetzung über das, was zur Beschreibung des Franco-Regimes *nacional-catolicismo* genannt wird, und die Bedeutung der katholisch-konservativen Verbandsideologie im *Estado Novo* Portugals, wirft die Frage auf, ob katholisch ausgerichtete Bewegungen mit ihrer organisatorischen Durchdringung der Gesellschaft und ihren weltanschaulich integrierenden Konzepten nicht eher die Grundlage für einen anderen Typus des Totalitarismus sein konnten denn den des Faschismus. Nachdem diese Regime sich in Ländern wie Österreich, Spanien und in gewissem Umfang Portugal etabliert hatten, gab es eine bemerkenswerte Nachahmung des Faschismus bis zu dem Punkt, dass viele Beobachter von klerikalem Faschismus sprachen.

Zweifellos hatte die integralistische Konzeption einer harmonischen, religiösen, korporativ organisierten Gesellschaft, die den Liberalismus und den Sozialismus ausschloss und die Kontrolle über den Staat ausübte, ein beachtliches Potential für einen anderen Typus des Totalitarismus. Wir würden dem jedoch entgegenhalten, dass einer solchen Entwicklung innere Grenzen gesetzt waren, die sich aus den grundlegenden Eigenschaften der katholischen Kirche als Institution ergaben. Die universale Kirche konnte niemals völlig und ausschließlich mit dem integralistischen Modell einer katholischen Gesellschaft übereinstimmen, sondern musste alternativen politischen Philosophien und Handlungsmustern als den orthodoxen katholischen Alternativen Raum bieten. In dieser Tatsache allein lag der Keim für die spätere Krise der autoritären Regime wie des spanischen,

---

31 Österreich böte die interessante Gelegenheit, Konsequenzen eines autoritären Regimes (1933-1938) und eines totalitären Regimes (1938 bis zum Beginn des Zweiten Weltkriegs) zu vergleichen, die diese für Gesellschaften, in verschiedenen Lebensbereichen und auf der Gemeindeebene haben. Tálos, Emmerich: Zum Herrschaftssystem des Austrofaschismus: Österreich 1934-38, in: Oberländer, op.cit. S. 143-162. Kluge, V.: Der österreichische Ständestaat, Wien 1984. Botz, Gerhard: Gewalt in der Politik. Attentate, Zusammenstöße, Putschversuche, Unruhen in Österreich 1918-1938, München: Wilhelm Fink Verlag 1983.

32 Zur CEDA s. Montero, Ramon: La CEDA, 2 Vol., Madrid 1977. Robinson, R.A.H.: The Origins of Franco Spain 1970. Tusell, Javier José: Historia de la democracia cristiana en España, Madrid 1974; s.a. die Reden und Memoiren des Parteivorsitzenden José Maria Gil Robles. Die „faschistischen" Strömungen und besonders die JAP werden erörtert in: Chueca, Ricardo/Montero, José Ramon: El fascismo en España: elementos para una interpretacíon, in: Historia Contemporánea 8 (1992) S. 215-248.

in denen die Kirche eine größere Rolle spielte. Letztlich ist es für jede totalitäre Dynamik eine innere Schwäche, die Herrschaftslegitimation von Quellen zu beziehen, die außerhalb der Kontrolle der Herrscher liegen – um Webers Begriff „heteronom" zu verwenden.[33] Die Möglichkeit, dass die universale Kirche, der Vatikan und der Papst politische Alternativen unterstützen, bliebe ein permanentes Hindernis. Außerdem hat die Kirche immer die Tendenz – welche Übereinstimmung von katholischer politischer Führung und Laien mit der politischen und sozialen Macht in einem solchen Regime auch immer gegeben wäre – Distanz und Unabhängigkeit zu bewahren; zudem hat die Kirche eine Autonomie und Achtung für ihre Repräsentanten verlangt, die sich nicht immer mit den Interessen der politischen Führung vereinbaren ließen. Obwohl in Spanien der National-Katholizismus in vielerlei Hinsicht vorherrschte, war er nur eine Komponente der Koalition, die das Franco-Regime schuf und unterstützte. Andere, wie die faschistische Falange, brachten ein pluralistisches Element in die Koalition, das einige Bereiche des spanischen Lebens vor einer totalen Vorherrschaft des National-Katholizismus bewahrte. Die Koexistenz totalitärer Bestrebungen des Faschismus und des totalitären Potentials des Nationalkatholizismus war schon sehr früh gewissermaßen ein Faktor bei der eher autoritären denn totalitären Entwicklung des Regimes.

Die *Action Française* war wahrscheinlich die einflussreichste und größte Bewegung der radikalen Rechten.[34] Ihre Ideologie fand ein Echo unter den portugiesischen *Integralistas*, den Anhängern Calvo Sotelos der *Renovación Española* und in Lateinamerika. Die *Action Française* ist als faschistische oder bestenfalls proto-faschistische Bewegung angesehen worden. Diese Bewegungen blieben elitär und waren im allgemeinen nicht in der Lage, Massenunterstützung zu organisieren und an die Macht zu kommen. Die *Renovación Española* hatte aber einen großen Einfluss auf das Franco-Regime sowie die Integralistas auf das Salazar-Regime, keine von beiden jedoch artikulierte ein totalitäres Konzept für die Politik und die Gesellschaft.[35] Die nicht-demokratischen Regime, die durch diese Kräfte im Verbund mit dem Militär und der Verwaltung sowie der Unterstützung mächtiger Wirtschaftsinteressen an die Macht kamen, konnten sich nicht zu einem totalitären System entwickeln. In der Tat gab sich die radikale Rechte manchmal mit der Etablierung eines pseudo-demokratischen Regimes zufrieden, in dem die liberale Tradition überlebte (wie in Ungarn). Die politischen Führungskräfte aus der demokratischen Zeit wurden als solche aufgenommen oder hinzugewählt und erlaubten nicht, dass eine

---

33 Weber, Max: Economy and Society, hg.v. Guenther Rot und Claus Wittich, New York: Bedminster Press 1968. Vol 1, S. 49 f.

34 Weber, Eugene: Action Française. Royalism and Reaction in Twentieth Century France, Stanford: Stanford University Press 1962.

35 Pecharromán, J. Gil: Conservadores subversivos: La derecha autoritaria alfonsina (1913-1936), Madrid 1994.

neue politische Klasse mit breiter Unterstützung in der Bevölkerung entstand. Sie waren zu elitär, um auch nur den Versuch der Massenmobilisierung zu unternehmen. Sie waren sogar ängstlich, als ihre faschistischen Koalitionspartner versuchten, die Massen, die Arbeiterklassen, in die Herrschaft einzubeziehen.

Es gibt allerdings eine antidemokratische, autoritäre und reaktionäre Bewegung mit einer breiten Basis an mobilisierter Massenunterstützung, mit Verbindungen zur Geistlichkeit und einem integralistischen Gesellschaftskonzept: die spanischen Carlisten.[36] Sie brachten die Faschisten als zu säkular in Misskredit, und sogar die konservativen Christdemokraten diskreditierten sie wegen deren Bereitschaft, Kompromisse mit nichtreligiösen Parteien in einer Demokratie einzugehen. Wie manche sagen, waren sie *päpstlicher als der Papst*. Die *Comunión Tradicionalista* und ihr Kampfverband, die *Requeté*, waren ein Vermächtnis des konterrevolutionären, populären anti-liberalen Widerstands im 19. Jahrhundert und seiner Bürgerkriege; sie strebten die Restauration einer vormodernen Monarchie und einen auf tradierten Einheiten und Gesetzen aufgebauten Staat an. Wenn ihre Unterstützung nicht hauptsächlich auf Navarra und das Baskenland beschränkt gewesen wäre, hätten sie eine sozial und kulturell stärkere Politik etablieren können. Wegen ihres Enthusiasmus und ihrer lokalen Macht wurden sie ebenfalls ein beigezogenes und untergeordnetes Element in der Franco-Koalition.

Auch wenn ein paar wenige faschistische Bewegungen in der Lage waren, ihr totalitäres Potential im Aufbau von Regimen zu verwirklichen, die wir als totalitär bezeichnen können, dürfen wir feststellen, dass es auf dem Hintergrund der zwanziger und dreißiger Jahre in Europa sogar weniger Gelegenheit für andere antidemokratische Bewegungen und Gruppen gab, ein totalitäres System zu etablieren. Dies kann das Phänomen erklären, dass diese antidemokratischen Regime sich abgesehen von kurzen Zwischenspielen eher in die autoritäre als in die totalitäre Richtung entwickelten.

Autoritäre Regime waren letzten Endes auf Interessen gegründet, während Faschismus und Totalitarismus auf Leidenschaft aufbauten, die ersteren spiegelten Teile der Gesellschaft wider, die letzteren die Suche nach Gemeinschaft. Die ersteren waren „kalt", die letzteren „heiß". Die autoritären Regime[37] zogen die Aufmerksamkeit weniger Gelehrter, in der Hauptsache von Juraprofessoren und Wirtschaftswissenschaftlern, auf sich, totalitäre Regime die von Intellektuellen, Schriftstellern und Künstlern, Ästheten und Filmliebhabern, Studenten und die der Jugend. Die Faszination erstreckt sich sogar bis auf die Studenten der Zeitgeschichte, die zwar den Totalitarismus wegen seiner Schrecken verabscheuen, aber darum ringen, ihn zu verstehen, während sie die autoritären Regime mit

---

36 Blinkhorn, Martin: Carlism and the Crisis in Spain 1931-1939, Cambridge: Cambridge University Press 1976.

ihrer begrenzten und meist passiven Unterstützung vernachlässigen. Autoritäre Regime werden als das Produkt partikulärer Gesellschaften, ihrer Eigentümlichkeiten und historischen Vermächtnisse, und weniger als Teil der europäischen Krise in den Zwischenkriegsjahren interpretiert. Man kann sogar noch weiter gehen: Sie waren auch eine intellektuell ärmlich artikulierte Antwort auf die Schwächen und Versäumnisse der Demokratie und des Kapitalismus und als solche eine Alternative zur totalitären Leidenschaft. Wenn man sich auf dünnes Eis wagt, kann man sogar sagen, dass der Konflikt in dem verkürzten Jahrhundert zwischen vier politischen Alternativen stattfand: Demokratie, totalitärem Faschismus, Kommunismus und autoritärer Herrschaft. Das Bühnenzentrum wurde vom Faschismus und Kommunismus beherrscht, während die Demokratie für kurze Zeit an die Atlantische Peripherie und der Autoritarismus auf die südlichen und östlichen unbedeutenderen Staaten verwiesen wurde. Die Demokraten waren wegen der Missachtung von Freiheit und Menschenrechten gegen Autoritarismus, während die Totalitaristen ihn wegen seines Mangels an revolutionärer Mystik und seiner Verteidigung der bestehenden sozialen und wirtschaftlichen Ordnung verschmähten. Autoritäre Herrscher und ihre Unterstützer wiesen im Gegenzug den Faschismus zurück, weil sie seine revolutionären Absichten und sein revolutionäres Potential spürten, und gingen daran, ihn zu „domestizieren" und manchmal die faschistischen Bewegungen auch zu unterdrücken.

V. Antidemokratische Politik in den Zwischenkriegsjahren

Die zwanziger Jahre waren Zeuge für die Krise der Demokratie und das Aufkommen zahlreicher Diktaturen, die an dem Prozess der faschistischen Bewegungen keinen Anteil und weder zum Marsch auf Rom noch zum italienischen faschistischen Regime einen Bezug hatten. Das bedeutet nicht, dass nach der Errichtung des Regimes nicht einige Politiker und ihnen verbundene Intellektuelle Interesse an der italienischen Erfahrung hatten und einige der Ideen und Institutionen aus Italien importierten. So verhält es sich bei Regimen, die geschaffen wurden, bevor Mussolini an

---

[37] Faschisten wie José Antonio Primo de Rivera, Ledesma Ramos und Rolao Preto empfanden eine besondere Abneigung gegen die konservativen-autoritären-korporativen katholischen Führer und schrieben scharfsichtige Charakterisierungen über sie. Die Abneigung war im übrigen gegenseitig. Rolao Preto verachtete de Valera, Dollfuss, Schuschnigg, Gil Robles und Salazar wegen ihres Stils, ihres „gesunden Menschenverstands", ihres Mangels an revolutionärem Geist, ihres Eklektizismus und ihrer berechnenden Haltungen; er beschreibt sie als *tiranos frios*, die „kalten" Diktatoren, s. Medina, João: Salazar e los Fascistas, op.cit. passim.

die Macht kam, wie der von Atatürk entworfenen Türkischen Republik und dem ungarischen Regime, das etabliert wurde, nachdem die von Bela Khun geleitete Sowjetrepublik besiegt worden war. So verhält es sich auch beim Primo-de-Rivera-Coup im Jahre 1923, obwohl sich zu einem späteren Zeitpunkt dort einige faschistische Einflüsse zeigten, als ein schwacher Versuch unternommen wurde, die „zivile" Diktatur zu institutionalisieren.

Diese Regime waren die Antwort auf ganz unterschiedliche Krisen. In Ungarn auf die kommunistische revolutionäre Diktatur. In Bulgarien auf die Vormachtstellung eines populistischen landwirtschaftlichen Führers. Im Spanien des Jahres 1923 auf eine Mischung von Krisen, der Niederlage im Krieg um die Kolonien, der sozialrevolutionären Unruhen unter anarcho-syndikalistischer Führung in Katalonien und dem instabilen parlamentarischen System. In diesen drei Fällen kann das Gewicht auf die sozial-ökonomischen Konflikte gelegt werden, so dass eine marxistische Interpretation einiges für sich hat, auch wenn der Nationalismus, wie in Bulgarien, Mazedonien und im spanischen Katalonien, zur Krise beitrug. Es liegt aber etwas Widersinniges in der Tatsache, dass das konterrevolutionäre Regime in Ungarn bis zu den dreißiger Jahren und sogar darüber hinaus eine Semi-Demokratie blieb, die mehr traditionell liberale Werte, Institutionen und Praktiken beibehielt als die meisten autoritären Regime. Die Beschreibung von István Deák fängt sehr gut den politisch-sozialen Pluralismus des Horthy-Ungarns ein, wenn er über das Regime unter dem extrem rechten Premierminister Gyula Gömbös (1932) schreibt:

> „Das Muster wurde tatsächlich in der Zeit entworfen, als Ungarn von Leuten regiert wurde, die öffentlich verkündeten, ein und dieselbe Ideologie des rechten Flügels zu repräsentieren, die jedoch in Wirklichkeit in zwei unterschiedliche Lager geteilt waren: ein radikales und faschistisches, welches wir die Neue Rechte nennen können, und ein anderes konservatives mit liberalen Vorlieben, welches wir die Alte Rechte nennen können. Die Teilung zog sich quer durch die Regierungspartei, wobei das rechte Element heimlich mit den offen faschistischen Parteien kollaborierte. Auf der anderen Seite hatten die liberalen und linken Parteien, die mit jeder Wahl in ihrer Größe schrumpften, keine andere Wahl als die Gemäßigten in der Regierungspartei zu unterstützen. So finden wir in dem verrückten Flickenteppich der ungarischen Politik in einem Lager Sozialdemokraten, ländliche Politiker, erzkonservative Royalisten, reiche jüdische Liberale, leicht antisemitische konterrevolutionäre Politiker und diese ungarischen Rassisten beieinander, für die die deutsche Minderheit in Ungarn und der nationalsozialistische Imperialismus die weitaus größere Bedrohung als die Juden darstellten. Im anderen Lager fanden sich pro-deutsche konterrevolutionäre Politiker, die meisten von ihnen Heeresoffiziere, faschistische Ideologen, fanatische Antisemiten, viele der nichtjüdischen Mittelschicht und des Kleinbürgertums und die Massen der armen Menschen, für die der Nationalsozialismus die Erlösung von der Unterdrückung durch den jüdischen Kapitalismus und die aristokratischen Landbesitzer versprach."[38]

Es wäre schwierig, Pilsudskis „militärische Demonstration", welche zum Teil dank der Unterstützung durch die Gewerkschaften eine Mitte-Rechts-Regierung stürzte, mit marxistischen Begriffen zu erklären, obwohl sich die Semi-Diktatur anschließend als konservativ herausstellte.

Auch wenn einige Ähnlichkeiten zu der Krise der Demokratie oder der Demokratisierung in Osteuropa, auf dem Balkan und Südeuropa bestehen, gibt es bedeutende Unterschiede. Edward Malefakis[39] hat beides zwischen den vier südeuropäischen Staaten vom 19. Jahrhundert über den Ersten Weltkrieg bis hin zu den Zwischenkriegsjahren, die in autoritären Bedrohungen und Regimen mündeten, sowie den einzigartigen Reiz des Nationalismus und des Aufstiegs des Faschismus in Italien gezeigt. Der Eindruck des Ersten Weltkriegs und seine Nachwirkung sind wiederum - speziell in Griechenland - zentral, hinzu kommen die Mobilisierung und Behauptung der Linken und der Arbeiterklasse, wie in Italien und Spanien.

Die Krise in gerade erst besiegten Nationen, in Ländern, die um ihre Unabhängigkeit kämpften, oft aus Teilen verschiedener politischer Kultur und traditionellen Eliten zusammengesetzt, kann nicht nur einfach in Kategorien sozialökonomischer Konflikte oder ökonomischer Unterentwicklung verstanden werden. Diese Faktoren tragen einen Teil zu der Erklärung bei, warum es eine Wende zu autoritären Regimen gab, aber auch zu der Erklärung, warum faschistische Bewegungen - manchmal in Opposition zu den autoritären Regimen - aufstiegen.

VI. Staatlichkeit, nationale Identität und die Krise der Demokratie

Eine Untersuchung des Zusammenbruchs oder der Krise der Demokratie in den Zwischenkriegsjahren muss folgendes berücksichtigen: 1. Die mächtigen Emotionen und Interessen, die an die Definition der Nation geknüpft werden, 2. das Uneindeutige der nationalen Identität der Bürger beim Vorhandensein ethnischer und sprachlicher Minderheiten; 3. die massiven Bevölkerungsumsiedlungen nach dem Krieg (wie zum Beispiel

---

38 Déak, István: A Fatal Compromise? The Debate over Collaboration and Resistance in Hungary, in: Ders./Gross, Jan T./Judt, Tony (Hg.): The Politics of Retribution in Europe. World War I and its Aftermath, Princeton: Princeton University Press 2000. S. 39-73.

39 Malefakis, Edward: Southern Europe in the 19th and 20th Centuries: An Historical Overview, Working Paper 1992/35, Madrid: Instituto Juan March de Estudios e Investigaciones 1992. S. auch: Payne, Stanley G.: Authoritarianism in the Smaller States of Southern Eurpe, in: Chehabi, H.E./Stepan, Alfred (Hg.): Politics, Society and Democracy. Comparative Studies (Essays in honour of Juan Linz), Boulder 1995. S. 183-196.

in Griechenland und Rumänien); 4. die Instabilität der Staatsgrenzen als Folge internationaler Machtverhältnisse und 5. das sich daraus ergebende Hervortreten des Irredentismus.

Die Probleme der neuen Staaten sind von Furet gut beschrieben worden:

> „Die verhandlungsführenden Parteien von Versailles (und seiner Annexe) sind in der Tat Treuhänder der im Verlauf des Krieges entstandenen Versprechungen. Nun werden sie bedrängt von den Konflikten zwischen den ‚Nationalitäten', und den Erinnerungen an 1848, die fast vergessene Leidenschaften aufleben und auf den Ruinen des besiegten Deutschtums zahlreiche slawische Staaten entstehen lassen. Von Warschau bis Prag, von Bukarest bis Belgrad bringen sie zweifelhafte parlamentarische Republiken hervor, in denen französische radikale Bürgerliche vermeintlich ihre eigenen Traditionen ansiedeln; dabei exportieren sie lediglich ihre Herrschaftsform. Die Verträge von 1919-1920 haben mehr von einer europäischen Revolution als von einem europäischen Frieden. Sie löschen die Geschichte der zweiten Hälfte des 19. Jahrhunderts zugunsten einer abstrakten Aufsplitterung in kleine Vielvölkerstaaten aus, die lediglich die Mängel des österreichisch-ungarischen Reiches wiederholen. Sie sind innerhalb ihrer neuen Grenzen genauso gespalten, wie sie es innerhalb der alten waren, und hegen untereinander größere Hassgefühle, als sie gegenüber der deutschen oder ungarischen Herrschaft bestanden. Im Namen des Nationalitätenprinzips haben die Alliierten nationalen Hass auf Kleinstformat reduziert.
>
> Diese improvisierten, unbemittelten und zersplitterten Staaten, die fast alle weiterhin über große deutsche Siedlungsgebiete verfügen, wollte man zum Ostgürtel der englisch-französischen Vormachtstellung in Europa zusammenschließen. Denn durch die Oktoberrevolution von 1917 hat Russland seine traditionelle Rolle als europäischer Ausgleichsfaktor verloren. Es ist weit davon entfernt, innerhalb der slawischen Gemeinschaft weiterhin den russischen Polizisten und mit Londons Segen die Großmacht im Osten zu spielen. Das Russland der Sowjets ist zum Nabel der kommunistischen Revolution geworden. Daraus ergibt sich für die neuen Staaten, die gerade erst in Mittel- und Osteuropa auf dem Reißbrett entstanden sind, eine zweifache historische Funktion, der sie in keiner Weise gewachsen sind: Wache halten, sowohl im Osten, wo das sowjetische Sendungsbewusstsein herrscht, als auch im Westen, wo das besiegte, entwaffnete und zerbrochene, aber nach wie vor gefürchtete Deutschland liegt, das im Zusammenspiel der europäischen Kräfte nie zuvor eine so zentrale Position innehatte."[40]

In praktisch allen neuen Staaten nahm das vorherrschende Nationalbewusstsein den Staat als Nationalstaat wahr, und die politischen Maßnahmen zum „Aufbau der Nation" entfremdeten die nationalen Minderheiten. Die Schwierigkeit, die Demokratie zu konsolidieren, hing eng mit diesen Tatsachen zusammen. In meiner Arbeit über den Zusammenbruch der Demokratien in Westeuropa legte ich auf diese Dimension kein be-

---

40 Furet, François: The Passing of an Illusion, Chicago: Chicago University Press 1995. Ders.: Das Ende der Illusion. Der Kommunismus im 20. Jahrhundert, München 1996. S. 81 f.

sonderes Gewicht. Sie ist allerdings zentral in der Aufsatzsammlung, die Erwin Oberländer herausgegeben hat: Autoritäre Regime in Ostmittel- und Südosteuropa 1919-1949.[41]

Fast allen Ländern widerfuhr eine Änderung ihrer Grenzen, die Unversöhnlichkeit, Minderheiten, Flüchtlinge hinterließ. Ihr erstarktes Gefühl der nationalen Identität stellte die internationale Ordnung in Frage, die von den Siegern oder mächtigen Schiedsrichtern im Konflikt um Staatsnationalität geschaffen worden war. Der Umstand, dass die Sieger, die ihre Ordnung oktroyierten und versuchten, sie durch den Völkerbund zu garantieren, alles westliche Demokratien und reiche Länder waren, ermöglichte demagogische Appelle gegen die plutokratischen Demokratien und die Regierungen, die bereit waren, mit ihnen zu kooperieren.

In dem Umfang, wie die Frage der „Staatlichkeit“ und die Definition der nationalen Identität ungelöst waren, konnten die – gewählten oder nicht gewählten – Regierungen mit dem Vorwurf in Frage gestellt werden, sie würden Staats- oder nationale Interessen verraten.

Die autoritären Regime in Osteuropa – auch wenn sie anti-liberal und repressiv sind – werden nicht, sogar heute nicht, als ebenso illegitim angesehen wie die in Westeuropa. Pilsudski, Ulmanis, Päts, Horthy, sogar Antonescu und Tiso, sind Teil der nationalen Geschichte und werden nicht immer negativ gesehen. Ihre Rolle im Kampf um nationale Unabhängigkeit und der Umstand, dass sie Opfer äußerer Feinde waren, tragen dazu bei.

VII. „Normale“ Diktaturen oder Autoritäre Regime

Einige der nicht-demokratischen Regierungen der Zwischenkriegsjahre nahmen sich selbst als Diktaturen nach der traditionellen, wir könnten sagen: römischen Vorstellung einer Interimsregierung wahr, sie suspendierten die Verfassung und die bürgerlichen Freiheiten vorsorglich, um sie in der nahen Zukunft wieder einzusetzen. Die Verkündung des Primo-de-Rivera-Coups in Spanien 1923 passte zumindest anfangs in diese Vorstellung: Diktaturen, die nicht beabsichtigten, ein Regime zu schaffen. Dasselbe kann über Estland und über Lettland gesagt werden. Aber die meisten Diktaturen steuerten auf die Etablierung ihrer eigenen spezifischen Institutionen zu, schafften die Verfassung eher ab, als dass sie sie suspendierten, und strebten die Schaffung eines Regimes an. In den späten zwanziger und besonders in den dreißiger Jahren wurden diese Regime, die unter anderen Umständen „normale“ Diktaturen geworden wären, diese „régimes d'exception“ – der autoritären Situation – oft zu au-

---

41 Oberländer, Erwin (Hg.): Autoritäre Regime, op.cit.

toritären Regimen.[42] Die Gegenwart des Faschismus und manchmal einer faschistischen Komponente machte sie anders.

In einer Reihe autoritärer Regime gibt es eine Allergie gegen Parteien – insbesondere in den militärischen und royalistischen Diktaturen, aber auch in den wenigen, in denen ein bürgerlicher Politiker der demokratischen Periode diktatorische Vollmachten angenommen hatte. Am Anfang steht manchmal eine Suspendierung oder Rechtlosstellung aller Parteien – paradoxerweise auch der Parteien, die die Diktatur unterstützen. Gelegentlich wurde ein parteiloses Regime mit einem eher korporativen System der Repräsentation gewählt. Es gab jedoch Zwänge, die zu einer einzigen Partei führten, manchmal von oben als „staats"bürgerliche Bewegung ins Leben gerufen, die die Unterstützer des Regimes einlud, sich einzuschreiben (Amtsinhaber und Verwaltungsangestellte waren vielversprechende Adressaten).[43]

Otto Bauer, ein führender Austro-Marxist, beschreibt im Jahre 1936 eine solche Partei, die Vaterländische Front des österreichischen autoritären Regimes:

> „Die VF war daher, ... nicht, wie die Faschistische Partei Italiens und die Nationalsozialistische Partei Deutschlands, aus einer volkstümlichen Massenbewegung hervorgegangen, sondern, von der Regierung erfunden und gegründet, mit den Gewaltmitteln des Staates den Volksmassen aufgezwungen worden. In Wirklichkeit ist der Faschismus hier nicht das Naturprodukt elementarer Massenbewegungen und Klassenkämpfe, sondern ein Artefakt, das die gesetzliche Staatsgewalt dem Volke auferlegt hat.
>
> Ähnlich urteilt im übrigen auch jener Sektionschef Hecht, der an der pseudolegalen Etablierung des diktatorischen Regimes so entscheidend mitgewirkt hatte, über die VF.: Sie wird, ihrer ganzen Entwicklung und Zusammensetzung nach, niemals ihren österreichischen Vereinscharakter mit ihrer spezifisch wienerischen Kaffeehausfärbung verlieren. Es ist ausgeschlossen, dass etwa die Christlich-soziale Partei, die Heimwehren, die einzelnen Teile der nationalständischen Front wirklich in ihr aufgehen, dass aus ihr sich eine einzige, einheitliche, österreichische, mächtige Volksbewegung bildet. ... Trotz des Bestehens der ‚Vaterländischen Front' beruht die Autorität der Regierung nicht auf einem Massenmandat zur Führung, sondern auf dem Willen der Regierung, das Maß an Macht, das sie besitzt, bis zur Grenze des Möglichen zu gebrauchen."[44]

Falls Parteien vorhanden waren, die mit der autoritären Alternative identifiziert wurden, gab es das Bestreben, diese ins Regime aufzunehmen und in einigen Fällen eher eine vereinigte Partei zu gründen, als an eine von ihnen zu appellieren (was eine Abhängigkeit schaffen würde). Auto-

---

42 Linz, Juan J.: The Future of an Authoritarian Situation, op.cit. S. 233-254.

43 Ben-Ami, Shlomo: Fascism from above. The Dictatorship of Primo de Rivera in Spain 1923-1930, Oxford: Oxford Clarendon Press 1983.

44 Bauer, Otto: Zwischen zwei Weltkriegen? Bratislava 1936, in: Ders.: Werkausgabe, Vol. 4, Wien 1976, S. 37; zitiert nach: Botz, G.: Gewalt in der Politik, op.cit. S. 242.

ritäre Herrscher gaben also sehr wahrscheinlich nicht *einer* faschistischen Partei den Status einer einzigen Partei, sondern nahmen sie in einer heterogeneren und neuen Organisation auf.

Autoritäre Regime wurden über der Frage geteilt, ob sie die von der volksliberalen Verfassungsvergangenheit geerbten Institutionen beibehalten oder neue korporative Kammern schaffen sollten, die eine „organische Demokratie" und eine einzige Partei mit ihrer eigenen Kammer einführten.[45] In einigen Fällen fügten sie diese unterschiedlichen Elemente in einer unentschiedenen Kombination zusammen, was in der Tat ein Element des begrenzten Pluralismus ist. Ungarn behielt die Fassade der begrenzten Demokratie bei; Portugal fügte den aus der Vergangenheit stammenden Institutionen – wie der *Asamblea Nacional* – die korporative Kammer hinzu, aber kein Organ, das die einzige Partei repräsentierte (welche dennoch die Nationalversammlung beherrschte). In Spanien wurde noch während des Bürgerkrieges ein *Consejio Nacional* gegründet, in dem ernannte Repräsentanten der Parteien (die in eine Einheitspartei verschmolzen wurden) und des Militärs saßen. 1942 wurden die *Cortes* als teilweise korporative Kammern hinzugefügt. Nichtsdestoweniger und trotz ihrer Ablehnung der Parteien kam keines der autoritären Regime der Zwischenkriegsjahre in Europa um eine Parteiorganisation, die sie manchmal „Bewegung" nannten, herum. (Bulgarien nach 1934 war die Ausnahme). Je näher sie dem faschistischen Modell kamen, desto größer war die Rolle der Partei und ihrer angeschlossenen Organisationen.

Fast alle autoritären Regime dachten über die Einführung korporativer Institutionen nach und verwirklichten sie im allgemeinen, wenn ihre Entwicklung auch oft verspätet kam und ihre politische Bedeutung begrenzt war. Der Korporatismus war für sie einer der Reize des italienischen Faschismus[46] (der diesen Reiz ausnutzte), während sie an der Rolle einer einzigen disziplinierten ideologischen Partei größere Zweifel hatten. Sie riefen die Idee einer „organischen Demokratie" im Unterschied zu einer „anorganischen" Parteiendemokratie ins Leben. Offenbar brauchte keine der Regierungen das Vertrauen dieser korporativen Kammern, die indirekt gewählt und de facto größtenteils von der Regierung ernannt wurden.

---

45 Legislatures in Organic Statist-Authoritarian Regimes: The Case of Spain, in: Smith, Joel/Musolf, Lloyd, D. (Hg.): Legislature in Development: Dynamics of Change in New and Old States, Durham, N.C.: Duke University Press 1979. S. 88-125.

46 Schmitter, Philippe C.: Still the Century of Corporatism, in: Pike, E.B./Stritch, T. (Hg.): The New Corporatism. Social-Political Structures in the Iberian World, Notre Dame: University of Notre Dame Press 1974. S. 85-131. Ein weiterer „Ideenkreis", der sogar die Trennung von demokratisch/nicht-demokratisch quert und sich mit einigen Faschismen und einigen, aber nicht allen Autoritarismen überschneidet, ist der Populismus. Wir werden ihn nicht untersuchen und verweisen den Leser auf das neueste Werk von: Hermet, Guy: Les populismes dans le monde. Une histoire sociologique XIX-XX siècle, Paris: Fayard 2001.

Ein zusätzlicher Vorteil des Korporatismus war es, dass die Liberaldemokraten, die Sozialdemokraten und die Christdemokraten sowie die „pluralistischen“ Intellektuellen korporative Institutionen zur Ergänzung der parlamentarischen Demokratie befürwortet hatten. Dies war eine ideologische Ideenkreis-Tangente sowohl am Faschismus wie dem Autoritarismus als auch der Demokratie. Für viele autoritäre Herrscher war es der Korporatismus, was sie am Faschismus anzog. (Es gibt da eine Parallele zu der Attraktivität der jugoslawisches Selbstverwaltung für viele, die weit davon entfernt waren, mit der kommunistischen Herrschaft zu sympathisieren.)

VIII. Krise und Zusammenbruch der Demokratie

In meiner Arbeit über den Zusammenbruch der Demokratie (1976) habe ich das starke Element des Zufalls mit einem Zitat Friedrich Meineckes hervorgehoben: „Dies war nicht notwendig.“ Mittlerweile liegen die bedeutenden Werke von Rueschmeyer, Hubert Stephens sowie die erst kürzlich unter der Leitung von Berg-Schlosser entstandene Sammlung von Länder-Fall-Studien mit einer allgemeinen Einordnung vor.[47] Beide haben eine eher soziologische und daher strukturelle Perspektive, die weniger Raum für den Zufall lässt. Beide konzentrieren sich auf den Zusammenbruch, etwas weniger auf den Faschismus und noch weniger auf den Herrschaftstypus, der nach dem Zusammenbruch installiert wurde. Die späteren zwei Probleme sind eher der Gegenstand des Zufalls. Die brillante *Histoire evidentielle* von Henry Turner[48] hebt die Bedeutung des Zufalls, der einzelnen Akteure gegenüber den strukturellen makro-sozialen Faktoren hervor, indem sie sich auf die kleine Gruppe von Männern konzentriert, die Hitler im Januar 1933 an die Kanzlerschaft brachten (dies stimmt mit meiner eigenen Untersuchung der kleinen Gruppen in den letzten Stadien des Zusammenbruchs überein).

In meinem Buch habe ich bemerkt, wie oft es nicht die Kraft der antidemokratischen Parteien, sondern die Schwächen der demokratischen Führung bei der Verhinderung des Machtverlustes waren, die zu einem Machtvakuum führten, welches wiederum den Zusammenbruch beförderte. Bei den Zusammenbrüchen vor den dreißiger Jahren und später noch auf dem Balkan und in Osteuropa ist das noch viel mehr der Fall. Die Schwäche der liberal-demokratischen politischen Klasse, die Instabi-

---

47 Berg-Schlosser, Dirk: Bedingungen von Demokratie in Europa in der Zwischenkriegszeit, in: Berg-Schlosser, Dirk: Empirische Demokratieforschung. Exemplarische Analysen, Frankfurt am Main: Campus 1999. S. 141-274.

48 Turner, Henry Ashby Jr.: Hitler's Thirty Days To Power. January 1933, Reading, Mass.: Addison-Wesley 1996.

lität oder Ineffizienz der Regierung war noch ausschlaggebender und erlaubte kleinen konspirativen Gruppen, die Demokratie bzw. die Demokratisierung mit der passiven Einwilligung der Könige, des nicht-konspirativen Militärs und einer Bevölkerung, die das Regime nicht unterstützte und die Diktatur mit einer Mischung aus Erleichterung und sogar Hoffnung begrüßte, zu beenden. Der hohe Grad der politischen Mobilisierung und Polarisierung in Italien und später in Deutschland, Österreich und Spanien (1936) sollte nicht in bezug auf Spanien (1923), Polen und Portugal oder die baltischen Staaten in den zwanziger Jahren verallgemeinert werden. In diesen Fällen war die Krise viel eher politisch als sozial oder ökonomisch. Sie wurde oft von den Politikern gemacht.

Wenn ich auf meine Arbeit über den Zusammenbruch, die Fälle des zurückgewonnenen Gleichgewichts in einer Krise und des Überlebens der Demokratie (1978) und auf die wichtigen wissenschaftlichen Beiträge seither zurückblicke, möchte ich an meiner multikausalen und dynamischen Herangehensweise festhalten.[49] Aber wenn ich einige Faktoren hervorheben müsste, würde ich immer noch die Probleme der Legitimation demokratischer Institutionen und des Staates sowie die Rolle der politischen Akteure unterstreichen. Der Umfang, in dem die Menschen glaubten, dass die Demokratie der bessere Weg zur Organisation des politischen Lebens und zur Legitimation der Regierenden ist als jede andere Alternative, war entscheidend. Ebenso war die Bereitschaft und die Fähigkeit derjenigen, die keiner antidemokratischen ideologischen Lösung anhingen, sehr wichtig, ihre berechtigten Konflikte hintanzustellen und die Regierbarkeit zu gewährleisten. Noch ausschlaggebender war die Präsenz von halbloyalen politischen Akteuren, die strategisch verteilt waren und bereit, mit antidemokratischen Bewegungen und Akteuren zu kollaborieren oder sie zu rechtfertigen.

Die autoritären Regime wurden, in den zwanziger und manche sogar in den dreißiger Jahren, durch einen Staatsstreich etabliert, der von den Machthabern ausging oder angenommen wurde und im allgemeinen von der Unterstützung oder der stillen Einwilligung des Militärs begleitet wurde. In den zwanziger Jahren ging nur das Horthy-Bethlen-Regime (mit ausländischer Hilfe) aus einem Bürgerkrieg gegen den Kommunismus hervor. Später, in den dreißiger Jahren, traf die autoritäre Wende der österreichischen Regierung auf einen Widerstand in der Bevölkerung, der von der sozialdemokratischen Partei artikuliert wurde und zu einem kurzen

---

[49] Linz, Juan J.: The Breakdown of Democratic Regimes, op.cit.; s. Berg-Schlosser, Dirk/De Meur, Gisele: Conditions of Democracy in Inter-War Europe. A Boolean Test of Major Hypotheses, in: Comparative Politics 26, 3. S. 253-279. Dieser Aufsatz vergleicht meine Arbeit systematisch mit der anderer Wissenschaftler. S. auch: Morlino, Leonardo: Come cambiano i regimi politici: Strumenti di analisi, Mailand: Franco Angeli 1980.

Bürgerkrieg und einem nationalsozialistischen, niedergeschlagenen Putschversuch führte.

Nur in Spanien war die Etablierung einer autoritären Herrschaft das Ergebnis eines langen und blutigen Bürgerkriegs. Hier ist nicht der Raum, um die Gründe für diese einmalige Entwicklung zu untersuchen; wir können jedoch ein paar entscheidenden Unterschieden unsere Aufmerksamkeit schenken. Der Staatsstreich ging nicht von der Regierung, sondern vom Militär aus, das gegen die linksbürgerliche Minderheitsregierung aufstand. Dies alles fand in einer westlichen relativ industrialisierten Gesellschaft mit gut organisierten Arbeiterklassenbewegungen, die zum Teil die revolutionäre Ideologie teilten, und mit einer klassenbewussten konservativen Mittelschicht (in der Stadt und auf dem Land), die sich bedroht fühlte, statt. Bis 1936 brachte die europäische Erfahrung des Faschismus, der Diktatur und der Niederlage der Arbeiterklasse, ein hohes Maß an Polarisierung und Kampfbereitschaft hervor. Der Militärrevolte gelang es nicht, an die Macht zu kommen, und dies verdankt die Regierung der Unterstützung von Teilen des Militärs und der Polizei (oder deren Nichtbeitritt zum Pronunciamento) und der schnellen Mobilisierung von anarchistischen, sozialistischen und kommunistischen Kampfverbänden. Das Scheitern des Putsches führte sofort zur Mobilisierung bürgerlicher Freiwilligenkorps, besonders von Carlisten und Falangisten. Die entfesselte soziale Revolution auf der republikanischen Seite und die Konterrevolution mit all ihrer Gewalt auf der Seite der Rebellen verwandelte, was ein erfolgreicher Staatsstreich oder ein misslungener Putsch hätte sein können, in einen Bürgerkrieg von 1936 bis 1939, der keine Parallele in anderen Ländern fand. Der siegreiche Franco etablierte denn auch eine weit mehr ausschließende und repressivere autoritäre Herrschaft, als es sie in Ungarn, Polen, Portugal, Bulgarien, den Baltischen Staaten und sogar Österreich (1934-1938) gab. Hier traf die „funktionalistische" Interpretation des Totalitarismus als einer Antwort auf die Mobilisierung und den Widerstand der Arbeiterklasse und der Demokraten trotzdem nicht zu.

Griechenland ist mir ein Dorn in Auge, weil es gemäß meinem Prüfschema für die Entstehung des Faschismus eine signifikante faschistische Bewegung haben müsste und sie nicht hat. Dieses Phänomen lässt sich nicht erklären, wenn wir nur soziologische und ökonomische Faktoren und nicht auch die politischen Faktoren bedenken: die Legitimität des Regimes, der Konflikt zwischen Monarchie und Republik, die Zwietracht der politischen Führung und die Rolle der Armee als Ergebnis eines anhaltenden Staatsaufbaus während mehrerer Kriege.

In einigen autoritären Regimen der Zwischenkriegsjahre finden wir viele Spuren von Ideologien, die mehr oder weniger erfolgreich um die Vorherrschaft kämpften und zu einem totalitären Ende hätten führen können. Der Umstand, dass keiner dieser Ideologien von den Herrschern die volle Kontrolle zugestanden wurde, sie keine charismatische Anziehungskraft auf eine organisierte Gefolgschaft ausübten, mehr an persönlicher Macht interessiert waren, verschiedene Interessen vertraten und gegeneinander ausspielten, verhinderte im Zusammenspiel mit komplexen soziostrukturellen Merkmalen, wie der relativen Autonomie der Kirche und des Militärs, den Totalitarismus. Er verhinderte jedoch nicht die Repression und den Ausschluss vieler Positionen und Ideen vom öffentlichen Diskurs. Repression und Ausschluss bedurften nämlich nicht der Vorherrschaft eines dominierenden, relativ integrierten und ausschließlichen Modells von Ideen und auch nicht der Mobilisierung der Massen oder deren Teilhabe an der Macht.

IX. Monarchische Diktaturen

Eine Besonderheit der autoritären Regime auf dem Balkan war, dass in Rumänien, Bulgarien, Jugoslawien und Griechenland ein König Staatsoberhaupt war und einen mehr oder weniger direkten Einfluss auf die Regierungspolitik ausübte.[50] Die Könige hatten vorher als Monarchen in einer konstitutionellen parlamentarischen Monarchie geherrscht und die oligarchischen Parteien und Politiker unterstützt. Man muss sich aber ins Gedächtnis rufen, dass sie keine funktionierende, parlamentarische, liberale Demokratie ersetzten, da sie verfassungsmäßig waren bzw. in der Praxis von vorneherein eine entscheidende Rolle spielten. Sie beteiligten sich an der Bildung und Auflösung von Kabinetten, verliehen den Premierministern und den Parteien die Befugnisse und beriefen Wahlen ein, die weitestgehend manipuliert waren. Die Übernahme umfangreicherer Machtbefugnisse durch den König und/oder durch die Politiker mit königlichem Wohlwollen bedeutete keinen dramatischen Bruch, auch wenn sie die Verfassungen und die bürgerlichen Freiheiten aufhoben, das Parlament schlossen und einige Parteien rechtlos stellten. In einigen Fällen gingen sie so weit, autoritäre Verfassungen zu erlassen, korporative Systeme und Einheitsparteien zu schaffen, während sie sich auf einen komplexen sozialen Pluralismus, die Beziehung zu Vertretern der alten Parteien und die Anstrengungen, mit den radikal rechten faschistischen Bewegungen zu verhandeln und sie unterzuordnen, verließen. Scheiterte dieser Versuch, griffen diese Regime mitunter zu brutaler Repression – wie in Rumänien, welche im Gegenzug terroristische Gewalt freisetzte und mit ihr dem Regime die Legitimität entzog. Manchmal waren die Regime gezwungen, antidemokratischen Militärführern Machtbefugnisse einzuräumen, und in ein paar Fällen ließen sie die Beteiligung der faschistischen Bewegungen an der Macht zu. Die Persönlichkeit und die Macht des Königs leisteten

---

50 Sundhausen, Holm: Die Königsdiktaturen in Südosteuropa: „Umrisse einer Synthese“, in: Oberländer, op.cit. S. 337-348. Dem folgen eine Reihe von Artikeln über Albanien, Bulgarien, Griechenland, Rumänien und Jugoslawien.

einen Beitrag zur Formung dieser Regime, ihrer Politik und ihrer internationalen Sympathien. Ihre Gegenwart und die komplexe „Hof"politik begrenzten ohne Frage die Möglichkeiten für ein totalitäres System.

„Monarchische Diktaturen" haben eine inhärente Stabilität; der König wacht letztlich misstrauisch über eine Anhäufung von Macht beim Diktator, und der Diktator wacht misstrauisch über den König und diejenigen, die ihn beeinflussen können, indem sie die Position des Diktators in Frage stellen oder bedrohen.

In einer Monarchie involviert die Option gegen die Demokratie im allgemeinen das Militär, das traditionell die Verbindung zwischen dem „Oberbefehlshaber" und dem Offizierskorps herstellt. Eine Militärdiktatur oder ein bürgerliches autoritäres System, das von einem König getragen wird, ist eher in der Lage, einen beachtlichen Pluralismus zu bewahren, als das Streben nach einer sozialen und ideologischen Vormachtstellung.

Nur in Italien und in Rumänien waren die Könige mit starken faschistischen Bewegungen konfrontiert. In Italien war der Faschismus anfänglich republikanisch gewesen, aber Mussolini war bereit, mit der Monarchie Kompromisse zu schließen. Vittorio Emanuele zeigte sich in einem kritischen Moment damit einverstanden, Mussolini zum Premierminister zu ernennen; damit begannen viele Jahre der Kollaboration, die 1943 mit der Entlassung des Duces und seiner Festnahme am Tor der Villa Savoia endeten. Das Ausmaß, in welchem die Monarchie den faschistischen Totalitarismus begrenzte, ist eine schwierige Frage. In Rumänien etablierte König Carol lieber seine eigene autoritäre Herrschaft und ließ lieber die brutale Unterdrückung der Eisernen Garde zu, als dass er sie an der Macht beteiligte.

Zeichnen sich Monarchen als Diktatoren oder Unterstützer diktatorischer Regime in besonderer Weise aus? Wir stützen die These, dass Könige mit größerer Wahrscheinlichkeit opportunistisch agieren, weil sie glauben oder glauben konnten, ihre restliche Legitimität würde es ihnen erlauben, den Kurs zu wechseln und ihre autoritären Mitstreiter zu entlassen, nicht ohne die Schuld auf sie zu schieben. Sie waren nicht immer erfolgreich bei diesem Vorgehen, aber sie konnten glauben, sie könnten nach einer diktatorischen Periode den Thron retten. Nichtsdestoweniger mussten sie nach einem kurzen Interregnum abdanken (wie Alfonso XIII. in Spanien), und die Institution der Monarchie endete delegitimiert (weil Umberto nicht die Kontinuität der Savoyischen Dynastie sichern konnte und König Konstantin nicht die Monarchie in Griechenland). Irgendwie waren die Könige aber in der Lage, die bewaffneten Einheiten, die vom Militär als Regierungsinstrument zu unterscheiden waren, als Institution zu retten, indem sie sie zurück in die Kasernen befahlen (wie es in griechischen und lateinamerikanischen Diktaturen in den letzten Jahren getan wurde).

X. Warum etablierten sich eher autoritäre als totalitäre Regime?

Warum waren so viele Regime eher autoritär als totalitär? Die einfachste Antwort wäre, dass es, als die Krise der Demokratie oder der liberalen Verfassungsstaaten akut wurde, keine nennenswerte faschistische Partei gab, die die Macht übernehmen konnte oder hinzugezogen wurde. Damit wäre man auf die Frage zurückgeworfen, warum faschistische Parteien vor der Krise Erfolg oder Misserfolg hatten. Diese Frage habe ich andernorts beantwortet.[51]

Einer ganz anderen, eher strukturalistischen (und marxistischen) Herangehensweise entspräche es, dass keine oder nur eine geringe Notwendigkeit zur Durchdringung der Gesellschaft durch eine Einheitspartei und ihre Organisationen bestand, um alles unter Kontrolle zu halten. Polizei und Armee reichten aus. Damit wäre die relative Schwäche oder Stärke einer bürgerlichen, der Demokratie anhängenden Gesellschaft und der Arbeiterbewegung die Erklärung.

Eine weitere Annäherung wäre die kulturelle Interpretation: Der nationalistische Impuls gegen ethnische Minderheiten und potentielle ausländische Bedrohungen reichte dann aus, um einen passiven Konsens zu garantieren. Dies war der Fall im Polen der zwanziger Jahre und in den Baltischen Staaten der dreißiger Jahre.

Eine autoritäre Alternative kann gegen die Demokratie – oder ein oligarchisches liberales Regime – nur mit der Unterstützung oder stillen Einwilligung der bewaffneten Kräfte erfolgreich sein. Ihre Spaltung in demokratiefreundliche Kräfte und „putschistische", mit der Ideologie sympathisierende Kräfte konnte einen Bürgerkrieg hervorrufen. Sobald die Opposition gegen ein autoritäres System erstarkte, musste fast unvermeidlich die Armee direkt intervenieren und war so in der Lage, die Macht zu übernehmen.

Begrenzter Pluralismus wie in den autoritären Regimen in Osteuropa war nicht auf die heterogenen offenen oder verdeckten Allianzen innerhalb der herrschenden Gruppe, der offiziellen Partei, beschränkt, sondern für lange Zeit waren noch Oppositionsparteien möglich, die an den Wahlen teilnehmen konnten, aber von einem Sieg abgehalten wurden. Nur die Kommunisten waren überall verboten. Diese Oppositionsparteien forderten eine Rückkehr zu einer parlamentarischeren Herrschaft und zu einem

---

[51] Linz, Juan J.: Political Space and Fascism as a Late-Comer, in: Larsen op.cit. und Linz, Juan J.: Some Notes Toward a Comparative Study of Fascism in Sociological Historical Perspective, in: Laqueur, op.cit. S. 5-121. Der letzte Artikel ist mit bibliographischen Hinweisen zur faschistischen Führung im Vergleich zu anderen Parteiführungen versehen. Es gibt keine vergleichende Analyse der Lebensläufe von Führern autoritärer Regime.

faireren Wettstreit der Parteien, was zeigt, dass sich diese Regime an manchem Punkt eher ausschließend als gleichschaltend gestalteten. Die Übergänge zu einer autoritären Herrschaft waren eher graduell, und oft findet sich kein konkreter Zeitpunkt, auf den man einen Bruch zwischen der liberalen, mehr oder weniger verfassungsgebundenen und pseudo-demokratischen Herrschaft und der vollumfänglichen Schaffung eines autoritären Regimes festlegen könnte.

In unserer Untersuchung müssen wir das Überleben einer konservativen, liberalen herrschenden Klasse (oder Gruppe oder Persönlichkeit) feststellen, die, während sie den Übergang zur Demokratie verhinderten, auch den modernen Autoritarismus bekämpften. Der Fall Ungarns ist da paradigmatisch: Viele Voraussetzungen für eine faschistische Herrschaft lagen vor, und die faschistische Partei erreichte übermäßige Stärke, wie Wahlergebnisse zeigen, aber die Einigkeit und Stärke der etablierten Eliten verhinderten die Machtübernahme. Nur der Krieg, die Niederlage und die deutsche Anwesenheit ermöglichten ihnen für eine kurze Zeit die Übernahme der Macht – mit schrecklichen Konsequenzen. Ein Symbol für den Konflikt zwischen der moderaten konservativen, mehr oder weniger liberalen Elite und den neuen Kräften ist das Ende des Regenten Admiral Horthy in einem nationalsozialistischen Konzentrationslager.

Autoritäre Regime waren konterrevolutionär oder zumindest konservativ und wurden im allgemeinen von Männern geleitet, die das 19. Jahrhundert geprägt hatte (Pilsudski, geboren 1867, Horthy, geboren 1868, Päts, Ulmanis und Smetona, geboren 1874, Miguel Primo de Rivera, Pétain 1870), während der Faschismus revolutionär war, den Werten des 19. Jahrhunderts tief abgeneigt, antibürgerlich, nicht aristokratisch, sondern populistisch und von einer neuen Generation von Führern geleitet (Mussolini 1883, Hitler 1889, Codreanu 1900, Rolâo Preto 1896, José Antonio Primo de Rivera 1903).

Die Köpfe und Unterstützer der autoritären Regime, die Könige des Balkans, Admiral Horthy, Politiker aus der alten Zeit wie Graf Bethelen, Militärführer wie Pilsudski, Pétain und Franco hatten ihre eigene Machtbasis. Ihre institutionelle Position, ihr Prestige bei der Elite und Ihresgleichen reichten aus, ihre Macht zu konsolidieren, und in bezug auf ihre aktiven Gegner, insbesondere die organisierte Arbeiterklasse, genügte im allgemeinen Repression. Im Unterschied dazu konnten nichtmilitärische Führer, die nicht aus dem Establishment stammten, nur an die Macht kommen und diese festigen, wenn sie eine Massenbewegung, eine Partei, ihre Kampftruppen und untergeordneten Organisationen schufen. Diese statteten die Führer auch mit der Möglichkeit und dem Antrieb aus, eine Zivilgesellschaft zu durchdringen und zu mobilisieren – eine Entwicklung, die die Tür für totalitäre Absichten und Gesellschaftskonzepte aufstieß.

Autoritäre Herrscher wurden meist in traditionellen Institutionen erzogen und ausgebildet: Militärakademien und Universitäten. Ihr Leben vor dem Aufstieg zur Macht war ein Berufsleben, welches in einigen Fällen eine Vollzeitbetätigung forderte und wahrscheinlich wenig Raum für politische Aktivitäten ließ.

Den Gründern vieler faschistischer Parteien wurde vor oder nach dem Ersten Weltkrieg keine oder nicht viel institutionelle Ausbildung zuteil. Sie waren Autodidakten: Mussolini erreichte durch seine Einbindung in die sozialistische Partei, seine Tätigkeit als Journalist und seinen eigenen intellektuellen Ehrgeiz, Schriftsteller zu sein, einen verhältnismäßig breiten Horizont, Hitler einen sehr viel engeren. Nur einige der späteren und in der Tat erfolglosen faschistischen Führer in Frankreich und Spanien hatten einen breiteren und beeindruckenderen intellektuellen Hintergrund.

Obwohl ich sehr dazu neige, der Tätigkeit, der Führung, der Persönlichkeit und dem Zusammentreffen von Faktoren, sogar dem Zufall bei den unsicheren Umständen, die den Zusammenbruch der Demokratie begleiteten, eine angemessene Bedeutung einzuräumen, wäre ich der letzte, der die strukturellen Faktoren außer Acht lässt. Die Frage ist aber, welche strukturellen Faktoren? Ich würde den politischen strukturellen Faktoren den Vorrang einräumen. So zöge ich beispielsweise die Möglichkeit in Zweifel, dass ein nichtdemokratischer Führer und seine unmittelbaren Anhänger die Macht übernehmen und erfolgreich ein totalitäres Regime etablieren, ohne eine Partei mit einigen Wurzeln und beträchtlicher Unterstützung zu haben, es sei denn, dass alle anderen Gruppen und Institutionen sich in einer Krise befinden oder ohne Legitimität sind. Faschistische Führer konnten mit deutscher Unterstützung an die Macht kommen, ihre Gegner zerstören und unterdrücken, aber nicht die totalitäre Kontrolle und Mobilisierung der Gesellschaft erreichen.

Die autoritären Regime in vielen Ländern Europas während der Zwischenkriegsjahre können mit spezifischen nationalen Krisen und Umständen erklärt werden. Klassenkonflikte, ethnische Rivalitäten, politische Grundsatzauseinandersetzungen (wie der Konflikt über Monarchie oder Republik in Griechenland), Säkularismus und Klerikalismus sind mehr oder weniger zentrale und ausreichende Begründungen. Der Aufstieg zur Macht des Kommunismus und Lenins in Russland, des Faschismus und Mussolinis in Italien und des Nationalsozialismus und Hitlers in Deutschland können ohne eine viel komplexere Untersuchung nicht hinreichend verstanden werden. Es ist ein großes Verdienst des bedeutenden Historikers der Französischen Revolution François Furet gewesen, die historischen Parallelen zwischen den beiden antagonistischen Bewegungen, die aus der Krise des Ersten Weltkriegs geboren wurden herauszuarbeiten: ihren gemeinsamen Hass auf die Werte des liberalen Bürgertums des 19. Jahrhunderts und ihre machiavellistische Mobilisierung der Massen. Das ist der Grund, warum auch er mit dem Begriff des Totalitarismus arbeitet. Es ist auch der Grund, warum die Kategorisierung und Projektion der ausschließlichen Kategorie eines Kampfes zwischen Faschismus und Kommunismus auf den Konflikt in Ländern wie Spanien zu einem falschen Verständnis dieses Konflikts führen.[52]

Mit Recht wurde die meiste Aufmerksamkeit auf den Zusammenbruch der Demokratie in Deutschland und auf die Machtergreifung durch Hitler und die NSDAP gerichtet. Man könnte behaupten, dass in dem Fall, dass die deutsche Demokratie die Krise der dreißiger Jahre überlebt hätte, es autoritäre Regime in Osteuropa, auf dem Balkan, in Portugal und vielleicht Spanien gegeben hätte, neben der Sowjetunion und dem faschistischen Italien. Man könnte sogar so weit gehen zu behaupten, dass autoritäre Regime – mit einem faschistischen Einschlag, einer faschistischen Politur oder einer faschistischen Komponente – ohne den Zweiten Weltkrieg in Europa eine lange Zeit überlebt hätten. Paradoxerweise wäre nicht ganz Europa demokratisch geworden. Eine deutsche Republik hätte sich – vielleicht nach einem autoritären Zwischenspiel – möglicherweise weniger zur Demokratie bekannt als die Bonner und jetzige Berliner Republik.

XI. Warum Totalitarismus?

Es ist nicht schwierig zu erklären, warum die Krise oder der Zusammenbruch der Demokratie oder eines liberalen parlamentarischen Verfassungsstaates zu dem einen oder anderen autoritären Regime geführt hat. Es ist wesentlich schwieriger, eine Erklärung für den Aufstieg erfolgreicher faschistischer Massenbewegungen und die Wende zum Totalitarismus zu finden. Hier kann nicht die zahlreiche Literatur zu den totalitären Bewegungen und zum Totalitarismus wiedergegeben werden; ein paar wenige Themen sollen aber beleuchtet werden.

Ein zentraler Punkt in dieser Untersuchung ist, dass sich ohne eine faschistische Bewegung westlich von der sowjetischen Grenze kein Totalitarismus entwickelt hat. Daher sind Erklärungen für den Aufstieg und den Erfolg faschistischer Bewegungen (im strengen Sinne) der erste Schritt. Die Erklärung der Unfähigkeit der demokratischen Parteien und Führer, die demokratischen Institutionen zu verteidigen und den Zusammenbruch zu verhindern, ein zweiter. In Bezug auf den Widerstand der auto-

---

52 Hobsbawm, Eric: The Age of Extremes. A History of the World, 1914-1991, New York: Vintage Books 1996. „Tatsächlich – und im Gegensatz zur Überzeugung der Generation des Autors – war der spanische Bürgerkrieg nicht die erste Phase des Zweiten Weltkriegs, und der Sieg des General Franco, den wir, wie wir gesehen haben, nicht als Faschisten bezeichnen können, hatte keine globalen Folgen. Weder die Partei des moskovitischen Kommunismus noch die vom Faschismus beeinflussten Parteien hatten vor dem Bürgerkrieg eine ernste Bedeutung, denn Spanien ging seinen eigenen exzentrischen Weg mit der anarchistischen Ultra-Linken und der Carlistischen Ultra-Rechten." (S. 156-157). S. auch 157-161. Zur Krise der spanischen Demokratie, s. Ucelay-Da Cal, Enric: Buscando el levantamiento plebiscitario; insurreccionalismo y elecciones, in: Ayer 20 (1995) S. 49-80.

ritären Regime gegen die faschistischen Bewegungen, die Unterdrückung dieser Bewegungen in zahlreichen Ländern oder ihre Hinzuziehung und „Zähmung" in anderen Ländern wird die Erklärung der Abwesenheit oder des Scheiterns der autoritären Regime zum dritten Schritt. Diese drei Schritte lassen aber immer noch die Frage offen, warum der Totalitarismus so attraktiv und erfolgreich war.

Der dritte Punkt wurde von denen, die sich mit der deutschen Katastrophe befassten, wie folgt umschrieben. Sie fragten, warum die Präsidialregierungen der Jahre 1931–1933, die einen Bruch mit der Weimarer Demokratie darstellten, nicht eher in ein autoritäres, militärisch-bürokratisch-konservatives Regime mündeten als in die Kanzlerschaft Hitlers am 30. Januar 1933. Lag es nur an der Massenunterstützung, der organisatorischen Stärke, der Anziehungskraft der „Bewegung", der charismatischen Ausstrahlung und den politischen Fähigkeiten Hitlers, dass ein autoritäres Regime unmöglich war? Oder lag es an der falschen Wahrnehmung des Nationalsozialismus durch die Zeitgenossen? Es war möglich, die Bedeutung von Mussolinis Machtergreifung falsch einzuschätzen – eine Fehleinschätzung, die im Falle Hitlers aber viel schwieriger war. Wenn ich mir die Phase vor dem 30. Januar 1933, als Hitler seinen Eid als Kanzler ablegte, ansehe, stellt sich mir die Frage, warum die demokratischen Politiker, Gewerkschaftsführer, Konservativen nicht von der italienischen Erfahrung mehr als eine Dekade zuvor gelernt hatten. Es ist verständlich, dass die italienische öffentliche Meinung das erste Mussolini-Kabinett für nur ein weiteres in der instabilen politischen Lage der Zeit hielt, aber es ist weniger verständlich, dass Hitlers Ernennung mit ähnlichem Selbstbetrug und ähnlicher Passivität aufgenommen wurde. Vielleicht hatte Mussolinis Herrschaft noch nicht das Neue des Totalitarismus enthüllt und wurde noch als eine der autoritären Machtübernahmen der zwanziger Jahre wahrgenommen. Oder gab es bestimmte Elemente in der deutschen Situation, die ein autoritäres Regime gegen Hitler ausschlossen? Hindenburg war nicht der Mann, eine solche Entscheidung zu treffen, noch war das deutsche Militär willens oder in der Lage, ein autoritäres Regime zu unterstützen, ein Regime, das nicht mit seinen Traditionen und seiner Auffassung bezüglich seiner Mission übereinstimmte.

Wir sollten auch nicht vergessen, dass in Italien die Krise der parlamentarischen Demokratie zum Mussolini-Kabinett geführt hat, was sicher ein Ergebnis faschistischen Drohungen war, aber von vielen nur als eine weitere Übergangslösung wahrgenommen wurde. Nur langsam ging es in eine Eliminierung aller Parteien, die faschistische Vormachtstellung und die Entfaltung des totalitären Potentials über.

Der deutsche Fall unterschied sich davon in der Hinsicht, dass die Krise der parlamentarischen Republik zur unklaren Präsidial-Kabinett-Regierung führte – die eine autoritäre Situation, aber keine autoritäre Herrschaft darstellte –, ohne dass sie sich in ein autoritäres, konservatives Regime gewandelt hätte. Sie endete vielmehr mit der Ernennung Hitlers, der sich dann rasch in die totalitäre Richtung bewegte. Die Frage bleibt deshalb, warum die Krise der Demokratie nicht zu einem autoritären Regime geführt hat. Wie Henry Turner schreibt:

> „Es war Deutschlands Unglück, dass in dem Moment, als eine Militärherrschaft die beste erreichbare Alternative zu Hitlers Machtergreifung darstellte, der General an der Spitze der Regierung weder die Fähigkeit noch den Willen hatte, die Gelegenheit beim Schopf zu packen."

> „Es wäre kein offener Staatsstreich von der Art, dass er den Volkswiderstand hervorruft, nötig gewesen, um die Verfassung zu umgehen und eine Militärherrschaft Anfang 1933 zu etablieren. Eine Regierung auf der Grundlage präsidialer Notstandsverordnungen während der vorausgegangenen drei Jahre lieferte das ideale politische Mittel für einen schrittweisen Übergang in ein durch und durch autoritäres Regime."[53]

Die ebenso hypothetische Frage kann in bezug auf Italien gestellt werden: was wäre geschehen, wenn der König faktisch den Notstand erklärt hätte, um den Marsch auf Rom zu stoppen. Vielleicht wäre es noch nicht einmal zu einer autoritären Lösung gekommen, sicherlich aber wäre der Bann von Mussolinis unaufhaltsamen Aufstieg zur Macht gebrochen gewesen. Es ist einleuchtend, dass eine Regierung mit einer parlamentarischen Basis und Notstandsbefugnissen nicht in ein autoritäres Regime eingemündet wäre. Die Unterdrückung der Herrschaft der faschistischen Miliz in Teilen des Landes hätte blutig sein können; vielleicht blutiger als eine durch den Präsidenten legitimierte Macht, die versucht hätte, die SA von der Rebellion abzuhalten.

Turner spekuliert darüber, dass Hitlers Scheitern eine Krise in der NSDAP hervorgerufen hätte und Hitler dann eine Dekade früher Selbstmord begangen haben könnte. Ebenso spekulierend könnte man sich fragen, ob Mussolini nach einiger Zeit nicht als ein Politiker des „Systems" geendet hätte.

Sind einmal eine Reihe von Faktoren, die eine totalitäre Bewegung und ihre Führer an der Machtergreifung hindern hätten können, ausgeschlossen, können wir uns der Frage zuwenden, warum der Totalitarismus auftauchte und sich als erfolgreich erwies. Hier sind die spezifischen Eigenschaften einer faschistischen Bewegung zentral, insbesondere die Anziehungskraft der Führer (die wir später diskutieren wollen), aber ebenso Eigenarten der italienischen und besonders der deutschen Gesellschaft. Angenommen, dass die Ideologie das wesentliche Element des Totalitarismus ist, so ist die kulturelle Matrix, in der diese Ideologie entstehen konnte – als kulturelles Mischprodukt –, in beiden Ländern wichtig.

Einen komplexen Faktor stellte die intellektuelle Krise dar, die mit der Moderne und dem „fin de siècle" assoziiert wird und die sich in den Anstrengungen der intellektuellen Elite niederschlägt, die Zurückgeblieben-

---

[53] Turner, Henry: op.cit. S. 171 f. und Kapitel 7, S. 163-183.

heit und die Dekadenz und ihre Ursachen zu erklären. Die dabei entwickelten Ideen führten zu einer Zurückweisung des westlichen liberalen Wegs und zu dem Verlangen nach einer genuinen nationalen Revolution. Die Theorie vom Faschismus als einer Lehre der Wiedergeburt greift hier.[54]

Der Reichtum des intellektuellen Lebens wurde bedeutsam. Das bedeutete nicht, dass die Intellektuellen eine führende Rolle bei der Implementierung einer totalitären Utopie gespielt hätten, dass ihre Ideen die Politik geleitet hätten, sondern dass ihre Ideen, indem sie von Aktivisten aufgenommen, manipuliert, entstellt und vermischt wurden, Bedeutung erlangten. In einem gewissen Sinne machte der deutsche „Sonderweg", machte die reiche, aber auch verwirrte Kultur der Mittelschichten ideologische Politik – und sogar politische Religionen – geeignet, nicht-demokratische und nicht-liberale Herrschaft zu legitimieren. Das Paradox einer kulturell so reichen Gesellschaft, die dem Totalitarismus anheimfällt, wäre dann etwas weniger paradox. Viele Deutsche waren bereit, sich mit dem nationalsozialistischen Synkretismus aus einem Teil ihres kulturellen Erbes zu identifizieren, mit der Rhetorik und der Ästhetik der Bewegung – wie weit und wie lange, ist eine andere Frage. Auf diesem Hintergrund wird die Säkularisierung der Gesellschaft bedeutend, indem sie eine Nische für Ideologie und sogar „politische Religionen" schafft.

Es ist wichtig zu betonen, dass es in der traditionellen deutschen Kultur und in der Stimmung „los von Weimar" – abgesehen vom diffusen Antisemitismus – Gedankenstränge gab, die in den nationalsozialistischen Aufruf integriert wurden und die totalitäre Utopie ermöglichten. Einer von ihnen war das Verlangen nach Gemeinschaft in Verbindung mit einer Idealisierung der Konfliktfreiheit einer vorindustriellen, ländlichen und kleinstädtischen Gesellschaft. Diese Ideen vertrugen sich allesamt nicht mit der komplexen Vorstellung von einer modernen liberal-demokratischen Gesellschaft, in der es nicht nur Klassenkonflikte, sondern auch eine urbane Kultur gab.[55]

Wesentlich auf dem Weg zum Faschismus war der neue Typus einer Partei, der eine Organisation zur Beteiligung an Wahlen (in demokratischen und quasi-demokratischen Regimen) und eine Organisation der Kampfverbände (der *Squadrismo*, die SA und die SS, usw.) zur Ausübung

---

54 Griffin, Roger: The Nature of Fascism, London 1991. Dort wird die Wiedergeburts-Erklärung definiert: „den Mythos der Wiedergeburt ausdrückend, Regeneration im politischen Bereich, die Hoffnung auf die Schaffung einer neuen Ordnung verkörpernd, die einer Phase der Abstiegserfahrung und der Dekadenz folgt." S. 240. S. auch 32-36.

55 Die „Sehnsucht nach Gemeinschaft" in den faschistischen Bewegungen ist gut analysiert worden in: Mosse, George L.: Nationalism, Racism and the Radical Right", in: Kamenka, Eugen (Hg.): Community as a Social Ideal, London: Edward Arnold 1982. S. 27-42. Es wurde besonders stark in der Rumänischen Legion und ihrer militanten Organisation, der Eisernen Garde.

von Gewalt miteinander kombinierte. In Folge ihrer Kriegs- und Nachkriegserfahrungen stellten die ehemaligen Frontsoldaten, die *arditi*, die Freikorps, die weißen Garden in den Grenzländern der Sowjetunion und die arbeitslose Jugend die Kader und Aktivisten für die Gewalt. Die intellektuellen Strömungen, die gegenüber den traditionellen bürgerlichen Werten und Lebensformen den Aktivismus, den Heroismus, den Enthusiasmus, den Irrationalismus (wie sie zum Beispiel in Sorels „Über die Gewalt" (1908) und seiner Theorie des Mythos formuliert werden) verherrlichten, sowie der Gedanke an eine Avantgarde legitimierte den neuen Stil der Politik. Dies diente nicht nur zur Besiegung und Auflösung der Gegner, sondern auch dazu, das Establishment und die Behörden einzuschüchtern und in ihnen die Hoffnung zu wecken, die neuen Kräfte eher verwenden und zähmen zu können, statt die Mittel des Staates zu gebrauchen, um Widerstand zu leisten.

Der spezifisch italienische Politikstil seit den Kämpfen um die Einigung mit dem Mythus des Garibaldi, die syndikalistische Tradition, die unglaubliche Mobilisierung der heterogenen Koalition der Interventionisten und ihre Allgegenwart auf den Plätzen, die Rhetorik des Futurismus und D'Annunzios, später des Faschismus und Mussolinis, der radikale Nationalismus und die imperialistischen Träume - alles zusammen bildete ein Klima, in welchem der Faschismus als neue Politikform erscheinen konnte. Jeder Versuch, den Faschismus und Mussolini zu verstehen, muss sich auf die geistige Entwicklung des radikalen Nationalismus, auf die Kräfte, die im Interventionismus zusammenflossen (gut zusammengefasst von Griffin), den Anfang der Revolution mit der *maggio radioso* von 1915 und den Hass gegen die Politiker, die gegen den Krieg waren - insbesondere Gioliotti - konzentrieren.

Es ist bezeichnend, dass Ortega y Gasset, der spanischer Philosoph, im Januar über die Symbolkraft schreiben konnte, die es hat, das rote Hemd von Garibaldi auf einer römischen Piazza hochzuhalten. Er kommentierte: „Selig die Italiener, in deren Augen ein rotes Hemd oder eine rote Weste, die hochgehalten wird, die unbegrenzte Hoffnung verkündet, die befreit!"[56] Diese Hoffnung sollte die Grundlage für einen Kriegsnationalismus sein, der Italiener schuf. Sie war die Saat für eine neue Art der Politik - eine Politik, die die Institutionen und die im Parlament sitzende politische Klasse weder kanalisieren noch verhindern konnten. Es war eine einzigartige politische Revolution.

Die Anhänger der totalitären Idee kamen durch die Verwendung von Gewalt an die Macht, aber ebenso wichtig oder noch wichtiger war die Begeisterung der Kader und der Anhänger, die Belohnungen für ihre Loyalität sowie die Erfolge in der Innen- und anfänglich auch der Außenpolitik. Die volle Entwicklung des Zwangscharakters des Regimes, die Angst, die

---

56 Ortega y Gasset, José: Obras Completas, Tomo X. Escritos Políticos I (1908-1921), Madrid: Revista de Occidente 1969.

Widerstand verhinderte, und die Entschlossenheit, jeden möglichen Widerstand zu brechen, war das Ergebnis der erreichten totalen Kontrolle. Sie war eine Folge des Totalitarismus. Die Stabilität autoritärer Regime, die mit weniger Unterdrückung auskamen, legt in der Tat die Vermutung nahe, dass das Übermaß an mutwilligem, unmenschlichem Terror gegen eine weitenteils still einwilligende Bevölkerung unnötig war – es sei denn zur Zerstörung der Autonomie der Individuen und der Gesellschaft. Der Terror wurde Selbstzweck, obwohl seine Wurzeln in der ideologischen Utopie lagen.

Der zeitweilige Erfolg von totalitären Regimen gründete sich auf eine Kombination von 1. dem Glauben und der Hingabe derer, die sie an die Macht gebracht hatte, 2. wirklichen oder scheinbaren innenpolitischen und außenpolitischen Errungenschaften im Vergleich zu den vorangegangen Regierungen, 3. Opportunismus und passiver Unterstützung durch einen breiten Teil der Bevölkerung und 4. Angst, die sich mit der unbegrenzten Kapazität zum Staatsterror verband, der vom Staat, der Partei und normalen, kollaborierenden Bürgern etabliert worden war. Das Gewicht dieser einzelnen Faktoren wechselt von Land zu Land und auch die zeitliche Entwicklung variiert. Es wäre daher falsch, die Regime zu bestimmen, indem man nur einen Fakor betont.

XII. Die Rolle der Intellektuellen und der Ideen

Wenige der bedeutenden Denker und Intellektuellen dieser Zeit sind direkt verantwortlich für den Zusammenbruch der liberalen Demokratien, für die autoritären und totalitären Regime. Aber es besteht kein Zweifel an ihrer indirekten Verantwortlichkeit wegen ihrer Beiträge zur Bloßstellung der politischen Demokratie, des Liberalismus, des Parlamentarismus und wegen der vagen, aber reizvollen utopischen Alternativen, die sie entwickelten, wegen ihrer Unterstützung an dem einen oder anderen Punkt – manchmal noch mit geistigen Vorbehalten – für antidemokratische Regime und mehr noch für totalitäre Massenbewegungen von rechts oder links. Ein paar äußerten sich in diesem Sinn, wenn sie das Kommende nahen sahen, wie Gaetano Mosca in seiner berühmten Rede.[57]

Was erschütternder ist und von vielen Forschern der Zeitgeschichte festgestellt wurde, ist die Erkenntnis, wie wenige Menschen zwischen 1918 (oder sogar der Jahrhundertwende) und den Vierzigern die liberale Demokratie klar und entschieden verteidigten. In meiner Arbeit habe ich den Beitrag der Ideen zu den Katastrophen dieser Periode nicht zum zentralen Gegenstand gemacht (sondern ihn nur gestreift), und das ist ein

---

57 Salvemini, Gaetano: Introductory Essay, in: A. William Salomone: Italian Democracy in the Making, Philadelphia 1945, zitiert Mosca S. XV-XVI.

weiterer Grund, warum ich dem Leser empfehle, sich Autoren wie Bracher, Gentile, Sontheimer, Sternhell, Furet[58] und dem früheren Aron und Hannah Arendt zuzuwenden, die unser Verständnis des geistigen Klimas, in dem die von uns untersuchten politisch-sozialen Prozesse abliefen, geprägt haben. Nicht die Ideen an sich verursachten die Katastrophe, sondern ihre zum Teil unverantwortliche Formulierung, ihre Doppeldeutigkeit. Die Absage an die Werte zivilisierter liberaler Politik und gegenwärtiger politischer Demokratie erlaubten es den großen Vereinfachern, die Massen zu manipulieren und die neuen Regime zu legitimieren.

Die Rolle der Intellektuellen wurde sehr gut von Edgar Jung beschrieben, einem der Intellektuellen, die sehr bald von den Nationalsozialisten enttäuscht waren und zu Kritikern wurden; er wurde in der „Nacht der langen Messer" 1934 ermordet:

> „Die geistigen Voraussetzungen für die deutsche Revolution wurden außerhalb des Nationalsozialismus geschaffen. Der Nationalsozialismus hat gewissermaßen das ‚Referat Volksbewegung' in dieser großen Werksgemeinschaft (der revolutionären Kräfte, d. Verf.) übernommen. Er hat es grandios ausgebaut, und es ist zu einer stolzen Macht geworden. Wir freuen uns darüber nicht nur, sondern wir haben das Unsrige zu diesem Wachstum beigetragen. In unsagbarer Kleinarbeit, besonders in den gebildeten Schichten, haben wir die Voraussetzungen für jenen Tag geschaffen, an dem das deutsche Volk den nationalsozialistischen Kandidaten seine Stimme gab. Diese Arbeit war heroisch, weil sie auf den Erfolg, die äußere Resonanz verzichtete.
>
> Ich habe Achtung vor der Primitivität einer Volksbewegung, der Kämpferkraft siegreicher Gauleiter und Sturmführer. Aber ihre Arriviertheit gibt ihnen nicht das Recht, sich als das Salz der Erde zu betrachten und den geistigen Vorkämpfer gering zu achten..."[59]

Um das kulturelle Klima antiliberalen, antidemokratischen Gedankenguts in Italien und in Deutschland, in welchem der Faschismus einen Re-

---

58 Ich habe schon auf ihre Beiträge bei der Entstehung dieses Artikels hingewiesen. Ich möchte insbesondere meine Schuld betonen gegenüber: Bracher, Karl Dietrich: Zeit der Ideologien. Eine Geschichte des politischen Denkens im 20. Jahrhundert, Stuttgart: Deutsche Verlagsanstalt 1982. und gegenüber: Gentile, Emilio: Le Origini dell'Ideologia fascista (1918-1925), Bari: Laterza 1975. Ich möchte auch die Aufmerksamkeit lenken auf die ausgezeichneten Artikel in den Sammelbänden von: Söllner, Alfons u.a. (Hg.): Totalitarismus. Eine Ideengeschichte des 20. Jahrhunderts, op.cit. und von: Maier, Hans (Hg.): Totalitarismus und Politische Religionen. Konzepte des Diktaturvergleichs, Bd.I und II (mit Michael Schäfer), Paderborn: Schöningh 1996 und 1997. Einige Schriften Ernst Noltes verdienten auch Erwähnung, obwohl ich einige seiner Thesen vehement ablehne. Für Italien habe ich schon die Arbeit von Emilio Gentile erwähnt und für Deutschland würde ich zu der von George L. Mosse diese anführen von: Sontheimer, Kurt: Antidemokratisches Denken in der Weimarer Republik, München: Nymphenburger Verlagsbuchhandlung 1968. S. 283.

59 Jung, Edgar: Neubelebung von Weimar, in: Deutsche Rundschau Juni 1932. S. 153, zitiert nach: Sontheimer, Kurt, op.cit. S. 283.

sonanzboden fand, zu unterstreichen, darf man nicht die weite Verbreitung ähnlichen Denkens in Frankreich außer Acht lassen. (Der Unterschied ist wahrscheinlich, dass der demokratische Gedanke dort ebenfalls stark war und von einem größeren Segment der gebildeten Mittelschicht geteilt wurde. Hinzu kommt die Tatsache, dass andere „faschistogene" Faktoren fehlten oder schwächer waren). In Spanien gab es einen Bestand an ambivalentem Gedankengut gegenüber der liberalen Demokratie und insbesondere dem Parlamentarismus. Dies war eine Reaktion auf die Krise von 1898 und im frühen 20. Jahrhundert, und der Staatsstreich von 1923 profitierte davon. Der Fall von Primo de Rivera und der Monarchie erneuerte die Hoffnung auf eine demokratische Republik, die dem Faschismus wenig Raum bot, während sich die katholisch-konservativen Reaktionen auf die republikanische Politik und ihr Versagen stützten.

Die Spanne zwischen den Kriegen stellt eine paradoxe Mischung dar: auf der einen Seite der Glaube an eine „politique d'abord", auf der anderen die Überzeugung, alle Probleme der Gesellschaft lösen zu können, indem man die Macht einem starken Führer anvertraut und die richtige Ideologie wählt. Eine Utopie, die einherging mit einer Fehleinschätzung der Bedeutung von Rechtsstaat, Freiheit, Verfassung, freien Wahlen, Individualrechten gegenüber einer alles verschmelzenden nationalen Gemeinschaft. Das Verlangen nach Gemeinschaft bedeutete unvermeidlich die Aufgabe der Heterogenität der Gesellschaft, der eigentümlichen Werte und Rechte von Institutionen wie der Religion und der Kirchen, des Marktes und der Unternehmer, der professionellen Ethik sowie der Universität, des Klassenkonflikts, der Interessengruppen und der Gewerkschaften. Was abgelehnt wurde, war eine Gesellschaft, die sich selbst über vielfältige politische Kanäle ausdrückt und die sich nicht politisch determiniert auf die Suche nach ihrer politisch-kulturellen Form begeben will.

Auch wenn wir niemals das genaue Ausmaß kennen werden, in dem eine Ideologie und ihre Übersetzung in Wahlsprüche und ständige Propaganda von dem Massen internalisiert wurde, können wir doch nicht ihren Eindruck auf die Schicht von gebildeten und halbgebildeten Menschen ignorieren. Jeder Versuch, den Unterschied zwischen totalitären Regimen und den meisten autoritären Regimen zu verstehen, der sich nur auf die institutionellen und organisatorischen Strukturen beschränkt, ist daher ungenügend. Ich habe versucht, diesen Unterschied zu beleuchten, indem ich die Differenzierung von Ideologie und Mentalität verwendet habe, die von Theodor Geiger abgeleitet ist.[60] Wie bei allen typologischen Konzepten sind die Grenzen dieser beiden Begriffe etwas verschwommen, aber ich möchte auf der Zentralität dieser Differenzierung bestehen. Das Problem ist, dass die Operationalisierung dieser Konzepte extrem schwierig ist und die Suche nach empirischen Indikatoren (von quantifizierbaren

---

60 Geiger, Theodor: Die soziale Schichtung des deutschen Volkes, Stuttgart: Ferdinand Enke 1932.

ganz zu schweigen) – insbesondere so viele Jahre danach – frustrierend wirken muss. Das ist der Grund gewesen, warum viele, die eine Differenzierung verschiedener Herrschaftstypen verwenden, diese Dimension vernachlässigt haben.

Ich für meinen Teil habe nicht genug an der Beschreibung und der Untersuchung von Mentalitäten gearbeitet. Glücklicherweise haben wir dank der Arbeit vieler bedeutender Wissenschaftler ein beachtliches Verständnis der totalitären Ideologien, ihrer geistigen Wurzeln, ihrer Fähigkeit zur Vereinfachung, Benutzung und Manipulation der Ideen und ihrer Anziehungskraft erlangt, der auch ansonsten bedeutende Geister, Künstler und Schriftsteller erlagen. Wie viel ihre (manchmal wahrhaft kurzlebige) Unterstützung zum Erfolg des Totalitarismus beigetragen hat, ist fast unmöglich zu bestimmen. Aber nach den Werken von Aron, Bracher, Furet, Emilio Gentile und angesichts der Forschung zu den politischen Religionen (inspiriert unter anderen von Eric Voegelin und neuerdings von Hans Maier) sollte klar sein, dass der Totalitarismus ohne eine Erforschung der Ideologien nicht verstanden werden kann.[61] Auf der anderen Seite führten die nicht-marxistischen Arbeiten über den Faschismus zu der Akzeptanz der Tatsache, dass der Faschismus, in seiner Vielfalt von Formulierungen, eine mächtige komplexe und reiche ideologische Grundlage und Ahnentafel hatte, wie auch die tragischen Vereinfachungen des nationalsozialistischen Rassismus' Hitlers. Die schwächere Artikulation des liberal-demokratischen Gedankenguts im Zeitalter der Ideologien trug zum Zusammenbruch der Demokratien und zu einer eingeschränkten Loyalität der Demokraten gegenüber den Regimen bei, die sie hätten verteidigen können und sollen. Die totalitären Gedankenfetzen wirkten auch auf jene, die nicht wirklich hingebungsvoll ein totalitäres Regime schaffen wollten und grundsätzlich – glücklicherweise – auch nicht besonders interessiert oder leidenschaftlich an diesen Ideen hingen.

XIII. Vermächtnisse des Ersten Weltkriegs

Bei der Erklärung des Aufstiegs des Faschismus in seinen vielfältigen Dimensionen war der Erste Weltkrieg entscheidend. Vielleicht haben wir seine Bedeutung für den Zusammenbruch der Demokratie in den zwanziger und dreißiger Jahren unabhängig von der Entstehung eines faschistischen Systems unterschätzt. Der Krieg und der darauffolgende Friede teilte Europa in Sieger- und Verliererstaaten. Die neuen demokratischen Systeme in den besiegten Staaten waren aufgrund der Umstände ihrer Entstehung,

[61] Maier, Hans (Hg.): Totalitarismus und Politische Religionen. Konzepte des Diktaturvergleichs, Bd. I, Paderborn: Schöningh 1996, Bd. II (mit Michael Schäfer), ebda 1997.

ihrer Hinnahme des Diktats der Sieger schwach legitimiert, anfällig für eine „Dolchstoßlegende“, belastet mit den wirtschaftlichen Folgen (einschließlich der Reparationen im Falle Deutschlands) und einer weitverbreiteten Hinneigung zum Revisionismus und Irredentismus.

All diese Faktoren wirkten sich auf die Weimarer Republik, die kleine und ungeliebte Österreichische Republik, auf Ungarn und Bulgarien aus. Die neuen Staaten, Polen, die baltischen Republiken und Jugoslawien waren mit dem Problem konfrontiert, eine Nation mit großen ethnischen und sprachlichen Minderheiten aufzubauen. Diejenigen, die im *cordon sanitaire* mit der Sowjetunion angesiedelt waren, trugen an der Erbschaft des Krieges mit den Kommunisten, der in einem nicht unerheblichen Umfang ein Bürgerkrieg gewesen war. Der Konflikt zwischen Polen und Litauen trug viel zum Konflikt im späteren Staat bei. Die Invasion der Tschechen und der Rumänen in Ungarn und der Krieg zwischen Griechenland und der Türkei hatten die gleiche Wirkung auf die zwei besiegten Staaten. Staaten, deren Legitimität von vielen Bürgern bezweifelt wurde, konnten auch keine Rechtsgeltung für die demokratischen Institutionen erzeugen. Sogar unter den Siegern brachten die Hoffnungen, die der Krieg geschürt hatte – der verlorene oder verratene Sieg und die Kosten dieses Sieges – eine tiefe Spaltung, wie im Falle Italiens, aber auch in Griechenland, wo die Flucht der Griechen aus der Türkei Unzufriedenheit hervorrief. In anderen Fällen ging der Sieg mit der Aufgabe einher, Minderheiten zu integrieren, deren Loyalität in Zweifel gezogen wurde oder tatsächlich unsicher war – wie im größeren Rumänien, in den tschechischen Ländern (die Sudetendeutschen!) und im neuen Vereinigten Königreich der Südslawen (die Kroaten!). In Portugal trug die Anzahl der Menschenleben, die die Kriegsbeteiligung gekostet hatte, zur Krise der Republik bei. Die neuen Formen der politischen Gewalt der Freikorps, der weißen Garden und des *Squadrismo* wurden aus dem Krieg und der Nachkriegserfahrung geboren, ebenso wie die Romantisierung des Krieges und der Gewalt an sich. Diese Formen der Gewalt waren ein wesentlicher Teil der faschistischen und auch einiger antifaschistischer Parteiorganisationen. Ihr Aufeinandertreffen und der durch sie verursachte Terror untergruben die Legitimität der demokratischen Regierungen, zwangen die demokratische Regierung zum Kompromiss, zu „Zähmungskonzepten“, die den totalitären oder günstigstenfalls autoritären Regimen die Tür öffneten.

Der Krieg brachte nicht nur die Bereitschaft zur Gewalt von Seiten der Rechten und der patriotischen bürgerlichen Ex-Soldaten hervor, sondern auch einen gewaltsamen revolutionären Aktivismus innerhalb der Arbeiterklasse. Otto Bauer, der österreichische Vorsitzende der sozialdemokratischen Partei, Theoretiker und Historiker, beschreibt den Einfluss des Krieges mit folgenden Worten:

> „Der Krieg hatte die Struktur und die Geistesverfassung des Proletariats wesentlich verändert. Er hatte die Arbeiter aus der Fabrik und Werkstatt heraus-

gerissen. Im Schützengraben litten sie Unsägliches. Im Schützengraben füllten sie ihre Seelen mit Hass gegen die Drückeberger und Kriegsgewinnler ... und gegen die Generäle und Offiziere, die üppig tafelten, während sie hungerten. ... Die Jahre im Schützengraben hatten sie der Arbeit entwöhnt, sie an gewalttätige Requirierungen, an Raub und Diebstahl gewöhnt ...“[62]

XIV. Religion, Faschismus, autoritäre und totalitäre Regime

Konflikte zwischen der Kirche und dem Staat sind kein Charakteristikum für einen Herrschaftstypus, sondern eine historische Konstante, die in unterschiedlichen Gesellschaften und politischen Systemen eine unterschiedliche Intensität erreicht.[63] Die russische Revolution erzeugte mit ihrer militanten Hingabe an den Atheismus eine wirkliche Angst in den Kirchen. Der Marxismus und seine Manifestationen in der Gesinnungsgemeinschaft, wie sie von einigen sozialistischen Bewegungen gebildet wurde, der antiklerikale und antireligiöse Chiliasmus der Anarchisten und der auf freimaurerischen Einflüssen beruhende militante Laizismus der bürgerlichen demokratischen Parteien in West- und Südeuropa wurden von den Kirchen als Bedrohung empfunden. Doch die Verantwortlichen in den Kirchen glaubten nicht immer, dass eine christlich-demokratische Alternative durch die Mobilisierung der Wählerschaft für die Kirche diese Gefahren abwenden könnte. Es ist daher kein Zufall, dass in der ersten Hälfte des Jahrhunderts wichtige Teile der Kirche mit Gefallen oder zumindest ohne Missfallen auf die autoritären Antworten auf die moralische und kulturelle Krise der Gesellschaft blickten. Dabei lassen wir noch die theologisch fundierten Vorbehalte gegen den Liberalismus, gegen die radikale Demokratie, den Sozialismus und den Kapitalismus außer Acht.

Es gab allerdings einen großen Unterschied in ihrer Haltung gegenüber dem Faschismus in all seinen Varianten und gegenüber dem rechten Autoritarismus. Wir müssen uns nicht nur auf die ausdrückliche Opposition der Kirchen gegen den Nationalsozialismus vor seiner Machtergreifung noch auf den Kampf zwischen Kirche und Staat im deutschen totalitären System beziehen, sondern können auch Beispiele in anderen Ländern finden. Nicht nur, dass die Faschisten mit den christlich-demokratischen Parteien um die gleiche Wählerklientel kämpften, nicht nur, dass sie den

---

62 Bauer, Otto: Die österreichische Revolution, Wien 1923. S. 120, zitiert nach: Botz, G.: Gewalt in der Politik, op.cit. S. 23-24.

63 Linz. Juan J.: Der religiöse Gebrauch der Politik und/oder der Politische Gebrauch der Religion, in: Maier, Hans (Hg.): Totalitarismus und Politische Religionen. Konzepte des Diktaturvergleichs, Paderborn: Schöningh 1996. S. 129-154. Ich untersuche die ganze Skala von „Theokratie“ am einen Ende und „politischer Religion“ am anderen.

wachsenden Einfluss der Katholischen Aktion strikt begrenzen wollten; ihr Konzept einer integrierten Volksgemeinschaft, die Gläubige und Nichtgläubige umfasst – ihr Anspruch auf die totale Autorität im Staat, welcher manchmal die Trennung von Kirche und Staat in ihren Programmen einschloss, ihr Nationalismus, der sich gegen jedwede Einwirkung seitens des Vatikans auf die Innenpolitik der Nation verwahrte, und ihr Ziel, die Sozialisation der Jugend an sich zu reißen, waren auch eine Quelle für unvermeidliche Spannungen. Diese wurden insbesondere dann wirksam, wenn die Faschisten mit den manchmal ähnlich totalitären Zielen der Integralisten innerhalb der Kirche, den Verteidigern der traditionellen Vorstellung von der Rolle der Kirche konfrontiert wurden.

Faschistische Führer kamen nicht selten aus dem linken Lager mit seinem traditionellen Antiklerikalismus, aus der säkularisierten Mittelschicht oder von Intellektuellen, die im allgemeinen antiklerikal eingestellt waren. Ein paar von ihnen wandten sich aus verschiedenen Gründen den vorchristlichen, mythischen nationalen Ursprüngen zu – oder aber der positivistischen Interpretation des Christentums als einer sozialen und historischen Grundlage für die nationale Identität in Abgrenzung zur universalen Kirche und dem religiösen Glauben, wie sie etwa Charles Maurras vertrat. Diese Tendenzen, die ja weit davon entfernt waren, die Kirche zu sichern, wurden mehr oder weniger offen bekämpft und in einigen Fällen offiziell verurteilt. Die Versöhnung zwischen dem italienischen Staat und dem Vatikan, vollzogen in den Lateran-Verträgen, die alsbald ein positives Echo fand, wurde später von einigen politischen Maßnahmen und Äußerungen Mussolinis wieder beendet. In den späten dreißiger Jahren führte die nationalsozialistische Übermacht im faschistischen Lager zu einer kritischeren – und im Falle der belgischen Bischöfe im Verhältnis zu den Rexisten – feindlichen Reaktion. Die Existenz faschistischer Kleriker, die nicht von der Hierarchie verurteilt wurden, ändert nichts an dieser Tatsache, genauso wenig wie die Existenz von kommunistischen Klerikern, die nach 1945 toleriert wurden, nichts an dem Antikommunismus der institutionellen Kirche ändert.

In autoritären Regimen war die faschistische Komponente gezwungen, ihren Antiklerikalismus zu mildern und in einigen Fällen eine religiöse Dimension mit einzubeziehen, obgleich „die Bewegung innerhalb des Regimes" verdeckt ihre Anfeindungen gegen eine klerikale Übermacht fortsetzte. Die traditionell anti-liberale und antidemokratische katholische Weltanschauung und der klerikale Einfluss wurden ein Hindernis für die faschistischen totalitären Bestrebungen, indem sie zu einem begrenzten Pluralismus beitrugen. Der Faschismus seinerseits wurde zu einem eingeschränkten Kanal zur Verteidigung der laizistischen Kultur gegen die Vormachtsbestrebungen der katholischen integralistischen Kultur.

Autoritäre Regime – mit Ausnahme der säkularen Diktatur des Atatürk – gingen respektvoll mit den Kirchen um, während sie einem gewissen Dirigismus anhingen, und die Kirchen richteten sich im allgemeinen damit ein. Weil diese Regime ihren Antikommunismus proklamierten, waren die Kirche und viele führende Laien diesen den gottlosen Kommunismus bekämpfenden Regimen tatsächlich gewogen, manche sympathisierten deswegen sogar mit den lokalen Faschisten. In Osteuropa verstärkte der diffuse Antisemitismus diese Tendenzen. Im Falle der Orthodoxen Kirchen beförderte der traditionelle Caesaropapismus dieses Kooperationsmodell.

Davon sind notwendigerweise die Fälle Österreich, Portugal und Spanien – insbesondere nach 1945 – zu unterscheiden, wo die Regime Elemente des korporativen, autoritären katholischen Denkens integrierten und Religion politisch gebrauchten, was wiederum einige Vertreter des Klerus als Gelegenheit wahrnahmen, „die Politik religiös zu gebrauchen". Sie waren der Überzeugung, dass der Staat der Rechristianisierung der Gesellschaft dienen könnte, wenn er der Kirche eine privilegierte Stellung im öffentlichen Leben, der Erziehung und der kulturellen Zensur einräumte.

Konservativer autoritärer Nationalismus in katholischen Ländern konnte Religion und religiöse Institutionen zur Herrschaftslegitimation nutzen, aber keine politische Religion entwickeln. Nur am äußeren Rand konnten radikale rechte faschistische Gruppen mit der universalen Kirche brechen, indem sie soweit gingen, die Christianisierung als Unterdrückung völkischer Überlieferungen mit Stammesidentitäten und eigenen Göttern zu verurteilen. Die Manipulation religiöser Traditionen und ihrer Symbole fand sich eher in Ländern, deren nationale Identität mit der religiösen Identität verknüpft war, eine Verknüpfung, die die Erbschaft der Kreuzzüge gegen den Islam, der Religionskriege und einer expansiven Mission war. So verhielt es sich im Falle Spanien.[64] Der neue Nationalismus, der auf religiösen Abgrenzungen basierte wie in der Slowakei und Kroatien, führte zu einer Politik, die die Grenze zwischen dem politischen Gebrauch der Religion und der Transformation in eine politische Religion aufhob.

In der einzigartigen Situation, einen kroatischen Staat unter der Ägide der Achsenmächte zu schaffen, konnte die Ustascha ein Terrorregime gegen die serbisch-orthodoxe Minderheit und die Juden mit der Hilfe einiger

---

64 Linz, Juan J.: Religión y política en España, in: Salazar, R. Díaz/Giner, S. (Hg.): Religión y sociedad en España, Madrid: Centro de Investigaciones Sociológicas 1993. S. 1-50. Teilweise ins Deutsche übersetzt in: Linz, Juan J.: Staat und Kirche in Spanien. Vom Bürgerkrieg bis zur Wiederkehr der Demokratie, in: Greschat, Martin/Kaiser, Jochen-Christoph (Hg.): Christentum und Demokratie im 20. Jahrhunderts, Stuttgart: Kohlhammer 1992. S. 60-88. Über die Kirche und das Franco-Regime gibt es sehr viel Literatur. S. die Monographie von: Hermet, Guy: Les Catholiques dans l'Espagne Franquiste, 2 Vol., Paris: Fondation Nationale de Science Politique 1980. Ein neueres Werk im Englischen bietet: Payne, Stanley G.: Spanish Catholicism: A Historical Overview, Madison: University of Wisconsin Press 1984. Kapitel 6 ff. Soucher, Elena de la: Un Catholicisme totalitaire, in: Les Temps Modernes, Mai 1974. Zu Portugal s. Braga da Cruz, Manuel: Estado Novo e Igreja Católica, Lissabon 1998.

Teile des Klerus etablieren. Das Regime der Poglavnik war näher an dem totalitären als an dem autoritären Modell, gemessen an den Kriegsumständen, in denen es etabliert wurde.

Der politische Gebrauch der Religion und der religiöse Gebrauch des Nationalismus, insbesondere von Seiten des niederen Klerus und Mitgliedern einiger religiösen Orden - die baskischen, flämischen und slowakischen Nationalisten - ist wohl bekannt, und deshalb überrascht seine Perversion in nicht-demokratischen Kontexten nicht. Es gibt keine systematische, vergleichende, empirische und soziologische Studie über die Verschmelzung von Minderheitennationalismus und Religion und über die Unterstützung solcher Entwicklungen durch einige Teile des Klerus, welche oft von der Amtskirche selbst kritisiert wurde.

In der Slowakei kam bei der Zerschlagung der Tschechoslowakei unter dem Hitler-Diktat eine nationalistische Partei mit einer konservativen katholischen Ideologie unter der Führung von Monsignore Tiso an die Macht. Sie beherrschte das Land als ein faschistisiertes Regime von März 1939 bis 1945.[65] Da die Partei ihre Mitglieder in den Massen fand und ihre Wurzeln in der weitgehend bäuerlichen Gesellschaft hatte, während die meisten Eliten der nationalistischen Bewegung fern standen oder protestantisch waren, und sie von vielen Angehörigen des Klerus unterstützt wurde, war der Pluralismus weitestgehend auf die eher faschistischen Sektoren der herrschenden Partei beschränkt.

Nichtfaschistische autoritäre Regime entwickelten sehr häufig eine gute Beziehung zu den Kirchen, und dies insbesondere in einigen Ländern mit griechisch-orthodoxer Staatskirche. Sie unterstützen die Kirchen oft als eine weitere Komponente der traditionellen Gesellschaftsordnung und bevorzugten sie sogar in der Sphäre der Erziehung und der Kultur. Nur wenn der Klerus sich mit dem Minderheitennationalismus identifizierte, kam es zu Konflikten.

Ein totalitärer Staat und eine Gesellschaft, die sich letztlich auf Religion gründeten, wären nur als Theokratie möglich, d.h. als eine Herrschaft der Geistlichkeit auf beiden Gebieten - sowohl dem religiösen wie dem politischen. Sie wäre wahrscheinlich ohne die hierarchische Kirche nicht möglich (das Nichtvorhandensein einer hierarchischen Kirche verhinderte im Iran die vollständige und stabile Entwicklung zur Theokratie). Noch weniger wahrscheinlich und stabil wäre ein caesaropapistischer Totalitarismus, in welchem der Herrscher - basileus - auch eine geweihte Autorität in der Kirche wäre.

---

[65] Jelinek, Yeshayahu: Clergy and Fascism: The Hlinka Party in Slovakia and the Croatian Ustasha Movement, in: Larsen u.a. (Hg.): Who were the Fascists? Op.cit. S. 367-378. Ders.: The Parish Republic. Hlinka's Slovak People's Pary, 1939-1945, New York: East European Quarterly (Vertrieb durch die Columbia University Press 1976): Mischung aus extremen Nationalismus, klerikal-religiöser Identitäten, faschistischer Einflüsse, insbesondere auf die „Intellektuellen" der Partei und auf das Funktionieren eines abhängigen Staates unter ihrer Kontrolle.

Religion ist immer eine Bremse der absoluten Macht gewesen, aber wenn es an einem transnationalen Zentrum fehlt, das die heiligen Texte autoritativ bestimmt, kann sie dazu dienen, Macht und eine Gesellschaft zu legitimieren, deren Prinzipien sie intolerant gegenüber jedweder Andersheit macht. Eine solche Gesellschaft könnte einen neuen Typus theokratischen Totalitarismus repräsentieren, der sich auf den politischen Gebrauch der Religion oder den religiösen Gebrauch der Politik gründet. Im Falle des Islam überlässt das Fehlen eines solchen Zentrums, das Orthodoxie und Heterodoxie festlegt, diese Macht verschiedenen religiösen Führern, dies für ihre Anhänger zu tun.

Mit dem Zweiten Vatikanischen Konzil entstand ein größerer Pluralismus innerhalb der Kirche; der Klerus gewann eine gewisse Autonomie gegenüber der Hierarchie, neue, zum Teil radikale theologische Strömungen breiteten sich aus, die Kirche bekannte sich zu den Menschenrechten, und eine aktivere Teilnahme der Laien, unabhängig von der Kontrolle und der finanziellen Unterstützung durch die Amtskirche, entwickelte sich. Damit wurde das Verhältnis zwischen den autoritären Regimen und der Kirche noch konfliktträchtiger. Dies sind aber Gründe, die sich sehr von denen unterscheiden, die zu den Konflikten zwischen den Faschisten und der Kirche in den zwanziger und dreißiger Jahren geführt hatten.

XV. Von der Ideologie zur Politischen Religion

An dem Punkt, wo wir Totalitarismus als das Ergebnis einer einzigartigen Hingabe an eine Ideologie, einen politischen Glauben, eine Weltanschauung, sehen, müssen wir uns fragen, wie dies möglich war. Weil ich dies in Englisch schreibe, bemerke ich erstaunt, wie unterschiedlich demgegenüber „politischer Glaube“ und „Weltanschauung“ im Deutschen klingen. Es wäre reizvoll, die Säkularisierung in verschiedenen Gesellschaften und den Weg, wie religiöse Vermächtnisse säkularisiert wurden, als einen Schlüssel für die Bildung eines totalitären Potentials zu untersuchen. Meine Vermutung ist, dass der Antiklerikalismus und der Laizismus in der westeuropäischen und in der südeuropäischen Tradition unterschiedliche Formen annahmen und konservativ-klerikale einerseits, anderseits national-katholische Reaktionen hervorgerufen haben. Dies umso mehr, als die antiklerikalen und sogar antireligiösen Ideen meist (wenn auch nicht ausschließlich) mit der Linken, den Sozialisten oder Anarchisten assoziiert wurden.

Die Säkularisierung der Intelligentia, der Akademiker, der Bourgeoisie hinterließ ein Vakuum, das in Gesellschaften, in denen Kultur und ästhetische Gefühle in Ehren gehalten wurden, von dem Bekenntnis zur Ideologie gefüllt wurde; deshalb waren die Reverenzen an die Kultur und die ästhetischen Gefühle breit und verstreut. Einmal durch eine politische Bewegung simplifiziert und mit einer Parole auf den Punkt gebracht, konnten diese Ideen eine machtvolle Grundlage für eine pseudoreligiöse politische Hingabe bilden, welche den Totalitarismus rechtfertigte und möglich machte. Der Widerspruch, dass die deutsche Gesellschaft mit ihrem hohen kulturellen Niveau auf die konfuse völkische konservative Revolution und auf rassistisches Gedankengut hereinfallen konnte, ist aus dieser Perspektive kein Widerspruch in sich. Das dichte, schwere und berauschende Sammelsurium an Gedanken und Symbolen, das die Nationalsozialisten zuerst vereinfachten und dann breit auswalzten, existierte in anderen Gesellschaften nicht.

Wir haben keine systematische Erhebung über die religiösen Glaubensinhalte, Haltungen und Praktiken der verschiedenen Herrscher. Wir kennen den Mangel an kirchlicher Einbindung, den Atheismus oder Deismus, die seltsame religiöse Vermischung mit heidnischen Elementen bei vielen faschistischen Führern, insbesondere bei Mussolini sowie bei Hitler und seinen engsten Mitarbeiter, aber auch den eher orthodoxen Katholizismus bei anderen. Wir wissen nicht viel über die Religiosität einer Reihe autoritärer Führer, aber sie war näher an der Orthodoxie – etwa im Falle Salazars, Dollfuss', Schuschniggs, Francos und Pétains. Pilsudski war überraschenderweise protestantisch, und Horthy und Bethelen waren Calvinisten.

XVI. Antisemitismus und Rassismus: eine weitere Dimension

Antisemitische Haltungen, Vorurteile, diskriminierende Politik, sogar Gewalt waren kein exklusives Merkmal bestimmter Regime-Typen in Europa, besonders in Osteuropa. Der italienische Faschismus war ursprünglich nicht antisemitisch, und Juden waren unter seinen Gründern und Vorkämpfern.[66] Spätere Bewegungen aber nahmen den Antisemitismus auf, und Faschisten der Eisernen Garde, der Ustascha und des Pfeilkreuzes hatten ebenso Teil am Genozid an den Juden wie konservative französische Politiker und Verwaltungsbeamte. Der nationalsozialistische Holocaust ist zentral für die Vorstellung vom Totalitarismus geworden; und es könnte die Frage gestellt werden, ob der Genozid möglich gewesen wäre, wenn dieses Regime kein totalitäres gewesen wäre. Wahrscheinlich nicht.

66 Das Verhältnis zwischen Mussolini und dem Faschismus auf der einen Seite und den Juden auf der anderen Seite ist vielschichtig; es geht von der anfänglichen Beteiligung bei der Gründung der Partei bis zum Manifest des Italienischen Rassismus und der Rassengesetzgebung 1938. S. Payne, Stanley G.: A History of Fascism, op.cit. S. 239-242 – mit bibliographischen Hinweisen. Zudem s. das Werk von: De Felice, R.: Storia degli ebrei italiani sotto il fascismo, Turin 1988.

Jedoch ist weder der Zusammenbruch der Demokratie noch der Aufstieg des Faschismus direkt mit dem Antisemitismus verknüpft. Sicherlich wurde die Feindschaft gegen den marxistischen Sozialismus verstärkt durch den Einwurf, dass Marx Jude gewesen sei, und der Tatsache, dass in einigen Ländern unter den sozialistischen Führern Juden waren. Der Antisemitismus verstärkte den Klassenhass, der zum Zusammenbruch beitrug. Die Antisemiten in vielen Ländern hatten ein Forum jenseits des Faschismus, aber die radikale Umsetzung, die entschlossene Gewalttätigkeit machten den Faschismus für radikale Antisemiten in vielen Ländern attraktiv. Im Gegenzug verstärkte die antifaschistische Antwort des Judentums auf den Nationalsozialismus den nationalsozialistischen und zum Teil den faschistischen Antisemitismus.

Es war nicht nur der Antisemitismus, der *völkische* Rassismus, der zum nationalsozialistischen Totalitarismus beitrug, sondern auch eine biologistische, pseudowissenschaftliche Vorstellung vom Menschen und der Gesellschaft, wie sie der eugenischen Bewegung zugrunde lag. Die Eugenik als Wissenschaft basierte auf einem vermeintlich neuen Verständnis der Gesetze menschlicher Vererbung. Als soziale Bewegung zielte sie darauf ab, die konstante Verbesserung des Erbmaterials zu sichern, indem sie die „tüchtigen" Individuen und Gruppen ermutigte, sich fortzupflanzen, und – vielleicht noch wichtiger – indem sie die „Untüchtigen" entmutigte und davon abhielt, ihre Schwächen an die zukünftigen Generationen weiterzugeben.[67] Der Begriff des „lebensunwerten Lebens", der als Grundlage für die Zwangssterilisation und die Euthanasiepolitik diente, hatte seine Wurzeln in diesem Gedankengut. Es war eine intellektuelle Strömung, die nicht viel Echo in den katholischen Gesellschaften fand, aber bei den progressiven Teilen demokratischer Gesellschaften akzeptiert war. Nationalsozialistischer Rassismus[68] war daher mehr als Antisemitismus oder Hass auf Zigeuner und andere ethnische Gruppen, die Slawen inbegriffen. Biologistischer Rassismus konnte nur in ein totalitären Systemen implementiert werden, weil er den radikalen Einbruch in die Privatsphäre und einen Bruch mit fundamentalen religiösen Werten bedeutete.

Im Lichte des nationalsozialistischen Rassismus, der weit über einen nationalistischen Ethnozentrismus hinausging, wird die Frage aufgeworfen, ob der Nationalsozialismus auch über den extremen Nationalismus des Faschismus hinausging. Ich habe mir bisher nicht die Frage gestellt, ob der Nationalsozialismus Teil des Faschismus war, aber *ich würde behaupten, dass*

---

67 Davenport, Charles B.: Heredity in Relation to Eugenics, New York: Henry Holt 1911. S. 1, zitiert nach Stepan, Nancy Leys: „The Hour of Eugenics". Race, Gender and Nation in Latin America, Ithaca: Cornell Univeristy Press 1991.

68 Mosse, George L.: Toward the Final Solution, Madison: University of Wisconsin Press 1983. Mit verschiedenen Schattierungen und Schwerpunkten: Kroll, Frank-Lothar: Utopie als Ideologie: Geschichtsdenken und politisches Handeln im Dritten Reich, Paderborn: Schöningh 1999.

er ein Ast des faschistischen Baums war, auf den andere Elemente gepfropft wurden, die so stark und schwer wurden, dass sie den Baum schließlich entwurzelten.

XVII. Imperialistischer Nationalismus

Die totalitären Regime im Zwischenkriegseuropa waren größere Mächte, die eine Außenpolitik der territorialen Expansion (wenn nötig mit Krieg oder Kriegsdrohung) und Einmischung in anderen Ländern verfolgten. Die autoritären Regime herrschten in unbedeutenderen Ländern, obgleich ihr Nationalismus ebenso internationale Absichten verfolgte, deren Realisierung aber nicht in ihrer Hand lag und sie in der Tat in die Abhängigkeit zu den Achsenmächten brachte.

Die Studenten und die Jugendlichen in Spanien konnten, angestachelt von der Führung der Falangisten, mobilisiert werden, „Gibraltar español" zu rufen und von einer afrikanischen kolonialen Expansion auf Kosten Frankreichs zu träumen; aber ohne die Unterstützung der Achsenmächte waren solche Ziele zum Misserfolg verurteilt. Aus eigenen und unterschiedlichen Gründen waren weder Deutschland noch Italien dazu bereit, sie zu unterstützen, und so führten sie zu nichts. Nur die zwei großen Mächte zettelten Kriege an; zum Teil verließen sie sich auf das totalitäre Mobilisierungspotential und waren infolge des Kriegs dazu gezwungen, dieses auch zu realisieren. Der Faschismus verstärkte die nationalistischen, irredentistischen und aggressiven Tendenzen in vielen Ländern, aber die autoritären Regime in Polen, Ungarn, Bulgarien, der Türkei, Griechenland und in Spanien konnten sie nicht in reale Politik verwandeln, auch wenn einige, wie Ungarn, von dem Diktat der Achsenmächte, profitierten, während andere Geiseln und Opfer der Entscheidungen der totalitären Großmächte waren.

Das Verhältnis von Totalitarismus, Expansionsstreben und außenpolitischer Aggression ist vielschichtig: War der Totalitarismus die Quelle oder das Ergebnis dieser Politik? Sicherlich gingen die außenpolitischen Ziele, wie die koloniale Expansion Italiens zum Beispiel, dem Regime voraus, erschienen aber lebensfähiger als das Ergebnis der Konsolidierung eines eher totalitären Regimes. Man könnte sagen, dass der Imperialismus, zum Beispiel der „Drang nach Osten", einen Anteil an der totalitären Anziehungskraft und Entwicklung hatte, und dass die totalitäre Mobilisierung der Gesellschaft zum Teil das Resultat der außenpolitischen Bestrebungen war, wie im Falle Italiens.

XVIII. Die militärische und die autoritäre gegen die totalitäre Alternative

Das Militär bzw. wichtige Teile desselben spielten eine bedeutende Rolle bei der Etablierung von nichtdemokratischen Regimen, entweder indem sie den demokratischen Regimen ihre Unterstützung entzogen, in der Konfrontation zwischen der Demokratie und ihren Feinden neutral blieben, in eine Verständigung mit dem aufsteigenden Faschismus und den faschistischen Regimen traten, oder indem sie selbst die Macht an sich rissen und das demokratische System über Bord warfen.[69]

Militärische Führer wollen über allen Parteien stehen, schließen sich nur sehr ungern einer komplexen Ideologie an und haben nur begrenzte Fähigkeiten, die Bevölkerung zu mobilisieren. Während sie auf der einen Seite den politischen und sozialen Pluralismus einer liberal-demokratischen Gesellschaft ablehnen, sind sie auf der anderen Seite auch nicht willens, hegemonial die Elemente einer pluralistischen Gesellschaft zu ersetzen. Das militärische Denken spiegelt die Mentalität wider, die sich aus der Ausbildung ergibt. Für die Offiziere muss eine geordnete Gesellschaft keine mobilisierte Gesellschaft sein. Sie können sich mit passiven Gehorsam zufrieden geben, ohne überzeugen zu müssen oder zu wollen. Während sie die Einmischung der Kirchen in die Politik zurückweisen, sind sie bereit, ihre Autonomie in ihrem eigenen Bereich zu tolerieren. Aus all diesen Gründen ist ein Militärregime oder ein Regime, in dem das Militär ein Vetorecht ausübt, wahrscheinlich eher ein autoritäres als ein totalitäres Regime.

Ein rein militärisches autoritäres Regime ist möglich, wenn die bewaffneten Einheiten das Monopol der Waffengewalt haben und nicht ideologisch gespalten sind sowie die Gesellschaft politisch wenig mobilisiert ist. Wenn diese Voraussetzungen fehlen, wird das Militär wahrscheinlich eine Koalition mit den antidemokratischen Gruppen eingehen, insbesondere wenn diese in der Lage sind, bewaffnete Kampfverbände zu mobilisieren. Dies war offensichtlich in Spanien im Jahre 1936 der Fall, als das putschende Militär sich plötzlich den traditionellen *Requeté Militia* und den falangistischen Freiwilligenverbänden zuwenden musste. Dasselbe Phänomen zeigte sich, als die rechtmäßige Regierung und die ihr loyal gegenüberstehenden Kräfte sich den proletarischen Kampfverbänden der

---

[69] Es ist unmöglich, hier die breite Literatur über das Militär in der Politik, über die Voraussetzungen, die zu einem Staatsstreich führen, über Militärregime, das Verhältnis zwischen den bewaffneten Einheiten und den Faschisten in der Krise der Demokratie und bei der Machtübernahme in Italien und besonders in Deutschland wiederzugeben. In meinem Werk „Totalitarian and Authoritarian Regimes", op.cit, und in: Linz, Juan/Stepan, Alfred (Hg.): The Breakdown of Democratic Regimes, op. cit. wird der Leser Hinweise auf die relevante Literatur finden.

Anarcho-Syndikalisten, der Sozialisten und der Kommunisten zuwenden mussten und damit einen revolutionären Prozess in Gang setzten. Auf Francos Seite war das Ergebnis eher ein autoritäres Regime mit einem anfänglichen politischen Pluralismus als eine Militärdiktatur (wie die Primo de Riveras im Jahr 1923).[70]

In autoritären Regimen bestand eine starke Neigung, das Monopol der Armee zu behalten und die Kampfverbände der Parteien unter militärische Kontrolle zu stellen. Die bewaffneten Einheiten waren vornehmlich mit der Etablierung und Erhaltung dieses Monopols beschäftigt. Im Unterschied dazu versuchte der Totalitarismus nicht nur, die Armee zu politisieren, sondern etablierte mit politischen Kommissaren und Kampfverbänden der Partei, die zur ideologischen Parteiarmee wurden, eine Kontrolle über sie. In der Tat ist eins der bestimmenden Merkmale des Faschismus die Organisation von Kampfverbänden vor der Machtübernahme – des *Squadrismo* und der SA und ihrer Imitationen andernorts. Der Fall der zivilen Garden in Finnland und den Baltischen Republiken liegt anders, da sie aus dem Unabhängigkeitskrieg und dem anschließenden Bürgerkrieg geboren wurden (aber in Finnland dem Staat untergeordnet wurden). In der Sowjetunion begründeten die NKVD-Truppen eine ähnliche Prätorianergarde. Symbolisch wurde die Reichskanzlei von der SS bewacht; und das Franco-Hauptquartier hatte im Jahr 1937 eine nichtmilitärischen Garde aus vier verschiedenen Partei-Kampfverbänden mit ihren spezifischen Uniformen, allerdings verschwand der Kampfverband der Partei bald, und in den vierziger Jahren waren seine Waffen sogar am Hauptquartier der Partei nicht mehr einsatzfähig.

Es gab eine Anziehung zwischen den faschistischen Bewegungen und dem Militär. Eine Affinität, die dem Umstand entsprang, dass die faschistischen Bewegungen unter ihren am meisten begeisterten Unterstützern und oft auch Gründern diejenigen fand, die am Ersten Weltkrieg teilgenommen hatten, viele, die Reserveoffizieren geworden waren, und die Excombattenti. [71] Es waren all diejenigen, die die herrschenden Eliten in ihrem Land ebenso wie die Friedensbedingungen ablehnten, die in der Wartestellung verharrten; es waren die Kriegsprofiteure und die populären Bewegungen, die die Krise nach dem Krieg und der Niederlage für den Versuch eines revolutionären Umsturzes nutzten. Es ist daher kein Zufall, dass einige der jungen Offizieren sich vom Faschismus angezogen fühlten und dass einige der älteren ihn mit Wohlwollen betrachteten.

Zwischen dem Faschismus und dem Militär gab es von Anfang an aber auch inhärente Spannungen. Einige Faschisten dachten an eine Nation in Waffen. Sie stellten sich eine Armee vor, die auf Kampfverbänden beruhte und manchmal um den Kader der paramilitärischen Organisationen der

---

70 Malefakis, Edward: Aspectos históricos y teóricos de la guerra, in: Ders. (Hg.): La guerra de España (1936-1939), Madrid: Taurus 1986. S. 11-49. S. S. 25.

71 Linz, Juan J.: Some Notes Toward... , op.cit. S. 36-40; 53-55.

Partei aufgebaut werden sollte. Diese zukünftige Militärorganisation sollte mit der klassen-bürokratischen Berufsarmee der Vergangenheit brechen, die für sie zu einem gewissen Umfang den Antimilitarismus breiter Bevölkerungsschichten erklärte. Die Elemente, die eine solche Kampfverbändearmee befürwortete, wurden von der Berufsarmee als Konkurrenten und als Bedrohung gesehen, die es zu neutralisieren oder zu zerstören galt. Außerdem basierten die parteilichen Kampfverbände vieler faschistischer Bewegungen auf Grundsätzen, die sich nicht mit einem Offizierkorps vereinbaren ließen: der Führungstypus der condottieri, der Egalitarismus, der weder die traditionellen hierarchischen Strukturen der Gesellschaft noch des Offizierkorps anerkannte, der Vorzug der Jugend gegenüber dem Alter, die Hierarchie, die sich eher aus der politischen Hingabe als aus der beruflichen Kompetenz ergab, waren alles Vorstellungen, die dem Offizierkorps eher fremd waren.

Es gab darüber hinaus Spannungen, die aus dem traditionellen Verhältnis zwischen dem Militär und dem Staat herrührten, zumindest bis zur Machtübernahme durch die Faschisten, unabhängig von den Vorurteilen der Offiziere bezüglich des liberalen demokratischen Staates. In den Monarchien fühlten sich die Offiziere immer noch von der Autorität des Monarchen angesprochen. Sie glaubten oft auch an das Prinzip legaler Rechtmäßigkeit. Mehr als Legitimität brachte Legalität einige Offiziere dazu, die republikanische Regierung im Spanischen Bürgerkrieg zu unterstützen trotz ihrer Ablehnung der Politik der Volksfront und einer Abneigung gegen unkontrollierte anarchische Gewalt. Auf der Seite Francos waren viele Offiziere misstrauisch gegenüber der faschistischen Ideologie und Rhetorik. Einige empfanden die Durchdringung des Offizierskorps durch die Faschisten als eine Bedrohung der institutionellen politischen Homogenität, als eine Quelle der Uneinigkeit, sowie sie auch die Durchdringung durch demokratische oder progressive Tendenzen als eine Bedrohung der Einigkeit sahen.

Die Folge dieser Ambivalenz in dem Verhältnis zwischen Militär und Faschismus war der Versuch, die Autonomie des Militärs und seine unpolitische Haltung sogar nach der faschistischen Machtübernahme zu erhalten, indem sie in einigen Fällen den Soldaten und Offizieren die Parteimitgliedschaft verboten oder in anderen Fällen die Kampfverbände der Partei Offizieren des Militärs unterzuordnen bzw. das Mobilisierungsansinnen des populistischen Faschismus zu kontrollieren und zu begrenzen suchten. Kurz: das Militär versuchte die Hegemonie, die die Faschisten anstrebten, zu kontrollieren oder zu verhindern. Die automatische formale Mitgliedschaft aller Offiziere in der FET y de las Jons ist ein gutes Beispiel für einen solchen Versuch.

Trotz der Wahlverwandtschaft des Faschismus und des Militärs gab es unvermeidliche Spannungen zwischen den neuen autoritären politischen Führern, der Mentalität des Militärs und seinen institutionellen Interessen. Diese Spannungen bedeuteten in einer Reihe von Ländern, dass das Militär zum Hindernis der Alleinherrschaftsansprüche der faschistischen Bewegungen wurde, zum Unterstützer alternativer autoritärer Kräfte und in ein paar Fällen sogar das Instrument zur Absetzung oder sogar Unterdrückung dieser Bewegungen. Die Hoffnung einiger schwacher faschistischer Bewegungen, das Militär für den Sturz des demokratischen Regimes gebrauchen zu können und anschließend zur Machtübernahme gebeten zu werden, während sich das Militär in die Kasernen zurückzöge, wurde bitter enttäuscht.[72] Das bedeutet keineswegs, dass sich Militärregime zu bestimmten Zwecken nicht an Männer mit faschistischer Identität und Ideologie wendeten, um Hilfe bei der Etablierung eines autoritären Regimes zu bekommen, insbesondere wenn das Militär breite Schichten der Bevölkerung mobilisieren musste, um einen Bürgerkrieg zu gewinnen – wie im Falle Spaniens nach dem Scheitern des rein militärischen Pronunciamento. In Spanien war es wahrscheinlich das Versagen des Militärs, die Macht in den wenigen Tagen nach dem Aufstand zu übernehmen, das die Faschisten so wichtig werden ließt, sowie gleichzeitig die anfängliche Schwäche der faschistischen Bewegung, die das Militär von Anfang an zum Schlüssel für ein antidemokratisches, anti-sozialistisches und konterrevolutionäres Regime werden ließ.

Sobald die Führung beim Sturz der Demokratie vom Militär übernommen wird, wird das neue Regime mit wenigen Ausnahmen unter dessen Vorherrschaft geboren, und die Aktivisten der faschistischen Bewegung sind nicht in der Lage eine zentrale Rolle zu übernehmen. Jüngere Offiziere könnten einige Sympathien zu einer solchen Bewegung hegen, aber ihre Vorgesetzten, die in einem mehr oder weniger institutionalisierten Staatstreich die Macht ergriffen haben, werden wahrscheinlich eher Anknüpfungspunkte zum Establishment der Gesellschaft haben, zu den Politikern konservativer Parteien, hohen Beamten, technokratischen Eliten wie dem Direktor der Zentralbank, konservativen Professoren, Bankiers und Geschäftsleuten, und sich deshalb an diese Eliten als ihre zivilen Mitarbeiter, an Kabinettsmitglieder, an Führungskräfte irgendwelcher Planungsgremien usw. wenden. Nur für ganz bestimmte Zwecke wie Propaganda, die Kontrolle der Massenmedien durch Zensur und gelegentlich als eine Alternative zu den Gewerkschaften werden sie sich an die Faschisten oder die faschistischen Eliten wenden, falls keine katholischen Integralisten oder konservativen Eliten für diese Rolle vorhanden sind. In diesem Fall haben wir eher eine Machtübernahme in Form einer konservativen Konterrevolution als eine politische Revolution, die man mit dem Aufstieg neuer Eliten, die keinen vermuteten oder tatsächlich erreichten Status in der Gesellschaft vor dem Staatsstreich hatten, verbindet.

---

72 Primo de Riveras, José Antonio: Obras Completas, Madrid: Vicesecretaria de Educacion Popular de F.E.T. y las JONS 1945, s. Carta al General Franco, S. 623-626, und Carta a un Militar Español, S. 645-654.

Ein militärisch geführtes autoritäres Regime verfolgt weniger wahrscheinlich als ein faschistisches Regime eine Strategie der Gleichschaltung. Es wird keine Partei mit Massenmitgliedschaften und Aktivitäten zwischen den Wahlen geben, keine Frauenorganisationen, keine von den Massen unterstützte Organisation für die Arbeiter wie offizielle Gewerkschaften in faschistischen Ländern, etwa die deutsche *Arbeitsfront*, kein Äquivalent des *Doppolavoro*, keine Jugendorganisation als Quelle zur Rekrutierung künftiger Eliten. In solchen Regimen wird es wenig Raum für eine Intelligentia geben, obwohl Akademiker und liberale Berufsträger hinzugezogen werden, allerdings mit wenig Möglichkeit zur Manipulation der Ideologie oder der Symbole. Intellektuelle und Künstler, die mit den Gegnern des Regimes identifiziert werden und deren Stil dem Geschmack der neuen Herrscher nicht gefällt, werden aller Wahrscheinlichkeit nach verfolgt oder diskriminiert, aber im Unterschied zu faschistischen Regimen gibt es nur einen eingeschränkten Versuch, eine neue Kultur zu schaffen, eine neue Kunst, eine neue Architektur als Ausdruck der Werte des Regimes.

Das Fehlen von irgendetwas Neuem, der Gebrauch einer abgenutzten Rhetorik von Patriotismus und Ordnung und die ausschließlich negative Reaktion auf neue Ideen setzt der Fähigkeit eines solchen Regimes Grenzen, die Jugend, Studenten und Intellektuelle zu begeistern. Der Gegensatz zum Faschismus in Italien und zum Nationalsozialismus könnte nicht größer sein. Es wäre unmöglich, ein Buch über autoritäre Regime irgendwo im Europa der Zwischenkriegsjahre und speziell eins für autoritäre Regime mit militärischen Ursprung nach 1945 zu schreiben, wie das von Hamilton McCallister[73] über angesehene Intellektuelle und Künstler, die sich an dem einen oder anderen Punkt mit mehr oder weniger großen geistigen Vorbehalten und mehr oder weniger großer Loyalität und Enttäuschung mit dem Faschismus identifizierten. Sogar wenn wir uns dem Fall Spaniens unter Franco zuwenden, werden wir sehen, dass einige vor dem Bürgerkrieg herausragende und nach 1975 angesehene Intellektuelle an dem einen oder anderen Punkt Anknüpfungspunkte zum Regime hatten, was der Initiative einiger falangistischer Führer und Institutionen faschistischen Ursprungs zu verdanken war. Es waren eher solche Intellektuelle als die, die man unmittelbar mit dem Nationalkatholizismus identifizierte.

Militärische, bürokratische, technokratische autoritäre Regime haben in einer Reihe von Fällen auf die gleiche Krise der westlichen Gesellschaften reagiert, die zum Aufstieg des Faschismus, der faschistischen Regime oder der Regime mit einer faschistischen Komponente geführt haben, aber das Fehlen dieser intellektuellen Komponente ist zugleich die Schwäche dieser Regime gewesen, die verhinderte, irgendeine internationale Anerkennung zu erlangen.

---

73 Hamilton, Alastair: The Appeal of Fascism. A Study of Intellectuals and Fascism 1919-1945, New York: Avon 1971.

Einige dieser erwähnten Faktoren sind auch verantwortlich für den Mangel an einem wirklichen totalitären Projekt und für die Unfähigkeit, die Gesellschaft zu durchdringen und zu homogenisieren, anstatt sie zu unterdrücken und zu atomisieren. Aber die Rechtfertigung und die Methoden der Unterdrückung konnten totalitär sein.[74] Diese Faktoren erklären auch die wachsende Autonomie der Zivilgesellschaft; nachdem diese Regime einige Zeit an der Macht waren und ihre „ausschließenden" Ziele erreicht hatten, wurde ihre begrenzte Fähigkeit zur sozialen Integration ebenso offenbar wie ihre Unfähigkeit zur Lösung grundlegender struktureller Probleme, die wir in den gegenwärtigen bürokratischen autoritären Regimen Lateinamerikas finden. Es ist kein Zufall, dass in manchen Fällen - wie Brasilien - die Zivilgesellschaft neue Kraft und Autonomie gewann, wie Alfred Stepan festgestellt hat. Das Fehlen einer faschistischen Komponente unterschied diese Regime in ihrer politischen und vor allem sozialen Entwicklung. Ein Unterschied, der nicht von denen übersehen werden sollte, die sich in ihrer funktionalen Analyse der antidemokratischen, anti-fortschrittlichen, anti-sozialistischen und anti-populären autoritären Regime um die gemeinsamen Elemente des Faschismus bemühen. Sie sind, um die Sprache der funktionalen Analyse zu verwenden, funktionale Alternativen, aber keine funktionalen Äquivalente.

XIX. Zivilgesellschaften und der Aufstieg zum Totalitarismus

Mit Rücksicht darauf, dass es modern ist, die Idee der bürgerlichen Gesellschaft als Quelle demokratischer Werte zu sehen, können wir uns selbst fragen: was für eine Rolle spielte die Zivilgesellschaft bei der Zwischenkriegskatastrophe? Die Zivilgesellschaft war sicherlich schwach in Osteuropa, auf dem Balkan, im größten Teil Portugals und Italiens. Im Falle Spaniens müssen wir regionale Unterschiede berücksichtigen und die Integration politisierter Gewerkschaftsbewegungen und katholischer Laienorganisationen in die Zivilgesellschaft diskutieren. In vielen dieser Länder brach die Demokratie zusammen, aber das Resultat waren autoritäre Regime.

Die Befürworter der Zivilgesellschaft als Stütze der Demokratie konnten offensichtlich die Stabilität der Demokratie in Großbritannien, der Schweiz, den Skandinavischen Ländern und in Holland, Belgien, Luxem-

---

74 De Brito, Alexandra Barahona: Human Rights and Democratization in Latin America, Oxford: Oxford University Press 1997, zitiert in: Linz, Juan: Totalitarian and Authoritarian Regimes. Further Reflections on Totalitarian and Authoritarian Regimes, op. cit. S. 25-26.

burg anführen. Aber es wäre schwierig zu behaupten, dass die „bürgerliche Gesellschaft" – die Myriaden von beliebigen Assoziationen, die einem breiten Spektrum an Interessen diente – in Deutschland, Österreich und Norditalien schwach war. In der Tat gibt es den ernsten Beweis, dass Organisationen der „bürgerlichen Gesellschaft" in Deutschland, oder wenigstens dem ländlichen protestantischen Deutschland, häufig von den Nationalsozialisten in den dreißiger Jahren übernommen wurden.[75] Sie trugen wahrscheinlich zur Sicherung der nationalsozialistischen Vorherrschaft in vielen Gemeinden bei und letztlich auch zur totalitären Kontrolle der Gesellschaft. Vielleicht würde es zu weit gehen zu behaupten, dass ein reiches Netzwerk der Zivilgesellschaft in einigen Ländern den Totalitarismus möglich gemacht hat. Zumindest nach der Machtergreifung richteten sich viele unpolitischen Vereinigungen und Institutionen mit dem neuen Regime ein, und ausgewählte Vertreter, die mit ihm identifiziert oder von ihm akzeptiert wurden, bildeten die Kanäle für die Propaganda des Regimes. Natürlich widerstanden auch einige der Gleichschaltung und lösten sich lieber auf oder stoppten einige ihrer Aktivitäten, als zu kooperieren. Wenn es sie nicht gegeben hätte, hätten den Folgestaaten diese Ressourcen gefehlt.

Wir können nicht die vielen freiwilligen Verbände von Veteranen, Bauern, Genossenschaften und freien Berufe außer Acht lassen – einige mit großer Mitgliederzahl in Italien. Einige waren authentische soziale Bewegungen außerhalb des Parteiensystems und der traditionellen politischen Klasse feindlich gesonnen. Andere standen mit politischen Parteien in Verbindung. Diese repräsentierten eine neue Welle der sozialen Partizipation und Mobilisierung. Waren sie nicht Teil der Zivilgesellschaft? Sie leisteten ebenfalls einen Beitrag zu dem sozial-politischen Klima, in dem der Faschismus entstehen und gedeihen konnte. Nicht wenige ihrer Mitglieder schlossen sich der faschistischen Bewegung sogar an.

Totalitäre Bewegungen und Regime brachten eine Reihe von „freiwilligen" Verbänden hervor, um politische Mobilisierung zu erreichen – formal waren sie denen der „bürgerlichen Gesellschaft" in liberalen Demokratien ähnlich, tatsächlich waren sie kontrolliert und erzwungen: Jugend, Frauen, Studenten, Freizeit, Sport, Kultur, Volkstanz und Ökologie.

Paradoxerweise gaben viele demokratische Parteien nach der Redemokratisierung die Finanzierung solcher Aktivitäten auf, und es gibt Hinweise darauf, dass die Menschen in Osteuropa der totalitären „Regimentsfreiwilligkeit" überdrüssig waren und sich der Teilnahme an freien und freiwilligen Verbänden verweigerten.[76] Die verschiedenen Modelle von Mitgliedschaft in freiwilligen Verbänden in post-totalitären und post-au-

---

75 Allen, William Sheridan: The Nazi Seizure of Power. The Experience of a Single German Town 1922-1945, Chicago: Quadrangle Books 1965. Hagtvet, Bernt: The Theory of Mass Society and the Collapse of the Weimar Republic: A Re-Examination, in: Larsen u.a. (Hg.): Who were the Fascists? Op. cit. S. 66-117.

toritären Demokratien liefert eine eindrucksvolle Bestätigung des Unterschiedes zwischen diesen beiden Herrschaftstypen.

Das Bestreben der meisten autoritären Regime richtete sich auf die Zerstörung der organisierten Mitgliedschaften ihrer Gegner, auf das gesetzliche Verbot vieler ihnen suspekter freiwilliger Gruppen. Sie suchte solche Vereinigungen zu begrenzen und zu kontrollieren. Vereinigungen mussten sich anmelden und genehmigt werden, und ihren Bestrebungen, sich mit anderen Gruppen zu verbünden oder internationale Verbindungen aufzubauen, wurden Grenzen gesetzt. Diese Bemühung war jedoch manchmal vergeblich, sobald mit dem Fortschritt der ökonomischen und kulturellen Entwicklung mehr Menschen sich zu solchen Verbindungen bereit fanden. In anderen Ländern konnten die Organisationen der Zivilgesellschaft überleben, weil sie weniger sichtbar und bedeutend waren und von der einen oder anderen Strömung innerhalb des Regimes beschützt wurden, von der Kirche, der Regierungsbürokratie. Dies fand ich bei meinen Forschungen über Spanien heraus. Sogar im Gegensatz zu totalitären Regimen beanspruchten die meisten offiziellen Vereinigungen oder Parteigliederungen kein absolutes Monopol. Mitgliedschaft blieb grundsätzlich freiwillig und war weder bedeutend noch besonders aktiv. Viele der eher unabhängigen Organisationen wurden nicht politisiert. In der Tat wurden sie sogar eher von der Opposition politisiert, wenn das Regime seine Kontrollen verringerte.

XX. Charismatische Führerschaft und Totalitarismus

Charisma ist ein häufig missbrauchter Begriff.[77] Per definitionem ist es die Ausnahme, und so sollte es nicht überraschen, dass die meisten Führer nicht-demokratischer Regime nicht charismatisch waren. Fraglich ist nun, ob nur totalitäre Führer charismatisch waren und ob irgendein autoritärer Führer wirklich charismatisch war.

Wir wissen von einigen demokratischen Führern, die eine charismatische Ausstrahlung hatten (Churchill) und darüber hinaus - wie sie selbst dachten - sogar eine charismatischen Berufung (de Gaulle). Autoritäre Führer nahmen manchmal eine charismatische Haltung bei ihren Reden und ihrer Selbstdarstellung an oder wurden als charismatisch von einigen ihrer Anhänger und von servilen Berichterstattern präsentiert (wahr-

---

76 Howard, Marc: Demobilized Societies. Understanding the Weakness of Civil Societies in Postcommunist Europe, Berkeley: Ph.D. in Political Science: University of California 1999.

77 Willner, Ann Ruth: The Spellbinders, Charismatic Political Leadership, New Haven: Yale 1984. Cavalli, Luciano: Il capo carismatico, Bologna: Il Mulino 1981; Ders: Carisma e tirannide nel secolo XX. Il caso Hitler, Bologna: Il Mulino 1982.

scheinlich Franco). Nichtsdestoweniger kann selten eine Entsprechung zwischen dem Gefühl ihrer einzigartigen Berufung und der Akzeptanz dieser Berufung bei den breiten Massen festgestellt werden. Es gibt keinen Zweifel über Hitlers, Lenins und wahrscheinlich Mussolinis „charismatische Herrschaft" im Weberschen Sinne. Fast keiner der vielen autoritären Herrscher wurde für charismatisch gehalten; eine Ausnahme bildet vielleicht Marshall Pétain kurz nach der französischen Niederlage und vorher Marschall Pilsudski (obgleich dieser gar keine direkte Herrschaft anstrebte). Die Gesten des Königs Carol und die öffentliche Präsenz des Regenten Admiral Horthy zur Herstellung einer Verbindung mit der Tradition sind nicht charismatisch. Vielleicht wären die Herrscher autoritärer Regime außerhalb Europas wie Peron, Vargas, Nasser und Sukarno bessere Kandidaten, um an einem gewissen Punkt „charismatisch" zu sein. Stalin ist ein komplizierter Fall: Er hatte während seines Aufstieg zur Macht wahrscheinlich keine charismatische Ausstrahlung, auch nicht auf der Höhe seiner repressiven Herrschaft, aber vielleicht gewann er eine als Führer im patriotischen Krieg und, was seltsam genug ist, für die Kommunisten außerhalb der UdSSR.

XXI. Persönliche Herrschaft: eine weitere Dimension?

Eine große Frage, die offen gelassen werden muss, ist, wie und warum totalitäre und autoritäre Regime, faschistische und nicht-faschistische Regime, sich immer mehr in eine personalisierte Herrschaft verwandelten und dabei die Einheitspartei, das Militär und die anderen Institutionen, die vom Establishment kontrolliert wurden, schwächten. Warum konnten Individuen, die manchmal nicht einmal den Respekt und die Achtung der ihnen Nahestehenden und derer genossen, die vermutlich noch immer starke Machtbasen und auch ihr kritisches Urteil nicht verloren hatten, in ihrer Macht nicht mehr herausgefordert werden, nachdem sie einmal in die Position von legal uneingeschränkter Macht gekommen waren? Ohne institutionalisierte, legal etablierte oder „verfassungsmäßige" Beschränkungen der Macht konnten sie immer jeden – auch loyalen – Kritiker durch ergebenere Persönlichkeit ersetzen. Im Falle des begrenzten Pluralismus in autoritären Regimen konnte die Macht durch vorsichtige und machiavellistische Koalitionspolitik oder durch das geschickte Spielen mit den Rivalitäten der Führer einzelner Fraktionen erhalten werden.

Ist die Macht einmal unter vielfältigen Umständen mit schlecht definierten Grenzen erobert und fehlen die institutionelle Kontrollen eines liberalen-demokratischen Rechtsstaats, neigt die Macht dazu, sich selbst zu erhalten. So geschieht es, wenn ideologische und populäre Legitimationen fehlen. Führer, die anfänglich kein politisches Projekt verfolgten, vielleicht noch nicht einmal an die Macht kommen wollten, neigen nicht dazu, sie wieder aufzugeben. Wir werden an das Diktum von Lord Acton über den korrumpierenden Einfluss der Macht erinnert. Päts ist wahrscheinlich ein Beispiel dafür: ein Führer einer Agrarpartei, ein Politiker innerhalb der Demokratie, der dank einer von der Veteranenbewegung vorgeschlagenen Verfassungsreform Präsident wurde. Er unternahm einen präventiven Staatsstreich (wahrscheinlich unnötig) mit der Unterstützung fast aller Parteien und etablierte ein autoritäres Regime. Noch mehr ist Franco ein Beispiel, der durch die Umstände und seine Anhänger an die Macht kam, siegreich im Bürgerkrieg, und sich berufen sah, über 35 Jahre zu herrschen.

Die Entwicklung unserer Gedanken über nicht-demokratische Politik in der Art, dass wir nach Unterschieden zum Idealtypus des demokratischen politischen Prozesses suchen, hat uns unweigerlich dazu verleitet, die Dimension der „Hofpolitik" (die es – nebenbei – auch in Demokratien gibt) dieser Regime zu vernachlässigen. Ebenfalls ein Aspekt, der mehr Aufmerksamkeit verdient, ist der Raum für persönliche willkürliche Machtausübung, auch in solchen Fällen, die weiter von dem Modell der persönlichen Herrschaft oder der extremen Herrschaften, die ich als sultanistisch beschrieben habe, entfernt sind. Es ist kein Zufall, dass der gewöhnliche Sterbliche und wir selbst in einigen Fällen die Regime mit dem Namen ihrer Führer bezeichnen und in anderen Fällen einen eher kollektiven Namen verwenden: „das Regime der Obristen", „die Junta". Die Enthüllungen über die Franco-Herrschaft, abzüglich des Anteils an Selbstverteidigung derjenigen, die ein Individuum verantwortlich machten, dem sie dienten, zeigen die Gefahren, die in einer Untersuchung des spanischen Totalitarismus oder Autoritarismus „ohne Franco" liegen. Meine eigenen Arbeiten haben sich dieser Einseitigkeit auch schuldig gemacht, weil es wesentlich schwieriger gewesen wäre, das Regime als Ganzes in seiner Entstehung und Entwicklung sowie auch seine Unterschiedenheit von totalitären Systemen zu konzeptualisieren. Es war zudem sehr schwierig, etwas über die Beziehung Francos zu denen, die ihn bei seiner Machtausübung umgaben, zu erfahren.

Ohne der Gefahr zum Opfer zu fallen, individuelle Persönlichkeiten überzubewerten – vor der Marx schon in seiner Kritik von Victor Hugos Analyse des Napoleon le petit, der seine Rolle übertrieb, warnte[78] – kommen wir nicht um das Problem persönlicher Macht herum. Wir sollten dabei vorsichtig den Missbrauch des Begriff „Charisma" vermeiden und uns den weniger luftigen Schichten der Macht zuwenden, der Ergebenheit, der Schmeichelei, der Eigennützigkeit, der Korruption, der Angst, der kleinlichen Rivalitäten und der meist kleinlichen Bestrebungen, die die Herrscher so gut auszubeuten und zu manipulieren verstanden und die ebenso vielen Untergebenen die Manipulation des Herrschers ermöglichten.[79] Unser theoretisches Konstrukt sollte uns nicht davon abhalten, auch für die Aspekte der Politik sensibel zu sein, welche nur von Journalisten überliefert sind, und für die vielen Memoiren, die erst nach dem Fall der Herrscher geschrieben wurden und für deren systematische Untersuchung wir weder Konzepte, noch Methoden oder Daten haben. Vielleicht können uns die Werkzeuge der Netzwerkanalyse zu einer besseren Untersuchung solcher offensichtlich weniger strukturierten Politik helfen - einer Politik, in welcher die Autonomie und die Repräsentativität ihrer Begründer und der sozialen Kräfte (sowie des Militärs und der Wirtschaft) eingeschränkt sind. Historiker und Politikwissenschaftler vor dem Aufkommen des soziologischen Denkens[80] und der modernen politischen Wissenschaft waren möglicherweise besser ausgestattet, um diese Aspekte der Macht vieler Regime zu beschreiben und zu verstehen. Und wir könnten davon profitieren, sie zu lesen. Die Bemühungen einiger Offiziere, die ein autoritäres Regime etablierten, eine Auswahl von Regimeführern an interne Verfahrensregeln der militärischen Organisation zu binden, zeigt, dass sie sich der Risiken bewusst waren, einen *comandante en jefe* mit unbeschränkter Macht zu erwählen.

Während eine faschistische Partei dem persönlichen Führer - Duce oder Führer - eine viel größere Durchdringung der Gesellschaft erlaubte, die totalitäre Ausmaße erreichen konnte, ermöglichte sie einem solchen Regime, viel weniger als Ausdruck einer willkürlichen Laune zu erscheinen als ein parteiloses Regime (obgleich es meist sehr wohl Ausdruck dieser Willkür ist). In den „parteilosen" Regimen erschien des Herrschers „Transmissionsgürtel" der Gesellschaft als „Männer von seiner Gnade", die eher dem Mann dienten als subjektiv daran zu glauben, einer Bewegung oder einer Ideologie zu dienen; dies wiederum beeinflusste schließ-

---

78 Lepsius, Rainer: Das Modell der charismatischen Herrschaft und seine Anwendbarkeit auf den 'Führerstaat' Adolf Hitlers, in: Lepsius, Rainer M.: Demokratie in Deutschland, Göttingen: Vandenhoeck & Ruprecht. S. 95-118. Nyomarkay: Charisma and Factionalism in the Nazi Party, Minneapolis: University of Minnesota Press 1967. Campi, Alessandro: Mussolini, Bologna: Il Mulino 2001. Obwohl kein wissenschaftliches Buch, liefert die Ausgabe von: Gironella, José María/Borrás Betriu, Rafael (Hg.): 100 españoles y Franco, Barcelona: Planeta 1979, die Antworten von 100 Spaniern aus verschiedenen Positionen und von verschiedener Herkunft zu Fragen über Franco. Unter den mit Franco sympathisierenden Antworten finden sich selten Hinweise auf ein „Charisma". Miguel, Amando de: Franco, Franco, Franco, Madrid: Ediciones 99 1976.

79 Karl Marx schrieb in seinem Vorwort zu: Der 18. Brumaire über Victor Hugos Napoleon Le Petit: „Er sieht in ihm nur den gewaltsamen Akt eines Einzelnen. Er bemerkt nicht, dass er diesen Einzelnen groß statt klein macht, indem er ihm eine persönliche Macht für eine Initiative zuschreibt, die in der Weltgeschichte ohne Parallele wäre", in: Halsted, John B. (Hg.): December 2, 1851. Contemporary Writings on the Coup D'Etat of Louis Napoleon, Garden City, New York: Doubleday 1972. S. 407.

80 Linz, Juan J./Stepan, A. (Hg.): Problems of Democratic Transition and Consolidation, op. cit. Kapitel 4, S. 55-65. Thompson, Mark R.: Weder totalitär noch autoritär..., op.cit. S. 309-339.

lich die Legitimierung des Regimes unter seinen eigenen Anhängern und Privilegierten. Autoritäre Regime mit keiner oder nur einer schwachen Partei können nur eine gewisse Legitimität erhalten, wenn sie sich selbst auf der Grundlage der traditionellen oder in moderneren Gesellschaften auf der Grundlage „legaler" formaler Legitimität definieren, d.h. nach bürokratischen und bis zu einem gewissen Umfang Rechtsstaatsprinzipien, die letztendlich die persönliche Willkürmacht beschränken und den Übergang zu einer liberalen Demokratie nach dem Abtreten der Herrscher erleichtern. Die unterschiedlichen Modelle des Übergangs vom Autoritarismus zur Demokratie, insbesondere die Möglichkeit des Modells *reforma pactada – ruptura pactada* (wie das spanische) und die Entwicklungen nach der Rückkehr der Demokratie könnten an diese Unterschiede gebunden sein.

XXII. Die Stabilität von Regimen

Wir sind nicht in der Lage, die Frage nach der Stabilität oder Instabilität nicht-demokratischer Regime zu beantworten, insbesondere auch nicht die Frage nach dem Ausmaß, in welchem die Entschlossenheit des Totalitarismus zur Transformation der Gesellschaft zu einer größeren Kontinuität führen konnte als bei den weniger eingreifenden autoritären Regimen. Der Krieg und der Sieg der Alliierten beantworteten diese Frage, ohne dass endogene Faktoren wirksam werden konnten. Nur die Sowjetunion kann als Testfall angesehen werden, da das Regime über Jahrzehnte bestand und an der radikalen Transformation der Gesellschaft kein Zweifel besteht. Das Regime entwickelte sich schließlich in ein post-totalitäres, löste sich dann auf und brach zusammen, dem Aufbau der Demokratie ein düsteres Vermächtnis hinterlassend. Die autoritären Regime in Osteuropa und auf dem Balkan, mit Ausnahme Griechenlands, erlagen der sowjetischen Invasion und Satellitenstaatenbildung oder, im Falle Jugoslawiens und Albaniens, kommunistischen revolutionären Regimen. Es gab nur zwei rechte autoritäre Staaten, die nicht am Krieg teilnahmen, Portugal und Spanien, und sie überlebten bis in die 70er Jahre. Wäre das ohne den Krieg auch in Ungarn, Polen, Bulgarien und den Baltischen Staaten der Fall gewesen? Oder sogar in Italien, wenn Mussolini die Haltung Francos im Zweiten Weltkrieg eingenommen hätte? Eine zu dubiose kontrafaktische Spekultation, um eine ernsthafte Untersuchung zu verdienen. Wir können noch nicht einmal allgemeine Schlüsse bezüglich der Hinterlassenschaften des Totalitarismus ziehen; denn ein Vergleich des sowjetischen und des nationalsozialistischen Totalitarismus schließt auch andere Faktoren ein als den Herrschaftstypus, und glücklicherweise dauerte Hitlers Herrschaft nur von 1933 bis 1945, im Vergleich zu den fast 70 Jahren sowjetischer Herrschaft.

Ein Test für den Grad der Hingabe an die verschiedenen Regime könnte die Reaktion auf die drohende Niederlage im Zweiten Weltkrieg sein. Ohne Frage waren die italienischen Eliten, einschließlich der 19 von 26 Stimmen im Gran Consiglio der Partei am 24. Juli 1943, nicht willens, Mussolini bis zum bitteren Ende zu unterstützen, während die Saló-Republik noch immer einige Unterstützung aktivieren konnte. Der Unterschied zu Hitler-Deutschland könnte nicht größer sein: Die Verschwörung von 1944 gewann keine Unterstützung und konnte dies auch nicht; es gab nicht einmal am Ende Rebellionen oder Massendesertionen. Lag dies an der Identifikation mit dem Regime, am Patriotismus oder nur an der Disziplin und der Angst? Oder lag es an dem ansonsten drohenden Einmarsch der Sowjetunion? Aber dann müssten wir immer noch fragen, warum der Widerstand an der Westfront nicht schneller zusammenbrach. In anderen Ländern der Allianz begannen die autoritären Führer um Frieden und Kapitulation anzusuchen, auch wenn noch mehr oder weniger zahlreiche Kräfte bis zum Ende kämpften. Wie viele waren durch ihre ideologische Überzeugung motiviert? Oder lag es an der Angst vor Vergeltung für ihre Taten? All diese Fragen verdienten eine systematische und vergleichende Untersuchung.

Ein begrenzter Pluralismus und das Fehlen einer ausgearbeiteten und verpflichtenden Ideologie sowie die geringere Dichte des Parteinetzes ließ viel mehr Raum für Teilopposition, Semiopposition und in einigen Fällen a-legale, aber nicht *illegale* Opposition.[81] Diese Formen der Opposition sind in einem wirklich totalitären Regime nicht möglich. Der Umfang der inneren intellektuellen-ideologischen Debatte, die für eine beachtliche Zeitspanne im faschistischen Italien toleriert wurde (manchmal unter dem *Schirm* der Parteiführer oder Organisationen), und des nicht-politisierten intellektuellen Lebens ist einer der Gründe, den totalitären Charakter des Regimes in Frage zu stellen.

XXIII. Faschismus und autoritäre Regime nach 1945

Das Verhältnis zwischen autoritären Regimen nach 1945 und dem Faschismus war der Gegenstand erheblicher Polemik. Wenn Faschismus als antidemokratisches, nicht-kommunistisches politisches System definiert würde, wäre die Antwort leicht. Wenn Faschismus nicht eine bestimmte politische Bewegung mit einzigartigen Merkmalen darstellt, die sich von

[81] Linz, Juan J.: Opposition in and under an Authoritarian Regime: The Case of Spain, in: Dahl, Robert A. (Hg.): Regimes and Oppositions, New Haven: Yale University Press 1973, S. 171-259; s. S. 197-199. Linz, Juan J.: L'opposizione in un regime autoritario. Il caso della Spagna, in: Storia contemporanea 1, 1, Marzo 1970. S. 63-102.

präfaschistischen, konservativen und autoritären politischen Konzepten der Zwischenkriegsjahre unterscheidet, gibt es keinen Anlass für diese Frage. Weil wir aber von der Annahme ausgegangen sind, dass es ein spezifisches historisches Phänomen gibt, das wir Faschismus nennen können und das faschistische Bewegungen wie faschistische Regime umfasst, bleibt diese Frage relevant.

Obwohl es eine Reihe von neofaschistischen Parteien gegeben hat, von denen ein paar einige Wählerstimmen gewonnen haben, und eine Anzahl von neofaschistischen Organisationen, von denen einige sich terroristisch betätigt und so zu der Krise demokratischer Regime beigetragen haben, haben sie doch keine größere Rolle in diesen Krisen gespielt, noch haben sie zu einer Machtübernahme geführt. Nur wenn wir einige extrem rechte Organisationen in Argentinien sowie faschistische Organisationen und vielleicht die *Patria y Libertad* in Chile berücksichtigen, können wir den Faschismus beim Zusammenbruch von Demokratien und beim Aufstieg autoritärer Regime für noch immer relevant halten.[82]

Seit 1945 gab es in keinem Land faschistische Massenbewegungen, die auch nur entfernt mit der NSDAP oder auch nur den italienischen Faschisten vor 1922 und der Eisernen Garde in den dreißiger Jahren vergleichbar gewesen wären. Das Debakel des Krieges und das Grauen des Nationalsozialismus haben jede Massenanziehungskraft einer Partei, die sich selbst als neofaschistisch bezeichnet oder auch nur in ihrem Auftreten und ihrer Ideologie einer faschistischen Bewegung ähnelt, zerstört.[83] Neofaschismus ist ein Überlebender. Die Gruppen, die sich mit den Symbolen der Vergangenheit identifizieren, sind eher lächerlich als tragisch. Das bedeutet aber nicht, dass bestimmte Elemente des faschistischen Erbes nicht unerwartet irgendwann irgendwo wieder auftauchen. Aber diese unheimliche Ähnlichkeit kann uns nicht dazu verleiten, diese Bewegungen als faschistisch zu interpretieren, wie es manchmal mit dem studentischen Radikalismus der 60er Jahre, mit verschiedenen Terroristengruppen der Linken und mit der ETA im Baskenland geschieht. Wie das römische Imperium Säulen hinterließ, die von den Christen zum Bau romanischer Kirchen und von den Moslems zum Bau von Moscheen verwendet wurden, so werden die Scherben des faschistischen Erbes heute verwendet, weil sie entweder als nützlich oder als attraktiv empfunden werden. Aber wie wir nicht die Gebäude, die römische Steine enthalten, römisch nennen

---

82 Huneeus, Carlos: El régimen de Pinochet, Santiago de Chile, Editorial Sudamerican Chilena 2000. S. Kapitel VII: La elite civil. El ‚gremialismo' y el papel de Jaime Guzman, S. 327-388 – eine der wenigen intellektuellen Ausarbeitungen des Autoritarismus in Lateinamerika während der letzten Dekaden, der aber nicht institutionalisiert werden konnte.

83 Linz, Juan J.: Fascism is dead. What legacy did it leave? Thoughts and questions on a problematic period of European history, in: Larsen/Hagtvet, op. cit. S. 19-54.

würden, sollten wir diese politischen Phänomene auch nicht faschistisch nennen.

Dem könnte entgegen gehalten werden, dass, obgleich es keine faschistische Bewegung von Bedeutung gibt, sehr wohl Regime existieren, die die Bezeichnung faschistisch verdienen.[84] Dies hängt von der Definition des faschistischen Regimes ab. Offensichtlich ist es bei der Verwendung bestimmter Definitionen möglich, viele Regime als faschistisch zu bezeichnen. Wenn wir allerdings bestimmte Elemente für entscheidend halten – wie das Vorhandensein einer bürokratischen Partei mit mobilisierten Massenmitgliedschaften, an die Organisationen als Bestandteil des faschistischen Regimes angegliedert sind, die die Gesellschaft durchdringen – so wird diese Zuordnung fragwürdig. Tatsächlich bemühen sich die autoritären Regime heutzutage darum, in ihre Ideologie nicht Auftreten, Rhetorik und Organisation aufzunehmen, die als Elemente leicht als faschistisch identifiziert werden können. Sie verkünden mit mehr oder weniger – meist weniger – großer Aufrichtigkeit, dass sie nur eine vorrübergehende Reaktion auf die Krise einer Gesellschaft sind, *régimes d'exception*, um die Rückkehr zu einer erneuerten Demokratie zu ermöglichen. Dieses Bekenntnis bedeutet unabhängig von seiner Aufrichtigkeit eine fundamentale Schwäche in ihrer Legitimation – sogar gegenüber ihren Unterstützern, und ist ein wichtiger Faktor für ihre Instabilität und für die Prozesse der Redemokratisierung, die in Südamerika stattgefunden haben. Im Unterschied zu den wirklich faschistischen Regimen behaupten sie nicht, die Welle der Zukunft zu sein, einen historischen Durchbruch zu repräsentieren, eine Alternative zu Demokratie und Kommunismus zu sein, ein Beispiel also, das überall Gefolgschaft finden werde. Ihr Anspruch ist es, die Lösung für eine bestimmte Gesellschaft in einem bestimmten Augenblick zu sein. Während in den dreißiger Jahren auch die nicht-faschistischen autoritären Regime sich bemühten, faschistisch zu scheinen, und sich durch eine Nachahmung der wirklichen Faschisten auszeichneten, nehmen die heutigen autoritären Regime pseudo- oder semi-demokratische Formen an.

Der Umstand, dass keine führende Nation in bezug auf die Machtlage, den wirtschaftlichen Erfolg, die kulturelle Kreativität und die militärische Stärke den autoritären Weg gewählt hat und so als Beispiel dienen könnten, schafft für die heutigen autoritären Regime (vielleicht mit Ausnahme des Irans) eine völlig andere Situation als in den zwanziger und dreißiger Jahren, als zwei große Länder wie Italien und später Deutschland ein Modell bildeten.

---

[84] Zur Verwendung des faschistischen Etiketts für zeitgenössische autoritäre Regime, s. die hervorragende Erörterung von: Trindade, Helgio: La question du fascisme en Amérique Latine, in: Revue française de Science Politique, Vol. 33, 2 (April 1983) S. 281-312, und García Méndez, Emilio: L
eoría del Estado en America Latina: modelo para armar, in: Sistema, 60-61 (Juni 1983) S. 21-36, besonders S. 24-29.

Keines der heutigen autoritären Regime hat eine Ideologie oder institutionelle Organisationsformen entwickelt, die sich als funktionales Äquivalent zu denen des Faschismus darstellen ließen. Der Tod des Faschismus ist daher eine wichtige Ursache für die Schwäche, das Schwanken und die beständigen Widersprüche der nicht-kommunistischen autoritären Regime. Es ist kein Zufall, dass keines außerhalb seiner Grenzen begeisterte Unterstützer unter den Jugendlichen, den Studenten und den angesehenen Intellektuellen gefunden hat, wie dies den faschistischen Regimen in der Vergangenheit gelang. Faschismus ist relevant für unser ex-negativo-Verständnis dieser Regime.

Es gibt jedoch gute Gründe, warum die Gegner dieser Regime dazu neigen, sie als faschistisch anzusehen und zu interpretieren, auch wenn sie häufig Ausdrücke wie „Nach-Faschismus", „Neo-Faschismus", „militärischer Faschismus" verwenden. Ich vermute, dass diese Bezeichnungen, wie auch die einer „organischen", „vormundschaftlichen" „Basis- oder Volksdemokratie" nur dazu dienen, die Tatsache zu verschleiern, dass es sich nicht um denselben Gegenstand handelt, auch wenn man aus politischen oder intellektuellen Gründen wünschen würde, es wäre so. Diese Regime als faschistisch einzuordnen, macht es leichter, ihre Legitimation in Frage zu stellen und eine Opposition derjenigen zu mobilisieren, die wenig von diesen Regimen wissen. Es gibt jedoch auch viele wissenschaftliche und sogar politische Nachteile bei diesem Vorgehen. Eine solche Einordnung trägt zu mangelndem Verständnis des Wesens dieser Regime bei, der Quellen ihrer Schwäche, ihrer inneren Bewegung, der Ansatzpunkte für oppositionelle Politik, und führt zur Verwirrung, wenn sie die Entstehung solcher Regime erklären soll. Ohne die in einiger Hinsicht vorhandenen Ähnlichkeiten zu leugnen – und dabei meine ich nicht nur ihren repressiven Charakter-, bin ich davon überzeugt, dass die Anwendung der Analyse faschistischer Regime auf autoritäre Regime heutzutage nicht nur wissenschaftlich, sondern auch politisch in die Irre führen kann.

Wir sollten uns nicht von der Hervorhebung der Repression und des Terrors leiten lassen, weil wir diese Phänomene in vielen nicht-demokratischen Regimen in einer Intensität und in Formen vorfinden, die sich nicht systematisch zu dem mehr oder weniger faschistischen, oder sogar dem mehr oder weniger totalitären Charakter dieser Regime in Beziehung setzen lassen. Zweifellos war Mussolinis Italien näher am Idealmodell des Faschismus und des Totalitarismus als Francos Spanien, aber zweifellos war die Unterdrückung in Spanien viel brutaler. Daher bedeuten Zweifel an der Nützlichkeit, heutige autoritäre Regime mit dem Faschismus-Konzept zu begreifen, keineswegs, dass man ihren repressiven Charakter und die moralische Empörung, die sie verdienen, in Frage stellt.

XXIV. Schluss

Unsere Bemühung, einige der vielschichtigsten Felder der Politik (außerhalb von stabilen Demokratien) miteinander zu verbinden, verfolgte verschiedene Zwecke: 1. eine sorgfältigere Beschreibung, bessere Erhebungen und präzisere Konzeptualisierungen zu erreichen; 2. die Aufmerksamkeit auf die Schwäche „funktionalistischer" Interpretationen zu lenken, die bei der Erklärung der Unterschiede autoritärer Regime und faschistischer Bewegungen sowie ihrer ideologischen Elemente die Krise, welche zur Etablierung nicht-demokratischer Regime führte, die vermutlichen Motive der sozialen Akteure und die vermutlichen Bedürfnisse eines „Systems" in den Mittelpunkt stellten; und 3. die Bedeutung dieser ideologischen Elemente in bezug auf die Probleme der Konsolidierung, der Legitimierung, der Krise und des Übergang zur Demokratie festzuhalten.

Auch wenn wir auf das Problem der Anziehungskraft des Faschismus hier nicht näher eingegangen sind, sollten wir nicht die Mobilisierung des Idealismus der Jugend, der Studenten und sogar der Intellektuellen von Rang vergessen. Eine solche Mobilisierung erreichen die gegenwärtigen autoritären Gegner der Demokratie glücklicherweise nicht.

Viele, allzuviele Probleme mußten in dieser Untersuchung der nicht-demokratischen Politik unerforscht bleiben, vor allem die Erklärung des Ausmaßes und der Formen von Gewalt und der Unterdrückung sowie der unmenschlichen Ausmaße, die sie angenommen haben. Die Unterscheidung von totalitären Systemen und autoritären Regimen liefert uns keine vollständige Antwort, noch haben wir eine Erklärung dafür, warum autokratische und nicht-demokratische Regime im 19. Jahrhundert eine Achtung gegenüber ihren politischen Gegnern hatten, die im 20. Jahrhundert verloren ging, und warum einige Regime sich damit zufrieden gaben, Zwang rational auszuüben, und andere unnötige Rache und Brutalität gegen Mitmenschen vorziehen. Es besteht ein Bedarf für eine eher systematische vergleichende Analyse der Vielfalt der Formen und der Intensität von Staatsrepression und Staatsterrorismus, Brutalität und Grauen, welche bestimmte Faktoren enthüllen könnte, welche sich nicht direkt mit dem Herrschafts- oder Ideologietypus in einen Zusammenhang bringen lassen.

Die Untersuchung des kurzen 20. Jahrhunderts, Faschismus und Kommunismus, des Zusammenbruch der Demokratie, der totalitären und autoritären Regime, sollte und kann einen Beitrag für ein positives Bekenntnis zur Demokratie, zum Rechtsstaat, zu Freiheit und liberalen Werten, zum den Werte- und Interessenpluralismus widerspiegelnden Parteienwettstreit, zur Achtung eines angemessenen Raumes für die Religion und die Kirchen, zur Rolle des Marktes, der Unternehmer, der Gewerkschaften und Interessengruppen, kurz: zur Vielschichtigkeit der Gesellschaft leisten, die die totalitären Regime zerstören und die autoritären Regime beschränken wollten. Ein Bekenntnis zur Verteidigung einer Gesellschaft, in der – um ein Wort eines katalanischen und spanischen Politikers zur Kritik des aus der Auflösung von Österreich-Ungarn geborenen Nationalismus zu verwenden – „niemand glücklich, aber auch niemand verzweifelt war."[85]

Auswahl meiner Schriften zu diesem Thema:

Totalitarian and Autoritarian Regimes, in: Polsby, N./Greensstein, F. (Hg.): Handbook of Political Science, Vol. 3 (1975), Reading/Mass. S. 175-411. Neudruck als Buch mit einer neuen Einleitung bei Boulder CO, Lynne Rienner, 2000. Deutsche Übersetzung: Totalitäre und Autoritäre Regime, hg. v. Raimund Krämer, Berlin 2000.

The Future of an Autoritarian Situation or the Institutionalization of an Authoritarian Regime. The Case of Brazil, in: Stepan, A. (Hg.): Authoritarian Brazil. Origins, Policies and Future, New Haven, Yale University Press, 1973. S. 233-254.

Opposition to and under an Authoritarian Regime. The Case of Spain, in: Dahl, Robert A. (Hg.): Regimes and Oppositions, New Haven, Yale University Press, 1993, S. 171-259.

Political Space and Fascism as a Late-Comer, in: Larsen, Ugelvik/Hagtvet, Bernt/ Myklebust, Jan Peter (Hg.): Who were the Fascists. Social Roots of European Fascism, Bergen: Universetetsforlaget 1980. S. 153-189.

From Falange to Movimiento-Organización. The Spanish Single Party and the Franco Regime, 1936-1968, in: Huntington, S.P./Moore, C.H. (Hg.): Authoritarian Politics in Modern Societies. The Dynamics of Established One Party Systems, New York: Basic Books, 1070. S. 128-303.

The Breakdown of Democratic Regimes. Crisis, Breakdown and Reequilibration, in: Juan J. Linz/Alfred Stepan (Hg.): The Breakdown of Democratic Regimes, Baltimore: John Hopkins University Press 1978. S. 3-130.

From Great Hopes to Civil War: The Breakdown of Democracy in Spain, in: Juan J. Linz/Alfred Stepan (Hg.): The Breakdown of Democratic Regimes, Baltimore: John Hopkins University Press 1978. S. 142-219.

Totalitarianism and Authoritarianism. My Recollections on the Development of Comparative Politics, in: Alfons Söllner, Ralf Walkenhaus, Karin Wieland (Hg.): Totalitarismus. Eine Ideengeschichte des 20. Jahrhunderts, Berlin 1997. S. 141-157.

Some Notes Toward a Comparative Study of Fascism, in: Walter Laqueur (Hg.): Fascism. A Reader's Guide, Berkeley: University of California Press 1976. S. 8-121.

Political Space and Fascism as a Late-Comer. Conditions Enclusive for the Success or Failure as a Mass Movement in Interwar Europe, in: Larsen, Ugelvik/Hagtvet, Bernt/Myklebust, Jan Peter (Hg.): Who were the Fascists. Social Roots of European Fascism, Bergen: Universetetsforlaget 1980. S. 153-191.

Typen politischer Regime und die Achtung der Menschenrechte: Historische und länderübergreifende Perspektiven, in Jesse, Eckhard (Hg.): Totalitarismus im 20. Jahrhundert. Eine Bilanz der internationalen Forschung, Bonn: Bundeszentrale für politische Bildung 1999. S. 519-571.

---

85 Cambó, Francesc: Meditaciones. Dietari (1936-1940), Barcelona: Alpha 1982. S. 574-575.

Eine erste Fassung dieses Aufsatzes wurde auf der Internationalen Konferenz über den Faschismus, die unter der Leitung von Alberto Spreafico stattfand, vorgestellt. Ich möchte mich für die Anmerkungen, die von verschiedenen Teilnehmern des Treffens und der Konferenz zum Totalitarismus in Genf 1998 gemacht wurden, erkenntlich zeigen.

Ich danke meiner Gattin Rocío de Terán für ihre beständige Hilfe und die Redigierung meiner Texte. Ohne ihre Hilfe wäre dieser Aufsatz - wie viele andere - nicht fertig geworden.

(aus dem Amerikanischen übersetzt von Katrin Mey)

Übersicht I: Europäische Staaten, Erster Weltkrieg und Demokratie

	Staaten vor dem Ersten Weltkrieg	**Staaten, die nach dem Ersten Weltkrieg Unabhängigkeit erlangten**	**Zusammengebrochene Reiche und Folgestaaten**	**Summe**
Stabile Demokratien	Dänemark (N) Luxemburg (N) Niederlande (N) Norwegen (N) Schweden (N) Schweiz (N) Belgien (S) Frankreich (S) Großbritannien (S)	Finnland Tschechoslowakei (S) Irland		
Summe	8	3		12
Demokratien in der Krise oder mit einem fehlgeschlagenem Demokratieprozess	Spanien 1923, 1936 (N) Italien (S) Rumänien (S) Griechenland (S, B) Bulgarien (B) Portugal (S)	Polen (S) Jugoslawien (S) Lettland Litauen Estland	Russland-UdSSR (B) Türkei (B) Ungarn (B) Österreich (B) Deutschland (B)	
Summe	6	5	5	16
Insgesamt	15	8	5	28

N - neutral
S - Sieger
B - Besiegter

Übersicht II: Monarchien und Republiken während der Zwischenkriegsjahre und demokratische Stabilität

	Monarchien	**Republiken**	**Summe**
Stabile Demokratien	Großbritannien Dänemark Norwegen Schweden Niederlande Belgien Luxemburg	Schweiz Frankreich Finnland Tschechoslowakei	
Summe	7	5	12
Demokratien in der Krise oder mit einem fehlgeschlagenem Demokratieprozess	Spanien 1936 Italien Jugoslawien Rumänien Bulgarien Griechenland	UdSSR Türkei Polen Ungarn Portugal Deutschland Österreich Litauen Lettland Estland Spanien (1939)	
Summe	6	11	17*
Insgesamt	13	16	29*

* Spanien wird zweimal gezählt

F. Interpreten des Totalitarismus: eine lexikalische Übersicht

Die folgende Übersicht enthält Personen, die entweder einen eigenständigen Beitrag zur Totalitarismustheorie bzw. zum Konzept der Politischen Religionen oder zu beidem geleistet haben. Sie ist das Nebenprodukt der Arbeit am systematischen Teil und versteht sich als Ergänzung desselben, um den Nachweis der Anstöße aus einem umfangreichen Literaturbestand (unter Einbeziehung Osteuropas!), die unseren Ansatz bestätigen, abwandeln, ergänzen oder kritisieren, ohne dass alle im einzelnen hier ausführlich erörtert werden könnten.

Die Redaktion lag in den Händen von Katrin Mey unter Mitarbeit von Ines de Andrade, Felix Dirsch, Karl-Friedrich Herb, Jiri Holub, Winfried Hover, Nino Nodia, Ludwig Remmler, Michael Schäfer, Hans Otto Seitschek, Harald Seubert, Thomas Stark und Hans Maier.

Adler, Hans Günther

Deutscher Historiker und Theologe jüdischer Herkunft, geboren 1910 in Prag; gestorben am 21. August 1988 in London; Studium an der deutschen Universität in Prag, Promotion über Klopstock und die Musik; 1942 Deportation nach Theresienstadt; nach der Befreiung zunächst als Lehrer in Prag; für sein umfangreiches wissenschaftliches und literarisches Werk wurde er mit zahlreichen internationalen Preisen ausgezeichnet.

Werk

Adler legte mit seiner dreiteiligen monumentalen Studie *Der verwaltete Mensch. Studien zur Deportation der Juden aus Deutschland* (Tübingen 1974) eine Theorie des Verhältnisses von Verwaltung und Regierung vor. Grundlage ist die systematisch-historische Darstellung der Deportationen unter Einbeziehung von Einzelschicksalen aus den Akten. Dem Menschen muss, damit ein verbindlicher hoheitlicher Akt mit Befehlscharakter zustande kommt, immer die Exekutive gegenübertreten, niemals die Verwaltung, die rein sachlich handelt und den Menschen daher nie verpflichten und beliebig handhaben darf. Am Beispiel der

Polizei im nationalsozialistischen System weist Adler nach, dass die Preisgabe der Gewaltentrennung notwendig zu einem totalitären System, zur Staatssklaverei führen muss, weil der Mensch dann zur bloßen Sache, zum Objekt der Verwaltung degradiert wird und sich keinem Verantwortlichen mehr gegenüber sieht. Diese Einschätzung Adlers ähnelt der Hannah Arendts, die ebenfalls in der „Vermassung", in dem Aufgehen des Unterschieds von Opfer und Täter in einem unmenschlichen Technizismus ein entscheidendes Merkmal des Totalitarismus erblickt.

Adorno, Theodor W.

Deutscher Philosoph, Musik- und Sozialwissenschaftler; geboren am 11. Dezember 1903 in Frankfurt am Main; gestorben am 6. September 1969 in Brig (Schweiz); Studium der Philosophie, Psychologie, Musikwissenschaft und Soziologie; 1924 Promotion über die Antinomien in Husserls Phänomenologie; Beginn der Freundschaften mit Max Horkheimer und Alban Berg; 1930/1931 Habilitation über Kierkegaard; seit 1931 Leiter des Instituts für Sozialforschung (Frankfurt am Main, dann Genf, später New York, seit 1950 wieder Frankfurt am Main); 1933 Entzug der venia legendi; Emigration nach Oxford; 1938 nach New York; dort mit Max Horkheimer Reformulierung der Kritischen Theorie; 1942-1944 Arbeit mit Max Horkheimer an der *Dialektik der Aufklärung* in Los Angeles; 1944-1949 Direktor des Research Project on Social Discrimination, das die Struktur der autoritären Persönlichkeit untersucht; seit 1950 außerplanmäßiger Professor für Philosophie und Soziologie in Frankfurt am Main, von 1956 an Ordinarius; 1952/1953 wissenschaftlicher Leiter der Hacker Foundation/Kalifornien; 1966 Erscheinen der *Negativen Dialektik*; Vortragsreisen im In- und Ausland; nach zunehmender Kritik an der Frankfurter Schule resignierter Rückzug.

Werk

Zusammen mit Horkheimer unternimmt Adorno in *Dialektik der Aufklärung* (Frankfurt/Main 1947) eine psychologisch-anthropologische Annäherung an das Phänomen des Totalitarismus. Individualpsychologisch nimmt der Mensch in der Erfahrung seiner äußersten Ohnmacht eine „pathische Projektion" vor – das heißt, er sucht sich für alles, was er nicht kann und nicht erträgt und was ihm versagt bleibt, ein Objekt – meist Schwächere –, auf die er alle Leiden und Schwächen projiziert, um sich dann durch Gewalthandlungen von ihnen zu befreien. Da es sich dabei um einen allein in dem einzelnen Menschen begründeten Vorgang handelt, ist das Objekt der „pathischen Projektion" beliebig – es muss nur auffallen und ohne Schutz sein: Juden, Vagabunden, Protestanten, Katholiken usw., die ihrerseits in der entsprechenden Machtposition eine ebensolche Projektion vornehmen würden.

Dieser allgemeine psychologische Befund wird von Horkheimer und Adorno in „Vorurteil und Charakter" zur Untersuchung des spezifisch „totalitären Charakters" herangezogen, um den Übergang von der Individualpsychologie zum kollektiven Handeln zu erklären. Wesensmerkmal des „totalitären Charakters", der Hannah Arendts Massenmenschen entspricht, ist seine Autoritätsgebundenheit und sein aus der Schwäche geborenes Verlangen, sich selbst in einem großen Ganzen zu verlieren. Die „pathische Projektion" richtet sich dann gegen alles Andere, gegen alles, was diesen auflösenden Integrationsprozeß stört. Die Zerstörung seiner selbst, die sich durch die Auflösung im Kollektiv vollziehen soll, projiziert der Mensch wieder als Zerstörungswillen auf den Anderen, um dessen Zerstörung zu rechtfertigen; so ist für den „totalitären Charakter" sein Opfer immer der zerstörerische Feind. „Die ‚Dekadenz' der Opfer ist ein Schlagwort der totalitären Henker aller Schattierungen." (368 f.)

Horkheimer/Adorno leisten mit ihren Analysen zwar keinen spezifischen Beitrag zu einer Konzeption der „politischen Religion", legen aber einen differenzierten anthropologisch-soziologischen Befund vor, der den Ort der Kategorie der politischen Religion bei der Deutung totalitärer Regime greifbarer macht.

Aron, Raymond

Französischer Soziologe und Publizist; geboren am 14. März 1905 in Paris; gestorben am 17. Oktober 1983 in Paris; Studium der Philosophie, anschließend Lektor an den Universitäten Köln und Berlin; 1938 Habilitation; 1940-1944 Anschluss an die Widerstandsbewegung des „Freien Frankreich" in London; Chefredakteur von „La France Libre"; 1945-1946 Kabinettschef des Informationsministers André Malraux, seit 1947 Mitarbeiter des „Figaro"; 1955 Professor für Soziologie an der Sorbonne; 1970 Professor für Soziologie der modernen Zivilisation am Collège de France; 1976 Präsident der Académie des Sciences Morales et Politiques; Politischer Direktor des „Figaro"; 1977 Abschied vom „Figaro", Mitarbeiter von „L'Express"; 1979 Goethe-Preis der Stadt Frankfurt am Main.

Werk

Aron als Theoretiker des Totalitarismus und der Internationalen Politik des Neomarxismus prägte in Abgrenzung zum Begriff der „politischen Religionen", an dem er sich zunächst orientierte, den Begriff der „religion séculière": dieser macht die Entscheidung, ob es sich beim Marxismus um eine Religion (dafür spricht seine Eschatologie) oder um eine Anti-Religion handelt (dafür spricht seine Ablehnung der religiösen Entfremdung) überflüssig, da es sich so oder so um Lehren handelt, die „in den Seelen der Zeitgenossen den Platz des verschwundenen Glaubens einnehmen und hier auf Erden, in der Ferne der Zukunft und unter der Form einer zu schaffenden sozialen Ordnung das Heil der Menschheit situieren." Nationalsozialismus wie Marxismus stellen eine Deutung der Vergangenheit, der Gegenwart und der Zukunft auf, deren Wahrheit sie durch die eigene Tat beweisen wollen. So zeichnen sich die totalitären Bewegungen durch zwei Wesensmerkmale aus: zum einen durch ihren manichäischen Charakter, zum anderen durch ihre Heilsversprechen. Der manichäischen Ideologie als erschaffenes Katastrophenszenario von Gut und Böse (Führer und fremde Völker) wird ein Heilsversprechen an die Seite gestellt, das in dem nationalsozialistischen Begriff des „tausendjährigen Reiches" die religiösen Hoffnungen der Menschen auf eine erlöste Welt der Ordnung des Friedens aufnimmt.

In *L'essence du totalitarisme* (in: Critique, Januar 1954, 51-70) sieht Aron im Totalitarismus den Versuch, über den Menschen eine „totale – innere und äußere – Herrschaft auszuüben, die sie ihrer Eigenschaft als Mensch beraubt" – in dieser Deutung weiß er sich mit Hannah Arendt einig, die ebenfalls im Terror ein Wesensmerkmal des Totalitarismus erblickt. Die Einschmelzung jedweder Andersheit durch Ideologie und Terror beseitigt den Menschen als Gegenüber einer Handlung.

Arendt, Hannah

Deutsch-jüdische Philosophin, geboren 1906 in Hannover, aufgewachsen in Königsberg; gestorben 4. Dezember 1975 in New York; 1924 externes Abitur; anschließend bis 1928 Studium der Philosophie, Theologie und Klassischen Philologie in Marburg unter anderem bei Heidegger, in Freiburg bei Heidegger und in Heidelberg bei Jaspers; bei letzterem promovierte sie mit der Arbeit *Der Liebesbegriff bei Augustin.* 1929 Heirat mit Günther Stern; im folgenden Jahr Beginn der Arbeit an *Rahel Varnhagen*, die 1938 fertiggestellt wird. 1933 kurze Inhaftierung in Berlin und danach Flucht nach Paris; sei 1933 Tätigkeit für die Jugend-Alijah; 1937 Scheidung von Stern; Freundschaft u.a. mit Walter Benjamin, der ihr und Heinrich Blücher seine „geschichtsphilosophischen Thesen" anvertraut, die sie mit nach New York nimmt und Adorno übergibt; 1940 Heirat mit Heinrich Blücher; nach einer vorübergehenden Internierung im Konzentrationslager Gurs (Südfrankreich) Flucht mit ihrem Mann nach Spanien und Portugal; 1941 Emigration in die USA. 1941–1944 Mitarbeit bei der deutsch-jüdischen Wochenzeitung „Der Aufbau"; 1944 erscheint ihr Aufsatz *The Jew as Pariah: A Hidden Tradition* in den „Jewish Social Studies"; 1944-1948 Mitarbeiterin (research director) bei der Conference on Jewish Relation und der Comission on European Jewish Cultural Reconstruction; 1946-1948 Cheflektorin beim Schocken-Verlag; 1949-1952 Geschäftsführerin (executive director) der o.g. Commission; 1951 erscheint ihr Buch *The Origins of Totalitarianism*, im gleichen Jahr nahm sie die amerikanische Staatsbürgerschaft an. 1959 Lessing-Preis der Stadt Hamburg; 1961 Teilnahme am Eichmannprozeß in Jerusalem als „reporter" für den „New Yorker", gleichzeitig *Between Past and Future. Six Exercises in Political Thought*; 1963 Veröffentlichung von *Eichmann in Jerusalem. A Report on the Banality of Evil*; im gleichen Jahr erschien auch *On Revolution*; 1963-1967 Professur an der Universität Chicago; 1967 erschien ihr Artikel *Truth and Politics* in „The New Yorker" und sie erhielt den Sigmund-Freud-Preis der Deutschen Akademie für Sprache und Dichtung; 1967 bis zu ihrem Tod Professur an der New School for Social Research in New York; 1969 Tod Karl Jaspers', im folgenden Jahr Tod ihres Mann Heinrich Blücher; 1970 *On Violence, Civil Disobedience* (in „The New Yorker") und ihre Vorlesung über Kants politische Philosophie; 1973 hielt sie die Gifford-Lectures in Aberdeen/Schottland über *Thinking*, 1974 über *Willing* (abgebrochen wegen Herzinfarkt); 1975 Sonning-Preis für Verdienste um die europäische Kultur.

Werk

Insbesondere in ihren Werken *The Origins of Totalitarianism* (New York 1951), *The Human Condition* (Chicago 1958) und *Eichmann in Jerusalem* (New York 1963) setzt sich Hannah Arendt mit den anthropologisch-politischen Voraussetzungen des Nationalsozialismus und des Stalinismus auseinander; sie beobachtet in den totalitären Phänomenen einen Bruch mit der Aufklärung und mit der politischen Tradition der Philosophie; Ursache für diesen Bruch ist eine Entpolitisierung des Denkens; nicht mehr das Andere und die Andersheit wird bedacht, sondern nur noch das Eine bis hin zur Vermassung des Menschen und zum Ende des Denkens überhaupt. Der Dialog, dessen Voraussetzung das Gegenüber zweier Menschen und die Lücke zwischen ihnen ist, verschwindet. So kommt Arendt zu dem Schluss, dass der Totalitarismus die Natur des Menschen verändert. Nur durch eine Rückbesinnung und Bewahrung der antiken politischen Philosophie und der Tradition der Aufklärung kann das Menschsein zurückgewonnen werden.

Assmann, Jan

Deutscher Ägyptologe; geboren am 7. Juli 1938 in Langelsheim/Harz, Studium der Ägyptologie, Klassischen Archäologie und Gräzistik in Heidelberg, München, Göttingen und Paris; 1965 Promotion in Heidelberg; 1971 Habilitation in Heidelberg; seit 1976 ordentlicher Professor für Ägyptologie in Heidelberg; Mitglied der Heidelberger Akademie der Wissenschaften; 1988-1990 Gastprofessuren in Yale, Paris und Jerusalem; Forschungs- und Veröffentlichungsschwerpunkte: Religions- und Literaturgeschichte des Alten Ägypten, archäologisch-epigraphische Auswertung gefährdeter Grabanlagen, vornehmlich des 14. und 13. Jahrhunderts v. Chr. in Theben (Oberägypten).

Werk

Assmann kehrt in seinem Aufsatz *Politische Theologie zwischen Ägypten und Israel* (= Themen. Eine Privatdruckreihe der Carl Friedrich von Siemens-Stiftung, hrsg. v. H. Meier, Heft 52, München 1992) die These Carl Schmitts, dass alle Begriffe der modernen Staatslehre säkularisierte theologische Begriffe seien, um: Einige zentrale Begriffe der Theologie sind theologisierte politische Begriffe. Dies weist er für das alte Ägypten an den Begriffen „Zorn" und „Liebe" nach; diese wurden zunächst in der politischen Sphäre geprägt und erst später in die Sphäre des Theologischen übertragen. Diese Übertragung fand allerdings im kulturellen Milieu einer „primären Religion", statt, die an die Grunderfahrungen des Daseins anknüpft. Auch für Israel, das dann zu einer weiterentwikkelten Form der Religion kommt, weist Assmann am Begriff des „Zorns" nach, dass es sich bei diesem um einen theologisch aufgeladenen, ursprünglich politischen Begriff handelte. Mit Blick auf die „politischen Religionen" der totalitären Systeme konstatiert er auch dort eine „religiöse Dimension" des Politischen, die sich durch reine Innerweltlichkeit und Intranszendenz auszeichnet. Der von Assmann beschriebene Prozeß der Theologisierung der politischen

Vorgänge arbeitet mit einem Religionsbegriff, der sich an Scholz, Guardini, Otto und van der Leeuw anschließen lässt.

Bärsch, Claus-Ekkehard

Politikwissenschaftler, geboren am 3. Oktober 1939 in Weimar; 1957 Abitur in Leipzig; 1958-1968 Jurastudium in München; anschließend dort Referendariat und Assessorexamen; 1972 Promotion bei Eric Voegelin zum Dr. phil. an der Ludwig-Maximilians-Universität München; 1977 Habilitation mit venia legendi für Politische Wissenschaft und Sozialphilosophie; seit 1981 Professor für Politische Wissenschaft an der Gerhard-Mercator-Universität Duisburg; 1990-1991 Lehrtätigkeit an der Humboldt-Universität Berlin; 1991-1993 Lehrtätigkeit an der Universität Potsdam; 1993-1996 Direktor des Salomon-Ludwig-Steinheim Instituts für deutsch-jüdische Geschichte; 1996 Gründung des Instituts für Religionspolitologie in Duisburg.

Werk

In seiner Studie *Die politische Religion des Nationalsozialismus* (München/Paderborn ^{2}2002) untersucht Bärsch vornehmlich auf der Grundlage einer Exegese von Hitlers *Mein Kampf* und Rosenbergs *Mythus des 20. Jahrhunderts* die religiöse Dimension des Nationalsozialismus. Für ihn steht dabei nicht so sehr die Untersuchung der Religion im Vordergrund, sondern die in „Gesellschaft und Geschichte" (11) handelnden Menschen, die einer Weltanschauung folgen und sich durch die Inhalte der totalitären Ideologie genauso leiten lassen wie durch religiöse Inhalte. Die Kraft der Religion machte sich der Nationalsozialismus in seiner Ideologie zunutze. Begriffe wie „Volk, Nation, Rasse", „Drittes Reich", „Führer" und „Antisemitismus" haben religiöse Implikationen; sie gründen in der Postulation eines „Auserwähltseins" in Abgrenzung zu den Nichtauserwählten, die automatisch zu zu vernichtenden Gegnern werden. Darin liegt das religiöse Spezifikum des Nationalsozialismus. „Wird bei der Qualifikation des eigenen Kollektivs, der Festmachung der Identität in Differenz zu anderen Völkern, eine außergewöhnliche und nur das eigene Kollektiv betreffende Relation zu Gott angenommen, hat die NS-Ideologie den Gehalt einer Politischen Religion." (42) Bärsch hat für eine systematische Untersuchung seine „Religionspolitologie" (39) entwickelt, die mit vier Kategorienebenen arbeitet: erstens die Kategorien des Daseins, zweitens die Kategorien des Erkennens, drittens in Anschluss an Voegelin die Kategorien der Politik als Ordnung des Menschen, der Gesellschaft und der Geschichte, viertens die Kategorien des Sinns und der Existenz, die der Frage nach der Religion und religiösen Implikationen Raum bieten. Mit Hilfe dieser Kategorienebenen untersucht Bärsch die Schriften von Dietrich Eckart, Joseph Goebbels, Alfred Rosenberg und Adolf Hitler bezüglich der religiösen Implikationen vor allem in den oben genannten Begriffen.

Bakunin, Michail Alexandrovic

Russischer Revolutionär und Anarchist, geboren am 30. Mai 1814 in Prjamuchino (Gouv. Twer); gestorben am 1. Juli 1876 in Bern; er traf 1844 Proudhon und Karl Marx in Paris. Im Mai 1849 war er in Dresden am Aufstand beteiligt und wurde anschließend inhaftiert; 1851 an Russland ausgeliefert, wurde er 1857 nach Sibirien verschickt. 1861 floh er nach London, wo er sich an der Ersten Internationalen beteiligte, von der er 1872 ausgeschlossen wurde.

Werk

In Bakunins Werk (v.a. *Gott und Staat*, 1871, und *Staatlichkeit und Anarchie*, 1873) geht der individualistische Anarchismus eines Proudhon, der schrankenlose Freiheit für den Einzelnen und Vereinigungsfreiheit fordert, über in den kollektivistischen, revolutionären Anarchismus, der auf eine staaten- und klassenlose Kollektivordnung zielt. Im Unterschied zu Kropotkin fordert Bakunin aber nur Kollektiveigentum an den Produktionsgütern, nicht auch an den Konsumgütern. Im Unterschied zu dem anfänglich gewaltfreien Anarchismus verficht Bakunin individuellen und kollektiven Terror als Instrument zur Herstellung der neuen Ordnung und realisiert diesen auch in zahlreichen Attentats- und Sabotageakten.

Barth, Karl

Schweizer reformierter Theologe, geboren 10. Mai 1886 in Basel, gestorben 10.12. 1968 ebendort. 1904-1908 Studien in Bern, Tübingen und Marburg; Tätigkeit als Pfarrer in Genf und Safenwil (Aargau); nach 1921 Professur in Göttingen, Münster und ab 1930 in Bonn; dort 1935 entlassen wegen der Verweigerung des Treueids auf Hitler. 1935-62 Professur in Basel.

Werk

Zunächst der liberalen Theologie verpflichtet, wendet sich Barth zur Zeit des Ersten Weltkriegs einer biblisch fundierten Reich-Gottes-Theologie zu (*Römerbrief*, Bern 1919). Politisch steht er den religiösen Sozialisten, später der SPD nahe. Seine vielbändige (unvollendete) *Kirchliche Dogmatik* (Zürich 1932 ff.) ist der bedeutendste evangelisch-systematische Entwurf seit Schleiermachers *Glaubenslehre*, von großer Wirkung auch auf die katholische Theologie (Söhngen, Balthasar, Küng). Um eine Ethik des Politischen aus der Christusoffenbarung bemühen sich programmatische Schriften wie *Rechtfertigung und Recht* (Zürich 1938), *Christengemeinde und Bürgergemeinde* (Zürich 1946) und *Politische Entscheidung in der Einheit des Glaubens* (München 1952). Unbestritten sind Barths Verdienste um die Bekennende Kirche und die Formulierung der entscheidenden Positionen im Kirchenkampf, während seine Kritik am Westen, an der Wiederbewaffnung Deutschlands und seine Ermunterung zum kirchlichen Engagement auch unter den Bedingungen des Kommunismus in der Nachkriegszeit vielfach auf Kritik und Widerstand stießen.

In seiner Aufsatzsammlung *Der Götze wackelt? Zeitkritische Aufsätze, Reden und Briefe von 1930-1960* (hrsg.v. Karl Kupisch, Berlin [2]1964) kritisiert Barth den Vergleich des Kommunismus mit dem Nationalsozialismus, da er die fundamentalen ökonomischen Unterschiede beider Systeme negiere. Desweiteren hebt Barth die idealistischen Grundzüge des Kommunismus gegenüber dem Nationalsozialismus hervor; allein schon die ideengeschichtlich unterschiedlichen Grundlagen entzögen einem Vergleich die Legitimität. Die Totalitarismustheorie, die einen Vergleich ermöglicht, sieht er als eine Art Verschleierungstaktik konservativer oder liberaler Kräfte, die ihr Versagen im Kampf gegen den Nationalsozialismus nicht eingestehen wollen. Im Unterschied zu ihnen haben – so Barth – die kommunistischen Bewegungen und Parteien den „Hitlerfaschismus" von Anfang an bekämpft und nicht wenige Opfer zu beklagen gehabt. Die Verbrechen der verschiedenen Systeme seien ebenfalls unterschiedlich zu qualifizieren, im Nationalsozialismus seien die Gegner systematisch-fabrikmäßig, auf dem höchsten Stand der Technik umgebracht worden, während es sich im Stalinismus lediglich um Auswüchse einer „Despotie" handelte.

Bataille, George

Französischer Philosoph und Schriftsteller; geboren 1897 in Billom (Puy-de-Dôme); gestorben 1962 in Paris; 1922-1942 Tätigkeit als Bibliothekar; seit 1931 Mitarbeit an der Zeitschrift „La Critique sociale", in der Bataille einige Aufsätze zur Kritik des Totalitarismus veröffentlicht; bis 1934 Mitglied in dem von Souvarine gegründeten „Cercle communiste démocratique"; 1935 Gründung (zusammen mit Surrealisten wie André Breton) der „Contre-Attaque", einer „Vereinigung des Kampfes der revolutionären Intellektuellen"; 1937 gründet Bataille zusammen mit Monnerot und Caillois den „Collège de Sociologie", dessen Hauptthemen das Heilige, die Macht, die Mythen und schließlich das Ästhetische sind; 1941 entstehen neben Arbeiten über Nietzsche und Hegel *Madame Edwarda* (Paris 1941) und 1943*Le Mort* sowie *L'Expérience intérieure* (Paris 1943); in den Folgejahren veröffentlicht Bataille Studien zu Baudelaire, Sade, Proust, Kafka und Genet und die Schriften *L'Erotisme* und *La Littérature et le mal* (Paris 1957).

Werk

Kommunismus und Faschismus sind in Batailles Augen an das Religiöse gebunden. Ein „Heiliges" neuer Art fungiert in ihnen als „lien social". Stalin, der italienische Faschismus und der deutsche Nationalsozialismus bezeichnen – entgegen den Erwartungen des Marxismus – nicht ein „Absterben des Staates", sondern sein Allmächtigwerden in einem „état totalitaire", in dem das Zeitbewusstsein sich wandelt und die Zukunft unsicher wird, weil täglich der Tod droht. „Militär" und „Religion" werden in einer „totalen Konzentration" verbunden. Soziale Autorität ist nur mit der Bindung an den religiösen Wert des Führers zu haben. Inkarniert in der Person des Führers, spielt nach Bataille das Vaterland die gleiche Rolle wie im Islam Allah, der in der Person Mohammeds oder des Kalifen inkarniert ist. So kann künftige Politik nicht mehr auf einem hegelianischen oder marxistischen Geschichtsoptimismus beruhen: die Zukunft der Freiheit gehört vielmehr der „befreienden Angst“, da nur noch der Pessimismus subversive Kräfte entfalten kann.

Beneš, Edvard

Tschechischer Soziologe und Politiker; geboren am 28. Mai 1884 in Kožlany bei Plzeò; gestorben September 1948 in Sezimovo Ústí; Studium der Philosophie und Soziologie in Prag, 1906 in Frankreich und England und 1907 in Berlin; 1912 Dozent für Soziologie an der Karls-Universität in Prag; 1915-1918 Exilpolitiker; Mitbegründer der Tschechoslowakischen Republik; 1918-1935 tschechoslowakischer Außenminister; 1935-1938 tschechoslowakischer Präsident; 1939 Professor für Soziologie in Chicago; seit dem 15. März 1939 Leitung des tschechoslowakischen ausländischen Widerstands aus London; 1945 Rückkehr nach Prag als Staatspräsident; Juni 1948 Rücktritt nach der kommunistischen Machtübernahme.

Werk

In seinem Werk *Democracy today and tomorrow* (London 1942) betont Beneš, dass der Kommunismus einige gemeinsame Merkmale mit dem Faschismus und dem Nationalsozialismus, aber auch mit der Demokratie habe. Er sei mithin zumindest kein typisches totalitäres Phänomen. Der philosophische Grundunterschied zwischen der Demokratie und den totalitären Regimen bestehe in deren unterschiedlichen Voraussetzungen der Gesellschaftsbildung: ist es für die Demokratie die Vermittlung individueller Interessen, so ist es in den totalitären Regimen der Kampf des Kollektivs gegen die es zersetzenden Kräfte. Faschismus und Nationalsozialismus sind als Doktrin moralisch relativistisch und zeichnen sich durch biologischen Dynamismus in Gestalt eines metaphysischen Materialismus aus. Die Ablehnung, sich an stetige Prinzipien zu halten, führt politisch zu einem permanenten Utilitarismus und Opportunismus. Faschismus – so Beneš – ist auch antisozialistisch und antikommunistisch, weil er alles Internationale, Universalistische und Humanistische sowie alles Egalitäre und Pazifistische ablehne.

Das zentrale Problem des Faschismus besteht nach Beneš in der Legitimation seiner Autorität. Nationalsozialismus wie italienischer Faschismus sind bestrebt, eine neue Autorität zu schaffen, die sich nicht mehr aus dem Gottesgnadentum ableiten lässt, sondern aus dem Konzept eines nationalen Kollektivs. Sie machen daher Partei, Nation und Staat zu ihrem Gott; während der italienische Faschismus nur von einigen soziologischen und philosophisch-historischen Thesen ausgehe, sei beim Nationalsozialismus von Anfang an das Bemühen festzustellen, eine neue Geschichtsphilosophie und ein neues Weltanschauungssystem zu etablieren. In diesem Zusammenhang nennt Beneš den Nationalsozialismus eine „gewisse politische Religion“. Der Mythos des Volkstums diene dabei dem Nationalsozialismus zur Legitimierung zweier politischer Ziele: dem geistigen und faktischen Zusammenschluss aller Angehörigen des deutschen Blutes sowie der der territorialen Expansion.

Bentin, Lutz-Arwed

Deutscher Wirtschaftswissenschaftler und Diplomat; geboren am 26. April 1941 in Bad Freienwalde/Kreis Brandenburg; gestorben am 29. Oktober 1986; Studium der Volkswirtschaftslehre und der politischen Wissenschaft in München; seit 1973 im auswärtigen Dienst (zuletzt Botschaftsrat).

Werk

In seiner Studie *Johannes Popitz und Carl Schmitt. Zur wirtschaftlichen Theorie des totalen Staates in Deutschland* (= Münchner Studien zur Politik Bd. 19, 1972) beleuchtet Bentin die wirtschaftstheoretischen Grundlagen der Staatslehre von Carl Schmitt. Die Schmittsche Idee des „totalen Staates", wie sie im Anschluss an Johannes Popitz entwickelt wurde, war demnach eine Form der Bewältigung des neuen Wirtschafts- und Interventionsstaates. Der Exkurs „Totaler Staat gegen totalitäre Herrschaft" unterscheidet die Formel des totalen Staates von der realpolitischen Wirklichkeit des Nationalsozialismus und des Totalitarismus überhaupt. Die Idee des totalen Staates, so arbeitet Bentin heraus, gehört geistesgeschichtlich in die konservativ-revolutionäre Theorie der zwanziger und beginnenden dreißiger Jahre, entspricht aber nicht einer totalitären Diktatur des nationalsozialistischen oder sowjetsozialistischen Typus.

Berdjaev, Nikolaj Aleksandrovic

Russischer Philosoph; geboren 1874 in Kiew; gestorben 1948 in Clamart bei Paris; Studium der Natur- und Rechtswissenschaften an der Universität Kiew; seit 1898 marxistische Tätigkeit; Mitglied des „Bundes für die Befreiung der Arbeiterklasse", gleichzeitig Publikation philosophischer Arbeiten in marxistischen Zeitschriften; 1900-1903 Verbannung wegen seiner sozialdemokratischen Aktivitäten zunächst nach Nordrußland (Vologda), dann nach Žigdomir (Ukraine). 1903 Beginn der lebenslangen Freundschaft mit Leo Šestov; 1904-1908 Mitherausgeber der Zeitschrift Novyj Put; enge Kontakte zu den russischen Symbolisten; Diskussion mit Merežkovskij über das neue religiöse Bewußtsein; 1908-1922 in Moskau; 1920 Professor an der Universität Moskau; ab 1910 vertritt er in den religiösen Diskussionen als einer der ersten eine ökumenische Position; 1922 Ausbürgerung; 1922-1924 Beteiligung am intellektuellen Leben der russischen Kolonie in München; Herausgabe der Zeitschrift „Sofia"; 1924-1948 Mitarbeit an der Zeitschrift „Put" in Paris; seit 1944 Mitarbeit an der Zeitschrift „Russkij Patriot".

Werk

In seiner Schrift *Novoe christianstvo. D. Merežkovskij* (Neues Christentum, in: Russkaja mysl 1916) widerlegt Berdjaev Merežkovskij' Konzeption des neuen religiösen Bewusstseins, des Umbaus der gesellschaftlichen Strukturen auf religiöser Grundlage. Merežkovskij verbindet im Gegensatz zum historischen Christentum das „neue" Christentum mit der Idee des „heiligen Leibes" – einer Gemeinschaft, die Gott in sich trägt. Berdjaev geht hingegen von der Persönlichkeit des Einzelnen aus und sieht das neue Christentum vor allem als religiöse Anthropologie. Offenbarung heißt für Berdjaev menschliche Offenbarung, d.h. die schöpferische Kraft des Menschen. Seine Konzeption schließt eine unbegrenzte Freiheit des religiösen Menschen ein, der ausschließlich auf sich selbst gestellt ist und weder von oben noch von außen Beistand zu erwarten hat. Diese Anthropologie der Freiheit präzisiert er in seiner Schrift *Die Philosophie des freien Geistes. Problematik und Apologie des Christentums* (Tübingen 1930; Filosofia svobodnogo ducha. Problematika i apologija christianstva, Paris 1928). Die Freiheit des religiösen Menschen gründet in einem mystischen Verständnis der Welt. Dies unterscheidet sie von dem magischen Freiheitsbegriff, der den Menschen fest in der Sphäre der Notwendigkeit verankert. Dem entspricht die Unterscheidung von Christentum und Fortschrittslehre. Während das Christentum auf der mystischen Ebene mit einem Sieg über den Ursprung des Bösen triumphiert, versucht sich die Fortschrittslehre in einer Bekämpfung der Folgen des Bösen. Während im Christentum sich die Geschichte an dem die Geschichte transzendierenden Jesus Christus orientiert, versucht sich in der Fortschrittslehre ein vergöttlichter Mensch an einer Bewältigung der Geschichte innerhalb der Sphäre der Notwendigkeit. Sie ist damit eine strukturelle Parallele zum Christentum.

Dieses Verhältnis von Christentum und politischen Fortschrittslehren untersucht Berdjaev schon zuvor in seiner Schrift *Philosophie der Ungleichheit* (Filosofia neravenstva. Pisma k nedrugam po socialnoj Filosofii, Berlin 1923) und danach in seiner Schrift *Sinn und Schicksal des russischen Kommunismus. Ein Beitrag zur Psychologie und Soziologie des russischen Kommunismus* (Luzern 1937; Istoki i smysl russkogo kommunizma, Paris 1955). In der ersteren entlarvt er die Revolution als totalitäre Erscheinung; das kommunistische „Individualitätsprinzip" werde durch kollektivistische Homogenität entstellt, und dem Einzelnen trete ein vergöttlichtes Volk entgegen. Die Demokratie als Allmacht des Volkes wirke einerseits anarchisch, andererseits unterdrücke sie geistige Potentiale. Gleichheit als Voraussetzung für eine politische Einheit gründe in Gott und nicht im Volk. Nur eine aristokratisch strukturierte Gemeinschaft lässt den Raum für individuelle Potentiale. Berdjaev nimmt an, dass die Einheit in Gott durch die Einheit in einer Nation ersetzbar ist; die revolutionäre Theorie berufe sich aber auf einen gemeinsamen Volkswillen statt auf die Gemeinschaftsstruktur der Nation und untergrabe damit die Souveränität der Nation. In Sinn und Schicksal des russischen Kommunismus untersucht Berdjaev die Tradition des russischen Staates, die mit der russisch-orthodoxen Kirche verknüpft ist. Die Struktur der Orthodoxie parallelisiert er mit dem russischen Kommunismus. Die russische Geschichte weise eine in sich widersprüchliche Entwicklung auf, die ihren Grund in dem Aufeinandertreffen von Orient und Okzident in Russland hat. Ursprünglich stellte die Kultur des Moskauer Reiches eine orientalisch christianisierte tartarische Kultur dar. Die russische Mentalität wurde von der orthodoxen Kirche geformt und religiös geprägt. So zeige auch die Rezeption der europäischen Geistesbewegungen wie der Ideen der französischen Aufklärung, des deutschen Idealismus und der marxistischen Theorie, wie sie im Nihilismus, Anarchismus, bei den Narodniki und im russischen Kommunismus vertreten wurden, einen orthodoxen Charakter. Der Autor erkennt ihn im Dogmatismus und Asketismus, z.B. in der Opferbereitschaft für den Glauben und im Drang zur Transzendenz. Die religiöse Energie der „russischen Seele" wirke sich sowohl im religiösen wie im sozialen Bereich aus. Die missionarische Tendenz des russischen Kommunismus begründet Berdjaev mit der historischen Vorstellung von Moskau, die seit dem Fall von Byzanz wirksam ist: Moskau das „Dritte Rom".

Berdjaevs Analyse des russischen Kommunismus und seine Kritik an der Revolution beeinflussten religiöse Deutungen des Kommunismus (Stepun, Solschenizyn).

Bloch, Ernst

Deutsch-jüdischer Philosoph, geboren am 8. Juli 1885 in Ludwigshafen; gestorben am 4. August 1977 in Tübingen. Ab 1905 Studien der Philosophie, Physik, Germanistik und Musik in München und Würzburg; 1908 Dissertation über *Kritische Erörterungen über [Heinrich] Rickert und das Problem der modernen Erkenntnistheorie*; anschließend in Berlin, wo er an dem Privatkolloquium von Georg Simmel teilnahm; in Heidelberg Berührung mit Max Weber. Gegen Ende des Ersten Weltkriegs emigrierte Bloch in die Schweiz und nahm in Bern einen Forschungsauftrag des Archivs für Sozialwissenschaften bis 1919 an. 1918 erschien sein Werk *Geist der Utopie*, das unter anderem auch die Eindrücke der Oktoberrevolution verarbeitet. Nach Hitlers Machtübernahme emigrierte der nach dem Ersten Weltkrieg zurückgekehrte Bloch erneut nach Zürich, anschließend 1934 nach Wien, Paris 1935 und Prag 1936-38. Bei Diskussionen um eine künftige antifaschistische Volksfront geriet er in eine heftige Debatte mit seinem Freund Lukács über die ideologischen Intentionen des von ihm verteidigten humanistischen Marxismus, in der er die „Stalinistischen Säuberungen", besonders die „Moskauer Schauprozesse", verteidigte. Wegen dieser Haltung kam es auch zum Zerwürfnis mit Adorno und dem von Horkheimer geleiteten Institut für Sozialforschung. Erst nach 1956 (XX. Parteitag der KPdSU) revidierte er seinen Standpunkt. 1938 emigrierte er in die USA (Stationen: 1940 in New York, 1940/41 in Marlborough New Haven, 1942-1949 in Cambridge Massachusetts). Er arbeitete in dieser Zeit an mehreren Werken, vornehmlich aber an seinem dreibändigen *Das Prinzip Hoffnung* (Berlin 1954). 1949 übernahm Bloch in Leipzig einen Lehrstuhl für Philosophie. Er wurde zum ordentlichen Mitglied der Akademie der Wissenschaften berufen, erhielt an seinem 70. Geburtstag den Nationalpreis der DDR und den Vaterländischen Verdienstorden, wurde allerdings 1957 nach dem Ungarnaufstand wegen seiner offenen Kritik an der Regierung und der Sowjetunion zwangsemeritiert. 1961 vom Mauerbau bei einem Besuch im Westen überrascht, kehrte er nicht mehr in die DDR zurück. Er trat eine Gastprofessur an der Universität Tübingen an. 1964 erhielt er den 1. Kulturpreis des Deutschen Gewerkschaftsbundes und 1967 den Friedenspreis des Deutschen Buchhandels.

Werk

Schon in *Geist der Utopie* (Berlin 1923) entwirft Bloch, getrieben von einem „Gefühl des Mangels", Bilder einer religiös-eschatologisch aufgeladenen Zukunft. Im *Prinzip Hoffnung* (Berlin 1954) entwickelt er seine „Philosophie der Hoffnung" dann im Anschluss an Aristoteles, Ibn Sina, Ibn Rusch, an Hegel und an Marx systematisch als Ontologie des „Noch-nicht"; hierbei liegt ein Begriff der Materie zugrunde, der sie als reale Möglichkeit, offen für das Neue, versteht. Die Gesellschaft kann so auf der Basis ihrer Entwicklungspotentiale zu einem „Reich der Freiheit" gestaltet werden. In diesem Zusammenhang fordert Bloch eine radikale Anthropologisierung der Religion (*Atheismus im Christentum*, Frankfurt am Main 1968).

Bosshart, David

Schweizer Philosoph und Politikwissenschaftler, geboren am 24. März 1959 in Münchwilen; nach der Handelsausbildung Studium der Philosophie, Soziologie und Psychologie; 1986-1991 wissenschaftlicher Mitarbeiter am philosophischen Seminar der Universität Zürich(Hermann Lübbe); 1990 Promotion zum Dr. phil. mit einer Studie über die Hauptströmungen der französischen Totalitarismuskritik; seit 1991 Ressortleiter am Gottlieb-Duttweiler-Institut für wirtschaftliche und soziale Studien in Rüschlikon bei Zürich.

Werk

In seiner Dissertation *Politische Intellektualität und totalitäre Erfahrung. Hauptströmungen der französischen Totalitarismuskritik* (Berlin 1992) unterscheidet Bosshart in der (vor ihm kaum behandelten) französischen Totalitarismuskritik grundlegende Strömungen: den linken Antitotalitarismus (B. Souvarine), die liberale Totalitarismuskritik (R. Aron), die literarisch-philosophische Auseinandersetzung mit dem Totalitarismus (G. Bataille) und die sozialkatholische Totalitarismuskritik (E. Mounier). Verbunden durch eine gemeinsame Skepsis gegenüber dem modernen Staat, sprechen alle vier bereits in den dreißiger Jahren von einem „État totalitaire"; Faschismus und Bolschewismus differieren zwar bezüglich der Frage nach ihrem Entstehungsgrund und ihrem jeweiligen Gegenüber. Beiden haben aber eine religiöse Dimension. Die Differenzen in der Bewertung versucht Bosshart mit Blick auf die politische Kultur in Frankreich zu erklären. Seine Untersuchung gibt einen Einblick in die französische Totalitarismusdebatte der dreißiger Jahre und enthält bezüglich der Einschätzung der religiösen Dimension des Totalitarismus in dieser Debatte ausführliche Hinweise.

Bracher, Karl Dietrich

Deutscher Historiker und Politikwissenschaftler; geboren am 13. März 1922 in Stuttgart; Besuch des Eberhard-Ludwig-Gymnasiums Stuttgart, 1940 Kriegsdienst; 1943 amerikanische Gefangenschaft; danach Studium der Geschichte, Philosophie, Philologie und Literaturwissenschaft in Tübingen; 1948 Promotion zum Dr. phil. mit der Arbeit *Verfall und Fortschritt im Denken der frühen römischen Kaiserzeit*; 1949-1950 historische und soziologische Studien an der Harvard-Universität; 1955 Habilitation am Institut für politische Wissenschaften in Berlin; 1954-1958 ferner Lehrbeauftragter an der Deutschen Hochschule für Politik; nach der Habilitation lehrte Bracher als Privatdozent und außerplanmäßiger Professor an der Freien Universität Berlin Politische Wissenschaften, Neuere Geschichte und allgemeine politische Ideengeschichte; seit 1959 Professor für Politische Wissenschaften und Zeitgeschichte an der Universität Bonn; seit 1987 emeritiert.

Werk

In seiner Schrift *Zeit der Ideologien. Eine Geschichte des politischen Denkens im 20. Jahrhundert* (Stuttgart 1984) kennzeichnet Bracher die Geschichte des 20. Jahrhundert als einen „Kampf der Ideen und Ideologien". Dieser ist u.a. das Ergebnis der modernen Kulturkritik und der Zuspitzung der Fortschrittskrise auf ein Entweder-Oder von „Fortschritt oder Verfall". Angekündigt in der Liberalismus- und Demokratiekritik der Jahrhundertwende, der Soziologie und der Politikwissenschaft am Anfang des Jahrhunderts (M. Weber), im Entfremdungs- und Elitedenken (Georges Sorel, Vilfredo Pareto, Charles Maurras, Maurice Barrès) und in den Wandlungen des Liberalismus und der Sozialdemokratie, entwickelte sich das totalitäre ‚Ideensyndrom', auf dessen Boden Kommunismus, Faschismus und Nationalsozialismus gediehen. Die innere Struktur des totalitären Denkens ist mithin auch geprägt von der Ambivalenz zweier Entwicklungen, des Progressismus und des Traditionalismus, von Modernität und Irrationalismus. In *Die totalitäre Erfahrung* (München 1987) untersucht Bracher insbesondere in dem Kapitel „Die Ausbreitung des Totalitarismus" den modernen, aus allen Bindungen gelösten Menschen als Voraussetzung für die Entstehung und Ausbreitung des Totalitarismus. Das Individuum, das unter den oben genannten Spannungen und der eigenen Bindungslosigkeit leidet, fällt in drei Schritten dem Totalitarismus anheim. Zunächst eignet es sich die oben skizzierte Denkstruktur an („Entfaltung totalitärer Ideologien"), dann kommt es zu einem „Aufstieg totalitärer Bewegungen", die sich schließlich in dem „Ausbau totalitärer Herrschaftssysteme" niederschlagen. Möglich bleibt der Totalitarismus, solange diese drei Stufen als Voraussetzungen kausal aufeinander aufbauen können. In *Wendezeiten der Geschichte* (Stuttgart 1992) spezifiziert Bracher diesen Befund auf der Grundlage einer Untersuchung und Abgrenzung der verschiedenen Herrschaftsformen (Demokratie, Diktatur, autoritäre Regime und totalitäre Regime; Russland, Deutschland und Italien in Abgrenzung zu den baltischen Staaten, Polen, Ungarn, Spanien, Portugal und Österreich vor 1938) im Europa der zwanziger und dreißiger Jahre. Seiner Ansicht nach nährt sich der Totalitarismus und die Auseinandersetzung um ihn wesentlich aus der „Formierung rechts- und linksliberaler Ideen als politischer Religion um die Jahrhundertwende". Totalitarismus als Begriff der historisch-politischen Deskription beschreibt eine gemeinsame „charakteristische Tendenz" aller totalitärer Systeme. Hierzu zählen die „totale Herrschaftsverfügung einer einzigen Partei", eine „militante Ideologie", die als Ersatzreligion fungiert und der Ausschaltung aller vorstaatlichen persönlichen Freiheitsrechte dient und „der Mythos von der höheren Effektivität eines solchen totalen Kommandostaates gegenüber dem komplizierten, durch mannigfache Kontrollen und Sicherungen eingeschränkten demokratischen Rechtsstaat".

Broch, Hermann

Österreichischer Schriftsteller; geboren am 1. November 1886 in Wien; gestorben am 30. Mai 1951 in New Haven/Connecticut. Ab 1913 Publikationen in der von Ludwig Ficker herausgegebenen Zeitschrift „Der Brenner"; gleichzeitig unterhielt Broch vornehmlich in Wiener Literatencafés Kontakt zu Alfred Polgar, Robert Musil und Egon Schiele. In Franz Bleis Zeitschrift „Summa" publizierte er mehrere Beiträge zunächst eher unpolitischer Natur. 1917 jedoch wandte er sich in der Zeitschrift „Der Friede" gegen das diktatorische Rätesystem. 1925 Studien der Philosophie, Mathematik, Physik an der Wiener Universität und in diesem Zusammenhang Auseinandersetzung mit dem Neopositivismus Carnaps und Schlicks. Diese Auseinandersetzung führte dazu, dass Broch die Philosophie als nicht mehr zuständig für metaphysische Fragen betrachtete und sich der Literatur zuwandte. 1927 verkaufte Broch die vom Vater ererbte Textilfabrik und widmete sich seiner Schlafwandler-Trilogie. Nach dem Verfassen einiger Lustspiele 1934 Beginn mit seiner Arbeit an *Die Verzauberung* (bzw. *Der Versucher oder Der Bergroman*). 1937 schrieb Broch die erste Fassung seines Vergilbuches (*Die Heimkehr des Vergil*). Er verfasste daneben unter anderem eine antifaschistische Völkerbunds-Resolution, in der er eine Neudeklaration der Menschenrechte und die Stärkung des Völkerbundes als Friedensgaranten forderte. Vom 13. März 1938, dem Tag des Anschlusses Österreichs, bis zum 31. März 1938 war Broch in nationalsozialistischer Haft. Im Juli des gleichen Jahres floh er mit Hilfe James Joyces nach England und wanderte von dort mit der Unterstützung Thomas Manns und Albert Einsteins in die USA aus. 1940, bei seiner Arbeit an dem von Giuseppe A. Borgese geleiteten Projekt „The City of Man. A Declaration of World Democracy", entwickelte Broch den Gedanken einer „Diktatur der Humanität" mit, welche die Demokratie vor ihren totalitären Feinden schützen sollte. 1945 erschien in New York sein Hauptwerk *Der Tod des Vergil*. 1950 Ernennung zum Lektor an der Yale University. Im gleichen Jahr nominierte ihn der österreichische P.E.N.-Club für den Nobelpreis. Am 30. Mai 1951 erlag Broch einem Herzschlag.

Werk

In seinem Werk befasst sich Hermann Broch zum einen mit dem Auseinanderbrechen der bürgerlichen Welt (so in seiner Schlafwandler-Trilogie), zum anderen mit der Rolle des Dichters in dieser sich auflösenden Welt. Die Rolle des Dichters behandelt Broch vor allen Dingen in seinen Vergilbüchern. In ihnen schreibt er der Literatur die Funktion zu, die Welt durchsichtig für das Ethische und das Religiöse zu machen.

In seinem *Bergroman* verschmelzen die Themen der Auflösung und Neudeutung miteinander. Der Wanderprediger Marius Ratti, der unter den Bewohnern seines Dorfes eine pseudoreligiöse, fanatische Massenbewegung auslöst, die ein Jungfrauenopfer fordert, ist eine Parabel für den Nationalsozialismus. Diesem Wahn stellt Broch aber nicht den reinen Rationalismus gegenüber, sondern die Weisheit der Heilkundlerin Mutter Gilson; in späteren Bearbeitungen fließen die Ergebnisse seiner seit 1939 betriebenen massenpsychologischen Studien mit ein, die die Ursache für den politischen Massenwahns in dem Verlust eines religiösen Zentrums erkennen.

Bry, Carl Christian

Deutscher Journalist und Schriftsteller; geboren 1893 in Stralsund; gestorben am 9. Februar 1926 in Davos; Studium der Geschichte, Nationalökonomie und Philosophie; 1919 Übersiedlung nach München; dort Tätigkeit als freier Journalist für das „Argentinische Tagblatt".

Werk

Bry steckt in seinem essayistischen Werk *Die verkappten Religionen. Kritik des kollektiven Wahnsinns* (Gotha 1924) sein Untersuchungsfeld großzügig ab: „Es reicht von der Abstinenz bis zur Zahlenmystik, aber es reicht auch von der Astrologie zum Zionismus oder von den Antibünden (mit dem Antisemitismus an der Spitze) bis zum Yoga oder vom amor fati bis zur Wünschelrute oder von Atlantis bis zum Vegetarismus." (28) Allen verkappten Religionen gemeinsam ist nach Bry die Überzeugung, dass hinter der sichtbaren Welt eine neue Wirklichkeit entdeckt werden könne, von deren Sieg die Anhänger der verkappten Religionen überzeugt sind. Die verkappten Religionen stehen nach Bry in einem Zusammenhang mit chiliastischem Gedankengut: Grundziel aller verkappten Religionen ist eine „glückliche und sündlose Welt". (240)

Burrin, Philippe

Schweizer Politikwissenschaftler, geboren 1952 in Valais/Schweiz; Studium der Politikwissenschaften in Genf; seit 1988 lehrt er dort die Geschichte der Internationalen Beziehungen am Institut Universitaire des Hautes Études Internationales; 1994/95 Fellow am Center for European Studies in Harvard; 2000/01 Fellow am Wissenschaftskolleg zu Berlin; 1997 Max-Planck-Forschungspreis; 2001/2002 Gastprofessur in Frankfurt.

Werk

Nach Burrin fällt der Begriff der „politischen Religion" vor allen Dingen in den Bereich des Mythologischen, Symbolischen und Rituellen. (*Die politischen Religionen: Das Mythologisch-Symbolische in einer säkularisierten Welt*, in: M. Ley/J.H. Schoeps [Hg.]: Der Nationalsozialismus als politische Religion, Bodenheim bei Mainz 1997, 168 –185) Er bezieht sich dabei vornehmlich auf Eric Voegelin und Jean-Pierre Sironneau. Ersterer betrachte eher die Genese der politischen Religionen, während letzterer eher typische Erscheinungsformen wie Mythologisierung, Rituale und Gemeinschaftserlebnisse, insbesondere Initiationsriten untersuche. Beide sähen die Säkularisierung als Voraussetzung für die Entwicklung politischer Religionen. Burrin hebt als Verdienst des Konzepts politischer Religionen hervor, dass es die imaginäre Welt des Menschen ernst nimmt und Politik nicht nur im Bereich des materiell Realen verhandle, sondern auch auf der Ebene der Symbolisierungen. Für fraglich hält Philippe Burrin aber die Leistungsfähigkeit des Konzepts hinsichtlich einer präzisen Bestimmung des mangelnden Transzendenzbezugs einer politischen Religion und einer differenzierten Wahrnehmung der politischen Phänomene, da sich „politische „Religion" nicht nur in totalitären Systemen, sondern im gesamten Feld moderner Politik finden. Das Konzept des „Totalitarismus" hält er in dieser Hinsicht für leistungsfähiger.

Caillois, Roger

Französischer Philosoph und Schriftsteller; geboren am 3. März 1913 in Reims; gestorben am 21. Dezember 1978 in Paris; Schulzeit in Reims; Studium an der École Pratique des Hautes Études; hier Hörer von Georges Dumézil und Marcel Mauss; 1936 Diplom in Religionswissenschaft; 1938-1939 Lehrer an einer Schule in Beauvais; 1938 Gründung des „Collège de Sociologie" (zusammen mit Georges Bataille, Jules Monnerot und Michel Leiris); Arbeiten zu Themen wie das Heilige, das Fest, die Macht und die Mythen; in Buenos Aires Gründung des Institut français; 1947 Tätigkeit für die Unesco als eines von vier Mitgliedern des „Büros für Ideen"; Veröffentlichungen zu politikwissenschaft-lichen und soziologischen Fragen, auch zu Themen der Poetik; 1968 „visiting writer" an der Universität von Texas in Austin; 1972 Aufnahme in die Académie française; 1978 Grand Prix National des Lettres.

Werk

Mit seiner religionssoziologischen Studie *L'homme et le sacré* (Paris 1939) stellt Caillois das Bindeglied zwischen Ottos *Das Heilige* und Mircea Eliades *Das Heilige und das Profane* (1957) dar. In der Tradition der vergleichenden Religionswissenschaft versucht Caillois die Logik des „Heiligen", die das Gegenteil zu der des „Profanen" ist, in ihrer anthropologischen und soziologischen Dimension zu erfassen. Die Studie stützt sich auf die Untersuchungen seines Lehrers, des Soziologen Marcel Mauss und des Mythenforschers Georges Dumézil und arbeitet einen Großteil der zeitgenössischen ethnologischen Literatur ein. Für Caillois ist das Heilige das Synonym für eine soziale Kraft, die, ausgehend von einer zentralen Autorität, das gesellschaftliche Leben überhöht und organisiert. In archaischen Gesellschaften (wie etwa der chinesischen) wird dieser Stabilität und Ordnung garantierenden Kraft des Heiligen ein eigener Raum mit archaischen Festen, rituellen Inszenierungen und kollektiven Ekstasen eröffnet. Das moderne Äquivalent zu diesen Festen ist der Krieg, der ebenso wie die Feste zu einer Vergesellschaftung, einer Zusammenlegung der Kräfte und Hilfsmittel führt und damit die Periode der Atomisierung, in der jeder Mensch einer anderen Beschäftigung und anderen Zielen nachgeht, beendet. Krieg und Fest sind nach Caillois demnach gleichermaßen Zeiten „kollektiver Erregung".

Cassirer, Ernst

Deutscher Philosoph, geboren am 28. Juni 1874 als Sohn einer jüdischen Familie in Breslau; gestorben am 13. April 1945 in New York; Studium der Philosophie zunächst in Berlin, Leipzig und Heidelberg, seit 1886 in Marburg (bei Cohen); 1898 Promotion mit einer Arbeit zum Thema *Descartes' Kritik der mathematischen und naturwissenschaftlichen Erkenntnis*; 1906 Habilitation an der Humboldt-Universität Berlin; danach Tätigkeit als Privatdozent in Berlin; während des 1. Weltkriegs ziviler Wehrdienst; 1919 ordentlicher Professor für Philosophie an der Universität Hamburg, dort seit 1929 Rektor; 1933-1935 Professor in Oxford; 1935-1941 Professor an der Universität Göteborg; seit 1941 lehrte Cassirer in den USA (Yale, seit 1944 an der Columbia Universität New York).

Werk

Den Anlass für die Entstehung der Schrift *The Myth of the State* (New Haven 1946; dt: Der Mythus des Staates, Hamburg 2002) bildet Cassirers Erfahrung mit dem Nationalsozialismus. Cassirer beschränkt sich nicht auf die Analyse dieser Erscheinungsform des politischen Totalitarismus, sondern begibt sich auf die Suche nach den Ursachen und Prinzipien, welche der Entstehung aller totalitären Systeme in der Moderne zugrunde liegen. Die politische Theorie Cassirers fußt auf den Ergebnissen seiner Kulturphilosophie, wie er sie vor allem in seiner dreibändigen *Philosophie der symbolischen Formen* (Darmstadt 1964) ausbreitet. Dort zeigt Cassirer auf, in welcher Weise das entwickelte Bewußtsein und die demselben korrespondierende kulturelle Organisationsform aus dem magisch-mythischen Bewußtsein und aus der diesem korrespondierenden kulturellen Organisationsform hervorgeht. Den Totalitarismus der Moderne beschreibt Cassirer als partielle Restauration einer von der Macht des Mythos beherrschten kulturellen Organisationsform. Als geistige Wegbereiter dieses Totalitarismus identifiziert er Carlyle, Gobineau und Hegel. Carlyles Theorie der Heldenverehrung lasse sich heranziehen zur Legitimation des Führerprinzips im totalitären Staat (Bd. II: Wesen und Wirkung des Symbolbegriffs, 246-289). Gobineau liefere die theoretischen Grundlagen des Rassismus (289-321). Hegels Staatstheorie untermauere mit Mitteln des philosophischen Idealismus die Absolutsetzung des Staates (322-360). Die intellektuellen Wurzeln des totalitären politischen Mythos reichen jedoch weit zurück bis zum Beginn der neuzeitlichen Geistesgeschichte. Hier ist nach Cassirer vor allem Machiavelli zu nennen, der als geistiger Urheber des Totalitarismus zu gelten hat und in dessen Denken bereits überwunden geglaubte mythische Elemente erneut Eingang finden (153-213).

Neben ihren geistesgeschichtlichen Wurzeln bedarf die Remythisierung der Kultur jedoch auch konkreter gesellschaftlicher Ursachen. Diese bestehen in ökonomischen und militärischen Krisen und Konflikten, sowie in einer allgemeinen weltanschaulichen Orientierungslosigkeit. Die strukturelle Parallele zwischen den auf den politischen Mythen des zwanzigsten Jahrhunderts errichteten totalitären Systemen und den auf dem Mythos gründenden primitiven Kulturformen findet sich in den Funktionen des Führers, der Sprache und des Rituals. In beiden Fällen werden die kollektiven Wünsche auf den als *homo divinans* fungierenden priesterlichen und prophetischen Führer projiziert und durch ihn personifiziert. Die logische und semantische Funktion der Sprache wird durch deren magische Aufladung überlagert bzw. ersetzt. Schließlich kommt es zu einer umfassenden Ritualisierung aller Lebensbereiche, die alle Altersgruppen und Gesellschaftsschichten einschließt, individuelle Freiheit und Verantwortung auf das Kollektiv überträgt und das Kollektiv untrennbar an den Führer bindet.

Im Unterschied zum primitiven Mythos handelt es sich bei den politischen Mythen des zwanzigsten Jahrhunderts um bewußt hergestellte Mittel im politischen Kampf, deren Wirksamkeit durch die manipulative Kraft der modernen Massenkommunikationsmittel sicher gestellt wird. Cassirer spricht daher von „Technik der modernen politischen Mythen" (360-388). Gegen das Wiederaufleben des magisch-mythischen Bewußtseins erweist sich vernünftige Argumentation - dies zeigt die Erfahrung der jüngeren Geschichte - offenbar als wirkungslos. „Es geht über die Macht der Philosophie hinaus", so Cassirer, „die politischen Mythen zu zerstören. Ein Mythus ist in gewissem Sinne unverwundbar. Er ist für rationale Argumente undurchdringlich; er kann nicht durch Syllogismen widerlegt werden." (388) Diese Einsicht braucht indes keinen Fatalismus zur Konsequenz zu haben. Die ursprüngliche Überwindung des Mythos durch die nachmythische Kultur vollzieht sich als Aufhebung des Mythos, welcher als aufgehobener auch in der entwickelten Kultur präsent bleibt (389 f.; Philosophie der symbolischen Formen, Bd. II, 281-311). In dem Maße, in welchem die Standards einer entwickelten nachmythischen Kultur in den einzelnen Teilsegmenten der Kultur, d.h. den unterschiedlichen symbolischen Formen wie Religion, Wissenschaft, Kunst, Recht etc. aufrechterhalten werden, ist die Gefahr der Remythisierung gebannt. In dem Maße freilich, in dem die Anstrengungen zur Aufrecherhaltung dieser Standards nachlassen, feiert der Mythos fröhliche Urständ. Im Hinblick auf die Abwehr des Mythos kommt schließlich auch der Philosophie eine wichtige Aufgabe zu. „Sie kann uns den Gegner verstehen machen. Um einen Feind zu bekämpfen, muß man ihn kennen. Dies ist eines der ersten Prinzipien einer gesunden Strategie." (388)

Cohn, Norman

Englischer Kulturhistoriker, geboren 1915 in London, lehrte an verschiedenen Universitäten Englands, Irlands und Schottlands, zuletzt Professor an der University of Sussex, Durham. Er war Direktor eines Forschungsprojekts über die Voraussetzungen von Verfolgungen und Genozid.

Werk

In seiner Schrift *The Persuit of the Millenium* (London 1957; dt.: *Das Ringen um das Tausendjährige Reich. Revolutionärer Messianismus im Mittelalter und sein Fortleben in den modernen totalitären Bewegungen*, Bern/München 1961) untersucht Cohn, ausgehend von der jüdischen und frühchristlichen Apokalyptik, die messianischen Bewegungen des Mittelalters. Vom Wirken Tanchelms in Antwerpen bis hin zur Herrschaft der Täufer in Münster stellt er geistige Strömungen dar, die in einem revolutionär-chiliastischen Weltbild gründen. Die Verbindung einer sozialen und geistigen Notlage mit eschatologischen Traditionen (gleich welcher Herkunft) zu einem „geschlossenen Sozialmythos" (74) gilt aber nicht nur für das Mittelalter und die frühe Neuzeit, sondern auch für die Ideologien des 20. Jahrhunderts. Angesichts dieser Gemeinsamkeit wird nach Cohn auch die Unterscheidung zwischen „atavistischem Nationalsozialismus“ und „rationalem Kommunismus“ obsolet: „Wie in der Nazi-Apokalypse die ‚arische Rasse‘ die Erde durch die Vernichtung der ‚jüdischen Rasse‘ zu reinigen hat, so hat in der kommunistischen Apokalypse das ‚Proletariat‘ den Untergang der ‚Bourgeoisie‘ herbeizuführen. Und auch hier haben wir es mit der säkularisierten Version einer viele Jahrhunderte alten Phantasie zu tun.“ (272 f.) Diese Parallelisierung von Kommunismus und Nationalsozialismus modifiziert Cohn in der letzten, überarbeiteten Fassung zugunsten einer Verallgemeinerung: er konstatiert eine Verbindung zwischen intellektuellen Pseudopropheten und sozial benachteiligten Massen in Phantasien, die von einem Kampf gegen einen großen Gegner und von der Schaffung einer perfekten Welt handeln.

Eagleton, Terence Francis

Professor für englische Literatur; geboren am 22. Februar 1943 in Salford; Studium am Trinity College in Cambridge, 1964-69 Fellow für Englisch am Jesus College in Cambridge, 1969-89 Tutorial Fellow am Wadham College in Oxford, 1989-92 Lecturer und Fellow am Linacre College in Oxford, seit Oktober 1992 Thomas Warton Professor der Englischen Literatur und Fellow am St. Catherine's College in Oxford.

Werk

In seinem Werk *Ideology. An Introduction* (Oxford 1991; dt.: *Ideologie. Eine Einführung*, Stuttgart/Weimar 1993) legt Eagleton eine Begriffsgeschichte des Wortes „Ideologie“ vor und versucht die Verwirrung um den Begriff durch die Vorstellung einer eigenen Konzeption von „Ideologie“ zu lösen. Er lehnt die rationalistische Auffassung von Ideologien als „bewussten, wohl formulierten Überzeugungssystemen“ (253) ab, da diese die „affektiven, unbewussten, mythischen und symbolischen Dimensionen von Ideologie, die Art und Weise, in der Ideologie die gelebten und scheinbar spontanen Beziehungen des Subjekts in einer Machtstruktur konstituiert und somit die unsichtbare Grundierung des Alltags ausmacht,“ nicht berücksichtige (253). Nach Eagleton können der Ideologie keine unveränderlichen Merkmale zugeschrieben werden, vielmehr bestehe in den verschiedenen Ideologien eine „‚Familienähnlichkeit‘ zwischen verschiedenen Bedeutungsstilen“ (254). Daher lehnt Eagleton eine essentialistische Auffassung von Ideologie ebenso ab wie eine historizistische, welche die Ideologie als Weltanschauung eines Kollektivs auffaßt. „Ideologie ist eben nicht das grundlegende Prinzip gesellschaftlicher Geschlossenheit, wie historizistische Marxisten uns nahe legen möchten, sondern sie zielt darauf ab, diese Geschlossenheit gegen allen politischen Widerstand auf einer imaginären Ebene wiederherzustellen [...]. Sie muss [...] als eine strukturierende, gesellschaftliche Kraft wirken, welche Subjekte aktiv an der Wurzel ihrer gelebten Erfahrungen erzeugt und versucht, sie mit Werten und Überzeugungen auszustatten, die für ihre besondere gesellschaftliche Aufgabe und für die allgemeine Reproduktion der Gesellschaftsordnung relevant sind.“ (254)

Eliade, Mircea

Rumänischer Schriftsteller und Religionswissenschaftler; geboren am 9. März 1907 in Bukarest; gestorben am 22. April 1986 in Chicago; Studium der Philosophie an der Universität Bukarest; 1928 Promotion zum Dr. phil.; 1928-1932 Studium der indischen Philosophie und des Sanskrit in Kalkutta; 1933-1940 Professor für Geschichte der indischen Philosophie und Allgemeinen Religionsgeschichte in Bukarest; 1940 Kulturattaché der Rumänischen Gesandtschaft in London und 1941 Legationsrat für Kultur in Lissabon; 1945-1956 religionsgeschichtliche Studien in Paris; seit Kriegsende Gastvorlesungen an verschiedenen europäischen Universitäten; seit 1957 Professor für Geschichte der Religionen in Chicago; zahlreiche Publikationen zu den Themen Yoga, Mythos (*Der Mythos der ewigen Wiederkehr*); Schamanismus, Mysterien und Wiedergeburt; seit 1960 Herausgeber der in Chicago erscheinenden *History of Religions*.

Werk

Mircea Eliade ist der Schöpfer einer vergleichenden Religionsphänomenologie, die großen Einfluss auf das zeitgenössische theologische und philosophische Denken ausübte. In seiner zuerst in deutscher Sprache erschienenen Schrift *Das Heilige und das Profane. Vom Wesen des Religiösen* (Reinbek bei Hamburg 1957) geht es um die Herausarbeitung spezifischer Kategorien einer religiösen Existenz archaischen und traditionellen Typs. Dabei interessiert er sich besonders für die vorchristliche religiöse Existenz, die noch von Okkultismus und magischen Vorstellungen durchdrungen ist. Deren innere Logik der Verhaltensweisen, der Symbole und der religiösen Systeme, gilt es zu entdecken, um in der Gegenüberstellung dieses „Heiligen" gegenüber dem „Profanen" die Verarmung des religiösen Lebens in der säkularisierten Neuzeit aufdecken zu können. Im Unterschied zu Otto, der in seiner Schrift *Das Heilige* das Irrationale als besonderes Wesensmerkmal des Religiösen untersucht, geht es Eliade um das Gesamtphänomen des Heiligen in seiner Totalität, wobei sein Augenmerk gerade auch der Rationalität der Umsetzung der religiösen Erfahrung in rituelle Errichtungen, in die Gestaltung des Umgangs mit Natur und Geräten, in den Lebensalltag und die Beherrschung der Zeitabläufe gilt.

Auch beim scheinbar religionslosen modernen Menschen macht Eliade religiöse Verhaltensweisen fest: er verweist hier auf die mythologische Struktur des Kommunismus, in dem eschatologische Mythen des asiatisch-mediterranen Raumes, um die soteriologische Rolle des Proletariats ergänzt, wiederaufgegriffen würden. Die prophetisch-soteriologische Rolle des Proletariats und der Endkampf zwischen Gut und Böse schließt den archaischen Mythos an christlich-jüdische Inhalte an.

Fraenkel, Ernst

Deutscher Jurist und Politikwissenschaftler jüdischer Herkunft; geboren am 26. Dezember 1898 in Köln; gestorben am 28. März 1975 in Berlin; Studium der Rechtswissenschaft in Frankfurt am Main; 1921 Eintritt in die SPD; 1923 Promotion mit der Schrift *Der nichtige Arbeitsvertrag*; danach Dozent an der

Funktionärsschule des Metallarbeiterverbands in Bad Dürrenberg; ab 1927 gemeinsam mit Franz Neumann Anwalt in Berlin, Syndikus des Metallarbeiterverbands. Aufgrund der sogenannten Frontsoldatenregelung kann Fraenkel bis 1938 seinem Beruf als Rechtsanwalt nachgehen; gleichzeitig arbeitete er im Widerstand und unternahm erste Versuche, die Natur des NS-Staates theoretisch zu fassen (*Das Dritte Reich als Doppelstaat*, unter einem Pseudonym veröffentlicht, 1937); 1938 Emigration in die USA, 1941 erscheint *The Dual State. A Contribution to the Theory of Dictatorship*; 1939-1942 zweites juristisches Studium, abgeschlossen mit der Promotion; 1945 Arbeit in Korea und für die Marshall-Plan-Kommission; 1951 Dozent an der Deutschen Hochschule für Politik in Berlin; 1953 ordentlicher Professor für Vergleichende Lehre der Herrschaftssysteme an der Freien Universität Berlin; Gründer und erster Direktor des John F. Kennedy Instituts für Amerikastudien; 1967 Emeritierung; danach Honorarprofessuren in Salzburg und Freiburg im Breisgau.

Werk

Fraenkels Hauptwerk *The Dual State* (New York 1941; deutsch: Der Doppelstaat, Frankfurt am Main/Köln 1974) ist erwachsen aus der Erfahrung mit der Justiz im Dritten Reich. Das nationalsozialistische Herrschaftssystem basiert nach Fraenkel auf dem Nebeneinander eines seine eigenen Gesetze im allgemeinen respektierenden ‚Normenstaates' und eines die gleichen Gesetze missachtenden ‚Maßnahmestaates'.

Bedeutsam für die Thematik der politischen Religionen ist vor allem Teil II des Werkes (Die Rechtslehre des Doppelstaates), der sich mit der nationalsozialistischen Kritik am Naturrecht auseinandersetzt. Da der Nationalsozialismus eine universale Gerechtigkeitsidee ablehne und an die Stelle naturrechtlicher Werte eine beschränkte nationale Zweckmäßigkeitserwägung setze, und eingedenk der engen Verbindung zwischen Christentum und Naturrecht, scheine die Schlussfolgerung berechtigt, dass das Dritte Reich einen Weg vom universalen zum lokalen Gott, vom Monotheismus zum Xenotheismus einschlage.

Friedrich, Carl Joachim

Deutsch-amerikanischer Politikwissenschaftler; geboren am 5. Juni 1901 in Leipzig; gestorben am 19. September 1984 in Lexington/Mass. (USA); Studium in Marburg, Frankfurt am Main, Wien und Heidelberg; 1922 Übersiedlung in die USA; 1925 Promotion; 1927 Professor an der Harvard University; 1956-1966 Professor in Heidelberg.

Werk

In ihrer Studie *Totalitarian Dictatorship and Autocracy* (Cambridge 1956) versuchen Friedrich und Brzezinski eine Antwort auf die Frage nach dem Wesen des Totalitarismus zu geben. Sie beschreiben ihn als Verfallsform der Demokratie und legten dabei fünf Merkmale fest: die Ideologie, die Partei, Propaganda, Terror sowie die planwirtschaftliche Kontrolle über das ökonomische Leben. Neben der systematischen Analyse der totalitären Systeme gehen die Autoren auch auf die verschiedenen Formen der Resistenz gegen die totalitäre Vereinnahmung ein (Familie, Kirche, Wissenschaft, Militär etc.)

Gerlich, Fritz

Deutscher Wissenschaftler und Journalist; geboren am 15. Februar 1883 in Stettin; gestorben am 30. Juni 1934 in Dachau. Besuch des Marienstiftes in Stettin; seit 1901 Studium der Naturwissenschaften und Geschichte in München und Leipzig; 1907 Promotion zum Dr. phil. mit einer Arbeit über Heinrich VI.; im selben Jahr Eintritt in den bayerischen Archivdienst; 1919 legt Gerlich eine der frühesten Analysen des Kommunismus als „chiliastische Religion" vor. 1920-1928 Hauptschriftleiter der „Münchener Neuesten Nachrichten"; 1930-1933 Herausgeber der katholischen Wochenzeitung „Illustrierter Sonntag" (seit 1932 „Der gerade Weg") und wohl entschiedenster publizistischer Gegner der Nationalsozialisten in München; sofort nach der Machtübernahme der Nationalsozialisten in München verhaftet, wurde Fritz Gerlich 1934 während des sog. Röhmputschs in Dachau ermordet.

Werk

Gerlichs Studie *Der Kommunismus als Lehre vom Tausendjährigen Reich* (München 1922), hervorgegangen aus seiner propagandistischen Tätigkeit bei der Niederringung der Münchener Räterepublik, stellt den Kommunismus in die Tradition des religiösen und philosophischen Chiliasmus. Den frühchristlichen und mittelalterlichen Millenarismus übergehend, lässt Gerlich der Schilderung der Verhältnisse in der Sowjetunion eine Darstellung der Geschichte des philosophischen Chiliasmus in Deutschland folgen. Beginnend bei Lessings Entwicklungslehre versucht er den chiliastischen Faden durch die Geschichtsphilosophien des deutschen Idealismus (Kant, Fichte, Hegel) bis zu Marx und Engels sichtbar zu machen. Gerlichs Arbeit ist die erste in Deutschland erschienene wissenschaftliche Abhandlung, die sich mit den pseudoreligiösen Elementen der kommunistischen Doktrin auseinandersetzt.

Guardini, Romano

Deutscher Philosoph, Theologe und Pädagoge, geboren am 17. Februar 1885 in Verona; gestorben am 1. Oktober 1968 in München; Studium der Chemie, Nationalökonomie und Theologie in München, Freiburg im Breisgau und Tübingen; 1915 Promotion zum Dr. theol. und 1922 Habilitation, beides mit Arbeiten über Bonaventura, 1923 Berufung auf den neu errichteten Lehrstuhl für Religionsphilosophie und katholische Weltanschauung an der Universität Berlin; seit 1924 Mitherausgeber der Zeitschrift „Die Schildgenossen" und seit 1927 Bundesleiter des katholischen Bundes „Quickborn"; 1939 Aufhebung des Lehrstuhls und Zwangspensionierung; 1941 Verbot der Schildgenossen und Redeverbot; 1943-1945 Aufenthalt bei seinem Freund Pfarrer Josef Weiger in Mooshausen (Allgäu); 1945 Lehrstuhl in Tübingen und 1948 Lehrstuhl für Religionsphilosophie und christliche Weltanschauung in München; 1952 Ernennung zum Päpstlichen Hausprälaten.

Guardinis Werk gilt der Deutung der christlichen Existenz im 20. Jahrhundert. Er wurde bekannt durch seine 1918 erschienene Schrift *Vom Geist der Liturgie*. Die 1927 erschienenen *Briefe vom Comer See* bilden die Grundlage seiner später geäußerten Kritik an der neuzeitlichen Kultur (*Das Ende der Neuzeit*, 1950). Den Nationalsozialismus hat Guardini als Ende des „freien Schweifens" religiöser Kräfte, als eine „neue Verbindung von religiöser und politisch-kultureller Energie" gedeutet. (*Die religiöse Offenheit der Gegenwart* 1933/34, unveröffentlicht). Das „Lebendigste des Lebendigen", die Religion, wird in den Dienst der totalen Macht, totaler Organisation gestellt. Hitler wird von Guardini als quasireligiöse Figur, als „Heilbringer" ernstgenommen; er kennzeichnet ihn als mythischen Usurpator, der im Verblassen christlicher Überlieferungen von der allgemeinen Sinnleere profitiert und in einer Krisenzeit die messianischen Erwartungen der Massen auf sich zieht.

Werk

Guardinis heuristische Annäherung an das Phänomen des Totalitarismus nährt sich aus seiner Unterscheidung zwischen Glauben und religiöser Erfahrung (*Religiöse Erfahrung und Glaube*, in: Die Schildgenossen 13, 1934, 238-306). Die religiöse Erfahrung ist danach immer der Welt zugeordnet, Teil der Immanenz, während der Glauben aus einer personalen Kraft jenseits der Welt resultiert. So ist Glaube nach Guardini auch immer eine Antwort auf diesen Anruf Gottes und nicht eine erschütternde Wirklichkeitserfahrung – wie die religiöse Erfahrung.

Die Unterscheidung zwischen Glauben und religiöser Erfahrung entwickelt Guardini in seinem Werk *Der Heilbringer* (*Der Heilbringer in Mythos, Offenbarung und Politik. Eine theologisch-politische Besinnung*, Stuttgart 1946) im Aspekt des Personalismus weiter: die unterschiedliche Struktur des Glaubens und der religiösen Erfahrung als Gegenüber bzw. Teil der weltlichen Wirklichkeit setzt sich in bezug auf den einzelnen Menschen fort; vermittelt der Glaube personales Erlösungsgeschehen, so vermittelt religiöse Erfahrung nur innerweltliche, nicht personale Erfahrungen und magische Hoffnungen. Guardini untersucht dies am Beispiel Hitlers: Erlösung sollte sich in seiner Gestalt durch einen irdischen Heilbringer, auf nicht personalem Weg und in prometheischer Selbstüberschätzung vollziehen.

Die Preisgabe der Personalität in der rein innerweltlichen religiösen Erfahrung bleibt Zentrum in Guardinis Ethik-Vorlesungen (*Ethik. Vorlesungen an der Universität München 1950-1962*, Mainz-Paderborn 1993); nur durch diese Preisgabe ist es möglich, einen totalitären Staat zu etablieren, dessen Machtanspruch keiner Relativierung durch die individuelle Person ausgesetzt ist, sondern der sich um seiner selbst willen zur Erlösung seiner selbst erschafft. Als solcher ist er das Pendant zum modernen prometheischen Menschen, der sich ebenfalls zur Selbsterlösung aufschwingt und keine Bindung an ein personales Gegenüber mehr kennt. So schließt sich der Kreis zu seiner Schrift *Die religiöse Offenheit der Gegenwart*: Die Eliminierung des Glaubens durch die Absorption in die innerweltliche religiöse Erfahrung ist die Voraussetzung für den Totalitarismus.

Gurian, Waldemar

Russisch-deutsch-amerikanischer Publizist und Politikwissenschaftler, geboren am 13. Februar 1902 in St. Petersburg; gestorben am 26. Mai 1954 in South Haven (USA); 1911 Übersiedlung nach Berlin; Studium in Köln, Breslau, München und Berlin; Promotion bei Max Scheler, anschließend Tätigkeit als freier Publizist; 1934 Emigration in die Schweiz, dort Herausgabe der Deutschen Briefe (zusammen mit Otto Knab); 1937 Annahme eines Rufes an die Universität von Notre Dame/Indiana und Übersiedlung in die USA.

Werk

Gurian ist einer der Wegbereiter der Totalitarismustheorie, in Europa als Publizist, in den USA als Politikwissenschaftler und Wissenschaftsorganisator. Im Rahmen seiner politischen Theorie spielen auch die „Politischen Religionen" eine wichtige Rolle: sie sind ein gemeinsames Merkmal, das Bolschewismus und Nationalsozialismus miteinander verbindet.

Gurian sieht in seiner Frühschrift *Fascismus und Bolschewismus* (in: Heiliges Feuer 15 [1927/28] 197-203) - durch Carl Schmitts *Die geistesgeschichtliche Lage des heutigen Parlamentarismus* und Luigi Sturzos *Italien und der Faschismus* angeregt - Faschismus und Bolschewismus als die „beiden aktivsten Ideologien"(197). Beiden ist eine elitäre Herrschaftstechnik eigen, die die Übereinstimmung von Massenwille und Führer- (bzw. Partei-) willen voraussetzt. Letztlich sind beide zwei „Spielarten der Reaktion gegen die moderne Entleerung der Welt von Zwecksetzungen". Diesen Gedanken setzt Gurian in *Bolschewismus als Weltgefahr* (Luzern 1935) fort, in dem er - sich vom Begriff des Caesarismus verabschiedend - den Bolschewismus als reine Herrschaftstechnik für alle Formen des Antiparlamentarismus begreift. Da der Nationalsozialismus keine wirkliche Ideologie habe und sich auf politische Machtentfaltung und -konzentration beschränke, sei er der „Idealtypus bolschewistischer Weltanschauung" (68). Schon hier berührt Gurian die religiöse Dimension des totalitären Phänomens, vor allen des Marxismus, wenn er schreibt: „Die marxistische Doktrin, so kann man einleuchtend argumentieren, ist eine ‚Pseudoreligion'. Sie setzt - wie eine Reihe von Autoren gezeigt hat, vor allem in letzter Zeit und besonders eindrucksvoll Berdjaev - an die Stelle des himmlischen Paradieses einen bestimmten Gesellschaftszustand als Ziel der Menschheit." (38)

In *Der Kampf um die Kirche im Dritten Reich* (Luzern 1936) erläutert er die religiöse Dimension auch in bezug auf den Nationalsozialismus. Die nationalsozialistische Weltanschauung wird verstanden als „konsequente Fortsetzung" und zugleich „letzte Verweltlichung" (33 f.) eines Prozesses, der auf die Aufhebung sowohl der religiösen als auch der politischen Spaltung des deutschen Volkes im Sinne einer „Dritten Konfession" (16) zielt - in der Terminologie der NS-Führung erhält diese Denkfigur den Namen „positives Christentum". Auf Carl Christian Brys *Verkappte Religionen. Kritik des kollektiven Wahns* (1924) anspielend, warnt Gurian vor einer „neuen, wenn auch ‚verkappten' Ersatzreligion" (46) Die „den ganzen Menschen totalitär in allen seinen Lebensäußerungen ansprechende" Gläubigkeit, die Hitler als den „eigentlichen Feind der Kirche" entlarvt (46), birgt neben der Gefahr auch die Herausforderung für einen jenseits des jeweils überkommenen Bekenntnisses liegenden christlichen Glauben, der die Grundlage für eine „wahre Einheit der deutschen Nation“ sein könnte (117).

Gurian systematisiert später in *The Philosophy of the Totalitarian State* (in: Proceedings of the American Catholic Association XV [1939] 50-66) und *Totalitarian Religions* seine Gedanken zur religiösen Dimension des totalitären Phänomens in bezug auf die Totalitarismustheorie, der er vorwirft, alle der modernen Demokratie entgegengesetzten politischen Systeme über einen Kamm zu scheren – auch solche, die nicht zwangsläufig totalitär sind. Das unterscheidende Kriterium sei vielmehr die Ideologie, die die Natur eines Systems bestimme. Erst die Entgegensetzung einer künstlichen Welt gegen die Realität und der Anspruch auf Welterklärung und Sinngebung zeichnen ein totalitäres System aus und setzen es in einen notwendigen Gegensatz zur Kirche: es wird zu einer politischen Religion. Die Ursachen für das Entstehen „pseudo-religiöser Bewegungen“ und „anti-religiöser politisch-sozialer Religionen“ sieht Gurian im Säkularisierungsprozess des 20. Jahrhunderts.

Hayek, Friedrich August von

Österreichisch-britischer Nationalökonom; geboren am 8. Mai 1899 in Wien; gestorben am 23. März 1992 in Freiburg im Breisgau; 1931-1951 lehrte er in London, 1950-1962 in Chicago, anschließend bis 1968 in Freiburg im Breisgau; 1974 Nobelpreis für Wirtschaftswissenschaften.

Werk

Hayek untersucht in seinem Werk *The Road to serfdom* (Chicago 1944; dt.: *Der Weg zur Knechtschaft* Erlenbach/Zürich 1952) die politischen Folgen des Kollektivismus auf wirtschaftlichem Gebiet. Im Rahmen der Thematik „Planwirtschaft und Totalitarismus“ will Hayek zeigen, wie jede Art von zentralstaatlicher Planwirtschaft zwangsläufig zum politischen Totalitarismus führt, selbst wenn die Verfechter wirtschaftlicher Planung dies nicht intendieren. Jede Planungsbehörde muss wegen der Komplexität wirtschaftlicher Abläufe mit umfassenden Machtbefugnissen ausgestattet sein, was eine Trennung des Politischen vom Wirtschaftlichen unmöglich macht.

Die Wurzel des Nationalsozialismus erkennt Hayek im internationalen Sozialismus. Beide Bewegungen haben nicht nur ähnliche Lehren, die die individuellen Freiheiten einschränken, sondern seien beide in „Preußentum und Sozialismus“, in der staatlichen Organisation der Volkwirtschaft gegen die Ideen von Freiheit, Individualismus und politischer Liberalität verwurzelt.

Der ökonomischen Genealogie des Totalitarismus stellt Hayek in seinem Buch *Die Verfassung der Freiheit* (Tübingen 1971) eine rechtsphilosophische gegenüber, wobei er sich kritisch mit dem Rechtspositivismus, dem Historismus, der Freirechtsschule und der Interessenjurisprudenz auseinandersetzt. Besonders die Richtung der Interessenjurisprudenz, die nach höherer, d.h. nicht nur verfahrensrechtlicher Gerechtigkeit strebt, hat „ganz besonders den Weg für die Willkür des totalitären Staates vorbereitet.“ Auch im Rechtspositivismus sieht Hayek eine Tendenz zur totalitären Auflösung der Rechtsordnung. So bestehe „die Tendenz, das Wesen des Rechtsstaates im Staatsbegriff schlechthin untergehen zu lassen," so dass sich [...] „dem Sieg und der Alleingeltung des faschistischen und bolschewistischen Staatswollens [...] derart von der Staatslehre her ein grundsätzliches Hindernis nicht mehr entgegen[stellt]." (305)

Heidegger, Martin

Deutscher Philosoph; geboren am 26. September 1889 in Meßkirch, Baden; gestorben am 26. Mai 1976 in Freiburg im Breisgau; Studium zuerst der Theologie, dann der Philosophie; Schüler Heinrich Rickerts, später Edmund Husserls; Habilitation 1915 in Freiburg im Breisgau; 1923-1928 Professor in Marburg, 1938-1945 Professor in Freiburg im Breisgau; 1927 Hauptwerk *Sein und Zeit*; NSDAP-Mitgliedschaft von 1933-1945.

Werk

Heidegger hat sich mit der „Totalität des Politischen" besonders im Rahmen seiner Nietzsche- und Hölderlin-Vorlesungen beschäftigt. In den Jahren 1938 bis 1944 taucht der Begriff „Totalität" wiederholt auf. Heidegger setzt sich nicht explizit mit dem Totalitarismus auseinander, sondern untersucht vielmehr die Phänomene „totaler Staat", „totale Herrschaft", „Totalität des Politischen", die im Zuge der nationalsozialistischen Herrschaft und ihrer Technik relevant werden.

In seiner Hölderlinvorlesung wendet sich Heidegger in vorsichtiger Form gegen die Vereinnahmung klassischer griechischer Philosophie durch totalitäre Interpretationen. Er sieht nur sehr entfernte Affinitäten zwischen der Polis als Inbegriff aller Lebens- und Existenzmöglichkeiten des Menschen und der modernen totalitären Herrschaft. So heißt es in seiner Studie *Hölderlins Hymne ‚Der Ister'*: „Die Art, wie für die Griechen die Polis die Mitte des Seienden ist, bedeutet etwas völlig anderes als der unbedingte Vorrang der neuzeitlichen ‚Totalität des Politischen'". (*Hölderlins Hymnus ‚Der Ister'*, GA-II-Abteilung, Vorlesungen 1923-1944 - Bd. 53, Frankfurt am Main 1984, 118.) An manchen Stellen der Vorlesung scheint er das, was heute als Totalitarismus bezeichnet wird, „Totalität des Politischen" zu nennen. „Daß alles Tun und Lassen des geschichtlichen Menschen nach allen Hinsichten in der Polis seine Stätte, den Ort der Hingehörigkeit hat, darf aber nicht mit der geschichtlich ganz anders gearteten, modernen „Totalität des Politischen" zusammengeworfen werden. So wird nur das Griechische verfälscht."(ebd. 117) Heidegger wendet sich gegen die Auffassung, „die Griechen wären schon alle Nationalsozialisten gewesen."

Heiler, Friedrich

Theologe und Religionswissenschaftler; geboren am 30. Januar 1892 in München; gestorben am 28. April 1967 ebendort. Nach zwei Semestern Studium der Katholischen Theologie studierte er Philosophie, Psychologie, Religionsgeschichte und Orientalische Sprachen in München; 1918 wurde er Privatdozent für Religionswissenschaft an der Philosophischen Fakultät der Universität

München. 1919 begegnete er Nathan Söderblom auf einer Vortragsreise durch Schweden. 1920 wurde er – auf Betreiben Rudolf Ottos – auf eine für ihn geschaffene Stelle für Religionsgeschichte und Religionsphilosophie nach Marburg an der Lahn berufen; dort lehrte er seit 1922 als ordentlicher Professor. 1934 wurde Heiler wegen Widerstand gegen den Arierparagraphen an die Philosophische Fakultät in Greifswald und 1935 an die in Marburg strafversetzt. Erst 1947 wurde er an die Theologische Fakultät zurückversetzt. Nach seiner Emeritierung las er in München Religionsgeschichte.

Werk

In seiner Promotionsschrift *Das Gebet* (München 1917) entwickelt Heiler eine Phänomenologie des religiösen Aktes, indem er den Gegenstand des Gebetes religionsgeschichtlich und religionspsychologisch unter anderem anhand der Begriffe „persönliche Frömmigkeit“, „Mystik“ und „prophetische Religiosität“ erörtert. Im gleichen Jahr untersucht er *Die buddhistische Versenkung* (München 1922). Heilers einfühlsame Rekonstruktion der „Sinnlogik“ des religiösen Aktes hat seinen Schriften nicht nur in der Theologie, sondern auch in der Philosophie und Sozialwissenschaft Beachtung verschafft. In seiner letzten Schrift *Erscheinungswesen und Wesen der Religion* (Stuttgart 1961)untersucht er religionsphänomenologisch die Gemeinsamkeiten aller Religionen. Sein Bestreben, vor allen Dingen die Gemeinsamkeiten der Religionen offenzulegen, trug ihm innerhalb der Zunft einige Kritik ein; es trägt aber zur Klärung der religionswissenschaftlichen Begriffe nicht unwesentlich bei und liefert daher wichtige Differenzierungen für die Entwicklung eines heuristischen Konzepts der „politischen Religion“.

Heller, Hermann

Deutscher Staatsrechtslehrer; geboren am 17. Juli 1891 in Teschen an der Olsa (Österreich); gestorben am 5. November 1933 in Madrid; Studium der Rechte in Wien, Innsbruck, Graz und Kiel; Promotion zum Dr. jur. 1915 in Graz; Habilitation für Rechtsphilosophie, Staatslehre und Staatsrecht 1920 in Kiel; 1921 Dozent an der Universität Leipzig; 1926 Referent am Kaiser-Wilhelm-Institut für ausländisches öffentliches Recht und Völkerrecht in Berlin; 1928 außerordentlicher Professor für Öffentliches Recht an der Universität Berlin; 1931 ordentlicher Professor für Öffentliches Recht an der Universität Frankfurt am Main; vertrat 1932 die preußische Landtagsfraktion der SPD (auf der Gegenseite: Carl Schmitt) vor dem Staatsgerichtshof in Leipzig im Prozess um die Absetzung der preußischen Regierung durch Papen; 1933 Emigration ins republikanische Spanien und Tod.

Werk

Mit Rudolf Smend und Carl Schmitt gehört Heller zu den Überwindern des staatsrechtlichen Positivismus in Deutschland; mit beiden teilt er die Ablehnung der Kelsenschen *Reinen Rechtslehre*, grenzt sich jedoch auch von der Smendschen Integrationslehre ab und nimmt politisch mit seiner Theorie des

„sozialen Rechtsstaats" eine Gegenstellung zu Carl Schmitt ein. Seine Staatslehre blieb unvollendet (postum herausgegeben von Gerhart Niemeyer in Leiden 1934). Mit seiner Schrift *Europa und der Fascismus* (1929; ²1931) ist er einer der frühesten deutschen Faschismustheoretiker und -kritiker.

Schon in seinen früheren Schriften *Die politischen Ideenkreise der Gegenwart* (Breslau 1926) und *Sozialismus und Nation* (Berlin 1925) befasst Heller sich mit der Ideenbildung im Zuge einer Konfrontation von Tradition und Sozialismus. Aber erst in seiner Schrift *Europa und der Fascismus* parallelisiert er Faschismus, Nationalsozialismus und Bolschewismus erstmals als totalitär: „Nach nationalfascistischer Lehre soll der nationale Staat der totalitäre, jede Lebensregung umfassende Staat sein; nichts außerhalb des Staates, nichts gegen den Staat, alles für den Staat. Fascismus ist die Religion vom Vaterland, lautete eines der vielen Plakate des Fascismus. Im nationalistischen Erlebnis trat sodann Italien den ‚neuen Gläubigen' wie eine hehre geistige Vision entgegen, welche, über die Wirklichkeit sich erhebend, ‚nach und nach die Gestalt einer Göttin annahm.'" (58)

Den totalitären Staat deutet Heller hier als „Staat und Kirche in einem", als eine Rückkehr zur Antike, die „nur möglich ist durch eine radikale Absage an das Christentum", welches das völlige Aufgehen des Individuums im Staat verhindert.

Horkheimer, Max

Deutscher Philosoph und Soziologe; geboren am 14. Februar 1895 in Stuttgart-Zuffenhausen; gestorben am 7. Juli 1973 in Nürnberg; zunächst Studium der (Gestalt)Psychologie und Nationalökonomie (Horkheimer sollte die Textilfabrik seines Vaters übernehmen); dann Studium der Philosophie, insbesondere Auseinandersetzung mit Kant, in Freiburg im Breisgau und Frankfurt am Main; 1925 Habilitation bei dem Neukantianer Hans Cornelius; 1930 Ordinarius für Sozialphilosophie an der Universität Frankfurt und 1931 Direktor des Instituts für Sozialforschung; baldige Errichtung von Zweigstellen dieses Instituts in Genf und London; 1934 Übersiedlung des Instituts (mit seinem Direktor) nach New York, wo es der Columbia University angeschlossen wurde; 1940 aus gesundheitlichen Gründen Umzug nach Kalifornien, wo Horkheimer verschiedene Forschungsprojekte leitet und u.a. Direktor der wissenschaftlichen Abteilung des Jewish Committee in den USA wird; 1949 Berufung auf einen Lehrstuhl für Philosophie und Soziologie an der Universität Frankfurt am Main und Wiedererrichtung des Instituts für Sozialforschung; von 1954 an gleichzeitig Gastprofessor an der Universität Chicago; 1951 und 1952 Rektor der Universität Frankfurt; nach der Emeritierung 1959 Rückzug mit seinem Freund Fred Pollock nach Montagnola bei Lugano.

Werk

Mit seinem Aufsatz *Traditionelle und kritische Theorie* (1937) und seiner *Dialektik der Aufklärung* (1947, zusammen mit Theodor W. Adorno) wurde Horkheimer zur Hauptfigur der „Kritischen Theorie der Gesellschaft". In der Zwischenkriegszeit Arbeit zur klassischen deutschen Philosophie und ihrer Transformation durch Karl Marx; Programm einer interdisziplinären Analyse der zeitgenössischen Gesellschaft, in Abhebung sowohl vom unhistorischen Empirismus der Einzelwissenschaften wie von einer „sinngebundenen Metaphysik". In Horkheimers aphoristischem Spätwerk nach 1945 treten pessimistische Züge hervor (die Moderne als „verwaltete Welt"). Annäherungen an theologisches Denken, Artikulation der Gottesfrage als Frage nach dem „absoluten Sinn". Bei der Interpretation des Nationalsozialismus und des Bolschewismus fasst er beide unter der Kategorie „autoritärer Staat" zusammen, wobei er den Nationalsozialismus als „Staatskapitalismus" und den Bolschewismus als „integralen Etatismus" bezeichnet und dadurch, bei aller Ähnlichkeit im Erscheinungsbild die strukturelle Unterschiedlichkeit der beiden Systeme kennzeichnet, für die er gerade keine einheitliche Subsumtion unter dem Begriff „totalitär" vornimmt.

Hornung, Klaus

Deutscher Historiker und Politikwissenschaftler; geboren am 26. Juni 1927 in Heilbronn; Studium der Geschichte, Politikwissenschaft, Germanistik und Anglistik in Tübingen; 1955 Promotion bei Hans Rothfels und Theodor Eschenburg; 1974 Habilitation und PD in Freiburg im Breisgau; seit 1987 Professor für Politikwissenschaft an der Universität Hohenheim; 1987 Bundesverdienstkreuz; seit 1992 im Ruhestand.

Werk

In seinem Werk *Das totalitäre Zeitalter* (Frankfurt am Main 1993) bietet Hornung einen Aufriss der Geschichte des 20. Jahrhunderts als eines, das von Totalitarismen geprägt ist. Deren Triebkräfte verfolgt er – im Anschluss an Talmon – bis hin in den politischen Messianismus der französischen Revolution und der Diktatur der Jakobiner. Sowohl Faschismus und Nationalsozialismus als auch der Stalinismus sind daher für Hornung „Zweige desselben Stammes" (55). „Die Ähnlichkeiten und Gemeinsamkeiten [...] [sie] kulminieren in einer pseudoreligiösen Verehrung der „Führer" durch die Massen [...]" (56). Politischer Messianismus als gemeinsame Wurzel liefert mithin auch die Voraussetzung zu einem Vergleich totalitärer Systeme.

Hürten, Heinz

Deutscher Historiker; geboren 1928 in Düsseldorf; seit 1977 Ordinarius für Neuere und Neueste Geschichte an der Universität Eichstätt, emeritiert 1993.

Werk

In seiner Arbeit *Verfolgung, Widerstand und Zeugnis. Kirche im Nationalsozialismus. Fragen eines Historikers* (Mainz 1987) zeigt Hürten, dass ein Charakteristikum totalitärer Regime gerade aus ihrem Umgang mit Widerstand und Opposition gewonnen werden kann. Am Beispiel des Widerstands der Kirchen gegen Hitler zeigt Hürten, dass die Nationalsozialisten auch Handlungen und Haltungen als Widerstand definierten, die außerhalb der politischen Sphäre liegen. Dies zeige gerade den totalitären Anspruch des Regimes, der sich nicht mit einer absoluten Machtposition innerhalb der politischen Sphäre begnüge, sondern nach seinem ausdrücklichen Selbstverständnis die „innerlichsten Sphären" (64) des Menschen für sich beanspruche und damit unvermeidlich in einen Konflikt mit den Kirchen gerate.

Jünger, Ernst

Deutscher Schriftsteller; geboren am 29. März 1895 in Heidelberg; gestorben 1999 in Wiflingen; vor dem Ersten Weltkrieg Fremdenlegionär; 1914-1918 Offizier; 1944 nach dem 20. Juli „unehrenhafte Entlassung" aus der Wehrmacht; 1959 Gründung der Zeitschrift „Antaios" mit Mircea Eliade als Forum für mythologische, religionsgeschichtliche und kulturgeschichtliche Themen; Träger des Ordens Pour le merite; Schilderung der Kampferlebnisse im Ersten Weltkrieg in den Schriften *In Stahlgewittern* und *Der Kampf als inneres Erlebnis*.

Werk

Aus seiner im Ersten Weltkrieg gewonnenen Gesinnung eines „heroischen Nihilismus" entwickelte Jünger in seinem Essay *Der Arbeiter* (1932) die Figur des antibürgerlichen Menschen der Zukunft. Dieser kennt nicht den Individualismus des 19. Jahrhunderts und geht auch über die marxistische ökonomische Beschränkung auf die Klasse hinaus; er gründet in den technischen Möglichkeiten der Moderne, die einen autoritären, vielleicht totalen Staat als Übergang zu einer technischen Weltlage verlangt. Die Voraussetzungen untersuchte Jünger in seiner Schrift *Die totale Mobilmachung* (1931): Der technische Fortschritt führt in seiner Indifferenz gegenüber Freund und Gegner und in seiner Anonymität, die sich für Jünger im Kriegsgeschehen des Ersten Weltkriegs als Giftwolke realisiert, zu einer totalen Mobilisierung. Die Demokratie, insofern sie sich zu einem totalen Staat wandelt, bietet für eine solche Mobilisierung nach Jünger die besseren Voraussetzungen als die Monarchie. Sie entspricht eher dem antibürgerlichen Typus des Arbeiters. Jünger versteht seine Schriften als „seismographischen" Spiegel der Entwicklung und verweigert sich einer Einordnung nach „links" oder „rechts".

Kalandra, Záviš

Tschechischer Philosoph und Publizist; geboren 10. November 1902 in Frenštát pod Radhoštem; gestorben 1950 in Prag; Studium der Philosophie und Philologie an der Karls-Universität in Prag; 1928-1930 Studium der altgriechischen Philosophie (Parmenides) in Berlin; ab 1930 freier Publizist in der linksorientierten Presse; Zusammenarbeit mit den Surrealisten; 1939 Verhaftung und bis 1945 in verschiedenen Konzentrationslagern in Deutschland; 1945-1948 scharfe Kritik aller offenen und verborgenen Versuche, die Freiheit des künstlerischen Schaffens zu beschränken, und Warnung vor dem Einparteienstaat; nach 1948 zählte Kalandra zu den ersten Opfern der politischen Prozesse in der Tschecheslowakei; 1949 Verhaftung; 1950 in einem Schauprozess als „Trotzkist“ zum Tode verurteilt und hingerichtet.

Werk

Einen Überblick über Kalandras Auseinandersetzung mit den geistigen Strömungen seiner Zeit vermittelt die Aufsatzsammlung *Der Intellektuelle und die Revolution* mit Aufsätzen aus den dreißiger und vierziger Jahren (Prag 1994). Kalandra untersucht in dieser Zeit insbesondere das Verhältnis zwischen der individuellen Anschauung und den überpersönlichen kollektiven Zusammenhängen. Kalandra verurteilt die Linksintellektuellen immer dann, wenn sie ihre individuellen Einsichten durch die mythische kollektive Logik korrigieren lassen und sich somit einem jeder rationalen Kritik unzugänglichen Fideismus anheim stellen. Im Lichte dieser Spannung zwischen Individuum und Kollektiv dreht sich das philosophische Werk Kalandras immer um zwei Themenkreise: zum einen um die Problematik der Entstehung, Wandlung und des Absterbens ideologischer Systeme; zum anderen um die Konzeption einer Anthropologie, die sich nicht durch den Marxschen Materialismus beschränken lässt. Seit 1933 kritisiert Kalandra den Nationalsozialismus wegen seiner Weltanschauung - diese exemplifiziert er an einigen politischen Vorgängen: Wahlen fänden nicht um ihrer Ergebnisse willen statt, sondern dienten lediglich der Mobilisierung der Anhänger und der Desorganisation der Gegner. Magische Zusammenhänge würden im nationalsozialistischen Denken konstruiert: der zeitliche Zusammenhang der Hinrichtung zweier deutscher Antifaschisten (Sally Epstein und Hans Ziegler am 10. April 1935) und der Hochzeit Goerings zeige die barbarische Auffassung, nach der das Glück durch unschuldiges menschliches Blut gesichert werden solle. Die symbolhafte Realitätsbemächtigung konstatiert Kalandra ebenfalls für die Stalinschen Schauprozesse, deren eigentlicher Zweck nicht die Aufrechterhaltung und Durchsetzung der Rechtsordnung sei, sondern die Schaffung einer Atmosphäre der Angst.

Kolakowski, Leszek

Polnischer Philosoph; geboren am 23. Oktober 1927 in Radom; 1945-1950 Studium der Philosophie an der Universität Lódz; 1947-1949 Assistent für Logik an der Universität Lódz; 1950-1959 Assistent von Adam Schaff an der Universität Warschau; 1953 Promotion mit einer Arbeit über Spinoza; 1956 Wortführer der geistigen Opposition im „Polnischen Oktober“; 1957 Studienaufenthalt in Amsterdam und Paris; 1958-1968 Professor für Geschichte der Philosophie an der Universität Warschau; 1966 unter dem Vorwurf des Revisionismus Ausschluss aus der Kommunistischen Partei, der er seit 1945 angehörte; 1968 Verlust des Lehrstuhls und Ausreise nach Kanada; 1968/1969 Gastprofessur an der McGill Universität in Montreal; 1969–1970 Gastprofessur an der University of California, Berkeley; seit 1970 Senior Research Fellow am All Souls College; Oxford; 1975 Lehrtätigkeit an der Yale University, Connecticut; seit 1981 Lehrtätigkeit an der University of Chicago; Teilnahme am „Committee on Social Thought, the Western Representation of the Polish Independent Committee for Culture, Science and Education"; zahlreiche Auszeichnungen und Preise, u.a. 1977 Friedenspreis des Deutschen Buchhandels.

Werk

Vom orthodoxen Marxismus hat sich Kolakowski seit den sechziger Jahren - nach einer Phase des Revisionismus - immer stärker in Richtung einer umfassenden Kritik des utopischen Denkens bewegt. Die modernen Despotien sind für ihn eine „verzweifelte Nachahmung des Paradieses". Besonders im Kommunismus weist Kolakowski eschatologische Denkfiguren nach (*Der Mensch ohne Alternative. Von der Möglichkeit und Unmöglichkeit, Marxist zu sein*, München 1967). Demgegenüber betont er die totale, nicht an angebliche Geschichtsgesetze abtretbare Verantwortlichkeit des Menschen für seine Taten. Die praktische Entscheidung ist eine Wahl der Werte, ein moralischer Akt; sie ist nicht determiniert durch ein geschichtsphilosophisches „So-und-nicht-anders". Nichts, was in die Zukunft reicht, unterliegt dem Zwang der Unvermeidlichkeit, der nur für Vergangenes gilt.

Leeuw, Gerardus van der

Niederländischer Religionswissenschaftler, evangelischer Theologe und Ägyptologe; geboren am 18. März 1890 in Den Haag; gestorben am 18. November 1950 in Utrecht; 1916 Promotion mit der Dissertation *Godsvoorstellingen in de oudaegyptische pyramidetexten*; seit 1918 Professor für Religionsgeschichte, evangelische Theologie und Ägyptologie an der Universität Groningen; 1933 Hauptwerk *Phänomenologie der Religion*, damit erreichte er die Annerkennung der Religionsphänomenologie als eines selbständigen Zweiges der Religionswissenschaft; 1945/1946 Kultusminister der Niederlande; zahlreiche Veröffentlichungen zu Fragen der Religionsgeschichte und Ägyptologie, aber auch zu Fragen der Theologie, der Kultur- und Musikgeschichte; 1940 *Bilanz des Christentums.*

Werk

Leeuws *Phänomenologie der Religion* (Tübingen 1933) stellt für das Aufzeigen gemeinsamer Elemente von totalitären Bewegungen und Religionen zahlreiche Materialien und Kategorisierungen zur Verfügung. Leeuw schildert das religiöse Erlebnis in seinen individuellen wie institutionellen Formen (Reinigungskulte, heilige Feste, Stammesbräuche etc.). Religion hat - dies eine Parallele zu den totalitären Regimen - nach van der Leeuw etwas mit Macht zu tun, insofern sie das Leben an seine äußersten Grenzen führt, deren sich der Mensch bemächtigen will, sei es um sie zu überschreiten, sei es um sie anzubeten. So wird die letzte Sinnstiftung im Leben zur Frage der Beherrschbarkeit des menschlichen Lebens.

Die numinose Heilserfahrung verdichtet sich in der Gestalt des Heilbringers: Osiris, Apollon, Dionysos und Baldur; ihnen stehen dualistisch die Gestalten des Unheils gegenüber: die Schlange, der Drache, der Weltenwolf, die Götter des Todes, des Fluches usw.

Romano Guardini stützte sich auf van der Leeuw, als er seinen innerweltlichen Heilbringer in die Reihe der Unheilbringer einreihte.

Le Guillou, Marie-Joseph

Französischer Theologe; geboren am 25. Dezember 1920 in Servel/Bretagne; gestorben am 25. Januar 1990 in Paris; Studium an der Sorbonne; 1941 Eintritt in den Dominikanerorden; Dozent für Theologie an der Hochschule der Dominikaner Le Saulchoir in Paris, anschließend Professor für Theologie am Institut Catholique de Paris; Direktor des Institut supérieur d'études œcuméniques und Herausgeber der Zeitschrift „Istina", die sich vornehmlich ökumenischen Fragen im Gespräch mit der Ostkirche widmet;

Werk

Sein geschichtstheologischer Entwurf *Le Mystère du Père. Foi des Apôtres - Gnoses actuelles* (1973; dt.: *Das Mysterium des Vaters. Apostolischer Glaube und moderne Gnosis*, 1974) versucht das „Zeitalter der Ideologien" (19. und 20. Jahrhundert) in einen französischen, deutschen und russischen Zyklus zu gliedern und versteht Ideologie als eine „perversa imitatio der Religion". Gerade das 20. Jahrhundert kenne eine Reihe von „Bewegungen", die Gegenentwürfe, „Ersatztranszendenzen" des Glaubens bildeten und im eigentlichen Sinne gnostisch seien. Diese Gnosis, die vor allem eine Geisteshaltung sei, erweise sich als „Perversion der christlichen Wahrheit". Sie entlehne zwar dem Glauben ihre Ausdrucksform und Thematik, verstehe diese beiden aber in einem ganz eigenen, den Glauben zuwiderlaufenden Sinn.

Die Beschreibung der religiösen Dimension totalitärer Erscheinungen als Gnosis korrespondiert mit Voegelins Entwicklung vom Konzept der politischen Religion zum Konzept der Gnosis als Wesensmerkmal der Totalitarismen.

Ley, Michael

Sozialwissenschaftler, geboren 1955 in Konstanz; Studium der Soziologie an der Universität Bremen und der Freien Universität Berlin; Herausgebertätigkeit und Dokumentationen für das Fernsehen, lebt in Wien.

Werk

In seinem Artikel *Apokalyptische Bewegungen in der Moderne* (in: M. Ley/J.H. Schoeps (Hg.): Der Nationalsozialismus als politische Religion, Bodenheim bei Mainz 1997. 13 f.) und seinem Buch *Genozid und Heilserwartung* (Wien 1993) stellt Ley die These auf, dass der Ursprung der politischen Religionen und des verbrecherischen Genozids ihren Ursprung in der Offenbarung des Johannes und in seiner Weiterführung bei Joachim da Fiore finden. Ley sieht im religiös motivierten Antijudaismus, im humanistisch aufgeklärten Antisemitismus und im politisch motivierten Judenhass die direkten Wurzeln für den Antisemitismus der Moderne.

Lübbe, Hermann

Deutscher Philosoph; geboren am 31. Dezember 1926 in Aurich; 1943 Abitur und Kriegsdienst; Studium der Philosophie und mehrerer sozialwissenschaftlicher Disziplinen in Freiburg, Münster und Göttingen u.a. bei Theodor W. Adorno und Joachim Ritter; 1951 Promotion, anschließend wissenschaftlicher Assistent; 1956 Habilitation; 1956-1963 Lehrtätigkeit an den Universitäten Erlangen, Hamburg, Köln und Münster; 1963-1969 ordentlicher Professor für Philosophie an der Universität Bochum; 1966-1969 Staatssekretär im Kultusministerium von Nordrhein-Westfalen; 1969-1970 Staatssekretär beim Ministerpräsidenten; 1969-1973 ordentlicher Professor für Sozialphilosophie an der Universität Bielefeld; seit 1971-1991 ordentlicher Professor für Philosophie und Politische Theorie an der Universität Zürich; seit 1991 Honorarprofessor.

Werk

Die Totalitarismusdebatte hat Lübbe vor allem durch Untersuchungen über den Zusammenhang von Heilserwartung und Terror und über die Ursprünge der revolutionären Vorstellung von „Reinheit“ und „Säuberung“ bereichert. In *Religion nach der Aufklärung* (1986) und anderen Schriften bemüht er sich um zeitgerechte Unterscheidungen zwischen „politischer Religion“ und „Zivilreligion“ sowie um die Analyse „totalitärer Rechtgläubigkeit“, des Wahrheitsanspruchs, mit dem modernen Gewaltregime (im Unterschied zu „fehlbaren“ liberalen politischen Organisationen) auftreten.

Mannheim, Karl

Britischer Soziologe und Philosoph österreichischer Herkunft; geboren am 27. März 1893 in Budapest; gestorben am 9. Januar 1947 in London. Nach dem Besuch eines humanistischen Gymnasiums begann er 1912 das Studium der Philosophie in Budapest; anschließend folgen Studienjahre in Berlin, Paris, Freiburg und Heidelberg; 1918 promovierte er mit einer Arbeit über *Die Strukturanalyse der Erkenntnistheorie* an der Philosophischen Fakultät der Universität Budapest. Nach dem Sturz der kommunistischen Bela-Khun-Regierung musste er 1919 aus Ungarn über Wien, Berlin und Freiburg nach Heidelberg fliehen. Dort heiratete er seine langjährige Kommilitonin Juliska Láng. Unter dem Einfluss Alfred Webers wandte er sich in Heidelberg soziologischen Themen zu. 1926 habilitierte er sich mit einer Schrift über das konservative Denken im Fach Soziologie an der Universität Heidelberg. 1930 wurde er auf einen Lehrstuhl für Soziologie an die Johann-Wolfgang-Goethe-Universität in Frankfurt am Main berufen. Nach der Machtergreifung durch die Nationalsozialisten musste er 1933 den Universitätsdienst verlassen und floh über Amsterdam und Paris nach London, wo er an der „London School of Economics and Political Science“ einen Lehrauftrag für Soziologie erhielt; 1941 ging er an das „Institute of Education“ an der „London University“, wo er 1945 Professor für Pädagogik wurde.

Werk

In seinem Hauptwerk *Utopie und Ideologie* (1929) begründet Mannheim die Wissenssoziologie, die von der historischen und sozialen Bedingtheit allen Erkennens ausgeht. Auf dieser Grundlage kommt Mannheim zu einer Kritik der zeitgenössischen totalitären Diktaturen, denen er in seinen zeitdiagnostischen und gesellschaftsplanerischen Schriften u.a. *Freiheit und geplante Demokratie* (1950) die Entwicklung einer „geplanten Demokratie" durch z.B. die Ausbildung von Eliten entgegensetzt.

Maritain, Jacques

Französischer Philosoph; geboren am 8. November 1882 in Paris, gestorben am 28. April 1973 in Toulouse; 1901-1902 Studium der Philosophie bei Henri Bergson am Collège de France; 1904 Heirat mit Raïssa Oumançoff; 11. Mai 1906 Taufe des Ehepaares; 1906–1908 Studium der Biologie bei Hans Driesch in Heidelberg; 1910-1939 Aufenthalt in Paris; 1914 Lehrtätigkeit für Philosophie der Neuzeit am Institut Catholique; 1921–1922 Organisation der Cercles Thomistes mit der geistlichen Begleitung des Dominikaners Réginald Garrigou-Lagrange; 1939-1945 Aufenthalt in den USA und Tätigkeit an mehreren Universitäten; 1945–1948 Botschafter Frankreichs beim Heiligen Stuhl, 1948-1956 Lehrtätigkeit an der Princeton University; 4. November 1960 Tod Raïssas, seit 1961 bei den Petits Frères de Jésus, 1. November 1971 Ablegung der Gelübde bei den Petits Frères de Jésus.

Werk

Maritain hat dem katholischen Denken den Weg zu den Menschenrechten gebahnt. Er hat sowohl die UN-Deklaration von 1948 wie auch die Erklärung des Zweiten Vatikanischen Konzils über die Religionsfreiheit (1965) beeinflusst. Darüber hinaus hat er Entscheidendes zum Verständnis der Lage der Religion in der modernen pluralistischen Gesellschaft beigetragen. In Auseinandersetzung mit der „Action française" und ihrem „Politique d'abord" – einer Denkweise, der er ursprünglich nahestand – entwickelt er Kriterien der Unterscheidung zwischen der „Autonomie des Zeitlichen" und dem „Primat des Spirituellen" (*Primauté du Spirituel*, 1927; *Humanisme intégral*, 1936). Gegenüber den modernen Totalitarismen, insbesondere gegenüber dem Marxismus als der „letzten christlichen Häresie" hält Maritain an der thomasischen Einsicht fest: „[...] homo non ordinatur ad communitatem politicam secundum se totum, et secundum omnia sua." Politik ist der Ethik untergeordnet. Sie ist in christlichen Zeiten – anders als in der „theopolitischen" Antike – keine Haupt-, sondern eine Nebensache. Der Mensch geht im Politischen nicht auf.

Masaryk, Tomaš Garrigue

Tschechischer Philosoph und Politiker; geboren am 7. März 1850 in Hodonín (Mähren); gestorben am 14. September 1937 in Lány bei Prag; nach der Matura in Wien 1876-1878 Studium der Klassischen Philologie, Philosophie, Ästhetik und Psychologie an den Universitäten in Wien und Leipzig; 1878 Habilitation an der Universität Wien mit der Schrift *Über den Selbstmord*; 1882 außerordentlicher Professor der Philosophie an der Karls-Universität in Prag; ab Mitte der 80er Jahre aktives Engagement in der tschechischen Politik; Abgeordneter des Reichsrates in Wien; 1914-1918 Exilpolitiker; führende Persönlichkeit im Kampf für die Gründung der Tschechoslowakischen Republik; 14. November 1918 Wahl zum Präsidenten der Republik; Wiederwahl 1920, 1927 und 1934; 14. Dezember 1937 Rücktritt aus Altersgründen.

Werk

In seinem Werk *Rusko a Europa* (*Russland und Europa*, Prag 1913-1921) stellt Masaryk das Problem Russlands anhand einer Untersuchung der Beziehung zwischen der Literatur (u.a. Dostojewski) und der Revolution als Streit des Gottesmenschen mit dem Menschengott dar. Die Theokratie werde nach Masaryk immer wieder Nihilisten und Titanisten hervorbringen. Unter Theokratie versteht Masaryk jedes autoritäre oder aristokratische Regime, das sich auf Mythen und politisierte Religionen stützt. In Russland sieht er die „zäheste Theokratie". Der Revolutionismus der Bolschewiki sei „aristokratisch" und ihre Revolution sei „eine umgekehrte Theokratie" (sie beseitigten den Zaren, nicht den Zarismus). Masaryk spricht von einem neuen Caesarismus. Im russischen Denken findet er eine starke Sehnsucht nach dem Glauben verankert. Es sei mythischer als das europäische und reagiere empfindlicher auf den Schock der europäischen Aufklärung.

In *Svetová revoluce 1914-1918* (*Die Weltrevolution 1914-1918*, Prag 1925) kommt Masaryk zu dem Ergebnis, dass der russische Bolschewismus mehr mit dem Anarchismus Bakunins gemeinsam habe als mit dem Marxismus. Das bolschewistische Regime führe lediglich zentralistisch eine abstrakte Staatsideologie durch, dabei diene Russland nicht als Ort der Umsetzung des Kommunismus, sondern als Instrument zur Verwirklichung desselben im Rest Europas. Positiv bewertet Masaryk an der Russischen Revolution das Erwachen des Freiheitssinnes, das wachsende Verständnis für die Bedeutung der Organisation und eine Höherbewertung der Arbeit.

In einer Einschätzung der isolierten Lage Deutschlands kommt Masaryk zu dem Ergebnis, dass die Isolation nicht nur das Resultat des Ersten Weltkriegs sei, sondern auch eine Konsequenz des neuzeitlichen philosophischen Denkens. Hegel mit „seinem absoluten Idealismus" diene dem autoritären preußischen Staat, indem er den Humanismus und den Universalismus Goethes und Kants verabschiedet und Fundamente für theoretische und praktische Gewalt gelegt habe. Dieser metaphysische Titanismus führte nach Masaryk notwendigerweise in die Einsamkeit und brachte Nihilismus und Pessimismus hervor.

Mommsen, Hans

Deutscher Historiker; geboren am 5. Januar 1930 in Marburg; Studium der Geschichte in Marburg und Tübingen; 1959 Promotion zum Dr. phil. mit einer Arbeit über die österreichische Sozialdemokratie im Vielvölkerstaat Österreich-Ungarn; nach einer Referententätigkeit am Institut für Zeitgeschichte

1964-1968 Assistent an der Universität Heidelberg; von 1968 bis 1996 ordentlicher Professor für Neuere Geschichte an der Ruhruniversität Bochum. Zahlreiche Veröffentlichungen zur Geschichte der Arbeiterbewegung, des Nationalsozialismus und des Widerstands.

Werk

In seinem Artikel „Nationalsozialismus als vorgetäuschte Modernisierung" (in: W. H. Pehle [Hg.]: *Der historische Ort des Nationalsozialismus. Annäherungen*, Frankfurt am Main 1990. 31-46) interpretiert Mommsen die Politik des Nationalsozialismus sowohl bezüglich ihres theoretischen Gehalts als auch der praktischen Durchführung als Simulation von Modernisierung. Unter der Oberfläche des Scheinfortschritts (Technikbegeisterung, ‚Sozialpolitik') habe sich eine im wesentlichen „rückwärtsgewandte" Ideologie verborgen. Die Zeit der nationalsozialistischen Herrschaft stellte den Höhepunkt einer seit dem Ende des Ersten Weltkriegs bestehenden, „tief greifenden Modernisierungskrise" dar (46). Dem nationalsozialistischen Regime kam die im Zusammenhang dieser Krise zu verstehende, mangelnde Widerstandskraft der deutschen Gesellschaft zugute. Auf dieser gesellschaftlichen Konstellation und nicht auf einer „überlegenen Manipulation und Herrschaftstechnik" (46) beruhte die vorübergehende Funktionsfähigkeit der nationalsozialistischen Machtausübung. Hieraus und aus dem Fehlen eines geschlossenen weltanschaulichen Systems ergibt sich für Mommsen die „mangelnde Überzeugungskraft der Theorie der totalitären Diktatur."(31) Auch der Deutung des Nationalsozialismus als politischer Religion steht Mommsen kritisch gegenüber.

Nichtweiß, Barbara

Deutsche Theologin; geboren am 17. Dezember 1960 in Ankara/Türkei; wuchs in Tripolis/Libyen und Seligenstadt/Hessen auf und erwarb 1979 in Offenbach die Hochschulreife; 1979-1984 studierte sie in Trier und Freiburg im Breisgau Germanistik, Katholische Theologie und zeitweise Kunstgeschichte und Latein; 1985-1993 als Wissenschaftliche Assistentin des Bischofs von Mainz tätig; theologische Promotion in Freiburg im Breisgau über Leben und Werk Erik Petersons; seit 1993 Ordinatsrätin im Bischöflichen Ordinariat in Mainz und Rundfunkbeauftragte der Diözese für den Südwestrundfunk.

Werk

Entscheidende Anstöße zur Klärung des Verhältnisses von Erik Peterson, Karl Barth und Carl Schmitt liefert sie in ihrem Werk *Erik Peterson. Neue Sicht auf Leben und Werk* (Freiburg/Basel/Wien 1992, ^{2}1994).

Nitti, Francesco Saverio

Italienischer Politiker; geboren am 19. Juli 1868 in Melfi (Provinz Potenza); gestorben am 20. Februar 1953 in Rom; 1898 Professor für Finanzwissenschaft in Neapel; 1904-24 liberaler Abgeordneter; 1919-1920 Ministerpräsident; als

Gegner des Faschismus seit 1924 im Exil in Paris; 1943–1945 in deutscher Haft; 1945 Mitbegründer der liberalen Unione Democratica Nazionale.

Werk

Die aus einer Tagung von italienischen Exildemokraten hervorgegangene Untersuchung *Bolschewismus, Faschismus und Demokratie* (München 1926) ist eine der frühen Parallelisierungen von Bolschewismus und Faschismus mit systematischem Anspruch. Nitti sieht im wesentlichen drei Übereinstimmungen zwischen den beiden totalitären Regimen (der Begriff „totalitär" kommt in diesem Werk allerdings nicht vor!): 1. die Leugnung der Grundsätze von 1789; 2. die Herrschaft einer bewaffneten Minderheit und 3. das „ununterbrochene und bittere Schmähen des Parlamentes". Im Kern stellen die beiden Diktaturen für den Liberalen Nitti reaktionäre Bewegungen dar, die auf die spezifischen Umstände des jeweiligen Landes zurückzuführen sind und damit auf sie beschränkt bleiben. Die Demokratie ist seiner Ansicht nach nur im Rahmen eines vereinten Europas zu sichern.

Nolte, Ernst

Deutscher Philosoph und Historiker; geboren 1923 in Witten/Ruhr; Studium der Philosophie, Geschichte und klassischen Philologie in Freiburg im Breisgau, u.a. bei Martin Heidegger und Eugen Fink; 1952 Promotion über Selbstentfremdung und Dialektik im deutschen Idealismus und bei Marx; von 1953 bis 1964 als Altphilologe im Schuldienst tätig; 1964 auf Anregung von Theodor Schieder in Köln habilitiert aufgrund der Veröffentlichung seines Buches *Der Faschismus in seiner Epoche*; Professur an der Universität Marburg von 1965 bis 1973, seit 1973 bis zu seiner Emeritierung 1991 an der FU Berlin; Hauptbeteiligter am sogenannten Historikerstreit.

Werk

In seinem Hauptwerk *Der Faschismus in seiner Epoche. Action française - Italienischer Faschismus - Nationalsozialismus* (München 1963) stellt Nolte den deutschen Nationalsozialismus in einen europäischen und epochalen Rahmen; er begreift die Auseinandersetzung zwischen Kommunismus und Faschismus nach 1918 als einen „Weltbürgerkrieg". Seine Analyse beider Totalitarismen als „transpolitischer Phänomene" kommt dem Begriff politischer Religionen nahe. Umstritten blieb die Behauptung einer historischen Kausalität: Faschismus als „Antwort" auf den russischen Kommunismus.

Orwell, George

Englischer Schriftsteller; geboren am 25. Juni 1903 in Mothari (Bengalen); gestorben am 21. Januar 1950 in London; Geburtsname Eric Arthur Blair; das Pseudonym Orwell ab 1933. Nach Abschluss seiner Ausbildung in Eton 1922–1927 dem väterlichen Vorbild folgend Eintritt in den britischen Kolonialdienst in Indien; 1928–1936 Jahre der Identitätssuche sowohl in persönlicher wie in schriftstellerischer Hinsicht; ab 1936 zunehmend politischer Schriftsteller; 1937/1938 Teilnahme am Spanischen Bürgerkrieg auf der Seite der Republikaner; erste konkrete Erfahrungen mit dem Totalitarismus kommunistischer Prägung führen zu Ernüchterung und Wandel im politischen Weltbild Orwells; 1938 Rückkehr nach England; Beginn des Entwurfs einer Alptraumwelt in literarischer Form; 1947–1949 Höhepunkt seiner literarischen Laufbahn.

Werk

Wie kein anderer Autor hat Orwell das Totalitarismusmodell ins Literarische übersetzt: „Deutsche Nazis" und „russische Kommunisten" als stehende Redensart; Stalin als Modell des „Großen Bruders" in der schwarzen Utopie *1984* (London 1948).

Otto, Rudolf

Deutscher Religionswissenschaftler und Theologe; geboren am 25. September 1869 in Peine bei Hannover; gestorben am 6. März 1937 in Marburg; 1897 Professor für Religionsgeschichte in Göttingen; 1914 Professor für Religionsgeschichte in Breslau und seit 1917 in Marburg; 1929 Emeritierung; Mitinitiator des „Religiösen Menschheitsbundes" und der Religionskundlichen Sammlung in Marburg; Herausgabe der Schriften Kants und Schleiermachers; Veröffentlichungen über Liturgie.

Werk

In seinem Werk *Das Heilige. Über das Irrationale in der Idee des Göttlichen und sein Verhältnis zum Rationalen* (Breslau 1917) entwirft Otto einen Religionsbegriff, der sich als beschreibende Kategorie an die Beschreibung der totalitären Regime anschließen lässt. Das „Heilige" setzt sich nach Otto aus drei Elementen zusammen: einem sittlichen, einem rationalen und einem numinosen. Letzteres ist das eigentlich „Innerste" der Religion, das ihr Wesentliche: es trägt den Doppelcharakter des „tremendum et fascinosum" (des Schrecklichen und das Faszinierenden). Insbesondere der „schreckliche" Charakter lässt sich an den totalitären Regimen als Wesensmerkmal belegen – wie durch Hannah Arendt in ihrem Werk *Elemente und Ursprünge totaler Herrschaft* geschehen. Auch Guardini knüpft an diese Differenzierung an und kann so einen Religionsbegriff entwickeln, der sich gerade in diesem Punkt vom Begriff des Glaubens unterscheidet.

Paquet, Alfons

Deutscher Schriftsteller; geboren am 26. Januar 1881 in Wiesbaden; gestorben am 8. Februar 1944 in Frankfurt am Main; Autor von Reiseberichten sowie Erzählungen und Essays; widmet sich in seinem Werk überwiegend politischen und sozialen Themen, u.a. den Ereignissen im Zuge der Oktoberrevolution.

Werk

In seinen *Briefen aus Moskau* (Jena 1919) schildert Paquet die neuartige Form der Herrschaft des Terrors, die sich nach der Oktoberrevolution in Russland ausgebreitet hat. Ein Zeichen dieses Terrors ist vor allem, dass die Menschen, ob schuldig oder unschuldig, befürchten müssen, auf bloßen Verdacht hin verhaftet zu werden. Der Terror sei die programmatische Rache einer Partei, der KPdSU, an ihren einzelnen Gegnern. Die Gegner der Kommunisten würden durch ein sogenanntes Femgericht abgeurteilt, das den ordentlichen Rechtsweg ersetzt. Politische Staatsfeinde würden unübersichtlich in verschiedenen Gefängnissen inhaftiert, so dass die Nachforschungen der Angehörigen erfolglos bleiben müssen. Der offizielle Terror werde von einem Bandenterror begleitet, der die Willkür und Rechtsunsicherheit des Systems verstärkt.

Paquets Berichte sind nicht nur als historische Quelle, sondern auch begriffsgeschichtlich interessant: so spricht er im Zusammenhang der Neuordnung der Grenzen Russlands vom revolutionären „Totalismus Lenins". Ein Begriff, der sich ursprünglich bei Nietzsche findet und auch von Guardini und Nolte aufgegriffen wurde.

Patocka, Jan

Tschechischer Philosoph; geboren am 1. Juli 1907 in Turnov; gestorben am 13. März 1977 in Prag; Studium der Philosophie und Philologie an der Karls-Universität in Prag, später an den Universitäten in Paris, Berlin und Freiburg im Breisgau, wo er mit Edmund Husserl und Martin Heidegger bekannt wurde; 1937 Habilitation an der Karls-Universität mit dem Werk *Die Lebenswelt als philosophisches Problem*; nach dem Krieg lehrte er an den philosophischen Fakultäten in Prag und Brünn; ab 1948 Forschungstätigkeit über das Werk von J.A. Comenius in der Akademie der Wissenschaften; 1968-1972 wiederum Professor an der Karls-Universität; 1972 Zwangspensionierung; Fortsetzung des philosophischen Unterrichts in privaten Seminaren; 1976 schloss er sich den Protesten gegen die Verhaftung von jungen Musikern an; Januar 1977 Mitbegründer und einer der ersten drei Sprecher der Charta 77, einer Bürgerbewegung für Menschenrechte.

Werk

In seinem Werk *Kacíøské eseje o filosofii dejin* (*Ketzerische Essays zur Philosophie der Geschichte*, Prag 1975) beschreibt Patocka den geschichtlichen Charakter des 20. Jahrhunderts anhand dreier miteinander zusammenhängender Bewegungen: 1. die totale Mobilmachung aller menschlichen und natürlichen Reserven, der 2. der permanente Krieg um das „bessere Morgen" folgt, der wiederum 3. in die Revolution des Alltäglichen übergeht, die das menschliche Leben des Festlichen, des Heiligen und des Göttlichen beraubt. Alltäglichkeit und Kampfenthusiasmus gehören nach Patocka zusammen. Während des 19. Jahrhunderts sei diese Verbindung noch weitgehend latent geblieben; im 20. Jahrhundert jedoch wird der Krieg zu einer vollendeten Revolution des Alltäglichen und damit „total". Im Krieg werden aus einer Hand Alltag und Orgien organisiert. Patocka findet eine ähnliche Grausamkeit und Orgiastik schon in den Religionskriegen des 16. und 17. Jahrhunderts, ihre Vollendung finden sie aber erst in der maximalen Nüchternheit und Rationalität des 20. Jahrhunderts. So besteht der eigentliche Widerspruch nicht zwischen Liberalismus und Sozialismus oder zwischen Demokratie und totalitären Regimen: ihnen ist die Ignoranz des Subjektiven, Nicht-Objektiven gemeinsam: sie besteht zwischen einem Leben, das zwischen Fest- und Alltag stattfindet, und einem, das in der Totalität des Alltags aufgeht.

Peroutka, Ferdinand

Tschechischer Publizist; geboren am 6. Februar 1895 in Prag; gestorben am 20. April 1987 in New York. Der sozial-liberale Peroutka gehörte in den zwanziger und dreißiger Jahren zu den bedeutendsten tschechoslowakischen Kommentatoren des politischen Lebens; 1924-1939 Chefredakteur der kulturpolitischen Zeitschrift „Pøítomnost" (Gegenwart); September 1939 Verhaftung; bis Mai 1945 in den Konzentrationslagern Buchenwald und Dachau; 1945-1948 Wiederaufnahme der journalistischen Tätigkeit; Leitung der Zeitschrift „Dnešek" (Heute); nach dem kommunistischen Umsturz im Februar 1948 Exil in den USA, dort Zusammenarbeit mit der tschechischen Redaktion des Rundfunks „Freies Europa".

Werk

In seiner Schrift *Jací jsme* (*Wie wir sind*, Prag 1924) sieht Peroutka die Ursachen für den deutschen Totalitarismus in der Bereitschaft der Deutschen, die übergeordnete Rolle des Staates in der Gesellschaft anzuerkennen und auf persönliche Freiheit zu verzichten. Die deutsche Inhumanität sei Ausdruck dieser Staatsidee. Daraus folgert Peroutka, dass die Verwirklichung eines „grossen Staates" immer mit Imperialismus und Inhumanität verbunden sei. In seiner Schrift *Demokratický manifest* (*Das demokratische Manifest*, New York 1959) stellt er fest, dass Nationalsozialismus und Kommunismus einen Bruch mit der Tradition der Aufklärung darstellten; sie seien der Versuch, den aufgeklärten Ansprüchen des einzelnen durch einen monolithischen Prozess der Gewalt zu entgehen. Mit dem Kommunismus sei daher eine politische Bewegung entstanden, die man als säkulare Religion bezeichnen können. Er weise religiöse Merkmale wie Innigkeit und Glaubenshärte auf. Zugleich gründe er sich auf einen Mythos. Der Mythos führe jedoch in jenem Moment zu politischen Konsequenzen, in dem er in die Realität gebracht wird: dann bedarf er der Gewalt, der Ideologie und der Propaganda. Faschismus, Nationalsozialismus und Kommunismus haben die gleiche Stoßrichtung gegen die Demokratie und die Humanität: so mussten – nach Peroutkas Auffassung – Mussolini und Hitler nur noch die halbe Arbeit erledigen; die andere Hälfte war bereits von Lenin und Trotzki geschaffen worden. Lenin sei der wahre Erfinder jener Totalität, die bestrebt sei, aus dem geistig reichen europäischen Menschen alles auszusaugen, was über die Absichten oder den Horizont einer politischen Partei hinausginge.

Peterson, Erik

Deutscher Theologe; geboren am 7. Juni 1890 in Hamburg; gestorben am 26. Oktober 1960 ebendort; 1911-1914 Studium der Evangelischen Theologie in Straßburg, Berlin, Greifswald, Basel und Göttingen; Dissertations- und Habilitationsschrift über ein religionsgeschichtliches Thema (die Akklamationsformel „Heis Theos"); 1920-1924 Privatdozent für Religions- und Kirchengeschichte in Göttingen; 1924-1929 ordentlicher Professor für Neues Testament und Kirchengeschichte in Bonn; 1930 Konversion zum Katholizismus; danach überwiegend Dozent in Rom; seit 1946 Professor am Päpstlichen Institut für christliche Archäologie.

Werk

Petersons zu Lebzeiten veröffentlichtes Werk ist schmal; es ist im wesentlichen in den Sammelbänden *Theologische Traktate* (1951) und *Frühkirche, Judentum und Gnosis* (1959) zusammengefasst. Ein umfangreicher Manuskriptbestand (heute in der Universität Torino/Italien) harrt noch z.T. der Publikation. Dessen ungeachtet kann der Einfluss, den Peterson auf zahlreiche Theologen, Historiker und Staatslehrer ausgeübt hat, kaum überschätzt werden; insbesondere Karl Barth, Carl Schmitt, Ernst Käsemann, Heinrich Schlier, Joseph Ratzinger und Gilles Quispel sind hier zu nennen. Mit seiner Kritik am „politischen Monotheismus" und an der augusteischen Friedensordnung Roms akzentuiert Peterson – gegen die zeitgenössischen Versuche einer Erneuerung der „politischen Theologie" – die altchristliche Trinitätslehre und den eschatologischen Grundzug des Christentums; im Kontext der Jahre nach 1933 ist seine Schrift Der *Monotheismus als politisches Problem* (1925) auch als Kritik am Nationalsozialismus (und an innerkirchlichen Beschwichtigungen seiner Gefährlichkeit) zu lesen. Sie ist eine Auseinandersetzung mit der von Carl Schmitt erneuerten politischen Theologie, deren Unmöglichkeit nach Christus Peterson am Geheimnis der Dreieinigkeit entwickelt; jede Gleichsetzung von irdischen Herrschaftsformen (Kaisertum etc.) mit göttlicher Herrschaft scheitert an der Unabbildbarkeit der trinitarischen Struktur Gottes, die Gott eigen, der Kreatur aber fremd ist. Später arbeitet Peterson in seinen *Theologischen Traktaten* (München 1951) diese Provokation irdischer Herrschaftsformen durch die Christokratie geschichtstheologisch und eschatologisch heraus (*Christus als Imperator*, 1937, *Zeuge der Wahrheit*, 1937).

Zeitgeschichtliche Aufschlüsse gibt der *Briefwechsel mit Adolf Harnack* samt Petersons *Epilog* (1932), in dem das Problem der öffentlichen Stellung der evangelischen Kirche nach dem Ende der landesherrlichen Suprematie erörtert wird.

Popper, Karl Raimund

Österreichisch-britischer Wissenschaftstheoretiker und Sozialphilosoph; geboren am 28. Juli 1902 in Ober Sankt Veit/Wien; gestorben am 17. September 1994 in London; 1918 Abgang von der Mittelschule, außerordentlicher Hörer an der Wiener Universität; Hauptinteressen sind Mathematik und theoretische

Physik; 1922 Reifeprüfung als Privatschüler; Beginn eines ordentlichen Studiums; 1922–1924 Tischlerlehre; 1928 Promotion zum Dr. phil. mit einer Arbeit *Zur Methodenfrage der Denkpsychologie*; 1929 Hauptschullehrerexamen für Mathematik, Chemie und Physik; bis Ende 1936 Lehrer; Anfang 1937 Emigration nach Neuseeland und Dozent für Philosophie am Canterbury University College in Christchurch; 1946 auf Vermittlung von Friedrich August von Hayek Readership an der London School of Economics; 1949 ordentlicher Professor an der LSE für Logik und wissenschaftliche Methodenlehre; 1965 Erhebung in den Ritterstand; 1969 Emeritierung, Poppers Spätwerk entsteht, u.a. *Objective Knowledge* (1972) und *The Self and Its Brain* (1977, Mitautor John C. Eccles).

Werk

Poppers *Kritischer Rationalismus*, vorbereitet in *Logik der Forschung* (1934) und vollendet in *Conjectures and Refutations* (1963), ist eine der einflussreichsten Denkströmungen des 20. Jahrhunderts. Bezichtigen ihn seine Gegner in bezug auf seine wissenschaftstheoretische Position eines unfruchtbaren Positivismus und in bezug auf seine sozialphilosophischen Gehalte eines affirmativen Gesellschaftsverständnisses, so rühmen Poppers Anhänger – die er nicht nur innerhalb der Wissenschaftsgemeinde hat – seine so prononcierte wie verständliche philosophische Legitimation der pluralistischen Gesellschaftsordnung. Der – vielfältig variierte – zentrale Gedanke Poppers lautet: Wir verfügen über keine gesicherten Theorien, und zwar noch nicht einmal in den exakten Naturwissenschaften, denn es ist unmöglich, aus einer Reihe von Beobachtungen von Einzelphänomenen auf induktivem Wege universelle Gesetzmäßigkeiten abzuleiten. Theorien haben deswegen immer nur hypothetischen Charakter und müssen somit für rationale Kritik, und das heißt für eine Widerlegung, offen sein – so das Falsifikationspostulat. Aus Poppers Wissenschaftskonzeption folgt sein Votum für eine offene, pluralistische Gesellschaftsordnung und wider den auf vermeintlichen Besitz der Wahrheit gegründeten, unbedingten Herrschaftsanspruch totalitärer Regime: Sowenig in den Wissenschaften Dogmen herrschen dürfen, innerhalb derer der einzelne Forscher zu denken hat, sowenig darf staatlichem Handeln eine Ideologie zugrundeliegen, die den Rahmen für individuelle Lebensentwürfe setzt. Ebenso wie sich Theorien im empirischen Test wie auch im Wettbewerb mit anderen Theorien bewähren müssen, um dann womöglich modifiziert oder auch aufgegeben zu werden, müssen politische Entscheidungen – mittels periodischer Wahlen – revidierbar sein, wenn sie dem Urteil der kritischen Öffentlichkeit nicht mehr standhalten.

Rhodes, James M.

Politikwissenschaftler, 1969 Ph.D. an der University of Notre Dame/Indiana, USA; 1979 Pere Marquette Award for Teaching Excellence Alpha Sigma Nu Award für sein Buch *The Hitler Movement* (Stanford University Press 1980); unterrichtet Political Science an der Marquette University.

Werk

In seiner Arbeit *The Hitler Movement. A Modern Millenarian Revolution* (Stanford 1980) konstatiert Rhodes, ausgehend von Cohns Werk über den Millennarismus, die Defizienz aller Versuche, die NS-Ideologie zu erklären, da sie reduktionistisch, tautologisch, irrational und unzureichend seien oder das Selbstverständnis der NS-Anhänger vernachlässigen. Eine konsistente Theorie müsse vor allen Dingen bei jenem Selbstverständnis ansetzen. Für Rhodes haben alle millenarischen Bewegungen sechs Anschauungen gemeinsam: 1. Man sieht sich als Opfer einer Katastrophe; 2. Man erhält eine Offenbarung, die die Not erklärt und Erlösung verspricht; 3. Man kennt das Prinzip des Bösen; 4. Man ist auserwählt; 5. Der Endkampf gegen das Böse steht unmittelbar bevor; 6. Nach dem Kampf bricht ein ewiger paradiesischer Zustand an. Rhodes versucht nachzuweisen, dass das nationalsozialistische Selbstverständnis diese Kriterien erfüllt. Die Wurzel des nationalsozialistischen Millennarismus liegt in der Weigerung, die menschliche Endlichkeit anzuerkennen.

Rohner, Ludwig

Deutscher Literaturhistoriker, geboren am 19. April 1927 in Goldach; 1955 Promotion zum Dr. phil; von 1974 bis 1992 Professor an der Pädagogischen Hochschule Schwäbisch Gmünd. 1967 und 1970 Gastprofessuren für Deutsche Literatur am Middlebury College, Middlebury/Vermont.

Werk

In seiner Studie *Kalendergeschichten und Kalender* (Wiesbaden 1978) gibt Rohner einen annähernd vollständigen Überblick über die deutschsprachigen Kalender seit den Mainzer Drucken des 15. Jahrhunderts und die in ihnen sich entwikkelnden Formen von Kalendergesprächen. Wertvolle Einzelheiten zur Thematik der politischen Religionen enthalten seine Untersuchungen zur Kalenderpolitik des Dritten Reiches. Diese richtete sich insbesondere gegen die überlieferten christlichen Kalender und zielte auf eine umfassende Substitution durch neue Fest- und Gedenktage.

„Germanische Mythologie und Eintopfsonntage rückten (im neuheidnischen ‚Deutschen Bauernkalender' der Arbeitsfront für das Jahr 1934) an die Stelle der früheren Heiligen und christlichen Gedenktage – die Kirchen, sogar der Vatikan, protestierten einhellig" (476). Der Annahme der nationalsozialistischen Kalender in der Bevölkerung blieb der Erfolg versagt; jedoch wurden durch das Verbot bzw. die Sperrung der Papierzuteilung namentlich für die kirchlichen Kalender diese auf Dauer geschwächt. Der Neuanfang nach 1945 fiel schwer.

Rohrwasser, Michael

Deutscher Literaturwissenschaftler; geboren am 29. September 1949 in Freiburg im Breisgau; Studium der Germanistik und Politischen Wissenschaft in Freiburg im Breisgau; Promotion zum Dr. phil. mit einer Arbeit über Johannes

R. Becher; Professor für Neuere Deutsche Literatur an der Freien Universität Berlin; Publikationen zur Literatur des 19. und 20. Jahrhunderts (Romantik, Exilliteratur, DDR-Literatur). Grundlegende Forschungen zur „Faszinationsgeschichte" des Kommunismus.

Werk

Rohrwasser versteht seine Studie *Der Stalinismus und die Renegaten* (Stuttgart 1991) als Literaturgeschichte der Renegatenliteratur und zugleich als Klärung der historischen und psychologischen Umrisse der Renegaten (u.a. Robert Bek-Gran, Georg K. Glaser, Alfred Kantorowicz, Richard Krebs, Walter Krivitsky, Gustav Regler, André Gide, Arthur Koestler, Ignazio Silone, Manès Sperber). Renegaten sind jene, die ihre bisherige politische oder religiöse Überzeugung wechseln – in den von ihm untersuchten Fällen Exkommunisten, die ihre Partei verlassen haben. Die aus diesem „Wechselprozess" entstehende Literatur, sei es in Form der Autobiographie, eines Entwicklungsromans, einer Negativ-Utopie oder eines historischen Aufrisses beschreibt die Umkehr als existentielle Läuterung vom Dunkel ins Licht, eine Rettung aus einer Lebensnot, eine Heilung aus schwerer Krankheit. Im Vordergrund stehen dabei das Lösen einer Bindung, die Ernüchterung eines Hoffnungsrausches, das Erwachen aus einer Euphorie.

Rohrwassers Untersuchung beschreibt den psychologischen Ort religiöser oder quasireligiöser Prozesse und ermöglicht so auch ein besseres Verständnis der Wechselwirkungen zwischen dem „totalitären System" und dem Einzelnen.

Sacharow, Andrej

Russischer Physiker und Politiker, Träger des Friedensnobelpreises, geboren am 21. 5. 1921 in Moskau, gestorben am 14. 12. 1989 in Moskau.
Sacharow war führend an der Entwicklung der sowjetischen Wasserstoffbombe beteiligt. Aufgrund seiner überragenden wissenschaftlichen und technischen Leistungen hatte er direkten Zugang zur politischen Führung, Gleichwohl gehörte er zu den „Dissidenten der ersten Stunde": seine Kritik an der inneren Unfreiheit in der Sowjetunion brachte ihn in immer heftigere Konflikte mit dem Regime. Er wurde 1980 nach Gorkij verbannt und erst Ende 1986 von Gorbatschow nach Moskau zurückgeholt. Am beginnenden Umbau der Sowjetgesellschaft beteiligte er sich aktiv als Abgeordneter und Berater.

Werk

Sacharows Lebenserinnerungen (*Mein Leben*, München/Zürich 1991), kurz vor seinem Tod fertiggestellt (nachdem der KGB mehrfach das Manuskript beschlagnahmt bzw. entwendet hatte), bilden neben den zeitgeschichtlichen Äußerungen Solschenizyns die wichtigste Quelle für die Entstehung, Entwicklung, Verfolgung und Rehabilitierung der innersowjetischen Opposition von 1959–1987. Sie enthalten zahlreiche Informationen nicht nur über Sacharow selbst, sondern auch über führende Dissidenten wie Tschalidse, Grigorenko, Bukowski, Lubarsky und andere.

Sacharow beschreibt zudem seine allmähliche Abwendung vom Kommunismus, in der langsam wachsenden Erkenntnis, dass das System nicht ‚Fehler macht', sondern selbst ‚der Fehler' ist; die Informationen über quantitativ wie qualitativ ungeheure Verbrechen werden mit großer Genauigkeit und einer fast übermenschlichen Distanz wiedergegeben. Sacharow berichtet über die Wandlungen eines Menschen „aus der Spitze der Pyramide", der in einer äußersten Anspannung des Intellekts zur Erkenntnis des verbrecherischen Charakters des Sowjetregimes kommt und mit leidenschaftlicher Entschiedenheit für die Freiheit optiert; zugleich lässt er die Optik der Herrschenden erkennen, die den Dissidenten ins Abseits drängt, ihn zum Kriminellen, ja zum Geisteskranken stempelt.

Scholz, Heinrich

Deutscher Philosoph und protestantischer Theologe; geboren am 17. Dezember 1884 in Berlin; gestorben am 30. Dezember 1956 in Münster; Schüler Adolf Harnacks; 1917 Professor für Systematische Theologie und Religionsphilosophie in Breslau; 1919 Professor für Philosophie in Kiel, seit 1928 in Münster; 1936 Lehrauftrag für Logistik und seit 1943 Professor für mathematische Logik und Grundlagenforschung in Münster.

Werk

Im Frühwerk Scholz' findet sich eine Hinwendung zu religionsphilosophischen Fragen (in Nähe zu Rudolf Otto), später unter dem Einfluss von Whitehead und Russell der Versuch, der Philosophie durch mathematisierte Logik eine exakte Grundlage zu geben, die Scholz in der Theologie vermisste und erst bei Karl Barth im Werden sah; nach Arbeiten zu Schleiermacher, Hegel, zu religionspsychologischen, religionsphilosophischen und philosophiegeschichtlichen Fragen kommt er in seiner *Religionsphilosophie* (Kiel 1921) zu einem eigenen Religionsbegriff, der Religion zum einen als Phantasieschöpfung (im Unterschied zur Vernunftschöpfung) des menschlichen Geistes versteht, zum anderen aber seine Grundlage in einer „ungewöhnlichen" Erfahrung habe, die das „irdische" Wirklichkeitsbewusstsein durch „herzerhebende Eindrücke von transsubjektivem Charakter und akosmistischer Qualität" (167) ergänzt. Religion ist so das Produkt menschlichen, empirischen Selbstbewusstseins. Scholz' Konzept der Religion als Produkt des menschlichen Bewusstseins ist der Guardinischen Konzeption der Religion in Abgrenzung zum Glauben strukturell ähnlich und wie diese geeignet, unabhängig von einem Werturteil menschliche Bewusstseinsvorgänge zu beschreiben, die sich in totalitären Regimen phänomenologisch feststellen lassen.

Schmitt, Carl

Deutscher Staatsrechtslehrer; geboren am 11. Juli 1888 in Plettenberg (Sauerland); dort am 7. April 1985 gestorben; seit 1907 Studium der Rechtswissenschaft in Berlin, München und Straßburg, dort 1910 Promotion bei F. v. Calker;

nach der Ablegung des 2. Staatsexamens 1914 Habilitation ebenfalls in Straßburg mit der Studie *Der Wert des Staates und die Bedeutung des Einzelnen*; 1919 Dozent an der Münchner Handelshochschule und enger Kontakt zu Max Weber, dessen Dozentenseminar er besucht; 1921 Ordentlicher Professor in Greifswald, seit 1922 in Bonn; nachdem alle Versuche Schmitts, eine kirchliche Auflösung seiner 1924 zivilrechtlich geschiedenen Ehe zu erreichen, gescheitert sind, wird er aufgrund seiner Wiederverheiratung 1926 exkommuniziert; 1928 Übernahme des Lehrstuhls für Staatsrecht an der Handelshochschule Berlin (Nachfolge Hugo Preuss); in der Folge bis 1932: durch die engen Freundschaften mit Finanzstaatssekretär Johannes Popitz und anderen Vertretern der hohen Ministerialbürokratie Einfluss auf die Gesetzgebung und die Kreise um von Papen und General von Schleicher; im Oktober 1932 vertritt Schmitt im Prozess „Preußen contra Reich" das Reich vor dem Staatsgerichtshof in Leipzig; 1933 Mitarbeit am Entwurf des „Reichsstatthaltergesetzes" zur Gleichschaltung der Länder; Sommersemester 1933 Lehrstuhl an der Universität Köln; zum 1. Oktober 1933 aber Annahme eines Lehrstuhls für Öffentliches Recht an der Universität Berlin; 1. Mai 1933 Eintritt in die NSDAP; seine zahlreichen Ehrenämter verliert Schmitt 1936 nach scharfen Angriffen im SS-Organ „Schwarzes Korps" und seitens völkisch denkender Kollegen, vor allem Otto Koellreutters. Schmitt bleibt Berliner Lehrstuhlinhaber mit beschränkten Kompetenzen; rege Kontakte u.a. zu Ernst Jünger, Hans Freyer und Werner Weber; von September 1945-1947 mit Unterbrechungen Lagerhaft, Konfiszierung der Bibliothek und (im Dezember 1945) Verlust des Berliner Lehrstuhls; 1947 Verhöre in Nürnberg im Zusammenhang der Kriegverbrecherprozesse, auf die jedoch keine Anklage erfolgt.

Werk

Schmitt entwickelt in seiner *Politischen Theologie* (München/Leipzig 1922) zunächst einen Zusammenhang zwischen Theologie und Politik in bezug auf den Begriff der Souveränität. „Souverän ist, wer über den Ausnahmezustand entscheidet." Im folgenden begründet Carl Schmitt politisch-theologisch die absolute Souveränität des Staates in Notsituationen. Sie ermächtigt ihn dazu, dezisionistisch Recht setzen zu können. (Was Schmitt früher noch abgelehnt hatte). Mit seiner politischen Theologie entwickelt Schmitt zugleich eine Theorie der Theologisierung der Politik („Alle prägnanten Begriffe der modernen Staatslehre sind säkularisierte theologische Begriffe"), zum anderen aber auch eine Kritik an säkularen Diesseitsreligionen.

In seiner Schrift *Der Begriff des Politischen* (in: Archiv für Sozialwissenschaft und Sozialpolitik 58 [1927] 1-33) entbindet Schmitt aber dann das Politische als ein dem Staat Vorgängiges vom Staat, der damit sein Monopol auf die Konstituierung des Politischen verliert und nurmehr eine Möglichkeit des Politischen darstellt. Konstituierend für das Feld des Politischen wird für Schmitt die Unterscheidung von Freund und Feind; dem Feld des Politischen ist nicht mehr zu entkommen, da es von jedem Gebiet - ob Wirtschaft, Religion, Kunst, Wissenschaft - aus zugänglich ist. Es fordert den Einzelnen in seiner Existenz. Schmitt wendet sich gegen die Entpolitisierung (*Das Zeitalter der Neutralisierungen und Entpolitisierungen*, 1929), für die er den Liberalismus verantwortlich macht.

Diese totale Inanspruchnahme wurde von den Nationalsozialisten als rechtsphilosophische Legitimation des „Führerstaats" gelesen.

Schmitt ist als Staatsrechtlehrer und Rechtsphilosoph vor allen Dingen in Hinblick auf seine Haltung zum Nationalsozialismus umstritten, hält mit seiner anthropologisch und theologisch entworfenen Theorie des Politischen in den zwanziger Jahren aber einige Ansatzpunkte für ein Konzept der „politischen Religion" bereit.

Slavík, Jan

Tschechischer Historiker und Publizist; geboren am 25. März 1885 in Šlapanice bei Kladno; gestorben 1978 in Prag; Studium der Geschichte an der Karls-Universität in Prag; 1925-1939 Direktor des Russischen Auslandsarchivs beim Außenministerium der Tschechoslowakischen Republik, in dem Dokumente der russischen Emigration gesammelt wurden und das zu einem bedeutenden Forschungszentrum der russischen Zeitgeschichte und der russischen Revolution wurde; 1939 Pensionierung.

Werk

In seinen Schriften *Základy carismu* (*Fundamente des Zarismus*, Kladno 1927) und *Smyl ruské revoluce* (*Sinn der russischen Revolution*, Prag 1927) untersucht Slavik die Voraussetzungen der russischen Revolution und findet sie in dem Einbruch der europäischen Philosophie (in Gestalt von Hegel, Feuerbach, Marx) in das intellektuelle Leben Russlands. Dieser Einbruch untergrub die Autorität der russischen Orthodoxie und trieb die russische Intelligenz in die absolute Negation: so sei der Nihilismus geboren worden. Das Gefühl der eigenen Schwäche und Ohnmacht provoziere dann die Entstehung des slawischen Messianismus, den Slavik mit den üblichen Hinweisen auf byzantinische und tatarische Einflüsse nur für unzulänglich erklärt hält. Diese Einflüsse hätten schon im Mittelalter aufgehört, während sich der Zarismus erst in der Neuzeit entwickelte. Der Zarismus wiederum - so Slavik in der zweiten oben genannten Schrift - sei mit dem Nihilismus zusammengebrochen: Der plötzliche Fall des zaristischen Idols, mit dem der Russe seine bürgerlichen Tugenden verband, habe die Tür für die Anarchie geöffnet. Die Folge sei die russische Revolution gewesen, die ihrem Wesen nach einen antifeudalen und agrarischen Charakter gehabt habe; in ihr - so Slavik in seiner Schrift *Leninova vláda* (*Lenins Regierung*, Prag 1935) setze sich die Ambivalenz von Überwindung der eigenen Schwäche in einem Messianismus und nihilistischer Gewalt im Bolschewismus und im Handeln der bolschewistischen Regierung fort und finde ein ebenso international gespaltenes Echo.

Spengler, Oswald

Deutscher Kultur- und Geschichtsphilosoph, geboren 29. Mai 1880 in Blankenburg/Harz; gestorben am 8. Mai 1936 in München; seit 1899 Studium der Mathematik und Naturwissenschaft in Halle; 1904 Promotion in Berlin mit einer Arbeit über Heraklit; ab 1908 Gymnasiallehrer in Hamburg; seit 1911 Privatgelehrter in München.

Werk

Spengler setzt sich in dem kurz nach der nationalsozialistischen Machtergreifung veröffentlichten Werk *Jahre der Entscheidung. Erster Teil: Deutschland und die weltgeschichtliche Entwicklung* (München 1933) mit der Gefährdung der westlichen Welt durch die „weiße" (Bolschewismus) und „farbige" (Aufstand der beherrschten Völker) Weltrevolution auseinander. Dieser könne nur begegnet werden im Rückgriff auf Imperialismus, Technokratie und Sozialismus, letzterer verstanden im Sinne der früheren Schrift *Preußentum und Sozialismus* (1919). Die in *Jahre der Entscheidung* vollzogene Distanzierung vom Nationalsozialismus (Hitler wird trotz des Lobes für die „nationale Umwälzung" namentlich nicht erwähnt) führte zu einer Kampagne gegen Spengler, der sich daraufhin aus dem öffentlichen Leben zurückzog. Einen Bezug zum Problemkreis der politischen Religionen weist vor allem der Abschnitt über „Kirche und Klassenkampf, Kommunismus und Religion" auf: „Auch der Marxismus ist eine Religion, nicht in der Absicht seines Urhebers, aber in dem, was das revolutionäre Gefolge daraus gemacht hat. Er hat seine Heiligen, Apostel und Märtyrer, Kirchenväter, seine Bibel und seine Mission; er hat Dogmen, Ketzergerichte, eine Orthodoxie und Scholastik und vor allem eine volkstümliche Moral oder vielmehr zwei – gegenüber Gläubigen und Ungläubigen – wie nur irgendeine Kirche." (93)

Strauss, Leo

Deutsch-amerikanischer Philosoph jüdischer Herkunft; geboren am 20. September 1899 in Kirchheim/Hessen; gestorben am 18. Oktober 1973 in Annapolis (USA); 1917–1923 Studium der Philosophie in Marburg, Frankfurt am Main und Hamburg; 1921 Promotion bei Ernst Cassirer mit einer Arbeit über das Erkenntnisproblem bei Friedrich Jacobi; 1921-1925 Studium bei Husserl und Heidegger in Freiburg im Freiburg; 1925-1932 Assistent an der Akademie der Wissenschaft des Judentums in Berlin; Publikationen in jüdischen Zeitschriften, Mitherausgeber der Schriften von Moses Mendelssohn; 1932-1934 Stipendiat der Rockefeller Foundation; Studium in Frankreich und England; 1934-1938 Emigration nach England, Hobbes-Forschung in Oxford, 1938 Emigration in die USA, 1938-1949 Lehrtätigkeit in Politikwissenschaft an der New School of Social Research/New York; 1939-1940 Gastvorlesungen u.a. am Union College, Amhurst College und an der Wesleyan University; 1941 Associate Professor an der New School for Social Research; 1944 amerikanische Staatsbürgerschaft; Full Professor an der New School for Social Research 1941-1948; Mitherausgeber von ‚Social Research' und ‚Universal Jewish Encyclopedia'; 1949–1968 Professor für politische Philosophie an der Universität Chicago; 1953 Gastprofessur an der University of California/Berkeley; 1954-1955 Gastprofessur an der Hebrew University in Israel; 1959 Robert Maynard Hutchins Distinguished Service-Professur an der Universität Chicago; 1967-1969 an der Claremont College Graduate School in Kalifornien; 1968 Emeritierung; 1969-1973 Scott Buchanan Distinguished Scholar am St. John's College/Annapolis.

Werk

Strauss setzt sich in seinem Kommentar *On Tyranny* zu Xenophons *Hieron* und einem anschließenden Briefwechsel mit Alexandre Kojève zu diesem Thema mit dem modernen Phänomen des Totalitarismus auseinander; Strauss macht in seiner Analyse den antiken Tyrannis-Begriff wieder fruchtbar zur Beschreibung totalitärer Phänomene: Zwischen antiker und moderner Tyrannis - so Strauss - bestehe kein Unterschied im Wesen, sondern im (technischen) Grad. Das Wesen erschließt sich nach Strauss aus dem Umgang der Tyrannis mit dem Philosophen, mit dem, der allein durch sein Denken subversiv im tyrannischen Staat wirkt. So wird für Strauss der Philosoph zum Parameter des Scheiterns oder des Gelingens des totalitären Versuchs; solange der Philosoph ist und denkt, scheitert der Tyrann in seinem Anspruch, Wahrheit festzulegen, solange bleibt die Wahrheitsfrage in der Welt. Tyrannis ist für Strauss der Versuch, die Frage „Quid sit deus?", die Frage nach der Wahrheit durch politische Macht einer festgeschriebenen Antwort zuzuführen, während das Wesen des Menschen, das sich in seiner Bedingtheit gesellschaftlich im Philosophen personifiziert, das Offenhalten der Frage verlangt.

Sturzo, Luigi

Italienischer Sozialphilosoph und Politiker; geboren 26. November 1871 in Caltagirone/Sizilien; gestorben 8. August 1959 in Rom; Studium der Theologie, Ökonomie und Soziologie in Caltagirone und Rom; 1894 Priesterweihe; starkes Engagement in der Katholischen Aktion und der sozialen Bewegung um G. Toniolo und R. Murri; 1919 Gründung des Partito Popolare Italiano; nach der Machtübernahme Mussolinis 1924 Emigration nach England, später USA; 1946 Rückkehr nach Italien.

Werk

Sturzo ist mit seinem Buch *Italien und der Faschismus* (Köln 1926; entstanden im Londoner Exil, als italienischer Text in: Opera Omnia di Luigi Sturzo, Bologna 1954 ff. Bd. I,1) einer der ersten, die den Begriff „totalitär" zur Beschreibung des Italienischen Faschismus systematisch verwendet. Der Begriff „totalitär" wird hier auch zum Begriff des Vergleichs von Bolschewismus und Faschismus. Zu einer vollständigen Theorie arbeitet Sturzo den Begriff in seiner Schrift *Politica e Morale* (Opera Omnia I, 4, 30-34) aus dem Jahr 1938 aus. Dort beschreibt Sturzo im Zusammenhang des totalitären Zugriffs auf den Menschen im Rahmen der Erziehung die totalitären Systeme als Religionen. „Bolschewismus, Faschismus und Nationalsozialismus sind Religionen und müssen Religionen sein." (33). Sturzo ist damit der erste, der eine Totalitarismustheorie und ein Konzept der politischen Religion zusammen denkt.

Tillich, Paul

Deutsch-amerikanischer evangelischer Theologe und Philosoph; geboren am 20. August 1886 in Starzeddel/Landkreis Guben; gestorben am 22. Oktober 1965 in Chicago; 1920 nach Tätigkeit in der Seelsorge (1915-1919) Beitritt zum „Bund religiöser Sozialisten" in Berlin; 1924 Professor für Theologie in Marburg; 1925–1929 Professor für Religionswissenschaft und Sozialphilosophie in Dresden und Leipzig; ab 1929 in Frankfurt am Main; 1933 Suspendierung durch die Nationalsozialisten und Emigration in die USA, deren Staatsbürgerschaft er 1940 erhielt; 1937–1955 Professor für philosophische Theologie am Union Theological Seminary in New York; 1955-1962 in Harvard und ab 1962 in Chicago; 1962 Friedenspreis des Deutschen Buchhandels.

Werk

Tillich charakterisiert den Nationalsozialismus in seinem Artikel „The Totalitarian State and the Claims of the Church" (Social Research 1, Heft 4, 1934, 405-433; dt. Übersetzung: „Der totale Staat und der Anspruch der Kirchen", in: Tillich, P.: Die religiöse Deutung der Gegenwart. Schriften zur Zeitkritik [=Gesammelte Werke Bd. X], Stuttgart 1968, 121-145) als „mythologisch": durch eine nationale Mythologie, bestehend aus dem Mythos des Blutes, der Rasse, des Staates, des Führertums, des Volkes soll die Unsicherheit der geschichtlichen Existenz durch Reintegration in die Nation überwunden werden. Der totalitäre Staat erhebe sich auf dem Boden Mitteleuropas, wo ein militanter Nationalismus und ein alt-feudales Autoritätsgefühl liberale Rechte und demokratische Neigungen beseitigt hätten. Er sei nicht irdischer Repräsentant eines Gottes, sondern Gott bzw. Dämon selbst. Dies bringe ihn in ein unauflösliches Konfliktverhältnis zur Kirche, die den Transzendenzbezug als unbedingten Anspruch erhebt und bewahrt und damit die Beschränkung auf das „mythische" Diesseits verweigert. Sie kann einer Überordnung der Bluteinheit über die sakramentale Einheit, dem Versuch, die christlichen Tugenden (Glaube, Liebe, Hoffnung) durch die heidnisch-vitalen Werte zu verdrängen und das neutestamentliche Christusbild durch den Mythos des Heros zu ersetzen, nicht zustimmen. Den „Polytheismus" nationaler Mythologien muss sie ablehnen. Insofern gilt: „Die Idee des totalen Staates wird an der Kirche und am Evangelium scheitern; der neue Mythos wird durch sie zerstört werden." (145)

So wird bei Tillich die Mythosfixiertheit zum zentralen Merkmal der religiösen Dimension totalitärer Regime.

Voegelin, Eric

Deutscher Politikwissenschaftler; geboren am 3. Januar 1901 in Köln; gestorben am 19. Januar 1985 in Stanford/Kalifornien; 1922 als Schüler von Hans Kelsen Promotion zum Dr. rer. pol. in Wien; (Studienaufenthalte in Frankreich und England) 1929 Habilitation; 1929-1936 Privatdozent in Wien, 1936-38 Professor in Wien und anschließend Flucht in die Schweiz; von dort Emigration in die USA; wissenschaftliche Tätigkeit an verschiedenen amerikanischen Hochschulen u.a. an der Harvard University; seit 1946 Professor an der Louisiana State University Baton Rouge; 1958 Annahme eines Rufes auf eine Professur in München; 1969 Rückkehr in die USA; Forschungsauftrag an der Stanford University in Kalifornien.

Werk

Voegelin ist einer der Väter des Begriffs „politische Religion". Seine Auseinandersetzung mit der religiösen Dimension des Totalitarismus beginnt mit der Schrift *Die politischen Religionen*, (Wien 1938). Ist er hier noch der Ansicht, den Nationalsozialismus und den Kommunismus als innerweltliche Religion den außerweltlichen Religionen gegenüberstellen zu können, so revidiert und differenziert er diese These in seinen folgenden Werken (*The New Science of Politics*, Chicago 1952, *Religionsersatz. Die gnostischen Massenbewegungen unserer Zeit*, Tutzing 1985): die totalitären Phänomene werden zu „gnostischen" Phänomenen. Demnach ist es eine Grundbefindlichkeit des modernen Menschen, den Verlust einer personalen Bindung an eine tranzendente Größe durch Selbsterlösungsstreben auszugleichen – um den Preis, dass der Mensch nicht nur einen Verlust der Transzendenz, sondern auch einen immanenten Weltverlust erleidet. So sei sowohl der Nationalsozialismus als auch der Kommunismus dadurch gekennzeichnet, dass sie in dem Bemühen, eine erlöste Welt herzustellen, die reale Welt magisch umdeuten, durch Beschwörungen uminterpretieren und sich so in einer Traumwelt verfangen, die in Selbstzerstörung umschlägt.

Vondung, Klaus

Deutscher Germanist, geboren 1941 in Ulm/Donau; Studium der Germanistik, Geschichte, Politischen Wissenschaft und Philosophie in Tübingen und München; Forschungstätigkeit an der Stanford University/Californien; seit 1976 Professor für Germanistik/Neuere Literaturwissenschaft an der Universität-GH Siegen; Gastprofessuren in Houston und Osaka.

Werk

In seinem Buch *Magie und Manipulation. Ideologischer Kult und politische Religion des Nationalsozialismus* (Göttingen 1971) untersucht Vondung das Verhältnis des Nationalsozialismus zur Wirklichkeit; es geht ihm dabei sowohl um die Instrumente der Manipulation der Realität für andere, als auch um die magische Bewältigung der Realität für sich selbst. Über die Betrachtung der Rituale, Feste, Lieder, Kulte nähert sich Vondung religionsphänomenologisch dem Verhältnis von Realität und magischer Welt, das – so Vondung –, da sich die Realität nicht mehr manipulieren lässt, mit der Selbstzerstörung der magischen Welt endete.

Weil, Simone

Französische Philosophin jüdischer Herkunft; geboren am 3. Februar 1909 in Paris; gestorben am 24. August 1943 in Ashford (England); 1925-1928 Studium der Philosophie unter der Leitung Émile Chartiers, anschließend École Normale Supérieure; 1931 Bestehen der staatlichen Abschlussprüfung; Promotion zur

„agrégée“; Lehrerin am Mädchengymnasium in Le Puy; 1932 Beteiligung an einem Streik in Le Puy; Verhaftung; Lehrerin in Auxerre; 1933 im Dezember Begegnung mit Trotzki in Paris; 1934 Aufnahme politischer Flüchtlinge aus Deutschland; Fabrikarbeit; 1935 Erkrankung, Aufenthalt in Paris und in Montana (Schweiz); Fabrikarbeit; Aufenthalt in Portugal, Lehrerin am Lycée in Bourges; 1936 Beteiligung am Spanischen Bürgerkrieg auf der Seite der Republikaner, Rückkehr nach Paris; 1937 Klinikaufenthalt in Montana (Schweiz) und Lehrerin am Lycée in Saint-Quentin; 1940 Hilfeleistung bei der Verteidigung von Paris, zweimonatiger Aufenthalt in Vichy; in Marseille illegale Tätigkeit in der Résistance, 1941 Teilnahme an einer Versammlung der Christlichen Arbeiterjugend (JOC), Verhöre bei der Polizei; Bekanntschaft mit dem Dominikanerpater Jean-Marie Perrin; 1942 Ausreise in die USA; auf dem Weg Zwangsaufenthalt in einem Lager bei Casablanca; nach kurzem Aufenthalt in den USA Reise nach Großbritannien; 1943 Arbeit für die „Force de la France Libre“; Krankenhausaufenthalt in London; Sanatoriumsaufenthalt und Tod in Ashford.

Werk

Das wichtigste politische Werk Simone Weils ist *L'enracinement*, eine für das Komitee Freies Frankreich in London verfasste Denkschrift, entstanden 1942/43, veröffentlicht postum 1949. Sie erinnert an „die Bedürfnisse der Seele“, aus denen sich der „große Mensch“ Staat aufbaut, übt vernichtende Kritik an der französischen Politik zur Zeit der Dritten Republik und fordert (im Sinn Péguys) zur „Wiedereinwurzelung“ verlorengegangener Tugenden auf. Für das Werk der Erneuerung taugt weder der Marxismus, der „die Gewalt auf den Namen der Geschichte getauft hat“, noch der naturalistische Faschismus. „Das Heilmittel wäre, den Geist der Wahrheit wieder auf uns herabsteigen zu lassen; und zwar vor allem in Religion und Wissenschaft; was ihre Versöhnung voraussetzt.“

Werfel, Franz

Österreichischer Schriftsteller jüdischer Herkunft; geboren am 10. September 1890 in Prag; gestorben am 26. August 1945 in Beverly Hills (USA); der Gedichtband *Der Weltfreund* (1911) machte ihn zum Wortführer der expressionistischen Lyrik; lebte nach dem Ersten Weltkrieg in Wien; Heirat mit Alma Mahler; allmähliche Hinwendung zur jüdisch-christlichen Glaubenswelt; Dramen und Erzählwerke z.T. mit politisch-zeitgeschichtlicher Thematik - wie der Roman *Die vierzig Tage des Musa Dagh* (1933), der die Ausrottung der Armenier durch das jungtürkische Regime während des Ersten Weltkriegs darstellt; Auseinandersetzung mit Kommunismus und Nationalsozialismus in Vorträgen und Essays in den dreißiger Jahren (gesammelt in dem Band *Zwischen oben und unten*, 1946); die modernen Totalitarismen werden hier als „primitive Form der Ich-Überwindung“, als „anti-religiöse, jedoch religionssurrogierende Glaubensarten“ geschildert. „Sie sind echte Kinder der nihilistischen Epoche und deshalb nicht weit vom Stamm gefallen. Wie ihr Vater kennen sie keine transzendente Verbundenheit, wie er hängen sie im Leeren. Sie geben sich aber mit dieser Leere nicht mehr zufrieden, sondern veranstalten Exzesse, um sie zu überwinden." 1938 Emigration nach Frankreich; 1940 beim Einrücken der deutschen Truppen Flucht über die Pyrenäen nach Spanien, Portugal und in die USA; als Dank für die Rettung entstand 1940/41 im amerikanischen Exil der Roman *Das Lied der Bernadette.*

Werk

Werfels Schriften, die in dem Band *Zwischen oben und unten* (Stockholm 1946) gesammelt sind („Realismus und Innerlichkeit", „Können wir ohne Gottesglauben leben?", „Von der reinen Glückseligkeit des Menschen"; „Theologoumena"), befassen sich zum ersten Mal literarisch mit dem Phänomen des Totalitarismus unter dem Aspekt der Religion. Werfel beschreibt sowohl den Nationalsozialismus als auch den Kommunismus als zwei Formen des „naturalistischen Nihilismus". „Kommunismus und Nationalsozialismus sind Ersatz-Religionen, oder wenn Sie wollen, Religionsersatz". (85) Mithin liegt für Werfel die wahre Entscheidung auch nicht zwischen dem Rechts und Links des Nationalsozialismus oder des Kommunismus, sondern zwischen dem Oben des Gottesglaubens und dem Unten des „naturalistischen Nihilismus" und der „leeren Seichtigkeit der materialistisch-realistischen Weltdeutung" (11 f).

Widengren, Geo

Schwedischer Orientalist und Religionswissenschaftler, geboren am 24. April 1907 in Stockholm; gestorben am 28. Januar 1996 in Stockholm; nach dem Studium von Theologie, Religionsgeschichte, Latein, semitischen und iranischen Sprachen nahm er eine Lehrtätigkeit 1936 in Upsala wahr, an dessen Universität 1893 Religionswissenschaft als wissenschaftliche Disziplin erstmals in Schweden eingefuhrt und durch Nathan Söderblom und Tor Andrae zu einem Zentrum dieser Disziplin aufgebaut wurde. 1940 wurde Widengren dort Professor für Religionsgeschichte und Religionspsychologie; 1950-1960 Vizepräsident und 1960 -70 Präsident der „International Association for the History of Religion" (IAHR). Seit 1957 war er Mitglied des „World Council for Jewish Studies".

Werk

Widengrens Forschungsschwerpunkt liegt bei den altorientalischen und iranischen Religionen, aber auch bei Studien zum Judentum, Islam und allgemeiner Religionsphänomenologie. Für seine Methode ist vor allen Dingen eine akribische philologische Erschließung maßgeblich, neben einer Konzentration auf die Erschließung der Religion aus sich selbst und nicht aus vorgängigen Phänomenen.
In seinem Hauptwerk *Religionens Värld* (1945, deutsch: *Religionsphänomenologie,* 1969) setzt er sich unter anderem mit „Heiligen" auseinander, das er gegen Rudolf Otto nicht als religiösen „Urschauer" und gegen Söderblom nicht als unpersönliche „Macht" verstehen möchte, sondern als Qualität der göttlichen Sphäre als einer personalen. Die Macht des Heiligen resultiert aus einer persön-

lichen Gottheit. Das „Heilige“ wird so zu einer Bestimmung des Hochgottes in den Religionen.

Wippermann, Wolfgang

Deutscher Historiker und Politikwissenschaftler; geboren 1945 in Bremerhaven; Studium der Geschichte, Germanistik und Politikwissenschaften in Göttingen und Marburg; 1975 Promotion zum Dr. phil. mit einer Arbeit über *Der Ordensstaat als Ideologie*; 1978 Habilitation über Bonapartismus bei Marx und Engels, seit 1992 PD für Neue Geschichte an der Freien Universität Berlin.

Werk

Mit *Faschismustheorien. Stand der gegenwärtigen Diskussion* (Darmstadt 1972) und *Totalitarismus-Theorien. Die Entwicklung der Diskussion von den Anfängen bis heute* (Darmstadt 1997) legt Wippermann zwei Kompendien über die verschiedenen Ansätze der Deutung des Nationalsozialismus und des Sowjetkommunismus vor. In *Faschismustheorien* bietet er neben einem geschichtlichen Aufriss und einer Darstellung der systematischen Aspekte einen Überblick über verschiedene kritische Anfragen an die Faschismustheorie. Hier erörtert er auch den Totalitarismusbegriff, der er im wesentlichen als „politischen Kampfbegriff“ charakterisiert. Diese Einschätzung vertieft er in *Totalitarismus-Theorien*. Für Wippermann ist wie für Habermas und Barth der Ansatz der Totalitarismus-Theorien eher eine „politische Ideologie“ zur Verharmlosung des Nationalsozialismus denn eine wissenschaftliche Theorie zu seiner Deutung.

Zangerle, Ignaz

Österreichischer Pädagoge, Historiker und Germanist, geboren am 20. Januar 1905 in Wängle, Tirol; gestorben am 5. Juli 1987 in Innsbruck; Zangerle engagierte sich in zahlreichen Verbänden und Gremien der österreichischen und internationalen Erwachsenenbildung. In seinem Hauptwerk *Unterwegs zu einer christlichen Erwachsenenbildung* (Salzburg 1987) spricht er sich für eine nicht nur extensive, sondern intensive, personale Erwachsenenbildung aus, die den Einzelnen verlebendigt und mündig macht sowie zu einer ideologiekritischen Auseinandersetzung mit geistesgeschichtlichen und zeitgenössischen Strömungen befähigt.

Werk

Der Aufsatz „Zur Situation der Kirche“ (in: Der Brenner 14 [1933] 42-81.) ist ein Schlüsseltext Zangerles in der Auseinandersetzung mit dem Phänomen des Totalitarismus. Sein Gegenstand ist die Situation der katholischen Kirche im Deutschen Reich und in Österreich im engeren und das Verhältnis von Kirche und Politik im weiteren Sinne.

Allgemein stellt Zangerle für die Katholische Kirche im ausgehenden 19., beginnenden 20. Jahrhundert fest, dass sie sich als mystischer Leib Christi von den materiellen Gütern und weltlicher Macht zunehmend zurückzieht, dabei aber immer noch in der Spannung des Schon-Jetzt und des Noch-Nicht existiert. Durch die eigene Entstaatlichung gerät die Kirche freilich in die Gefahr, durch den Staat vereinnahmt zu werden. Deshalb ist der einzelne Christ als Individuum berufen, sich immer wieder und immer wieder neu über die Situation Rechenschaft abzulegen, in der er Zeugnis geben muss. Allein dies ist nach Zangerle unter Laienapostolat zu verstehen: es ist die geistliche Mündigerklärung des Laien, seine Verpflichtung zum Zeugnis Ablegen in der Welt, nicht etwa reine Seelsorgehilfe noch eine Überformung oder Zentralisierung bestehender kirchlicher Organisationen.

Analogien zwischen der Kirche und dem Staat sind nur um den Preis einer falschen Übertragung religiöser Begriffe in den Bereich des Politischen möglich; mithin gibt es keinen gemeinsamen Weg „zur Beherrschung der unruhig gewordenen Menschen" (32)

Letzten Endes lässt sich der beispiellose Erfolg des Nationalsozialismus nur damit erklären, dass er, wie es beim Sozialismus und Bolschewismus schon der Fall war, von säkularisierten religiösen Energien getrieben wird. Der ungehemmten Wirkung dieses innerweltlichen Sendungsglaubens hält nur der in seinem Gewissen feststehende Einzelne stand." (33)

Neben dem appellativen Charakter des Textes ist ihm auch eine differenzierte Analyse des Verhältnisses zwischen Staat, Gesellschaft und Kirche eigen, die immer wieder auf Positionen von Theodor Haecker, Ernst Michel, Johann Adam Möhler und Erik Peterson rekurriert: der totale Staat ringt mit seinen religiösen Energien um das Analogon im Christenmenschen, dessen innere religiöse Rückbindung an den Glauben; insofern besteht zwischen dem totalen Staat und dem Christen immer eine nicht zu überwindende Konkurrenzsituation.

Zemanek, Heinz

Österreichischer Informatiker und Kybernetiker; geboren am 1. Januar 1920 in Wien; 1951 Promotion zum Dr. techn.; 1959 Dozent an der Universität Wien; 1964 außerordentlicher Professor an der Universität Wien; 1984 dort ordentlicher Professor; seit 1985 im Ruhestand.

Werk

Das Buch *Kalender und Chronologie. Bekanntes & Unbekanntes aus der Kalenderwissenschaft* (München 1978) enthält neben grundlegenden Informationen zur Kalenderwissenschaft (Tag und Jahr; Computistik, Julianisches und Gregorianisches Jahr etc.) eine knappe Darstellung des Kalenders der Französischen Revolution und der Kalenderexperimente in der Sowjetunion zwischen Oktober 1929 und dem 29. Juni 1940 (Fünftagewoche mit gleitenden freien Tagen, Farbzählung, usw.). Dieser Blick auf den Kalender schließt an die Thematik der politischen Religionen insofern an, als er den Versuch der Geschichtsbemächtigung durch Zeitrechnung seitens der totalitären Regime offenlegt, der sich gegen die bis zu diesem Zeitpunkt unbestrittene christliche Zeitrechnung richtet und damit eine religiöse Stoßrichtung hat.

G. Literaturverzeichnis

I. Bibliographische Hilfsmittel

Backes, Uwe/Jesse, Eckhard: Totalitarismus - Extremismus - Terrorismus. Ein Literaturführer, Opladen ^{2}1985.

Jesse, Eckhard (Hg.): Totalitarismus im 20. Jahrhundert. Eine Bilanz der internationalen Forschung, Bonn 1996. 559-585.

Laqueur, Walter (Hg.): Fascism. A reader's Guide. Analysis, Interpretation, Bibliography, Berkeley 1976.

Low, Alfred D.: The Anschluss Movement, 1919-1938. Backround and Aftermath. An Annotated Bibliography of German and Austrian Nationalism, New York/London 1984.

Schmiechen-Ackermann, Detlef: Diktaturen im Vergleich, Darmstadt 2002. 153-167.

Seidel, Bruno/Jenkner, Siegfried (Hg.): Wege der Totalitarismus-Forschung, Darmstadt 1974.

Totalitarian Movements and Political Religions, 2000 ff.

Vierteljahrshefte für Zeitgeschichte. Beiheft: Bibliographie zur Zeitgeschichte, hrsg.v. Karl Dietrich Bracher, Hans-Peter Schwarz, Horst Möller, Jg. 49 (2001), Jg. 50 (2002).

Für die einzelnen Autoren s. besonders die Bibliographien in:

Biographisch-Bibliographisches Kirchenlexikon, hrsg.v. Traugott Bautz, Herzberg 1975-2001.

Theologische Realenzyklopädie, hrsg.v. Gerhard Müller, Berlin 1976 ff.

Lexikon für Theologie und Kirche, hrsg.v. Walter Kasper u.a., Freiburg i. Br. 1993-2001.

Politische Philosophie des 20. Jahrhunderts, hrsg.v. Karl Graf Ballestrem und Henning Ottmann, München 1990.

II. Quellenwerke

Adler, Hans Günther: Der verwaltete Mensch, Tübingen 1974.

Adorno, Theodor W.: Dialektik der Aufklärung, in: Gesammelte Schriften Bd. 9/2 (Soziologische Schriften II),s Frankfurt am Main 1975.
Adorno, Theodor W.: Ist die Kunst heiter? in: Noten zur Literatur, Frankfurt am Main 1991. 599-606.
Akten der Partei-Kanzlei der NSDAP. Rekonstruktion eines verlorengegangenen Bestandes, hrsg.v. Institut für Zeitgeschichte, 6 Bde. und Register, 4 Bde. Microfiches, München 1991.
Alatri, Paolo (Hg.): L'antifascismo italiano, Roma 1961.
Albarrán, Aniceto Castro: El derecho a la rebeldía, Madrid 1934.
Alexander, Edgar: Der Mythus Hitler, Zürich 1937.
Amendola, Giovanni: La democrazia italiana contro il fascismo, 1922-1924, Milano/Napoli 1960.
Amendola, Giovanni: La nuova democrazia, Napoli 1951.
Anacker, Heinrich: Die Fanfare. Gedichte der deutschen Erhebung, München 1934, ^{5}1936.
Anacker, Heinrich: Die Trommel. S.A.-Gedichte, München ^{5}1936.
Anacker, Heinrich: Geweihte Fahnen. Wir wachsen in das Reich hinein, München 1938.
Arbeloa, Victor Manuel: La semana trágica de la iglesia en España (1931), Barcelona, Galba 1976.
Arendt, Hannah: The Origins of Totalitarianism, New York 1951.
Arendt, Hannah: Über den Totalitarismus. Texte Hannah Arendts aus den [illegible]n 1951 und 1953, aus dem Englischen übertragen von Ursula Ludz, Dresden [illegible].
Arendt, Hannah: Elemente und Ursprünge totaler Herrschaft, München ^{7}2000.
Arendt, Hannah/Jaspers, Karl: Briefwechsel 1926-1969, hrsg.v. L. Köhler, K. Sahner, München 1985.
Arendt, Hannah: The Human Condition, Chicago 1958.
Arendt, Hannah: Von der Menschlichkeit in finsteren Zeiten. Gedanken zu Lessing, München 1960.
Arendt, Hannah: Eichmann in Jerusalem. A Report on the Banality of Evil, New York 1963.
Arendt, Hannah: Eichmann in Jerusalem. Ein Bericht von der Banalität des Bösen, Hamburg 1964.
Arendt, Hannah: Rahel Varnhagen. Lebensgeschichte einer deutschen Jüdin in der Romantik, München 1975.
Arendt, Hannah: Vita Activa oder Vom tätigen Leben, München ^{2}1981.
Arendt, Hannah: Das Urteilen. Texte zu Kants Politischer Philosophie, München 1985.
Arendt, Hannah: Was ist Politik? Fragmente aus dem Nachlaß, hrsg.v. Ursula Ludz, München/Zürich 1993.
Arendt, Hannah: Zwischen Vergangenheit und Zukunft. Übungen im politischen Denken I, hrsg.v. Ursula Ludz, München 1994.
Arendt, Hannah: Denktagebuch 1950-1973, hrsg.v. Ursula Ludz und Ingeborg Nordmann, 2 Bde., München ^{2}2002.
Aron, Raymond: Über Deutschland und den Nationalsozialismus. Frühe politische Schriften 1930-1939, hrsg.v. Joachim Stark, Opladen 1993.
Aron, Raymond: L'homme contre les tyrans, Paris 1945.
Aron, Raymond: Die Zukunft der Diesseitsreligion, in: Die Umschau, 2 Jg. (1947) H. 6/7. 675-687 und 3. Jg. (1948) H. 3. 283-296.
Aron, Raymond: Le Grand Schisme, Paris 1948.
Aron, Raymond: Der falsche Messias, in: Der Monat 3. Jg. (1950) H. 26, S. 175-184.
Aron, Raymond: Les guerres en chaîne, Paris 1951.
Aron, Raymond: Der permanente Krieg, Frankfurt am Main 1953.
Aron, Raymond: L'essence du totalitarisme, in: Critique, Januar 1954. 51-70.

Aron, Raymond: Les intellectuels français et l'utopie, in: Preuves, cahiers mensuels du Congrès pour la liberté de la Culture, publ. sous la dir. de F. Bondy, Nr. 50, Paris Avril 1955, 5-14.
Aron, Raymond: L'opium des intellectuels, Paris 1955.
Aron, Raymond: Opium für Intellektuelle oder die Sucht nach Weltanschauung, Köln u.a. 1957.
Aron, Raymond: Dimensions de la conscience historique, Paris 1961.
Aron, Raymond: L'Histoire et ses interprétations. Entretiens autour de Arnold J. Toynbee sous la dir. de Raymond Aron, Paris 1961.
Aron, Raymond: Le Grand Débat. Initiation à la stratégie atomique, Paris 1963.
Aron, Raymond: Einführung in die Atomstrategie. Die atlantische Kontroverse, Köln 1964.
Aron, Raymond: La lutte de classe. Nouvelles leçons sur les sociétés industrielles, Paris 1964.
Aron, Raymond: Démocratie et totalitarisme, Paris 1965.
Aron, Raymond: Essai sur les libertés, Paris 1965.
Aron, Raymond: Über die Freiheiten, Stuttgart 1981.
Aron, Raymond: Demokratie und Totalitarismus, Hamburg 1970.
Aron, Raymond: De Gaulle, Israel et les Juifs, Paris 1968.
Aron, Raymond: D'une Sainte Famillie à l'autre. Essais sur les marxismes imaginaires, Paris 1969.
Aron, Raymond: De la condition historique du sociologue, Paris 1970.
Aron, Raymond: Fortschritt ohne Ende? Über die Zukunft der Industriegesellschaft, München 1970.
Aron, Raymond: Histoire et dialectique de la violence. Paris 1973.
Aron, Raymond: Zwischen Macht und Ideologie. Politische Kräfte der Gegenwart, Wien 1974.
Aron, Raymond: Die imperiale Republik. Die Vereinigten Staaten von Amerika und die übrige Welt seit 1945. Stuttgart und Zürich 1975.
Aron. Raymond: Penser la guerre, Paris 1976.
Aron, Raymond: Clausewitz.Den Krieg denken, Frankfurt am Main, Berlin u.a. 1980.
Aron, Raymond: Plaidoyer pour l'europe décadente, Paris 1977.
Aron, Raymond: Plädoyer für das dekadente Europa. Berlin, Frankfurt am Main 1978.
Aron, Raymond: Hauptströmungen des klassischen soziologischen Denkens. Montesquieu - Comte - Marx - Tocqueville, Reinbek 1979.
Aron, Raymond: Sartre face à son époque, in: L'Express Nr. 1502 (été 1980).
Aron, Raymond: Hitler. Wie haltbar ist die Totalitarismus-Theorie?, in: Der Monat 278 (1981) Heft 1. 42-55.
Aron, Raymond: Le spectateur engagé. Entretiens avec Jean-Louis Missika et Dominique Wolton, Paris 1981.
Aron, Raymond: ‚Mémoires - 50 ans de réflexion politique', Paris 1983.
Aron, Raymond: Raymond Aron. 1905-1983. Histoire et Politique, Paris 1985.
Aron, Raymond: Erkenntnis und Verantwortung. Lebenserinnerungen, München/Zürich 1985.
Aron, Raymond: L'avenir des religions séculières, in: Commentaire, Février 1985, vol. 8, Numéro 28-29. 369-384.
Aron, Raymond: Socialisme et sociologie chez Durkheim et Weber, in: Commentaire Nr. 32 (1985/86) 1040-1050.
Aron, Raymond: Die letzten Jahre des Jahrhunderts, Stuttgart 1986.
Aron, Raymond: Frieden und Krieg. Eine Theorie der Staatenwelt, Frankfurt am Main 1986.

Axelrod, Paul: Die Einigung der russischen Sozialdemokratie und ihre Aufgaben, in: Ders.: Die russische Revolution und die sozialistische Internationale. Aus dem literarischen Nachlaß von Paul Axelrod, Jena 1932. 37-59.

Bakunin, Michael: „Gewalt für den Körper, Verrat für die Seele?". Ein Brief von Michael Bakunin an Sergej Necaev, mit einer Einleitung und Anmerkungen von Arthur Lehning, Berlin 1980.
Bakunin, Michael: Beichte (1851), hrsg. und eingeleitet von Kurt Kersten. Vorwort von W. Polonsky, Berlin 1926.
Bakunin, Michail Alexandrowitsch: Gott und der Staat (1871), Berlin 1989.
Bakunin, Michail Alexandrowitsch: Staatlichkeit und Anarchie (1873), Berlin 1995.
Balthasar, Hans Urs von (Hg.): Die Großen Ordensregeln, Trier 1988.
Barth, Karl: Der Römerbrief, Bonn 1919.
Barth, Karl: Kirchliche Dogmatik, Zürich 1932 ff.
Barth, Karl: Rechtfertigung und Recht, Zürich 1938.
Barth, Karl: Christengemeinde und Bürgergemeinde, Zürich 1946.
Barth, Karl: Politische Entscheidung in der Einheit des Glaubens, München 1952.
Barth, Karl: Der Götze wackelt. Zeitkritische Aufsätze, Reden und Briefe von 1930-1960, hrsg.v. Karl Kupisch, Berlin ²1964.
Bartolus a Saxoferrato: Tractatus de tyrannia, Basel 1588.
Basso, Lelio (s.a. Prometeo Filodemo): L'antistato, in: La Rivoluzione Liberale, 1925.
Basso, Lelio: Due totalitarismi. Fascismo e Democrazia Cristiana, Milano 1951.
Bataille, George: Madame Edvarda, Paris 1941.
Bataille, George: Le Mort, Paris 1943.
Bataille, George: L'expérience intérieure, Paris 1943.
Bataille, George: L'Erotisme, Paris 1957.
Bataille, George: La Littérature et le Mal, Paris 1957.
Becher, Johannes R.: Auf andere Art so große Hoffnung, Berlin 1951.
Becher, Johannes R.: Briefe 1909-1958, Berlin/Weimar 1993.
Becher, Johannes R.: Das neue Gedicht, Leipzig 1918.
Becher, Johannes R.: Hymnen, Leipzig 1924.
Becher, Johannes R.: Metamorphosen eines Dichters, Berlin 1992.
Becher, Johannes R.: Sterne unendlichen Glaubens. Die Sowjetunion in meinem Gedicht, Berlin 1951.
Bellah, Robert N.: Civil Religion, in: Dædalus 96, American Academy of Arts and Sciences, New York 1968.
Beneš, Edvard: Democracy today and tomorrow, London 1942.
Benjamin, Walter: Gesammelte Schriften III (Werkausgabe Bd.9), hrsg.v. Rolf Tiedemann, Frankfurt am Main 1974 ff.
Berdjaev, Nikolaj Aleksandrovic: Novoe christoanstvo. D. Merežkovskij, in: Russkaja Mysl 1916.
Berdjaev, Nikolaj Aleksandrovic: Filosofia neravenstva. Pisma k nedrugam po socialnoj Filosofii, Berlin 1923.
Berdjaev, Nikolaj Aleksandrovic: Filosofia svobodnogo ducha. Problematika i apologika christianstva, Paris 1928.
Berdjaev, Nikolai: Die Philosophie des freien Geistes. Problematik und Apologie des Christentum, Tübingen 1930.
Berdjaev, Nikolai: Wahrheit und Lüge des Kommunismus, Luzern 1934, Darmstadt 1953.
Berdjaev, Nikolaj Aleksandrovic: Sinn und Schicksal des russischen Kommunismus. Ein Beitrag zur Psychologie und Soziologie des russischen Kommunismus, Luzern 1937.
Berdjaev, Nikolaj Aleksandrovic: Istoki i smysi russkogo kommunizma, Paris 1955.

Berdjaev, Nikolaj: Die Wahrheit der Philosophie und die Wahrheit der Intelligencija, in: Karl Schlögl (Hg.): Wegzeichen. Zur Krise der russischen Intelligenz, Frankfurt am Main 1990. 51-79.

Berdjaev, Nikolaj: Nowoje srednewjekowje, Moskau 1991.

Bergengruen, Werner: Der Großtyrann und das Gericht, Heidelberg 1935.

Berthold, Ernst: Heiliges Brauchtum um die Fahne des Reiches. (= Lebendiges Volkstum – Der Quell deutscher Spiele, Feste und Feiern, hrsg.i.A. der Landesstelle für Volksforschung und Volkstumspflege von Hans Steglich, Heft 2, Leipzig o.J.).

Bloch, Ernst: Geist der Utopie (1918), Berlin 1923.

Bloch, Ernst: Das Prinzip Hoffnung, Berlin 1954.

Bloch, Ernst: Subjekt-Objekt, Frankfurt am Main 1962.

Bloch, Ernst: Der Faschismus als Erscheinungsform der Ungleichzeitigkeit, in: Ernst Nolte (Hg.): Theorien über den Faschismus, Berlin 1967. 182-205.

Bloch, Ernst: Atheismus im Christentum, Frankfurt am Main 1968.

Bloch, Marc: Apologie der Geschichte oder der Beruf des Historikers, Stuttgart ³1992.

Blumenberg, Hans: Säkularisierung und Selbstbehauptung. Erweiterte und überarbeitete Neuausgabe von „Die Legitimität der Neuzeit“, erster und zweiter Teil, Frankfurt am Main ²1983.

Böhme, Herbert: Bekenntnisse eines jungen Deutschen, München 1935.

Böhme, Herbert: Das deutsche Gebet, München 1936.

Böhme, Hermann: Feierstunde zum 9. November, in: Vorschläge der Reichspropagandaleitung zur nationalsozialistischen Feiergestaltung, September 1935, Lieferung 6/4, Nr. 1-6.

Bonhoeffer, Dietrich: Auslegungen – Predigten. 1933 bis 1944 (=Gesammelte Schriften, hrsg. v. E. Bethge, Band 4), München 1961.

Bonhoeffer, Dietrich: Widerstand und Ergebung. Briefe und Aufzeichnungen aus der Haft, hrsg. v. E. Bethge, München 1964 (Neuausgabe 1970).

Borkenau, Franz: Zur Soziologie des Faschismus, Archiv für Sozialwissenschaft und Sozialpolitik 68 (1933). 513-547.

Bottai, Giuseppe: Diario 1935-1944, Milano 1982.

Bottai, Giuseppe: Diario 1944-1948, Milano 1988.

Bottai, Giuseppe: Ventianni e un giorno, Milano 1949.

Bouhler, P. (Hg.): Der großdeutsche Freiheitskampf. Reden Adolf Hitlers vom 16. März 1941-15 März 1942, Bd. III., München 1942.

Brecht, Bertolt: Die Gedichte in einem Band, Frankfurt am Main ¹¹2002.

Broch, Hermann: Gedanken zur Politik, Frankfurt am Main 1970.

Broch, Hermann: Kommentierte Werkausgabe in 13 Bänden, Frankfurt am Main 1981-1986.

Broch, Hermann: Massenpsychologie. Schriften aus dem Nachlaß. Gesammelte Werke, Bd. 9, Zürich 1959.

Bry, Carl Christian: Die verkappten Religionen. Kritik des kollektiven Wahnsinns, Gotha 1924.

Bucharin, Nikolai/Preobraschensky, Eugen A.: Das ABC des Kommunismus. Populäre Erläuterungen des Programms der Kommunistischen Partei Russlands (Bolschewiki), Hamburg 1921.

Bucharin, Nikolai: Das Programm der Kommunisten (Bolschewiki), Wien 1918.

Bucharin, Nikolai: Die eiserne Kohorte der Revolution (1922), in: Marxismus und Politik, Bd.1, 1971. 219-323.

Buchheim, Hans: Totalitäre Herrschaft. Wesen und Merkmale, München 1962.

Burrin, Philippe: Hitler und die Juden. Die Entscheidung für den Völkermord, übers. v. Ilse Strasmann, Frankfurt am Main 1993.

Burrin, Philippe: Das Mythologisch-Symbolische in einer säkularisierten Welt, in: M. Ley/J.H. Schoeps (Hg.): Der Nationalsozialismus als politische Religion, Bodenheim bei Mainz 1997. 168-185.
Caillois, Roger: L'homme et le sacré, Paris 1923.
Caillois, Roger: Der Mensch und das Heilige, Paris 1939, München 1988.
Campanella, Tommaso: Civitas solis, in: Realis Philosophiae epilogisticae partes IV, Frankfurt am Main 1623.
Campanella, Tommaso: Universalis Philosophiae seu Metaphysicarum Rerum, iuxta Propria Dogmata, Paris 1638.
Camus, Albert: Der Mensch in der Revolte (1951), Reinbek bei Hamburg 1969.
Canetti, Elias: Masse und Macht, Hamburg 1960.
Canetti, Elias: Macht und Überleben. Drei Essays, Literarisches Colloquium, Berlin 1972.
Cassirer, Ernst: The Myth of the State, New Haven 1946.
Cassirer, Ernst: Der Mythus des Staates, Hamburg 2002.
Cassirer, Ernst: Die Philosophie der symbolischen Formen, 3 Bde., Darmstadt 1964.
Casucci, Costanzo (Hg.): Il fascismo. Antologia di scritti critici, Bologna 1961.
Chamberlain, Houston Stewart: Immanuel Kant, München 1905.
Chamberlain, Houston Stewart: Grundzüge des 19. Jahrhunderts, München [3]1919.
Chamberlain, Houston Stewart: Mensch und Gott, München 1921.
Chamberlain, Houston Stewart: Richard Wagner, München 1896.
Chamberlain, Houston Stewart: Worte Christi, München 1901.
Chiaromonte, Nicola (i.e. Gualtiero): Lettera di un giovane dall'Italia, in: Quaderini di ‚Giustizia e Libertá', Nr.5, Dezember 1932. 31-37.
Chiaromonte, Nicola (i.e. Sincero): La morte si chiama fascismo, in: Quaderni di ‚Gustizia e Libertá', Nr.12, Januar 1935. 20-60.
Chiaromonte, Nicola: Scritti politici e civili, Milano 1976.
Cohen, Hans: Religion der Vernunft aus den Quellen des Judentums, Berlin [2]1929
Cohn, Norman: Das Ringen um das Tausendjährige Reich. Revolutionärer Messianismus im Mittelalter und sein Fortleben in den modernen totalitären Bewegungen, Bern/München 1961.
Cohn, Norman: The Persuit of the Millenium, London 1957.
Croce, Benedetto: Gesammelte philosophische Schriften. Kleine Schriften zur Ästhetik 1, Tübingen 1929.

Dempf, Alois: Kritik der historischen Vernunft, München 1958.
Dempf, Alois: Sacrum Imperium, München 1929.
Der Parteitag Großdeutschland vom 5.-12. September 1938. Offizieller Bericht über den Verlauf des Parteitages mit sämtlichen Kongressreden, München 1938.
Die Kirche und das Staatsproblem in der Gegenwart (Kirche und Welt. Studien und Dokumente, hrsg. von der Forschungsabteilung des Oekumenischen Rates für Praktisches Christentum, Bd.3), Genf/Berlin [3]1935.
Die Lage der Sozialdemokratie in Rußland, hrsg. vom „Boten" des Organisationskomitees der Sozialdemokratischen Arbeiterpartei Russlands, Berlin 1912.
Die neue Gemeinschaft. Das Parteiarchiv für nationalsozialistische Feier- und Freizeitgestaltung, München 1937-1945.
Dizionario di politica, hrsg. v. Partito Nazionale Fascista 4 Bde., Roma, Istituto dell'Enciclopedia Italiana Treccani 1940.
Domarus, Max: Hitler. Reden und Proklamationen 1932-1945, Wiesbaden 1973.
Dörner, Claus (Hg.): Freude – Zucht – Glaube. Handbuch für die kulturelle Arbeit im Lager. Im Auftrag der Reichsjugendführung der NSDAP, Potsdam 1937.
Dostojewski, Fejdor Michajlowich: Der Großinquisitor, Frankfurt am Main 1993.
Durkheim, Émile: L'individualisme et les intellectuels, in: Revue bleue X, 1898. 7-13.

Durkheim, Émile: Les formes élémentaires de la vie religieuse, Paris 1912, ^{6}1979.
Durkheim, Émile: De la division du travail social, Paris ^{7}1960.
Durkheim, Émile: Die Regeln der soziologischen Methode, Neuwied 1961.
Durkheim, Émile: Soziologie und Philosophie, Frankfurt am Main 1967 (franz. Ausgabe Paris 1924).
Durkheim, Émile: Die elementaren Formen des religiösen Lebens, Frankfurt am Main 1981.
Dzierzynski, F.E.: Ausgewählte Artikel und Reden 1908-1926, Berlin 1953.

Eckart, Dietrich: Ein Vermächtnis, hrsg. von Alfred Rosenberg, München ^{3}1935.
Ehlen, P.: Die philosophische Ethik in der Sowjetunion, München 1972.
Eisner, Kurt: Feste der Festlosen, Dresden 1906.
Eliade, Mircea: Images et Symboles, Paris 1952.
Eliade, Mircea: Rèves et Mystères, Paris 1956.
Eliade, Mircea: Das Heilige und das Profane, Reinbek bei Hamburg 1957, Frankfurt am Main 1990.
Engels, Friedrich/Marx, Karl: Gesamtausgabe, Berlin 1974 ff.
Episcopado Español a los Obispos de todo el mundo. Sobre la Guerra de España, 1. Juli 1937, in: Documentos Colectivos del Episcopado Español 1879-1974, hrsg. v. Jésus Iribarren, Madrid: Bibliotheca del Autores Cristianos 1974. 219-243.

Fahnensprüche. Zusammengestellt im Amt für Erziehung und Ausbildung des Reichsarbeitsdienstes für die weibliche Jugend, Leipzig o.J.
Farinacci, Roberto: Storia della Rivoluzione Fascista, Cremona 1937.
Farinacci, Roberto: Un periodo aureo del Partito Nazionale Fascista, Foligno 1927.
Fest- und Freizeitgestaltung im NSLB, München 1936.
Fraenkel, Ernst: The Dual State. A Contribution to the Theory of Dicatorship, New York/London/Toronto 1941.
Fraenkel, Ernst: Der Doppelstaat. Recht und Justiz im „Dritten Reich", Frankfurt am Main 1974.
Friedrich, Carl Joachim (Hg.): Totalitarianism. Proceedings of a Conference held at the American Academy of Arts and Sciences, Cambridge/Mass. 1953.
Friedrich, Carl Joachim/Brzezinski, Zbigniew K.: Totalitarian Dictatorship and Autocracy, Cambridge 1956.
Friedrich, Carl Joachim/Brzezinski, Zbigniew K.: Totalitäre Diktatur, Stuttgart 1957.
Fritsche, Helmuth: Wir steh'n am Werk. Flaggenappelle und Feierstunden für Werkstatt und Berufsschule (=Schaffende Jugend, Heft 1) Leipzig/Berlin ^{2}1938.
Fülöp-Miller, René: Geist und Gesicht des Bolschewismus. Darstellung und Kritik des kulturellen Lebens in Sowjet-Russland, Wien 1926.

Gasperi, Alcide De: Scritti di politica internazionale 1933-1938, 2 Bde., Cittá del Vaticano 1981.
Gerlich, Fritz: Der Kommunismus als Lehre vom Tausendjährigen Reich, München 1919.
Geschichte der Kommunistischen Partei der Sowjetunion (Bolschewiki), Berlin 1946.
Gide, André: Retour de l'U.R.S.S., Paris 1936.
Gide, André: Retouches à mon Retour de l'U.R.S.S., Paris 1937.
Gide, André: Zurück aus Sowjet-Rußland, Zürich 1937.
Gobineau, Graf.v.: Die Renaissance, Berlin 1866.
Goebbels, Joseph: Der Faschismus und seine praktischen Ergebnisse, München 1934.
Goebbels, Joseph: Tagebücher, in fünf Bänden hrsg.v. Ralf Georg Reuth, München ^{2}1992.

Goebbels, Joseph: Die Tagebücher von Joseph Goebbels, hrsg.v. Elke Fröhlich u.a., München 1993-2001.
Graf, Oskar Maria: Reise in die Sowjet-Union 1934, Darmstadt/Neuwied 1974.
Guardini, Romano: Was Jesus unter Vorsehung versteht (= Christliche Besinnung 1), Würzburg 1939.
Guardini, Romano: Der Heilbringer in Mythos, Offenbarung und Politik. Eine theologisch-politische Besinnung (1946), Mainz 1979.
Guardini, Romano: Freiheit, Gnade, Schicksal. Drei Kapitel zur Deutung des Daseins, München 1948.
Guardini, Romano: Das Ende der Neuzeit. Ein Versuch zur Orientierung, Würzburg ²1950.
Guardini, Romano: Religion und Offenbarung, Würzburg 1958, Mainz/Paderborn ²1990.
Guardini, Romano: Welt und Person. Versuche zur christlichen Lehre vom Menschen (1939), Mainz/Paderborn ²1988.
Guardini, Romano: Ethik. Vorlesungen an der Universität München. Aus dem Nachlaß hrsg.v. Hans Mercker, 2 Bde., Mainz/Paderborn 1993.
Gurian, Waldemar: Fascismus und Bolschewismus, in: Heiliges Feuer 15 (1927/28)197-203.
Gurian, Waldemar: Der Fascismus, in: Heiliges Feuer 16 (1928/29) 507-518.
Gurian, Waldemar: Der Bürger, in: Germania Nr. 272 und Nr. 318 vom 14. Juni und 12. Juli 1929.
Gurian, Waldemar: Der Bolschewismus. Eine Einführung in Geschichte und Lehre, Freiburg im Breisgau 1931.
Gurian, Waldemar: Der katholische Publizist, Augsburg 1931.
Gurian, Waldemar (Pseudonym= Walter Gerhart): Um des Reiches Zukunft. Nationale Wiedergeburt oder Politische Reaktion, Freiburg im Breisgau 1932.
Gurian, Waldemar (Pseudonym= Paul Müller, Köln): Zum Problem der Masse, in: Schweizerische Rundschau 34 (1934/35).
Gurian, Waldemar: Bolschewismus als Weltgefahr, Luzern 1935.
Gurian, Waldemar: Der Kampf um die Kirche im Dritten Reich, Luzern 1936.
Gurian, Waldemar: Deutsche Briefe 1934-1938, hrsg. von Heinz Hürten, Bd.I und II, Mainz 1969.
Gurian, Waldemar: The Totalitarian State, in: Proceedings of the American Philosophical Association 15 (1939) 50-66.
Gurian, Waldemar: Trends in Modern Politics, in: Review of Politics 2 (1940) 318-336.
Gurian, Waldemar: On Maritain's Political Thought, in: Thomist 5 (1943) 7-22.
Gurian, Waldemar: Totalitarian Religions, in: Review of Politics 14 (1952) 3-14.
Gurian, Waldemar/Fitzsimons, Matthew A. (Hg.): The Catholic Church in World Affairs, Notre Dame Ind. 1954.
Gurian, Waldemar: Totalitarianism as Political Religion, in: Proceedings of the Conference held at the Academy of Art and Sciences, March 1953, edited by Carl J. Friedrich, Cambridge Mass. 1954. 119-129.

Halévy, Elie: L'ère des tyrannies. Études sur le socialisme et la guerre, Paris 1936.
Harmens, Tete (i.e. Tetens, T.H.): Christentum, Hitlerismus, Bolschewismus, Buenos Aires: Editorial La Capana 1937.
Harnack, Adolf von: Die Mission und Ausbreitung des Christentums in den ersten drei Jahrhunderten, Leipzig 1924.
Hayek, Friedrich August von: The Road to serfdom, Chicago 1944.
Hayek, Friedrich August von: Der Weg zur Knechtschaft, Erlenbach/Zürich 1952.
Hayek, Friedrich August von: Die Verfassung der Freiheit, Tübingen 1971.

Hayes, Carlton J.H.: The Novelty of Totalitarianism in the History of Western Civilisation, in: Proceedings of the American Philosophical Society 82 (1940) 102 ff.

Hayes, Carlton, J.H.: Der Totalitarismus als etwas Neues in der Geschichte der westlichen Kultur, in: Bruno Seidel/Siegfried Jenkner (Hg.): Wege der Totalitarismusforschung, Darmstadt 1974. 86-100.

Hegel, Georg Wilhelm Friedrich: Grundlinien der Philosophie des Rechts oder Naturrecht und Staatswissenschaft im Grundrisse, in: Georg W. F. Hegel, Werke in 20 Bänden, Theorie-Werkausgabe, hrsg. v. E. Moldenhauer und K. M. Michel, Bd. 7, Frankfurt am Main 1970.

Heidegger, Martin: Hölderlins Hymnus ‚Der Ister', GA – II – Abteilung: Vorlesungen 1923-1944, Bd. 53, Frankfurt am Main 1984.

Heiler, Friedrich: Das Gebet, München 1917.

Heiler, Friedrich: Erscheinungsformen und Wesen der Religion, Stuttgart 1961, ^{2}1979.

Heller, Hermann: Die politischen Ideenkreise der Gegenwart, Breslau 1926.

Heller, Hermann: Europa und der Fascismus, Berlin/Leipzig 1929, ^{2}1931.

Heller, Hermann: Sozialismus und Nation, Berlin 1925.

Herrfahrdt, Heinrich: Das Problem der Berufsständischen Vertretung von der Französischen Revolution bis zur Gegenwart, Stuttgart/Berlin 1921.

Heß, Moritz.: Die heilige Geschichte der Menschheit, von einem Jünger Spinozas, Stuttgart 1837, in: Ausgewählte Schriften, ausgewählt und eingeleitet von Horst Lademacher, Köln 1962.

Heß, M.: Philosophie der Tat, 1843.

Heß, M.: Über die sozialistische Bewegung in Deutschland, in: Ausgewählte Schriften, ausgewählt und eingeleitet von Horst Lademacher, Köln 1962.

Hitler, Adolf: Mein Kampf (1925/27), München 1933, 1938, 1942.

Hitler, Adolf: Es spricht der Führer. Sieben exemplarische Hitler-Reden, hrsg. v. Hildegard von Kotze/Helmut Krausnick, Gütersloh 1966.

Hitler, Adolf: Hitlers Tischgespräche im Führerhauptquartier (1951), Wiesbaden 1983.

Hitler, Adolf: Monologe aus dem Führerhauptquartier 1941-1944. Die Aufzeichnungen Heinrich Heims, hrsg.v. Werner Jochmann, Hamburg 1980.

Jaroslawski, Jemeljan: Für eine bolschewistische Prüfung und Reinigung der Parteireihen, Moskau 1933.

Jaspers, Karl/Arendt, Hannah: Briefwechsel 1926-1969, hrsg.v. L. Köhler, K. Sahner, München 1985.

Jellinek, Georg: Allgemeine Staatslehre 1900, Neudruck 1960.

Johst, Hanns: Ich glaube! Bekenntnisse. München 1928.

Journet, Charles: L'église et les communautés totalitaires, in: Nova et Vetera 1935. 431-439; später in: Ders.: Exigences chrétiennes en politique, Fribourg/Paris 1945. 13-24.

Jünger, Ernst: Das abenteuerliche Herz. Berlin 1929.

Jünger, Ernst: Der Arbeiter, Hamburg 1932.

Jünger, Ernst: Der Kampf als inneres Erlebnis, Berlin 1940.

Jünger, Ernst: Die totale Mobilmachung, Berlin 1931.

Jünger, Ernst: In Stahlgewittern, Hannover 1920.

Jünger, Ernst: Gesammelte Werke, Stuttgart 1978 ff.

Jünger, Friedrich Georg: Die Perfektion der Technik, 7. Aufl., Frankfurt am Main 1993.

Kafka, Franz: In der Strafkolonie (1914), Berlin 1982.

Kafka, Franz: Tagebücher 1914-1923, Frankfurt am Main 1994.

Kaminski, Hans-Erich: Fascismus in Italien. Grundlagen, Aufstieg, Niedergang, Berlin 1925.

Kautsky, Karl: Terrorismus und Kommunismus. Ein Beitrag zur Naturgeschichte der Revolution, Berlin 1919.
Klagges, Dietrich: Das Urevangelium Jesu: Der deutsche Glaube, Leipzig 1929.
Klähn, Friedrich Joachim: Führer, in: Gedichte des Volkes, 1. Buch. Dietrich-Eckhart-Band vom Jahr 1 bis Jahr 5 des Dritten Reiches, ausgewählt von Hermann Böhme, München 1938.
Klauss, Hermann: Feierstunden der deutschen Schule (= Der neue Stoff, Folge XII), Stuttgart 1941.
Kleineidam, Erich/Kuß, Otto (Hg.): Die Kirche in der Zeitenwende, Paderborn 1935.
Klemperer, Victor: Ich will Zeugnis ablegen bis zum letzten. Tagebücher 1933-1941, 2 Bde., Berlin 1995.
Klemperer, Victor: LTI (Lingua Tertii Imperii). Notizbuch eines Philologen (1946), Leipzig 1996.
Koch, Anton, Probleme der Deutschreligion, in: Stimmen der Zeit, Bd. 127, 64/7 (1934).
Koch, Anton: Der neue Mythus und der alte Glaube, in: Stimmen der Zeit, Bd. 128, 65/2 (1934).
Koenen, Gerd: Die großen Gesänge, Frankfurt am Main 1991.
Koepke, Wulf/Winkler, Michael (Hg.): Exilliteratur 1933-1945, Darmstadt 1989.
Koester, Rudolf: Hermann Broch (= Köpfe des 20. Jahrhunderts, Bd. 109), Berlin 1987.
Koestler, Arthur: The Age of Longing, New York 1951.
Koestler, Arthur: Gottes Thron steht leer, Frankfurt am Main 1953.
Kohn, Hans: Communist and Fascist Dictatorship, in: Dictatorship in the Modern World, Minnesota 1935.
Kohn, Hans: Die kommunistische und die faschistische Diktatur. Eine vergleichende Studie, in: Bruno Seidel/Siegfried Jenkner (Hg.): Wege der Totalitarismusforschung, Darmstadt 1974.
Kojève, A: Kommentar zur ‚Phänomenologie des Geistes' (1958), Frankfurt/Main 1975.
Kolakowski, Leszek: Der Mensch ohne Alternative. Von der Möglichkeit und Unmöglichkeit, Marxist zu sein (1960), München 1967.
Kolakowski, Leszek: Der revolutionäre Geist, Köln/Mainz 1972.
Kolakowski, Leszek: Leben trotz Geschichte. Lesebuch, München 1988.
Künneth, Walter: Antwort auf den Mythus. Die Entscheidung zwischen dem nordischen Mythus und dem biblischen Christus, Berlin 1935.

Le Bon, Gustave: Psychologie der Massen (1895), Leipzig 1919.
Leeuw, Gerardus van der: Phänomenologie der Religion, Tübingen 1933, [4]1977.
Lenin, W. I.: Staat und Revolution (1917), Berlin [17]1977.
Lenin, W. I.: Was tun? Brennende Fragen unserer Bewegung, in: Ders., Werke Bd. 5, Berlin 1971. 355-551.
Lenin, W. I.:Gegen den Revisionismus. Eine Sammlung ausgewählter Aufsätze und Reden, hrsg.v. Institut für Marxismus-Leninismus-Forschung beim ZK der KPdSU, Berlin 1959.
Lerner, Max: The Pattern of Dictatorship, in: Dictatorship in the Modern World, Minnesota 1935. 3-25.
Lerner, Max: Das Grundmuster der Diktatur, in: Bruno Seidel/Siegfried Jenkner (Hg.): Wege der Totalitarismus-Forschung, Darmstadt 1974. 30-48.
Liddell Hart, B.H.: The Ghost of Napoleon, New Haven 1937.
Liederbuch der NSDAP, München 1938.
List, Friedrich: Das nationale System der politischen Ökonomie, Stuttgart 1851.

Lloyd, Roger: Revolutionary Religion: Christianity, Fascism and Communism, London 1938.
Loerke, Oskar: Tagebücher 1903-1939, hrsg.v. Hermann Kasack, Frankfurt am Main 1986.
Longerich, Peter: Hitlers Stellvertreter. Führung der Partei und Kontrolle des Staatsapparats durch den Stab Heß und durch die Partei-Kanzlei Bormann, München 1992.
Löwenthal, Richard (i.e. Paul Sering): Der Faschismus, in: Zeitschrift für Sozialismus 1934/35, Heft 24-27.
Löwenthal, Richard: Totalitäre und demokratische Revolution, in: Der Monat 13 (1960/61) 29-40.
Lukács, G.: Geschichte und Klassenbewusstsein, Amsterdam 1967.
Lukács, G.: Taktik und Ethik, Politische Aufsätze I, 1918–1920, hrsg. v. J.Kammler und F.Benseler, Darmstadt-Neuwied 1975.

Maeztu, Ramiro de: Defensa de la Hispanidad, Madrid 1934.
Mann, Thomas: Der Zauberberg, Berlin 1928.
Mann, Thomas: Doktor Faustus, Frankfurt am Main 1947
Mann, Thomas: Tagebücher, hrsg.v. Peter de Mendelssohn, Frankfurt am Main 1977-1995.
Mannheim, Karl: Ideologie und Utopie, Bonn 1929.
Mannheim, Karl: Freiheit und geplante Demokratie (1950), Köln u.a. 1970.
Mannheim, Karl: Das Problem einer Soziologie des Wissens (1925), in: Ders., Wissenssoziologie. Auswahl aus dem Werk, eingeleitet und hrsg. von Kurt H. Wolff, Berlin 1964. 308-387.
Marcu, Valeriu: Lenin. 30 Jahre Russland, Leipzig 1927.
Marcuse, Herbert: Der eindimensionale Mensch, Frankfurt am Main 1967.
Marcuse, Herbert: Der Kampf gegen den Liberalismus in der totalitären Staatsauffassung, in: Zeitschrift für Sozialforschung III (1934). 161-195.
Maritain, Jacques: Humanisme intégral. Problèmes temporels et spirituels d'une nouvelle chrétienté, Paris 1936.
Maritain, Jacques: Christlicher Humanismus. Politische und geistige Fragen einer neuen Christenheit, Heidelberg 1950.
Marx, Karl: Die Frühschriften, hrsg.v. Siegfried Landshut, Stuttgart 1968.
Marx, Karl/Engels, Friedrich: Gesamtausgabe, Berlin 1974 ff.
Masaryk, Tomaš Garrigue: Russland und Europa, Jena 1913.
Masaryk, Tomaš Garrigue: Svetová revoluce 1914-1918, Prag 1925.
Mensching, Gustav: Die Religion. Erscheinungsformen, Strukturtypen und Lebensgesetze, Stuttgart 1959.
Merleau-Ponty, Maurice: Humanisme et Terreur, Paris 1947.
Merleau-Ponty, Maurice: Humanismus und Terror, Frankfurt am Main 1990.
Mindszenty, Josef Kardinal: Erinnerungen, Frankfurt 1974.
Misuri, Alfredo: „ad bestias!" Memorie d'un perseguitato, Roma 1944.
Möller, Eberhard Wolfgang: Die Verpflichtung. Berlin 1935.
Murray, John C.: The Church and Totalitarian Democracy, in: Theological Studies (Baltimore), Vol. XIII, 4 (1952).
Mussolini, Benito: Opera omnia di Benito Mussolini, 44 Bde.; Firenze/Roma 1951-1980.
Mussolini, Benito: Scritti e discorsi di Benito Mussolini, Bd.V: Scritti e discorsi dal 1925 al 1926, Milano 1934.

Neumann, Franz L.: Behemoth. The Structure and Practice of National Socialism 1933-1944, New York/London/Toronto 1942.

Neumann, Sigmund: Die Parteien der Weimarer Republik, Berlin 1932, Neuauflage Stuttgart 1965.

Nicolson, Harold: Tagebücher und Briefe 1930-1941, Frankfurt am Main 1969.

Niekisch, Ernst: Das Reich der niederen Dämonen. Eine Abrechnung mit dem Nationalsozialismus (1953), Berlin 1980.

Nitti, Francesco Saverio: Bolschewismus, Faschismus und Demokratie, München 1926.

Orwell, George: 1984, London 1948.

Orwell, George: Animal Farm, New York 1946.

Orwell, George: My Country, Right or Left, 1940-1943. The Collected Essay, Journalism and Letters, New York 1968.

Orwell, George: In Form of Your Nose. 1945-1950, The Collected Essays, Journalism and Letters, New York 1968.

Otto, Rudolf: Das Heilige. Über das Irrationale in der Idee des Göttlichen und sein Verhältnis zum Rationalen, Breslau 1917, Neudruck München 1987.

Paquet, Alfons: Briefe aus Moskau, Jena 1919.

Partito Nazionale Fascista (Hg.): Dizionario di politica, 4 Bde., Roma, Instituto dell'Enciclopedia Italiana Treccani 1940.

Paszternak, Borisz: Zsivago doktor (= Doktor Schiwago), Budapest 1988.

Patocka, Jan: Kacíøské eseje o filosofii dejin, Prag 1975.

Peters, Hans: Der totale Staat und die Kirche, in: Erich Kleineidam und Otto Kuß (Hg.): Die Kirche in der Zeitenwende, Paderborn 1935.

Peterson, Erik: Briefwechsel mit Adolf Harnack und ein Epilog, 1932.

Peterson, Erik: Der Monotheismus als politisches Problem, Leipzig 1935.

Peterson, Erik: Christus als Imperator, 1937.

Peterson, Erik: Zeuge der Wahrheit, 1937.

Peterson, Erik: Theologische Traktate, München 1951.

Peterson, Erik: Frühkirche, Judentum und Gnosis, 1959.

Peterson, Erik: Ausgewählte Schriften, Würzburg 1994 ff.

Picker, Henry: Hitlers Tischgespräche im Führerhauptquartier (1951), Wiesbaden 1983.

Pius XI.: Brief an Ildefonso Cardinal Schuster vom 26. April 1931, AAS XXIII. 145-150.

Pius XI.: Mit brennender Sorge, in: AAS 29, 1937.

Regler, Gustav: Das Ohr des Malchus. Eine Lebensgeschichte (1958), Frankfurt am Main 1975.

Rosa, Miguel Larazony de la u.a. (Hg.): Legislación Española: Leyes religiosas según los textos oficiales, Madrid, J.M. Yagües 1935.

Rosenberg, Alfred: Das politische Tagebuch Alfred Rosenbergs, hrsg. v. Hans-Günther Seraphin, München 1964.

Rosenberg, Alfred: Der Mythus des 20. Jahrhunderts. Eine Wertung der seelisch-geistigen Gestaltenkämpfe unserer Zeit, München 1930.

Rosselli, Carlo: Contro lo Stato, in: Giustizia e Libertà, 21.09.1934, wieder abgedruckt in: Rosselli, Carlo: Italia e Europa, in: Quaderni di Giustizia e Libertá, Nr. 7 Juni 1933. 1-8; wieder abgedruckt in: Rosselli, Scritti dell'esilio, Bd.1, op. cit.

Rosselli, Carlo: Scritti dell'esilio, Bd.1: Giustizia e Libertà e la Concentrazione antifascista (1929-1934), Torino 1988.

Rosselli, Carlo: Scritti dell'esilio, Bd.2: Dallo scioglimento della Concentrazione antifascista alla guerra di Spagna (1934-1937), Torino 1992.

Roth, Hermann: Die Feier. Sinn und Gestaltung, Leipzig 1939.

Rubiner, Ludwig (Hg.): Kameraden der Menschheit. Dichtungen zur Weltrevolution, Potsdam 1919.

Sacharow, Andrej: Mein Leben, München/Zürich 1991.
Salvemini, Gaetano: The Fascist Dictatorship in Italy, New York 1927.
Saragat, Giuseppe: Quaranta anni di lotta per la democrazia. Scritti e discorsi 1925-1965, Milano 1966.
Sartre, Jean Paul: L'être et le néant, Paris 1943.
Sartre, Jean Paul: Betrachtungen zur Judenfrage. Zürich 1948.
Sartre, Jean Paul: Critique de la raison dialectique, Paris 1960, 1985.
Sartre, Jean-Paul: Mai '68 und die Folgen. Reden, Interviews, Aufsätze, Bd. 2, Reinbek bei Hamburg 1975.
Schirach, Baldur von: Die Fahne der Verfolgten, Berlin o. J.
Schmitt, Carl: Die Diktatur von den Anfängen des modernen Souveränitätsgedankens bis zum proletarischen Klassenkampf, München/Leipzig 1921, ²1928.
Schmitt, Carl: Politische Theologie. Vier Kapitel zur Lehre von der Souveränität (1922), Berlin ⁷1996 .
Schmitt, Carl: Politische Theologie II. Die Legende von der Erledigung jeder Politischen Theologie, Berlin 1970.
Schmitt, Carl: Römischer Katholizismus und politische Form (1925), Stuttgart 1985.
Schmitt, Carl: Der Begriff des Politischen, in: Archiv für Sozialwissenschaft und Sozialpolitik 58 (1927) 1-33.
Schmitt, Carl: Der Hüter der Verfassung, Berlin 1931.
Schmitt, Carl: Das Zeitalter der Neutralisierungen und Entpolitisierungen, 1929, in: Der Begriff des Politischen, München 1932.
Schmitt, Carl: Der Begriff des Politischen, München 1932.
Schmitt, Carl: Positionen und Begriffe im Kampf mit Weimar-Genf-Versailles. 1923-1939, Berlin 1988; auch in: C. Schmitt, Staat, Großraum, Nomos. Arbeiten aus den Jahren 1916-1969; hrsg., mit einem Vorwort und mit Anmerkungen versehen von Günter Maschke, Berlin 1995.
Schmitt, Carl: Theorie des Partisanen. Zwischenbemerkungen zum Begriff des Politischen, Berlin ²1975.
Schmitt, Carl: Der Nomos der Erde im Völkerrecht des Jus Publicum Europaeum, Berlin ³1988 .
Schneider, Reinhold: Der Antichrist. Nach Luca Signorelli, in: Ders., Sonette, Leipzig 1939.
Scholl, Hans und Sophie, Briefe und Aufzeichnungen, hrsg. v. Inge Jens, Frankfurt/Main 1988 u.ö.
Scholl, Inge: Die weiße Rose, Frankfurt - Hamburg 1955 u.ö.
Scholz, Heinrich: Religionsphilosophie, Kiel 1921.
Schumann, Gerhard: Siegendes Leben. Dichtungen für eine Gemeinschaft. Oldenburg u. Berlin 1935.
Schumann, Gerhard: Heldische Feier, München 1936.
Schumann, Gerhard: Wir dürfen dienen. Gedichte. München 1937.
Schumann, Gerhard: Gedichte und Kantaten, München 1940.
Schuschnigg, Kurt von: Im Kampf gegen Hitler, Wien 1969.
Schütz, Alfred: Eric Voegelin, Alfred Schütz, Leo Strauss, Aaron Gurwitsch, Briefwechsel über die Neue Wissenschaft der Politik, hrsg.v. Peter J. Opitz, Freiburg/München 1993.
Seibold, Karl: Die Grundsätze der Feiergestaltung im Schulungslager. In: Fest- und Freizeitgestaltung im NSLB, 1. Jg. (1936/37).
Seibold, Karl: Verpflichtung der Jugend und Schulabschied und ihre Vorbereitung in der Schule, München 1944.

Shapiro, Leonard: Totalitarianism, London 1972.
Shirer, William L.: The Rise and Fall of the Third Reich. A history of Nazi Germany, New York 1960.
Shirer, William L.: Das Jahrzehnt des Unheils (= Original: Nightmare Years 1930-1940), Neuausgabe München 1989.
Silone, Ignazio: Der Fascismus. Seine Entstehung und seine Entwicklung, Zürich 1934; Nachdruck mit einem Nachwort von Christian Riechers, Frankfurt am Main 1978. Italienische Erstausgabe: Fascismo, Milano 1993.
Silone, Ignazio: Die Schule der Diktaturen, Zürich 1938; die letzte deutsche Ausgabe trägt den Titel: Die Kunst der Diktatur, Köln 1965.
Silone, Ignazio: Notausgang (1965), Köln/Berlin 1966.
Sinowjew, Grigorij: Vom Werdegang unserer Partei, Hamburg 1920.
Slavík, Jän: Základy carismu, Kladno 1927.
Slavík, Jan: Leninova vláda, Prag 1935.
Slavík, Jan: Smyl ruské revoluce, Prag 1927.
Solschenizyn, Alexander: Der Archipel GULag, 3. Bde., Reinbek 1978.
Souvarine, Boris: Stalin. Anmerkungen zur Geschichte des Bolschewismus (1935), München 1980.
Spann, Othmar: Der wahre Staat, Wien 1921.
Speer, Albert: Spandauer Tagebücher, Frankfurt am Main [5]1976.
Spengler, Oswald: Preußentum und Sozialismus, München 1919.
Spengler, Oswald: Jahre der Entscheidung. Deutschland und die weltgeschichtliche Entwicklung, München 1933.
Sperber, Manès: Wie eine Träne im Ozean. Romantrilogie, Wien/München/Zürich 1976.
Stalin, Joseph: Fragen des Leninismus, Verlag für Fremdsprachige Literatur, Moskau 1947.
Stepun, Fedor: Der Bolschewismus und die christliche Existenz, München [2]1962.
Strauss, Leo: Naturrecht und Geschichte, Stuttgart 1953.
Strauss, Leo: Thoughts on Machiavelli, Chicago/London 1958.
Strauss, Leo: On Tyranny. Including the Strauss-Kojève-Correspondence, edited by Victor Gourevitch and Michael S. Roth, Chicago/London [3]2000.
Strauss, Leo: Über Tyrannis. Eine Interpretation von Xenophons „Hieron", mit einem Essay über Tyrannis und Weisheit von Aleandre Kojève, Darmstadt/Neuwied 1963.
Strauss, Leo: Hobbes' politische Wissenschaft, Neuwied/Berlin 1965.
Strauss, Leo: Persecution and the Art of Wirting, Chicago/London 1988.
Strauss, Leo: The Rebirth of Classical Political Rationalism. An Introduction to the Thought of Leo Strauss. Essays and Lectures by Leo Strauss, hrsg.v. Thomas L. Pangle, Chicago/London 1989.
Strauss, Leo: Eric Voegelin, Alfred Schütz, Leo Strauss, Aaron Gurwitsch, Briefwechsel über die Neue Wissenschaft der Politik, hrsg.v. Peter J. Opitz, Freiburg/München 1993.
Sturzo, Luigi: El Estado Totalitario, Madrid 1935.
Sturzo, Luigi: Opera Omnia di Luigi Sturzo, Bologna 1954 ff.
Sturzo, Luigi: Italia e fascismo, Bologna 1965.
Sturzo, Luigi: Italien und der Faschismus, Köln 1926. (die italienische Originalausgabe jetzt in: Opera Omnia I,1; Übersetzung von L. und A. Dempf)

Talmon, Jacob Leib: The origins of totalitarian democracy, London 1952.
Talmon, Jacob Leib: Utopianism and politics, Conservative Political Center, London 1957.
Talmon, Jacob Leib: Political messianism. The romantic phase, London 1960.

Talmon, Jacob Leib: Die Ursprünge der totalitäten Demokratie, Köln 1961.
Talmon, Jacob Leib: Politischer Messianismus. Die romantische Phase, Köln 1963.
Talmon, Jacob Leib: The unique and the universal. Some historical reflections, New York 1965.
Talmon, Jacob Leib: Romanticism and revolt: Europe 1815-1848, London 1967.
Talmon, Jacob Leib: Israel among the nations, London 1970.
Talmon, Jacob Leib: Das Vaterland ist in Gefahr: Offener Brief an Menachem Begin, Ed. Spalenberg, Basel 1982.
Tillich, Paul: The Totalitarian State and the Claims of the Church, in: Social research I (1934) 405-433.
Tillich, Paul: Gesammelte Werke, hrsg. v. R. Albrecht, Stuttgart 1964.
Tillich, Paul: An meine deutschen Freunde. Die politischen Reden Paul Tillichs während des Zweiten Weltkrieges über die „Stimme Amerikas", Stuttgart 1973.
Togliatti, Palmiro: Lezioni sul fascismo, Roma 1970.
Togliatti, Palmiro: Lektionen über den Faschismus, Frankfurt am Main 1973.
Tolstoi, Leo N.: Meine Beichte (1882), München 1990.
Trotzki, Leo: Schriften zur revolutionären Organisation (1904), übers. und eingel. von Hartmut Mehringer, Reinbek bei Hamburg 1970.
Trotzki, Leo: Terrorismus und Kommunismus (Anti-Kautsky), Moskau 1920 (= Trotzki Schriften, Dortmund ²1978).

Valery, Paul: Die Krise des Geistes. Drei Essays. Frankfurt am Main o.J.
Voegelin, Eric: Die Rassenidee in der Geistesgeschichte von Ray bis Carus, Berlin 1933.
Voegelin, Eric: Rasse und Staat, Tübingen 1933.
Voegelin, Eric: Die Politischen Religionen, Wien 1938; Stockholm und Berlin ²1939 ; Neuausgabe hrsg. von Peter J. Opitz, München 1993, ²1996.
Voegelin, Eric: Siger de Brabant, in: Philosophy and Phenomenological Research, Vol. IV. No.4, June 1944.
Voegelin, Eric: The New Science of Politics, Chicago 1952.
Voegelin, Eric: Die Neue Wissenschaft der Politik. Eine Einführung, München ⁴1991.
Voegelin, Eric: Eric Voegelin, Alfred Schütz, Leo Strauss, Aaron Gurwitsch, Briefwechsel über die Neue Wissenschaft der Politik, hrsg.v. Peter J. Opitz, Freiburg/ München 1993.
Voegelin, Eric: The Origins of Totalitarianism, in: The Review of Politics, 15/1 (1953) 68-85.
Voegelin, Eric: Wissenschaft, Politik und Gnosis, München 1959.
Voegelin, Eric: Religionsersatz. Die gnostischen Massenbewegungen unserer Zeit, in: Vorträge und Aufsätze, hrsg. v. d. Akademie für Politische Bildung, Heft 3, Tutzing 1985 (Erstveröffentlichung in: Wort und Wahrheit [15/1960]).
Voegelin, Eric: Ordnung, Bewußtsein, Geschichte, mit einer vollständigen Bibliographie der Schriften Eric Voegelin hrsg.v. Peter J. Opitz, Stuttgart 1988.
Voegelin, Eric: Das Volk Gottes, München 1992.
Voegelin, Eric: Morus' Utopia, in: Freibeuter 55 (1993).
Voegelin, Eric: Autobiographische Reflexionen, München 1994.
Voegelin, Eric: Hegel – Eine Studie über Zauberei, übers. v. N. Winkler, hrsg. v. P. J. Opitz u. D. Herz (= Occasional Papers, IX), Eric-Voegelin-Archiv, Ludwig-Maximilians-Universität, München 1999.
Voegelin, Eric: Order and History I, Baton Rouge 1956.
Voegelin, Eric: Order and History II, Baton Rouge 1957.
Voegelin, Eric: Order and History III, Baton Rouge 1957.
Voegelin, Eric: Order and History IV, Baton Rouge 1974.
Voegelin, Eric: Order and History V, Baton Rouge 1987.

Voegelin, Eric: Ordnung und Geschichte, hrsg.v. Peter J. Opitz und Dietmar Herz, Bd. I: Das Kosmologische Reich des alten Orients – Mesopotamien und Ägypten, hrsg.v. Jan Assmann, München 2002.

Voigt, Frederic August: Unto Cesar, London 1938.

Vorschläge der Reichspropagandaleitung zur nationalsozialistischen Feiergestaltung, August 1939.

Wach, Joachim: Vergleichende Religionsforschung, Stuttgart 1962.

Weber, Max: Die Protestantische Ethik und der Geist des Kapitalismus, in: Ders., Gesammelte Aufsätze zur Religionssoziologie, Bd. 1, Tübingen [6]1972. 1-206.

Weber, Max: Wirtschaft und Gesellschaft, Bd. 1, Studienausgabe, hrsg. von J. Winckelmann, Köln/Berlin 1964.

Weil, Simone: L'enracinement (1942/43), Paris 1949.

Werfel, Franz: Zwischen oben und unten, Stockholm 1946.

Widengren, Geo: Religionens Värid, 1945.

Widengren, Geo: Religionsphänomenologie, 1969.

Wieland, Christoph Martin, Meine Antworten. Aufsätze über die Französische Revolution 1789-1793, hrsg. v. F. Martini, Deutsche Schillergesellschaft e. V., Marbach am Neckar 1983.

Wieland, Christoph Martin: Betrachtungen über die gegenwärtige Lage des Vaterlandes. Politische Schriften, hrsg.v. Jan Philipp Reemtsma u.a., Bd. III, Nördlingen 1988. 37-71.

Wiener Dokumentationsarchiv des österreichischen Widerstandes (Hg.): Widerstand und Verfolgung 1934-1945, 11 Bde.

Winter, Vitus Anton: Versuche zur Verbesserung der katholischen Liturgie. Erster Versuch. Prüfung des Werthes und Unwerthes unserer liturgischen Bücher, München 1804.

Worte für die Fahne, hrsg. im Auftrag der Reichsleitung des Deutschen Frauen-Arbeitsdienstes von Hanna Röbke, Leipzig-Berlin 1935.

Zangerle, Ignaz: Zur Situation der Kirche, in: Der Brenner 14 (1933) 42-81.

Zasulic, Vera: Vera Zasulic an Marx, 16. 2. 1881, in: Marx-Engels-Archiv. Zeitschrift des Marx-Engels-Instituts in Moskau. Hg. von D. Rjazanov, Bd. 1, Reprint, Frankfurt am Main 1969.

Zemanek, Heinz: Kalender und Chronologie, München [4]1987.

III. Literatur

A Magyar Politikatudományi Társaság Évkönyve (= Jahrbuch der Ungarischen Gesellschaft für Politikwissenschaft), Budapest 1987-1992.

Ableitinger, Alfred: Artikel „Autoritäres Regime", in: Katholisches Soziallexikon, Innsbruck/Graz 1980, Sp. 209 ff.

Abraham, Ulf: Der verhörte Held: Recht und Schuld im Werk Franz Kafkas, München 1985.

Ach, Manfred: Pentrop, Clemens – Hitlers „Religion". Pseudoreligiöse Elemente im nationalsozialistischen Sprachgebrauch, München [4]1991.

Ágh, Attila: A szazadvég gyermekei. Az államszocializmus összeomlása a nyolcvanas években (= Die Kinder der Jahrhundertwende. Der Kollaps des Staatssozialismus in den achtziger Jahren), Budapest 1990.

Agursky, M.: Idelogija nazional-bolschewisma, Paris 1980.

Alff, Wilhelm: Der Begriff Faschismus und andere Aufsätze zur Zeitgeschichte, Frankfurt am Main [2]1973.
Aly, Götz: „Endlösung". Völkerverschiebung und der Mord an den europäischen Juden, Frankfurt am Main [2]1995.
Andorka, Rudolf: A mgyar községek társadalmának átalakulása (= Der Wandel der Gesellschaft in den ungarischen Dörfern), Budapest 1979.
Angenendt, Arnold: Heilige und Reliquien, München 1994.
Anglet, Kurt: Messianität und Geschichte. Walter Benjamins Konstruktion der historischen Dialektik und deren Aufhebung ins Eschatologische durch Erik Peterson, Berlin 1995.
Ascher, Abraham: Pavel Axelrod and the Development of Menshevism, Cambridge/ Mass. 1972.
Ash, T.G.: The Uses of Adversity, New York 1989.
Assmann, Jan: Ma'at. Gerechtigkeit und Unsterblichkeit im Alten Ägypten, München 1990.
Assmann, Jan: Politische Theologie zwischen Ägypten und Israel (=Themen - eine Privatdruckreihe der Carl Friedrich von Siemens-Stiftung, hrsg.v. Heinrich Meier, Heft 52) München 1992.
Auf der Maur, Hansjörg: Feiern im Rhythmus der Zeit, I (= Gottesdienst der Kirche. Handbuch der Liturgiewissenschaft 5, herausgegeben von Hans Bernhard Meyer, u.a.), Regensburg 1983.
Augustinus, Aurelius: De civitate Dei, in: Sancti Aurelii Augustini Opera Omnia, accurante J.-P. Migne, Bd. 7 (Migne Patrologia Latina, Bd. 41), Turnholti (Belgium).
Augustinus, Aurelius: Der Gottesstaat. De civitate Dei, Bd. I u. II (lateinisch-deutsch), hrsg. u. übers. v. Carl Joh. Perl, Paderborn, München, Wien, Zürich 1979.

Babitschenko, Leonid G.: Die Kaderschulung der Komintern, in: Jahrbuch für historische Kommunismusforschung, Berlin 1993, 37-59.
Backes, Uwe/Jesse, Eckhard (Hg.): Jahrbuch Extremismus & Demokratie Bd. 4, Bonn 1992.
Backes, Uwe/Jesse, Eckhard/Zitelmann, Rainer (Hg.): Die Schatten der Vergangenheit. Impulse zur Historisierung des Nationalsozialismus, Frankfurt am Main// Berlin [2]1992.
Backes, Uwe/Jesse, Eckhard: Totalitarismus und Totalitarismusforschung. Zur Renaissance einer lange tabuisierten Konzeption: in: Uwe Backes, Eckhard Jesse (Hg.): Jahrbuch Extremismus Demokratie Bd. 4, Bonn 1992. 7-27.
Backes, Uwe/Jesse, Eckhard: Totalitarismus - Extremismus - Terrorismus. Ein Literaturführer, Opladen [2]1985.
Backes, Uwe: Totalitarismus - ein Phänomen des 20. Jahrhunderts?, in: Thomas Nipperdey/Anselm Doering-Manteuffel/Hans-Ulrich Wehler (Hg.): Weltbürgerkrieg der Ideologien. Antworten an Ernst Nolte, Berlin 1993. 216-232.
Baier, Lothar: Die große Ketzerei, Berlin 1984.
Baird, Robert: Category Formation and the History of Religions, Den Haag 1971.
Ballestrem, Karl Graf/Ottmann, Henning (Hg.): Politische Philosophie des 20. Jahrhunderts, München 1990.
Ballestrem, Karl Graf: Aporien der Totalitarismusforschung, in: Politisches Denken. Jahrbuch 1991, Stuttgart 1992, 50 ff.
Banning, Willem: Der Kommunismus als politisch-soziale Weltreligion, Berlin 1953.
Barkai, Abraham: Das Wirtschaftssystem des Nationalsozialismus. Der historische und ideologische Hintergrund 1933-1936, Köln 1977.
Barratt, G. R. V. (Hg.): Voices in Exile. The Decembrist Memoirs, Montreal 1974.
Bärsch, Claus-E.: „Das ‚Dritte Reich' des Dichters Dietrich Eckart", in: Zeitmitschrift. Journal für Ästhetik, Sonderheft „1938", Düsseldorf 1988, 57-91.

Bärsch, Claus-Ekkehard: Die politische Religion des Nationalsozialismus. Die religiöse Dimension der NS-Ideologie in den Schriften von Dietrich Eckart, Joseph Goebbels, Alfred Rosenberg und Adolf Hitler, München 1998, ^{2}2002..

Baumann, Zygmunt: Dialektik der Ordnung. Die Moderne und der Holocaust, Hamburg 1992.

Baumgärtner, Raimund: Weltanschauungskampf im 3. Reich, Frankfurt am Main 1977.

Becker, Hansjakob, Kaczynski, Reiner (Hg.): Liturgie und Dichtung I, St. Ottilien 1983.

Becker, Hans-Jakob: ‚Liturgie' im Dienst der Macht. Nationalsozialistischer Totenkult als säkularisierte christliche Paschafeier (mit Dokumentarfilm 1935), in: Universität im Rathaus II, hrsg.v. Präsidenten der Johannes-Gutenberg-Universität, Mainz 1983. 56-86.

Behrenbeck, Sabine: Der Kult um die toten Helden. Nationalsozialistische Mythen, Riten und Symbole, Greifswald 1996.

Beiner, Ronald: Hannah Arendt and Leo Strauss. The uncommenced Dialogue, in: Political Theory vol. 18; no.2 (May 1990) 238-254.

Beiner, Ronald: Hannah Arendt über das Urteilen, in: Hannah Arendt: Das Urteilen. Texte zu Kants Politischer Philosophie, München 1985, 115-198.

Bence, György: A szovjet típusú társadalom marxista szemmel (= Die Gesellschaft sowjetischen Typs in marxistischer Sicht), Paris 1983. (zuerst französisch Paris 1977).

Benthin, Lutz-Arwed: Johannes Popitz und Carl Schmitt. Zur wirtschaftlichen Theorie des totalen Staates (= Münchner Studien zur Politik, Bd. 19) München 1972.

Benz, Wolfgang (Hg.): Dimensionen des Völkermords. Die Zahl der jüdischen Opfer des Nationalsozialismus, München 1991.

Benz, Wolfgang/Buchheim, Hans/Mommsen, Hans (Hg.): Der Nationalsozialismus. Studien zur Ideologie und zur Herrschaft, Frankfurt am Main 1993.

Benz, Wolfgang (Hg.): Antisemitismus in Deutschland. Zur Aktualität eines Vorurteils, München 1995.

Berger, Peter L.: Zur Dialektik von Religion und Gesellschaft. Elemente einer soziologischen Theorie, Frankfurt am Main 1973. (Englische Ausgabe: New York 1967).

Berlin, Isaiah: Das krumme Holz der Humanität. Kapitel der Ideengeschichte, Frankfurt am Main 1995.

Berlin, Isaiah: Russische Denker, Frankfurt am Main 1981.

Berner, Ullrich: Gegenstand und Aufgabe der Religionswissenschaft, in: ZRGG 35 (1983), 97-116.

Berning, Cornelia: Die Sprache des Nationalsozialismus, Zeitschrift für deutsche Wortforschung, Bd. 1-4, neue Folge; 1960-1963.

Besier, Gerhard: Die Kirchen und das Dritte Reich. Spaltungen und Abwehrkämpfe 1934-1937, Berlin-München 2001.

Bihari, Mihály, Pokol, Béla: Politológia (= Politikwissenschaft), Budapest 1992.

Billington, James N.: Mikhailovsky and Russian Populism, Oxford 1958.

Bindes, Ferenc, Németh, László: „Ha engem üldöztek..." Válogatott dokumentumok a györi egyházmegye életcből 1945-1966 („Wenn sie mich verfolgt haben ..." Ausgewählte Dokumente aus dem Leben der Diözese Györ 1945-1966), Budapest 1991.

Blaich, Fritz: Wirtschaft und Rüstung im „Dritten Reich", Düsseldorf 1987.

Bock, Gisela (Hg.): Rassenpolitik und Geschlechterpolitik im Nationalsozialismus, Geschichte und Gesellschaft 19. Jahrgang 1993/Heft 3, Göttingen 1993.

Boehm, Laetitia: Artikel: Geschichtswissenschaft, in: Staatslexikon, Bd. 2, Freiburg i. Br. ^{7}1986. Sp. 937.

Boersner, Demetrio: The Bolsheviks and the National and Colonial Question (1917-1928), Paris 1957.

Bolado, Alfonso Alvarez: El experimento del nacional-catolicismo, 1939-1975, Madrid, Editorial Cuadernos para el Diálogo 1976.

Bolgiani, Franco: Dalla teologia liberale all' escatologia apolitica: il pensiero e l'opera di Erik Peterson, in: Rivista di Storia e Letteratura Religiosa 1 (1965), 1 ff.
Bollmus, Reinhard: Das Amt Rosenberg. Studien zum Machtkampf im nationalsozialistischen Herrschaftssystem, Stuttgart 1970.
Bonney, Richard/Bosbach, Franz/Brockmann, Thomas (Hg.): Religion und Politik in Deutschland und Großbritannien (Religion and Politics in Britain and Germany), München 2001.
Borchmeyer, Dieter: Musik im Zeichen Saturns: Melancholie und Heiterkeit in Thomas Manns „Doktor Faustus", in: Thomas Mann Jahrbuch 7 (1994) 123-167.
Borcke, Astrid von: Die Ursprünge des Bolschewismus. Die jakobinische Tradition in Russland und die Theorie der evolutionären Diktatur, München 1977.
Bork, Siegfried: Mißbrauch der Sprache. Tendenzen nationalsozialistischer Sprachregelung, Bern/München 1970.
Börsig-Hover, Lina: Ein Vertreter des geistigen Widerstandes: Romano Guardini, in: Jahrbuch für Philosophie, Kultur und Gesellschaft, Bd. 1 (1994) 25-31.
Bosshart, David: Politische Intellektualität und totalitäre Erfahrung. Hauptströmungen der französischen Totalitarismuskritik, Berlin 1992.
Bosshart, David: Die französische Totalitarismusdiskussion, in: Beilage „Bulletin 1995" (Nr. 10) zur Zeitschrift Mittelweg 36 2 (1993), Nr. 5, 72-80.
Botz, Gerhard: Krisenzonen einer Demokratie, Frankfurt am Main/New York 1987.
Bozsoky, Paul G./Lukács, László: De l'Oppression à la Liberté. L'Eglise en Hongrie 1945-1992, Paris 1993.
Bracher, Karl Dietrich: Die Nationalsozialistische Machtergreifung, Opladen ^{2}1962.
Bracher, Karl Dietrich: Schlüsselwörter in der Geschichte, Düsseldorf 1978.
Bracher, Karl Dietrich: Die Auflösung der Weimarer Republik. Eine Studie zum Problem des Machtverfalls in der Demokratie, Düsseldorf ^{6}1978.
Bracher, Karl Dietrich: Totalitarismus und Faschismus. Eine wissenschaftliche und politische Begriffskontroverse, München 1980.
Bracher, Karl Dietrich: Geschichte und Gewalt, Berlin 1981.
Bracher, Karl Dietrich: Zeitgeschichtliche Kontroversen um Faschismus, Totalitarismus und Demokratie, München/Zürich ^{5}1984.
Bracher, Karl Dietrich: Zeit der Ideologien, Stuttgart 1984, ^{2}1985.
Bracher, Karl Dietrich/Valiani, Leo (Hg.): Fascismo e nazionalsocialismo, Bologna 1986.
Bracher, Karl Dietrich: Die totalitäre Erfahrung, München 1987.
Bracher, Karl Dietrich/Valiani, Leo (Hg.): Faschismus und Nationalsozialismus (= Schriften des Italienisch-Deutschen Historischen Instituts in Trient) Bd. I), Berlin 1991.
Bracher, Karl Dietrich: Wendezeiten der Geschichte, Stuttgart 1992.
Bracher, Karl Dietrich: Europa in der Krise, Frankfurt am Main/Berlin/Wien ^{3}1993.
Bracher, Karl Dietrich: Die deutsche Diktatur, Köln ^{7}1993.
Brandt, Conrad: Stalin's Failure in China 1924-1927, New York ^{2}1966.
Braudel, Fernand: Sozialgeschichte des 15. - 18. Jahrhunderts. Aufbruch zur Weltwirtschaft, München 1986.
Braun, Jürgen: Stiller Sieg eines Begriffs, in: Das Parlament v. 11./18. November 1994.
Braunthal, Julius: Geschichte der Internationale, Bd. 2, Berlin ^{2}1978.
Brechtgen, Magnus: „Madagaskar für die Juden". Antisemitische Idee und politische Praxis 1885–1945, Studien zur Zeitgeschichte, München 1993.
Breier, Karl-Heinz: Hannah Arendt zur Einführung, Hamburg 1992.
Breitmann, Richard: Der Architekt der „Endlösung". Himmler und die Vernichtung der europäischen Juden, Paderborn, Zürich, München, Wien 1996.
Brentjes, Burchard: Der Mythos vom Dritten Reich. Drei Jahrtausende Sehnsucht nach der Erlösung, Hannover 1997.

Briegleb, Klaus; Weigel, Sigrid (Hg.): Hansers Sozialgeschichte der deutschen Literatur, Bd. 12: Gegenwartsliteratur seit 1968, München/Wien 1992.
Broszat, Martin: Der Staat Hitlers. Grundlegung und Entwicklung seiner inneren Verfassung, München 1969.
Broszat, Martin: Nach Hitler. Der schwierige Umgang mit unserer Geschichte, München 1988.
Bulgakov, Sergej: Heroentum und geistiger Kampf. (Überlegungen zur religiösen Natur der russischen Intelligencija), in: Karl Schlögel (Hg.): Wegzeichen. Zur Krise der russischen Intelligenz, Frankfurt am Main 1990. 80-139.
Bullock, Alan: Hitler. Eine Studie über Tyrannei, Düsseldorf 1967.
Bullock, Alan: Hitler and Stalin. Parallel Lives, New York 1992.
Bundesminister der Justiz (Hg.): Katalog zur Ausstellung: Im Namen des deutschen Volkes. Justiz und Nationalsozialismus, Berlin 1989.
Burke, Peter: Die Renaissance in Italien. Sozialgeschichte einer Kultur zwischen Tradition und Erfindung, Berlin 1992.
Burleigh, Michael: Die Zeit des Nationalsozialismus. Eine Gesamtdarstellung, Frankfurt am Main 2000.
Buttinger, Joseph: Am Beispiel Österreichs, Wien 1972.

Cancik, Ernst: ‚Wir sind jetzt eins'. Rhetorik und Mystik in einer Rede Hitlers (Nürnberg, 11.9.1936), in: G. Kehrer (Hg.), Zur Religionsgeschichte der Bundesrepublik Deutschland, München 1980.
Cantimori, Delio: Studi di storia, Torino 1959.
Caplan, Jane: Government without Administration. State and Civil Service in Weimar and Nazi Germany, Oxford 1988.
Carr, Raymond (Hg.): The Republic and Civil War in Spain, New York 1971.
Carsten, Francis L.: Revolution in Mitteleuropa 1918-1919, Köln 1973.
Carsten, Francis L.: Faschismus in Österreich, München 1977.
Cavazza, F.L., Graubart, S.R. (Hg.): Il caso italiano, Milano 1974.
Cecil, Robert: The Myth of the Masterrace. Alfred Rosenberg and Naziideology, London 1972.
Charnitzky, Jürgen: Die Schulpolitik des faschistischen Regimes in Italien (1922-1943), Tübingen 1993.
Chorherr, Thomas: 1938. Anatomie eines Jahres, Wien 1987.
Christoph Konrad, Die Feiern zum 9. November im Spiegel der Berichterstattung des des ‚Völkischen Beobachters'. Ein Beitrag zur Verhältnisbestimmung von nationalsozialistischem Kult zur christlichen Liturgie, unveröffentlichte Diplomarbeit, Mainz 1994.
Comas, Ramón: Isidoro Goma – Francesco Vidal i Barraquer. Dos visiones antagónicas de la Iglesia española de 1939, Salamanca 1977.
Commentaire. NR. 28/29, Hiver 1985, Sonderheft Raymond Aron. Textes, études et témoignages, Paris 1985.
Confino, Michael (Hg.): Daughter of a Revolutionary. Natalie Herzen and the Bakunin Nechayev Circle, London 1974.
Conquest, Robert: The Harvest of Sorrow: Soviet Collectivization and the Terror-Famine, London 1986.
Conquest, Robert: Ernte des Todes. Stalins Holocaust in der Ukraine 1929-1933, München 1988.
Conquest, Robert: Stalin. Der totale Wille zur Macht, München 1991.
Conquest, Robert: Der Große Terror. Sowjetunion 1934-1938, München 1992.
Conze, Eckart: Die gaullistische Herausforderung. Die deutsch-französischen Beziehungen in der amerikanischen Europapolitik 1958-1963, München 1995.
Creveld, Martin van: Technology and War, New York 1989.

Dahrendorf, Ralf: Raymond Aron. Theorie und Praxis, in: Ralf Dahrendorf: Liberale und andere. Portraits, Stuttgart 1994.
Davanzati, Roberto Forges: Fascismo e cultura, Firenze 1926.
Denzler, Georg/Fabricius, V.: Kirchen im Dritten Reich. Christen und Nazis Hand in Hand? München 1984.
Descalzo, José L. Martín: Tarancón, el cardinal del cambio, Barcelona, Planeta 1982.
Desput, Joseph F. (Hg.): Österreich 1934-1984, Graz 1984.
Dessewffy, Tibor/Szántó, Andras: „Kitörö éberséggel". A budapesti kitelepítések hiteles története „"Mit sprudelnder Wachsamkeit". Die authentische Geschichte der Deportationen aus Budapest), Budapest 1989.
Deutsch, Kenneth L./Nicgorski, Walter (Hg.): Leo Strauss. Political Philosopher and Jewish Thinker, London/Lanham Maryland 1994.
Di Febo, Giuliana: La santa de la raza. Un culto baroco en la España Franquista (1937-1962), Barcelona 1988.
Díaz-Salazar, Rafael, Giner, Salvador (Hg.): Religión y sociedad en España, Madrid, Centro de Investigaciones Sociológicas 1993.
Dierker, Wolfgang: Himmlers Glaubenskrieger. Der Sicherheitsdienst des SS und seine Religionspolitik 1933-1941, Paderborn 2001.
Dobszay, János: Így, vagy sehogy sem. Fejezetek a Regnum Marianum életéböl (= So, oder gar nicht. Kapitel aus dem Leben der Bewegung Regnum Marianum.) Budapest 1991.
Doeker, Günter/Steffani, Winfried (Hg.): Klassenjustiz und Pluralismus. Festgabe für Ernst Fraenkel, Hamburg 1973.
Domenach, Jean-Luc: Der vergessene Archipel. Gefängnisse und Lager in der Volksrepublik China, Hamburg 1995.
Domenach, Jean-Luc: La chine populaire ou les aleas du totalitarisme, in: Guy Hermet (Hg.): Totalitarismes, Paris 1984. 179-200.
Donat, Helmut/Wieland, Lothar (Hg.): „Auschwitz erst möglich gemacht?" Überlegungen zur jüngsten konservativen Geschichtsbewältigung, Bremen 1991.
Donáth, Ferenc: A márciusi fronttól Monorig (= Von der Märzfront bis zu Monor), Budapest 1992.
Donáth, Ferenc: Reform és forradalom. A magyar mezögazdasag strukturális átalakulása 1945-1975 (= Reform und Revolution. Der Strukturwandel der ungarischen Landwirtschaft 1945-1975), Budapest 1977.
Dörner, Bernward: „Heimtücke": Das Gesetz als Waffe. Kontrolle, Abschreckung und Verfolgung in Deutschland 1933-1945, Paderborn u.a. 1998.
Dubiel, Helmut: Ungewißheit und Politk, Frankfurt am Main 1994.
Dudeck, Gerhard (Hg.): Die Dekabristen. Dichtungen und Dokumente, Leipzig 1975.
Dunker, Axel: „Den Pessimismus organisieren": eschatologische Kategorien in der Literatur zum Dritten Reich, Bielefeld 1994.

Eagleton, Terence Francis: Ideology. An Introduction, Oxford 1991.
Eagleton, Terence Francis: Ideologie. Eine Einführung, Stuttgart/Weimar 1993.
Ebeling, Gerhard: Predigten eines ‚Illegalen' 1939-1945, Tübingen 1995.
Ehlen, P.: Die philosophische Ethik in der Sowjetunion, München 1972.
Ehlen, P.: Zur Frage nach Gott im Denken von Karl Marx, in: Sinngestalten. Metaphysik in der Vielgestalt menschlichen Fragens, hrsg.v. O. Muck, Innsbruck 1989. 156-173.
Eichhorn, Mathias: Es wird regiert! Der Staat im Denken Karl Barths und Carl Schmitts in den Jahren 1919 bis 1938, Berlin 1994.
Eichhorn, Peter: Kritik der Heiterkeit, Heidelberg 1973.

Eisenstadt, Shmuel Noah/Azmon, Yael (Hg.): Sozialismus und Tradition, Tübingen 1977.
Ember, Judit: Pócspetri (=Pócspetri), Budapest 1989.
Encausse, Hélène Carrère d'/Schramm, Stuart R. (Hg.): Marxism and Asia. An Introduction with Readings, London 1969.
Engel, Huberta (Hg.): Deutscher Widerstand - Demokratie heute. Kirche, Kreisauer Kreis, Ethik, Militär und Gerwerkschaften, Bonn/Berlin 1992.
Erikson, Erik H.: Kindheit und Gesellschaft, Stuttgart ²1954.
Eschenburg, Theodor: Also hören Sie mal zu. Geschichte und Geschichten, Berlin 1995.
Ethik, Militär und Gewerkschaften, Bonn/Berlin 1992.
Etzioni, Amitai: The active society, London, Collier-Macmillan/New York 1968.
Evans-Pritchard, E. E.: Witchcraft, Oracles, and Magic among the Azande, London 1937.

Faber, Richard (Hg.): Politische Religion - Religiöse Politik, Würzburg 1997.
Fahrenbach, Helmut: Zeitanalyse, Politik und Philosophie der Vernunft im Werk von Karl Jaspers, in: Dietrich Hart (Hg.): Denken zwischen Wissenschaft, Politik und Philosophie, Stuttgart 1989. 139-187.
Falter, Jürgen: Hitlers Wähler, München 1991.
Faulenbach, Bernd/Stadelmaier, Martin (Hg.): Diktatur und Emanzipation. Zur russischen und deutschen Entwicklung 1917-1991, Essen 1993.
Fehér, Ferenc/Heller, Ágnes/Márkus, György: Diktatúra a szükségletek felett (= Diktatur über die Bedürfnisse), Budapest 1991.
Fehér, Ferenc/Heller, Ágnes: Jalta után. Kelet-Európa hosszú forradalma Jalta ellen (= Nach Jalta: Die lange Revolution Osteuropas gegen Jalta), Budapest 1990.
Fehér, Ferenc/Heller, Ágnes: Kelet-Európa"dicsöséges forradalmai" (= Die „ruhmreichen Revolutionen" Osteuropas), Budapest 1992.
Fehér, Fernec/Heller, Ágnes: Egy forradalom üzenete. Magyarország 1956 (= Die Botschaft einer Revolution. Ungarn 1956); Budapest 1989.
Feil, Ernst: Religio, Bde. I-III, Göttingen 1986-2001.
Feil, Ernst: ‚Politische Religion' und ‚Politische Theologie'. Zur Problematik ihrer Instrumentalisierung, in: J. Mehlhausen [Hg.], ... und über Barmen hinaus. Studien zur kirchlichen Zeitgeschichte. Festschrift für Carsten Nicolaisen zum 4. April 1994 (Arbeiten zur kirchlichen Zeitgeschichte, Reihe B: Darstellungen 23), Göttingen 1995.
Felice, Renzo De: Mussolini il Rivoluzionario, Turin 1965.
Felice, Renzo De (Hg.): Il fascismo e i partiti italiani. Testimonianze del 1921-1923, Bologna 1966.
Felice, Renzo De: Le origini de fascismo, in: Nuove questioni di storia contemporanea, Milano 1968.
Felice, Renzo De: Le interpretazioni del fascismo, Bari 1969.
Felice, Renzo De: Der Faschismus, ein Interview mit Michael A. Ledee, Stuttgart 1977.
Fest, Joachim: Das tragische Vermächtnis. Der 20. Juli 1944, Heidelberg 1994.
Flocken, Jan v./Michael F. Scholz: Ernst Wollweber. Saboteur, Minister, Unperson, Berlin 1994.
Förster, Christina M.: Der Harnier-Kreis, Widerstand gegen den Nationalsozialismus in Bayern, Paderborn u.a. 1996.
Foucault, Michel: Überwachen und Strafen. Die Geburt des Gefängnisses, Frankfurt am Main ³1979.
Foulkes, A.P.: Literature and Propaganda, London/New York 1983.
Franz-Willing, Georg: Die Hitler-Bewegung, Frankfurt am Main 1962.

Freitag, Werner (Hg.): Das Dritte Reich im Fest. Führermythos, Feierlaune und Verweigerung in Westfalen 1933-1945, Bielefeld 1997.
Friedländer, Saul: Kitsch und Tod. Der Widerschein des Nazismus, München/Wien 1984.
Friedländer, Saul: Das Dritte Reich und die Juden, Erster Band: Die Jahre der Verfolgung 1933-1939, München 1998.
Fromm, Eberhard/Mende, Hans-Jürgen (Hg.): Vom Beitritt zur Vereinigung. Schwierigkeiten beim Umgang mit deutsch-deutscher Geschichte, Berlin o.J. (1994).
Fromm, Erich: Escape from Freedom, New York 1971.
Fundación Friedrich Ebert, Instituto Fe y Secularidad: La iglesia católica i la guerra civil española (Cincuenta anos después), Madrid o.J.
Funk, Michael: Das faschistische Italien im Urteil der „Frankfurter Zeitung" (1920-1933), in: Quellen und Forschungen aus italienischen Archiven und Bibliotheken 69/1989. 255-311.
Funke, Manfred (Hg.): Hitler, Deutschland und die Mächte, Düsseldorf 1976.
Funke, Manfred/Jacobsen, Hans Adolf/Knütter, Hans Helmuth/Schwarz, Hans Peter (Hg.): Demokratie und Diktatur. Geist und Gestalt politischer Herrschaft in Deutschland und Europa, Festschrift für Karl Dietrich Bracher, Düsseldorf 1987.
Funke, Manfred: Sanktionen und Kanonen, Düsseldorf 1970.
Furet, François: Le passé d'une illusion, Paris 1995.

Gamm, Hans-Jochen: Der braune Kult. Das Dritte Reich und seine Ersatzreligion. Ein Beitrag zur politischen Bildung, Hamburg 1962.
Garin, Eugenio: Der Mensch der Renaissance, Frankfurt am Main/New York 1990.
Garosci, Aldo: La vita di Carlo Rosseli, 2 Bde. Roma 1945.
Garriga, R.: El cardenal Segura y el Nacional-catolicismo, Barcelona 1977.
Gaus, Günter: Zur Person: Hannah Arendt, in: Schriftenreihe des ZDF, Januar 1965.
Geierhos, Wolfgang: Vera Zasulic und die russische revolutionäre Bewegung, Wien 1977.
Gentile, Emilio: Partito, Stato e Duce - nella mitologia e nella organizzazione del fascismo, in: Karl Dietrich Bracher, Leo Valiani (Hg.): Fascismo e nazionalsocialismo, Bologna 1986. 267 ff.
Gergely, András: A pártállam varázstalanítása (= Die Entzauberung des Parteistaates), Budapest 1991.
Gergely, Jenö: Az 1950-es egyezmény és a szerzetesrendek felszámolása Magyarországon. Dokumentumok (= Die Vereinbarung von 1950 und die Liquidierung der religiösen Orden. Dokumente), Budapest 1989.
German, Holger: Die politische Religion des Nationalsozialisten Dietrich Klagges. Ein Beitrag zur Phänomenologie der NS-Ideologie, Frankfurt am Main 1995.
Gess, Brigitte: Liberales Denken und intellektuelles Engagement. Die Grundzüge der philosophisch-politischen Reflexionen Raymond Arons, München 1988.
Gess, Brigitte: Die Totalitarismuskonzeption von Raymond Aron und Hannah Arendt, in: Hans Maier (Hg.): Totalitarismus und Politische Religionen. Konzepte des Diktaturvergleichs, Paderborn/München/Wien/Zürich 1996. 264-274.
Getty, J. Arch: Origins of the Great Purges. The Soviet Communist Party Reconsidered, 1933-1938, Cambridge 1985.
Getzler, Israel: Martov. A Political Biography of a Russian Social Democrat, Cambridge 1967.
Geyer, Dietrich: Lenin in der russischen Sozialdemokratie. Die Arbeiterbewegung im Zarenreich als Organisationsproblem der revolutionären Intelligenz 1890-1903, Köln 1962.
Giovanni, Alberto di/Guccione, Eugenio (Hg.): Politica e sociologia in Luigi Sturzo, Milano 1981.

Giovanni, Alberto di: Attualitá di Luigi Sturzo – pensatore sociale e politico, Milano 1987.

Gladigow, Burkhard: Religionsgeschichte des Gegenstandes – Gegenstände der Religionsgeschichte, in: H. Zinser (Hg.) Religionswissenschaft. Eine Einführung, Berlin 1988. 6-37.

Goffman, Erving: Über die Merkmale totaler Institutionen, in: Ders., Asyle. Über die soziale Situation psychatrischer Patienten und anderer Insassen, Frankfurt am Main 1973.

Gogarten, Friedrich: Verhängnis und Hoffnung der Neuzeit. Die Säkularisierung als theologisches Problem, Stuttgart 1953.

Goldammer, Kurt: Die Formenwelt des Religiösen. Grundriß der systematischen Religionswissenschaft, Stuttgart 1960.

Goldfarb, C.: Beyond Glasnost. The Post-Totalitarian Mind, Chicago 1989.

Goldhagen, Daniel Jonah: Hitler's Willing Executioners: Ordinary Germans and the Holocaust, New York 1996.

Goldhagen, Daniel Jonah: Hitlers willige Vollstrecker. Ganz gewöhnliche Deutsche und der Holocaust, Berlin 1996.

Gordon, Harold J. jr.: Hitlerputsch 1923. Machtkampf in Bayern 1923-1924, München 1978.

Gorschenek, Günter/Reimers, Stephan (Hg.): Offene Fragen – brennende Fragen. Juden in Deutschland von 1938 bis heute, Frankfurt am Main 1989.

Graml, Hermann (Hg.): Widerstand im Dritten Reich. Probleme, Ereignisse, Gestalten, Frankfurt am Main 1994.

Gransow, Volker: Konzeptionelle Wandlungen der Kommunismusforschung. Vom Totalitarismus zur Immanenz, Frankfurt am Main 1980.

Greenstein, Fred, Polsby, Nelson W. (Hg.): Handbook of Political Science, Reading, MA 1975.

Gritschneder, Otto: Bewährungsfrist für den Terroristen Adolf H. Der Hitler-Putsch und die bayerische Justiz, München 1990.

Gritschneder, Otto: „Der Führer hat Sie zum Tode verurteilt..." Hitlers „Röhm-Putsch"-Morde vor Gericht, München 1993.

Grosser, Alfred: Ermordung der Menschheit. Der Genozid im Gedächtnis der Völker, München, Wien 1990.

Grötzinger, Karl Erich: Kafka und die Kabbala, Frankfurt am Main 1994.

Groys, Boris: Gesamtkunstwerk Stalin. Die gespaltene Kultur in der Sowjetunion, München 1988.

Gruber, Hubert: Friedrich Muckermann S.J. 1883-1946. Ein katholischer Publizist in der Auseinandersetzung mit dem Zeitgeist, Mainz 1993.

Gruchmann, Lothar: Die Reichsregierung im Führerstaat. Stellung und Funktion des Kabinetts im nationalsozialistischen Herrschaftssystem, in: Günter Doeker/Winfried Steffani (Hg.): Klassenjustiz und Pluralismus. Festgabe für Ernst Fraenkel, Hamburg 1973. 197-223.

Gruchmann, Lothar: Justiz im Dritten Reich 1933-1940. Anpassung und Unterwerfung in der Ära Gürtner, München ^{3}2001.

Gulyás, Gyula/Gulyás, János: Térvenysértes nelkül...A hortobágyi munkatáborok 1950-1953 (=Ohne Gesetzesbruch...Die Arbeitslager am Hortobágy 1950-1953) Budapest 1989.

Gunther, Richar/Blough, Roger: Religious Conflict and Consensus in Spain: A Tale of Two Constitutions, in: World Affairs, Spring 1981.

Gürtler, Paul: Nationalsozialismus und evangelische Kirche im Warthegau. Trennung von Staat und Kirche im nationalsozialistischen Weltanschauungsstaat, Göttingen 1958.

Gussejnow, D. Dragunski: Nowyi wsgljad na staryje istiny. Oshog rodnogo otschaga, Moskau 1990.
Gutschker, Thomas: Aristotelische Diskurse. Aristoteles in der politischen Philosophie des 20. Jahrhunderts, Stuttgart/Weimar 2002.

Habermas, Jürgen: Nachholende Revolution. Kleine politische Schriften VII, Frankfurt am Main 1990.
Haimson, Leopold H.: The Russian Marxists and the Origins of Bolshevism, Boston [2]1966.
Halder, A./Kienzler, K./Möller, J. (Hg.): Religionsphilosophie heute. Chancen und Bedeutng in der Philosophie und Theologie, Experiment Religionsphilosophie III, Düsseldorf 1988.
Hamann, Brigitte: Hitlers Wien. Lehrjahre eines Diktators, München [3]1996.
Hamerski, Werner: Gott und Vorsehung im Lied und Gedicht des Nationalsozialismus, Publizistik 5 (1960) 280-300.
Hankiss, Elemér: Diagnózisok 2 (= Diagnose 2), Budapest 1986.
Hankiss, Elemér: East European Alternatives, Oxford 1990.
Hardy, Deborah: Petr Tkachev, the Critic as Jacobin, Seattle 1977.
Harich, Wolfgang: Der Totalitarismus-Begriff ist völlig unbrauchbar, in: Neues Deutschland vom 21. Juni 1994.
Hasenfratz, Hans-P.: „Die Religion Alfred Rosenbergs", in: Numen. International Review for the History of Religion, Vol. XXXVI, Leiden 1989. 115-124.
Hassner, Pierre: Débat stratégique et débat politique. Bibliographie S.E.D.E.I.S., Nr. 910; Supplément: Le grand débat nucléaire (10.2.1965) 13-16.
Hassner, Pierre: Le totalitarisme vu de l'ouest, in: Guy Hermet/Pierre Hassner (Hg.): Totalitarismes, Paris 1984. 15-39.
Havel, Vaclav: Offener Brief an Husak (1975), Reinbek bei Hamburg 1989.
Havel, Vaclav: Versuch in der Wahrheit zu leben (1978), Reinbek bei Hamburg 1990.
Hay, Gerharde: Religiöser Pseudokult in der NS-Lyrik am Beispiel Baldur v. Schirach, in: Hansjakob Becker/Reiner Kaczynski (Hg.): Liturgie und Dichtung I, St. Ottilien 1983.
Headley, John M.: Tommaso Campanella and the Transformation of the World, Princeton, N. J. 1997.
Heer, Friedrich: Der Glaube des Adolf Hitler. Anatomie einer politischen Religiosität, München/Esslingen 1968.
Heer, Friedrich: Gottes erste Liebe, München 1967.
Hegedüs, András: A történelem és a hatalom igézetében (= Im Bann der Geschichte und Macht), Budapest 1988.
Hegedüs, András: Élet egy eszme árnyékában (= Leben im Schatten einer Idee), Budapest 1989 (Wien 1985).
Heinisch, Klaus J. [Hg.]: Der utopische Staat, Reinbek bei Hamburg 1987.
Heinrich, Walter: Ständische Ordnung und Diktatur, in: Jahrbücher für Nationalökonomie und Statistik 136 (1931) 868 ff.
Henke, Klaus-Dietmar [Hg.]: Die Verführungskraft des Totalitären, in: Berichte und Studien, 12, hrsg. v. Hannah-Arendt-Institut für Totalitarismusforschung e. V. der Technischen Universität Dresden, Dresden 1997.
Hering, Gunnar: Griechenland vom Lausanner Frieden bis zum Ende der Obersten-Diktatur 1923-1974, in: Theodor Schieder (Hg.): Handbuch der europäischen Geschichte 7/2, Stuttgart 1972, 1314 ff.
Hermet, Guy/Hassner, Pierre (Hg.):Totalitarismes, Paris 1984.
Hermet, Guy: Les catholiques dans l'Espagne franquiste, 2 vol., Paris, Presses de la Fondation Nationale des Sciences Politiques 1980/1981.

Herz, Dietmar: Der Philosoph als Verführer – Überlegungen zur Philosophie des Leo Strauss, in: Archiv für Rechts-und Sozialphilosophie, 79 (1993) 544-549.
Herzfeld, Hans: Die moderne Welt 19789-1945, Braunschweig [4]1970.
Hessen, Johannes: Religionsphilosophie. 2. Bd.: System der Religionsphilosophie, München [2]1955.
Heydemann, Günther/Kettenacker, Lothar (Hg.): Kirchen in der Diktatur. Drittes Reich und SED-Staat, 15 Beiträge, Göttingen 1986.
Heydemann, Günther/Jesse, Eckhard [Hg.]: Diktaturvergleich als Herausforderung. Theorie und Praxis, Berlin 1998.
Hiebel, Hans Helmut: Die Zeichen des Gesetzes. Recht und Macht bei Kafka, München 1983.
Hilberg, Raul: The Destruction of the European Jews, New York 1983.
Hilberg, Raul: Die Vernichtung der europäischen Juden: die Gesamtgeschichte des Holocaust, 3 Bde., Frankfurt am Main 1997 ff.
Hilberg, Raul: Sources of Holocaust Research. An Analysis, Chicago 2001.
Hilberg, Raul: Die Quellen des Holocaust. Entschlüsseln und Interpretieren, Frankfurt am Main 2002.
Hilbig, Wolfgang: Ich, Frankfurt am Main 1993.
Hildebrandt, Klaus: Das Dritte Reich, Oldenbourgs Grundriß der Geschichte, München [6]2003.
Hildebrandt, Klaus: Das vergangene Reich. Deutsche Außenpolitik von Bismarck bis Hitler 1871-1945, Stuttgart 1995.
Hildebrandt, Mathias/Brocker, Manfred/Behr, Hartmut [Hg.]: Säkularisierung und Resakralisierung in westlichen Gesellschaften. Ideengeschichtliche und theoretische Perspektiven, Wiesbaden 2001.
Hildermeier, Manfred: Das Privileg der Rückständigkeit. Anmerkungen zum Wandel einer Interpretationsfigur der neueren russischen Geschichte, in: HZ 244 (1987) 557-603.
Hildermeier, Manfred: Geschichte der Sowjetunion 1917-1991, München 1998.
Hill, Melvyn A. (Hg.): Hannah Arendt: The Recovery of the Public World, New York 1979.
Hillgruber, Andreas: Hitler, König Carol und Marshall Antonescu, Wiesbaden 1954.
Hinckel, E.: „Seht den Weg!" Johannes R. Becher und die Sowjetunion, in: Weimarer Beiträge, H.5 (1965).
Hirschfeld, Gerhard/Kettenacker, Lothar (Hg.): Der „Führerstaat": Mythos und Realität. Studien zur Struktur und Politik des Dritten Reiches, Stuttgart 1981.
Hobsbawm, Eric: Introduction. Inventing Traditions, in: Eric Hobsbawm/Terence Ranger (Hg.): The Invention of Tradition, Cambridge [10]1994. 1-14.
Hockerts, Hans Günther: Die nationalsozialistische Kirchenpolitik im neuen Licht der Tagebücher, in: Aus Politik und Zeitgeschichte, Beilage zu „Das Parlament", 30. Juli 1983. 23-38.
Hockerts, Hans Günther: Mythos, Kult und Feste. München im nationalsozialistischen „Feierjahr", in: München – „Hauptstadt der Bewegung", München 1993.
Hoffmann, Peter: Widerstand, Staatsstreich, Attentat. Der Kampf der Opposition gegen Hitler, München 1969.
Hofmann, Hasso: Legitimität und Legalität. Der Weg der politischen Philosophie Carl Schmitts, Berlin [2]1992.
Holmes, Stephen: The Anatomy of Antiliberalism, London 1993.
Holubnychy, Lydia: Michael Borodin and the Chinese Revolution, 1923-1925, New York 1979.
Horn, Wolfgang: Führerideologie und Parteiorganisation in der NSDAP (1919-1933), Düsseldorf 1972.
Hornung, Klaus: Das totalitäre Zeitalter, Frankfurt am Main 1993.

Horváth, Zsuzsa: Le Ferment de l'Église: le mouvement des communautés de bas en Hongrie, in: Archives de Sciences Sociales des Religions 33 (1988) 81-106.
Hürten, Heinz: Waldemar Gurian. Ein Zeugnis der Krise unserer Welt in der ersten Hälfte des 20. Jahrhunderts, Mainz 1971.
Hürten, Heinz: Waldemar Gurian, Mainz 1972.
Hürten, Heinz: Zehn Thesen eines profanen Historikers zur Diskussion um den Widerstand der Kirchen in der nationalsozialistischen Zeit, in: Kirchliche Zeitgeschichte 1 (1988) 116 ff.
Hürten, Heinz: Deutsche Katholiken 1918-1945, Paderborn 1992.
Hürten, Heinz: Katholiken, Kirche und Staat als Problem der Historie. Ausgewählte Aufsätze, Paderborn 1994.
Hürten, Heinz: Modernitätskritik und Totalitarismustheorie im Frühwerk Waldemar Gurians, in: Alfons Söllner (Hg.): Totalitarismustheorie und Modernitätskritik, Hamburg 1995.
Hurwicz, Elias (Hg.): Rußlands politische Seele. Russische Bekenntnisse, Berlin 1918.
Hüser, Karl: Wevelsburg 1933-1945. Kult- und Terrorstätte der SS. Eine Dokumentation, Paderborn ^{2}1987.
Hüttenberger, Peter: Nationalsozialistische Polykratie, in: Geschichte und Gesellschaft 2 (1976) 417-442.
Huttner, Markus: Totalitarismus und säkulare Religionen. Zur Frühgeschichte totalitarismuskritischer Begriffs- und Theoriebildung in Großbritannien, Bonn 1999.

Iber, Herbert: Christlicher Glaube oder rassischer Mythus, Frankfurt am Main 1987.
Iriarte, M.de S.J.: El profesor García Morente, Sacerdote. Escritos íntimos y comentario biográfico, Madrid 1956.
Iribarren, Jesús (Hg.): Documentos Colectivos del Episcopado Español 1879-1974, Madrid: Biblioteka de Autores Cristianos 1974.
Iribarren, Jesús: Papeles y Memorias. Medios Siglo de Relaciones Iglesia – Estado en España: 1936-1986, Madrid: Biblioteka de Autores Cristianos 1992.

Jäckel, Eberhard: Hitlers Weltanschauung. Entwurf einer Herrschaft, Stuttgart ^{3}1986.
Jäckel, Eberhard: Hitlers Herrschaft. Vollzug einer Weltanschauung, Stuttgart ^{3}1991.
Jacobs, Dan N.: Borodin. Stalin's Man in China, Cambridge/Mass. 1981.
Jacobsen, Hans Adolf: Nationalsozialistische Außenpolitik 1933-1938, Frankfurt am Main 1968.
Jagschitz, Gerhard: Der Putsch. Die Nationalsozialisten 1934 in Österreich, Wien 1976.
Jänicke, Martin: Totalitäre Herrschaft. Anatomie eines politischen Zugriffs, Berlin 1971.
Jansen, Marc: A Show Trial under Lenin. The Trial of the Socialist Revolutionaries, Moscow 1922, Den Haag 1982.
Jenkner, Siegfried: Entwicklung und Stand der Totalitarismusforschung, in: Aus Politik und Zeitgeschichte, Beilage zu „Das Parlament" 31 (1984) 16-26.
Jesse, Eckhard: Der Totalitarismus-Ansatz nach dem Zusammenbruch des real-existierenden Sozialismus, in: Die Neue Gesellschaft, Frankfurter Hefte Bd. 38, Nr. 11 (1991) 983 ff.
Jesse, Eckhard: Ernst Noltes Geschichtsverständnis zwischen Kontinuität und Wandel, in: Thomas Nipperdey/Anselm Doering-Manteuffel/Hans-Ulrich Wehler (Hg.): Weltbürgerkrieg der Ideologien. Antworten an Ernst Nolte, Berlin 1993. 216-231.
Joukoff Eudin, Xenia/North, Robert C. (Hg.): Soviet Russia and the East 1920-1927. A Documentary Survey, Stanford/California ^{2}1964.

Jowitt, Kenneth: Soviet Neotraditionalism: The Political Corruption of a Leninist Regime, in: Soviet Studies 35 (1983) 275-297.

Kaiser, Karl/Maull, Hanns W. (Hg.): Deutschlands neue Außenpolitik. Band 1: Grundlagen, München 1995.
Kalandra, Záviš: Der Intellektuelle und die Revolution, Prag 1994.
Kantorowicz, Ernst H.: Die zwei Körper des Königs. Eine Studie zur politischen Theologie des Mittelalters, München 1990.
Kapucinski, R.: Imperium. Sowjetische Streifzüge, Frankfurt am Main 1993.
Kara-Murza, A.: Totalitarism – fenomen XX w.?, in: Totalitarism kak istoritscheski fenomen, Moskau 1989.
Karátson, Endre, Neményi, Ninon (Hrg.): Belsö tilalomfák. Tanulmányok a társadalmi öncenzúráról (=Innere Verbote. Studien zur Selbstzensur der Gesellschaft) München 1982.
Kaufmann, Clemens: Leo Strauss zur Einführung, Hamburg 1997.
Kaulbach, Friedrich: Studien zur späten Rechtsphilosophie Kants und ihrer transzendentalen Methode, Würzburg 1982.
Keep, J. L. H.: The Rise of Social Democracy in Russia, London [2]1966.
Kemény, István: Szociológiai írások (= Soziologische Schriften), Szeged 1992.
Kemper, Peter: Die Zukunft des Politischen. Ausblicke auf Hannah Arendt, Frankfurt am Main 1993.
Kende, Péter (Hg.): Harminc éve (= Vor dreißig Jahren), Paris 1986.
Kennan, George F.: Mr. X Reconsiders – A Current Assessment of Soviet-American-Relations, in: Commentaire 2 (Summer 1978).
Kennan, George F.: The Sources of Soviet Conduct, in: Foreign Affairs Sommer 1947.
Kershaw, Ian: Hitler 1889-1936, Stuttgart 1998.
Kershaw, Ian: Hitler 1936-1945, Stuttgart 2000.
Kiedaisch, Petra (Hg.): Lyrik nach Auschwitz? Adorno und die Dichter, Stuttgart 1995.
Kiesel, Helmuth: „So ist unser Gedächtnis jetzt angefüllt mit Furchtbarem" [Martin Walser]: Literaturgeschichtliche Anmerkung zum „Historikerstreit" und zu der von Martin Broszat beklagten „Beziehungslosigkeit zwischen Literatur und Geschichte bei der Verarbeitung der Nazizeit", in: Klaus Oesterle/Siegfried Schiele (Hg.): Historikerstreit und politische Bildung, Stuttgart 1989. 42-94.
Kiesel, Helmuth: Ernst Jüngers „Marmorklippen", in: Internationales Archiv für Sozialgeschichte der deutschen Literatur 14 (1989) 126 ff.
Kiesel, Helmuth: Thomas Manns „Doktor Faustus": Reklamation der Heiterkeit, in: Deutsche Vierteljahresschrift für Literaturwissenschaft und Geistesgeschichte 64 (1990) 726-743.
Kiesel, Helmuth: Wissenschaftliche Diagnose und dichterische Vision der Moderne. Max Weber und Ernst Jünger, Heidelberg 1994.
Kippenberg, Hans G.: Diskursive Religionswissenschaft. Gedanken zu einer Religionswissenschaft, die weder auf einer allgemeingültigen Definition von Religion noch auf der Überlegenheit der Wissenschaften basiert, in: B. Gladigow/H.G. Kippenberg (Hg.): Neuere Ansätze in der Religionswissenschaft, München 1983. 9-28.
Kis, János: A szovjet típusú társadalom marxista szemmel (= Die Gesellschaftsowjetischen Typs in marxistischer Sicht), Paris 1983.
Kissenkoetter, Udo: Gregor Straßer und die NSDAP, Stuttgart 1978.
Kistjakovskij, Bogdan: Zur Verteidigung des Rechts, in: Karl Schlögel (Hg.): Wegzeichen. Zur Krise der russischen Intelligenz, Frankfurt am Main 1990. 212-250.
Klemperer, Klemens von: Ignaz Seipel, Staatsmann einer Krisenzeit, Graz 1976.
Klemperer, Klemens von: Reflections and Reconsiderations on the German Resistance, in: Kirchliche Zeitgeschichte 1 (1988) 13 ff.

Kocher, Richard: Herausgeforderter Vorsehungsglaube. Die Lehre von der Vorsehung im Horizont der gegenwärtigen Theologie, St. Ottilien 1993.
Koehl, Robert Lewis: The Black Corps. The Structure and Power Struggle of the Nazi SS, Madison 1983.
Koepke, Wulf/Winkler, Michael (Hg.): Exilliteratur 1933-1945, Darmstadt 1989.
Koester, Rudolf: Hermann Broch (= Köpfe des 20. Jahrhunderts, Bd. 109), Berlin 1987.
Konetzke, Richard: Die iberischen Staaten vom Ende des I. Weltkrieges bis zur Ära der autoritären Regime 1917-1960, in: Theodor Schieder (Hg.): Handbuch der europäischen Geschichte 7/2, Stuttgart 1972. 663-698.
König, René: Die Religionssoziologie bei Émile Durkheim, in: Gerhard Szcesny (Hg.): Club Voltaire. Jahrbuch für kritische Aufklärung I. Reinbek 1969. 335-347.
Konrád, György, Szelényi, Iván: Az értelmiség útja az osztályhatalomhoz (= Der Weg der Intelligenz zur Klassenmacht) Budapest 1989.(Zuerst ungarisch: Paris 1978; deutsch: Frankfurt am Main 1978; englisch: New York 1976)
Konrád, György: Antipolitik, Frankfurt am Main 1985.
Kopp, Mária, Skrabski, Árpád: Magyar lelkiállapot (= Ungarischer Seelenzustand), Budapest 1992.
Koselleck, Reinhart: Einleitung zu: Geschichtliche Grundbegriffe. Historisches Lexikon zur politisch-sozialen Sprache in Deutschland, Bd.1, Stuttgart 1972.
Koslowski, Peter: Die religiöse Dimension der Gesellschaft, Tübingen 1985.
Kovács, Imre: Magyarország megszállása (= Die Besatzung Ungarns), Budapest 1990 (zuerst Toronto 1979).
Kratzer, Wolfgang: Feiern und Feste der Nationalsozialisten. Aneignung und Umgestaltung christlicher Kalender, Riten und Symbole. Diss. phil. München 1998.
Kraus, Hans-Christof: Eric Voegelin redivivus? Politische Wissenschaft als Politische Theologie, in: M. Ley/J. H. Schoeps [Hg.], Der Nationalsozialismus als politische Religion, Bodenheim bei Mainz 1997.
Kraushaar, Wolfgang: Die auf dem linken Auge blinde Linke, in: Die Zeit v. 11. März 1994.
Kraushaar, Wolfgang: Sich aufs Eis wagen. Plädoyer für eine Auseinandersetzung mit der Totalitarismustheorie, in: Mittelweg 36, Heft 2 (1993) 6-29.
Kristiansen, Borge: Freiheit und Macht. Totalitäre Strukturen im Werk Thomas Manns. Überlegungen zum „Gesetz" im Umkreis seiner politischen Schriften, in: Thomas Mann - Studien VII (1987) 53-72.
Kulcsár, Kálmán: A mai magyar társadalom (= Die ungarische Gesellschaft der Gegenwart), Budapest 1980.
Kulcsár, Kálmán: A modernizáció és a magyar társadalom (= Die Modernisierung und die ungarische Gesellschaft, Budapest 1986.
Kulics, Ágnes/Tölgyesi, Ágnes: ...kövek fognak kiáltani...Szerzetesvallomások (... die Steine werden schreien... Zeugnisse von Ordensleuten), Budapest 1991.
Kulics, Ágnes/Tölgyesi, Ágnes:...evilágból... (...aus dieser Welt...), Budapest 1989.
Künneth, Walter: Politik zwischen Dämon und Gott, Berlin 1954.
Kunz-Otto, Hannelore (Hg.): 150 Jahre Feldherrnhalle, München 1994.

Ladany, Lazlo: The Communist Party of China and Marxism, 1921-1985. A Self-Portrait, Stanford/California 1988.
Langbein, John H.: Torture and the Law of Proof. Europe and England in the Ancien Regime, Chicago 1976.
Langlois, Claude: La Religion révolutionnaire (Rapport), in: Pratiques religieuses, mentalités et spiritualité dans l'Europe révolutionaire (1770-1820). Actes du Colloque Chantilly 27-29, novembre 1986, réunis par Paul Lerou et Raymond Dartevelle sous la direction de Bernard Plongeron 1988. 369-378.

Laqueur, Walter (Hg.): Fascism. A reader's Guide. Analyses, Interpretations, Bibliography, Berkeley 1976.

Lasky, Melvin: Utopie und Revolution. Über die Ursprünge der Metapher oder Eine Geschichte des politischen Temperaments (1976), Reinbek bei Hamburg 1989.

Le Guillou, Marie-Joseph: Le Mystère du Père. Foi de Apôtres – Gnoses actuelles, Paris 1973.

Le Guillou, Marie-Joseph: Das Mysterium des Vaters. Apostolischer Glaube und moderne Gnosis, 1974.

Lease, Gary: „Odd Fellows" in the Politics of Religion. Modernism, National Socialism, and German Judaism (= Religion and Society, 35), Berlin und New York 1995.

Leibholz, Gerhard: Die Auflösung der liberalen Demokratie, in: Deutschland und das autoritäre Staatsbild, München/Leipzig 1933.

Leibholz, Gerhard: Das Phänomen des totalen Staates, in: Mensch und Staat in Recht und Geschichte, Kitzingen 1954.

Leugers, Antonia: Georg Angermaier. 1912-1945. Katholischer Jurist zwischen nationalsozialistischem Regime und Kirche, Lebensbild und Tagebücher, Mainz 1994.

Ley, Michael: Genozid und Heilserwartung, Wien 1993.

Ley, Michael/J.H. Schoeps (Hg.): Der Nationalsozialismus als politische Religion, Bodenheim bei Mainz 1997.

Lieber, Hans-Joachim: Ideologie. Eine historisch-systematische Einführung, Paderborn 1985.

Lill, Rudolf: Die Katholische Kirche im faschistischen Italien, in: Leonid Luks (Hg.): Die Katholische Kirche im faschistischen Italien, Köln/Weimar/Wien 2002, 205-216.

Lifton, Robert Jay: The Nazi Doctors. Medical Killing and the Psychology of Genocide, New York 1986.

Linz, Juan J.: La democrazia italiana di fronte al futuro, in: F.L. Cavazza/S.R. Graubart (Hg.): Il caso italiano, Milano 1974.

Linz, Juan J.: Totalitarian and Authoritarian Regimes, in: Fred I. Greenstein/Nelson W. Polsby (Hg.): Handbook of Political Science 3, Reading./Mass. 1975. 175-411.

Linz, Juan J., Alfred (Hg.): The Breakdown of Democratic Regimes, 2: Europe, Baltimore/London 1978.

Linz, Juan J.: Religion and Politics in Spain: From Conflict to Consensus above Cleavage, in: Social Compass 27 (1980) 255-277.

Linz, Juan J.: Religión y política en España, in: Rafael Díaz-Salazar/Salvador Giner (Hg.): Religión y sociedad en España, Madrid, Centro de Investigaciones Sociológicas 1993. 1-50.

Lipgens, Walter (Hg.): Documents on the History of European Integration, Bd.1: Continental Plans for European Union 1939-1945, Berlin/New York 1985.

Lipgens, Walter (Hg.): Europa. Föderationspläne der Widerstandsbewegungen 1940-1945, München 1968.

Low, Alfred D.: The Anschluss Movement, 1918-1919 and the Paris Peace Conference, Philadelphia 1974.

Löwith, Karl: Meaning in History, Chicago 1949.

Löwith, Karl: Weltgeschichte und Heilsgeschehen. Die theologischen Voraussetzungen der Geschichtsphilosophie, Stuttgart 1953.

Löwith, Karl: Von Hegel zu Nietzsche (1939), Stuttgart 1953

Löwith, Karl: Sämtliche Schriften, 9 Bde., Stuttgart 1981-88.

Lozek, Gerhard: Vergleichen, nicht gleichsetzen. Fallbeispiel: Totalitäre Diktaturen, in: Eberhard Fromm/Hans-Jürgen Mende (Hg.): Vom Beitritt zur Vereinigung. Schwierigkeiten beim Umgang mit deutsch-deutscher Geschichte, Berlin o.J. (1994) 84-89.

Lübbe, Hermann: Säkularisierung. Geschichte eines ideenpolitischen Begriffs, Freiburg 1965.
Lübbe, Hermann: Religion nach der Aufklärung, Graz u.a. 1986
Lübbe, Hermann (Hg.): Heilserwartung und Terror. Politische Religionen des 20. Jahrhunderts, Düsseldorf 1995
Luckmann, Thomas: Die unsichtbare Religion, Frankfurt am Main 1991.
Ludz, Peter Christian: Offene Fragen in der Totalitarismusforschung, in: Politische Vierteljahresschrift 2 (1961) 329-348.
Luks, Leonid: Bolschewismus, Faschismus, Nationalsozialismus - verwandte Gegner?, in: Geschichte und Gesellschaft 14 (1988) 96-115.
Luks, Leonid (Hg.): Das Christentum und die totalitären Herausforderungen des 20. Jahrhunderts. Rußland, Deutschland, Italien und Polen im Vergleich, Köln 2002.
Lützeler, Paul Michael: Brochs „Verzauberung", Frankfurt am Main 1983.

Maier, Hans: Politische Religionen. Die totalitären Regime und das Christentum, Freiburg 1995.
Maier, Hans: Totalitarismus und politische Religionen. Konzepte des Diktaturvergleichs, in: Vierteljahreshefte für Zeitgeschichte 43 (1995).
Maier, Hans [Hg.]: ‚Totalitarismus' und ‚Politische Religionen'. Konzepte des Diktaturvergleichs, Bd. I, Paderborn u.a. 1996.
Maier, Hans u. Schäfer, Michael (Hg.): Totalitarismus und Politische Religionen, Bd. II, Paderborn u.a. 1997.
Maier, Hans: Die Politischen Religionen und die Bilder, in: Peter Blickle u.a. Macht und Ohnmacht der Bilder, München 2002, 485-507.
Maier, Hans: Christlicher Widerstand im Dritten Reich, Hamburg 1994.
Maier, Hans: Die christliche Zeitrechnung, Freiburg ^{5}2000.
Maier, Hans (Hg.): Wege in die Gewalt. Die modernen politischen Religionen, Frankfurt am Main ^{2}2002.
Maier, Hans: Erik Peterson und das Problem der politischen Theologie, in: H. Maier, Nachdenken über das Christentum. Reden und Aufsätze, München 1992
Maier, Hans: Totalitäre Herrschaft - neubesehen, in: Th. Nipperdey/A. Doering-Manteuffel/H.-U. Thamer [Hg.], Weltbürgerkrieg der Ideologien. Antworten an Ernst Nolte. Festschrift für Ernst Nolte zum 70. Geburtstag, Frankfurt am Main und Berlin 1993.
Maier, Hans: Über revolutionäre Feste und Zeitrechnungen, in: Internationale Katholische Zeitschrift 17 (1988) 99 ff.
Maier, Hans: Voraussetzungen und Durchbruch totalitärer Politik im 20. Jahrhundert, in: K.-D. Henke, (Hg.):Die Verführungskraft des Totalitären, in: Berichte und Studien, 12, hrsg. v. Hannah-Arendt-Institut für Totalitarismusforschung e. V. der Technischen Universität Dresden, Dresden 1997.
Malia, Martin: Alexander Herzen and the Birth of Russian Socialism, New York 19652.
Mallmann, Klaus-Michael/Gerhard, Paul: Das zersplitterte Nein. Saarländer gegen Hitler (= Widerstand und Verweigerung im Saarland 1933-1945), Bonn 1989.
Malraux, André: Antimemoiren. Frankfurt am Main 1968.
Mandt, Hella: Tyrannislehre und Widerstandsrecht. Studien zur deutschen politischen Theorie des 19. Jahrhunderts, Darmstadt/Neuwied 1974.
Markert, Werner (Hg.): Osteuropa-Handbuch 1: Jugoslawien, Köln/Graz 1954.
Marquardt, Bernhard: Der Totalitarismus - ein gescheitertes Herrschaftssystem, Bochum 1991.
Martin, Helmut: Kult und Kanon. Entstehung und Entwicklung des Staatsmaoismus 1935-1978, Hamburg 1978.
Martinkó, Kâroly: Az áldozatok Isten szolgái (= Die Opfer waren Diener Gottes), Budapest 1991.

Maser, Werner: Sturm auf die Republik. Frühgeschichte der NSDAP, Berlin ²1976, Düsseldorf/Wien/New York/Moskau 1994.
Mayer, Arno J.: Der Krieg als Kreuzzug. Das Deutsche Reich, Hitlers Wehrmacht und die „Endlösung", Hamburg 1988.
Mazlish, Bruce: The Revolutionary Ascetic. Evolution of a Political Type, New York 1976.
Mecklenburg, Norbert: Erzählte Provinz: Regionalismus und Moderne im Roman, Königstein/Ts. 1982.
McNeal, Robert H.: Stalin. Man and Ruler, New York 1988.
Medwedew, Roy A.: Die Wahrheit ist unsere Stärke. Geschichte und Folgen des Stalinismus, Frankfurt am Main 1973.
Meier, Heinrich: Die Lehre Carl Schmitts. Vier Kapitel zur Unterscheidung Politischer Theologie und Politischer Philosophie, Stuttgart 1994.
Meier, Heinrich: Die Denkbewegung von Leo Strauss. Die Geschichte der Philosophie und die Intention des Philosophen, Stuttgart/Weimar 1996.
Meier, Heinrich: Carl Schmitt, Leo Strauss und „Der Begriff des Politischen". Zu einem Dialog unter Abwesenden, Stuttgart 1998.
Meier, K.: Die evangelische Kirche im Dritten Reich, München 1992.
Menze, Ernest A.(Hg.): Totalitarianism Reconsidered, London 1981.
Mesure, Sylvie: Raymond Aron et la raison historique, Paris 1984.
Mészaros, István: Mindszenty és Ortutay. Iskolatörténeti vázlat 1945-1948 (= Mindszenty und Ortutay. Eine Skizze zur Geschichte des Schulwesens 1945-1948), Budapest 1989.
Metz, Johann B.: Weltverständnis im Glauben. Christliche Orientierung in der Weltlichkeit der Welt heute, in: Geist und Leben 1962 (35) 165-184.
Metz, Johann B.: Zur Theologie der Welt, Mainz/München 1968.
Metz, Johann B.: Zum Begriff der neuen Politischen Theologie 1967-1977, Mainz 1997.
Meyen, Hans-Werner von: Die politische Feier, in: Wille und Macht. Führungsorgan der nationalsozialistischen Jugend, 17(1936) 1-15.
Michalka, Wolfgang/Niedhart, Gottfried (Hg.): Deutsche Geschichte 1918-1933. Dokumente zur Innen- und Außenpolitik, Frankfurt am Main 1992.
Milward, Alan S.: Die deutsche Kriegswirtschaft 1939-1945, Stuttgart 1966.
Mladek, Klaus: „Ein eigentümlicher Apparat". Kafkas „In der Strafkolonie", in: Franz Kafka. Text und Kritik. Zeitschrift für Literatur, Sonderband, München 1994. 114-142.
Mócsy, Imre S.J.: Beadványom (= Meine Eingabe), Wien: Ungarisches Kirchensoziologisches Institut 1989.
Mohlau, Andreas: Alfred Rosenberg. Die Ideologie des Nationalsozialismus. Eine politische Biographie, Koblenz 1993.
Mohler, Armin: Die Konservative Revolution in Deutschland 1918-1932, Darmstadt 1994.
Möller, Horst/Dahm, Volker/Mehringer, Hartmut (Hg.): Die tödliche Utopie. Bilder, Texte, Dokumente und Daten zum Dritten Reich, München ⁴2002.
Möller, Joseph: Weiterführender Versuch Religionsphilosophie, in: A. Halder/K. Kienzler/J. Möller (Hg.): Religionsphilosophie heute. Chancen und Bedeutung in Philosophie und Theologie. Experiment Religionsphilosophie III, Düsseldorf 1988. 340–343.
Moltke, Freya v./Balfour, Michael/Frisby, Julian: Helmuth James von Moltke 1907-1945. Anwalt der Zukunft, Stuttgart 1955.
Moltke, Freya von: Erinnerungen an Kreisau 1930-1945, München 1997.
Moltke, Helmuth James von: Briefe an Freya 1939-1945, hrsg. v. Beate Ruhm von Oppen, München 1988.

Mommsen, Hans: Ein Erlaß Himmlers zur Bekämpfung der Korruption in der inneren Verwaltung vom Dezember 1944, in: VfZ 16 (1968) 295-339.
Mommsen, Hans: Ausnahmezustand als Herrschaftstechnik des NS-Regimes, in: Manfred Funke (Hg.): Hitler, Deutschland und die Mächte, Düsseldorf 1976, 35 ff.
Mommsen, Hans: Adolf Hitler als Führer der Nation, Tübingen 1984.
Mommsen, Hans: Nationalsozialismus als vorgetäuschte Modernisierung, in: W.H. Pehle (Hg.): Der historische Ort des Nationalsozialismus. Annäherungen, Frankfurt am Main 1990. 31-46.
Mommsen, Hans: Der Nationalsozialismus und die deutsche Gesellschaft, Reinbek bei Hamburg 1991.
Mommsen, Hans: Die NSDAP als faschistische Partei, in: R. Saage (Hg.): Das Scheitern demokratischer Legitimationsmuster und die Zukunftsfähigkeit der Demokratie, FS Walter Euchner, Berlin 1995.
Mommsen, Hans: The Dissolution of the Third Reich, in: Gerald D. Feldman, May 1945. The End of the Second World War in Europe, Berkeley 1997.
Mönke, W.: Neue Quellen zur Hess-Forschung, Berlin 1964.
Monz, H.: Der Waldprozeß der Mark Thafang als Grundlage für Karl Marx' Kritik an den Debatten um das Holzdiebstahlsgesetz. Jahrbuch für westdeutsche Landesgeschichte 3, hrsg. v. d. Landesarchivverwaltung Rheinland-Pfalz 1977.
Moore, Barrington Jr.: Political Power and Social Theory, Cambridge/Mass. 1958.
Moreno, Antonio Montero: Historia de la persecución religiosa en España 1936-1939, Madrid 1961.
Morsey, Rudolf: Der Untergang des politischen Katholizismus. Die Zentrumspartei zwischen christlichem Selbstverständnis und „Nationaler Erhebung" 1932/33, Stuttgart/Zürich 1977.
Morsey, Rudolf: Das „Ermächtigungsgesetz" von 24. März 1933. Quellen zur Geschichte und Interpretation des „Gesetzes zur Behebung der Not von Volk und Reich", hrsg. und bearb. von R. M., Düsseldorf 1992.
Morsey, Rudolf: Görres-Gesellschaft und NS-Diktatur. Die Geschichte der Görres-Gesellschaft 1932/33 bis zum Verbot 1941, Paderborn 2002.
Mosca, Rodolfo (Hg.): L'Europa verso la catastrofe, 2 Bde., Milano 1964.
Mosse, George L.: Der Erste Weltkrieg und die Brutalisierung der Politik, in: Manfred Funke/Hans Adolf Jacobsen/Hans Helmuth Knütter/Hans Peter Schwarz (Hg.): Demokratie und Diktatur. Geist und Gestalt politischer Herrschaft in Deutschland und Europa, Festschrift für Karl Dietrich Bracher, Düsseldorf 1987. 127 ff.
Müller, Hans: Der pseudoreligiöse Charakter der nationalsozialistischen Weltanschauung, Geschichte in Wissenschaft und Unterricht, 12 (1961). 337-352.
Müller, Herta: Der Fuchs war damals schon der Jäger, Reinbek bei Hamburg 1992.
Muller, Jerry Z.: The Other God That Failed, Princeton/New Jersey 1987.
Müller-Seidel, Walter: Kafkas Erzählung „In der Strafkolonie" im europäischen Kontext, Stuttgart 1986.
Mulsow, Martin: Moderne aus dem Untergrund. Radikale Frühaufklärung in Deutschland 1680-1720, Hamburg 2002.

Na'aman, S.: Emanzipation und Messianismus. Leben und Werk des Moses Hess, Frankfurt am Main 1982.
Naasner, Walter: Neue Machtzentren in der deutschen Kriegswirtschaft, Boppard 1994.
Nagel, Tilmann: Timur der Eroberer und die islamische Welt des Mittelalters, München 1983.
Neck, Rudolf/Wandruszka, Adam (Hg.): Beiträge zur Zeitgeschichte, Wien 1976.
Németh, Alajos: Papok a rács mögött 1948-1950 (= Priester hinter Gittern 1948-1950), Budapest 1991.

Neugebaur, Wolfgang (Hg.): Stalinismus-Analysen, Wien 1994.
Nichtweiß, Barbara: Erik Peterson. Neue Sicht auf Leben und Werk, Freiburg/Basel/ Wien ²1994.
Niemann, Heinz: Meinungsforschung in der DDR. Die geheimen Berichte des Instituts für Meinungsforschung an das Politbüro der SED, Köln 1993.
Nipperdey, Thomas/Doering-Manteuffel, Anselm/Wehler, Hans-Ulrich (Hg.): Weltbürgerkrieg der Ideologien. Antworten an Ernst Nolte, Berlin 1993.
Noack, Paul: Das Scheitern der Europäischen Verteidigungsgemeinschaft. Entscheidungsprozesse vor und nach dem 30. August 1954, Düsseldorf 1977 (Bonner Schriften zur Politik und Zeitgeschichte, Band 4).
Noetzel, Thomas: Die angelsächsische Totalitarismusdiskussion, in: Mittelweg 36 (Juni/Juli 1994) 66-71.
Nolfo, Ennio Di: Die österreichisch-italienischen Beziehungen von der faschistischen Machtergreifung bis zum Anschluß, in: Österreichisch-italienisches Historikertreffen 1971-1972, Innsbruck/Venedig 1975.
Nolte, Ernst: Der Faschismus in seiner Epoche. Action française – Italienischer Faschismus – Nationalsozialismus, München 1963.
Nolte, Ernst: Die faschistischen Bewegungen. Die Krise des liberalen Systems und seine Entwicklung der Faschismen, München 1966.
Nolte, Ernst (Hg.): Theorien über den Faschismus, Köln 1967.
Nolte, Ernst: Art. Diktatur, in: Brunner/Conze/Koselleck (Hg.): Geschichtliche Grundbegriffe, Bd. 1, Stuttgart 1972. 900-924.
Nolte, Ernst: Marxismus – Faschismus – Kalter Krieg, Stuttgart 1977.
Nolte, Ernst: Der europäische Bürgerkrieg 1917-1945. Nationalsozialismus und Bolschewismus, Frankfurt am Main/Berlin 1987.
Nolte, Ernst: Lehrstück oder Tragödie? Beiträge zur Interpretation der Geschichte des 20. Jahrhunderts, Köln u.a. 1991.
Nordmann, Ingeborg: Hannah Arendt, Frankfurt am Main/New York 1994.
Nordmann, Ingeborg: How to write about totalitarianism? Kommentar, in: Hannah Arendt: Über den Totalitarismus. Texte Hannah Arendts aus den Jahren 1951 und 1953, aus dem Englischen übertragen von Ursula Ludz, Dresden 1998. 53-68.
North, Robert C.: Moscow and the Chinese Communists, Stanford, Cal. ²1963.

Oberländer, Erwin u.a. (Hg.): Autoritäre Regime in Ostmitteleuropa 1919-1944, Mainz 1995.
Oberländer, Erwin (Hg.): Autoritäre Regime in Ostmitteleuropa und Südosteuropa 1919-1944, Paderborn/München 2001.
Oberländer, Gisela: Die Vechi-Diskussion (1909-1912), Diss.phil., Köln 1965.
Obst, Dieter: „Reichskristallnacht". Ursachen und Verlauf des antisemitischen Pogroms vom November 1938, Frankfurt am Main 1991.
Oesterle, Klaus/Schiele, Siegfried (Hg.) Historikerstreit und politische Bildung, Stuttgart 1989.
Omodeo, Adolfo: Libertà e storia. Scritti e discorsi politici, Torino 1960.
Omodeo, Adolfo: Totalitarismo cattolico, in: L'Acropoli, 1, 1945, Nr. 9. 385-390; wieder abgedruckt in: Ders.: Libertá e storia. Scritti e discorsi politici, Torino 1960. 332-338.
Opfermann, Bernhard: Die liturgischen Herrscherakklamationen im Sacrum Imperium des Mittelalters, Weimar 1953.
Opitz, Peter J.(Hg.): Eric Voegelin, Alfred Schütz, Leo Strauss, Aaron Gurwitsch, Briefwechsel über die Neue Wissenschaft der Politik, Freiburg/München 1993.
Opitz, Peter J.: Nachwort zu: Eric Voegelin: Politische Religionen, München 1993.
Orlow, Dietrich: History of the Nazi Party, 1933-1945, Bd. 2, Pittsburgh 1973.

Ormos, Maria: Nácizmus, fasizmus (= Nationalsozialismus, Faschismus), Budapest 1987.
Ortheil, Hanns-Josef: Abschied von den Kriegsteilnehmern. Roman, München/Zürich 1992.
Otruba, Gustav: Hitlers „Tausend-Mark-Sperre" und Österreichs Fremdenverkehr, in: Rudolf Neck/Adam Wandruszka (Hg.): Beiträge zur Zeitgeschichte, Wien 1976. 113 ff.

Paetzke, Hans-Henning: Andersdenkende in Ungarn, Frankfurt am Main 1986.
Pallavicini-Andrássy, Borbála: Borbála Pallavicini-Andrássy kitelepítési és 1956-os naplója (= Die Tagebücher der Markgräfin Borbála Pallavicini-Andrássy aus der Deprotierung und aus dem Jahr 1956), Budapest 1990.
Pálos, Antal S.J.: „Viharon, vészen át". Jezsuiták a szétszóratásban (= Durch Sturm und Not". Jesuiten in der Zerstreuung), Budapest 1992.
Pangle, Thomas L. (Hg.): The Rebirth of Classical Political Rationalism. An Introduction to the Thought of Leo Strauss. Essays and Lectures by Leo Strauss, Chicago/London 1989.
Pangle, Thomas L.: On the Epistolary Dialogue between Leo Strauss and Eric Voegelin, in: Leo Strauss. Political Philosopher and Jewish Thinker, edited by Kenneth L. Deutsch and Walter Nicgorski, London/Lanham Maryland 1994. 231-256.
Pannenberg, Wolfhart: Die Religion der Republik. Religiöse Selbstdeutung als Thema politischer Theologie in Amerika, in: Evangelische Kommentare (10/1977).
Pannenberg, Wolfhart: Civil Religion?, in: P. Koslowski [Hg.], Die religiöse Dimension der Gesellschaft. Religion und ihre Theorien, Tübingen 1985.
Parsons, Talcott: The Social System, New York 1951.
Parsons, Talcott: Toward a General Theory of Action, Cambridge Mass. 1959.
Paul, Gerhard: Aufstand der Bilder. Die NS-Propaganda vor 1933, Bonn 1990.
Payne, Stanley G.: Spanish Catholicism. A historical Overview, Madison/Wisconsin 1984.
Payne, Stanley G.: A History of Spain and Portugal, 2. Bde., Madison/Wisconsin 1973.
Pearce, Brian (Hg.): Congress of the Peoples of the East. Baku September 1920, Stenographic Report, London 1977.
Perez-Díaz, Victor M.: The Church and Religion in Contemporary Spain: An Institutional Metamorphosis, in: The Return of Civil Society. The Emergence of Democratic Spain, Cambridge/Mass. 1993. 108-183.
Peroutka, Ferdinand: Demokratickí manifest, New York 1959.
Peroutka, Ferdinand: Jací jsme, Prag 1924.
Petersen, Jens: Die Entstehung des Totalitarismusbegriffs in Italien, in: Manfred Funke (Hg.): Totalitarismus. Ein Studien-Reader zur Herrschaftsanalyse moderner Diktaturen, Düsseldorf 1978.
Petersen, Jens: Hitler – Mussolini. Die Entstehung der Achse Berlin – Rom 1933-1936, Tübingen 1973.
Petö, Iván/Szakács, Sándor: A hazai gazdaság négy évtizedének története 1945-1985 (= Geschichte der vier Jahrzehnte der ungarsichen Wirtschaft 1945-1985), Budapest 1985.
Peukert, Detlev/Reulecke, Jürgen (Hg.): Die Reihen fast geschlossen. Beiträge zur Geschichte des Alltags unterm Nationalsozialismus, Wuppertal 1981.
Pilling, Iris: Denken und Handeln als Jüdin. Hannah Arendts politische Theorie vor 1950, Frankfurt am Main 1996.
Pipes, Richard: Die Russische Revolution, 3 Bde., Berlin 1992/1993.
Piva, Francesco/ Malgeri, Francesco: Vita di Luigi Sturzo, Collana di studi sturziana, Bd. I, Roma 1972.

Pohlmann, Friedrich: Ideologie und Terror im Nationalsozialismus, Pfaffenweiler 1992.

Pohlmann, Friedrich: Marxismus – Leninismus – Kommunismus – Faschismus. Aufsätze zur Ideologie und Herrschaftsstruktur der totalitären Diktaturen, Pfaffenweiler 1995.

Polány, Károly: Fasizmus, demokrácia, ipari társadalom (= Faschismus, Demokratie, industrielle Gesellschaft), Budapest 1986.

Pollack, Detlef: Was ist Religion? Probleme der Definition, in: Zeitschrift für Religionswissenschaft 3 (1995).

Polonsky, Antony: The Little Dictators. The History of Eastern Europe since 1918, London 1975.

Pomper, Philip: The Russian Revolutionary Intelligentsia, Arlington, Ill. [6]1970.

Pomper, Philip: Peter Lavrov and the Russian Revolutionary Movement, Chicago 1972.

Pomper, Philip: Sergei Nechaev, New Brunswick/N. J. 1979.

Popper, Karl Raimund: Logik der Forschung, Wien 1935.

Popper, Karl Raimund: Conjectures and Refutations, London 1963.

Pulzer, Peter: Die Entstehung des politischen Antisemitismus in Deutschland und Österreich, Gütersloh 1966.

Radice, Lucio Lombardo: Fascismo e anticommunismo, Roma 1946.

Raeff, Marc: The Decembrist Movement, Englewood Cliffs/N. J. 1966.

Rauch, Georg von: Geschichte der baltischen Staaten, Stuttgart 1970.

Raulff, Ulrich: Ein Historiker im 20. Jahrhundert: Marc Bloch, Frankfurt am Main 1995

Rebentisch, Dieter: Die „politische Beurteilung“ als Herrschaftsinstrument der NSDAP, in: Detlev Peukert/Jürgen Reulecke (Hg.): Die Reihen fest geschlossen. Beiträge zur Geschichte des Alltags unterm Nationalsozialismus, Wuppertal 1981. 107-125.

Rebentisch, Dieter/Teppe, Karl (Hg.): Verwaltung contra Menschenführung im Staat Hitlers, Göttingen 1983.

Rebentisch, Dieter: Reichskanzlei und Partei-Kanzlei im Staat Hitlers. Anmerkungen zu zwei Editionsprojekten und zur Quellenkunde der nationalsozialistischen Epoche, in: Archiv für Sozialgeschichte 25 (1985) 601-633.

Rebentisch, Dieter: Führerstaat und Verwaltung im Zweiten Weltkrieg. Verfassungsentwicklung und Verfassungspolitik 1939-1945, Stuttgart 1989.

Reichel, Peter: Bitte keine neue Totalitarismus-Debatte!, in: Die Tageszeitung v. 4. März 1992.

Reichel, Peter: Der schöne Schein. Faszination und Gewalt des Faschismus Frankfurt am Main [2]1993.

Reichelt, Werner: Das braune Evangelium. Hitler und die NS-Liturgie, Wuppertal 1990.

Reichhold, Ludwig: Kampf um Österreich – Die Vaterländische Front und ihr Widerstand gegen den Anschluß 1933-1938, Wien 1984.

Reinhard Löhmann: Der Stalinmythos. Studien zur Sozialgeschichte des Personenkultes in der Sowjetunion (1929-1935), Münster 1990.

Remak, Joachim (Hg.): A Documentary History, Eaglewood Cliffs, New York 1969.

Repgen, Konrad: Historische Klopfsignale für die Gegenwart, Münster 1988.

Repgen, Konrad: Artikel „Faschismus“, in: Katholisches Soziallexikon, Innsbruck/Graz 1980, Sp. 699 ff.

Repgen, Konrad: What is a religious war? In: Scott, Tom/Kouri, E. I. (Hg.): Politics and Society in Reformation Europe. Essays for Sir Geoffrey Elton on his 65th birthday, London 1987, 311-328.

Rhode, Gotthold: Die südosteuropäischen Staaten, Rumänien 1918-1968, in: Theodor Schieder (Hg.): Handbuch der europäischen Geschichte VII/2, Stuttgart 1972. 1135 ff.

Rhode, Gotthold: Kleine Geschichte Polens, Darmstadt 1965.

Rhodes, James M.: The Hitler Movement. A Modern Millenarian Revolution, Stanford 1980.

Rich, Arthur: Die kryptoreligiösen Motive in den Frühschriften von Karl Marx; in: Theologische Zeitschrift 7 (2) 1951. 192-209.

Richter, Martin: Durkheim's Politics and Political Theory, in: Kurt H. Wolff, Emile Durkheim (Hg.): Essays on Sociology and Philosophy, New York 1960. 170-210.

Richter. L.: Art. Religion, IV. Begriff und Wesen der Religion, A. Religionsphilosophisch, in: RGG, Bd. 5, ^{3}1961, Sp. 968-976.

Riedel, Manfred: Menschenrechtsuniversalismus und Patriotismus. Kants politisches Vermächtnis an unsere Zeit, in: Allgemeine Zeitschrift für Philosophie (1993) 1-23.

Riedel, Manfred: Verstehen oder erklären? Zur Theorie und Geschichte der hermeneutischen Wissenschaften, Stuttgart 1982.

Riegel, Klaus-Georg: Der Sozialismus als Modernisierungsideologie. Bemerkungen zu S. N. Eisenstadts Theorie des Sozialismus als ‚universalistische Tradition der Modernität', in: Kölner Zeitschrift für Soziologie und Sozialpsychologie 1, 1979. 109-123.

Riegel, Klaus-Georg: Konversionsprozesse im Marxismus-Leninismus: Die Sun Yat-Sen Universität in Moskau (1925-1930), in: Kölner Zeitschrift für Soziologie und Sozialpsychologie 2 (1982) 299-315.

Riegel, Klaus-Georg: Konfessionsrituale im Marxismus-Leninismus, Graz 1985.

Riegel, Klaus-Georg: Sendungsprophetie und Charisma. Am Beispiel Leo Trotzkis, in: Wolfgang Lipp (Hg.): Kulturtypen, Kulturcharaktere, Berlin 1987. 221-240.

Riegel, Klaus-Georg: Inquisitionssysteme von Glaubensgemeinschaften. Die Rolle von Schuldgeständnissen in der spanischen und der stalinistischen Inquisitionspraxis, in: Zeitschrift für Soziologie 3 (1987) 175-189.

Riegel, Klaus-Georg: Kaderbiographien in marxistisch-leninistischen Virtuosengemeinschaften, in: Leviathan 1 (1994) 17-46.

Rissmann, Michael: Hitlers Gott, Zürich/München 2001.

Rohner, Ludwig: Kalendergeschichten und Kalender, Wiesbaden 1978.

Rohrwasser, Michael: Der Stalinismus und die Renegaten. Die Literatur der Exkommunisten, Stuttgart 1991.

Rohrwasser, Michael: Die Brücke bei Brest-Litowsk. Renegatenliteratur und Totalitarismustheorie, in: Mittelweg 36 (Okt. 1994).

Roos, Hans: Geschichte der polnischen Nation 1918-1985, Stuttgart ^{4}1986.

Rosa, Gabriele De (Hg.): Collana di studi sturziana, Roma 1972 ff.

Rosa, Gabriele De: L'utopia politica di Luigi Sturzo, Brescia 1972.

Rosa, Gabriele De: Luigi Sturzo, Torino 1977.

Rosen, Z.: Moses Hess und Karl Marx. Ein Beitrag zur Entstehung der Marxschen Theorie, Hamburg 1983.

Roth, Günther: Politische Herrschaft und persönliche Freiheit. Heidelberger Max Weber-Vorlesungen 1983, Frankfurt am Main 1987.

Rothe, Wolfgang: Schriftsteller und totalitäre Welt, Bern/München 1966.

Rovan, Joseph: Religionsartige politische Bewegungen am Ende des 20. Jahrhunderts, in: H. Lübbe (Hg.): Heilserwartung und Terror. Politische Religionen des 20. Jahrhunderts, Düsseldorf 1995.

Runciman, Steven: Geschichte der Kreuzzüge, München 1989.

Rusconi, Gian Enrico: Resistenza e postfascismo, Bologna 1995.

Rüthers, Bernd: Carl Schmitt im Dritten Reich, München 1989.

Sánchez, José M.: Reform and Reaction: The Politico Religious Backround of the Spanish Civil War, Chapel Hill/North Carolina 1964.
Sarkisyanz, Emanuel: Russland und der Messianismus des Orients. Sendungsbewußtsein und politischer Chiliasmus des Ostens, Tübingen 1955.
Sartori, Giovanni: Totalitarianism, Model, Mania and Learning from Error, in: Journal of Theoretical Politics 5 (1993) 5-22.
Schäfer, Gert: Macht und öffentliche Freiheit. Studien zu Hannah Arendt, Frankfurt am Main 1993.
Schausberger, Norbert: Anschlußideologie und Wirtschaftsinteressen 1918-1938, in: Heinrich Lutz/Helmut Rumpler (Hg.): Österreich und die deutsche Frage im 19. und 20. Jahrhundert (= Wiener Beiträge zur Geschichte der Neuzeit 9) Wien 1982
Schausberger, Norbert: Der Griff nach Österreich. Der Anschluß, Wien/München ^{3}1988.
Scheibert, Peter: Lenin an der Macht. Das russische Volk in der Revolution 1918-1922, Weinheim 1984.
Schenk, Richard (Hg.): Zur Theorie des Opfers. Ein interdisziplinäres Gespräch. Stuttgart, Bad Cannstatt 1992.
Schieder, Wolfgang (Hg.): Faschismus als soziale Bewegung. Deutschland und Italien im Vergleich, Göttingen ^{2}1983.
Schlangen, Walter: Die Totalitarismustheorie: Entwicklung und Probleme, Stuttgart u.a. 1976.
Schlette, Heinz Robert: Artikel: Religion, in: LThK2, Bd. 8, Sp. 1165.
Schlögel, Karl: Jenseits des Großen Oktober. Das Laboratorium der Moderne Petersburg 1909-1921, Berlin 1988.
Schlögel, Karl: Russische Wegzeichen, in: Ders. (Hg.): Wegzeichen. Zur Krise der russischen Intelligenz, Frankfurt am Main 1990. 5-44.
Schmaus, Michael/Forster, Karl (Hg.): Der Kult und der heutige Mensch, München 1961.
Schmeer, Karlheinz: Die Regie des öffentlichen Lebens im Dritten Reich, München 1956.
Schmidt, Kurt Dietrich: Die Bekenntnisse und grundlegenden Äußerungen zur Kirchenfrage des Jahres 1933, Göttingen 1936.
Schmidt, Ulrich: Von der „Peinlichkeit" der Zeit. Kafkas Erzählung „In der Strafkolonie", in: Schiller-Jahrbuch 28 (1984) 407-445.
Schmiechen-Ackermann, Detlef: Diktaturen im Vergleich, Darmstadt 2002.
Schoenbaum, David: Hitler's Social Revolution, New York 1966.
Schoenbaum, David: Die braune Revolution. Eine Sozialgeschichte des Dritten Reiches, Köln ^{2}1980.
Schoeps, Hans-Joachim: Urgemeinde-Judenchristentum-Gnosis, Tübingen 1956.
Scholder, Klaus: Die Kirchen und das Dritte Reich, Bd. 1: Vorgeschichte und Zeit der Illusionen, 1918-1934, Frankfurt am Main 1980.
Scholem, Gershom: Über einige Grundbegriffe des Judentums, Frankfurt am Main 1970.
Schöllgen, Gregor: 1993: Eine andere Welt? Ausblick in die Gegenwart, in: Helmut Neuhaus (Hg.): Aufbruch aus dem Ancien régime. Beiträge zur Geschichte des 18. Jahrhunderts. Köln u.a. 1993. 289-303.
Schöttler, Peter: Das Konzept der politischen Religionen bei Lucie Varga und Franz Borkenau, in: M. Ley/J. H. Schoeps (Hg.): Der Nationalsozialismus als politische Religion, Bodenheim bei Mainz 1997.
Schröder, Jürgen: Gottfried Benn und die Deutschen. Studien zu Werk, Person und Zeitgeschichte, Tübingen 1986.
Schröder, Jürgen: Gottfried Benn. Poesie und Sozialisation, Stuttgart u.a. 1978.

Schroeder, Klaus, Staadt, Jochen: Der diskrete Charme des Status Quo. DDR-Forschung in der Ära der Entspannungspolitik, Berlin 1992.
Schubert, Venanz (Hg.): Der Zweite Weltkrieg und die Gesellschaft in Deutschland. 50 Jahre danach, Ringvorlesung an der Universität München, St. Ottilien 1992.
Schulz, Gerhard: Der Begriff des Totalitarismus und der Nationalsozialismus, in: Bruno Seidel/Siegfried Jenkner (Hg.): Wege der Totalitarismus-Forschung, Darmstadt 1974.
Schulz, Gerhard: Faschismus - Nationalsozialismus. Versionen und theoretische Kontroversen 1922-1972, Frankfurt u.a. 1974.
Schurmann, Franz: Ideology and Organization in Communist China, Berkeley/Cal. ^{4}1973.
Schwarz, Angela: Die Reise ins Dritte Reich. Britische Augenzeugen im nationalsozialistischen Deutschland (1933-39), Göttingen/Zürich 1993 (Veröffentlichungen des Deutschen Historischen Instituts London, 31).
Schwarz, Hans-Peter: Der konservative Anarchist. Politik und Zeitkritik Ernst Jüngers, Freiburg 1962.
Sebastiani, Pietro: Laboristi inglesi e socialisti italiani, Roma 1983.
Sebba, Gregor: History, Modernity and Gnosticism, in: The Philosophy of Order. Essays on History, Consciousness and Politics, hrsg. v. P.J. Opitz u. G. Sebba, Stuttgart 1981. 190-241.
Semen, Frank: Die Ethik des Nihilismus (1909), in: Karl Schlögel (Hg.): Wegzeichen. Zur Krise der russischen Intelligenz, Frankfurt am Main 1990. 275-320.
Senfft, Heinrich: Einführung: Der Kampf geht weiter, in: Helmut Donat, Lothar Wieland (Hg.): „Auschwitz erst möglich gemacht?" Überlegungen zur jüngsten konservativen Geschichtsbewältigung, Bremen 1991.
Senghaas, Dieter: Europa 2000. Ein Friedensplan, Frankfurt am Main 1990.
Senghaas, Dieter: Friedensprojekt Europa, Frankfurt am Main 1992.
Senghaas, Dieter: Wohin driftet die Welt? Über die Zukunft friedlicher Koexistenz, Frankfurt am Main 1994.
Seubert, H.: Das Abendland und Europa. Diskurs über Nähe und Ferne einiger jüngst vergangener Denkbilder, die Jasperschen Optionen dargelegt und in ihrem geistesgeschichtlichen Zusammenhang beleuchtet, in: P. Delvaux/J. Papiór (Hg.): Eurovisionen. Vorstellungen von Europa in Literatur und Philosophie, Amsterdam-Atlanta 1996. 107-33.
Sieferle, Rolf Peter: Die Konservative Revolution. Fünf biographische Skizzen, Frankfurt am Main 1995.
Silagi, Denis: Ungarn seit 1918, in: Theodor Schieder (Hg.): Handbuch der europäischen Geschichte 7/2, Stuttgart 1972. 887 f.
Slutsch, Sergej: Voraussetzungen des „Hitler-Stalin-Pakts": Zur Kontinuität totalitärer Außenpolitik, in: Bernd Faulenbach, Martin Stadelmaier (Hg.): Diktatur und Emanzipation. Zur russischen und deutschen Entwicklung 1917-1991, Essen 1993.
Sofsky, Wolfgang: Die Ordnung des Terrors: Das Konzentrationslager, Frankfurt am Main ^{3}1993.
Sofsky, Wolfgang: Traktat über die Gewalt, Frankfurt am Main 1996.
Söhngen, Oskar: Säkularisierter Kultus. Eritis sicut deus, Gütersloh 1950.
Sokel, Walter H.: Franz Kafka. Tragik und Ironie, Frankfurt am Main 1983.
Söllner, Alfons (Hg.): Totalitarismustheorie und Modernitätskritik, Hamburg 1995.
Söllner, Alfons: Peter Weiss und die Deutschen: Die Entstehung einer politischen Ästhetik wider die Verdrängung, Opladen 1988.
Söllner, Alfons: Totalitarismus. Eine notwendige Denkfigur des 20. Jahrhunderts, in: Mittelweg 36, 2. Jahrgang (April/Mai 1993) 83 ff.
Sonne, Hans-Joachim: Politische Theologie der Deutschen Christen. Einheit und Vielfalt deutsch-christlichen Denkens Göttingen 1982.

Sontheimer, Kurt: Antidemokratitsches Denken in der Weimarer Republik, München 1962.
Sontheimer, Kurt: Vorwort, in: Arendt, Hannah: Was ist Politik? hrsg.v. Ursula Ludz, München 1993.
Sperber, Manès: Wie eine Träne im Ozean. Romantrilogie, Wien/München/Zürich 1976.
Splett, Jörg: Art. Religion, in: Staatslexikon, Bd. 4, [7]1988, Sp. 794.
Stark, Joachim: Das unvollendete Abenteuer. Geschichte, Gesellschaft und Politik im Werk Raymond Arons. Würzburg 1986.
Breuer, Stefan: Bürokratie und Charisma. Zur politischen Soziologie Max Webers, Darmstadt 1994.
Steinbach, Peter/Tuchel, Johannes (Hg.): Widerstand gegen den Nationalsozialismus, Bundeszentrale für politische Bildung, Bonn 1994.
Steiner, George: Der Tod der Tragödie. Ein kritischer Essay (1961), Frankfurt am Main 1981.
Stepun, Fedor: Der Bolschewismus und die christliche Existenz, München [2]1962.
Stern, J.P.: Hitler. Der Führer und das Volk, München 1978.
Sternberger, Dolf: Schriften, Frankfurt am Main 1977 ff.
Sternberger, Dolf: Drei Wurzeln der Politik, 2 Bde. (=Schriften II, 1, 2) Frankfurt am Main 1978.
Sternberger, Dolf: Gang zwischen Meistern, Frankfurt am Main 1987.
Sternberger, Dolf: Verfassungspatriotismus, Frankfurt am Main 1990.
Sternhell, Zeev [Hg.]: The intellectual revolt against liberal democracy, 1870-1945, Int. Conference in Memory of Jacob L. Talmon, Israel Acad. of Sciences and Humanities, Jerusalem 1996.
Stites, Richard: The Origins of Soviet Ritual Style: Symbol and Festival in the Russian Revolution, in: Claes Arvidsson/Lars Erik Blomqvist (Hg.): Symbols of Power. The Esthetics of Political Legitimation in the Soviet Union and Eastern Europe, Stockholm 1987. 23-42.
Strauß, Botho: Der junge Mann, München/Wien 1984.
Striefler, Christian: Kampf um die Macht. Kommunisten und Nationalsozialisten am Ende der Weimarer Republik, Berlin 1993.
Strohm, Harald: Die Gnosis und der Nationalsozialismus, Frankfurt am Main 1997.
Stürmer, Michael: Dissonanzen des Fortschritts. Essays über Geschichte und Politik in Deutschland, München 1986.
Stürmer, Michael: Die Grenzen der Macht. Begegnung der Deutschen mit der Geschichte, Berlin 1990.
Stürmer, Michael: Die neue Welt-Unordnung. Deutschland im Krisenbogen, Vortragsmanuskript 1995.
Suter, Daniel: Rechtsauflösung durch Angst und Schrecken. Zur Dynamik des Terrors im totalitären System, Berlin 1983.
Syring, Enrico: Intentionalisten und Strukturalisten, in: Uwe Backes, Eckhard Jesse, Rainer Zitelmann (Hg.): Die Schatten der Vergangenheit. Impulse zur Historisierung des Nationalsozialismus, Frankfurt am Main/Berlin 1992. 169-194.
Szántó, János: Vallásosság és fogyasztói szocializmus (= Religiosität und Konsumsozialismus), Népszabadság 19. Sept. 1994.
Szántó, Konrád: A kommunizmusnak sem sikerölt. A magyar katolikus egyház története 1945-1991 (= Auch dem Kommunismus ist es nicht gelungen. Die Kirche der Katholischen Kirche Ungarns 1945-1991), Miskolc Új Misszió 1992.
Szász, Béla: Minden kényszer nélkül (= Ohne jegliche Gewalt), Budapest 1989 (zuerst: London 1963).

Szczypiorski, Andrzej: Mein Irrtum. Weshalb die Opposition in der DDR nicht mit der polnischen gleichgesetzt werden darf, in: Frankfurter Allgemeine Zeitung v. 4. März 1995.
Szeldnyi, Iván: Harmadik út? Polgárosodás a vidéki Magyarországon (= Dritter Weg? Bürgerliche Entwicklung auf dem Lande in Ungarn), Budapest 1992.
Sztáray, Zoltán. A recski kényszermunkatábor (= Das Zwangsarbeitslager in Recsk), Uj Látóhatár 1981.

Tamás, Pál (Hg.): Modernizációs szigetek. A siker szerkezete a Késeli államszolcializmusban (= Insel der Modernisierung. Die Struktur des Erfolges im späten Staatssozialismus), Budapest 1992.
Taubes, Jakob (Hg.): Religionstheorie und politische Theologie, 3 Bde., München 1983 ff.
Taubes, Jakob: Abendländische Eschatologie, Bern 1947. Nochmals mit einem Anhang veröffentlicht, München 1991.
Taubes, Jacob: Die politische Theologie des Paulus. Vorträge, gehalten an der Forschungsstätte der Evangelischen Studiengemeinschaft in Heidelberg, München ^{2}1995.
Taylor, Maxwell: The Uncertain Trumpet, New York 1959.
Teiwes, Frederick C.: Politics and Purges in China. Rectification and the Decline of Party Norms, 1950-1965, New York ^{2}1993.
Teppe, Karl/Rebentisch, Dieter (Hg.): Verwaltung kontra Menschenführung im Staat Hitlers. Studien zum politisch-administrativen System, Göttingen 1986.
Tomka, Miklós: Der kirchlich-gesellschaftliche Kontext der christlichen Basisgruppen in Mittelost-Europa, in: Pax Christi: Probleme des Friedens 1983 (18) 4-18.
Tomka, Miklós: Secularization or anomy? in: Social Compass 1991 (38) 102.
Totalitarismus und Faschismus. Kolloquium im Institut für Zeitgeschichte am 24. November 1978, München/Wien 1980.
Trancon, Vincente Enrique y: Recuerdos de Juventud, Barcelona, Grijalbo 1984.
Trepp, Leo: Der jüdische Gottesdienst. Gestaltung und Entwicklung, Stuttgart u.a. 1992.
Tucker, Robert C.: The Rise of Stalin's Personality Cult, in: American Historical Review 2 (1979) 347-366.
Turati, Filippo: Faschismus, Sozialismus und Demokratie, in: Ernst Nolte (Hg.): Theorien über den Faschismus, Köln 1967. 150 f.
Turner, H. A. (Hg.): Hitler aus nächster Nähe. Aufzeichnungen eines Vertrauten 1929-1932, Frankfurt u.a. 1978.
Tusell, Javier: Franco y los católicos: La politica interior española entre 1945 y 1957, Madrid 1984.

Udoff, Alan (Hg.): Leo Strauss's Thought. Toward a Critical Engagement, London 1991.
Ulam, Adam B.: Stalin. Koloss der Macht, Esslingen am Neckar 1977.
Ullmann, Hermann: Der Weg des 19. Jahrhunderts am Abgrund der Ersatzreligionen, München 1949.
Ulmen, G. L.: Politischer Mehrwert. Eine Studie über Max Weber und Carl Schmitt, Weinheim 1991.
Utasi, Ágnes: Életstílus - csoportok, fogyasztási preferenciák (= Lebensstilgruppen, Konsumpräferenzen), Budapest 1984.

Valiani, Leo: Il fascismo: controrivoluzione e rivoluzione, in: Karl Dietrich Bracher, Leo Valiani (Hg.): Fascismo e nazionalsocialismo, Bologna 1986. 11 ff.
Valiani, Leo: The End of Austria-Hungary, London 1973.

Van Ness, Peter: Revolution and Chinese Foreign Policy. Peking's Support for Wars of National Liberation, Berkeley, Cal. 1971.

Varga, László: Kérem a vádlott felmentését! (= Ich plädiere für Freispruch!), New York 1981.

Venturi, Franco: Roots of Revolution. A History of the Populist and Socialist Movements in Nineteenth Century Russia, New York 1966.

Vietta, Silvio: Die literarische Moderne. Eine problemgeschichtliche Darstellung der deutschsprachigen Literatur von Hölderlin bis Thomas Bernhard, Stuttgart 1992.

Volk, Ludwig: Das Reichskonkordat vom 20. Juli 1933: Von den Ansätzen in der Weimarer Republik bis zur Ratifizierung am 10. September 1933 (Veröffentlichungen der Kommission für Zeitgeschichte, hrsg.v. Konrad Repgen, Bd. B/5, S. 126.)

Vollrath, Ernst: Hannah Arendt, in: Karl Graf Ballestrem und Henning Ottmann (Hg.): Politische Philosophie des 20. Jahrhunderts, München/Wien 1990.

Vondung, Klaus : Magie und Manipulation. Ideologischer Kult und politische Religion des Nationalsozialismus, Göttingen 1971.

Vondung, Klaus: Die Apokalypse in Deutschland, München 1988.

Waas, Lothar: Max Weber und die Folgen. Die Krise der Moderne und der moralisch-politische Dualismus des 20. Jahrhunderts, Frankfurt am Main 1995.

Wagenknecht, Achim: Einführung in die politische Philosophie Hannah Arendts, Marburg 1995.

Wagner, Falk: Was ist Religion? Studien zu ihrem Begriff und Thema in Geschichte und Gegenwart, Gütersloh 1986.

Waksberg, Arkadi: Gnadenlos. Andrei Wyschinski – Mörder im Dienste Stalins, Bergisch Gladbach 1991.

Wallerstein, Immanuel: The Modern World System; Bd.I: Capitalist Agriculture and the Origin of the European Worl Economy in the Sixteenth Century; Bd.II: Mercantilism and the Consolidation of the European World Economy 1600-1750, New York u.a. 1980.

Wandruszka, Adam: Österreich von der Begründung der ersten Republik bis zur sozialistischen Alleinregierung 1918-1970, in: Theodor Schieder (Hg.): Handbuch der europäischen Geschichte 7/2, Stuttgart 1972.

Wandruszka, Adam: Concezione della storia „Gesamtdeutsch“ e nazionalsocialismo, in: Karl Dietrich Bracher, Leo Valiani (Hg.): Fascismo e nazionalsocialismo, Bologna 1986.

Wandruszka, Adam: Austrofaschismus. Anmerkungen zur politischen Bedeutung der „Heimwehr“ in Österreich, in: Manfred Funke/Hans Adolf Jacobsen/Hans Helmuth Knütter/Hans Peter Schwarz (Hg.): Demokratie und Diktatur. Geist und Gestalt politischer Herrschaft in Deutschland und Europa, Festschrift für Karl Dietrich Bracher, Düsseldorf 1987. 216 ff.

Weber, Eugen: Revolution? Counterrevolution? What Revolution?, in: Journal of Contemporary History 9 (1974) 3 ff.

Weber, Hermann/Staritz, Dietrich (Hg.): Kommunisten verfolgen Kommunisten. Stalinistischer Terror und ‚Säuberungen‘ in den kommunistischen Parteien Europas seit den dreißiger Jahren, Berlin 1993.

Weigel, G.: The Final Revolution, Oxford 1992.

Weinzierl, Ulrich: Österreichs Fall. Schriftsteller berichten vom „Anschluß“, Wien/München 1987.

Weiss, Peter: Rapporte, Frankfurt am Main 1968.

Weizsäcker, Carl-Friedrich von: Bedingungen des Friedens, in: Friedenspreis des Deutschen Buchhandels. Reden und Würdigungen 1961-1965, Frankfurt am Main 1967. 79-95.

Welan, Manfred: Die Verfassungsentwicklung in der Ersten Republik, in: Joseph F. Desput (Hg.): Österreich 1934-1984, Graz 1984.
Welsch, Wolfgang: Unsere postmoderne Moderne, Weinheim [4]1993.
Welte, Bernhard: Religionsphilosophie, Freiburg 1978.
Welzer, Harald (Hg.): Nationalsozialismus und Moderne, Tübingen 1993.
Weyrather, Irmgard: Muttertag und Mutterkreuz. Der Kult um die „deutsche Mutter" im Nationalsozialismus, Frankfurt am Main 1993.
Whiting Allen S.: Soviet Policies in China 1917-1924, New York 1953.
Wilbur, C. Martin/Lien-ying How, Julie (Hg.): Documents on Communism, Nationalism, and Soviet Advisers in China 1918-1927, New York [2]1972.
Winkler, Heinrich August: Weimar 1918-1933. Die Geschichte der ersten deutschen Demokratie, München[4]1998.
Winkler, Heinrich August: Der lange Weg nach Westen, 2 Bde., München [4]2001.
Winkler, Heinrich August/Stern, Carola (Hg.): Wendepunkte deutscher Geschichte. 1848-1990, Frankfurt am Main 2001.
Wipperman, Wolfgang: Totalitarismustheorien. Die Entwicklung der Diskussion von den Anfängen bis heute, Darmstadt 1997.
Wippermann, Wolfgang: Faschismustheorien, Darmstadt 1972, [5]1989.
Wiskemann, Elizabeth: The Rome - Berlin Axis, London [2]1966.
Wisser, Richard: Politik als Verwirklichung des Menschseins. Karl Jaspers' Kritik an politischen Fehlhaltungen, in: Ders., Karl Jaspers: Philosophie in der Bewährung, Würzburg 1995. 299-223.
Wohl, Robert: The Generation of 1914, Harvard 1979.
Wolf, Siegbert: Hannah Arendt. Einführungen in ihr Werk, Frankfurt am Main 1991.
Wolff, Kurt H., Durkheim Émile (Hg.): Essays on Sociology and Philosophy, New York 1960.
Wolkogonow, Dimitri: Stalin. Triumph und Tragödie. Ein politisches Portrait, Düsseldorf 1989.

Young-Bruehl, Elisabeth: Hannah Arendt. Leben und Werk, Frankfurt am Main 1986.

Zahn, Gordon C.: Die deutschen Katholiken und Hitlers Kriege, Graz 1965.
Závada, Pál: Kulákperek (= Großbauern in der Presse), Budapest 1986.
Brzezinski, Zbigniew: Deviation Control: A Study in the Dynamics of Doctrinal Conflict, in: The American Political Science Review 56 (1962) 5-22.
Zelle, Carsten: Strafen und Schrecken. Einführende Bemerkungen zur Parallele zwischen Schauspiel der Tragödie und der Tragödie der Hinrichtung, in: Schiller-Jahrbuch 28 (1984)76-103.
Zimmermann, Hans Dieter: Der Wahnsinn des Jahrhunderts. Die Verantwortung der Schriftsteller in der Politik, Stuttgart 1992.
Zincone, Vitorio: Lo Stato totalitario, Roma 1947.
Zinnhobler, Rudolf: Nationalsozialismus als Religion, Theologisch-praktische Quartalsschrift 127 (1979) 139-149.
Zitelmann, Rainer: Hitler. Zum Selbstverständnis eines Revolutionärs, Stuttgart [3]1990.
Zunker, Albrecht (Hg.): Weltordnung oder Chaos? Beiträge zur internationalen Politik, Baden-Baden 1993.

Personenregister

C

D

E

F

J

K

N

O

P

T

Sachregister

E

F

G

T

U

V

W

Z

Autorenverzeichnis

JUAN JOSE LINZ, geboren 1926 in Bonn; Studien der Politik- und Wirtschaftswissenschaften sowie der Jurisprudenz 1943-48 in Madrid; Promotion in Soziologie 1959 mit einer Arbeit über die soziale Basis der politischen Parteien in Westdeutschland; seit 1989 Sterlin Professor für Politik- und Sozialwissenschaften an der Yale University, New Haven; Zahlreiche Veröffentlichungen über Wahlverhalten, soziale Grundlagen der Politik, Religion und Politik sowie über die Wandlungen der Demokratie in autoritäre und totalitäre Formen im Europa der Zeit nach 1918 und nach 1945; Gastprofessuren in USA, Spanien und Deutschland; zahlreiche internationale Ehrungen und Auszeichnungen.

HANS MAIER, geboren 1931 in Freiburg in Freiburg i. Br. Studien in Freiburg, München und Paris (Geschichts- und Sozialwissenschaft); Promotion 1957 mit einer Arbeit über die Frühgeschichte der christlichen Demokratie; 1962-1988 Prof. für politische Wissenschaft an der Universität München; 1988-99 für christliche Weltanschauung, Religions- und Kulturtheorie daselbst; 1970-86 Bayerischer Staatsminister für Unterricht und Kultus. Veröffentlichungen über Religion und Politik, deutsche und französische Verfassungs- und Verwaltungsgeschichte, Kulturpolitik und Musik.

HELLA MANDT, Promotion 1969 in Hamburg, Habilitation 1979 in Trier; 1969-1971 Wissenschaftliche Mitarbeiterin am Seminar für Wissenschaftliche Politik in Freiburg; 1972-1978 Assistenzprofessorin für Politikwissenschaft an der Universität Trier; 1978-2000 Professorin für Politikwissenschaft an der Universität Trier; Forschungsgebiete: Theorie und Kritik des Liberalismus im intra- und im interkulturellen Vergleich; Fundamentalismen in der Politik; Politische Theorie als politikwissenschaftliche Disziplin: Konjunkturen und Krisen im 20. Jahrhundert; Veröffentlichungen (in Auswahl): Tyrannislehre und Widerstandsrecht. Studien zur deutschen politischen Theorie des 19. Jahrhunderts (= Politica, Bd. 36), Darmstadt 1974; Die Zukunft der Bürgergesellschaft in Europa, Baden-Baden 1994 (Hg.); Die offene Gesellschaft und die Wurzeln des zeitgenössischen Fundamentalismus, in: Staatswissenschaften und Staatspraxis, (2) 1993; Wurzeln der europäischen Liberalismus-Kritik, in: P. Haungs u.a. (Hg.): CIVITAS, Paderborn 1992; Antipolitik, in: ZfP (34) 1987.

KATRIN MEY, geboren 1973; 1992-1997 Studium der Philosophie, Latein, Geschichte und der Rechtswissenschaften in Freiburg i.Br. und München; 1997 Magister Artium mit einer Arbeit über Eric Voegelin und Leo Strauss; Januar 2000 Erstes Juristisches Staatsexamen.

MICHAEL SCHÄFER, geboren 1965 in Simmern/Hunsrück; Studium der Geschichte, Philosophie und Theologie in Bonn und München; 1993-1999 Mitarbeiter im Forschungsprojekt Totalitarismus und Politische Religionen der Ludwig-Maximilians-Universität, Geschäftsführer einer Unternehmensberatung.

KARL-JOSEF SCHIPPERGES, geboren 1925 in Kleinebroich bei Neuss; Studium der Geschichte, der Romanischen Philologie und der Philosophie in Köln, Bonn und Paris. Promotion 1955 über die Toleranzpolitik Heinrichs IV. von Frankreich; Unterrichtstätigkeit an einem Gymnasium und Lehrauftrag am Historischen Institut der Technischen Hochschule in Aachen. Studien über Religion und demokratische Gesellschaft bei Toqueville; über die Volkssouveränität in der christlichen Tradition, die politische Dimension in Religion in der Geschichte und über Terrorismus, Toleranz und Religion in der modernen Gesellschaft.

HANS OTTO SEITSCHEK, geboren 1974 in München, Studium der Philosophie, Psychologie und Katholischen Theologie an der Ludwig-Maximilians-Universität; 1995-2000 Stipendiat der Studienstiftung des deutschen Volkes; 2000 Magister Artium mit einer Arbeit über „Das Konzept der Politischen Religionen"; 2000-2002 wissenschaftlicher Mitarbeiter im Forschungsprojekt „Totalitarismus und Politische Religionen" (Prof. Dr. Hans Maier) an der Ludwig-Maximilians-Universität; derzeit Promotion über „Politischer Messianismus. Philosophische Geschichtsschreibung im Werk Jacob Leib Talmons"; seit April 2002 wissenschaftlicher Mitarbeiter am Seminar für christliche Weltanschauung des Philosophie-Departments der Ludwig-Maximilians-Universität (Prof. Dr. Rémi Brague).